大唐朝鼎盛時期疆域圖
(開元二十九年,西元741年)
U0006576
圖　例
京師　都城
省級駐所
府級駐所
其他居民點
國界
省界
地區界
京師　今首都
今直轄市、省、自治區政府駐地
今市政府駐地
今其他居民點
隴
右
道
邏些城
波吒厘子城
室利差呾羅
金齒部

唐玄宗傳

許道勳
趙克堯 著

導讀

唐玄宗李隆基登上皇位時，唐朝立國已經將近一百年了。在這百年間，唐帝國的內外形勢有許多變化。軍事上，從唐太宗被尊為天可汗、唐高宗擊敗高句麗、百濟和西突厥，然後盛極而衰，與吐蕃、東突厥、契丹的關係趨於緊張，戰爭勝少敗多，戰略上轉為守勢。內政上，國家掌握的戶口則逐漸成長。唐太宗登基時，因為隋朝末年的戰亂，僅約有三百萬戶。但玄宗即位時，已經達到六百萬戶、三千七百萬人。在玄宗統治的四十餘年間，這兩個數字又分別增加到近九百萬戶與五千多萬人，超越了隋代的最高記錄。在距今一千二百多年前的時代，這是非常可觀的數字。國家掌握的「戶口」並不等於全部的「人口」，所以真正的人口數量比這個數字更多。無論如何，戶口增加也反映了人口的成長，以及自然生態條件的穩定，與社會經濟的緩慢復甦。

相較於社會發展與經濟增長，政治上則有不少騷動。原因來自皇位繼承的原則與現實出現了落差。從唐太宗弒兄逼父奪位，加上武則天以女性開國稱帝，男姓嫡長子的繼承權被打破，解放了統治階級最高層的男男女女對最高統治者之權位的拘束與想像，他們開始沒有顧忌，採用各種手段來達到目標，比如拉攏朝廷上的大臣，操縱司法與行政體系來陷害政敵，或在檯面下誣告、投毒、謀殺與策反等。從武則天下台到玄宗即位的八年間，正是這股風氣發展到最激烈的時候，京城共發生了七次政變，換了四個皇帝。而李隆基正是這群競逐權力的人中最成功的一位：兩度成功策動政變，先後殺死伯母韋后和姑姑太平公主，徹底結束了武則天以來女性活躍於政壇的現象。

玄宗即位後，為了防範再度重演過去的宮廷鬥爭，著手管制所有可能威脅到皇位的勢力，監控后妃、宗室、外戚與功臣、大臣之間的聯繫。在他統治下，作為政權核心的宮廷趨於穩定，從而讓國家政務的推行和官僚組織的運作更為合理，得以進一步推動若干重大的政策與改革。儘管如此，還是一度發生了廢立太子的事件，玄宗最後下令處死自己的三個兒子。這種殘酷的心性與作法，與他的祖母武則天、曾祖父唐太宗相去不遠，都導演了唐代宮廷慘劇之一幕。由於皇室成員對權力的欲望與不安如此強大，往往扭曲親子關係。所以當玄宗退位時，已屆七十多歲的高齡，也幾乎失去所有權力，但還是被他的兒子軟禁、隔離。

儘管統治階級上層的政爭不斷，但整體的社會經濟仍持續擴張、發展。在近百年間，沒有出現太多基層農民的抗爭。這反映了高層政爭的紛亂沒有嚴重危害民眾的生存，損及政權的基礎，同時也顯示了以律令法制為原理、以文書行政來運作的官僚組織，發揮了一定的效能，建立穩定的秩序。在玄宗開元年間，全國正式的文武官員在一萬八千人以上，其中八成是文官。以中央政府的官員而言，數量是太宗貞觀年間的三倍。這批正式的文武官員，再加上三十五萬名左右的基層與低階行政事務人員，一起管理這數百萬戶、數千萬人組成的龐大國家。

唐帝國對基層民眾的控管，是以戶籍制度為基礎：地方政府定期為被統治的聚落民眾，編造詳細的戶籍記錄，調查每個家庭的人口組成與成員動態，從出生、成年、結婚到死亡等；再依據這批資料來分配土地給人民，並要求被統治的民眾繳納糧食和布帛，提供勞動力的服務。一部分農民被選拔出來擔任士兵，從事守衛皇宮與首都，防禦邊疆或遠征異域的軍事任務。這就是唐帝國管理土地與收稅，徵發勞務與兵源的三大政策：均田制、租庸調法與府兵制。為了能夠穩定取得這些人力與物力的資源，國家規定人民不得任意遷徙或自由流動，任何離開家鄉的外出旅行都必須獲得官府的同意與憑證，否則就無法通過交通要道上的關卡。總之，國家企圖將廣大的鄉村農民固著在土地上進行生產活動。

但是，支撐唐帝國內政的這些支柱，在這百年間，逐漸出現傾斜的跡象。因為隨著人口增加，國家所能分配的土地越來越少，但賦稅、兵役與勞役的負擔卻沒有相應減輕。國家對官僚與佛教寺院的優待，使得這些地主擁有許多土地，他們又進而去兼併更多農民的土地。有時意外發生的自然災害，對風險承受能力低落的農民而言，往往造成致命的打擊。於是，陷入貧困的農民開始逃脫國家權力的控制，離開家鄉土地，走上流亡的道路，尋找新的天地安身立命。有些逃往地廣人稀的土地，開荒拓墾，尤其是南方。有些成為依附地主的佃戶，生活好過一些，至少免於遭到官僚以國家暴力行使的壓迫。於是，國家的戶口流失，財政收入短缺。這就是玄宗剛即位時面臨的局勢，唐帝國遭遇到結構轉型的壓力。

另一方面，由於人口穩定成長，耕地面積擴大，加上農業技術改良而提高的生產力，使得糧食產量提高，從而讓生活必需品的物價下跌。在衣食無虞的條件下，人們得以投入經濟作物（比如茶）的生產、手工製造業（比如瓷器和絲織品）、商業與運輸業等各種產業，整個社會的分工更專業、更複雜。在這個越來越仰賴貨幣交換、進行消費和投資的世界，許多地主、商人等富豪累積了許多「資本」。面對這個變局，玄宗起用了不少善於處理經濟、財政問題的傑出官員，進行大規模的調查，將逃亡或依附的人口重新編入戶籍，同時正視社會與經濟現實，採取更彈性、務實以及因應各地不同民情的稅收方式。

整個國家的稅收，經過各種財政手段的營運，最後集中到兩個地方：京城與邊疆的軍區。玄宗投入許多人力、經費去改善運河系統的輸送能力，將全國（尤其南方）的稅收源源不絕送到洛陽、長安。皇室、貴族與官僚再以全國上繳的稅收，去購買從絲綢之路輸入、來自中亞甚至更遠的地方、在歐亞國際貿易上流通的奢侈品。伴隨著這些「商品」，異國的文化也隨之流行，為統治階級的生活帶來許多歡樂與趣味。這股嗜好西方異國風物的潮流，正是在玄宗統治下達到高峰。

國家稅收的另一個流向是邊疆的軍區。高達四、五十萬人的軍隊分布在從東北到西南的廣大防線，一方面抵抗北亞游牧民族進犯中原、掠奪農業文明的物資，另一方面建立霸權，確保絲路的商業利益。為了供應這支大軍的衣食、戰馬與設備，玄宗時代的國防經費比以前增加了五、六倍。其實，唐初由府兵組成的軍隊也約略是同樣的規模，但府兵制是兵農合一，平時不但自耕自食，而且駐紮的基地就集中在政權核心區，形成內重外輕的態勢。但由於府兵的戰力漸漸不足，兵源匱乏，於是在玄宗治下逐漸改為募兵制，除了召募邊區的當地人，也吸引逃亡農民加入軍隊，組成全職專業、定居在邊區的雇傭兵，軍費才會大幅膨脹。當軍力都被外派到邊區，帝國格局也轉變成外重內輕，終於引發安祿山的叛變。

這場亂事，加快了帝國轉型的速度，甚至使整個趨勢變得不可逆轉。在位四十餘年的玄宗，啟動了這個轉型的過程。他享受到改革的成果，但也埋下傾覆的種子，最後他嚐盡苦果，在人生的暮年倉惶逃難，更失去他心愛的伴侶，在時代的風暴下身不由己地結束一生，留給後人許多的追憶、故事與神話，成為中國史上最富有傳奇色彩的帝王。

雖然本書是歷史著作，但一千兩百年前的唐朝和當今的中國，仍有若干相近相似之處。當讀者翻閱本書，不妨從以上所論唐代前期的歷史變化與相關議題，來思考中國當前的處境與未來演變。中國至今仍然是個廣土眾民的國家。該如何統治？由一個集權的中央政府加以管理，這不只是隋唐重建統一帝國後訂定的國策，也是當今中國許多被統治者心中的想法。人口、土地與環境的關係，國防的壓力與邊界的糾紛，官吏與人民的互動等，也都是當今中國的關鍵議題。當我們回顧中華人民共和國建立之後的歷史，同樣可以發現可怕的政治鬥爭，國家對人民的控制，以及伴隨經濟發展而來的貧富差距。就像唐帝國的崛起、中衰與滅亡，不只是中國史上的朝代興亡，同時也影響了東亞世界與歐亞大陸的歷史發展；同樣地，中國如何從傳統的帝制王朝轉型為現代國家，不論成功、失敗或走上另一條不同的道路，都將是世界史上引人矚目的一章。

導讀者簡介

廖宜方，臺北淡水人，一九七三年生，男。國立臺灣大學歷史學博士，二〇一一年起任職於中央研究院歷史語言研究所。著有《圖解台灣史》（易博士，二〇〇四）、《唐代的母子關係》（稻鄉，二〇〇九）、《唐代的歷史記憶》（臺大出版中心，二〇一一）。

目次

引言

繼《唐太宗傳》出版之後，本書的編寫就上手了。轉眼間，又是四年多！至今才把它獻給讀者，似乎爲時已晚矣。

唐朝最傑出的帝王莫過於唐太宗，其次是誰呢？如果撇開女皇武則天不論的話，就得推唐玄宗了。宋代史學家歐陽修說：「唐有天下，傳世二十，其可稱者三君，玄宗、憲宗皆不克其終，盛哉，太宗之烈也！」[1]這裏，所謂「傳世二十」，指的是李唐帝王世系，不包括武則天。所謂「可稱者三君」，即太宗、玄宗、憲宗，基本上符合歷史事實。據載，唐憲宗嗣位之初，曾研讀列祖的歷史實錄，「見貞觀、開元故事，竦慕不能釋卷。」他無限地感嘆：「太宗之創業如此，玄宗之致理如此，既覽國史，乃知萬倍不如先聖。」[2]的確，憲宗比起「先聖」遜色得多，唐史上最「可稱者」無疑是太宗和玄宗。

任何傑出的歷史人物的出現，都是社會時代的需要。從隋末喪亂到唐初「大治」的創業時期，產生了唐太宗。而由初唐到盛唐的長期的發展時期，造就了唐玄宗。一個是「治世」之主，一個是「盛世」之君，他們的事跡猶如兩座豐碑聳立在近三百年的唐朝歷史上。唐穆宗說：「我國家貞觀、開元，同符三代，風俗歸厚，禮讓皆行。」[3]唐文宗說：「我每思貞觀、開元之時，觀今日之事，往往憤氣塡膺耳。」[4]這些是歌功頌德。然而，貞觀、開元並稱，歷代公認。倘若沒有「貞觀之治」與「開元盛世」，唐朝歷史就不可能顯得如此光彩奪目。

評論歷史人物要作比較。唐太宗享年五十二歲，在位僅二十三年，雖然貞觀後期不如前期，但對他評價幾乎是一致的肯定。唐玄宗享年七十八歲，在位長達四十五年。早年與太宗有相似的經歷，從生死夾縫中奮鬥過來，才登上皇帝的寶座。開元初期，勵精圖治，兢兢業業，蓬勃向上，取得了「貞觀之風，一朝復振」的功績。開元中期，好大喜功，不如初期。晚期以後，貪圖享樂，荒於理政，又跟楊貴妃鬧了一場動人的愛情故事。就在經濟文化一直呈上升趨勢的同時，唐玄宗政治上卻是「滑坡」了。這樣明顯的反差，往往令人反思不已。安史之亂的暴風雨過後，歌舞昇平的「盛世」消失了，回過頭來一看，不難發現，唐玄宗走的是一條由明而昏的道路。於是，人們探討的話題自然地集中到「開元之治」的得失上，集中到開元天寶治亂的殊異上。尋思的結果，沒有獲得共同的結論，以致千餘年來對唐玄宗褒貶紛呈，莫衷一是。有的說他「本中主，遭變可與謀始，持成不可與共終。」[5]有的說他是半明半暗的君主，毀譽參半。有的著意刻畫他與楊貴妃的愛情故事，寄以惋惜與同情。至今戲曲舞臺上，還可看到明皇與貴妃的藝術形象，令人迷醉。因此，如何評價唐玄宗以及楊貴妃，仍是唐史研究的重要課題。

本書將以歷史傳記的體例，根據可靠的而不是虛構的史料，翔實地分析唐玄宗與楊貴妃的功過是非，盡力作出客觀的評價。與已出版的通俗性傳記不同，本書著重探討唐玄宗之所以成爲盛唐君主的社會條件，揭示唐玄宗與楊貴妃愛情生活的歷史緣由。從傳主生平，可以看到整個時代的風貌，展現各種各樣的羣體集團、事件制度、經濟生活、方伎科學、宗教迷信、禮儀習俗、社會心理等等。至於史料的發掘，力求在廣度與深度上有所突破，總滙異說，考辨事實，以求真為宗旨。人物傳記的前提，是生平履歷的確鑿。爲此，對某些傳記中的史實訛誤，也將作出訂正。

本書末章〈唐明皇與楊貴妃傳說的歷史〉，試圖清理形形色色的獵奇故事是怎樣編織起來的。

其中，是假是眞，略予說明。讀者由此會明白唐玄宗與楊貴妃愛情故事流芳千古的歷史原因。

註釋

1《新唐書·太宗本紀》，贊曰。

2《舊唐書·憲宗本紀下》，史臣蔣係曰。

3《舊唐書·錢徽傳》。

4《舊唐書·文宗本紀下》。

5《新唐書·崔羣傳》，贊曰。

第一章　青少年時代

唐明皇（六八五—七六二），又稱唐玄宗，原名李隆基，因謚曰「至道大聖大明孝皇帝」，所以自唐朝後期起常稱「孝明皇帝」、「明皇」、「唐明皇」等。

他誕生那天，正是「垂拱元年秋八月戊寅」[1]。戊寅即初五。唐玄宗多次說過：「朕生於仲秋，厥日惟五。」[2]後來，每年八月初五定為「千秋節」，這是盛唐時期全國性的喜慶大節日。垂拱元年八月五日，換算成西曆，就是西元六八五年九月八日。

帝冑之家，幼年封王

隆基出身於李唐王朝的皇室之家，用古代詩人的話來說，也算是與常人殊異的「龍種」。曾祖父是唐太宗，祖父是唐高宗，祖母是武則天，父親是武后嫡親的小兒子唐睿宗李旦。這樣顯貴的帝冑之家，對於李隆基的生活道路與性格特徵有著深刻的影響。

嬰兒隆基呱呱墜地時，唐王朝已走過了六十八年的歷程。這近七十年，明顯地分為三個階段：武德開創時期，貞觀、永徽大治時期，武則天轉變時期。奔騰向前而又曲折多變的時代潮流，正在把唐王朝推向它的黃金時代。唐玄宗畢生七十八年的歷史固然是他自己譜寫的，但是他決不能隨心所欲，而只能在先輩們歷史活動的基礎上進行。

唐高祖創業的情景似乎太遙遠，沒有給李隆基留下多少的追念。而在他的心目中，楷模則是曾祖父唐太宗。開元初期，以曾祖父的事業為榜樣，出現了「貞觀之風，一朝復振」的盛況[3]。

祖父唐高宗也無緣見過面，在隆基出生前一年八個月就逝世了。然而，「永徽之治」卻給他留下美好的歷史回憶。高宗親政的永徽年間（六五〇—六五五），繼續推行輕徭薄賦政策，罷除軍役與土木營建，留意救災，平抑糧價；繼承任賢致治政策，尊禮輔相，穩定政局；強調求諫，開獻書之路，集思廣益；制訂《唐律疏議》，以完善封建法制。顯而易見，所謂「永徽之治」實質上是「貞觀之治」的延續。

就在永徽六年（六五五），發生了一起對隆基家族和唐朝歷史都有深遠影響的事件，即武則天被立為皇后。武氏是一個很有本領、權術的女性。她躋身宮闕，從昭儀到皇后，是靠了各種有利的條件，其中之一就是利用了皇權與相權的矛盾。原來，唐高宗即位初，大權操於元舅長孫無忌之手。長孫無忌在維護「永徽之治」中起了一定的作用，但是，他為宰相三十年，竊弄威權，天下畏其威。這樣，唐高宗深感處處受制約，要想加強皇權，必須削弱相權。對於長孫無忌這個長輩兼恩人的重臣，不能平白無故地剝奪其權力，也難以物色另一大臣與之抗衡，只能通過特殊手段來解決矛盾，而廢原來的王皇后、立武昭儀則是解決這一特殊矛盾的較好途徑。因為武則天「性明敏，涉獵文史，處事皆稱旨」[4]，短短幾年就已成為高宗理政的得力助手。為了達到當皇后的目的，她更是費盡心機，挫敗力保王皇后的長孫無忌集團，使皇帝與元舅的特殊關係遭到破裂。武后既立，就毫不手軟地把國舅貶逐於黔州，以至「逼令自縊而死，籍沒其家」[5]。這樣，以廢立皇后為契機，揭開了皇權與相權鬥爭的序幕；終以長孫無忌之死，宣告了皇權對相權的勝利。

歷史常常喜歡捉弄人。唐高宗以立武后加強皇權，結果他本人卻成了名義上的皇帝，一切大權掌握在武后手裏。西元六五九年，長孫無忌被貶逐後，「自是政歸中宮」[6]。過了一年，高宗患風疾，政事始由皇后處決。皇后權勢與皇帝無異，當時稱為「二聖」。六七四年，「皇帝稱天皇，皇后稱天后」。次年，由於唐高宗風疾愈來愈重，「不能聽朝，政事皆決於天后。」高宗甚至準備下詔令讓天后「攝國政」，有人反對才作罷[7]。總之，終高宗之世，武則天以皇后身分操持權柄長達二十四年，展現了女政治家的傑出才能。

皇后執政是超越封建政治常軌的事，必將改變李唐王朝的歷史進程。而對於武后的子孫們包括李隆基來說，這種局勢卻是他們賴以發跡乃至登上皇位的客觀條件。果然，六八三年冬，唐高宗因病逝世於東都洛陽（後改神都）。武則天就把自己的兒子李顯推上皇帝寶座，即唐中宗。可是，中宗卻沒有摸透母親的意圖，自作主張，依恃皇后韋氏及其外戚集團。這是太后武則天所不能容忍的。六八四年春，當了不到兩個月皇帝的李顯被廢黜了，改封廬陵王，幽於別所。同時，武則天立小兒子豫王李旦為皇帝，即唐睿宗。睿宗雖貴為天子，實際上是傀儡。「政事決於太后，居睿宗於別殿，不得有所預。」[8]這標誌著武則天以太后身分親臨朝政，向著當女皇帝的預定目標邁進了一大步。

就在那皇位急劇變動的年代裏，隆基誕生於神都。母親是竇氏，她出身高門，曾祖父是唐朝開國重臣竇抗。追溯歷史，隋末李淵任弘化郡留守時，妻兄竇抗曾跑來勸說起兵。唐王朝建立後，竇抗地位顯貴，「高祖（李淵）每呼為兄而不名也，宮內咸稱為舅。」[9]竇抗的孫子，名叫孝諶，也就是李隆基的外祖父，歷任太常少卿、潤州刺史等職。孝諶有個女兒，「姿容婉順，動循禮則，睿宗為相王時為孺人，甚見禮異。」[10]六八四年深秋，已當了半年皇帝的睿宗，特地冊立竇氏為德妃。次年仲秋，生下一個男孩，取名隆基。可見，細論李隆基的父系與母系，還是有點遠親的血緣關係呢。

隆基有衆多的同父異母的哥哥與弟弟，他本人排行第三，時人親切地稱之為「三郎」。大哥名叫成器，其母劉氏是唐初名臣劉德威的孫女。睿宗居藩時，劉氏為妃。睿宗即位初，劉氏為皇后，而年僅六歲的成器以嫡長子身分被立為皇太子。二哥名叫成義，其母柳氏係掖廷宮人。生母雖然卑微，但由於成義初生時被視為「西域大樹之精」[11]，所以得到武后的喜歡，仍列於兄弟之次。至於幾個弟弟，一是隆範，母親崔孺人；二是隆業，母親王德妃。範、業兩弟比隆基略小一歲，都在垂拱三年（六八七）以前出生。小弟弟隆悌，其母是宮女，出生較晚，卻早年夭折。

總之，唐睿宗有六個兒子。垂拱三年閏正月[12]，除了皇太子成器外，其他皇子均封王，如成義為恒王、隆基為楚王、隆範為衞王、隆業為趙王。當時，隆悌尚未出世。而從隆悌死後，健在的五個合稱「五王子」。據唐玄宗回憶說：「……嘗號五王，同開邸第。遠自童幼，洎乎長成，出則同遊，學則同業，事均形影，無不相隨。」[13]這種和睦的兄弟關係，對於後來的政治起了良好的作用，避免了「推刃同氣」之類現象。

關於隆基的幼童生活，記載的都是零星的片段。像他這樣的皇子多得很，誰會料到二十幾年後他當皇帝，所以好事者還來不及編造「龍鳳之姿」的離奇故事。幼小的隆基是平凡的，不過，史稱「玄宗生而聰明睿哲」[14]，也是事實。大概他長相漂亮，聰明伶俐，天真活潑，頗得祖母武則天的喜愛。據說，隆基始封楚王時，虛齡三歲，實足不到一歲半，武后抱著他在神都宮殿高樓上眺望，忽然，一不小心，將嬰孩墜落地下。左右侍者驚呆了，慌忙跑下扶抱。而小隆基「怡然無虧損之狀，則天甚奇之。」[15]此事不見於正史，是否虛構，不得而知。北宋編纂《冊府元龜》時，將這個故事列入《帝王部・神助》類，其意圖在於貶斥武則天的「篡唐」，並把唐玄宗的帝業歸結為「神助」的結果。這當然是別有用心。但是，可以肯定地說，幼時的隆基長得逗人喜愛，祖母武則天時常抱著他玩耍。在唐睿宗當皇帝的幾年裏，隆基因楚王的地位而顯得尊貴，再加上武后的喜歡，也就更加得寵了。

父皇被廢，初次「出閣」

好景不長。李隆基的命運隨著其父睿宗被廢而處於淡泊的境遇。他六歲那年[16]，西元六九〇年，宮廷裏發生了一場所謂「革命」事件。六十七歲的老祖母竟以驚人的魄力與勇氣，舉行了正式登基典禮，以唐為「周」，改元「天授」，尊號為「聖神皇帝」。武則天經由數十年的奮鬥，跨越重重政治障礙，最終如願以償，成為中國歷史上唯一的女皇帝。很多封建史家對武周「革命」競起口誅筆伐，其實，這是不公正的。歷史上宮廷政變知多少，皇帝豈能一姓專有？評價帝王的功過，不可囿於男尊女卑的封建史觀，應當看其對社會發展起了促進或者阻礙作用。就此標準來衡量，武則天執政期間採取的政治經濟措施，基本上是起了積極的作用，所以她不失為地主階級的女政治家。

既然武則天自己稱帝，建立了周朝，原來的李姓皇帝怎麼辦呢？處置方法還算得體。降唐睿宗為皇嗣，賜姓武氏；宣布皇太子成器及隆基諸皇子為皇孫，也一律由「李」姓改為「武」姓。雖然睿宗本來就是傀儡，毫無實權，降為皇嗣並無實質性的影響，但喪失名義上的「皇帝」，畢竟是不愉快的事。對於隆基來說，武周「革命」所造成的急劇變動，不能不在他幼小的心靈裏留下陰影，而且必定會改變他未來的生活道路。

父皇被降黜以後，隆基諸兄弟再也不能住在禁宮裏了。天授二年（六九一），他們便紛紛「出閣」[17]。所謂「出閣」，本來是指皇室諸王出就藩封。隆基生於神都內宮，三歲時封楚王，因年幼依舊住在內宮。如今，父親從皇帝寶座上下來了，他和兄弟們也就被遷出皇宮，美其名曰「出閣」。這裏所謂「出閣」，並不是指出就藩封，而是在神都（洛陽，武則天統治全國的政治中心）另外「開府置官屬」，每月初一和十五日仍要到朝堂拜見女皇武則天。初次「出閣」，前後不到兩年。隆基七八歲了，略懂世事，看到了一些深宮裏無法看到的東西，「出閣」對於他增長知識卻大有好處。

據記載，就在「出閣」那年，有一次，隆基在官屬擁扶下，來朝堂拜見祖母，車騎「嚴整」，十分威風。當時擔任宮中禁衞的金吾將軍武懿宗，是武則天伯父武士逸之孫。武懿宗「忌上（玄宗）嚴整，訶排儀仗，因欲折之」。隆基責罵道：「吾家朝堂，干汝何事？敢迫吾騎從！」武則天得知此事，「特加寵異之。」[18]這個故事當是信史，反映了李隆基的英武倔強的性格。但是，如果認為「吾家朝堂」是指李唐王朝，隆基已有復興李唐的朦朧意識，那就錯了。試想，武則天剛剛稱帝，睿宗及其諸子賜姓武氏，女皇統治正處於極盛時期，舉國上下沒有發生像過去徐敬業反抗那類事件。可見，復興李唐尚未提到日程上來。在七歲孩子的心目中，「吾家朝堂」就是指祖母武則天的殿堂。當時，祖母與孫子的關係雖然已由親熱漸趨冷淡，但還沒有出現裂痕，所以隆基不可能有改變祖母統治的閃念。假使真的是指李家王朝，武則天是決不會「特加寵異」的。「寵異」的原因在於對隆基果敢性格的讚賞。而且，所謂「寵異」，無非是一種驚奇情緒，跟幾年前的寵愛是大不相同的。

其實，上述故事倒是反映了武則天的兒孫們與侄子們之間的矛盾。也就是說，「吾家朝堂」即封建最高統治權力今後由誰來繼承。武則天稱帝，一方面以睿宗為皇嗣，另一方面重用武姓侄子，封武承嗣為魏王、武三思為梁王。武承嗣權勢顯赫，「自為次當為皇儲。」[19]就在隆基兄弟「出閤」前不久，有一批人打著民意的幌子，「請立武承嗣為皇太子。」這種活動遭到一些大臣的抵制。例如，李昭德說：「皇嗣，陛下之子。陛下身有天下，當傳之子孫為萬代業，豈得以侄為嗣乎！」[20]傳子還是傳侄？這對於女皇帝來說確實是個難題。武則天終究屈從於「傳之子孫」的傳統觀念，沒有讓武承嗣當「皇儲」。但是，武氏侄子的實力地位急劇上升，給皇嗣造成了嚴重的威脅。回顧永昌元年（六八九）正月初一，萬象神宮祭拜時，武后初獻，睿宗亞獻，太子成器終獻。及至長壽二年正月初一（六九二年十二月三日），萬象神宮祭拜時，女皇武則天初獻，魏王武承嗣亞獻，梁王武三思終獻。在這樣隆重的禮儀上，皇嗣沒有出場，說明其處境已是十分不利的了。少年的隆基未必能理解父親睿宗地位沉浮的政治背景，但對武家新權貴們的咄咄逼人的氣焰還是感受到的。所以，「吾家朝堂，干汝何事」的斥罵，決不是偶然而發的，而是內心憤怒的傾洩。

磨難少年

隆基近九歲時，母親竇氏和長兄成器的母親劉氏，被秘密地殺害於禁宮。這是一場從「天」

而降的災禍。此後，父親皇嗣的地位搖搖欲墜，隆基諸兄弟皆「入閤」，幽閉內宮，長達六年多。

（一）生母竇氏慘死

長壽二年正月二日（六九二年十二月四日），即大享萬象神宮的次日，竇氏和劉氏來到內宮嘉豫殿，拜見婆婆武則天。「既退而同時遇害，梓宮秘密，莫知所在。」[21]殘殺的手段是何等的詭密，連屍骨都不知弄到哪裏去了。直到十八年後，睿宗重新即位，追謚劉氏為肅明皇后，竇氏為昭成皇后，招魂葬於東都洛陽城南。

被殺的原因究竟是什麼？據劉知幾《太上皇實錄》記載，女皇武則天身邊有個「信任」的戶婢，叫做韋團兒，「欲私於」皇嗣睿宗，結果被拒絕，因而「怨望，遂作桐人潛埋於二妃院內，譖殺之」。照此說來，這純粹是一場宮廷女人之間的私鬥。司馬光主編《資治通鑑》時，已覺察到劉知幾記載的不妥，改寫為「戶婢團兒……有憾於皇嗣，乃譖皇嗣妃劉氏、德妃竇氏為厭咒」[22]。這裏所謂「有憾」，仍沒有具體內容。其實，只有聯繫女皇登基以來複雜的政治鬥爭，才能揭開謀殺案件的真相。兩年多前，武后改唐為周，睿宗降為皇嗣，原皇后劉氏也相應地降為妃子，竇德妃也喪失了顯貴的地位，她們心中自然忿恨不滿。搞蠱道咒詛，歷史上從來是宮廷鬥爭的常用手段之一。二妃院內挖出桐人，「祝詛武后」[23]，確有此事。這反映了婆媳之間尖銳的矛盾。如果僅僅是韋團兒誣陷，查無實據，那麼，武則天也不會斷然地害死兩個媳婦。後來韋團兒又被處死，很可能是殺人滅口的做法。《舊唐書·后妃傳上》，稱「長壽中，（肅明皇后劉氏）與昭成皇后（竇氏）同被譖，為則天所殺」。可見，主謀者是武則天，歸罪於韋團兒是不公平的。兩位妃子遇害時，作為皇嗣的睿宗十分畏懼，竟不敢吭一聲，「居太后前，容止自如。」[24]這副可憐相既說明女皇的凶狠與毒辣，也暴露了睿宗的懦弱與無能。

因竇氏之死，其父母也受到了牽連。當時，隆基外祖父竇孝諶任潤州刺史，「有奴妄為妖異以恐德妃母龐氏，龐氏懼，奴請夜祠禱解，因發其事。」看來，龐氏只為女兒慘死而恐懼，決不敢詛咒女皇武則天。在誣告成風的年月裏，家奴羅告其主，以求官賞，那是屢見不鮮的。如果稍加核查，真相不難弄清。可是，案件偏偏落在酷吏監察御史薛季昶手裏，他誣奏「以為與德妃同呪詛」[25]。薛某因誣陷有功，被提拔為給事中，進而硬判龐氏坐斬。隆基的舅舅竇希瑊出來訴冤，經由侍御史徐有功的辯護，才改判龐氏免死，與三個兒子流於嶺南，竇孝諶也被貶為羅州司馬。

對於母親的慘死以及外祖父母一家的不幸遭遇，年近九歲的隆基是十分悲痛的。後來當了皇帝，還常常回憶起傷心的往事。「玄宗以早失太后（竇德妃），尤重外家。」[26]追贈外祖父竇孝諶為「太保」，舅舅竇希瑊等三人皆為國公，食實封，甚見優寵，希瑊等也沒有忘記患難中相救的徐有功，「請以身之官爵讓有功子惀，以報舊恩。」後代史臣評論說：「希瑊讓爵酬恩，可知遺愛。」[27]表彰了不忘昔日情誼的風尚。

（二）諸兄弟幽閉深宮

劉妃、竇妃死後第二個月（臘月），睿宗諸子一律降為郡王。按照慣例，皇子們封王，皇孫們則封郡王。因此，成器為壽春郡王，成義為衡陽郡王，隆基從原楚王改為臨淄郡王，隆範為巴陵郡王，隆業為中山郡王（後改封彭城郡王）。女皇武則天為了防範這些郡王的活動，還採取了「隨例卻入閤」的措施[28]。所謂「入閤」，實質上是不再讓睿宗諸子在外「開府置官屬」，而把他們幽閉於深宮。

據《資治通鑑》卷二○四記載，早在天授二年（六九一）八月，「義豐王光順、嗣雍王守禮、永安王守義、長信縣主等皆賜姓武氏，與睿宗諸子皆幽閉宮中，不出門庭者十餘年。」這恐怕有些失實。光順、守禮、守義等人係章懷太子李賢之子。李賢大概不是武后親生子，唐高宗在世時，一度被立為皇太子，後又被武后廢為庶人。文明元年（六八四）二月，唐中宗剛剛下臺，武后就派人將李賢殺害。及至武后建周，改元「天授」，為了防止李唐宗室的叛亂，特地將李賢諸子幽閉宮中。自那時至六九九年「出閣」，約十餘年。至於睿宗諸子，天授二年（六九一）十月初次「出閣」，開府置官屬，顯然不會跟李賢諸子同時幽禁。直到長壽二年（六九三），劉妃、竇妃被殺後，才以「入閣」形式，把睿宗諸子幽閉宮中。

隆基諸兄弟在禁宮的生活情況如何，不得而詳。據嗣雍王守禮的回憶：「則天時以章懷（李賢）遷謫，臣幽閉宮中十餘年，每歲被敕杖數頓，見瘢痕甚厚。」[29]可見，管教嚴厲，打罵是經常發生的事。當然，隆基的處境可能好些，不至於那樣地挨打。一則有所謂「皇嗣」的父親在宮中，二則「幼失所恃，為竇姨鞠養」[30]。這位「竇姨」，也就是竇德妃的親妹妹。母親被殺，隆基近九歲，往後生活上便由竇姨悉心撫養，處處庇護，那境遇也就好得多了。幽閉宮中，可以與太常樂工相伴，學習音樂，學習書法，學習騎射。但是，不准自由外出，不准與外朝有所聯繫。

（三）安金藏剖腹事件

隆基諸兄弟幽閉內宮不久，發生了一件轟動朝野的事，那就是安金藏剖腹案。「蓋睿宗為皇嗣時，止於宮中朝謁，不出外朝。」[31]尤其在劉妃和竇妃被殺後，皇嗣實際上也是幽閉宮中。長壽二年（六九三）一月[32]，前尚方監裴匪躬、內常侍范雲仙因「私謁」皇嗣，結果被腰斬於市。

爾後，公卿大臣及其僚屬都不敢來見了，皇嗣身邊進出的只有一些太常樂工。不久，又有人誣告皇嗣「潛有異謀」即有反對武則天統治的圖謀，武則天就派著名的酷吏來俊臣去查辦。酷吏使用種種刑罰，大搞逼供信。有個樂工名叫安金藏，竭力替皇嗣辯護，大聲疾呼：「公（指來俊臣）既不信金藏言，請剖心以明皇嗣不反。」緊接著就用佩刀剖腹，流血滿地，昏厥了過去。女皇武則天知道後，顯然被這壯烈的一幕鎮住了，立即派醫人治療，「以桑白皮縫合之，傅藥，經宿乃蘇。」第二天，武則天親臨探望，嘆道：「吾有子不能自明，不如汝之忠也。」[33] 於是，下令不再追究睿宗了。

上述事件表明，武后篡唐為周，引起了統治者內部的新矛盾。睿宗由於自己被降黜，加上兩個妃子被殺害和五個兒子被幽禁，不滿的情緒是難免的，但還不會有謀反的異圖。安金藏的辯護，無疑是可信的。武則天作為歷史上傑出的女政治家，仍然被權欲所迷惑。為了鞏固女皇的絕對地位，任用酷吏，製造恐怖，鎮壓一切她認為是反對她的人。即使是兒子、孫子和媳婦，也決不手軟。一個封建專制主義的女皇，弄到這樣孤家寡人的地步，實在是可悲的。唐朝著名的詩人元積評論說：「母后臨朝，剪棄王室，中（宗）、睿（宗）為太子，雖有骨鯁敢言之士，不得在調護保安職，及讒言中傷，惟樂工剖腹為證，豈不哀哉！」[34]

安金藏剖腹的消息，當時就傳遍了神都宮廷內外，在少年隆基的腦海裏也留下不可磨滅的印象。及至「玄宗即位，追思金藏忠節，下制褒美，擢拜右驍衞將軍，乃令史官編次其事」[35]。這種「追思」久久無法平靜，開元二十年（七三二）又封安金藏為代國公，下制讚揚「安金藏忠義奉國，精誠事君。往屬酷吏肆凶，潛行謀構，當疑懼之際，激忠烈之誠。……宜錫寵於珪組，兼勒名於金石」[36]。

總而言之，隆基在幽閉禁宮的六年多裏，早已失去了祖母武則天的寵愛，成為一個磨難少年。他目睹「酷吏肆凶」尤其是酷吏薛季昶和來俊臣的暴行，既感到疑懼不安，又深深惡痛絕。這段難忘的經歷，對於唐玄宗政治思想的發展起了一定的作用。

再次「出閣」，初入長安

直到隆基十五歲時，即武周統治的後期，出現了重大的轉變；武則天採取措施結束恐怖主義的酷吏政治，改善跟兒孫們的關係。於是，隆基諸兄弟包括衆多的堂兄弟重新「出閣」，恢復了自由。隆基十七歲那年，又跟隨祖母武則天初次來到長安，大約待了兩年，再回到洛陽。這時已成長為青年的李隆基，從深宮走向社會，走向民間，閱歷豐富了，知識廣博了，在政治上逐漸地成熟起來。

（一）廬陵王為皇太子

皇太子的重新確立，標誌著武周統治進入了一個新的階段。對於原李姓皇室子孫們來說，這無疑是命運好轉的契機。

自武則天稱帝以來，圍繞著皇太子的問題，展開了激烈的爭奪。睿宗降為皇嗣，「徙居東宮，其具儀一比皇太子。」[37]所謂「皇嗣」，是自古以來沒有過的稱呼，也可算是武則天的發明。顧名思義，「嗣」者，繼承也。「皇嗣」就是皇位的繼承者。武則天一方面喜歡小兒子睿宗，另一方面愈來愈多地看到睿宗的懦弱和某些離異傾向。因此，在政治上更多地信用侄子武承嗣和武三思。她公開地對大臣說：「吾侄也，故委以腹心。」[38]武承嗣既以心腹見用，也就竭力謀求「當為皇儲」，前面說過，由於大臣的反對，未能實現。及至聖曆元年（六九八）二月，「武承嗣、三思營求為太子」，數次派人向女皇武則天說：「自古天子未有以異姓為嗣者。」[39]言下之意，武后為帝，當以姓武者為皇位繼承人，而皇嗣睿宗則是李姓的唐朝宗枝。其實，武則天早已考慮到這一點，降睿宗為皇嗣，同時賜姓武氏。所以，從皇嗣的建置來說，並未違背以同姓為嗣的原則。

問題在於：今後皇位傳給「賜姓武氏」的兒子還是傳給武姓的侄子？換言之，傳子還是傳侄？武則天雖然貴為皇帝，但畢竟是一位女人，勢必要碰到這個疑難問題。她曾長期猶豫不決，但最終還是遵循了傳子的原則。大臣狄仁傑告誡說：「姑侄之與母子孰親？陛下立子，則千秋萬歲後，配食太廟，承繼無窮；立侄，則未聞侄為天子而祔姑於廟者也。」[40]武則天之所以採納了這種意見，原因主要有以下兩點。

第一，**不能擺脫封建宗法制度的約束**。中國封建社會的家族以男子為中心，繼承家系或帝世非子不可。武則天雖能以非凡的氣概，衝破阻礙女子稱帝的種種傳統觀念的束縛，但她作為一個女皇帝，又無法在皇位繼承問題上有所創新。傳給兒子嗎，豈不是意味著要從武周天下回復到李唐王朝？傳給侄子嗎，將來太廟配食問題又如何解決？武則天降睿宗為皇嗣，又賜姓武氏，就是她想解決傳子不同姓的矛盾心理的反映。至於武承嗣鼓吹「自古天子未有以異姓為嗣者」，恰恰是抓住了武則天的前一種擔憂心情；而狄仁傑強調「未聞侄為天子而祔姑於廟者」，恰恰是抓住了武則天的後一種擔憂心情。結果，後者勝於前者。所謂由親子祭祀血食，實質上是宗法制度的衍生物。武則天關注這個問題，說明她頭腦裏存在傳統的宗法制度觀念。既然如此，皇位傳子是不可避免的了。

第二，大臣中擁李派勢力雄厚。自武后稱帝以來，內部鬥爭十分激烈。高宗諸子與武后諸侄之間，擁李派與擁武派官僚之間，朝廷士人與女皇嬖寵之間，充滿著種種矛盾。有一段時期裏，以武承嗣為首的諸武勢力居上風，他們培植黨羽，勾結酷吏，陷害忠良。但是，這種種行徑引起了正直朝臣的憤怒與不滿。大臣中如吉頊、李昭德、狄仁傑、張柬之、魏玄同、敬暉等，雖效忠於女皇武則天，但堅主立李氏後裔，他們認為這是一個問題的兩個方面，是互為補充，並非互相排斥。而愚蠢的武承嗣等卻將兩者對立起來，因而在輿論上陷於不利的境地。尤其在酷吏來俊臣被處決後，正直朝臣力量大增，狄仁傑成為武周政權的核心人物之一。在狄仁傑等擁李派的推動下，最終確定了傳子的原則。

那麼，立哪一個兒子為皇太子呢？按理說，睿宗李旦早已為皇嗣，即皇位的繼承者。但是，皇嗣的懦弱無能和無所作為，盡為朝野所知，顯然不是理想的人選。安金藏事件後，武則天和李旦之間的母子感情的裂縫加深了，皇嗣實際上處於幽閉的境地。史稱「廬陵（中宗）既在房州，相王（睿宗）又在幽閉」[41]。在這種情況下，狄仁傑提出：召回廬陵王，立為皇太子。此議得到大臣吉頊的支持。吉頊又鼓動女皇身邊的嬖寵張易之、昌宗兄弟，說：「主上（指女皇武則天）春秋高，大業須有所付；武氏諸王非所屬意，公何不從容勸上立廬陵王以繫蒼生之望！如此，非徒免禍，亦可以長保富貴矣。」[42]由於張氏兄弟的勸說[43]，加上大臣們具陳利害，女皇終於同意立廬陵王為皇太子。

聖曆元年（六九八）三月，廬陵王從幽閉之所房州，回到了神都洛陽。八月，武承嗣恨不得為太子，怏怏不樂，一病就死了。九月，皇嗣睿宗稱疾不朝，固請遜位，廬陵王便被立為皇太子。又過三個月，賜太子姓武氏，可見武則天依舊擔心武周天下回復到李唐王朝，說明她要做女皇的權欲至老而不衰。

（二）再次「出閣」

聖曆二年正月（六九八年冬），辭掉皇嗣的李旦被封為相王。早在唐高宗時，作為皇子的李旦曾封過相王，又改封為豫王。據記載：「初，太宗愛晉王（高宗李治），不使出閣；豫王（睿宗李旦）亦以武后少子不出閣，及自皇嗣為相王，始出閣。」[44]也就是說，因為武后的喜愛，小兒子李旦在高宗時未曾「出閣」。後來相繼為皇帝（睿宗）和皇嗣，當然不存在「出閣」問題。直到這次再度為相王，才開始「出閣」，建府置官屬。著名的相王府設在東都積善坊。

聖曆二年十月（六九九年冬），「相王諸子復出閣。」[45]隆基兄弟五人離開禁宮，也在東都積善坊「分院同居」，號稱「五王子宅」[46]。回想初次「出閣」，隆基才七歲，那時父皇被降黜，武氏諸王氣焰囂張，日子是很不好過的。再次「出閣」時，隆基已經十五歲了，伯父為皇太子，父親為相王，境況無疑是今勝於昔。隆基諸兄弟結束了長達六年多的宮中幽閉生活，宅居積善坊，行動得以自由，有利於接觸社會和了解民情。

（三）初入西京長安

隆基十七歲時，跟隨祖母來到西京，視野更廣闊了。

長安作為唐王朝的京城，是令人神往的聖地。遠在永淳元年（六八二）夏，關中災荒，唐高宗偕同武則天來到了東都洛陽。次年末，高宗病危時，曾經希望「天地神祇若延吾一兩月之命，得還長安，死亦無恨」47。結果當晚就死在東都。又一年，武后廢中宗，臨朝執政，乾脆改洛陽為「神都」，並以此作為統治全國的政治中心。直至大足元年（七〇一）十月，女皇武則天率領太子、相王、宗室子弟以及官屬，浩浩蕩蕩地西入關中，回到了闊別近二十年的長安。

為什麼要重返西京呢？首先，女皇年事已高，且又多病。西元七〇〇年，剛服了僧人胡超煉的「長生藥」，健康稍有好轉。人到暮年，不免思念往事；作為老年的女皇帝，更不免思念西京和高宗墳陵。其次，在她看來，皇太子已立，放下了一件心事。她意識到兒子們與侄子們之間的爭鬥，特地叫他們「立誓」於明堂，以為這樣就可以相安無事了。正是在這種情緒支配下，率領太子、相王、女兒和武氏諸王等入關。為了表示此行的隆重，宣布大赦天下，改元「長安」。所謂「長安」年號，一方面是說明重新回到西京，另一方面也是有長治久安的寓意，反映了武則天晚年的願望。

然而，長安三年（七〇三）九月，武后又發病了。臣僚們竟擔憂她會「晏駕」（逝世），可見病得夠重了。如果說唐高宗渴望「得還長安，死亦無恨」，那麼，武則天就以死於洛陽而百無遺憾，因為「神都」是歷史上唯一的女皇帝統治全國的象徵。所以，這年十月，武則天在原班人馬的擁戴下，又匆匆地返回洛陽。

在長安的兩年裏，女皇和太子等住在大明宮，而相王和隆基諸兄弟則「賜宅於興慶坊」48。興慶坊，也叫隆慶坊，在長安城東隅。傳說，這裏原是平民王純家。王家水井常常外溢，竟變成了一個大池，即著名的龍池。其實，據《長安志》載：「自垂拱初載後，因雨水流潦為小流；後又引龍首渠水分溉之，日以滋廣。」49隆基諸兄弟列第於池北，如同在東京積善坊一樣，「分院同居」，所以也稱「五王宅」。

隆基在西京的活動情況，缺少詳細的記載。史稱「長安中（七〇一—七〇四），歷右衞郎將、尚輦奉御」[50]。這兩個職務可能是在長安時就擔任了。右衞郎將，隸屬於左右衞，擔任警衞事務。尚輦奉御係殿中省尚輦局長官，從五品上，掌管宮殿裏輿輦，分其次序而辨其名數，參與大朝會和大祭祀。隆基作為皇室子弟，年近二十，正好適合於這類任職。

少有抱負

前面說過，隆基幼小時聰明伶俐。而長大後，十八九歲時，「儀範偉麗，有非常之表。」看來，確實是堂堂一表人才，高大英俊，直到北宋初還被稱為「奇表」[51]。宮中嘗叫他「阿瞞」[52]。衆所周知，曹操「小字阿瞞」[53]。可見，李隆基儼然是曹操式的人物，頗有抱負。

（一）復興李唐意識的萌發

隆基青少年時代的生活道路是不平坦的。生於神都深宮，幼年封王，頗得祖母武后的寵愛。七歲「出閤」，受到武氏諸王的冷遇。近九歲時喪母，幽閉六年。十五歲再次「出閤」，才恢復了跟祖母的親善關係。總之，他一方面生活在皇宮和府第裏，即使幽閉時仍有「臨淄郡王」的封號，物質上享受自然是豐厚的。另一方面，他又經歷了宮廷內部的激烈鬥爭，跟父親睿宗一樣，長期處於險惡多變的境地。史稱：「昔玄宗少歷屯險。」[54]正是這種生活狀況，造就了李隆基「英武果斷，不拘小節」的性格[55]。

復興李唐，無疑是李隆基的抱負。這種意識是在再次「出閤」前後萌發的。那時，他十四五歲左右，逐漸地對時局與政爭有所了解。廬陵王立為皇太子，反映了復興李唐的政治潮流之不可阻擋。大臣吉頊私下說：「天下士庶未忘唐德，咸復思廬陵王。」[56]儘管後來皇太子賜姓武氏，但在「天下士庶」心目中，仍然是李唐王朝的象徵性人物。李隆基「出閤」後，居外活動，是很容易感受到這股新潮流的。

尤其在長安的兩年裏，隆基耳聞目睹西京的風物，更加培植了對李唐祖宗功業的感情。長安二年（七〇二）五月，蘇安恒上疏，慷慨陳詞：「當今太子追回，年德俱盛，陛下（指女皇武則天）貪其寶位而忘母子深恩，將何聖顏以見唐家宗廟，將何誥命以謁大帝（唐高宗）墳陵？」甚至尖銳地指出：「臣愚以為天意人事，還歸李家。」如果在十幾年前說這些話，就會立刻遭到殺身之禍。如今，女皇武則天看了，淡然置之，「亦不之罪」[57]。這就清楚地說明，人們懷念與祭拜唐家宗廟與墳陵的心情是十分急切的，而將政權「還歸李家」的呼聲是十分激烈的。連武則天也意識到，歸政李唐是難以阻遏的事。上述事件轟動西京，隆基當然是知道的；至於他反應如何，史無記載。可以肯定地說，他是贊成「還歸李家」的觀點的。

（二）目睹五王誅二張的政變

長安三年（七〇三）初冬，隆基隨祖母回到神都洛陽。過了一年多，隆基二十一歲時，經歷了一場著名的政變。

所謂「五王」，是指張柬之、桓彥範、敬暉、崔玄暐、袁恕己等。他們是政變的策動者，後來被唐中宗封為王，所以稱「五王」。所謂「二張」，是指張易之、張昌宗。這兩兄弟是唐初名臣張行成的族孫，時人呼之為「五郎」、「六郎」。由於他們貌似蓮花，善於歌舞，會煉丹藥，深得女皇武則天的寵愛。「則天春秋高，政事多委易之兄弟。」[58]二張貴盛，權傾朝野。自廬陵王為皇太子以後，武承嗣已死，諸武（主要是武三思）和太子、相王之間，鬥爭不再突出了；而矛盾則愈來愈集中到二張身上。皇太子李顯的兒子重潤、女兒永泰公主以及女婿武延基（武承嗣之子），因竊議二張專權，竟皆令自殺。可見，彼此之間的矛盾是何等的尖銳。

很明顯，要匡復李唐，首先必須除掉二張。長安四年（七〇四）冬，女皇武則天病危，居於洛陽宮長生殿。張柬之以宰相身分，跟崔玄暐、敬暉、桓彥範、袁恕己等密謀策劃。次年即神龍元年（七〇五）正月，由張柬之出面，拉攏右羽林大將軍李多祚。多祚宿衞北門達數十年，對唐高宗感恩不盡。張柬之鼓動說：「將軍既感大帝（唐高宗）殊澤，能有報乎?·大帝之子見在東宮，逆豎張易之兄弟擅權，朝夕危逼。宗社之重，於將軍誠能報恩，正屬今日。」[59]多祚表示不惜身家性命，願意效勞。於是，制定了政變的實施方案，並由桓彥範和敬暉去見皇太子，「密陳其計，太子從之。」[60]

正月二十二日，張柬之、崔玄暐、桓彥範等率左右羽林兵五百餘人，聚集於洛陽宮北門（亦稱玄武門）。派遣李多祚、李湛、王同皎（皇太子女婿）等到東宮迎皇太子，王等人說：「今天啓忠勇，北門將軍、南衙執政，克期以今日誅凶豎，復李氏社稷。伏願殿下暫至玄武門，以副衆望。」[61]緊接著，扶擁太子上馬，奔至玄武門，斬關而入禁宮，誅二張於迎仙院廡下，逼女皇武則天遜位。

由上可見，這次政變是南衙執政和北門將軍的聯合行動，以誅滅二張和恢復李唐為目標。勝利的原因雖然是跟控制玄武門有關，但從根本上說，是由於順應了「復李氏社稷」的歷史潮流。正月二十四日，女皇傳位於太子。次日，唐中宗正式即位於通天宮。二月，復國號曰「唐」，禮儀制度皆如唐高宗永淳以前故事，並將「神都」改回為東都。至此，歷史上唯一的女皇帝武則天的政治統治完全結束了。「天之歷數歸睿唐，顧惟菲德欽昊蒼」[62]。李唐王朝的重新出現，當然不是由於什麼天意，而是武則天時期政治鬥爭的必然結局。

（三）在復唐鬥爭中的作用

在五王誅二張的過程中，相王、隆基父子究竟起了什麼作用呢？

史稱「相王寬厚恭謹，安恬好讓」[63]，故在武后執政時期，既無突出的作為，也往往倖免於難。然而，對於二張弄權，他是不滿的，完全站在皇太子和五王一邊。五王之一袁恕己，就曾「兼知相王府司馬事」。袁恕己以相王府僚屬，參與密謀，顯然反映了相王的政治態度。此外，著名的政治家與軍事家姚元之（崇），早在長安二年（七〇二）就曾為相王僚屬。長安四年（七〇四）六月，姚元之兼相王府長史，九月改任靈武道安撫大使，行前推薦張柬之為宰相。張柬之出任宰相後，就立即密謀策劃政變。神龍元年（七〇五）正月初，姚元之自靈武回到神都，張柬之把密謀情況告訴他，並一起商量。從上述關係中，可以看到相王在政變策劃過程中的作用。特別是五王定計後，一方面由桓彥範和敬暉去向皇太子報告，另一方面由袁恕己去通知相王。正月二十二日，張柬之、崔玄暐、敬暉、桓彥範等迎太子，率羽林兵發動宮廷政變；而袁恕己則「從相王統率南衙兵仗，以備非常」[64]。內外配合，協同行動，從而保證了政變的迅速勝利。唐中宗即位後，為了表彰相王的功勞，特地「進號安國相王」[65]。

至於李隆基，看來是沒有資格直接參預密謀。他只是跟隨父親相王而行動，在政治鬥爭中還不是獨立的角色。雖然沒有確鑿的史料證明隆基也「從相王統率南衙兵仗」，但這種推測是合乎情理的。他對五王的人品極其敬佩，對誅二張的功業更是擁護。所以，直到開元六年（七一八），唐玄宗下詔，盛讚五王「並德惟神降，材與運生，道協臺岳，名書讖緯，寅亮帝載，勤勞王家，參復禹之元謀，奉升唐之景命」[66]，表達了深沉的追念。可見，在李隆基的心目中，五王並非「貪擁立之功」的人，而是對匡復李唐作出重大貢獻的功臣。

註釋

1《舊唐書·玄宗本紀上》及《太平御覽》卷一一一〈皇王部〉。

2《冊府元龜》卷二〈帝王部·誕聖〉和《全唐文》卷二三玄宗〈千秋節宴羣臣制〉。

3《舊唐書·玄宗本紀下》，史臣曰。

4《資治通鑑》卷二〇〇，顯慶五年十月條。

5《舊唐書·長孫無忌傳》。

6《資治通鑑》卷二〇〇，顯慶四年八月條。

7《舊唐書·高宗本紀下》。

8《資治通鑑》卷二〇三，光宅元年二月條。

9《舊唐書·竇抗傳》。

10《舊唐書·后妃傳上》。

11《舊唐書·睿宗諸子傳》。

12《舊唐書·則天皇后本紀》作垂拱三年春正月，《資治通鑑》卷二〇四作垂拱三年「閏正月丁卯」。《舊唐書·玄宗本紀上》及《太平御覽》卷一一一〈皇王部〉作同年「閏七月丁卯」。今從前者。

13《全唐文》卷四〇，玄宗〈奠讓皇帝文〉。

14《冊府元龜》卷一八，〈帝王部・帝德〉。

15《冊府元龜》卷二六，〈帝王部・神助〉。

16 西元六九〇年，武周「革命」，則天稱帝。隆基時年六歲。有的傳記作「七歲」，當屬計算錯誤。

17《冊府元龜》卷四六〈帝王部・知識〉曰：「天授二年，開府置官屬，始年七歲。」《太平御覽》卷一一一〈皇王部〉引《唐書》云：「天授二年十月戊戌，出閤，開府置官屬，年始七歲。」上述記載確切。而今本《舊唐書・玄宗本紀》則作：「天授三年十月戊戌，出閤，開府置官屬，年始七歲。」這裏，自相矛盾。天授三年（六九二），隆基八歲；如係七歲，當為天授二年。且天授三年九月已改元「長壽」，故無「天授三年十月」之說。據《太平御覽》所引《唐書》，「三」當「二」之訛。有一種解釋：「七周歲時出閤，開府設置官屬。」按：各種史籍均載出閤時「年始七歲」，指虛齡，即六周歲。如果改為「七周歲」，固然與「天授三年十月」之說相合，但與事實不符。

18 據《太平御覽》卷一一一〈皇王部〉引《唐書》及《舊唐書・玄宗本紀上》記載，此事發生在隆基初次「出閤」時，「年始七歲」，即天授二年冬十月。「朔望車騎至朝堂，金吾將軍武懿宗……，因欲折之。」如作「天授三年」，或者改為「長壽元年冬十月」，欠妥。

19《舊唐書・外戚傳》。

20《資治通鑑》卷二〇四，天授二年十月條。

21《舊唐書・后妃傳上》。

22《資治通鑑》卷二〇五，長壽二年正月條。

23《新唐書・后妃傳上》。

24、25《資治通鑑》卷二〇五，長壽二年正月條。

26《舊唐書・外戚傳》。

27《舊唐書・徐有功傳》。

28《舊唐書・睿宗諸子傳》。

29《舊唐書・邠王守禮傳》。

30《舊唐書・后妃傳下》。

31《資治通鑑》卷二〇六，聖曆元年九月條。

32 據《資治通鑑》卷二〇五，《舊唐書・則天皇后本紀》作「春二月」，疑誤。

33《大唐新語》卷五〈忠烈〉及《舊唐書・忠義傳上》。

34《新唐書・元稹傳》。又及，《舊唐書・元稹傳》「樂工」誤作「醫工」，參見《元稹集》卷二九〈論教本書〉。

35《舊唐書・忠義傳上》及《大唐新語》卷五〈忠烈〉。
36《全唐文》卷二三，玄宗〈追封安金藏代國公制〉。
37《舊唐書・睿宗本紀》。
38《資治通鑑》卷二〇五，如意元年六月條。
39、40《資治通鑑》卷二〇六，聖曆元年二月條。
41《舊唐書・酷吏傳上》。
42《資治通鑑》卷二〇六，聖曆元年二月條。
43參見陳寅恪《金明館叢稿初編》，第二五四頁。
44《資治通鑑》卷二一三，開元十五年五月條。
45《資治通鑑》卷二〇六，聖曆二年十月條。又，《舊唐書・玄宗本紀上》、《舊唐書・邠王守禮傳》及《太平御覽》卷一一一〈皇王部〉均誤作聖曆元年。「出閣」之事，當在以皇嗣為相王之後。
46《新唐書・三宗諸子傳》。
47《舊唐書・高宗本紀下》。
48《舊唐書・玄宗本紀上》。
49《資治通鑑》卷二〇九，景雲元年四月條胡三省注引。
50《舊唐書・玄宗本紀上》。
51《舊唐書・玄宗本紀上》及《冊府元龜》卷四四〈帝王部・奇表〉。
52《酉陽雜俎》前集卷一，〈忠志〉。
53《三國志・魏書・武帝紀》注引《曹瞞傳》。
54《新唐書・崔羣傳》。
55《冊府元龜》卷一八，〈帝王部・帝德〉。
56《資治通鑑》卷二〇六，聖曆元年二月條。
57《資治通鑑》卷二〇七，長安二年五月條。
58《舊唐書・張易之、昌宗傳》。
59《舊唐書・李多祚傳》。
60《舊唐書・桓彥範傳》。
61《大唐新語》卷一，〈匡贊〉。日期作「二十三日」，疑誤。《舊唐書・張易之、昌宗傳》作「二十日」，亦誤。
62《舊唐書・音樂志三》載中宗親祀昊天上帝樂章之一。
63《資治通鑑》卷二〇八，景龍元年八月條。
64《舊唐書・袁恕己傳》。
65《全唐文》卷一六，中宗〈加相王實封制〉。
66《唐大詔令集》卷六三，〈桓彥範等配享中宗廟廷詔〉。

第二章　誅滅韋后勢力

二十一歲的李隆基，雖然跟隨父親相王，經歷了復興李唐的鬥爭，但他畢竟是沒有政治影響的小人物。又經過五年的磨練，經驗與才能增長了，政治野心也膨脹了。到二十六歲那年，竟一舉誅滅韋后勢力。這是唐玄宗政治生涯的轉折點。此後，他成為八世紀前半期中國歷史舞臺上的核心人物。

韋后之黨擅權

五王政變勝利以後，唐中宗重新坐上皇帝寶座，立韋氏為皇后。神龍二年（七〇六）十月，唐王朝中央統治機構從東都遷回長安。相王和隆基諸兄弟也隨同到了京師，居住在舊宅興慶坊。這時，隆基已擔任衞尉少卿，掌管宮門衞屯兵，因而有機會更加清楚地了解宮廷裏的事。他曾對伯父中宗寄予希望，不久，看到的卻是韋后專權的腐敗局面，以及新的宮廷政變。

（一）韋后亂政

唐中宗和皇后韋氏，是經歷二十二年患難的夫妻。按理說，應該「鼎命維新」，有一番新的作為。可是，中宗是「愚闇」之主[1]；而韋后則是別有野心，「頗干朝政，如則天故事」[2]。當時政治之腐敗，正如柳澤後來揭露的：「韋氏蠱亂，奸臣同惡，政以賄成，官以寵進，言正者獲戾，行殊者見疑，海內寒心，人用不保。」[3]這是何等的景象啊！

韋后弊政的惡果之一，是安樂公主的放縱專橫。公主是最小的女兒，嫁給武三思的次子武崇訓。她恃寵不法，權傾天下，甚至請求為皇太女。從歷史上看，只有皇太子，偶爾也有過皇太弟和皇太孫之類，但絕無皇太女的建置。傳統的嫡長制，是不允許女子來繼承皇位的。安樂公主憤怒地說：「阿武子尚為天子，天子女有不可乎？」[4]「阿武」指的是武后則天。既然已有祖母稱帝的先例，為什麼不可以當皇太女呢？這番話似乎有點衝決舊傳統的氣概。但是，安樂公主豈有武則天的才智與氣度，絕不是一個有所作為的人物。請為皇太女，不過是她無所忌憚的表現。

韋后弊政的又一個惡果，就是武三思的恃寵專權。自武承嗣死後，諸武勢力衰微，而跟二張之間的矛盾突出起來。因此，五王誅二張時，武三思是站在擁戴中宗的立場上。「（武）攸暨、三思皆悉預告凶豎（指二張），雖不親冒白刃，而亦早獻丹誠。」[5]神龍元年（七〇五）五月，張柬之等五王以及武攸暨（武后伯父之孫）、武三思等「皆為立功之人」[6]，賜以鐵券，享有特權。據說，三思與皇后有姦情私通，但這在唐朝宮闈生活中是平常的事，算不上特殊的醜聞。這種關係使武三思勢力重新振盛，史稱「三思令百官復修則天之政，不附武氏者斥之，為五王所逐者復之，大權盡歸三思矣」[7]。而一些拍馬鑽營之徒，如侍御史冉祖雍等五人，則飛揚跋扈，時人呼為「三思五狗」[8]。

總之，「神龍之後，后族干政」[9]，政治狀況是令人失望的。從中宗、韋后到安樂公主、武三思，都曾標榜效法「則天之政」。其實，他們推行的是則天時期的各種弊政；至於武后政治中的積極方面，一絲一毫都沒有繼續下來。

（二）太子重俊政變未遂

由於武三思勾結韋后，權傾人主，所以反對武氏的鬥爭又成為突出的問題。太子重俊舉兵誅殺武三思，標誌著唐中宗時期宮廷內部矛盾的進一步激化。

重俊是唐中宗的第三個兒子，係後宮所生，神龍二年（七〇六）七月被立為皇太子。重俊未必是有政治抱負的人物，其官屬大多是貴遊子弟，蹴鞠猥戲，行為不軌。武三思、武崇訓和安樂公主等，「以其非韋氏所生，常呼之為奴。或勸公主請廢重俊為王，自立為皇太女，重俊不勝忿恨。」[10]看來，他們純粹是內部的爭權奪利。但在當時特定的歷史條件下，太子因個人地位受到威脅而產生的「忿恨」，卻跟朝野反對武三思的政治潮流相適應，所以也就較多地得到人們的同情與支持。

神龍三年（七〇七）七月初六，太子收買了左羽林大將軍李多祚等[11]，率領羽林兵三百人，攻進武三思、武崇訓第宅，殺死了武氏父子。長期以來，多少人想除掉武三思，這回總算實現了。緊接著，太子率衆斬關而入內宮。中宗、韋后和安樂公主等躲到玄武門樓上，命右羽林大將軍劉景仁率兵在樓下保衛。大臣楊再思、李嶠、宗楚客等統兵二千餘人扼守太極殿。一會兒，李多祚率衆攻打玄武門，遭到了抵抗。中宗在樓上呼喊：「汝並是我爪牙，何故作逆?若能歸順，斬多祚等，與汝富貴。」[12]果然有人倒戈，殺死了李多祚。太子見勢不妙，就衝出禁宮，向終南山逃跑，最後也為人所殺。第二天，中宗引見供奉官，淚落如雨，說：「幾不與卿等相見!」[13]表達了極度危懼的心情。根據大臣宗楚客的建議，以太子頭首祭奠武三思、崇訓屍柩。八月，改玄武門為神武門，樓為制勝樓。九月，改元「景龍」。愚闇的中宗沒有從突發的事變中引出必要的教訓來。

（三）相王受牽連

太子重俊死後不久，原三思「五狗」之一冉祖雍奏言：「安國相王及鎮國太平公主，亦與太子連謀舉兵，請收付制獄。」[14]不少大臣如蘇珦、岑羲、蕭至忠等則竭力替相王辯護，以致中宗無法追查下去。相王究竟有沒有「與太子連謀」呢？看來，有過一定的支持。「初，右臺大夫蘇珦治太子重俊之黨，囚有引相王者，珦密為之申理。」[15]這位「囚」者是不會誣陷相王的，當為據實而言。從政治形勢來分析，韋后、安樂公主和武三思結成一夥，必然危及相王的地位。「在阿韋（韋后）之時，（相王）危亡是懼，常切齒於羣凶。」[16]因此，對於太子重俊的政變，相王以及李隆基肯定是支持的。最能說明問題的是，後來唐睿宗即位，特地頒布〈贈重俊皇太子制〉，強調指出：「重俊，大行之子，元良守器。往罹構間，困於讒嫉，莫顧鐵鉞，輕盜甲兵，有此誅夷，無不悲惋。」[17]還頒布〈追復李多祚官制〉，讚揚多祚「以忠報國，典冊所稱；感義捐軀，名節斯在」[18]。由此可以知道相王當年的政治態度是怎樣的了。

（四）血的教訓

重俊政變那年，李隆基恰好二十三歲。以前，他經歷過一些宮廷內爭包括五王政變，但都沒有像這次看得真切。一天之內，先是出奇制勝地誅滅武三思，接著就偃旗息鼓，歸於失敗。此中經驗教訓，對於隆基來說，是不能不留意觀察的。可以說，沒有這次失敗原因的總結，也就沒有三年後隆基政變的成功。

第一，準備倉促，貿然發動。正如睿宗指出：「輕盜甲兵，有此誅夷。」重俊本來只是因一時「不勝忿恨」而舉兵，沒有作長期的準備與周密的策劃。他聯絡了李多祚等一些羽林將軍，以「矯制」發羽林兵三百餘人。這支隊伍用以消滅武三思父子，還是足夠的。但是斬關而入禁宮，不能不說是輕舉妄動了。就力量對比而言，玄武門樓下雖然只有百餘衞士，但在太極殿宰臣們統兵多達二千餘人。太子兵力顯然處於劣勢，而且又無外援兵力。

第二，由於缺乏鼓動工作，倒戈者頗多。重俊只注意收買羽林將軍，而沒有在士兵中作深入的動員。三百餘羽林兵是「矯制」即假託皇帝名義而調集的，誅武三思，尚無疑義。一旦突入禁宮，兵指黃屋，士兵們不能不對假借聖旨表示懷疑。所以，中宗在玄武門樓上發出「歸順」的呼喊，立刻產生了作用。「於是千騎王歡喜等倒戈，斬多祚及李承況、獨孤禕之、沙吒忠義等於樓下，餘黨遂潰散。」[19]至於太子重俊逃至鄠縣附近，不是死於追兵之手，而是為自己的部衆所殺。可見，倒戈是失敗的原因之一。

第三，指揮上失誤，缺乏果斷的決心。據記載，「太子令多祚先至玄武樓下，冀上（中宗）問以殺三思之意，遂按兵不戰。」[20]當時三百餘人進攻玄武門，而樓下守衞者僅一百多。如果猛然一擊，乘勢進攻，占領玄武門還是有點希望的。但是，「多祚等猶豫不戰，……由是不克。」[21]衆所周知，在唐代宮廷政變中，玄武門地位極端重要。誰占據玄武門，誰就有了克敵制勝的重要條件。重俊和多祚未能果敢地攻下玄武門，顯然是他們失敗的又一個原因。

第四，沒有注意在輿論上申張正義。應當說，誅武三思，在輿論上是會得到廣泛的聲援。但在封建時代，臣下包括太子舉兵入禁宮，必然要冒著「犯上作亂」的惡名，在倫理上居於不利的地位。如何應付這種情況，重俊似乎沒有作過細緻的考慮。因此，直到睿宗即位後，還有人上書說：「臣竊見節愍太子（重俊）與李多祚等擁北軍禁旅，上犯宸居，破扉斬關，突禁而入，兵指黃屋，騎騰紫微。……其為禍也，胡可忍言！」[22]從倫理上責備重俊發動政變。

以上幾點，確實給李隆基以深刻的教訓。下面，將會清楚地看到：隆基發動新政變，誅滅韋后勢力，是怎樣地避免上述一個又一個的失誤，才取得了勝利。

任潞州別駕前後

重俊政變後一年，即景龍二年（七〇八）四月，二十四歲的李隆基外任潞州別駕。在潞州一年半，開始了新政變的前期準備工作。後罷潞州別駕，返回京城長安，更加抓緊密謀策劃。前後兩年裏，李隆基在組織、人員、輿論等各方面，都進行了充分的準備。

（一）出任潞州別駕

中宗和韋后不僅追查「與太子連謀」的相王，而且對相王諸子存有戒心，用外任方式加以防範，宣布以隆基兼潞州別駕，隆範兼隴州別駕，隆業兼陳州別駕。隆基原為衞尉少卿，從四品上。而別駕，「唐制：上州別駕從四品下，中州正五品下，下州從五品上。」[23]潞州曾置都督府，治所在今山西長治。隆基從京城到那裏任別駕，實際上是降職。當離開長安時，許多親友來相送，尤其是同里居住的好友崔澄一直送到很遠的地方才分手。「出潞州，賓友餞者止國門，而（崔）澄獨從至華。」[24]可見，隆基的潞州之行是引人矚目的。

隆基走馬上任，首先結交了「豪富」張暐。景龍初，張暐曾為銅鞮令，熱情好客，喜歡遊獵。「會臨淄王為潞州別駕，暐潛識英姿，傾身事之，日奉遊處。」[25]這種交誼是以氣味相投為基礎，不見得有什麼政治目的。但是，在地方豪強的心目中，李隆基儼然是一位「英姿」人物，博得了擁護。不久，有個「樂人」名叫趙元禮，來自山東，身邊帶有女兒，俊秀美麗，擅長歌舞。二十四歲的隆基看上了歌女，就在張暐宅第裏相愛起來，還生了個兒子。唐代諸王溺於女色，臨淄王李隆基也不例外。此前，隆基已納王氏和劉氏兩妃。王氏後來為皇后，但一直沒有生過兒子。劉氏生了兒子，名叫嗣直，即玄宗長子。至於歌女趙氏，後來就是趙麗妃，其子取名嗣謙，即玄宗第二子。應當說，隆基既以共同喜歡歌舞而相愛，也就不會因趙氏出身低微而嫌棄。這一點還算是難得的。趙氏的父親和哥哥後來也都「擢為京職，開元初皆至大官」[26]。

除了結交地方豪富外，還十分注意收羅心腹。李隆基在長安時已有一個貼身侍從，名叫王毛仲，係高麗人，「本起微賤」[27]，但性識明悟，辦事幹練。這時，又添了個李宜德。「李宜得（德）本賤人，背主逃匿。」[28]此人出身雖賤，但很有本領，「趫捷善騎射」，所以隆基不惜以五萬錢把他贖了過來。後來，「玄宗還長安，以二人（毛仲和宜德）挾弓矢為翼。」[29]毛仲和宜德，成為李隆基發動政變時的得力助手。從出身低微者中培養親信，這是值得注意的一種手段。

在潞州一年半，作為別駕，自然談不到什麼政績。但是，這一年半，恰恰是李隆基平生的重要時期之一。史稱：「州境有黃龍白日升天。嘗出畋，有紫雲在其上，後從者望而得之。前後符瑞凡一十九事。」[30]所謂「符瑞」十九事，據說，是指日抱戴，月重輪，赤龍，逐鹿，嘉禾，黃龍，羊頭山北童謠「羊頭山北作朝堂」，仙洞，大王山三疊，疑山鑿斷，赤鯉，黃龍再現，紫雲，李樹連理，神著，金橋，紫氣，大人跡，神人傳慶。顯然，這些是臆造、附會，有的則是別有用心的活動。李隆基當了皇帝以後，大肆鼓吹「祥瑞」，特地叫著名的文士領袖張說寫了十九首「頌」。由此透露了一個重要信息：隆基在潞州時已產生政治野心。

景龍三年（七〇九）九月，隆基接到回長安的通知，便請一個名叫韓凝禮的搞「著筮」活動，「卦未成，而一蓍翹立。」凝禮說：「此天人之瑞。」這種占卜固然是荒誕的，但也清楚地反映了李隆基的政治企圖。後來，隆基坐上皇帝寶座，授韓凝禮游擊將軍長上折衝。張說還寫了《神蓍》頌：「纖纖靈蓍，下有伏龜。天生神物，以決狐疑。一蓍特起，自天立之。無卦之卦，告帝之期。」[31]

十月二十五日，隆基經由潞南二里的金橋，返回京師。據載，這裏常有童謠說：「聖人執節度金橋。」[32]童謠有無，不得而知。即使有，原本是跟李隆基無關的。但是，隆基此行，在他的一生中，乃至在唐朝歷史上，都有重要的意義。正如舊史所說：玄宗「定天位，因此行也。」[33]十幾年後，即開元十一年（七二三）春，唐玄宗巡幸潞州，重遊故地，「宴父老，曲赦大辟罪已下，給復五年，別改其舊宅為飛龍宮。」[34]飛龍宮，又名為「啓聖宮」。這就意味著：李隆基登上龍位是從潞州起飛的，唐玄宗的帝業是從這裏開始的。

（二）返回長安

李隆基返回京城，是在景龍三年冬[35]。因為這年十一月中宗將親祀南郊，祭拜昊天上帝，舉行極其隆重的禮儀。屆時，大赦天下，流人放還，在外諸王包括隆基都要回來參加典禮。當然也有個別人例外，如中宗第二子重福。中宗原有四個兒子：長子重潤，係韋氏所生，早在武則天時期，為張易之兄弟迫害致死。次子重福，係後宮所生，因與重潤案件有牽連，所以一直被幽禁於均州。第三子重俊，死於政變。第四子重茂，年幼無知。「景龍三年，中宗親祀南郊，大赦天下，流人並放還。重福不得歸京師，尤深鬱怏。」他特地上表陳述，說：「近者焚柴展禮，郊祀上玄，……蒼生並得赦除，赤子偏加擯棄，皇天平分之道，固若此乎？」[36]表奏不報。可見，在中宗和韋后看來，今後爭奪皇位的最主要危險是次子重福，而不是相王諸子，所以對重福的防範甚於隆基。

隆基回到長安，也就罷去了潞州別駕職務。當時，他居住的興慶坊已叫隆慶坊。前章說過，坊南有一龍池。據《長安志》載，「至景龍中，彌亘數頃，深至數丈，常有雲龍之謂，後因謂之龍池。」關於龍池的傳說頗多，有的望氣者說：「常鬱鬱有帝王氣，比日尤盛。」所謂「望氣者言」，不過是替唐玄宗製造輿論而已。景龍四年（七一〇）四月，中宗遊幸隆慶池，結彩為樓，歡宴侍臣，「泛舟戲象以厭之。」胡三省注云：「時人以為玄宗受命之祥。」[37]中宗的到來，主要是尋歡作樂，並順便拜訪相王「五王宅」。是否有意窺測隆基諸兄弟的動態，那就很難肯定了。以象厭之，近於兒戲。如果確已發現隆基的圖謀，完全可以下令追查。看來，沒有把相王諸子視為最危險的力量，尚不了解「五王宅」裏的秘密活動，這是中宗和韋后在政治上的失算。

（三）厚結萬騎，陰聚親黨

李隆基在長安是暗中進行政變準備的。「屬中宗末年，王室多故，上（玄宗）常陰引材力之士以自助。」[38]也就是說，繼續收羅親信，加緊集結黨羽。他把重點放在北門禁軍萬騎上，這是老謀深算的表現。衆所周知，遠在唐太宗時，選拔官戶及「蕃口」驍勇者，著虎文衣，跨豹文韉（馬上被具），跟從遊獵，於馬前射禽獸，謂之「百騎」。武則天時，稍增為「千騎」，隸屬於左右羽林禁軍。中宗景龍元年（七〇七），又改稱「萬騎」。如果不拉攏這支禁衛力量，要想宮廷政變成功，是很難的。太子重俊失敗原因之一，就是「千騎」王歡喜等倒戈。前車之覆，怎能不引以為戒呢？所以，李隆基特別加強這方面的工作。「王（臨淄王李隆基）數引萬騎帥長及豪俊，賜飲食金帛，得其歡心。」此中意圖，心腹王毛仲一清二楚，故「亦布誠結納，王嘉之」[39]。結果是成功的，萬騎帥長葛福順、陳玄禮、李仙鳧等都被拉了過來。

隆基還廣泛地結交各種有識之士，以組織親黨。例如朝邑尉劉幽求，早年曾向桓彥範、敬暉建議，乘勢殺武三思。桓、敬不聽，後來反而被武氏誣構致死。史稱「幽求風雲玄感，川岳粹靈，學綜九流，文窮三變」[40]，對於這種人隆基是很器重的，與之潛謀。又如尚衣奉御王崇曄，「倜儻任俠，輕財縱酒，長安少年皆從之游。」李隆基也慕名求見，並在聚會上碰到了禁苑總監鍾紹京、利仁府折衝麻嗣宗等，彼此「言及家國，深相款結」[41]。可見，共同的政治態度把他們連在一起了。尤其是鍾紹京，以善書法著名，諸宮殿門榜皆其手筆。作為禁苑總監，對宮苑門廷瞭如指掌。隆基與之友朋，顯然是另有圖謀的。以上諸人，後來都是隆基發動政變的骨幹。

「龍池躍龍龍已飛，龍德先天天不違。」[42]李隆基回長安的半年多，在暗地裏加緊策劃政變，而這一切活動都是以隆慶坊「五王宅」為根據地的。社會上不時地流傳著龍池「龍氣」的說法，多少反映了李隆基躍躍欲試的狀態。但是，在中宗去世以前，隆基僅僅是在窺測方向，決不貿然地舉兵。這一點，正是吸取了重俊政變失敗的教訓，以免蒙受「上犯宸居」的惡名。

誅韋氏之黨

景龍四年（七一〇）六月初，中宗之死，使形勢發生急劇的變化。二十六歲的李隆基及其謀士當機立斷，果敢地發動宮廷政變，一夜之間就取得了完全的勝利。

（一）中宗被毒致死

毒死中宗的凶手竟是皇后與安樂公主，這件事反映了封建統治集團內部鬥爭的殘酷性。

自太子重俊起兵以後，雖然武三思死了，但韋后和安樂公主專權卻愈演愈烈。景龍二年（七〇八）春，宮中傳說皇后衣箱中有五色雲出現，有人奏請：「則天皇后未受命，天下歌《嫵媚娘》，……順天皇后（韋后）未受命，天下歌《桑條韋》，蓋天意以為順天皇后宜為國母，主蠶桑之事。」[43]這完全是諂佞者的附會。其實，早在「永徽年以後，人唱《桑條歌》云：桑條苐，女韋也樂」[44]。這首民歌怎麼會跟韋后有什麼因緣呢？藉此宣揚「天意」以韋后為「國母」，也就助長了韋后擅權的氣焰！

安樂公主也沒有從丈夫武崇訓之死中引出必要的教訓來。這時，又有了新丈夫，那就是武承嗣次子武延秀。此人有姿媚，會唱突厥歌，跳胡旋舞，早已勾搭上公主。「及崇訓死，延秀得幸，遂尚公主。」當了駙馬以後，他的恃恩放縱，比起武崇訓，真是有過之而無不及。連公主府屬官也看出「延秀有不臣之心」，獻計說：「今天下蒼生，猶以武氏為念，大周必可再興。按讖書云『黑衣神孫披衣裳』，駙馬即神皇之孫也。」[45]可見，延秀妄圖篡唐，野心不小。

總之，「韋庶人（韋后）、安樂公主、武延秀等可謂貴矣，可謂寵矣！權侔人主，威震天下。然怙侈滅德，神怒人棄。」[46]很多人敢怒而不敢言，連相王也如此。但還是有些人冒死上書，怒斥羣邪。例如，景龍四年（七一○）四月，定州人郎岌備陳韋后等「將為逆亂」，結果遭到殺害。五月，洛州偃師人燕欽融多次上奏，揭露韋后、安樂公主、武延秀等「將圖危宗社」，同樣被害致死[47]。這些事件表明，一股公開反對韋后和安樂公主的力量正在興起。相王及隆基自然意識到這股力量的重要性，對郎岌與燕欽融寄予深切的同情。所以，睿宗即位後，追贈他倆為諫議大夫，特別讚揚燕欽融：「先陳忠讜，頗列章奏，雖干非其位，而進不顧身。永言奄亡，誠所傷悼。」[48]

至於中宗，雖然昏庸愚闇，但他至少還是要維護「李家天下」。這一點，畢竟跟韋后、安樂公主、武延秀等稍有區別。韋氏之黨「陰導韋氏行武后故事」[49]，延秀黨羽揚言復興「大周」。當中宗讀到一系列揭發韋氏「將圖危宗社」的上書，不能不有所觸動。他曾面詰燕欽融，而看到欽融「頓首抗言，神色不橈」，不禁為之默然。欽融死後，中宗怏怏不悅。史稱：「由是韋后及其黨始憂懼。」[50]韋氏之黨開始「憂懼」什麼呢？怕的是中宗一旦覺悟，不許篡唐，他們的易姓之事就難以實現。因此，韋后與安樂公主等合謀，乾脆於六月二日毒死已經患病的中宗[51]。

（二）韋后臨朝稱制

中宗一死，「秘不發喪，皇后親總庶政。」[52]為了應付非常局面，採取了幾項措施。

第一，修改「遺制」內容。中宗既死於非命，也就不會留下什麼「遺制」。怎麼辦呢？六月二日那天，上官昭容和太平公主謀草遺制，內容是：立中宗小兒子重茂為皇太子，韋后知政事，相王參謀政事。六月三日，韋后召集禁中會議，參加者有大臣韋安石、韋巨源、蕭至忠、宗楚客、蘇瓌等十九人。宗楚客說：「今須請皇太后臨朝，宜停相王輔政。且皇太后於相王居嫂叔不通問之地，甚難為儀注，理全不可。」[53]雖然有些人反對這種意見，但最後還是決定罷相王輔政。六月四日，發喪於太極殿，宣布遺制，改元「唐隆」。六月七日，皇太子重茂即位，時年十六，皇太后韋氏臨朝稱制，一手操縱朝政。

第二，安插親黨，掌握軍權。韋后令從父兄韋溫「總知內外兵馬，守援宮掖。又引從子播、族弟璇、弟捷、濯等，分掌屯營及左右羽林軍」[54]。當時調集諸府折衝兵五萬人，分屯京城，一概由諸韋子侄統率。為了使萬騎聽從命令，竟使用「榜捶」立威的辦法。

第三，鼓吹「韋氏宜革唐命」。據《資治通鑑》卷二〇九記載，六月十二日，宗楚客、武延秀、諸韋子弟以及司農卿趙履溫、國子祭酒葉靜能等「共勸韋后遵武后故事」。胡三省注曰：「欲遵武后易姓事也。」尤其是宗楚客秘密上書，稱引圖讖，「謂韋氏宜革唐命。」[55]

第四，為了防止中宗次子重福在均州起兵。「遽令左屯衞大將軍趙承恩以兵五百人就均州守衞重福。」[56]同時，加強東都洛陽的留守力量。六月十二日，遣使臣到關內道、河北道和河南道等巡撫。

從上述部署看來，韋后絕不會僅僅以太后身分為滿足。任其發展下去，很有可能重演武則天篡唐的故技。

（三）六月政變的醞釀

韋后臨朝稱制的日日夜夜，也是李隆基策劃政變的緊張時刻。自中宗之死，到隆基舉兵，只有十九天。隆基及其謀士們採取了一系列有效的步驟，以保證政變的勝利。

首先，製造「受命」的輿論。中宗被害，韋后臨朝，形勢的變化已在輿論上有利於李隆基，因為再也不必擔心蒙受「犯上作亂」的惡名了。「時京城恐懼，相傳（韋后）將有革命之事，往往偶語，人情不安。」[57]韋氏之黨鼓吹「宜革唐命」，鬧得人心惶惶。而李隆基則以繼承「唐命」相號召，於是關於「龍氣」符瑞的說法廣為流傳。「上（玄宗）所居里名隆慶，時人語訛以『隆』為『龍』；韋庶人（韋后）稱制，改元又為唐隆，皆符御名。」[58]其實，韋后改元「唐隆」，寓意原是使唐朝興隆起來，以此掩飾其「革唐命」的野心。誰知「唐隆」與「隆基」有一個字巧合，竟成了李隆基「受命」的徵兆，這是韋后所始料不及的。以「隆」為「龍」的輿論，確實使隆基「益自負」[59]，堅定了及時舉兵的決心。

其次，爭取太平公主的支持。太平公主是中宗和相王的親妹妹，也就是隆基的姑母。據說，公主豐碩，方額廣頤，頗像母親武則天。五王誅二張時，公主和丈夫武攸暨都有一定的功勞。中宗在位期間，太平公主是一股獨立的政治力量，擁有一批黨羽。由於「韋后、上官昭容用事禁中，皆以為智謀不及公主，甚憚之」[60]。可見，太平公主和韋后之間有一定的矛盾。中宗一死，太平公主參與謀草「遺制」，地位相當重要，但韋后之黨「深忌相王及太平公主」[61]，竭力加以排擠。李隆基顯然摸透了姑母的政治態度，「乃與太平公主謀之，公主喜，以子（薛）崇簡從」[62]。太平公主的合謀，是李隆基敢於發動政變的重要因素。

再次，進一步拉攏禁軍萬騎。隆基雖然早已著手收買萬騎，但以前都是秘密地進行，也不輕易地吐露自己的意圖。而當韋溫接管禁軍後，「榜捶以取威」，引起了萬騎將士的不滿；營長葛福順、陳玄禮等「相與見玄宗訴寃」。時機成熟了，隆基「令幽求諷之，皆願決死從命」[63]。曉以舉兵意圖，萬騎將領踴躍請以死自效，說明誅韋后之黨得到了廣泛的響應。

經過一番緊鑼密鼓的策劃，最後共同商定了政變的實施方案。據《冊府元龜》卷二〇〈帝王部・功業第二〉記載，參與「建策」的有劉幽求、薛崇簡、太平公主府典簽王師虔、尚衣奉御王崇曄、利仁府折衝麻嗣宗、押萬騎果毅葛福順與李仙鳧、東明觀道士馮處澄、寶昌寺僧人普潤、前商州司馬崔諤之、山人劉承祖等等。從這張名單可以看到，除了李隆基及其主要謀士劉幽求外，有太平公主勢力的代表薛崇簡與王師虔，有禁軍萬騎將領，還有道士、僧人、山人之類。值得一提的，僧人普潤實際上代表了官僚中擁護李隆基的一股勢力。原來，有個人叫崔日用，曾投靠過宗楚客、武三思、武延秀等，一下子升為兵部侍郎兼修士館學士。中宗暴死，崔日用「知玄宗將圖義舉，乃因沙門普潤、道士王曄密詣藩邸（隆慶坊五王宅），深自結納，潛謀翼戴」[64]。崔某隨風而倒，自出於政治投機，但此事說明朝廷官僚中有相當一部分逐漸倒向李隆基。

（四）二十日夜戰禁宮

舉兵方案既經各方協商，周密策劃，所以也就能順利地執行。六月二十日，李隆基改穿平民衣服，在隨從李宜德和道士馮處澄的陪同下，離開「五王宅」，外出與劉幽求、薛崇簡、麻嗣宗等會面。近傍晚時分，隆基等約數十人自禁苑南潛入，聚集在苑總監鍾紹京廨舍。據《資治通鑑》卷二〇九載：「紹京悔，欲拒之。」這恐怕不是信史。很可能是，因為鍾紹京沒有參加「定策」會商，不了解舉兵的具體時刻，所以看到隆基等數十人的出現，就感到有些突然。後經妻子許氏一說，又立即明白過來。「紹京乃趨出拜謁，隆基執其手與坐。」可見，彼此「以結其心」，心心相印。紹京對於舉兵的態度，還是堅決的。《新唐書・鍾紹京傳》稱「紹京之果」，就是讚揚其果敢的決心與行動。

及至夜晚，萬騎將領葛福順、李仙鳧也來到苑中解舍，請求下令行動。約二鼓時分，滿天繁星如雪，劉幽求認為是動手的時候了。葛福順奉命返回羽林將士屯守的玄武門，斬韋璇、韋播等於寢帳，「羽林之士皆欣然聽命」。接著，把韋璇等頭首送到解舍，隆基「取火視之」[65]，加以驗證。這樣，玄武門羽林禁軍基本上解決了。

據記載：「時軒轅星落於紫微中，王師虔及僧普潤皆素曉玄象，遂啓帝（玄宗）曰：大王今日應天順人，誅鋤凶慝，上象如此，亦何憂也。」[66]於是，李隆基、劉幽求等數十人，以及鍾紹京所率領的手執斧鋸的丁匠二百餘人[67]，出禁苑南門，勒兵於玄武門外。同時，令葛福順和李仙鳧分別率領左、右萬騎，攻打玄德門和白獸門。預先約定：斬關而入，一旦會合於凌煙閣前，就發出信號，「即大噪」[68]。三鼓時辰，隆基等聽到噪聲，就率衆突入玄武門。太極殿裏守衛中宗靈柩的是南牙諸衛兵，他們雖被甲應戰，但很快就潰散了。

在禁宮一片混亂之際，韋后惶恐地奔入太極殿飛騎營，結果被軍士所殺。安樂公主「方覽鏡作眉，聞亂，走至右延明門，兵及，斬其首」[69]。武延秀逃出肅章門，也被兵士所殺。禁宮夜戰終於取得了勝利。

第二天，即六月二十一日，關閉宮門及長安城門，分遣萬騎搜捕諸韋親黨，斬死韋溫、宗楚客等。諸韋向來門宗強盛，於京城南杜曲聚族而居。「崔日用將兵杜曲，誅諸韋略盡，繃子中嬰孩亦捏殺之。諸杜濫及者非一。」[70]針對這種濫殺現象，隆基和幽求等頒布赦天下令，強調：「逆賊魁首已誅，自餘支黨一無所問。」[71]京城內外才逐漸地安定下來。濫殺總是不好，不能說隆基樹立了除惡務盡的指導思想。

擁戴睿宗即位

李隆基雖以「隆」為「龍」而自負，但在發動政變的過程中，卻是以擁戴父親相王重新登位為目標。這是當時政治鬥爭的客觀形勢所決定的。

（一）相王在政變中的作用

據《舊唐書・玄宗本紀上》記載，相王似乎根本不了解兒子的密謀活動。夜戰禁宮前，有人建議先告訴相王，隆基不同意，說：「若請而從，是王與危事；請而不從，則吾計失矣。」至六月二十一日，誅韋黨後，內外皆定，隆基「乃馳謁睿宗，謝不先啓請之罪」。父親擁抱兒子，泣曰：「宗社禍難，由汝安定；神祇萬姓，賴汝之力也。」這裏，把一切功勞都歸於唐玄宗，顯然是唐修實錄時的曲筆。

其實，對於隆慶坊「五王宅」裏的緊張策劃，相王是知道的，而且是支持的。兒子既已「與太平公主謀之」，怎麼不會跟父親商討呢？「時帝（隆基）侍相王在藩邸」[72]，可見相王也是參與某些密謀活動的。當然，關於舉兵的具體方案，考慮到相王的地位，考慮到以免「憂怖」父親，所以沒有「啓請」。這絲毫不能說明相王不曉得政變的情況。

相王在政變中的作用，主要是他的政治影響。這一點，恰恰是李隆基無法做到而又十分重要的事。相王早年當過皇帝（雖然無實權）；中宗復位初，他為皇太弟。中宗剛死時，「遺制」原先規定相王參謀政事；但韋后臨朝稱制，「深忌相王。」當時處境之險惡，正如睿宗後來所說：「韋溫、延秀，朋黨競起；晉卿、楚客，交構其間。潛結回邪，排擠端善，潛貯兵甲，將害朕躬。」[73]在這種情況下，相王成了各種反對韋后專權的社會勢力的旗幟。例如，有個叫嚴善思的，曾對姚元之說：「韋氏禍且塗地，相王所居有華蓋紫氣，必位九五。」[74]而且，「善思此時，乃能先覺，因詣相（王）府，有所發明，進論聖躬，必登宸極。」[75]又如，「及立溫王（重茂為帝），數日，天下之心歸於相（王）府。」[76]可見，相王是衆望所歸的人物。

李隆基在策劃政變的過程中，是以「立相王」作為目標的。中宗死後，有人勸說立即舉兵，隆基則說：「今謀此舉，直為親，不為身。」[77]發難前夕，他又強調：「我拯社稷之危，赴君父之急，事成福歸於宗社，不成身死於忠孝。」[78]這些表白，當然不能視為李隆基沒有政治野心，只是說明他打著為國為父的旗號，利用相王的聲望與影響進行活動。

（二）睿宗重登皇位

六月二十日夜戰禁宮時，十六歲的重茂即少帝，也在太極殿裏。劉幽求建議：「衆約今夕共立相王，何不早定！」隆基連忙阻止，叫他別多說。第二天，向相王滙報後，「遂迎相王入輔少帝。」[79]這樣部署，是很得體的。過早地廢少帝，擁立相王，在輿論上是不利的，可能被視為篡奪。而迎相王，輔少帝，這正是中宗「遺制」的原旨。同日，以臨淄王隆基為平王，兼知內外閑廐，押左右廂萬騎；薛崇簡為立節王，鍾紹京守中書侍郎，劉幽求守中書舍人，並參知機務。這樣，實權仍操在李隆基手裏。

六月二十三日，太平公主傳少帝命，請讓位於相王。相王故意推辭一番，後經隆基等人勸說，才答應下來。同日，以平王隆基為殿中監，同中書門下三品。六月二十四日，少帝坐在太極殿御座，相王立於中宗靈柩旁，太平公主故意發問：「皇帝欲以此位讓叔父，可乎？」劉幽求跪奏，表示擁護。太平公主接著說：「天下之心已歸相王，此非兒座。」[80]於是，把少帝提了下來。二十六年前當過皇帝的相王，如今重新登上御座。睿宗即位這場戲，是李隆基政變的最後一幕。

（三）皇太弟與嫡長制繼承法

就皇位繼統關係來說，從中宗到睿宗，是兄弟相承。重茂少帝詔云：「自昔帝王，必有符命，兄弟相及，存諸典禮。……叔父相王，高宗之子，昔以天下讓於先帝，孝友寬簡，彰信兆人。神龍之初，已有明旨，將立太弟，以為副君。……擇今日，請叔父相王即皇帝位。」[81]此詔內容，當係劉幽求等起草，也反映了李隆基的觀點。

的確，神龍元年（七〇五），曾立相王為「皇太弟」，後因懇辭，故未行冊命。從歷史上看，「皇太弟」的稱號始於西晉。據崔鴻《十六國春秋》載：「晉成都王穎為皇太弟，領丞相，自鄴懸秉朝政。」[82]爾後幾百年裏，似未曾再出現過。及至相王，他是唐代政治史上的第一個皇太弟，也是唐朝第一位弟繼兄位者。

為了論證睿宗即位的合「禮」性，隆基和幽求等強調：「兄弟相及，存諸典禮。」這裏是援引兄終弟及的繼承法作為依據。不錯，遠在殷代，是那樣做的。然而，到了周代，據王國維在《殷周制度論》中分析，由於政治制度大變革，在繼承法上產生了立子立嫡之制。這一點，唐初政治家魏徵也言及：「殷家尚質，有兄終弟及之義；自周以降，立嫡必長，所以絕庶孽之窺覦，塞禍亂之源本，有國者之所深慎。」[83]也就是說，自周朝以後，立子立嫡之制是傳統的典禮。從唐太宗經高宗，再到中宗，雖然沒有一個是由嫡長子即位的，但其間還算是父子一脈相承。睿宗以「皇太弟」身分繼承哥哥中宗的皇位，於「父子之統」的禮義是相違背的。正因為這個緣由，睿宗即位後一個月，洛陽人張靈均對中宗次子重福說：「大王地居嫡長（因嫡長子重潤早年已死，故稱重福為嫡長），自合繼為天子。相王雖有討平韋氏功，安可越次而居大位。」[84]這番煽動之辭，恰恰是藉口維護嫡長制，以反對睿宗和隆基。

嫡長制繼承法極力宣揚尊嫡卑庶，宣揚親疏不可越次，其目的在於防止皇室內部的互相爭奪，以保證其王朝「家天下」的穩定性與連續性。但是，事實上嫡長制在唐朝並不是必定遵循的原則。睿宗即位，從根本上說，不是按照哪一條繼承法原則進行的，而是從重俊到隆基一系列政變的結果。至於中宗次子重福，自以為「地居嫡長」，陰謀叛亂，但還是很快地被鎮壓下去。

政變勝利的原因

為什麼李隆基竟能一舉誅滅韋后勢力呢？景雲二年（七一一），即政變後一年，有個叫王琚的，曾對隆基說：「頊韋庶人智識淺短，親行弒逆，人心盡搖，思立李氏，殿下誅之為易。」[85]這個分析，是有些道理的。

（一）「思立李氏」的歷史潮流

李隆基的勝利，首先是他適應了匡復李唐的歷史潮流。

回顧武則天篡唐以來，匡復李唐的潮流一直是難以阻遏的。所謂「武周革命」，不過是姓氏不同的皇帝之間的取代，在禮儀與政策上不完全是破舊立新，另樹一套。如享明堂，武氏祖宗配饗，唐三帝（高祖、太宗、高宗）亦同配。這頗能說明武周與李唐的相承關係。武后執政，在官制、田制、稅制、兵制、婚制、門閥觀念、科舉、學校等各方面，基本上沿襲了貞觀永徽時期的政策措施。因此，武周政權與李唐王朝並無實質性的差別。這種客觀現實顯然有利於武后諸子和擁李派官僚，容易喚起他們匡復李唐的意識。例如，中宗被貶為廬陵王後，大臣吉頊強調指出：「天下士庶未忘唐德，咸復思廬陵王。」[86]這一點，連武則天也同意，最後召回為太子。雖然賜姓武氏，但在「天下士庶」的心目中，太子是李唐的後裔，「唐德」的象徵。又如，五王誅二張，也是在「復李氏社稷」口號下進行的。當時，桓彥範對武后說：「天意人心，久思李氏。……願陛下傳位太子，以順天人之望！」[87]武后傳位中宗，反映了天下「久思李氏」的意願。

及至中宗執政，理應是李唐王朝的「中興」。賈虛己上疏云：「今中興之始，萬姓喁喁，以觀陛下之政。」[88]這確實是朝野上下的希望。但是，韋后擅權，企圖效法武后，規定「自今奏事不得言中興」[89]。在武后稱帝這個特殊的歷史時代結束以後，唐王朝業已復建，任何一個女后，不管她有多大的本領，要想重新走武則天的篡唐老路，是很難得逞的。何況，韋后只是表面上標榜「襲則天故事」，實際上根本沒有繼承武后政治的積極內容，其結果出現了自唐初以來未曾有過的腐敗局面。尤其不得人心的是，武后專權時，尚不敢謀殺高宗，而韋后竟「親行弒逆」，合謀毒死中宗，那就必然是「人心盡搖」，自取滅亡。正是在這種「人神憤怨」的形勢下，李隆基毅然以「拯社稷之危」為己任，一舉誅滅韋氏之黨。睿宗即位後，讚揚隆基「有大功於天地，定阽危於社稷」[90]。也就是說，李隆基所策劃的政變，合乎天下士庶「思立李氏」的歷史潮流。

中宗重登皇位以後，各種「羣體」集團又發生了新的變化與組合。武三思與皇后韋氏相勾結，整掉了五王集團。韋氏代表的是新崛起的外戚集團。安樂公主也躍躍欲試，企圖另立山頭。相比較而言，韋、武集團確實是腐朽的。但是，這種腐朽性並不是商人地主階級屬性的反映。把商人地主、商業富豪跟腐朽勢力劃上等號，這種傳統的觀點似有重新檢討的必要。須知，在古代超穩定的經濟結構中，工商業與商品生產的不發達，恰恰是封建社會長期延續的原因之一。唐中宗時期，濫封王爵與食邑，熱衷於市肆，競相侈麗，如此等等也證明不了受著商業富豪們的侵蝕。事實上，相王、李隆基跟韋后、安樂公主之間的矛盾，是不同「羣體」集團爭奪最高統治權的鬥爭，是統治集團內部的爭權奪利。從階級本質上說，兩個集團並無區別。當然，就施政效果而言，韋后專權是武后政治的壞的一面的繼續，在人心向背上處於不利的地位。韋后政治上無能，先是寵用武三思、武崇訓、武延秀等，後則委權於韋溫、韋播、韋璇等。而原由武后選取的大批有才之士不為之用，這是韋后集團失敗的原因之一[91]。

此外，韋后「智識淺短」，缺乏遠慮。隆基秘密策劃政變為時已久，韋后沒有覺察到一些動靜。中宗剛死，某些大臣如李嶠「密表請處置相王諸子，勿令在京」[92]。可是，韋后及韋溫等並沒有採納。他們掌管軍權後，曾派兵五百人監視中宗次子重福，而對隆慶坊「五王宅」裏的密謀則完全疏忽了。無能無謀者必敗，這是肯定無疑的。

（二）精心策劃，有膽有識

史稱：「玄宗掃清內難，翊戴聖父（睿宗）；……此皆應天順人，撥亂反正。」[93]所謂「天意」，自然沒有那回事。但是，李隆基的六月政變，確實是順應了人心「思立李氏」的歷史潮流。推動這股歷史潮流的不僅有李唐宗室和中小地主官僚，而且也包括大地主官僚。具體地說，六月二十日事件是封建統治階級上層的宮廷政變，中小地主官僚集團究竟起了多少作用，還有待史實證明。

劉幽求、鍾紹京出身雖低微，但他們是以隆基「羣體」的親黨而行動，並不是代表中小地主官僚集團勢力。

從重俊到隆基，先後兩次政變，一次失敗，一次成功。李隆基顯然是吸取了前次失敗的教訓，經過精心的策劃，才贏得了勝利。

第一，作較長期的準備，絕不「輕盜甲兵」。早在五王誅二張的鬥爭中，隆基還只是父親相王的從屬，尚未形成個人的獨立力量。出任潞州別駕，開始糾集私人勢力。召回長安後，加緊培植黨羽，尋找各種支持者。其中，有心腹侍從李宜德、王毛仲，有謀士劉幽求，有太平公主的兒子薛崇簡，有禁苑總監鍾紹京，有官僚崔日用，還有僧人與道士等。經過兩年的努力，終於形成了以李隆基為首的政治勢力，為發動政變作了組織上的準備。而且，充分發揮各種人才的作用，各方商討，周密策劃，這也是李隆基的「成功」之道。正如舊史所稱：「幽求之謀，紹京之果，日用之智，……皆足濟危紓難，方多故時，必資以成功者也。」[94]

第二，重視對萬騎將士的動員工作。唐代宮廷政變的成敗關鍵在於北門禁軍，李隆基為此費盡了心機。他不僅在物質上收買，賜以飲食金帛，而且曉以大義，說清舉兵意圖。當時，「（韋）播、（韋）璇欲先樹威嚴，拜官日先鞭萬騎數人，衆皆怨，不為之用。」[95]李隆基則乘機加以利誘與勸導，結果萬騎將領紛紛表示「決死從命」。六月二十日夜，葛福順來到禁苑廨舍時，隆基鼓動說：「與公等除大逆，安社稷，各取富貴，在於俄頃，何以取信？」[96]於是，葛福順等請求行動，率先殺了韋播、韋璇等。「羽林軍士相率來應，無有拒者。」[97]很清楚，北門禁軍不為韋后所用，而完全倒向李隆基，這是六月二十日夜戰勝利的重要原因。

第三，深謀遠慮，果敢靈活。人稱「阿瞞」的李隆基，「識度弘遠，英武果斷」[98]，確實具有曹操那樣的謀略。離開潞州時，他就吐露了自己的政治野心。但在準備時期裏，只是積蓄力量，集結親黨，決不虛張聲勢。有個好友姜皎，曾多次鼓動說：「相王必登天位，王且儲副。」隆基「叱而後止」[99]。而中宗一死，他就看準時機，在短短十九天內，作出一系列的緊急部署。他公然對親信們說：「諸呂之難復起，今日宗社之危，實若綴旒，不早圖之，必貽後悔。」所謂「諸呂之難」，原是指西漢初呂產、呂祿等以外戚干涉朝政。中宗被害後，「臺閣要司、門闕中禁及左右屯兵，皆布韋氏子弟。」[100]對於這些呂產、呂祿式人物竊權的局面，絕大多數官僚士人是不滿的。李隆基善於分析政爭形勢，及時地公開地打出「拯社稷之危」的旗號。這樣就獲得了廣泛的同情與支持。正如睿宗後來所說：「隆基密聞其期，先難奮發，挺身鞠旅，衆應如歸，呼吸之間，凶渠殄滅。」[101]

總之，從政變前後過程中，可以看到，李隆基已經是一個有膽有識的政治家。他策劃的六月政變，本質上是統治階級內部的鬥爭，但它跟以往的一些內爭不同，在唐朝歷史上具有重要的意義。著名的文士張說寫了「神人傳慶」頌，說：「王赫斯興，撥亂反正。擊凶尊主，一麾大定。」[102]這是李隆基「撥亂反正」的第一步。沒有這「一麾大定」，也就沒有未來的「開元之治」。

註釋

1 范祖禹《唐鑑》宋刻本卷四，〈中宗〉。

2《大唐新語》卷二，〈剛正〉。

3《新唐書・柳澤傳》。

4《新唐書・諸帝公主傳》。

5《全唐文》卷一七，中宗〈答敬暉請削武氏王爵表敕〉。

6、7《資治通鑑》卷二〇八，神龍元年五月條。

8《舊唐書・外戚傳》。所謂「五狗」，是指周利用、冉祖雍、李悛、宋之遜、姚紹之。

9《舊唐書・刑法志》。

10《舊唐書・中宗諸子傳》。

11 李多祚原為右羽林大將軍，因參與五王政變有功，遷左羽林大將軍。

12《舊唐書・中宗諸子傳》。

13《舊唐書・韋湊傳》。

14《舊唐書・蕭至忠傳》。

15《資治通鑑》卷二〇八，景龍元年八月條。

16《舊唐書・辛替否傳》。

17《唐大詔令集》卷三一，〈贈重俊皇太子制〉。

18《全唐文》卷一八，睿宗〈追復李多祚官制〉。

19《舊唐書・中宗諸子傳》。

20《舊唐書・李多祚傳》。

21《舊唐書・魏元忠傳》。

22《舊唐書・韋湊傳》。

23《資治通鑑》卷二〇九，景雲元年六月條胡三省注。

24《新唐書・崔澄傳》。

25《舊唐書・張暐傳》。

26《舊唐書・玄宗諸子傳》。

27《冊府元龜》卷二七一，〈宗室部・剛正〉。

28《朝野僉載》卷四。

29《舊唐書・王毛仲傳》。

30《舊唐書・玄宗本紀上》。

31《全唐文》卷二二一，張說〈皇帝在潞州祥瑞頌十九首奉敕撰〉。原作「百姓韓擬禮」。《隋唐嘉話》卷下作「軍人韓凝禮，自謂知兆，上（玄宗）因以食箸試之。既布卦，一箸無故自起，凡三偃三起，觀者以為大吉徵。」《舊唐書・玄宗本紀上》作「術士韓禮筮之，著一莖孑然獨立。」

32 《全唐文》卷二二一，張說〈皇帝在潞州祥瑞頌十九首奉敕撰〉。

33 《隋唐嘉話》卷下。

34 《舊唐書・玄宗本紀上》。

35 《舊唐書・玄宗本紀上》作景龍四年，疑誤。《舊唐書・王毛仲傳》云：「景龍三年冬，玄宗還長安。」

36 《舊唐書・中宗諸子傳》。

37 《資治通鑑》卷二〇九，景雲元年四月條。

38 《舊唐書・玄宗本紀上》。

39 《新唐書・王毛仲傳》。隆基交結禁軍「萬騎」，始於何時？如果認為神龍元年任衛尉少卿時就與「萬騎」中的一些人頻繁交往，似缺乏史實根據。須知，兩年後，即景龍元年，才有「萬騎」名稱。衛尉少卿跟北門禁軍是兩個系統的禁衛部門，不能說它「是一個有權調配禁軍長官的要職」。當然，隆基外任別駕前，跟北門禁軍某些長官有所交往，也是可能的（史實待尋找）。細讀《舊唐書・王毛仲傳》，隆基有意識地厚結「飛騎」，是在從潞州「還長安」之後。綜觀前後政治形勢，李隆基暗中準備政變，也是景龍三年冬以後的事。赴潞州之前，不可能以政變為目的而去交結禁軍「飛騎」。

40 《舊唐書・劉幽求傳》。

41 《冊府元龜》卷二〇，〈帝王部・功業第二〉。

42 《全唐詩》卷九六，〈龍池篇〉。

43 《資治通鑑》卷二〇九，景龍二年二月條。

44 《朝野僉載》卷一。

45 《舊唐書・外戚傳》。

46 《舊唐書・柳澤傳》。

47 《舊唐書・燕欽融傳》。

48 《全唐文》卷一八，睿宗〈追贈燕欽融諫議大夫制〉。

49 《新唐書・韋巨源傳》。

50 《資治通鑑》卷二〇九，景雲元年五月條。

51 黃永年〈說李武政權〉（載《人文雜誌》一九八二年第一期），認為「中宗很大可能是病死的」。按，中宗確實患病，但尚未病危至將死的地步。是年正月，微行觀燈。二月，御球場。四月，遊芳林園與龍池。可見，身體尚可。《通鑑》與《舊唐書》均作被毒而死，似應為事實。

52 《舊唐書・中宗本紀》。

53 《舊唐書・蘇瓌傳》。

54 《舊唐書・韋溫傳》。

55 《資治通鑑》卷二〇九，景雲元年六月條。

56《舊唐書・中宗諸子傳》。
57《舊唐書・后妃傳上》。
58、59《舊唐書・玄宗本紀上》。
60《舊唐書・太平公主傳》。
61《資治通鑑》卷二〇九，景雲元年六月條。
62《舊唐書・玄宗本紀上》。
63《舊唐書・王毛仲傳》。
64《舊唐書・崔日用傳》。
65《資治通鑑》卷二〇九，景雲元年六月條。
66《冊府元龜》卷二〇，〈帝王部・功業第二〉。
67 二百餘人是禁苑內的戶奴與丁夫，並非李隆基暗中招募的私人武裝。
68《資治通鑑》卷二〇九，景雲元年六月條。
69《新唐書・諸帝公主傳》。
70《朝野僉載》卷一。
71《資治通鑑》卷二〇九，景雲元年六月條。據《舊唐書・劉幽求傳》，當時制敕均係幽求起草。
72《冊府元龜》卷二〇一，〈帝王部・功業第二〉。
73《舊唐書・玄宗本紀上》。
74《新唐書・嚴善思傳》。
75《舊唐書・嚴善思傳》。
76《舊唐書・外戚傳》。
77《舊唐書・崔日用傳》。
78《舊唐書・玄宗本紀上》。
79、80《資治通鑑》卷二〇九，景雲元年六月條。
81《唐大詔令集》卷三八，〈溫王遜位制〉。
82《太平御覽》卷一四九，〈皇親部〉十五附「太弟」條。
83《舊唐書・魏徵傳》。
84《舊唐書・中宗諸子傳》。
85《舊唐書・王琚傳》。
86《資治通鑑》卷二〇六，聖曆元年二月條。
87《資治通鑑》卷二〇七，神龍元年正月條。
88《資治通鑑》卷二〇八，神龍元年二月條。
89《資治通鑑》卷二〇八，景龍元年二月條。
90《舊唐書・玄宗本紀上》。
91 參見陳寅恪《金明館叢稿初編》第二五九頁。
92《舊唐書・李嶠傳》。
93《舊唐書・王彥威傳》。
94《新唐書》卷一二一，贊曰。
95《舊唐書・后妃傳上》。
96《舊唐書・王毛仲傳》。

97《冊府元龜》卷二〇，〈帝王部・功業第二〉。
98《冊府元龜》卷一八，〈帝王部・帝德〉。
99《新唐書・姜晈傳》。
100《冊府元龜》卷二〇，〈帝王部・功業第二〉。
101《全唐文》卷一八，睿宗〈立平王為皇太子詔〉。
102《全唐文》卷二二一，張說〈皇帝在潞州祥瑞頌十九首奉敕撰〉。

第三章　監國前後

六月政變的勝利，為李隆基登上皇位創造了一定的條件。然而，從被立為太子到監國，再到即位，還是經歷了整整兩年的艱苦鬥爭。這期間，嚴重的威脅已不是失敗了的韋氏之黨，而是來自姑母太平公主糾集的勢力。李隆基在宋璟、姚元之和張說等支持下，運用靈活的策略手段，化劣勢為優勢，終於摘取了皇冠。

以功建儲，長兄相讓

唐睿宗重新稱帝後，首先遭到的是如何確定太子的問題。「時將建儲貳（太子），以成器嫡長，而玄宗有討平韋氏之功，意久不定。」[1]成器是睿宗的嫡長子，早在六歲時就曾被立為皇太子。按照傳統的嫡長制繼承法，皇太子理應是成器。但是，睿宗沒有貿然地據此辦事。經過三天的商議，六月二十七日宣布以第三子隆基為太子。詔曰：「雖承繼之道，咸以冢嫡居尊；而無私之懷，必推功業為首。然後可保安社稷，永奉宗祧。第三子平王（隆）基孝而克忠，義而能勇。……為副君者，非此而誰？可立為皇太子。有司擇日，備禮冊命。」[2]七月二十日，宮廷裏舉行隆重的冊命典禮，睿宗御承天門，隆基詣朝堂受冊。冊文讚揚太子「義寧家邦，忠衞社稷」[3]。據說，這天有景雲之瑞，所以改元「景雲」，大赦天下。

立隆基為皇太子，顯然是六月政變勝利的結果。隆基作為政變的主謀者，他的功勞是其他人無法相比的。如果「推功業為首」，皇太子無疑是李隆基。當時，諸王和公卿大臣們「亦言平王（隆基）有社稷大功，合居儲位」[4]。尤其是追隨李隆基發動政變的一批謀士們，更是竭力擁護平王為太子。其中，以劉幽求最為突出。他對睿宗說：「臣聞除天下之禍者，當享天下之福。平王拯社稷之危，救君親之難，論功莫大，語德最賢，無可疑者。」[5]除了「論功莫大」外，又加上「語德最賢」，那麼，皇太子非隆基莫屬了。前章提到，在廢少帝重茂和擁戴睿宗即位的過程中，劉幽求扮演了重要的角色。而當睿宗面臨立太子的疑難問題時，劉幽求的意見又起了決定性的作用。

唐睿宗之所以放棄傳統的「承繼之道」，也是跟他本人的經歷有關的。從中宗到睿宗，原是不符合嫡長制繼承法的。既然如此，在立太子問題上也就沒有必要恪守傳統的教條了。六月二十八日，睿宗以成器為雍州牧、揚州大都督、太子太師，下制曰：「成器，朕之元子，當踐副君。以隆基有社稷大功，人神僉屬，……爰符立季之典，庶協從人之願。」[6]古代兄弟排行，以伯、仲、叔、季為次序。這裏所謂「季」者，是指排行在後的非長子。以「立季之典」來論證隆基為太子的合「禮」性，跟幾天前援引「兄弟相及，存諸典禮」來論證睿宗即位的合法性，其手段是何等的相似啊！

回顧唐初歷史，秦王李世民是通過「玄武門之變」才獲得了皇位的繼承權。而平王李隆基取得太子地位，則是經由兄弟相讓的途徑而實現。長兄成器的推辭，避免了可能發生的「喋血禁門」事件。

關於成器在平定韋氏之亂中的作用，舊史記載較少。這裏，是否像唐初李建成那樣，被史官們隱沒了功績呢？不得而知。成器作為睿宗的長子，是有一定的聲望的。例如，神龍四年（七一〇）六月四日，韋后臨朝攝政，改元「唐隆」，「進相王旦太尉，雍王守禮為豳王，壽春王成器為宋王，以從人望。」可見，在一般輿論中，成器的威望略高於幾個弟弟。因為隆基正在秘密地準備政變，不露聲色，所以沒有引起輿論的注意。六月二十日夜戰禁宮，一舉誅滅韋后之黨，勝利才使隆基的聲望驟然大增。不過，成器也因全力支持政變而居於重要的地位。六月二十三日，以平王隆基為殿中監，以宋王成器為左衞大將軍。隆基、成器和劉幽求共同商議擁戴相王為帝，「成器、隆基入見相王，極言其事，相王乃許之。」[7]很淸楚，成器的作用是不可抹殺的。簡單地說李成器「並不成器」，似欠具體分析。

但是，就功勞大小與才識高下而言，成器畢竟比不上隆基。隆基在策劃政變的過程中，培植了大批黨羽，控制了北門禁軍力量。而成器則沒有私人勢力，顯得孤單。因此，睿宗即位後，本應為皇太子的成器，不能不作出退讓的抉擇，「累日涕泣固讓，言甚切至。」他說：「儲副者，天下之公器，時平則先嫡長，國難則歸有功。若失其宜，海內失望，非社稷之福。臣今敢以死請。」[8]這裏，把嫡長制說成是僅僅適用於「時平」，並不符合先王之教。根據儒家禮制，「以嫡以長，謂之儲君，其所承也重矣。……庶子雖賢，不是正嫡。先王所以塞嫌疑之漸，除禍亂之源。」[9]然而，這種「聖人制禮」也只是主觀意願而已，在實際政治生活中並非絕對的準則。試看，從太宗、高宗到中宗、睿宗，誰曾是嫡長子呢？誰取得皇太子地位，歸根到底，取決於各派政治勢力的較量。成器顯然是意識到這一點，所以主動退讓，聲稱「國難則歸有功」，把皇位繼承權讓給「有功」的三弟。

當然，嫡長制作為傳統的繼承法，在禮義上還是頗有影響的。連李隆基也不得不再三表態，說：「臣聞立嫡以長，古之制也。豈以臣有薄效，虧失彝章？伏願稽古而行，臣之願也。」[10]這未必是由衷之言。以「隆」為「龍」而自負的李隆基，怎麼會不想當太子呢？建議「稽古而行」，照嫡長制辦事，只是想從輿論上作點掩飾，表明自己是不得已而為之的。對此，睿宗宣稱「無私之懷，必推功業為首」，這就既滿足了隆基的願望又顧全了成器的面子。其實，所謂「無私」云云，不過是遮蓋皇室內部爭權奪利的幌子；而提出建儲以功的原則，畢竟跟「立嫡以長」制度相抗衡。

總之，從具體方式上看，平王李隆基為皇太子，跟秦王李世民殺兄奪嫡有所區別，但是兩者都體現了以功建儲的原則。一般地說，爭奪皇位繼承權都屬於封建統治者內部的爭權奪利，談不上誰有什麼進步的意義。但是，在某種歷史條件下，建儲以功要比以長好一些。因為「有功」者往往在才智方面比較傑出，具有較強的施政能力，所以一旦即位，就會產生積極的效果。李世民取得皇位後出現「貞觀之治」，李隆基取得皇位後出現「開元之治」，就是兩個突出的例子。

「景雲繼立，歸妹怙權」

隆基當太子不到四個月，所謂「太子非長，不當立」的流言蜚語就傳播起來了[11]。製造這種輿論的不是長兄成器，而是姑母太平公主。從此以後，太子集團和公主勢力之間展開了一系列的爭鬥。

（一）太平公主勢力的囂張

太平公主是唐睿宗唯一的親妹妹。景雲年間（七一〇—七一一），她糾集的勢力達到鼎盛的階段。正如《舊唐書，刑法志》所說：「景雲繼立，歸妹怙權。」

韋后被誅，睿宗繼位，有志者莫不想望太平，努力恢復貞觀之風。就在立隆基為太子的第二天，即六月二十八日，睿宗召拜姚元之為兵部尚書、同中書門下三品。七月八日，召拜宋璟檢校吏部尚書、同中書門下三品。過了九天，以姚元之兼中書令。這兩位傑出的政治家，在中宗時期遭到冷遇，外任刺史、長史等職，如今擔任了宰相。在他們主持下，革除弊政，罷斜封官，綱紀修舉，平定打出維護嫡長制旗號的重福叛亂；還為中宗時期各種冤案平反昭雪，如追贈郎岌、燕欽融為諫議大夫，追復故太子重俊位號，為五王（敬暉、桓彥範、崔玄暐、張柬之、袁恕己）以及成王千里、李多祚等恢復名譽與官爵。值得注意的是，姚、宋等正直大臣竭力擁護太子李隆基。因為姚、宋看到了這位年僅二十六歲的王子在六月政變中的突出表現，相信隆基是「真宗廟社稷之主」，「玄宗在春宮，（宋璟）又兼右庶子」[12]。可見，他們政治觀點的一致，尤其對「外戚及諸公主干預朝政」表示了非改不可的決心。

然而，太平公主卻不滿足於自己的地位與權力，掀起了一場大風大浪。史稱：「太平公主沉斷有謀，則天愛其類己。誅二張、滅韋氏，咸賴其力焉。」[13]的確，在歷次政變中，公主起了不是主角而是重要配角的作用。她所代表的既不是武氏集團，也不是韋后之黨，而是一股相對獨立的「羣體」。五王誅二張時，公主出過力氣，因而被封為鎮國太平公主。此刻，她是站在復興李唐立場上，其實武氏集團如武三思也都如此，其功實不可沒。但是，韋后擅權時，太平公主並不依附於韋武聯盟，相反，與韋后、安樂公主和武三思有矛盾，因而毅然支持太子重俊政變，支持殺死武三思的舉動。重俊失敗，公主和相王、隆基受到了牽連。由於這個原因，隆基發動六月政變時，公主派遣兒子薛崇簡積極參與鬥爭。特別是在六月二十四日，公主「提下幼主（少帝重茂），因與玄宗、大臣尊立睿宗。公主頻著大勛，益尊重」[14]。可見，太平公主是一個很有本領的女人。武則天早就「愛其類己」，真是慧眼識女！

由於公主的特殊功勛與地位，加上她「沉斷有謀」，善弄權略，議政處事能力超過哥哥睿宗，所以睿宗即位後，「常與之圖議大政，每入奏事，坐語移時；或時不朝謁，則宰相就第咨之。」據記載，每當宰相奏事，睿宗總是問：「與太平（公主）議否？」又問：「與三郎（太子）議否？」這裏，一先一後，固然是照顧到輩分高低，但實質上反映了公主議政權力是在太子之上。睿宗聽取意見時，相比較而言，不是偏向太子，而是偏向公主，這就為宮廷內爭煽了一把火。史稱：「公主所欲，上無不聽，自宰相以下，進退繫其一言，其餘薦士驟歷清顯者不可勝數，權傾人主，趨附其門者如市。」[15]公主權勢的顯赫，達到了「歸妹怙權」的程度，必然引起滿懷壯志的太子的憤怒，使一批立志改革韋后弊政的人大失所望。

（二）陰謀易置東宮

應當說，隆基與姑母的關係本來是和好的，並沒有什麼利害衝突。在六月政變過程中，彼此支持，互相配合。睿宗立隆基為皇太子，是得到大臣包括宗室和太平公主的一致贊同。從現存的史料中，看不到公主反對的跡象。當時政局形勢，只能是睿宗當皇帝、隆基當太子。太平公主絕對不可能萌發當皇帝的意願，哪怕是一時的閃念。公主原以為自己支持過隆基，而太子年僅二十六，沒有多少從政經驗，總會依照她的意圖辦事。但是，過了幾個月，就覺得不對了。皇太子是很精明的，自有一套政治主張，決不會屈居於姑母之下。擁護太子的一批大臣如姚元之、宋璟等，紛紛以革除「弊政」的姿態活動於政治舞臺。鑒於「外戚及諸公主干預朝政，請託滋甚」

的歷史教訓，「璟與侍郎李乂、盧從願等大革前弊，取舍平允，詮綜有敍。」[16]這樣做，不能不觸犯太平公主的私利。因此，太子與公主之間的矛盾不可避免地發生了。「太平公主專權，睹太子明察，恐不利己，仍陰謀廢黜。」[17]景雲元年（七一〇）十月，廢黜太子的流言四處散布，睿宗不得不「制戒諭中外，以息浮議」[18]，這意味著新的鬥爭序幕拉開了。

公主陰謀廢黜太子，有一個冠冕堂皇的理由，就是所謂「太子非長，不當立」。的確，隆基不是嫡長子，按照傳統繼承法，不該立為太子。但是，當時議立時，諸王、公卿大臣包括太平公主都一致贊同以功建儲原則。不到半年，公主自己首先變卦了，打出維護嫡長制的旗號，甚至私下挑動成器說：「廢太子，以爾代之。」[19]如此出爾反爾，顯然是非法的活動。其實，太平公主也不是嫡長制的真誠的維護者。她替成器爭太子地位，完全是為了自己的私利。因為隆基的「明察」，不利於她的專權。「太平公主以太子年少，意頗易之；既而憚其英武，欲更擇闇弱者立之，以久其權。」[20]也就是說，公主企圖立的不是嫡長子，而是「闇弱者」。在她看來，成器是「闇弱者」，立之可以長久地專權。其罪惡的目的如此而已。如果說公主想讓成器當太子，進而自己奪權稱帝，似乎沒有史實根據。

「太子監國，君臣分定」

面對太平公主的陰謀活動，太子隆基及其支持者進行了各種形式的鬥爭。

（一）從道義上揭露廢黜陰謀

公主製造「不當立」的輿論，總要拉攏一些元老重臣參加。有位大臣名叫韋安石，早年反對過二張專權，中宗時任宰相。景雲元年（七一〇），先為侍中，後罷為太子少保。太子少保是東宮官屬，掌教諭太子，自然跟太子隆基有相當密切的關係。景雲二年（七一一）正月，太平公主「潛有異圖，將引安石預其事」，屢次派自己的女婿唐晙邀請韋安石來家密談，安石竟拒而不往。睿宗知悉此事，密召安石，叮囑他要留意點。安石對曰：「陛下何得亡國之言，此必太平之計。太子有大功於社稷，仁明孝友，天下所稱，願陛下無信讒言以致惑也。」[21]這裏，揭露了公主的「異圖」，維護了以功建儲的原則。的確，如果照「太平之計」辦，勢必引起不太平的內爭，朝廷又面臨「亡國」之禍。據說，當時公主於簾中竊聽之，便欲加罪於韋安石。幸好有支持太子的宰相郭元振保護，韋安石才免了一場災難。

暗中收買不成，公主便在公開場合揚言「易置東宮」。就在景雲二年正月，有一次，「公主又嘗乘輦邀宰相於光範門內，諷以易置東宮，衆皆失色。」光範門是宰相們到中書省的通道，公主於此露骨地宣稱廢黜太子，不能不令人吃驚。當時，宰相有姚元之、宋璟、郭元振、張說等，都是太子的支持者。被邀的是哪幾位，不得而知。但宋璟肯定在場，他當面抗爭說：「東宮有大功於天下，真宗廟社稷之主，公主奈何忽有此議！」[22]這番嚴正的駁斥，使太平公主無言對答。

由上可見，公主「易置東宮」的非法活動，必然引起正直大臣的反對。雙方鬥爭首先是從輿論上展開的，圍繞著嫡長制問題的爭論，反映了各派別政治觀點的不同。既然皇太子「有大功」

於國家，而且「仁明孝友，天下所稱」，那麼，維護以功建儲原則就是合乎道義的了，而打出傳統繼承法就是理虧的了。

（二）宋璟、姚元之的三點建議

除了輿論上揭露外，宋璟和姚元之還秘密地向睿宗建議：第一，請出宋王成器和豳王守禮（高宗長孫）為刺史，使之離開京師。第二，以隆基兩個弟弟，即岐王隆範和薛王隆業，「為左右率以事太子」。第三，將太平公主及其丈夫武攸暨安置於東都洛陽。這些意見，可能是跟隆基商量過，不失為鞏固太子地位的良策。

看來，成器和守禮並沒有個人的政治野心，如公主挑撥成器取代太子時，成器立刻把這番話向隆基說了[23]。但是，在皇室內部的爭鬥中，他們往往因睿宗長子和高宗長孫的地位而引人矚目。「太平公主交構其間，將使東宮不安。」[24]公主集團企圖推出嫡長子，以取代太子隆基。因此，要防止「交構」活動，就必須從兩個方面下手：既把成器等外任刺史，又將公主等安置東都。這樣就從組織上拆散他們的聯繫。至於岐王和薛王，當然沒有爭立太子的資格。但是，他們身為左、右羽林大將軍，職掌禁軍，如果一旦為公主集團所利用，後果也是不堪設想的。因此，宋璟和姚元之提出，讓岐王與薛王分別為東宮左、右衛率，掌管東宮兵仗羽衛之政令，「以事太子」。這種安排還可以把太子和兩個弟弟勢力集結一起，以鞏固東宮的實力地位。

景雲二年（七一一）二月初一，睿宗基本上採納了三點建議，宣布以成器為同州刺史、守禮為豳州刺史，以隆範和隆業為左、右衛率。不過，睿宗認為「朕更無兄弟，惟太平一妹，豈可遠置東都！」[25]所以宣布公主就近於蒲州安置。蒲州即今山西永濟，自然要比東都洛陽近便些。

（三）張說策動太子監國

緊接著，二月初二，睿宗命太子監國。所謂「監國」，本來是指皇帝外出時，由太子留守京師，代管國事。這裏意味著睿宗意欲傳位，先由太子代行某些職權，如六品以下除官及徒罪以下，並取太子處分。先後兩天裏，竟採取了這麼多重大措施，說明太子支持者作了巨大的努力。

策動太子監國的是中書侍郎、同平章事張說。原來，張說曾為東宮侍讀，陪伴太子隆基讀書學習，深見親敬。由於太子「為太平公主所忌，朝夕伺察，纖微聞於上；而宮闕左右，亦潛持兩端，以附太平之勢」[26]。當時，太子妃子楊氏懷娠，隆基密謂張說：公主不要我多有後代子息，楊氏懷孕如被探知，恐怕禍及此婦人。密商結果，由張說弄來三帖「去胎藥」。隆基於曲室親自煮藥，昏昏然睡著了，夢見一個長丈餘的「神人」，身披金甲，手操戈，將藥倒掉。隆基驚醒，增火，再投一帖於藥鼎中，又夢見「神人」覆鼎。「凡三煮皆覆，乃止。」第二天，張說來了，隆基詳告一切。張說拜賀曰：「天所命也，不可去。」據說，後來楊氏養下的小孩，就是唐肅宗。上述故事載於《次柳氏舊聞》，神人覆鼎當屬小說家言，不足為信。但是，一度打胎之事，並非虛構，所以《舊唐書・后妃傳下》也編進了這個故事。不管怎麼說，故事反映了無可爭辯的事實：「公主每覘伺太子所為，纖介必聞於上，太子左右，亦往往為公主耳目，太子深不自安。」[27]同時也生動地說明，隆基與張說的關係是何等的親密。大概由於太子的推薦，景雲二年（七一一）正月，以中書侍郎張說、太僕卿郭元振並同平章事，都提拔為宰相。

不久，「有術者上言，五日內有急兵入宮。」睿宗將此事跟大臣們商量，宰相張說一針見血地指出：「此是讒人欲搖動東宮耳。」也就是說，「術者」流言是「讒人」製造的，而「讒人」無疑是屬於太平公主勢力。正是公主收買了「術者」，散布政變的謠傳，以動搖東宮。對於這種嚴峻的形勢，張說體驗尤深，故特向睿宗建議：「陛下若使太子監國，則君臣分定，自然窺覦路絕，災難不生。」[28]姚元之、宋璟和郭元振進曰：「如（張）說所言。」[29]一致支持太子監國。值得注意的是，張說所強調的「太子監國，君臣分定」，確實是安社稷之至計。此計不再局限於嫡長制繼承法的紛爭，不再糾纏於該不該立太子的辯論，乾脆鼓動太子監國，代行國務。換言之，隆基的地位已是君王了，太平公主只能安守臣下的本分，否則，就是大逆不道。這樣，「窺覦路絕」，政局就會安定。

唐睿宗高興地採納了宰相們的建議，二月初二，下制曰：「皇太子（隆）基仁孝因心，溫恭成德，深達禮體，能辨皇猷，宜令監國，俾爾為政。」[30]充分地肯定皇太子的品德與能力，令之監國，對於公主集團猶如當頭一棒。至此，處於劣勢的太子隆基，在姚元之、宋璟、張說、郭元振以及韋安石等支持下，通過一系列的鬥爭，逐漸地轉危為安。二月監國的實現，標誌著隆基勢力略居上風，初次挫敗了公主的廢黜陰謀。

監國以後的鬥爭

從二月監國，到次年八月正式即位之前，二十七、八歲的李隆基又走過一年半的艱難歷程。

（一）姚元之、宋璟被貶逐

太平公主是決不會甘心自己的失利的。雖然宣布公主蒲州安置，但人仍在長安，進行緊張的活動。當她探悉二月一日的三項措施出自姚元之和宋璟的密謀，不禁大怒，便去責備隆基。「玄宗懼，乃奏崇（元之）、璟離間骨肉，請加罪黜，悉停寧王（成器）已下外授。」[31]這裏，奏請加罪於姚、宋，是一種以退為進的策略手段；主動提出，顯然是在輿論上表白自己並無「離間骨肉」之心。可見，太子雖已監國，但對姑母的權勢還是懼怕的。經過商議，二月九日，貶元之為申州刺史、璟為楚州刺史。過了兩天，宋王成器等外任刺史的命令也作廢了。不過，公主仍被安置於蒲州，離開了京師。而岐王和薛王則為東宮左、右衛率，「以事太子」，這對於後來消滅公主勢力起了重要的作用。

須知，上述處理並不意味著公主反敗為勝，而是唐睿宗平衡政策的結果。近半年來，目睹親妹妹與三郎之間的矛盾日益激化，睿宗的態度是：一方面，他放縱公主「怙權」，但又不同意廢黜太子；另一方面，他要維護隆基的太子地位，但又時時袒護公主的利益。睿宗本人就陷於十分矛盾的境遇。每每碰到激烈的爭鬥，往往是採取平衡的對策。二月初，他採納了三點建議，並令太子監國，企圖平息「浮議」，杜絕禍亂。但是，公主跳出來反對，他就以貶謫姚元之和宋璟作為代價，來換取妹妹到蒲州的安排。世上決無絕對的平衡。史稱：「及公主出蒲州，尤所怨謗。」[32]雙方矛盾沒有緩和下來，反而愈演愈烈。

（二）睿宗意欲讓位

前章說過，六月政變勝利後，擁戴睿宗即位，這是當時政治鬥爭的客觀形勢所決定的。即使以「隆」為「龍」的李隆基也不敢貿然自立為帝，更何論太平公主這樣作為配角的女人了。睿宗當上皇帝，並不是太子派與公主派暫時妥協的結果。那時，李隆基和姑母之間沒有什麼矛盾，勾心鬥角只是在景雲元年（七一〇）十月才產生。隨著宮廷內爭的激化，以「寬厚恭謹，安恬好讓」為性格特徵的唐睿宗，終於萌發了不願意當皇帝的一些念頭。二月二日命太子監國，多少包含有要傳位的意思。及至四月，趁太平公主在蒲州，「睿宗欲傳位於皇太子」。他召集三品以上大臣商量，說：「朕素懷淡泊，不以宸極為貴。昔居皇嗣，已讓中宗。及居太弟，固辭不就，思脫屣於天下為日久矣。今欲傳位太子，卿等以為如何？」[33]羣臣莫對。所謂「素懷淡泊」，實際上反映了睿宗面對矛盾而束手無策的心情。既然無法調解，也就想「傳位太子」，以免引起新的爭奪。

消息一經傳出，無論是太子集團還是公主集團都驚訝不已，誰都料不到即位僅十個月的睿宗就公開聲稱要「傳位」了。太子隆基立刻叫右庶子李景伯上疏推辭，甚至連監國也要讓掉。而屬於公主集團的殿中侍御史和逢堯，則對睿宗說：「陛下春秋未高，方為四海所依仰，豈得遽爾？」[34]睿宗時年半百，不算壽高，照正常的情況，傳位確實早了一些。彼此對立的兩個集團，出於各自利害關係的考慮，竟在「傳位」問題上都持否定的態度。睿宗只好打消自己的主意，暫時不提「傳位」的事了。

接著，四月戊子，睿宗頒布一道制書，說：「政事皆取皇太子處分，若軍馬刑政、五品以上除授，政事與皇太子商量，然後奏聞。」[35]這意味著太子的權限擴大了。二月監國時，僅處理六品以下除官及徒罪以下；如今，政事要由太子負責處理，然後向皇帝報告。看來，睿宗是想用過渡的步驟，把皇位傳給太子隆基，以平息皇室內爭。然而，這一下惹起了公主集團更大的反對，李隆基只好懇求推辭。不過，監國時的權限維持不變。

史載：「五月，太子請讓位於宋王成器，不許；請召太平公主還京師，許之。」[36]前者說明太子處境艱難，維護嫡長制的輿論甚囂塵上，所以隆基不得不表態「讓位」給長兄成器。同時，為了證明自己並無「離間姑、兄」的圖謀，主動建議召回太平公主。至於睿宗的態度，前一個「不許」，後一個「許之」，反映了他處置矛盾還是用老辦法：既維護太子隆基的地位，又偏袒太平公主的利益。

（三）公主加緊營私結黨

太平公主自蒲州回到長安以後，吸取往昔一度失利的教訓，就加緊營私結黨，安插親信，排除異己。

首先，把一批私黨推舉為宰相。公主早就「與益州長史竇懷貞等結為朋黨，欲以危太子」[37]。竇懷貞曾經是韋后的幫凶，劣跡聞於朝野。繼而依附太平公主，從益州長史調任京官殿中監。景雲二年（七一一）五月，公主回京師不久，竇懷貞為御史大夫、同平章事。九月，以竇懷貞為侍中。「懷貞每退朝，必詣太平公主第。」[38]十月，一度罷政事，左遷御史大夫。同時，根據公主的提議，以崔湜為中書侍郎、同中書門下三品。次年正月，以竇懷貞與岑羲並同中書門下三品。又過五個月，以岑羲為侍中。竇、崔、岑等宰相都是公主集團的核心人物。

其次，把支持太子的韋安石、郭元振和張說等從相位上撤下來。公主以韋安石不附己，故意要睿宗封安石為尚書左僕射，兼太子賓客，依舊同中書門下三品。「雖假以崇寵，實去其權。」[39]不久，將韋安石、張說、郭元振同時罷免相職，分別為東都留守、左丞、吏部尚書。

這樣，又出現了「歸妹怙權」的局面。李隆基雖以太子身分「監國」，實際上卻是漸趨劣勢。史稱：「遇玄宗為太子監國，為太平公主所忌，思立孱弱，以竊威權，太子憂危。」[40]當時，有個名叫王琚的，選補會稽諸暨主簿，過謝太子。來到殿廷，故意擺出一副「徐行高視」的神態，宦者說太子殿下就在簾內。王琚驚奇地說：「何謂殿下？當今獨有太平公主耳！」[41]這是襲用戰國時代謀士范睢的「故智」。范睢曾在秦國離宮裏揚言：「秦安得王？秦獨有太后、穰侯耳。」[42]用這種辦法來感怒秦昭王。同樣，王琚也正是用這類言辭來激發太子隆基。隆基便立刻召見，引為知己。這個故事反映了太平公主「怙權」的氣焰逼人的狀況。

關於隆基與王琚初交的史實問題，據《開天傳信記》載，早在誅滅韋后勢力之前，隆基「於藩邸（興慶宅）時」，經常到城南韋曲、杜曲戲遊打獵，結識了一個「磊落不凡」的窮書生，名叫王琚。彼此談論投機，愈發親密。「及韋氏專制，上（隆基）憂甚，獨密言於琚」，王琚獻計說：「亂則殺之，又何疑也？」最後，隆基「遂納琚之謀，戡定禍難。累拜為中書侍郎」[43]。上述記載是不確切的，不能當作信史來引用[44]。《舊唐書》固然沒有採錄，《新唐書・王琚傳》則云：「玄宗為太子，閒游獵韋、杜間，怠休樹下，琚以儒服見，且請過家，太子許之。至所廬，乃蕭然窶陋。……」可見，歐陽修等史家認為，隆基為太子時，才初次結識了王琚。司馬光在《通鑑考異》中照錄了《開天傳信記》那段記載，但也不予採納，仍從《舊唐書・王琚傳》。因為事實是很明白的，王琚沒有參與誅滅韋后的鬥爭，不是有功之臣。如果「戡定」韋氏之亂確實出於王琚之謀，怎麼會至隆基為太子時還只是諸暨主簿這樣小的官呢？至於官拜中書侍郎，那是唐玄宗即位以後的事。

註釋

1《舊唐書・睿宗諸子傳》。
2《全唐文》卷一八，睿宗〈立平王為皇太子詔〉。
3《全唐文》卷一九，睿宗〈冊平王為皇太子文〉。
4《舊唐書・睿宗諸子傳》。
5《資治通鑑》卷二〇九，景雲元年六月條。
6《舊唐書・睿宗諸子傳》。
7《資治通鑑》卷二〇九，景雲元年六月條。
8《舊唐書・睿宗諸子傳》。
9《大唐新語》卷七，〈知微〉。
10《冊府元龜》卷二五七，〈儲宮部・建立二〉。
11《資治通鑑》卷二一〇，景雲元年十月條。
12《舊唐書・宋璟傳》。
13《大唐新語》卷九，〈諛佞〉。
14《舊唐書・外戚傳》。
15《資治通鑑》卷二〇九，景雲元年六月條。
16《舊唐書・宋璟傳》。
17《冊府元龜》卷三三三，〈宰輔部・罷免二〉。
18《資治通鑑》卷二一〇，景雲元年十月條。
19《冊府元龜》卷二八六，〈宗室部・忠二〉。
20《資治通鑑》卷二一〇，景雲元年十月條。
21《舊唐書・韋安石傳》。
22《資治通鑑》卷二一〇，景雲二年正月條。
23 參見《冊府元龜》卷二八六，〈宗室部・忠二〉。
24、25《資治通鑑》卷二一〇，景雲二年正月條。
26《次柳氏舊聞》。
27《資治通鑑》卷二一〇，景雲元年十月條。
28《冊府元龜》卷二五九〈儲宮部・監國〉及《舊唐書・張說傳》。
29《大唐新語》卷一，〈匡贊〉。
30《舊唐書・玄宗本紀上》及《全唐文》卷一八睿宗〈命皇太子監國制〉。
31《大唐新語》卷一〈匡贊〉及《舊唐書・姚崇傳》。
32《冊府元龜》卷三三三，〈宰輔部・罷免二〉。
33《冊府元龜》卷二五九，〈儲宮部・監國〉。
34《資治通鑑》卷二一〇，景雲二年四月條。
35《冊府元龜》卷二五九，〈儲宮部・監國〉。
36《資治通鑑》卷二一〇，景雲二年五月條。
37《資治通鑑》卷二一〇，景雲二年正月條。

38《資治通鑑》卷二一〇，景雲二年九月條。

39《舊唐書・韋安石傳》。

40《舊唐書・王琚傳》。

41《資治通鑑》卷二一〇，先天元年八月條。

42《史記・范雎列傳》。

43《開天傳信記》。

44 有的傳記據此認為王琚參加了消滅韋后集團的鬥爭，欠妥。

第四章　正式即位，鏟除奸黨

先天元年（七一二）八月，二十八歲的李隆基正式即位，尊睿宗為太上皇。但是，由於奸黨作祟，爭鬥依舊激烈。直到徹底消滅太平公主勢力，天下方才太平，歷史進入了「開元之治」的新時代。

「太子合作天子」

唐玄宗即位，彷彿是出於某種偶然的迷信的因素，其實是二月監國以來長期鬥爭的必然結局。

（一）在「合作天子」的背後

太平公主及其親黨自以為得勢，便著手策劃新的廢黜太子陰謀。延和元年（七一二）七月，西邊天空上出現彗星，公主趁機唆使「術人」向睿宗報告：「據玄象，帝座及前星有災，皇太子合作天子，不合更居東宮矣。」[1]這裏的「術人」，是否即監國前夕散布謠言的「術者」呢？不得而知，但他們的手法如出一轍。所謂「帝座」，是指武仙座a星，它好像天皇大帝的外座。「前星」，是指心宿的前星。心宿有星三顆，中星象徵天子位，前星猶如太子。「術人」根據天象胡謅什麼「有災」，無非是宣揚上天對皇帝睿宗和太子隆基有所警告，而要消除這種災禍，辦法就是「太子合作天子」。

太平公主及其凶黨果真主張太子隆基當皇帝嗎？當然不是。他們是在挑撥睿宗與太子的關係，製造隆基要搶先奪位的流言蜚語。最險惡的用心還在於：「不合更居東宮。」這也就是說，如果隆基不「合作」天子，那就要「更居東宮」，加以廢黜，另立太子。

但是，事與願違，弄假反而成真。睿宗似乎不領會「術人」的心計，堅決表示「傳德避災，吾志決矣」[2]。公主及其黨羽眼看大事不妙，就紛紛力諫，以為不可傳位。可見，所謂「太子合作天子」完全是鬼蜮伎倆。針對公主的勸阻，睿宗強調指出：「昔中宗之朝，悖逆（指安樂公主，追貶為悖逆庶人）驕縱，擅權侈靡，天變屢臻。我當時極諫，請擇賢子立之，以應災異，中宗不悅，我憂惶數日不食。豈在彼能諫，於己不行！」[3]借鑑往昔的經驗教訓，再次表明了自己讓位傳德的決心。

隆基顯然不知底細，覺得有點突然。他馳入請見，自投於地，叩頭曰：「臣以微功，不次為嗣，懼不克堪，未審陛下遽以大位傳之，何也？」[4]礙於嫡長制的輿論，太子一直心懷「不次為嗣」的隱痛；迫於公主集團的壓力，隆基總是帶著誠惶誠恐的神態。回憶一年多前，父皇已經想要讓位；而這次重提「傳德」，又究竟是為了什麼呢？對此，睿宗解釋說：「汝以弱年夷凶靜亂，安我宗廟，爾之力也。今天意人事，汝合當之。」甚至把話都說絕了：「汝若行孝，豈宜於柩前即位邪！」[5]隆基無可奈何，流涕而出。

結果，「太子合作天子」真的成了事實。七月壬辰，睿宗下制傳位給太子，詔文讚揚隆基「有大功於天地」，「委之監撫，已逾年歲，時政益明，庶工惟序。」宣稱：「朕方比跡洪古，希風太皇，神與化遊，思與道合，無為無事，豈不美歟！」[6]的確，睿宗讓位還是跟「無為無事」思想分不開的。半年多前，曾經跟天臺山道士司馬承禎討論「道經之旨」。睿宗問：「理身無為，則淸高矣。理國無為，如何？」道士援引《老子》「順物自然而無私」的觀點，說明「無為之旨，理國之道也」[7]，睿宗嘆息不已。在公主與太子彼此爭鬥的情況下，「順物自然而無私」不失為良策。正是在「無為」思想的推動下，睿宗作出了「傳位」的抉擇。所謂玄象災異云云，不過是一種迷信的藉口罷了。

（二）太上皇猶總大政

太平公主既然阻止不了「傳位」，也就另出一條詭計，「勸上（睿宗）雖傳位，猶宜自總大政」[8]，企圖架空二十八歲的新皇帝。睿宗又是採取折衷的辦法：一方面斷然地傳位給太子，另一方面不能不考慮公主的意見，「自總大政」。這也算是「順物自然而無私」吧！他對隆基說：「況朕授汝，豈忘家國！其軍國大務及授三品已上、並重刑獄，當兼省之。」[9]妥協終於達成了。八月庚子，玄宗正式即位，尊睿宗為太上皇。上皇自稱曰朕，命曰誥，每五日一受朝於太極殿。皇帝自稱曰予，命曰制、敕，每日受朝於武德殿。三品以上除授及大刑政決於上皇，其餘政事都由皇帝處理。過了四天，大赦天下，改元「先天」。

上皇和皇帝「兼省」政務，這是中國歷史上罕見的政治局面。中國古代皇朝歷來強調「天無二日，民無二王」，以維護皇帝的絕對地位。唐玄宗雖然正式登基，但他的權力受到太上皇的極大限制，甚至可以說他還沒有真正地掌握實權。睿宗作為太上皇，把三品以上大臣任免權抓在自己手裏，把重大刑政的決定權也抓在自己手裏。這種局面固然反映了太平公主強大勢力的存在，也說明睿宗並不那麼甘心情願地退出政治舞臺。口稱「無為無事」的太上皇，又偏要「自總大政」，袒護公主利益，也就等於給政局的動蕩添了催化劑。

誅滅太平公主及其黨羽

從監國到即位，無疑是太子集團的重大勝利。但是，這個勝利不是在摧毀太平公主勢力的基礎上贏得的。因此，即位後的鬥爭依舊十分激烈。

（一）「宰相七人，四出其門」

前面說過，公主自蒲州回長安後，陰謀活動的重點是在宰相位置上安插親黨。玄宗正式即位後，她更要加緊這方面的活動，以便使皇帝徒有虛名而無實權。

先天元年（七一二）八月「改元」後兩天，推出了這樣的人事安排：以劉幽求為右僕射、同中書門下三品，魏知古為侍中，崔湜為檢校中書令。顯然，這是由太上皇決定的折衷辦法。劉幽求是唐玄宗的心腹，崔湜是公主的黨羽，彼此勢不兩立。至於魏知古，原是相王府故吏，後任東宮左庶子，遷戶部尚書。知古暗中「忠誠」於玄宗，但不公開出面反對太平公主，往往被視為中立的人物。此外，竇懷貞為左僕射兼御史大夫、平章軍國重事。還有岑羲，曾任侍中，也積極參與公主的預謀。

八月丙辰，即「改元」後十二天，劉幽求遭誣陷下獄，不久流貶於封州。這表明公主勢力有所擴張。次年正月，公主薦引黨羽蕭至忠為中書令，在宰相羣裏多了一員幹將。當然，玄宗也不會熟視無睹的，六月以兵部尙書郭元振同中書門下三品，塡補了劉幽求被貶的空缺。

總之，「太平公主依上皇之勢，擅權用事，與上（玄宗）有隙，宰相七人，五出其門。」[10]這裏，「五」應作「四」，較為確切。《大唐新語》卷九《諛佞》篇說：「宰相有七，四出其門；玄宗孤立而無援。」當時，依附於公主的是竇懷貞、蕭至忠、岑羲、崔湜，共四人。支持玄宗的是郭元振和魏知古。還有一位名叫陸象先，景雲二年（七一一）冬，同中書門下平章事，監修國史。「太平公主時既用事，同時宰相蕭至忠、岑羲及（崔）湜等咸傾附之，唯象先孤立，未嘗造謁。」[11]玄宗即位初，「太平公主欲廢之」，說什麼「寧王（指成器）長當立。」象先問：「帝（玄宗）何以得立？」公主答道：「有一時之功。」象先嚴正地指出：「立以功者，廢必以罪。今不聞天子過失，安得廢？」[12]可見，陸象先為人正直，孤立清靜，決不是攀龍附鳳之輩。面對新的廢立陰謀，他堅持以功立帝的原則，但也不公然地偏向玄宗一邊，與公主作對。後來，唐玄宗讚揚他是挺立在寒風中的松柏，那是十分貼切的。

（二）誅滅公主的密謀

為了粉碎廢立陰謀，並從根本上消滅公主勢力，李隆基及其支持者也時時在密謀策劃。如果說，密謀的先聲是姚元之和宋璟的三點建議，那麼，正式提出誅殺公主的則是謀士王琚。還在太子監國時，王琚曾以「當今獨有太平公主」的言辭，來激發隆基。隆基引與同榻而坐，泣訴「主上（睿宗）同氣，唯有太平」，大有不忍為之的神態。王琚斷然地說：「天子之孝，異於匹夫，當以安宗廟社稷為事。蓋主，漢昭帝之姐，自幼供養，有罪猶誅之。為天下者，豈顧小節！」[13]

這裏是在鼓動效法漢代故事，對於「有罪」的太平公主必須「誅之」。隆基聽了很高興，足見誅滅公主也是他本人的心願。但是，作為經歷過誅滅韋后大風浪的政治家，是不會輕率地行動的。他清楚地知道，父皇在位，姑母「怙權」，在力量對比上自己處於不利的地位。過早地誅殺公主，在道義上也難以獲得廣泛的支持。所以，隆基沒有跟這位初交的謀士王琚直接談論誅殺之事，而把話題扯開了，笑道：「君有何藝，可以與寡人游？」言下之意：來日方長，容後商議。

及至正式即位，形勢發生了新的變化。玄宗雖然還沒有實權，但皇帝的地位是誰也否定不了。公主散布的嫡長「當立」的濫調，已經喪失了蠱惑人心的作用。至於「宰相多太平公主之黨」[14]，確實有不利的一面，但在先天元年（七一二）八月，劉幽求和魏知古尚在宰相之列。正是在這種情況下，劉幽求和右羽林將軍張暐（隆基在潞州結交的好友），密商誅殺公主親黨。張暐秘密地向玄宗報告：「宰相中有崔湜、岑羲，俱是太平公主進用，見作方計，其事不輕。殿下若不早謀，必成大患。……唯請急殺此賊。劉幽求已共臣作定謀計訖，願以身正此事，赴死如歸。」[15]他們對敵我形勢與行動方案是深思熟慮的。先打崔湜，也是很策略的。這裏，並非出於劉幽求與崔湜之間的私人勾鬥。宋代史學家司馬光按曰：「幽求素盡心於玄宗，湜等附太平，非幽求因私忿而害之也。」[16]矛頭針對崔湜，實質上就是指向太平公主。

玄宗聽了，「深以為然」，表示贊同誅殺公主黨羽的計劃。顯然，玄宗看到了自己剛當皇帝的有利時機，企圖用所掌握的羽林禁兵，一舉殲滅之。誰知密謀不慎洩漏，太平公主立刻向太上皇睿宗報告。八月丙辰，將幽求下獄，有人建議以「離間骨肉」罪處死。這時，玄宗慌了，親自出來辯護，「言幽求有大功（指六月政變），不可殺。」[17]結果，流幽求於嶺外封州，張暐於嶺南峰州。崔湜叫廣州都督周利貞殺死幽求，經人營救，才倖免於難。

（三）公主集團的反撲

八月誅殺密謀的流產，使玄宗又處於不利的境遇，往後近一年是他一生最危險的時期之一。太平公主從上述事件中意識到問題的極端嚴重性，也就著手進行謀殺活動。應當說，此前，公主無時無刻不在策劃廢黜太子，接著又要架空皇帝。但是，她還不至於想誅殺李隆基。廢而不殺，這是太平公主過去的方針。八月事件使她看到了刀光劍影，看到了她自己也會被誅的危險，因而採取了種種反撲的措施。

第一，**「廣樹朋黨」**[18]。除了竇懷貞、崔湜、岑羲竊居相位外，又以蕭至忠為中書令。這樣，在宰相班子裏，公主勢力占明顯的優勢。依附於公主的還有：太子少保薛稷、雍州長史新興王李晉、左羽林大將軍常元楷、知右羽林將軍李慈、左金吾將軍李欽、中書舍人李猷、右散騎常侍賈膺福、鴻臚卿唐晙、以及西明寺僧人慧範等等。總之，「文武之臣，太半附之。」[19]其中，有的是頗有影響的人物。例如，薛稷原是東宮官屬，職掌教諭太子，理應倒向隆基一邊。睿宗時，「常召稷入宮中參決庶政，恩遇莫與為比。」[20]又如新興王李晉，「為殿中監，兼雍州長史，甚有威名。」[21]這些人投靠公主，說明「朋黨」勢力的強大。

第二，**收買北門禁軍**。羽林禁兵基本上是由隆基控制的，右羽林將軍張暐被貶後，公主收買了禁軍將領常元楷和李慈。「常元楷、李慈掌禁兵，常私謁公主。」[22]他們常時出入於公主第宅，相與結謀，企圖發動政變。此外，竇懷貞等以宰相身分控制了南牙諸衛兵。

第三，**陰謀毒死皇帝**。由崔湜出面，勾結宮人元氏，在玄宗飲服的「赤箭粉」裏放進毒藥，欲置皇帝於死地。這條毒計是否由於太平公主的指使，不得而知，但清楚地暴露了公主集團的猙獰面目。

由上可見，形勢愈來愈急迫。雖然所謂「玄宗孤立而無援」的分析，是過高地估計了公主勢力，然而，玄宗面臨生死存亡的時刻，也是事實。謀士王琚對玄宗說：「事迫矣，不可不速發。」[23]建議盡早設計對付之。遠在東都洛陽的張說，也是萬分焦急。原來，張說罷知政事後，被公主排擠到東都。這時，「既知太平等陰懷異計，乃因使獻佩刀於玄宗，請先事討之。」[24]獻佩刀，暗示要先發制人，割斷公主勢力。還有那位崔日用，因與薛稷矛盾不協，被排擠出京師，時為荊州長史。他特地回京奏事，建議「討捕」之，說一旦「奸宄得志，則禍亂不小」。玄宗擔心「驚動太上皇」，日用強調指出：「天子孝，安國家，安社稷。今若逆黨竊發，即大業都棄，豈得成天子之孝乎！」這把話說到底了！如果「逆黨」陰謀得逞，玄宗連皇帝都當不成了，且有被殺的危險，那還談什麼「天子之孝」！他還提出「先定北軍，次收逆黨」，認為這樣就不會驚動太上皇。「玄宗從其議」[25]，完全採納了崔日用的意見。

（四）七月三日事件

決戰的時刻終於來臨了。

先天二年（七一三）秋，「竇懷貞等與太平公主同謀，將議廢立，期以羽林兵作亂。」[26]他們決定：七月四日，由常元楷和李慈率領禁兵，突入玄宗朝見羣臣的武德殿，竇懷貞、蕭至忠和岑羲等宰相在南牙舉兵響應，以實現其「廢立」陰謀。

宰相魏知古得知此事，立刻向李隆基滙報。因為魏知古表面上是中立人物，故能了解一些密謀情況。在這關鍵時刻，魏知古立了一大功。後來，唐玄宗讚揚他「每竭忠誠，奸臣有謀，預奏其兆」[27]。

緊接著，玄宗和岐王隆範、薛王隆業、宰相郭元振、龍武將軍王毛仲、殿中少監姜皎、太僕少卿李令問、尚乘奉御王守一、內給事高力士、果毅李守德等商量對策，決定搶先動手。七月三日，玄宗和王毛仲、高力士等親信十餘人，取閒廄馬及衛兵三百餘人，出武德殿，入太極殿左邊虔化門，召常元楷和李慈，斬之。這樣就實現了第一步「先定北軍」，沒有引起禁兵騷亂，幹得十分俐落。第二步是「次收逆黨」：在朝堂和內客省分別捉拿了宰相蕭至忠、岑羲與李猷、賈膺福，皆斬之。竇懷貞這天似不在禁宮，聞變外逃，投溝水而死，追戮其屍。太平公主逃入山寺，過了三天又回來，故賜死於家。公主諸子及其黨羽死者數十人，如薛稷賜死於萬年獄。兒子薛崇簡曾反對過其母的陰謀活動，特免死，賜姓李氏，官爵如故，但在往後的政治活動中也銷聲匿跡了。

值得一提的是，崔湜跟竇懷貞這類黨羽不同，表面上還和隆基保持親善關係。「玄宗在東宮，數幸其第，恩意甚密。」實際上，「湜既私附太平公主，時人咸為之懼。」[28]這種兩面派更有助於公主的「怙權」。但是，策劃七月四日叛亂，崔湜確實是不在場的。所以，其他幾個宰相處死了，唯獨他流於竇州。不久，新興王李晉臨刑前揭發崔湜原是主謀者，加上宮人元氏供認與崔湜共謀進毒，才追賜死於荊州。

七月三日事變很快就勝利了，而「窮治公主枝黨」一直延續到年底。「百官素為公主所善及惡之者，或黜或陟，終歲不盡。」[29]經過半年多的淸查與處置，太平公主勢力被徹底地鏟除了。

（五）「三為天子，三讓天下」

七月三日那天，特地派郭元振「侍衛」太上皇睿宗。睿宗事先不知道玄宗部署的行動，一聽到鼓譟聲，就連忙登上承天門樓。郭元振奏曰：「皇帝前奉誥誅竇懷貞等，惟陛下勿憂。」[30]所謂「前奉誥」，自然沒有那回事。睿宗的折衷態度包含有袒護公主的一面，不可能早就下令誅滅公主黨羽。這裏無非是把皇帝的行動說成是符合太上皇的旨意，敬請睿宗不必驚憂。

過了一會，玄宗帶領王琚等人來到承天門樓上，拜見睿宗，陳述情況，並起草了一份詔令，以太上皇的名義宣布天下。詔曰：「逆賊竇懷貞、蕭至忠、岑羲、薛稷、李慈、李猷、常元楷、唐晙、唐昕、李晉、李欽、賈膺福、傅孝忠、僧慧範等，咸以庸微，謬承恩幸，未申毫髮之效，遂興梟獍之心，共舉北軍，突入禁中，將欲廢朕及皇帝，以行篡逆。朕令皇帝，率衆討除，……其逆人魁首未捉獲及應緣坐者，並不在赦限。」[31]

詔文特別強調七月三日是根據太上皇的命令而行動的，顯然在於製造「討除」逆賊的合法性的輿論。對照一下郭元振「奏曰」，就會明白，這是玄宗及其親信早已商定好的一種策略手段。既然逆賊企圖「共舉北軍」，「以行篡逆」，那麼，皇帝率衆「討除」之，就是理所當然的事了。

其實，太上皇睿宗內心裏並不希望看到七月三日事變，因為玄宗的勝利不僅使唯一的妹妹陷於滅頂之災，而且意味著他本人將永遠地退出政治舞臺。第二天，即七月四日，他以無可奈何的心情頒布詔令：「昨者奸臣構衅，竊犯禁闈，凶黨布於蕭墻，飛變聞於帷扆。朕慮深倉卒，爰命討除，……自今已後，軍國政刑一事已上，並取皇帝處分。朕方高居大廷，緬懷汾水，無為養志，以遂素心。」[32]同日，太上皇徙居百福殿。至開元四年（七一六）六月逝世，享年五十五歲。

由大臣蘇頲起草的《睿宗遺誥》說：「三為天子，三以天下讓。」這是對唐睿宗一生的總結。第一次被武后則天立為皇帝，後被貶黜為皇嗣，再降封為相王。第二次中宗即位時，尊稱「皇太弟」，固辭不受。中宗一死，「遺詔」規定相王輔政，因韋后反對而作罷。第三次是隆基的六月政變勝利，使睿宗重登皇位。過了兩年多，傳位給太子隆基，稱為太上皇。的確，睿宗一生以「安恬好讓」為特點，反映了宮廷內部鬥爭的複雜性。睿宗作為唐朝歷史上第二位太上皇，跟第一位唐高祖李淵略有不同。回顧歷史，玄武門事變後，唐太宗正式即位，李淵尊號為「太上皇」。這位太上皇完全退出了政治舞臺，不干預軍國大務，沒有造成新的糾葛。而唐玄宗即位後，聲稱「無為無事」的太上皇睿宗偏要「自總大政」，結果加劇了長達一年的宮廷內爭。直到七月三日事變後，宣布一切政事都由皇帝處分。太上皇睿宗表示要「無為養志」，再也不插手政治了。二十九歲的唐玄宗才開始親政。

七月事件的性質與影響

七月三日事件，是李隆基與太平公主之間長期鬥爭的總爆發。誅滅「太平」方太平，歷史揭開了新的一頁。

（一）正與邪之爭

如何認識這場長達三年的激烈爭鬥呢？換句話說，公主集團代表的是怎樣的社會力量呢？

太平公主步武則天的後塵，想當女皇，這種意見似乎缺乏事實根據。誠然，史稱公主「多權略，則天以為類己」[33]。這裏僅僅說母女在智略與權術方面有很多相似之處，並不能引申出公主有當女皇的美夢。武后稱帝，是中國封建社會歷史上罕見的政治局面。這個特殊的時代結束以後，有些人鼓吹「韋氏宜革唐命」，「勸韋后遵武后故事」[34]，結果是徹底地破滅了。歷史已經證明，誰想再當女皇，此路不通。經歷過誅滅韋后鬥爭的太平公主，確實沒有提出當女皇的政治主張，至少現存的史料中找不到記載。史載公主「思立孱弱，以竊威權」，也就是說，公主懼怕太子隆基的英武明察，企圖「更擇闇弱者立之」，以維護她的特權地位。這種所謂「以竊威權」，跟想當女皇，是不可同日而語的。

太平公主屬於武氏政治勢力，這種觀點也是值得商榷的。所謂武氏政治勢力，應當是指依附武則天而興盛起來的外戚勢力，其中以武承嗣、武三思為主要代表人物，還包括武延基、武延秀、武崇訓等等。這股勢力經由重俊政變尤其是隆基六月政變的沉重打擊，已經基本上被清除了。睿宗重新即位時，雖然太平公主的第二個丈夫武攸暨也算是武氏之黨，但他在政治舞臺上作用不大。公主之所以左右政局，並不是由於武攸暨的緣故。《舊唐書・外戚傳》把太平公主事跡附於武攸暨之後，實在是很不得體的。

太平公主代表的是腐朽的商人地主官僚集團勢力，這種看法也是難以苟同的。誠然，把五王政變、六月政變和七月三日事件串起來考察，統統歸結為中小地主官僚與商人地主官僚兩大集團間的矛盾鬥爭，在理論上是頗有創見的，可以自圓其說地解釋長達八年半的政治風雲。但是，從封建統治階級各個「羣體」組合的實際情況來看，似乎並不存在如此明顯的兩條路線鬥爭。如果說，五王政變與六月政變都是中小地主官僚集團發動的，那麼，太平公主也積極參加，「誅二張，滅韋氏，咸賴其力」[35]，又該如何解釋呢？此時此刻，太平公主是站在中小地主官僚集團一邊，還是站在商人地主官僚集團一邊呢？事實上，在風雲變幻的宮廷內爭中，各個「羣體」或者派別呈現紛繁複雜的關係，有時互相利用，有時彼此勾鬥，時而是合作者，時而是敵對者，一切都是依具體的政治形勢與力量對比而定的。這裏，套用大、中、小地主與商人地主官僚的階層分析，似乎是講不清楚的。

或許在六月政變以後，太平公主才轉化為商人地主官僚集團的代表人物。這種可能性是存在的。但是，就公主「羣體」集團的成員來看，宰相竇懷貞、蕭至忠、岑羲、崔湜等是不是商人地主官僚，這不能靠理論分析，而要由事實來證明。僧人慧範以及禁軍將領常元楷、李慈等，無疑是跟商人地主無緣的。太平公主支持的大批斜封官，其中不乏供應奢侈消費品的大商人，但更多的是通過裙帶關係而往上爬的政治投機者和鑽營利祿之輩。關於斜封官問題，它反映了封建專制主義政治的弊病，但是，這種腐敗現象並不是唯獨跟商人地主官僚聯繫在一起的。同樣，恣情奢縱，競相侈麗，也不僅僅是商業富豪們的專利權。太平公主如此，唐睿宗和太子李隆基也不例外，差別只是程度的不同。況且，如何看待工商業地主的歷史作用，還有待重新估價。把他們視為腐朽的社會勢力，卻是傳統觀念的表現。

至於支持誅滅太平公主的鬥爭的，除了李唐皇室正統勢力外，就是中小地主官僚嗎？當然有中小地主官僚，但也有大地主官僚。李唐皇室的很多人，難道不是大地主貴族嗎？唐睿宗時期，以隆基為首的太子集團，是由於政見一致與利益相同而組成的「羣體」。其中，姚元之、宋璟、韋安石、郭元振以及張說等，顯然不是作為中小地主官僚集團的代表人物而活動的，顯然不是站在中小地主立場上來支持李唐皇室的。先天元年（七一二）八月，太子隆基正式即位，他作為一個封建皇帝，代表了整個封建統治階級的利益，包括大、中、小地主的利益。李隆基與太平公主間的矛盾鬥爭，是統治階級上層的兩個「羣體」派系的最嚴重的一次較量。

我們認為，李隆基和太平公主之間鬥爭的實質，在於要不要改革中宗弊政問題。太子的支持者宋璟和姚元之，「協心革中宗弊政，進忠良，退不肖，賞罰盡公，請託不行，綱紀修舉，當時翕然以為復有貞觀、永徽之風。」[36]這種新局面也正是太子隆基所嚮往的。而太平公主及其黨羽卻竭力維護過去的那種「羣邪作孽，法綱不振，綱維大紊」的狀況，甚至把被姚元之等廢除了的斜封官皆復舊職。景雲二年（七一一）二月，宋璟和姚元之被貶後，有位名叫柳澤的，上疏說：「今海內咸稱太平公主令胡僧慧範曲引此輩，將有誤於陛下矣。謗議盈耳，咨嗟滿街，故語曰：姚宋為相，邪不如正；太平用事，正不如邪。」[37]這番話講得多麼精彩，點出了問題的實質。太子隆基與太平公主的鬥爭，也就是「正」與「邪」之爭。

太平公主及其黨羽確實是一股邪惡的社會勢力。他們大多是反覆小人，阿附權勢，好惡任情，是非顛倒。例如，竇懷貞早就以「諂順委曲取容」而臭名遠揚，唐中宗時被稱為「國奢」（韋后乳母之婿）。韋后被誅，他左遷益州長史，便「以附會太平公主」。唐睿宗時，為金仙、玉真兩個公主修造道觀，羣臣多諫，「唯懷貞贊成其事，躬自監役」。所以，當時人諷刺說：「前為韋氏國奢，後作公主邑丞。」[38]又如蕭至忠，中宗時依附韋后，睿宗即位初出為蒲州刺史。「時太平公主用事，至忠潛遣間使申意，求入為京職。」據說，隆基六月政變時，蕭至忠有個兒子任韆牛，在禁宮夜戰中被殺。「公主冀至忠以此怨望，可與謀事，即納其請。」蕭至忠表面上淸儉刻苦，實際上貪得無厭。「及籍沒，財帛甚豐，由是頓絕聲望矣。」[39]再如，「僧慧範恃太平公主權勢，逼奪百姓店肆，州縣不能理。」[40]御史大夫薛謙光予以揭發，結果反而遭到公主的打擊，被貶為岐州刺史。由上可見，這股腐朽的社會勢力，並不是商人地主官僚集團。雖然蕭至忠財帛甚豐，慧範家財亦數十萬緡，但是這些並不是經營工商業而贏得的，而是通過掠奪與榨取的方式積聚起來的。

總之，太平公主所糾集的親黨，正如唐代張鷟所說：「並外飾忠鯁，內藏諂媚，翕肩屏氣，舐痔折肢。附太平公主，並騰遷雲路，咸自以為得志，保泰山之安。七月三日，破家身斬，何異鵷鴳棲於葦苕，大風忽起，巢折卵破。後之君子，可不鑒哉！」[41]如此腐朽的社會勢力，其失敗是不可避免的。

（二）七月事變勝利的原因

鏟除公主勢力，比起誅滅韋后之黨，更加艱巨。王琚曾對隆基說：由於種種的因素，誅韋后「為易」。而太平公主就不同了，第一，她是「則天之女，凶狡無比，專思立功」；第二，「朝之大臣，多為其用」；第三，「主上（睿宗）以元妹之愛，能忍其過。」因此，「賤臣淺識，為殿下深憂。」[42]的確，六月政變的準備時期不到一年，最激烈的鬥爭僅僅十九天。而七月事變以前，則經歷了近三年的曲折的鬥爭。從太子監國到即位前後，幾乎每一步都伴隨著激烈的爭奪。勝利得來實在是很不容易的。原因究竟是什麼呢？

首先，李隆基及其支持者代表的是一股堅持改革弊政的政治力量。宋璟、姚元之之所以維護太子的地位，原因不是單純出於封建正統觀念，而是把改革的重任寄託於李隆基。「革中宗弊政」的重點在於用人問題：「進忠良，退不肖。」景雲元年（七一〇）八月，根據姚元之、宋璟及御史大夫畢構的建議，罷斜封官凡數千人。同年十二月，鑒於「中宗之末，嬖幸用事，選舉混淆，無復綱紀」，以宋璟為吏部尚書，李乂、盧從願為侍郎，「皆不畏強禦，請謁路絕。集者萬餘人，留者三詮不過二千人，人服其公。」又以姚元之為兵部尚書，陸象先、盧懷慎為侍郎，「武選亦治」[43]。次年二月，宋、姚被貶為地方刺史後，綱紀紊亂的情況又有所恢復。冬十月，左補闕辛替否上疏說：

「忍棄太宗之理本，不忍棄中宗之亂階；忍棄太宗久長之謀，不忍棄中宗短促之計。陛下（睿宗）又何以繼祖宗、觀萬國？」[44]可見，要不要革除中宗弊政，是區分「正」與「邪」兩股政治勢力的標準。李隆基正式即位並誅滅公主集團，從根本上說，就是前一股政治勢力推動的結果。

其次，策略手段的高明，往往是宮廷內爭勝利的保證。早在三年前的六月政變中，李隆基已顯露出政治家的膽識；而在跟公主集團的鬥爭中，他變得更加老練了。

針對公主的陰險狡猾，他就採取以理鬥智的策略。所謂「理」，即維護皇位繼承的合法性。李隆基自稱：「臣以微功，非次見擢，偏守儲貳（太子），日夜兢惶。」[45]的確，以非嫡長子為皇太子，不符合傳統的繼承法。太平公主正是抓住這一點，大做「廢黜」文章，大肆挑撥太子與長兄成器的關係。如果成器站到公主一邊，那就會使鬥爭複雜化。對此，李隆基除了堅持以功建儲的原則外，還盡力鼓吹兄弟情誼。例如：「先天初，玄宗為大被長枕，宋王成器等昆季每與同寢。太平公主奏之。」這時，隆基已繼位稱帝，共被同寢不過是一種姿態罷了。公主離間不成，太上皇睿宗說：「昆季恩深，歡娛共被，汝為留愛，天倫其睦，斯乃萬方有慶，九族延休，言念仁慈，固多忻慰。」[46]結果是宋王成器、岐王隆範、薛王隆業等都成了隆基的支持力量，隆範和隆業兩個弟弟還直接參加了七月三日事變。

針對公主的恃權驕橫，李隆基則採取了以退為攻的策略。由於公主糾集的「朋黨」勢力的強大，朝臣多為其所用，李隆基不得不小心謹慎，每走一步就看一步，決不冒進。例如：景雲二年（七一一）初，宋璟、姚元之提出三點建議後，太平公主大怒。「太子懼，奏元之、璟離間姑、兄，請從極法。」[47]其實，三點建議出自太子隆基的意願。要求對宋、姚加以處置，不過是一種退兵之計。又如：先天元年（七一二）八月，在玄宗的同意下，劉幽求和張暐謀劃誅殺太平公主黨羽。

事洩，「玄宗大懼，遽列上其狀，睿宗下幽求等詔獄，令法官推鞫之。」[48]這種手法跟過去的完全一樣。總之，在長達三年的宮廷鬥爭中，李隆基善於觀察政局形勢，見機行事，時而主動進擊，時而以退為攻，化劣勢為優勢。

第三，控制羽林禁軍，這是奪取勝利的重要條件。李隆基是以厚結萬騎起家的，深知羽林禁軍的重要性。景雲元年（七一〇）六月政變的次日，平王李隆基就兼知內外閑廄，押左右廂萬騎。過了兩天，以隆範為左羽林大將軍，隆業為右羽林大將軍。上述安排，對於鎮壓韋氏之黨是必要的。但是，「萬騎恃討諸韋之功，多暴橫，長安中苦之。」[49]八月，詔除外官。又停以戶奴為萬騎；更置飛騎，隸左、右羽林。這時，隆基已為皇太子，當然不可能直接兼管萬騎了。隨著與太平公主鬥爭的興起，宋璟、姚元之建議：罷隆範、隆業二王左、右羽林。景雲二年（七一一）正月，睿宗下制云：「諸王、駙馬自今毋得典禁兵，見任者皆改他官。」[50]顯然，其目的在於防止某些人利用禁兵參與爭奪皇位的鬥爭。

值得注意的是，同年二月，李隆基以皇太子監國，「因奏改左右萬騎左右營為龍武軍，與左右羽林為北門四軍，以（葛）福順等為將軍以押之。」[51]這是對北門禁軍的重大改組，以加強太子集團的勢力。葛福順是六月政變的骨幹，自然聽從於李隆基。此外，左羽林將軍孫佺也和劉幽求關係密切，右羽林將軍張暐則是隆基的至交好友。先天元年（七一二）八月，玄宗即位不久，張暐獻計說：「臣既職典禁兵，若奉殿下命，當即除翦（公主黨羽）。」[52]可見，北門四軍基本上由李隆基控制。

然而，自劉幽求與張暐被貶流之後，太平公主收買了左羽林大將軍常元楷和知右羽林將軍事李慈，「元楷、慈數往來（公）主第，相與結謀」[53]。妄圖以羽林兵突入玄宗聽政的武德殿，發動政變。看來，公主黨羽過高地估計了自己的力量。其實，除了個別將領外，羽林禁軍的政治傾向在皇帝玄宗一邊。特別是率領萬騎的龍武將軍，如王毛仲，即李隆基的心腹。先天二年（七一三）七月三日，正是通過龍武將軍王毛仲取閑廄馬及禁兵三百餘人，自武德殿入虔化門，召常元楷與李慈，先斬之。很清楚，掌握北門禁軍，是贏得勝利的重要原因。

（三）誅滅「太平」方太平

七月三日事變無論是對李隆基個人還是對唐朝歷史，都具有深遠的影響。一年前，李隆基雖然即位，但上有太上皇睿宗，還有凶惡的太平公主集團。只有現在，唐玄宗才真正地掌握了政權，一切政事都由皇帝處置了。《新唐書・玄宗本紀》指出：「乙丑（七月四日），始聽政。」這個「始」字體現了史家的春秋筆法，頗能說明歷史事件的本質。過了八天，唐玄宗下令說：「太上皇志尚無為，捐茲俗務，軍國庶政，委成朕躬」，希望王公文武百官們「戮力同心，輔相休命，各盡誠節，共洽維新。」[54]十一月，玄宗尊號為「開元神武皇帝」。十二月初一，大赦天下，改元為「開元」。這樣，唐朝歷史進入了「開元之治」的新時期。

七月三日事變是政局由不安定到安定的轉折點。自李隆基出世以來，近三十年，由於皇位繼承權的不固定，引起了連續不斷的宮廷內爭。「天步時艱，王業多難。」[55]雖然六月政變鏟除了韋氏、武氏這股動亂勢力，但睿宗在位時並沒有出現安定的政治局面。後來，隆基以太子身分監國，接著又受內禪，即皇帝位，但他的皇位還是不穩定的，面臨著太平公主集團的嚴重威脅。「必至誅夷太平公主黨徒之後，睿宗迫不得已，放棄全部政權，退居百福殿，於是其皇位始能安定，此誠可注意者也。」[56]可見，七月事變具有重要的歷史意義，標誌著政局安定的開始。

註釋

1《舊唐書・玄宗本紀上》作「六月，凶黨因術人聞睿宗」。「六月」疑誤。應為七月。「凶黨」，即太平公主黨羽。參見《資治通鑑》卷二一〇，先天元年七月條。

2《資治通鑑》卷二一〇，先天元年七月條。

3《冊府元龜》卷一一，〈帝王部・繼統三〉。

4《資治通鑑》卷二一〇，先天元年七月條。

5《冊府元龜》卷一一，〈帝王部・繼統三〉。

6《唐大詔令集》卷三〇，〈睿宗命皇太子即位詔〉。又，《舊唐書・玄宗本紀上》作「壬午」，疑誤。《資治通鑑》卷二一〇及《冊府元龜》卷一一均作「壬辰」。

7《舊唐書・隱逸傳》。

8《資治通鑑》卷二一〇，先天元年七月條。

9《冊府元龜》卷一一，〈帝王部・繼統三〉。

10《資治通鑑》卷二一〇，開元元年六月條。〈考異〉引《唐曆》曰：「宰相有七，四出其門。」《舊唐書・外戚傳》及《新唐書・諸帝公主傳》均作「五」，欠妥。

11《舊唐書・陸象先傳》。

12《新唐書・陸象先傳》。

13、14《資治通鑑》卷二一〇，先天元年八月條。

15《舊唐書・劉幽求傳》。

16《資治通鑑》卷二一〇，先天元年八月條〈考異〉。

17《資治通鑑》卷二一〇，先天元年八月條。

18《舊唐書・張暐傳》。

19《資治通鑑》卷二一〇，開元元年六月條。

20《舊唐書・薛稷傳》。

21《舊唐書・宗室傳》。

22《舊唐書・外戚傳》。

23《資治通鑑》卷二一〇，開元元年六月條。

24《舊唐書・張說傳》。

25《舊唐書・崔日用傳》。

26《冊府元龜》卷一一，〈帝王部・繼統三〉。

27《舊唐書・魏知古傳》。

28《舊唐書・崔湜傳》。

29《資治通鑑》卷二一〇，開元元年七月條。

30《資治通鑑》卷二一〇，開元元年七月條〈考異〉

引《玄宗實錄》。

31《冊府元龜》卷八四，〈帝王部・赦宥三〉。「逆賊」名單中無「崔湜」，可見他沒有直接參與叛亂的會商。

32《唐大詔令集》卷三〇，〈睿宗命明皇總軍國刑政詔〉。

33《舊唐書・外戚傳》。

34《資治通鑑》卷二〇九，景雲元年六月條。

35《大唐新語》卷九，〈諛佞〉。

36《資治通鑑》卷二〇九，景雲元年七月條。

37《舊唐書・柳澤傳》。

38《舊唐書・竇懷貞傳》。

39《舊唐書・蕭至忠傳》。

40《舊唐書・薛登傳》。

41《朝野僉載》卷五。

42《舊唐書・王琚傳》。

43《資治通鑑》卷二一〇，景雲元年十二月條。

44《舊唐書・辛替否傳》。又，《資治通鑑》卷二一〇，景雲二年十月條作「右補闕辛替否」。

45《冊府元龜》卷一一，〈帝王部・繼統三〉。

46《冊府元龜》卷四七，〈帝王部・友愛〉。

47《資治通鑑》卷二一〇，景雲二年二月條。

48《舊唐書・劉幽求傳》。

49《資治通鑑》卷二一〇，景雲元年八月條。

50《資治通鑑》卷二一〇，景雲二年正月條。

51《舊唐書・王毛仲傳》。當時，僅設「龍武將軍」名稱。關於「龍武軍」的建置問題，詳見第五章第四節。

52《舊唐書・劉幽求傳》。

53《資治通鑑》卷二一〇，開元元年六月條。

54《冊府元龜》卷一一，〈帝王部・繼統三〉。

55《全唐文》卷一九，睿宗〈誅竇懷貞等大赦詔〉。

56 陳寅恪《唐代政治史述論稿》，第六十五頁。

第五章　安定政局，鞏固皇權

封建時代的「治世」無不以政局安定為前提，而政局安定的關鍵又在於皇權的鞏固。開元時期，前後二十九年，唐玄宗吸取往昔政局動蕩的教訓，採取種種措施，竭力維護和鞏固皇位。這就為「開元之治」奠定了基礎[1]。

「再三禍變」的歷史教訓

唐玄宗親始聽政之前，政變迭起，時局不寧。景雲二年（七一一）十月，諫官辛替否上疏陳時政，指出：「五六年間，再三禍變，享國不永，受終於凶婦人。」[2]把國難歸結為「女禍」，是缺少具體分析的。但是，韋后、安樂公主以及太平公主之流，興風作浪，也是加速「禍變」的因素之一。據統計，從神龍元年（七〇五）正月至先天二年（七一三）七月，在這八年半裏，各種形式與性質的政變就有七次之多。請看：

一、神龍元年正月，以張柬之為首五王發動政變，誅滅二張。女皇武則天被迫讓位，唐中宗重新稱帝。

二、神龍三年（七〇七）七月，太子重俊發動政變，誅殺武三思等。後率衆斬關而入內宮，結果是以失敗而告終。

三、景龍四年（七一〇）六月二日，韋后和安樂公主等合謀，毒死中宗。四日，改元「唐隆」。七日，年僅十六歲的太子重茂即位，即少帝；而韋氏以皇太后身分臨朝稱制。這實質上是一場宮廷政變。

四、同年六月二十日，李隆基發動政變，誅滅韋后勢力。六月政變的勝利，使唐睿宗重登皇位。

五、同年七月底，中宗次子重福在某些人挑動下，藉口維護嫡長制，陰謀在東都洛陽叛亂。企圖立重福為帝並要改元為「中元克復」。八月，叛亂被洛州長史崔日知平定。

六、先天元年（七一二）七月，太平公主集團策劃廢黜太子隆基的圖謀，結果睿宗下制傳位給太子。八月，唐玄宗正式即位。這場宮廷內爭，本質上是不流血的政變。

七、先天二年（七一三）七月，唐玄宗誅滅太平公主勢力，取得了最終的完全的勝利。

上述事變，大多是李隆基經歷過的，其中三次還是他親自發動的。作為在政治漩渦中奮搏的年輕人，自然深深地感受到形勢之險惡。他在誅滅太平公主集團不久說：「昔因多難，內屬構屯，寶位深墜地之憂，神器有綴旒之懼。」[3]李唐王室確實是多災多難。從中宗到少帝，再到睿宗與玄宗，皇帝換了四個。還有不少人蠢蠢欲動，覬覦皇位；弒殺與叛亂交替，禍變接連不絕。

為什麼會出現如此動蕩的政局呢？歷來認為是由於「女子之禍」[4]，或者說是由於武則天「革命」所造成的。其實，原因並不全在於此。回顧唐高祖、太宗和高宗時期，「女禍」問題也不同程度地存在著，爭奪皇位鬥爭也時有發生（如玄武門之變及房遺愛事件等），太子廢立層出不窮，但是，政局基本上是安定的。自武則天執政以後，內部鬥爭更是加劇了。高宗諸子與武后諸侄之間，擁李派與擁武派官僚之間，朝廷士人與武后嬖寵之間，充滿著種種矛盾。但是，安定局面仍是時代的主流。由於武則天廣開才路，朝廷上下，人才輩出，如李昭德、魏元忠、杜景佺、狄仁傑、姚崇、宋璟、張柬之等，都是極一時之選的名臣，所以在羣奸出沒、酷吏橫行的政治氣氛中，全國仍能保持安定的狀態。可見，把動蕩歸咎於「女禍」，歸咎於武則天「革命」，是片面的看法。

問題的關鍵在於皇權是否鞏固，是否任賢致治。「山有猛虎，獸不敢窺。」[5]如果皇權是強有力的，能夠任用賢臣，敢於治理，那麼，即使有「女禍」也不會氾濫成災，即使有形形色色的皇位窺伺者也難以興風作浪。從唐太宗到武則天時期，政局安定的主要原因就是皇權之強大。及至唐中宗、睿宗時期，情況就大不相同了。中宗是「愚闇」之主，睿宗是懦弱之君，毫無能力執掌大政。朝廷罕有正人，附麗無非險輩。中傷端士者有之，奔走豪門者有之，以致朋比成風，廉恥殆盡。這種狀況正是時局動蕩的根源。當然，武則天「革命」也留下消極的影響。例如，韋后和安樂公主受到女子亦可秉政的啓示，效法「則天之政」，瘋狂地參與宮廷內爭。但是，這種「女禍」不僅是以皇權軟弱為前提，而且是暫短一時的現象。在以男子為中心的封建家族制度下，女子企圖秉政不可能是普遍的經常的事。所以，太平公主就沒有那樣的幻想了，她只是打著維護嫡長制的旗號，投入紛爭的渦流。總之，「女禍」問題不是政局動蕩的根本原因，而只是使動蕩政局複雜化的一個因素而已。

李隆基一踏上政治舞臺，幾乎都是處於鬥爭漩渦的中心。他本人通過一系列的政變，實現了從皇室庶子到太子監國再到正式即位的歷史任務。八年多的奮鬥，把一個近而立之年的人變成了傑出的政治家、「開元之治」的開創者。「開元握圖，永鑑前車。」[6]唐玄宗比別人更了解前車之鑑，更懂得鞏固皇權的重要性，更清楚如何來防止政變渦流的再起。英姿勃勃的君主以鐵腕手段，有效地維護了較長期的安定局面，為開元改革準備了必要的條件。

唐玄宗鞏固皇權的最重要措施，就是根據賢相姚崇的建議，將一批由政變而產生的功臣外任刺史，接著又加以妥善的安置。這樣就消除了「再三禍變」的某些可能性，使內部矛盾緩和下來。

「姚崇勸不用功臣」

（一）驪山講武，始欲立威

七月三日事變勝利不久，唐玄宗作了一次耀武揚威的軍事檢閱。這年十月十三日，在驪山腳下，「徵兵二十萬，戈鋌金甲，耀照天地。列大陣於長川，坐作進退，以金鼓之聲節之。三軍出入，號令如一。」[7]玄宗身穿戎服，手持大槍，立於陣前，甚至親自擊鼓，號令將士。如此隆重的演習，顯然有它的政治目的。玄宗在賞慰將士的詔中，宣稱：「往以韋氏構逆，近又凶魁作禍，則我之宗社危如綴旒，故斬長蛇，截封豨，戮梟獍，掃攙槍。使武之不修，人何克義？」可見，驪山講武是吸取了「禍變」教訓而採取的行動，「以振國威，用搜軍實。」[8]除了向動亂勢力作示威外，更使皇權的威勢大大地伸張起來。

值得注意的是，在這天檢閱中，唐玄宗以突然襲擊的方式，解除了功臣郭元振的兵權。郭元振早在武則天時就是一員名將，後來立功於西土邊陲。睿宗即位，他官至兵部尙書同中書門下三品。先天二年（七一三），參與七月三日事變，又立大功。可是，隔了三個多月，在驪山講武中，唐玄宗以「軍容不整」的罪名，「坐於纛下，將斬以徇。」功臣一下子變成了死囚。不過，唐玄宗只是藉此揚威，並不想處斬。所以，宰臣劉幽求、張說出來說情，玄宗就決定「赦之，流於新州」[9]。

與此同時，唐玄宗以「制軍禮不肅」為由，宣布處斬給事中、知禮儀事唐紹。「上（玄宗）始欲立威，亦無殺紹之意」[10]，可是金吾衛將軍李邈沒有領會聖上的心意，立刻宣敕，將唐紹斬了。「時人既痛惜紹，而深咎於邈。尋有敕罷邈官，遂擯廢終其身。」[11]其實，完全歸咎於李邈，也欠公平。唐紹之死，無非是唐玄宗「始欲立威」的犧牲品。由於兩位大臣得罪，諸軍幾乎都被皇權威勢所震懾。

（二）姚崇為相，功臣外刺

當然，強化皇權的關鍵還在於委任賢相姚崇。安定政局與鞏固皇位的一系列措施，大多得力於姚崇的推行。宋代史臣贊曰：「不有其道，將何以安？」[12]這是事實。

姚崇是傑出的政治家、皇權主義的維護者。原名元崇，陝州硤石（今三門峽市以南陝縣）人。早在武則天時，由於才能出衆，被提拔為宰相。「時突厥叱利元崇構逆，則天不欲元崇與之同名，乃改為元之。」[13]後來，他推舉張柬之為相，並參與五王政變的預謀。政變勝利後，武則天被迫退位，移居上陽宮，唐中宗率王公百官欣躍慶功，唯獨姚元之嗚咽流涕。張柬之等說：「今日豈是啼泣時！恐公禍從此始。」姚元之坦然地承認自己啼泣出於衷情，強調說：「昨預公誅凶逆者，是臣子之常道，豈敢言功；今辭違舊主悲泣者，亦臣子之終節，緣此獲罪，實所甘心。」[14]寥寥數語，不僅反映了姚元之的「多智」，而且足以說明他是一個皇權的忠誠衛士。姚元之所以預謀政變，並不是反對皇帝武則天，相反，他恪守「臣子之常道」，只是反對危害皇權的凶逆者張易之兄弟。政變的結局卻是武則天下臺，而新皇帝中宗又是如此闇弱，這就難免使皇權維護者感到悲哀而啼泣。還因為這個緣故，姚元之在唐中宗時遭到冷遇，出為亳州刺史，轉宋、常、越、許四州刺史。

自從李隆基的六月政變勝利後，唐睿宗即位，召拜姚元之為兵部尚書、同中書門下三品，進中書令。姚元之和另一位傑出的政治家宋璟，協心革除弊政，進忠良，退不肖，賞罰盡公，請託不行，深得朝野的好評。他們從皇權主義的觀點出發，維護既定太子隆基的地位，以著名的三點建議，反對太平公主的廢黜陰謀。凡此種種，旨在鞏固皇權和安定政局。後來，他們卻受到貶斥，外任刺史。

及至太平公主勢力被消滅，唐玄宗為了鞏固皇位，「共洽維新」，自然地想起了姚元之。「上（玄宗）將獵於渭濱，密召元崇會於行所。」[15]所謂「密召」，包含有出其不意的人事安排。果然，十月十三日驪山講武，罷兵部尚書郭元振。十四日，玄宗獵於新豐界之渭川，姚元之恰好到達，立刻被任為兵部尚書、同中書門下三品。先後兩天，一個罷免，一個任命，自出於唐玄宗的精心考慮。據《升平源》記載，那天，姚元之自稱「至於馳射，老而猶能」。於是，呼鷹放犬，遲速稱旨，玄宗十分高興。此時此刻，姚元之「以十事上獻」，提出了一整套的施政方略。關於著名的「十事要說」，司馬光認為「似好事者為之，依託（吳）兢名，難以盡信，今不取」[16]。當然，《升平源》作者是不是吳兢，無法考證。君臣一問一答，亦未必是實錄。但十條的基本精神是可信的，其中重要的內容就是加強皇權。例如，元之說：「自武氏諸親猥侵清切權要之地，繼以韋庶人、安樂、太平用事，班序荒雜；臣請國親不任臺省官，凡有斜封、待闕、員外等官，悉請停罷，可乎？」玄宗答道：「朕素志也。」的確，這件事早在玄宗當太子時，就由姚元之和宋璟著手做了，只是後來被迫中斷。既誅太平公主，重提此事，君臣心裏又想到一塊兒了。

史稱：「上初即位，勵精為治，每事訪於元之，元之應答如響，同僚唯諾而已，故上專委任之。」[17]這年十二月初一，改元「開元」。過了十二天，以姚元之兼紫微令（即中書令）。元之避「開元神武皇帝」尊號，恢復舊名崇。唐玄宗之所以「專委任」姚崇，原因在於姚崇跟別的臣僚不同，他作為忠誠的皇權維護者，從長期的從政經驗中找到一整套行之有效的方略，而這些方略又完全符合唐玄宗安定皇位的需要。難怪玄宗這樣地讚美他：「宏略冠時，偉才生代，識精鑑遠，正詞強學，有忠臣之操，得賢相之風。」[18]所謂「忠臣之操」，無疑是要大力表彰的。

歷來忠臣與功臣是有些差異的，各有妙用。如果說，唐玄宗在發動政變時更多地依靠一批功臣，那麼，「勵精為治」時就要重用「有忠臣之操」的賢相了。因此，姚崇既為宰相，原來一批由政變而產生的功臣，紛紛從高位上下來了，不少人外任刺史。請看：

功臣郭元振最早被罷免，甚至處以流刑。開元元年十二月初一，天下大赦，元振起為饒州司馬，怏怏不得志，途中病卒。

功臣張說先前是太子隆基的侍讀，「深見親敬」。後鼓吹太子監國，並獻計誅滅太平公主，「玄宗深嘉納焉。」[19]七月十四日，以功拜中書令，封燕國公。十二月初一，改元並改易官名，拜紫微令。僅過十二天，姚崇既為紫微令，張說也就被罷職了。又隔十一天，張說左遷相州刺史。後來，又坐事左轉岳州刺史。

功臣劉幽求是六月政變和七月三日事件的主謀者之一，勛業卓著。既誅太平公主，被任命為左僕射、同中書門下三品。可是，就在張說左遷的當天，劉幽求亦罷為太子少保，丟掉了實權。開元二年（七一四）閏二月，因有怨言牢騷，貶為睦州刺史。歲餘，遷杭州刺史。開元三年（七一五）十一月，自杭州徙郴州刺史，途中憤恚而卒。

功臣鍾紹京曾參與六月政變，從禁苑總監升為戶部尚書。玄宗即位，遷太子詹事。他與太子少保劉幽求一道，「發言怨望」[20]，同時左遷果州刺史。七月，因妄陳休咎，貶為溱州刺史。

功臣王琚早年與太子隆基為友，「呼為王十一」。他還是七月三日事變的直接參加者，以功封趙國公。「琚在帷幄之側，常參聞大政，時人謂之『內宰相』，無有比者。」[21]可是，不久就被玄宗所疏遠。開元二年（七一四）閏二月，與劉、鍾同時，貶為澤州刺史。

功臣崔日用曾參與六月政變，又獻計誅太平公主。開元初期，出為常州刺史，削實封三百戶，轉汝州刺史。

宰臣魏知古曾告發太平公主七月四日陰謀叛亂，立了大功。後來，官至黃門監。開元二年（七一四）五月，罷知政事，除工部尚書。

由上可見，一個個功臣或流貶，或外刺，或罷相。據舊史記載，這一切似乎都是姚崇「嫉功」的結果。例如：張說「為姚崇所構，出為相州刺史」[22]。對於劉幽求，「姚崇素嫉忌之。」[23]又，「姚崇素惡紹京之為人」[24]。至於「魏知古起諸吏，為姚崇引用，及同升也，崇頗輕之」。「姚崇深忌憚之，陰加讒毀，乃除工部尚書，罷知政事。」[25]這麼多的記載當不容否認，功臣外刺是出於姚崇的主張。姚崇的「嫉忌」夾雜著一些私念，但主要是體現了一個皇權統治者對熱衷於政變的臣僚的鄙視與憎恨。

（三）「不用其奇，厭然不滿」

當然，如果僅僅是姚崇的「嫉忌」，要想把功臣外刺，那也是不可能的。姚崇的主張得以實施，最終還是取決於唐玄宗的態度。

唐玄宗為什麼要將功臣外刺呢？原因是吸取了往昔政局動蕩的教訓，為了防止可能發生的新的動亂。功臣們確實有翊贊之功，沒有他們的努力，難以登上皇位。但是，如今要安定皇位，就不能不注視著他們的動靜。須知，功臣們大多是「在變能通」的人物[26]，崔日用自己就承認：「吾一生行事，皆臨時制變，不必重專守始謀。每一念之，不覺芒刺在於背也。」[27]崔某的「反思」[28]，說明政變迭起的時代培育了一些善於搞政變的人物。對於唐玄宗來說，這些人是善變的功臣，而不是誠實的忠臣。因此，有人上說於玄宗：「彼王琚、麻嗣宗譎詭縱橫之士，可與履危，不可得志。天下已定，宜益求純樸經術之士。」[29]這話立刻撥動了玄宗的心弦，不久前「宴慰終夕」的王琚就被疏遠出京城。所謂「純樸經術之士」，無非是指「有忠臣之操」的人。重用姚崇，貶謫功臣，這是唐玄宗安定天下的必然抉擇。

宋代史臣評論說：「雄邁之才，不用其奇則厭然不滿，誠不可與共治平哉！姚崇勸不用功臣，宜矣。」[30]某些功臣由不滿而可能導致禍亂，決不是危言聳聽。改元「開元」不久，有一次，唐玄宗在便殿上，看見姚崇走路略有拐腳，問：「有足疾乎？」對曰：「臣有腹心之疾，非足疾也。」接著，玄宗追問這話的意思。姚崇說：「岐王陛下愛弟，張說為輔臣，而密乘車入王家，恐為所誤，故憂之。」[31]這裏，對答機敏而巧妙，也是在耍弄權術。然而，張說由於跟姚崇有矛盾，「潛詣岐王申款」[32]，私入王家，表示誠意，也確有其事。關於此事的後果，姚崇表面上是說他自己的個人之憂，實際上觸及皇位安定這個最敏感的問題。換句話說，擔憂的是玄宗的皇位為其所誤。久經政變風雲的唐玄宗，深知大臣勾結宗室發動政變的危險性。即使張說沒有這種企圖，也必須事先加以防範。因此，唐玄宗斷然地決定，把張說貶為相州刺史，杜絕大臣與宗室之間的聯繫。很久以後，由於大臣蘇頲「見帝陳（張）說忠謇有勛，不宜棄外」[33]，才重新起用。可見，唐玄宗的態度是以忠君原則（鞏固皇權）為轉移的。

因與張說外刺有牽連，劉幽求同時罷相而為太子少保[34]。劉幽求是個奇才，「不用其奇則厭然不滿」，他和太子詹事鍾紹京以及王琚等，由發言怨望進而結成一幫，史稱「幽求黨」[35]。朋黨的結合必將導致「禍變」，這也是唐玄宗所熟悉的、所擔憂的。因此，下令將劉、鍾交紫微省審問。這時，姚崇等宰相向玄宗說：「幽求等皆功臣，乍就閒職，微有沮喪，人情或然。功業既大，榮寵亦深，一朝下獄，恐驚遠聽。」[36]這個建議提得好，頗有卓識。像劉幽求這樣的元勛功臣，處理要慎重。突然下獄，震動太大，反而不利於安定的局面。因此，根據姚崇等的意見，分別外任地方刺史。人不在京城，且分散各地，也就不可能結黨營私了。

（四）思念舊功，常優容之

如何妥善地安置功臣，是關係到政局安定的大問題。如前所述，開元初期，「姚崇勸不用功臣，宜矣。」功臣外刺，對於鞏固皇權起了重要的作用。然而，如果一味地貶逐，不做撫慰工作，也會造成新的麻煩。唐玄宗作為傑出的政治家，沒有被狹隘的心理所支配，沒有枉殺功臣，而尚能肯定別人的應該肯定的功勞，表現了某種寬容的器度。

例如，驪山講武時，下令斬唐紹。「紹死後，玄宗追悔之。」[37]一個封建專制時代的帝王能為自己的誤殺臣下而後悔，畢竟是難能可貴的。後來，沒有枉殺功臣，似與此事的教訓有關。郭元振被處流刑後，「帝思舊功，起為饒州司馬。」[38]既然「姑欲立威」的目的已經達到，也就沒有必要施以刑罰了。開元元年（七一三）十二月一日，下制大赦，宣稱：「郭元振往立大功，保護於朕。頃因閱武，頗失軍容，責情放逐，將收後效，可饒州司馬員外置同正員。」[39]不因其過錯而抹殺大功，這種以觀後效的做法還算是妥善的。

又如，鑒於「（劉）幽求輕肆不恭，失大臣禮，乖崖分之節」[40]，給予貶謫，外任刺史。後來，劉幽求積鬱而死。宋代史臣評論說：「然待幽求等恨太薄云。」[41]往昔元勛棄諸荒外，是太薄情了。不過，唐玄宗對功臣的思念之情並沒有泯滅。幽求死後，贈以禮部尚書，謚曰「文獻」。開元六年（七一八）六月，制以「故司空蘇瓌、故左丞相太子少保郴州刺史劉幽求配饗睿宗廟庭」[42]。以禮尊之，仍稱左丞相和太子少保，無異是給劉幽求恢復名譽。

再如，鍾紹京自左遷果州刺史後，又坐他事，貶懷恩縣尉，悉奪階封，再遷溫州別駕。直到開元十五年（七二七）入朝東都洛陽，拜見玄宗，老淚縱橫，泣奏曰：「陛下豈不記疇昔之事耶？何忍棄臣荒外，永不見闕庭。且當時立功之人，今並亡歿，唯臣衰老獨在，陛下豈不垂愍耶？」[43]玄宗聽了，「為之惘然」。回憶十七年前，夜戰禁宮，苑總監鍾紹京率領戶奴及丁夫二百餘人，手執斧鋸以從，那情景怎麼會忘記呢！當時立功之人，如劉幽求和崔日用等，一一過世，面對這位健在而又衰老的功臣，又怎能不產生憐愍之情！因此，就在這一天，拜鍾紹京為銀青光祿大夫、右諭德。久之，遷少詹事。「年逾八十，以官壽卒。」[44]

此外，還有坐「幽求黨」而貶謫的王琚，歷諸州刺史。及至開元二十二年（七三四），起復太子右庶子，仍兼地方刺史。天寶以後，又為廣平、鄴郡太守。此人性格豪放，縱酒享樂。「玄宗念舊，常優容之」。史稱，王琚「攜妓從禽，恣為觀賞，垂四十年矣」[45]。

以上事實說明，開元初年，功臣外刺是必要的，非如此不足以鞏固皇位。而當皇權已臻穩定的時候，唐玄宗又念舊功，優容待之。這樣做，同樣是有利於政局的安定。

（五）「南陽故人，優閒自保」

唐玄宗還總結了西漢與東漢的歷史經驗，以「南陽故人，優閒自保」告誡功臣。

開元五年（七一七），賢相姚崇已辭職，繼任者宋璟仍推行安定皇位的政策。當時，太常卿姜皎及其弟御史中丞、吏部侍郎姜晦，當朝用事，「宋璟以其權寵太盛，恐非久安之道，屢奏請稍抑損之。」姜皎，是玄宗在藩時的好友，曾密議誅韋后勢力。及玄宗即位，「數召入臥內，命之舍敬，曲侍宴私，與后妃連榻，間以擊球鬥雞，常呼之為姜七而不名也。」如此寵遇，有乖禮節，在皇權主義者看來，實在不是「久安之道」。

經宋璟多次奏請，唐玄宗明白過來了，「亦以為然」。這年七月，將姜皎放歸田里，使之自娛。同時遷姜晦為宗正卿，以去其權。還特地下敕曰：「西漢諸將，多以權貴不全；南陽故人，並以優閒自保。觀夫先後之跡，吉凶之數，較然可知，良有以也。」這裏，以西漢功臣被誅的故事為鑒，鼓吹東漢元勛「優閒自保」的做法，旨在鞏固皇權，防止動亂。唐玄宗強調指出：「朕每欲戒盈，用克終吉。未若避榮公府，守靖私第，自弘高尚之風，不涉囂塵之境，沐我恩貸，庇爾子孫。」[46]也就是說，只要擁護皇權，不干預時政，盡可以縱情娛樂，永保富貴。這是唐玄宗安置功臣的重要原則之一。

諸王外刺，終保皇枝

由皇室內爭而演成禍亂，往昔是屢見不鮮的。唐玄宗妥善地處理與兄弟諸王的關係，避免了可能發生的殘殺。史稱，「近古帝王友愛之道，無與比也。」[47]在「友愛」的背後，自有猜疑、伺察與詐術等等。但是，「友愛之道」畢竟是占主導的，它對穩定政局起了良好的作用。

（一）諸王外任刺史

早在隆基為太子時，由於「太平公主陰有異圖，姚元之、宋璟等請出成器及申王成義為刺史，以絕謀者之心」[48]。後來，姚、宋被貶逐，外刺也就停止執行了。開元二年（七一四），舊事重提。「羣臣以成器等地逼，請循故事出刺外州。」[49]「羣臣」主要是指宰臣姚崇等，先後兩次顯然出自姚崇的政治主張。

如果說，前一次是為了粉碎太平公主的廢黜陰謀，那麼，後一次則是為了杜絕某些功臣可能發生的政變圖謀。在以「家天下」為特徵的專制制度下，參與政爭或者製造禍亂的人往往打出某個皇室成員（包括宗室諸王、諸皇子）的旗幟，以相號召。景雲年間，中宗次子重福和睿宗長子成器，就曾被某些人當作旗號揮動過。開元時期，也有類似的情況。例如，開元十年（七二二）八月，唐玄宗正在東都洛陽，京師長安發生了一起叛亂事件。左領軍兵曹權楚璧勾結故兵部尚書李迥秀男齊損、從祖弟金吾淑、陳倉尉盧玢及京城左屯營押官長上折衝周履濟等，「舉兵反」，「立楚璧兄子梁山，年十五，詐稱襄王男，號為光帝」[50]。叛亂很快就被鎮壓了。令人矚目的是，「詐稱襄王男。」襄王即中宗少子重茂，曾為房州刺史。開元二年（七一四）七月，襄王重茂去世，追謚曰「殤皇帝」。以擁立襄王兒子為帝，發動叛亂，可見宗室諸王在社會上的號召力。上述例子是開元十年的事，當然不能直接說明開元初年的情況。但是，由此可以推斷開元初年也存在那種可能性。所謂「成器等地逼」，豈不是反映了姚崇等的擔憂嗎？功臣張說私入岐王家門，立刻被左遷相州刺史，這件事清楚地說明唐玄宗是如何地警惕著諸王與朝臣之間的串連以及可能發生的禍亂。因此，就在劉幽求、鍾紹京和王琚等外刺不久，即開元二年（七一四）六月，以宋王成器兼岐州刺史，申王成義兼豳州刺史，豳王守禮兼虢州刺史。七月，又以岐王範兼絳州刺史，薛王業兼同州刺史。關於諸王外任刺史，特作兩條規定：第一，他們只領大綱，州務由長史、司馬主持。換句話說，諸王不得掌握地方實權。爾後，諸王為都護、都督、刺史者，均照此辦理。第二，宋王以下每季二人入朝，周而復始。這樣，既可鼓吹兄弟「友悌」，又可經常了解諸王動態，以便杜絕諸王與朝臣之間的聯繫。

由上可見，諸王外刺與功臣外刺是相輔而行的。「玄宗政權之所以能臻於鞏固，卻正是由於開元初年諸王外刺和功臣貶逐這兩項大刀闊斧的措施。」[51]這個論斷是正確的。不過，似應指出，兩者有先後的關係，諸王外刺是繼功臣貶逐之後而採取的措施。當時，在唐玄宗看來，主要的危險來自某些心懷不滿的功臣尤其是劉幽求，而諸王只是可能被利用的旗號。因此，對待諸王也必須外刺，加以防範。至開元六年（七一八），唐玄宗為逝世已兩年多的劉幽求恢復名譽，標誌著主要的危險已經消除。在這種形勢下，諸王外刺也就沒有必要了。開元七年（七一九）深秋，宋王成器（已改名憲）徙為寧王，召回京城。次年，岐王範和薛王業回到長安。申王成義（已改名撝）入朝，停刺史。開元九年（七二一），豳王守禮召回。至此，「諸王為都督、刺史者，悉召還京師。」[52]

（二）伺察諸王，禁約告誡

唐玄宗以非嫡長子的身分即位，內心深處埋藏著對兄弟諸王猜忌的情緒。諸王外刺，從某種意義上說，也是玄宗為這種心理所支配而採取的措施。諸王召還以後，猜疑心理並沒有全然消失。據記載，「玄宗常伺察諸王」。有一次，適逢炎夏季節，寧王憲「揮汗鞔鼓，所讀書乃龜茲樂譜也」。玄宗探知後，高興地說：「天子兄弟，當極醉樂耳。」[53]可見，玄宗時常暗中偵察寧王的行動，而當知道長兄迷醉於音樂，也就稍稍放心些。

除了「伺察諸王」外，還明文禁止諸王的某些交往。「上禁約諸王，不使與羣臣交結。」[54]雖然諸王與劉幽求這些功臣的勾結的可能性已不存在了，但是，跟其他朝臣的「交結」也會造成麻煩，有礙於皇位的穩固。立約禁止，正是唐玄宗害怕心理的反映。開元八年（七二〇），擔憂的事情果真發生了。光祿少卿、駙馬都尉裴虛己（娶睿宗女霍國公主為妻）和岐王範遊宴，「兼私挾讖緯之書」。所謂「讖緯之書」，歷來是政局動亂的預言，不少內容為改朝換代者所利用。當時恰逢冬十月，玄宗行幸長春宮，得知此事，深感問題的嚴重性。於是，將裴虛己流於嶺外新州，離其公主。同時，對參加遊宴的萬年尉劉庭琦和太祝張諤作了處理，分別貶逐為雅州司戶和山茌丞。然而，玄宗沒有追究岐王範，謂左右曰：「我兄弟友愛，天生必無異意，只是趨競之輩，強相託附耳。我終不以纖芥之故責及兄弟也。」[55]這番表白半是掩飾半是真情。兄弟之間相猜忌，早已為許多事實所證明，哪裏有什麼「天生」的「必無異意」呢？在唐玄宗的心底裏，諸王與羣臣「交結」無疑是危害皇權的隱患，也絕不是纖芥小事。當然，嚴懲的確實「只是趨競之輩」，因為這些人往往以宗室成員為靠山，無事生非，製造禍端。只有將他們嚴加處置，也就不會有「交結」問題了，也就無需「責及兄弟」了。

緊接著，又發生了新的事件。唐玄宗「嘗不豫」，患病欠安。東宮內直郎韋賓和殿中監皇甫恂「私議休咎」，結果被揭發出來。「私議」內容，現存史籍上不見記載，但肯定是涉及皇位問題。對此，唐玄宗是決不仁慈寬貸的，立刻下令杖殺韋賓，左遷皇甫恂為錦州刺史。韋賓原是薛王業的妃子的弟弟，妃子怕受牽連，「降服待罪」。薛王業也不敢入謁。如此驚懼，足見猜忌是何等的深重！這時，玄宗急令召見，薛王來到殿廷階下，欲進不前，惶惶請罪。而玄宗卻走下階來，親執其手，說：「吾若有心猜阻兄弟者，天地神明，所共咎罪。」[56]還設宴款待，慰諭業妃，令復其位。透過韋賓事件，暴露了皇室內部的勾鬥。看來，妃子韋氏確實沒有參與弟弟的「私議」活動，所以玄宗才不會株連及她，且演出了一場執手言歡的喜劇。

接二連三的事故猶如聲聲警鐘，對於宗室及其他皇親國戚非嚴加防範不可。因此，開元十年（七二二）八月，重申禁約，敕曰：「自今已後，諸王、公主、駙馬、外戚家，除非至親以外，不得出入門庭，妄說言語。所以共存至公之道，永協和平之義，克固藩翰，以保厥休。貴戚懿親，宜書座右。」[57]唐玄宗不僅禁止諸王與羣臣的「交結」，而且禁止皇親國戚之間的「交結」。特別是裴虛己事件之後，對駙馬都尉也嚴加管教，不准他們與朝廷要官往來，以免「妄說言語」，搬弄是非。直到唐朝後期，名臣李德裕還曾提及：「舊制，駙馬都尉與要官禁不往來。開元中，訶督尤切。」[58]

總之，種種禁約與訶督，目的在於「共存至公之道，永協和平之義」。換言之，就是為了鞏固皇權與安定政局。唐玄宗處理「交結」事件時，嚴厲打擊的只是「趨競之輩」和挑激小人。這是十分策略的做法，體現了皇室內部的「和平之義」。正如王夫之所評論的「玄宗日游諸王於門鷄吹笛之間，而以雷霆之威，亟施之挑激之小人，諸王保其令祚，王室無所震驚，不亦休乎！」[59]

（三）鼓吹友悌，同保長齡

唐玄宗對待兄弟諸王，一方面是猜忌、伺察與防範，另一方面則是大力鼓吹「友愛之道」。史稱「天子友悌，近世無比。帝既篤於昆季，雖有讒邪交構其間，然友愛如初」[60]。所謂「友愛」之道，突出地表現為以下幾種姿態。

第一，同居住，同歡樂。前面說過，隆基諸兄弟的青少年時代是在「五王宅」裏度過的。那時「同開邸第」的生活情景，後來成為唐玄宗鼓吹「友悌」的話題。開元初，「帝友愛至厚，殿中設五幄，與五王處，號五王帳。」[61]顯然，「五王帳」是從「五王宅」脫胎而來的。自興慶舊宅（五王宅）改為宮殿後，諸王自然不能住在原處了，於是賜寧王憲和薛王業宅於勝業坊，申王撝和岐王範宅於安興坊，「邸第相望，環於宮側。」[62]這樣的佈局同樣有兄弟共處的寓意。而且，興慶宮的樓宇設計也有所體現：「花蕚相輝樓在西臨街，以燕（宴）兄弟；勤政務本樓在南，以修政事。」[63]玄宗聽政之暇，常常召諸王登樓同榻歡宴，禮儀悉如家人。有時候，還親赴諸王邸第，賜金分帛，厚其歡賞。

為了表示願與兄弟永遠分享歡樂，唐玄宗還將自己服用的仙藥，分贈給諸王，並致書說：「朕每思服藥而求羽翼，何如骨肉兄弟天生之羽翼乎！……頃因餘暇，妙選仙經，得此神方，古老云『服之必驗』。今分此藥，願與兄弟等同保長齡，永無限極。」[64]這裏，把「骨肉兄弟」看成是「天生之羽翼」，反映了唐玄宗的真誠願望。因為「同保長齡」總要比互相殘殺好，有利於政局的穩定。又有一次，薛王業患病，玄宗「親為祈禱，及瘳，幸其第，置酒宴樂，更為初生之歡」。還特地賦詩曰：「昔見漳濱臥，言將人事違。今逢慶誕日，猶謂學仙歸。棠棣花重發，鴒原鳥再飛。」[65]這首詩唱出了對兄弟「友愛」之情，表達了「同保長齡」的意願。

第二，贈謚「太子」，宣揚「孝友」。唐朝歷史上有過追謚「太子」的先例，但像玄宗那樣幾乎給每個兄弟贈謚「太子」，卻是罕見的。這是一種特殊的「友愛」姿態。開元十二年（七二四）十一月，申王撝病逝，玄宗下制表彰他「溫恭孝友」，說：「用表非常之榮，少寄天倫之戚。可追贈惠莊太子。」[66]開元十四年（七二六）四月，岐王範病逝，玄宗甚為悲傷，手寫《老子經》，為之追福。下制云：「故太子太傅、上柱國、岐王範，特禀聰明，率由孝友，……可追贈惠文太子。」[67]開元二十二年（七三四）七月，薛王業病逝，贈謚「惠宣太子」。

宋代史臣范祖禹批評說：「太子，君之貳，……非官爵也，而以為贈，何哉？雖親愛其弟，欲以厚之，然不正之禮，不足為後世法也。」[68]這種意見只是從皇帝與太子的關係上立論，顯然沒有體察到唐玄宗的良苦用心。玄宗久歷政變與動亂，深知「推刃同器」是會造成何等的局面。為了皇位的穩定，有必要宣揚「孝友」；而贈謚「太子」，則是表彰「孝友」的策略手段。及至唐代宗大曆三年（七六八），商議褒贈齊王倓，著名政治家李泌「請用岐、薛（王）故事贈太子」[69]。可見，在唐朝君臣看來，贈謚「太子」並不是「不正之禮」，而是值得效法的。

第三，寵榮大哥，贈「讓皇帝」。「友愛」的最突出表現是對待長兄的態度。前面說過，隆基為太子，也是嫡長子成器相讓的結果。這一點是不能忘記的。後來，成器改名憲，封為寧王。「憲尤恭謹畏慎，未曾干議時政及與人交結，玄宗尤加信重之。」一不干涉時政，不任以職事；二不與羣臣交結，專以聲色娛樂；如此，玄宗當然是放心了。申王、岐王、薛王先後去世，唯憲獨在，玄宗尤加恩貸。「每年至憲生日，必幸其宅，移時宴樂。居常無日不賜酒酪及異饌等，尚食總監及四方有所進獻，食之稍甘，即皆分以賜之。」開元二十九年（七四一）十一月，寧王憲病逝，玄宗悲涕交集，追謚曰「讓皇帝」。冊斂那天，特令高力士帶手書置於靈座之前，書稱「隆基白」，表達了「家人之禮」。手書強調：「大哥嫡長，合當儲貳，以功見讓，爰在薄躬。……大哥事跡，身歿讓存，故冊曰讓皇帝，神之昭格，當茲寵榮。」[70]這裏表彰大哥的謙讓精神，也是出於鞏固皇位的需要。玄宗「不次為嗣」的隱痛至此才完全消失。

綜上所述，唐玄宗的「友愛之道」起了積極的作用，避免了可能發生的「禍變」，有利於開元時期政局的穩定。宋代史臣贊曰：「睿宗有聖子，一受命（玄宗），一追帝（讓皇帝），三贈太子（惠莊、惠文、惠宣），天與之報，福流無窮，盛歟！」[71]這樣的結局在唐朝歷史上是罕見的。試想唐太宗諸兄弟的情況如何？經由「玄武門之變」，長兄和弟弟死於利箭。唐高宗諸兄弟，或者廢為庶人，或者被誅，或者以位壽終。至於唐中宗的四個兒子，都死於「禍變」之中，其嗣亦不得傳。唯獨唐玄宗妥善地對待兄弟諸王，獲得了「終保皇枝」的結局。這不能不說是唐玄宗的卓識，表現了傑出的政治家所具有的器度。

整頓禁軍，防止「禍變」

鞏固皇權的又一個重要措施，就是加強對北門禁軍的掌握。唐玄宗淸楚地知道，以往每一次政變都跟禁軍尤其是千騎、萬騎與飛騎有關。要防止「禍變」再起，保障穩定的統治秩序，就非牢牢地控制住禁軍不可。

（一）北門奴官太盛

開元初期，功臣外刺，諸王外刺，而有一個人卻越來越受到寵用，他就是王毛仲。前面說過，毛仲原是臨淄王李隆基的家奴，在準備六月政變的過程中，結交萬騎將士，起了一定的作用。但是，二十日夜戰禁宮，他卻躲避了，顯然對勝利缺乏信心。過了幾天，才出來。隆基沒有責備他，反而超授將軍。在誅滅太平公主的鬥爭中，王毛仲的態度始終是堅決的，立了大功。因功授輔國大將軍、左武衛大將軍、檢校內外閑廄兼知監牧使，進封霍國公，實封五百戶。後來，姚崇為相，「勸不用功臣」，一大批功臣或者外刺或者貶黜，而王毛仲卻成了唐玄宗的心腹。「玄宗或時不見，則悄然如有所失；見之則歡洽連宵，有至日晏。」[72]毛仲擁有賜莊宅，奴婢、駝馬、錢帛不可勝記，兩個妻子都被封為「國夫人」；幼小的兒子官五品，與皇太子同遊樂。開元七年（七一九），進位特進，行太僕卿，餘並如故。開元十三年（七二五），又加開府儀同三司。自玄宗即位後十五年間，只有王皇后父親王仁皎、姚崇、宋璟以及王毛仲官至開府，榮獲最高的勛位。

為什麼唐玄宗如此寵遇王毛仲呢？僅僅從家奴、心腹與耳目的關係來解釋，還是不夠的。真正的原因在於王毛仲是控制禁軍的關鍵人物。隆基為太子時，王毛仲曾以龍武將軍的身分直接統領萬騎左右營，並專管閒廄馬。這就保證了七月三日事變的勝利。誅滅太平公主勢力後，王毛仲地位提高了，自然不必親自管轄萬騎左右營，但是，萬騎禁軍還是由他控制的。史稱：「毛仲奉公正直，不避權貴，兩營萬騎功臣、閒廄官吏皆懼其威，人不敢犯。」[73]所謂「奉公正直」，是指為人威嚴，竭誠地維護皇權。一方面權貴們有所害怕，另一方面萬騎功臣也懼其威，這樣，誰想利用禁軍搞「禍變」，也就很難了。王毛仲還與典萬騎的龍武將軍葛福順結成親家，「北門（禁軍）諸將多附之，進退唯其指使。」[74]可見，王毛仲是掌握禁軍的實權人物。

此外，王毛仲檢校內外閑廄兼知監牧使，負有御馬與全國軍馬的培育與管理的重任。須知，六月政變剛結束，平王李隆基曾兼知內外閑廄，押左右萬騎。七月三日事變，是由王毛仲取閑廄馬及兵三百餘人而發動的。很清楚，管理閑廄與掌握禁軍，都是極其重要的軍事部署。唐玄宗讓心腹任此要職，不是偶然的。王毛仲幹得頗出色，「部統嚴整，羣牧孳息，遂數倍其初。芻粟之類，不敢盜竊，每歲回殘，常致數萬斛。」[75]唐玄宗十分高興，特地叫著名的文士張說寫《監牧頌》，以讚美之。

應當說，開元十七年以前，唐玄宗通過王毛仲控制禁軍，是有成效的。除了開元十年（七二二）長安左屯營兵作亂僅一天便潰散外，沒有發生過其他「禍亂」，更無人敢利用禁軍來達到危害皇權的目的。

然而，「寵極則奸生」，事情走向了它的反面。毛仲小人，志得而驕，「既而貴倨恃舊，益為不法，帝常優容之。」[76]這就助長了種種不法行為。例如，「萬騎將軍馬崇正晝殺人，時開府、霍國公王毛仲恩幸用事，捋鬻其獄。」[77]由於刑部員外郎裴寬堅決執法，才沒讓殺人犯逍遙法外。王毛仲與禁軍將領葛福順、李守德等沆瀣一氣，形成了氣焰囂張的惡勢力。除了元老重臣宋璟敢投以鄙視的目光外，其他臣僚包括張說、源乾曜等宰相都獻上殷勤的姿態。

北門奴官的寵幸，引起了以高力士為首的宦官勢力的憤恨。唐玄宗常派宦官慰問王毛仲，「毛仲受命之後，稍不如意，必恣其凌辱，而後遣還。高力士、楊思勖忌之頗深，而未嘗敢言於帝。」[78]這種日益尖銳的矛盾，吏部侍郎齊澣看得清楚。開元十七年（七二九）六月，齊澣奏言：「福順典兵馬，與毛仲婚姻，小人寵極則奸生，若不預圖，恐後為患，惟陛下思之。況腹心之委，何必毛仲，而高力士小心謹慎，又是閹宦，便於禁中驅使。」心腹毛仲「寵」的結果，完全可能造成「後患」，但是，當時還不至於那麼嚴重。所以，玄宗對齊浣的建議「嘉其誠」，但表示不必擔心，自己會慢慢處理的。誰知齊浣將此事告訴大理丞麻察，而麻察是投靠過太平公主的。因此，玄宗大怒，質問齊浣：「麻察輕險無行，常遊太平之門，此日之事，卿豈不知耶？」[79]同年七月，以「交構將相，離間君臣」的罪名，貶齊浣為高州良德縣丞，麻察為潯州皇化縣尉，下制責備他們「作諂黷之笙簧，是德義之蟊賊」[80]。顯然，唐玄宗防範的主要對象是太平公主的殘餘勢力，擔心某些「輕險無行」之徒，製造「禍亂」，破壞安定的政局。

隨著閹宦勢力與北門奴官之間爭權奪利的加劇，王毛仲似乎要採取比較激烈的手段。開元十八年（七三〇），王毛仲求兵部尚書不得，頗有怨言。唐玄宗的態度發生了轉折性的變化：從言無不從到有所戒心。高力士看準時機，繼續挑起玄宗與毛仲的主奴矛盾。有一次，毛仲的妻子生兒子，玄宗命高力士去祝賀。力士回來反映毛仲有怨望之言，並說：「北門奴官太盛，豪者皆一心，不除之，必起大患。」[81]所謂「豪者皆一心」，反映了北門將領對宦官勢力的不滿。但是，「必起大患」只是推論，尚未得到有力的證據。因此，玄宗沒有立即表態。後來，嚴挺之揭發：王毛仲私自向太原軍器監索取兵器。這就使唐玄宗感到問題的嚴重性：寵用了二十多年的家奴兼心腹，居然有「禍變」的圖謀。如果冷靜地分析一下，王毛仲未必敢把矛頭指向皇帝陛下，不過，要對宦官採取激烈行動，大概是事實。作為專制帝王的唐玄宗，是絕對不容許任何形式的「禍變」的發生。於是，開元十九年（七三一）正月，突然地下詔把王毛仲貶為瀼州別駕，將葛福順、李守德等貶為遠州別駕。毛仲行至永州，又詔追賜死。詔文只述王毛仲「在公無竭盡之效，居常多怨望之詞」[82]。實際上是當作謀反案來處理的。

王毛仲之死，標誌著宦官勢力對北門諸將的勝利。說是謀反，似有點冤枉。然而，「北門奴官太盛」，遲早會鬧出或大或小的亂子，這是無疑的。唐玄宗及時地乾淨地處置了王毛仲一夥人，防止釀成大規模的動亂，客觀上有利於「開元之治」的安定局面。

（二）重建北門四軍

唐朝北門禁軍肩負著極其重要的宿衛任務，它本身經歷了一個發展過程。

遠在唐高祖時，有所謂「元從禁軍」。貞觀年間，始置左右屯營於玄武門，號曰「飛騎」。又從中挑選驍健者，稱為「百騎」[83]，作為皇帝的儀衛隊。唐高宗龍朔二年（六六二），將左右屯營正式改名為左右羽林軍。永昌元年（六八九），武則天增加原「百騎」人數，叫做「千騎」。唐中宗景龍元年（七〇七）九月，由於太子重俊政變與「千騎」有牽連，故作了一次整頓，改名為「萬騎」。上述所謂「千騎」與「萬騎」依舊是皇帝的衛隊，它們隸屬於羽林軍，沒有獨立的編制。此外，還有「飛騎」。例如，隆基發動六月政變那天，韋后就是逃入「飛騎營」而被殺的。這「飛騎」是指羽林軍中的騎隊，與貞觀時期「飛騎」名同而實異。

唐睿宗景雲二年（七一一），太子隆基監國時，由於「萬騎」有討誅韋后之大功，地位急劇地突出起來，而且人數眾多，因此，「奏改左右萬騎左右營為龍武軍，與左右羽林為北門四軍，以（葛）福順等為將軍以押之。」[84]注意！所謂「奏改」，即建議。至於是否已經改為「龍武軍」，史籍上沒有明確地說明。如果認為已改左右萬騎為「龍武軍」，似欠確切。事實上，「龍武軍」名稱未被採用，依舊叫左右「萬騎」；只是增設了「龍武將軍」名稱，以統率「萬騎」。司馬光《資治通鑑》卷二一〇載：景雲二年二月，太子監國，「左、右萬騎與左、右羽林為北門四軍，使葛福順等將之。」這裏根本不提「龍武軍」，顯然，司馬光認為尚未改左右萬騎為「龍武軍」。元代史學家胡三省也指出：「景雲初，以左右萬騎與左右羽林為北門四軍，置左右龍武將軍，以領萬騎，位從三品。」[85]可見，首次組建的北門四軍，即左、右萬騎與左、右羽林軍。也就是說，從前隸屬於羽林軍的左右萬騎兩營，如今正式有了獨立的編制。王毛仲和葛福順都擔任過龍武將軍。龍武官盡是功臣，故號為「唐元功臣」。「長安良家子避征徭，納資以求隸於其中，遂每軍至數千人。」[86]北門四軍的組建與擴大，對於誅滅太平公主勢力起了重要的作用。

開元時期，由於邊防軍事上的需要，左右羽林大將軍常率衆在外，禁宮宿衛主要由左右萬騎負責。「北門奴官太盛」，結果導致了王毛仲事件，牽連及一批北門將領包括葛福順。據記載，葛福順復敍用，於開元二十年（七三二）率兵討登州海賊[87]。這裏所記恐誤。《舊唐書・玄宗本紀上》作「蓋福順」，《新唐書・玄宗本紀》作「蓋福慎」，與葛福順似非一人[88]。看來，王毛仲既誅，有牽連的北門諸將沒有重新敍用的了。葛福順被貶後的結局如何？史無記載，肯定是沒有東山再起的可能性。

唐玄宗吸取了王毛仲事件的教訓，注意到北門禁軍將領的選擇。史稱「其後，中官益盛，而陳玄禮以淳樸自檢，宿衛宮禁，志節不衰」[89]。陳玄禮，早年與葛福順一樣，是萬騎營長。參與六月政變，立了大功。但他從不驕盈放肆，以「淳樸自檢」著稱。開元十九年以前，陳玄禮一直是沒沒無聞的，不像葛福順那樣與王毛仲結交，盛氣凌人。因此，葛福順等被貶之後，北門禁軍就由陳玄禮統率了。

為了整頓北門四軍，開元二十六年（七三八），「析羽林軍置左右龍武軍，以左右萬騎營隸焉。」[90]據此，龍武軍的建置是從羽林軍中分出來的，並不是改「萬騎」為龍武軍。將左右萬騎營歸於龍武軍管轄，說明唐玄宗對萬騎態度的變化。這樣，左、右龍武軍與左、右羽林軍，重新組建為北門四軍。開元二十七年（七三九）五月，「置龍武軍官員。」[91]經過整頓的龍武軍，由龍武大將軍陳玄禮率領，主要的任務是宿衛宮禁、保衛皇帝。天寶中，玄宗在華清宮，乘馬出宮門，欲幸虢國夫人宅，玄禮奏曰：「未宣敕報臣，天子不可輕去就。」玄宗就回來了。天寶十二載（七五三）冬，玄宗在華清宮，欲夜出遊，龍武大將軍陳玄禮諫曰：「宮外即是曠野，須有備預，若欲夜遊，願歸城闕。」[92]玄宗也接受了，為之引還。由上可見，從開元晚期至天寶末年，龍武大將軍陳玄禮猶如忠誠的衞士，始終保衞著唐玄宗的安全，真是「志節不衰」！

（三）宦官與飛龍禁軍

飛龍禁軍是一種特殊的禁衞力量。胡三省說：「飛龍禁軍，乘飛龍廄馬者也。武后置仗內六閑，一曰飛龍，以中官為內飛龍使。」[93]原來，唐初以來，皇帝擁有內外閑廄之馬，一曰左右飛黃，二曰左右吉良，三曰左右龍媒，四曰左右騊駼，五曰左右駃騠，六曰左右天苑，共計十二閑。武則天增置禁中飛龍廄，由宦官掌管。及至開元，「仗內有飛龍、祥麟、鳳苑、鵷鸞、吉良、六羣等六廄，奔星、內駒等兩閑。仗外有左飛、右飛、左萬、右萬等四閑，東南內、西南內等兩廄。」[94]唐玄宗十分喜歡騎良馬。以往，皇帝外出都是乘車與玉輅的。開元十一年（七二三）冬十一月，舉行祭祀南郊大禮，玄宗乘輅而往，禮畢，騎馬而還。「自此行幸及郊祀等事，無遠近，皆騎於儀衞之內。」[95]

飛龍禁軍作為仗內衞隊，是由宦官高力士掌握的。天寶十一載（七五二）四月，有個名叫邢縡的，企圖策動龍武萬騎作亂，殺李林甫、陳希烈、楊國忠等。被告發後，邢縡率黨徒數十人，持弓刀格鬥，走至皇城西南隅。「會高力士引飛龍禁軍四百至，擊斬綷，捕其黨，皆擒之。」[96]可見，高力士率領的飛龍禁軍起了重要的作用。

綜上所述，唐玄宗在位四十多年，除了開元中長安左屯營兵和天寶末邢綷兩次小亂外，基本上是「天下太平」的。政局安定，皇權鞏固，一個重要的因素就是牢牢地控制住禁軍。

註釋

1 參見汪籛〈唐玄宗安定皇位的政策和姚崇的關係〉，原載一九四八年三月二十七日《申報・文史周刊》第十六期，收入《汪籛隋唐史論稿》。

2 《舊唐書・辛替否傳》。

3 《唐大詔令集》卷二，〈明皇即位敕〉。

4 《新唐書・玄宗本紀》贊曰。

5 《舊唐書・玄宗本紀下》史臣曰。

6 《舊唐書・玄宗本紀下》贊曰。

7 《唐會要》卷二六，〈講武〉。

8 《唐大詔令集》卷一〇七，〈驪山講武賞慰將士詔〉。

9 《舊唐書・郭元振傳》。

10 《資治通鑑》卷二一〇，開元元年十月條。

11 《舊唐書・唐紹傳》。

12 《舊唐書》卷九六，贊曰。

13、14 《舊唐書・姚崇傳》。

15 吳兢《升平源》。魯迅云：「《開元升平源》，《唐志》本云陳鴻作，《宋史・藝文志》史部故事類始著吳兢《貞觀政要》十卷，又《開元升平源》一卷。疑此書本不著撰人名氏，陳鴻、吳兢，並後來所題。二人於史皆有名，欲假以增重耳。」（《唐宋傳奇集・稗邊小綴》）

16 《資治通鑑》卷二一〇，開元元年十月條〈考異〉。

17《資治通鑑》卷二一〇，開元元年十月條。
18《全唐文》卷二〇，玄宗〈授姚元之兵部尚書同三品制〉。
19《舊唐書・張說傳》。
20《舊唐書・鍾紹京傳》。
21《舊唐書・王琚傳》。
22《舊唐書・張說傳》。
23《舊唐書・劉幽求傳》。
24《舊唐書・鍾紹京傳》。
25《次柳氏舊聞》及《舊唐書・魏知古傳》。
26《舊唐書・劉幽求傳》。
27《舊唐書・崔日用傳》。
28《新唐書・崔日用傳》作「每一反思，若芒刺在背」。
29《舊唐書・王琚傳》。
30《新唐書》卷一二一，贊曰。
31《資治通鑑》卷二一〇，開元元年十二月條。
32《新唐書・姚崇傳》。
33《新唐書・張說傳》。
34 參見汪籛〈唐玄宗安定皇位的政策和姚崇的關係〉。
35、36《資治通鑑》卷二一一，開元二年閏二月條。
37《廿二史劄記》卷一六，〈新唐書本紀書法〉。
38《新唐書・郭元振傳》。
39《唐大詔令集》卷四，〈改元開元元年大赦天下制〉。
40《新唐書・劉幽求傳》。
41《新唐書》卷一二一，贊曰。
42《舊唐書・玄宗本紀上》。
43《舊唐書・鍾紹京傳》。
44《新唐書・鍾紹京傳》。
45《舊唐書・王琚傳》。
46《舊唐書・姜皎傳》。
47《開天傳信記》。
48《舊唐書・睿宗諸子傳》。
49《資治通鑑》卷二一一，開元二年五月條。
50《舊唐書・權懷恩傳》。
51 汪籛〈唐玄宗安定皇位的政策和姚崇的關係〉。
52《資治通鑑》卷二一二，開元九年十二月條。
53《酉陽雜俎》前集卷十二，〈語資〉。
54《資治通鑑》卷二一二，開元八年十月條。
55《冊府元龜》卷四七，〈帝王部・友愛〉。
56《舊唐書・睿宗諸子傳》及《冊府元龜》卷四七〈帝王部・友愛〉作「十三年」。《資治通鑑》卷二一二，係於開元八年十月，今從之。

57《全唐文》卷二二，玄宗〈誡宗屬制〉。

58《新唐書・李德裕傳》。又，參見《舊唐書・穆宗本紀》。

59《讀通鑑論》卷二三，〈玄宗〉。

60《冊府元龜》卷四七，〈帝王部・友愛〉。

61 鄭處誨《明皇雜錄》逸文。又，參見《唐鑑》卷四〈玄宗上〉。

62《舊唐書・睿宗諸子傳》。

63《資治通鑑》卷二一五，天寶元年正月條胡三省注。

64《舊唐書・睿宗諸子傳》。

65《大唐新語》卷六，〈友悌〉。

66《唐大詔令集》卷三二，〈申王贈惠莊太子制〉。

67《唐大詔令集》卷三二，〈岐王贈惠文太子制〉。

68《唐鑑》卷五，〈玄宗下〉。

69《資治通鑑》卷二二四，大曆三年四月條。

70《舊唐書・睿宗諸子傳》。

71《新唐書・三宗諸子傳》贊曰。

72、73《舊唐書・王毛仲傳》。傳云：「以後父王同皎及姚崇、宋璟及毛仲十五年間四人至開府。」按：王皇后父係王仁皎。王同皎則是唐中宗的女婿，曾參與五王政變。有的傳記據此，將「仁皎」誤為「同皎」，似出疏忽。

74《資治通鑑》卷二一三，開元十七年六月條。

75《舊唐書・王毛仲傳》。

76《明皇雜錄》卷上。

77《舊唐書・裴寬傳》。

78《明皇雜錄》卷上。

79《舊唐書・文苑傳中》。

80《全唐文》卷二三，玄宗〈貶齊浣麻察等制〉。

81《舊唐書・王毛仲傳》。

82《全唐文》卷三〇，玄宗〈貶王毛仲詔〉。

83「百騎」始置於貞觀初，比北門左右屯營早，原是唐太宗圍獵時的助手。貞觀十二年始置「飛騎」，又從中組建「百騎」，作為衞隊。

84《舊唐書・王毛仲傳》。有的傳記據此認為已改稱「龍武軍」，似欠妥當。

85《資治通鑑》卷二一〇，開元元年七月條胡三省注。

86《舊唐書・王毛仲傳》。

87《資治通鑑》卷二一三，開元二十年九月條。

88 參見呂思勉《隋唐五代史》上冊，第一七七頁。

89《舊唐書・陳玄禮傳》。

90《通典》卷二八〈職官〉及《舊唐書・玄宗本紀下》。

91《唐會要》卷七二曰：「或出二十七年三月二十七日。」

92《舊唐書・玄宗本紀下》。

93《舊唐書・陳玄禮傳》。《資治通鑑》卷二一六，係於天寶十二載冬十月，今從之。

94《資治通鑑》卷二一六，天寶十一載四月條胡三省注。

95《唐六典》卷一一，〈尚乘局〉。

96《舊唐書・輿服志》。

97《資治通鑑》卷二一六，天寶十一載四月條。

第六章　「依貞觀故事」——開元前期

開元前期，大約十年，唐玄宗求治心切，重用賢相姚崇和宋璟等，求諫納諫，革除弊政，抑制奢靡，取得了所謂「貞觀之風，一朝復振」的業績。這是「開元之治」的最好時期。

尋求「安國撫人之道」

自武周統治結束以後，重新建立的唐王朝應該奉行什麼樣的方略呢？有識之士提出了「依貞觀故事」的主張。但是，唐中宗、睿宗都沒有做到，只是唐玄宗親政後才切實地加以實施。

（一）「依貞觀故事」的由來

早在神龍元年（七〇五），「時既改易，制盡依貞觀、永徽故事。」[1]既然中宗復位，國號依舊為「唐」，施政大計理應是「依貞觀、永徽故事」。可是，韋后之黨專權，卻要「行則天故事」[2]。神龍三年（七〇七）二月，有個諫官名叫權若訥，上疏說：「神龍元年制書，一事以上，並依貞觀故事，豈可近捨母儀，遠尊祖德！」顯然，這種輿論完全迎合了韋后勢力的需要。對此，中宗「手制褒美」，實際上取消了原先制書。出爾反爾，「中宗無是非之心」[3]。

韋后之黨被誅，唐睿宗即位，「改中宗之政，依貞觀故事，有志者莫不想望太平。」[4]當時，在中書令姚元之、宰相宋璟、御史大夫畢構、河南尹李傑等的努力下，革除弊政，賞罰盡公，綱紀修舉，「翕然以為復有貞觀、永徽之風。」[5]然而，好景不長，僅僅維持了半年多。由於太平公主作祟，姚元之和宋璟被貶為刺史，朝中紊亂局面又如中宗之世。景雲二年（七一一）十月，諫官辛替否上疏說：「依太宗之理國，則百官以理，百姓無憂，故太山之安立可致矣。依中宗之理國，則萬人以怨，百事不寧，故累卵之危立可致矣。」[6]這種意見表達了有識之士對「太平」局面的「想望」。疏奏，睿宗「嘉其公直」，行動上卻沒有跨出一步。

很清楚，「依貞觀故事」要有一個先決條件，那就是政局穩定與皇權鞏固。在中宗、睿宗時期，「禍變」再三，動亂不已，根本談不到治理好國家。

（二）「訪以安國撫人之道」

「依貞觀故事」的歷史任務必然地落到唐玄宗的身上。

景雲年間，李隆基為太子時，就曾明確地聲稱：「寡人近日頗尋典籍，至於政化，偏所留心。」[7]從歷史典籍上尋求理政之道，反映了皇太子的遠大抱負。當時，東宮僚屬是一批很有學問的人，如賈曾、張說、褚無量、劉知幾等。侍讀褚無量，「嘗撰《翼善記》以進之，皇太子降書嘉勞。」[8]

前面說過，太子隆基及其支持者如姚元之、宋璟等，代表的是一股堅持革新的政治力量。他們「協心革中宗弊政」，以恢復「貞觀、永徽之風」作為努力方向。先天年間，唐玄宗正式即位，雖然姚元之和宋璟已外刺，不在輔弼之列，但「依貞觀故事」的決心依舊不變。先天二年（七一三）

三月，晉陵尉楊相如上疏陳時政，說：「臣不敢遠征古昔，博引傳記，請以隋煬帝、太宗文武皇帝言之。」接著，闡述了「貞觀之治」的一番道理，指出：「貞觀之際，太平俗洽，官人得才，功賞必實，刑不謬及，禮無愆度。於時天下晏如，遺糧在畝，盛德洽於人心，而祥風游乎海內矣。非太宗之明懿聰達，虛心治道，與天下貞臣正士同心戮力，豈能致於此乎？」最後，楊相如強調：「臣所以舉隋氏縱欲而亡，太宗抑欲而昌，願陛下詳擇。」希望陛下以唐太宗為榜樣，「去邪佞之士，進忠賢之人」，大布新政。「如此，則朝廷無僻謬，國政必清平矣。」這長篇的奏疏，深深地打動了唐玄宗的心弦。「帝覽而善之」[9]，理所當然地加以採納。不過，當時面臨著跟太平公主集團的激烈鬥爭，還不是細心探究「貞觀之治」的時候。

七月三日誅滅公主集團之後，唐玄宗親始聽政，才把「依貞觀故事」提到議事日程上來。史稱：「主上求治甚切。」[10]近而立之年的帝王，經歷多少的政變風雲，那求治的心情是何等的急切。同年十月十四日，玄宗獵於新豐界之渭川，召見姚元之。元之「備陳古今理亂之本上之，可行者必委曲言之。玄宗心益開，聽之亹亹忘倦」[11]。元之提出了著名的「十事要說」：政先仁義，不求邊功，閹宦不預公事，皇親國戚不任臺省要職，行法自近親始，租賦之外無苛取，止絕建造寺觀宮殿，對臣下接之以禮，倡導臣子「批逆鱗」，以漢朝外戚亂政為殷鑒。顯然易見，這十條正是「依貞觀故事」的具體化，總結了古今治亂的歷史經驗。唐玄宗欣然採納，視之為政治綱領。

宋代史臣評論說：「姚崇以十事要說天子而後輔政，顧不偉哉，而舊史（指《舊唐書》）不傳。觀開元初皆已施行，信不誣已。」[12]的確，「十事要說」並不是好事者虛構的，而是「依貞觀故事」時代潮流的產物。從開元元年至四年（七一三—七一六），姚崇為相時，這十條基本上施行了。

姚崇罷相後，繼任者宋璟也是以「貞觀之治」作為榜樣。史稱「及宋璟為相，欲復貞觀之政」[13]。在他主持下，恢復了貞觀諫諍制度。宋璟還用唐太宗、長孫皇后以及魏徵等故事，勸說唐玄宗遵禮儀、戒奢靡。據記載，宋璟「手寫《尚書・無逸》一篇，為圖以獻」[14]。《今文尚書・無逸》篇寫的是西周成王即位初，周公恐其逸豫，故戒之使無逸。文中借周公之口，強調「知稼穡之艱難」。回顧貞觀時期，唐太宗臨燈披覽《尚書》，也曾用「稼穡艱難」的古訓來教戒太子諸王。如今，宋璟獻上〈無逸〉篇，唐玄宗深知其用心良苦，所以「置之內殿，出入觀省，咸記在心，每嘆古人至言，後代莫及，故任賢戒欲，心歸冲漠」[15]。

可貴的是，唐玄宗不僅虛心採納賢相們的主張，而且廣泛聽取各色人等的意見。開元初，「下制求直諫昌言、弘益政理者」。禮部侍郎張廷珪上疏，「願陛下約心削志，澄思勵精，考羲、農之書，敦素樸之道。登庸端士，放黜佞人，……矜恤煢嫠，蠲薄徭賦。」[16]唐玄宗還特令黃門侍郎李乂與中書侍郎蘇頲纂集起居注，「錄其嘉謨昌言可體國經遠者，別編奏之。」[17]開元五年（七一七），玄宗在東都洛陽召見著名學者僧一行，「訪以安國撫人之道」。一行敢於諫諍，「言皆切直，無有所隱」[18]。同年，禮聘嵩山處士盧鴻，不至，下詔曰：「朕以寡薄，忝膺大位。嘗恨玄風久替，淳化未升，每用翹想遺賢，冀聞上皇之訓。」表達了求賢致治的急切心情。開元六年（七一八），盧鴻至東都，玄宗召見於內殿，又詔曰：「訪之至道，有會淳風，爰舉逸人，用勸天下。」[19]特地授予諫議大夫之職，後因盧鴻固辭作罷。玄宗還在「聽政之暇」，向著名道士葉法善「屢詢至道」。法善「以理國之法，數奏昌言。謀參隱諷，事宜弘益」[20]。開元八年（七二○），法善病卒，玄宗下詔哀悼。這些例子說明，唐玄宗為了尋求「安國撫人之道」，作出了極大的努力。

顯而易見，前期施政的顯著特色是效仿「貞觀之治」。直至開元中期，如史官吳兢所說：「比嘗見朝野士庶有論及國家政教者，咸云若以陛下之聖明，克遵太宗之故事，則不假遠求上古之術，必致太平之業。」[21]「克遵太宗之故事」，這不僅是朝野士庶的呼聲，而且也是唐玄宗本人前期的意願。

「任賢用能」

如果說，「貞觀之治」是任賢致治，那麼，「開元之治」也同樣如此。史稱「開元之代，多士盈庭」[22]。多士指百官。濟濟多士，確實是開元「盛世」的創造者。尤其是「開元之初，賢臣當國，四門俱穆，百度唯貞」[23]。那個時期，唐玄宗善於用人，突出地表現為以下幾點。

（一）注意選拔宰輔

大凡古代傑出的帝王，無不留意於委任賢相。「國無賢臣，聖亦難理。」[24]這一點，唐玄宗是非常清楚的。《明皇雜錄》卷上云：「開元中，上急於為理，尤注意於宰輔。」姚崇與盧懷慎、宋璟與蘇頲、源乾曜與張嘉貞，可謂三對配合得當的名相。他們先後輔佐唐玄宗，對於實現「開元之治」起了重要的作用。

前面說過，姚崇致力於穩定政局、鞏固皇權以及治理庶務，功績是極其顯赫的。他曾問紫微舍人齊浣，「余為相，可比何人？」」齊浣當面評論他似不及古代名相管仲、晏嬰，說：「公可謂救時之相耳。」姚崇一聽，卻高興得把手中筆都丟開，說：「救時之相，豈易得乎！」[25]的確，所謂「救時之相」的評論恰到妙處。姚崇經歷武則天、中宗、睿宗及玄宗四朝，三次拜相，深知時弊之所在，洞悉動亂之根源。開元初期，短短幾年，他所採取的措施收到了明顯的效果。「救時」，正是這位賢相的業績，決非輕而易舉的事。

姚崇作為閱歷豐富的政治家，獨當重任，明於吏道，斷割不滯，很有魄力。據說，另一位宰相盧懷慎，「自以為吏道不及崇，每事皆推讓之，時人謂之『伴食宰相』。」其實，盧懷慎並不是唯唯諾諾的庸才之輩。他出身於進士，早年對「興理致化」頗有高見，而且為人「忠清直道」[26]。他和姚崇一道，建議懲辦犯法的貴戚，建議量才授官，建議妥善處置功臣，等等。許多重大的決策，都有盧懷慎的一份貢獻。尤其是他善於識別人才，曾薦太常卿馬懷素為皇帝身邊侍讀，臨終遺表薦宋璟、李傑、李朝隱、盧從願「並明時重器」。可見，表面上唯唯諾諾，實際上積極配合姚崇施政。司馬光說得對：「崇，唐之賢相，懷慎與之同心戮力，以濟明皇太平之政。」[27]一個「救時之相」，一個「伴食宰相」，一剛一柔，互相協調，反而減少了議政過程中的摩擦。唐玄宗任用這樣兩位賢相作為自己的左右手，可謂頗有眼力與卓識。

繼任者宋璟與蘇頲，又是一對「同心戮力」的賢相。宋璟，邢州南和人。據載，鄉裏有個隱士李元愷，博學善天文律曆，宋璟「年少時師事之」[28]，培育了公直貞固的性格特徵。後來，官歷鳳閣舍人、左御史中丞、宰相、都督、刺史等職，動唯直道，行不苟合，實為社稷重臣。這是朝野所公認的，無一微詞。至於蘇頲，乃是前朝宰相蘇瓌之子，「聰悟過人」，才思猶如湧泉。「及玄宗既平內難，將欲草制書，難其人」，蘇瓌自薦兒子供指使。蘇頲竟簡筆立成，詞理典贍。「玄宗大喜，……由是器重，已注意於大用矣。」[29]後來，蘇頲提拔為紫微侍郎。開元四年（七一六）十二月，宋璟守吏部尚書兼黃門監，蘇頲同平章事。玄宗讚揚宋璟「宇量凝峻，執心勁直」；誇許蘇頲「風檢詳密，藻思清華」；對他倆「匡輔政途」表示充分的信任[30]。可見，唐玄宗善於任賢用能！如此安排，一個性剛，一個善文，正宜搭伴。史稱：「璟剛正，多所裁斷，頲皆順從其美；若上（玄宗）前承旨，敷奏及應對，則頲為之助，相得甚悅。」[31]這樣緊密配合，關係融洽，超過了前任宰相姚崇與盧懷慎的關係。

宋璟罷相後，繼任者張嘉貞和源乾曜也是一對剛柔相配的重臣。他們的業績雖然不及姚、宋，但是，正如吳兢所說：他們「位居宰輔，寅亮帝道，弼諧王政，恐一物之乖所，慮四維之不張，每克己勵精，緬懷故實，未嘗有乏」[32]。張嘉貞是一個「性強躁自用」的人，早年「為政嚴肅，甚為人吏所畏」；為相則「斷決敏速，善於敷奏」[33]。而源乾曜則是另具性格特徵的人，「政存寬簡，不嚴而理。」史稱：「乾曜在政事十年，時張嘉貞、張說相次為中書令，乾曜不敢與之爭權，每事皆推讓之。」這種「唯諾」神態，大有如盧懷慎。《舊唐書》將盧、源合在一傳，可謂得體的。至於史臣評曰：「乾曜職當機密，無所是非，持祿保身，焉用彼相？」[34]這卻不是公允的。

由上可見，唐玄宗知人善任，特別注意宰相班子裏的人員配備。這是「開元之治」的成功經驗。宋代歐陽修贊曰：「開元之盛，所置輔佐，皆得賢才，不者若張、源等，猶惓惓事職，其建明有足稱道。朝多君子，信太平基歟！」[35]如果把宰相的作用誇大到繫天下安危於一身的高度，固然陷入了唯心史觀，但是，不承認「太平盛世」跟賢相們的作用密切相關，那也是非歷史主義的觀點。

（二）識人君之大度

要充分地發揮宰相的作用，就必須「專委任之」[36]，放手讓宰相處理庶政，對於細務不多加干涉。這是傑出帝王應有的風度。就在姚崇為相的第二天，唐玄宗從打獵的渭川回到長安，姚崇奏請「序進郎吏」，玄宗故意不答，仰視殿屋。再三奏請，最終還是不應。姚崇不明白皇帝的態度，有點懼怕，急急退出罷朝。這時，宦官高力士諫曰：「陛下親始聽政，宰臣奏事，理應當面說聲可或不可，為什麼一言不發呢？」玄宗答道：「朕既任崇以庶政，事之大者當白奏，朕與共決之；如郎署吏秩甚卑，崇獨不能決，而重煩吾耶？」也就是說，皇帝抓大事，庶務由宰相獨立處置。後來，高力士把這話傳給姚崇，「崇且解且喜」。「朝廷聞者，皆以上有人君之大度，得任人之道焉。」[37]的確，玄宗具有政治家的風度，深識人君之體。

宋代史學家范祖禹就此事評曰：「人君勞於求賢，逸於任人。……苟得其人，則任而勿疑，乃可以責成功。明皇既相姚崇，而委任之如此，其能致開元之始，不亦宜哉！」[38]這裏道出了一條歷史經驗：委任宰相，要「任而勿疑」。除了大事共決外，其他庶政由宰相全權處理。實現「開元之治」，宰相們之所以發揮了特殊的顯著的作用，是跟唐玄宗的指導思想分不開的。

在開元時期衆多的賢相中，最傑出的無疑是姚崇與宋璟。唐朝史臣早已是「姚、宋」並稱[39]。唐憲宗時，劉肅撰《大唐新語》，指出：「崇善應變，故能成天下之務；璟善守文，故能持天下之政。二人執性不同，同歸於道，叶心翼贊，以致刑措焉。」著名的宰相裴度也論之曰：「紀太宗、玄宗之德，則言房、杜、姚、宋。自古至今，未有不任輔弼而能獨理天下者。」[40]的確，「貞觀之治」和「開元之治」分別跟房玄齡、杜如晦和姚崇、宋璟相聯繫，這也恰恰是唐玄宗「依貞觀故事」的例證。

當然，必須指出，宰相都有迎合皇帝的一面，即使賢相也不例外。例如：開元二年（七一四）二月初一，太史奏太陽應虧而不虧，日蝕沒有發生。姚崇為此表賀，請書之史冊。同年八月，太子賓客薛謙光獻《豫州鼎銘》。據載，銘文是武后則天「御撰」，文末云：「上玄降鑒，方建隆基。」

這裏「隆基」兩字跟唐玄宗名字一樣，於是成了受命之符。姚崇竟奏曰：「聖人啓運，休兆必彰。請宣付史館。」玄宗「從之」[41]。對於這兩件事，司馬光尖銳地批評說：「日食不驗，太史之過也；而君臣相賀，是誣天也。採偶然之文以為符命，小臣之諂也；而宰相因而實之，是侮其君也。上誣於天，下侮其君，以明皇之明，姚崇之賢，猶不免於是，豈不惜哉！」[42]可見，「明君」與「賢相」自有其局限性，「開元之治」夾雜著不少虛假的東西。

（三）重視地方官的作用

「治世」的實現，上頭要靠宰相的輔佐，下面則有賴於發揮地方官的作用。唐初以來，地方建置大略如此：州設刺史，只是天寶年間，一度改州為郡，改刺史為太守。州下有縣，置縣令。此外，還有都督，每一都督掌管數州軍事。唐太宗曾強調：「治人之本，莫如刺史最重」；「縣令甚是親民要職」[43]。還說都督、刺史「實治亂所繫，尤須得人」[44]。重視地方吏治，構成了「貞觀之治」的內容之一。至於開元時期，唐玄宗也是以貞觀吏治為榜樣，認為「諸刺史縣令，與朕共治，情寄尤切」[45]。開元元年（七一三）七月，誅滅太平公主不久，為了穩定地方統治秩序，派遣益州長史畢構等六人宣撫十道，同時規定：今後，都督、刺史赴任前，都要「面辭」，「朕當親與疇咨，用觀方略。」可見，唐玄宗是多麼重視地方政治策略的研討。同年十二月底，重申：「都督、刺史、都護每欲赴任，皆引面辭訖，側門取候進止。」[46]側門，是指東內（殿堂所在）左右側門。罷朝之後，六品以上臣僚包括刺史、諫官等如有「面奏」，則由側門進出，史稱「側門論事」。通過這種方式，向地方官作指示。

在唐玄宗的重視下，地方吏治得到顯著的改善，湧現一批卓有成效的良吏。例如，「畢構為益州長史兼按察使，多所舉正，風俗一變。」玄宗特地降璽書表揚：「卿孤潔獨行，有古人之風。自臨蜀川，弊訛頓易。」[47]又如韋恒，「開元初為碭山令，為政寬惠，人吏愛之。」[48]又如汴州刺史兼河南採訪使倪若水，「政尚清靜，人吏安之。」他很重視教育，「增修孔子廟堂及州縣學舍，勵勸生徒，儒教甚盛，河、汴間稱詠不已。」玄宗手詔表彰他「達識周材，義方敬直，故輟綱轄之重，委以方面之權。」再如宋慶禮，歷任貝州刺史、營州都督等職，「為政清嚴，而勤於聽理，所歷之處，人吏不敢犯。」[49]這些例子反映了開元吏治的突出成就。正如《新唐書‧刑法志》指出：「玄宗自初即位，勵精政事，常自選太守縣令，告誡以言，而良吏布州縣，民獲安樂。」

（四）實施內外官交流

為了進一步加強地方官的作用，貫徹「任賢用能」的原則，唐玄宗還採取了地方官與京官互相交流的措施。

回顧歷史，雖然唐太宗、武則天以及一些有識之士如陳子昂、劉知幾等，都反覆強調過地方官的重要性，但事實上「重內官，輕外職」的傾向總是或多或少地存在著，而且唐中宗、睿宗時期尤其突出。唐玄宗企圖扭轉這種不合理的官員流向，採取了交換內外官的措施。開元二年（七一四）正月，制曰：「當於京官內簡宏才通識堪致理興化者，量授都督、刺史等官。在外藩頻有升進狀者，量授京官。使出入嘗均，永為常式。」[50]這裏包括「出」與「入」，一方面選拔京官中有才識者擔任都督、刺史，另一方面調都督、刺史中政績卓著者到京城做官。通常地說，「入」者是樂意的，「出」者則未必都是痛快的。史稱：「上雖欲重都督、刺史，選京官才望者為之，然當時士大夫猶輕外任。」例如，開元四年（七一六）二月，揚州採訪使班景倩調任京官大理卿，經過大梁（今河南開封市），汴州刺史倪若水餞別後，遙望班景倩一行西去，風塵滾滾，心裏不可名狀，對手下官屬說：「班生此行，何異登仙！」[51]「入」者被視為「登仙」，「出」者又算是什麼呢？顯然，這話反映了士大夫「輕外任」的傾向。

所以，開元六年（七一八），唐玄宗再次頒布敕令，強調「刺史兼於京官中簡擇，歷任有善政者補署」。過了兩年，又敕曰：「自今以後，諸司清望官闕，先於牧守內精擇。都督、刺史等要人，兼向京官簡授。其臺郎下除改，亦於上佐縣令中通取。即宜銓擇，以副朕懷。」[52]開元十二年（七二四）六月，唐玄宗在〈重牧宰資望敕〉中重申：「朕欲妙擇牧宰，以崇風化；亦欲重其資望，以勵衣冠。自今以後，三省侍郎有闕，先求曾任刺史者；郎官闕，先求曾任縣令者。」[53]接二連三的敕令，表明玄宗堅持「任賢用能」的原則，實施地方官與京官交流的決心是大的。但是，這也恰恰說明，要真正做到「出入嘗均，永為常式」，實在是很不容易的，反覆強調也未必奏效。原因不在個人，而是制度。須知，在大一統的封建帝國，君主專制主義政治體制必然是重上而輕下，重內而輕外，開元時期也不例外。何況，權貴之家往往為自己的子弟謀求京職，不願外出當地方官，而外任刺史或者出任外官則常常被當作一種貶黜與懲罰的手段，這樣就加深了士大夫「輕外任」的傾向。

儘管唐玄宗在體制上不可能作根本性的改革，但是畢竟為內外官「出入嘗均」做了一些事。在玄宗的倡導下，不少京官經過選擇，紛紛出任地方官。讓他們獨擋一方，施展才智，將大大改進地方吏治。例如，倪若水原為中書舍人、尚書右丞。開元初，奉命為汴州刺史兼河南採訪使。雖然他本人也有「輕外任」的想法，但作為一個有才識之士，治理地方，成績顯著。又如李漩，隆基為太子時曾任東宮僚屬，開元初授潤、虢、潞等州刺史，「所歷皆以誠信待物，稱為良吏。」[54]再如，開元十二年（七二四）六月，山東旱災，「朝議選朝臣為刺史，以撫貧民。」玄宗下制強調：「長吏或不稱，蒼生或不寧，深思循良，以矯過弊，仍重諸侯之選，故自朝廷始之。」[55]於是，以黃門侍郎王丘、中書侍郎崔沔、禮部侍郎韓休等五人為山東諸州刺史。開元十三年（七二五），「玄宗令宰臣擇刺史之任，必在得人」[56]，結果吏部侍郎許景先首中其選，出為虢州刺史。上述事實說明，唐玄宗「重諸侯之選」，從京官中選擇刺史，以加強地方吏治。

值得一提的是，唐玄宗還採取果斷的措施，讓公卿子弟外出，使朝野震動不小。開元八年（七二〇）五月，宰相源乾曜上疏說：「臣竊見形要之家並求京職，俊乂之士多任外官，王道平分，不合如此。臣三男俱是京任，望出二人與外官，以叶均平之道。」權貴之家包括宰相憑藉特權，安排子弟為京官，是普遍的現象。源乾曜總算是觸及時弊，力圖改變它，並從自己做起。他帶這個頭，是難能可貴的。唐玄宗立即同意，將其子源弼和源絜，分別出為絳州司功和鄭縣尉。同時，抓住這個典型事例，下制表彰宰相「率先庶僚，崇是讓德」的精神，命令文武百官都照此辦理，「由是公卿子弟京官出外者百餘人」[57]。大批公卿子弟外出，無疑地會轉變士大夫「輕外任」的觀念。

內外官交流的積極意義，一方面在於「出」，即選擇京官中「宏才通識」者擔任地方官，推動了地方吏治的整頓。另一方面還在於「入」，即選調有地方從政經歷的人為京官，對改善中央輔政將起重要的作用。因為這些官員能夠了解下面的情況，體察民情，他們的決策自然比較地符合實際，得以順利地貫徹與執行。看來，唐玄宗選拔宰相時，已經注意到這個條件。如姚崇，先後擔任過亳州、常州、申州、同州等刺史，揚州長史及淮南按察使。史稱「為政簡肅，人吏立碑紀德」[58]。又如宋璟，先後擔任過貝州、杭州、相州、楚州、魏州、兗州、冀州、睦州等刺史，洛州長史，河北按察使及幽州與廣州都督。史稱「人皆懷惠，立頌以紀其政」[59]。再如張嘉貞，早年歷任梁州、秦州都督及并州長史，政績頗佳。開元初，因奏事至京師，「玄宗善其政，數慰勞。」及宋璟罷相，玄宗想起用張嘉貞，但一時間忘其名，只記張姓。那天，「夜且半，因閱大臣表疏，舉一則嘉貞所獻，遂得其名，即以為中書侍郎、同中書門下平章事。」[60]可見，開元前期，唐玄宗所選拔的這三位宰相，都有在地方上從政的經歷。事實上，姚、宋、張之所以成為名相，也是跟他們的豐富的地方經驗分不開的。

至於「諸司清望官」包括三省侍郎等，唐玄宗多次明確地宣稱：要優先從任刺史等職的地方官中「精擇」。前面提及的汴州刺史倪若水，由於政績顯著，加上敢於直諫，唐玄宗手詔讚揚他：「達識周材，義方敬直，……言念忠讜，深用嘉慰。」不久，調為京官，任戶部侍郎。同州刺史姜師度以興修水利而聞名，調任將作大匠。還有個叫崔隱甫的，曾為華州刺史，轉大原尹，「人吏刊石頌其美政」。後來，選拔為御史大夫，在職強正，無所廻避。玄宗嘗謂曰：「卿為御史大夫，海內咸云稱職，甚副朕之所委也。」歷蒲、華二州刺史的李尚隱，入為中央憲官，「輒去朝廷之所惡者，時議甚以此稱之。」[61]歷慶、鄭等州刺史的賈曾，開元六年（七一八），入拜光祿少卿，遷禮部侍郎。出為虢州刺史的許景先，後又入拜吏部侍郎。諸如此類，不一而足。許多京官都有在地方上從政的經驗，而這些經驗顯然有助於他們在中央輔政。唐玄宗似乎還有意識地這樣做：把京官出為刺史等職，過幾年，再把優秀者調入為三省侍郎等京官。由內而外，再由外而內，這種官員交流辦法對於提高官員素質大有好處。「開元之治」的實現，無疑地跟官員素質較好密切相關。

（五）親自考核縣令

縣是地方吏治的基礎。由於縣令人數衆多，自然難以一一考核。唐太宗只是親自「簡擇」刺史，至於縣令則由五品以上的京官各舉一人。而就唐玄宗親自考核縣令來說，其重視的程度超過了曾祖父。

開元元年（七一三）十月初，「引見京畿縣令，戒以歲饑惠養黎元之意。」62京縣包括長安、萬年、河南、洛陽、太原、晉陽六縣。畿縣指京兆、河南、太原所管諸縣。唐玄宗親政不久，特地接見京畿縣令，表明了對地方吏治與社會安定的關注。但是，長期以來，弊病甚多，地方官中濫竽充數者不少。開元三年（七一五），有人建議「精簡」刺史縣令，玄宗命召尚書省官議之。姚崇認為，「天下三百餘州，縣多數倍，安得刺史縣令皆稱其職乎！」63玄宗接受了這種意見，停止討論「精簡」問題。人數多，難以嚴格挑選，不可能個個稱職，這也是事實。但是，按照姚崇的意見辦，停止「精簡」，勢必助長了濫舉的歪風。所以，開元四年（七一六），竟出現了「今歲吏部選敍大濫，縣令非才，全不簡擇」的情況。四月，「有人密奏上」，秘密地向皇帝報告「全不簡擇」的情況。這裏，所謂「有人」，是否即去年提議「精簡」的人，不得而知。用「密奏」的方式，顯然是要繞過宰相姚崇及尚書省官，防止再次不了了之。此事引起了唐玄宗的高度注意。新授縣令入殿拜謝那天，唐玄宗在宣政殿親自主持考試，「問安人策一道」。試者二百餘人，其中竟「有不書紙者」即交白卷的，不入第的二十餘人還舊官，四十五人放歸習讀。唯獨鄄城令韋濟，詞理第一，擢為醴泉令。鄄城（在今山東西南）屬濮州，醴泉（在今陝西）近京師，自緊縣擢為次赤縣，是升職了。據說，「濟至醴泉，以簡易為政，人用稱之。」64

唐玄宗不僅對考試不入第者作了處理，而且還追究吏部「選敘大濫」的責任。同年五月，吏部侍郎盧從願「以注擬非才，左遷豫州刺史」[65]。吏部侍郎李朝隱「以授縣令非其人，出為滑州刺史」[66]。像這樣的查處，在唐朝歷史上是罕見的，說明唐玄宗求治心切，決心整頓一下吏治，以保障「任賢用能」方針的貫徹。

當然，由皇帝親自考核縣令，是不可能時時進行的，終開元之世，僅此一次而已。縣令依舊是通過推舉出來的，報吏部核准。開元九年（七二一）四月，敕曰：「京官五品以上，外官刺史、四府（指京兆府、河南府、河中府、太原府）上佐，各舉縣令一人，視其政善惡，為舉者賞罰。」[67]這裏的「賞罰」規定，顯然是為了防止出現「選敘大濫」、「縣令非其人」的情況。

綜上所述，從中央宰輔到地方官吏，唐玄宗都加以認真地選拔。朝廷裏，選用羣官，必推精當；地方上，簡擇良吏，非才不用。當時有人頌揚玄宗「任賢用能，非臣等所及」[68]。這是有事實根據的。唐玄宗之所以贏得「開元之治」，原因之一就是他善於「任賢用能」。

求諫與容納

唐朝政治家贊頌「太宗、玄宗之容納」[69]，說「貞觀、開元之政，思理不遑食，從諫如順流」[70]。這些話道出了一個事實：在求諫與納諫方面，唐玄宗繼承了曾祖父的好傳統。這也是「依貞觀故事」的重要內容。

（一）下制求直諫昌言者

李隆基剛踏上政治舞臺，處於極其險惡的境遇。事業的成功，既要接時賢於外，又要納讜言於內。否則，就沒有六月政變的勝利。當了皇太子後，又面臨著跟太平公主集團的激烈鬥爭。為此，一方面要「盛擇宮僚」，收羅賢才；另一方面，還要虛心採納各種意見。太子舍人賈曾批評他「好妓之聲，或聞於人聽」，建議一切皆停。太子隆基手令答曰：「比嘗聞公正直，信亦不虛。……公之所言，雅符本意。」[71]須知，那時沉溺於「女樂」，忘乎所以，又怎麼能夠戰勝凶狠的姑母勢力呢？所謂「雅符本意」，實在是鬥爭形勢所逼的結果。

一般地說，在艱難困苦之中，容易聽取別人的不同意見。勝利了，未必都能如此。唐玄宗的可貴之處在於：戰勝公主集團後，親自理政，仍然堅持求諫與納諫。姚崇的「十事要說」有一條納諫諍的建議，說：「臣請凡在臣子，皆得觸龍鱗，犯忌諱，可乎？」玄宗答道：「朕非唯能容之，亦能行之。」[72]這裏看到了貞觀諫諍的遺風。龍，是封建皇權的象徵；觸龍鱗，也就是批評皇帝。如果君主容不得半點不同意見，那麼，臣下又何敢觸犯龍鱗呢？唐太宗曾公開號召臣僚們「不避犯觸」，唐玄宗也是如此。這種雄豪的器度正是每個傑出的政治家的素質特徵。

果然，唐玄宗不僅「容之」，而且「行之」。過了兩個多月，即開元二年（七一四）正月，「制求直諫昌言、弘益理政者。」[73]這是通過制令的方式，號召天下臣僚與士庶積極地提出各種意見。爾後的二十多年尤其是前十年，出現了唐朝歷史上諫諍風行的第二次高潮。上封事、上書切諫和陳時政者絡繹不絕，其中有宰相等中央臣僚，有刺史等地方官屬，有親王貴戚，有平民百姓，有文人學者，有方伎隱士，等等。

（二）開元諫諍的三大類別

綜合各種諫諍以及唐玄宗的態度，大約分為以下三類。

第一類，凡是建設性的意見，即弘益理政的「昌言」，唐玄宗總是樂意地聽取與採納。例如，姚崇奏請僧人還俗，「上納其言，令有司隱括僧徒，以僞濫還俗者萬二千餘人。」姚崇建議滅殺蝗蟲，朝廷喧議，反對者呼聲甚高。玄宗廣泛地聽取不同意見之後，決定照姚崇的辦法去做，「蝗因此亦漸止息。」[74] 又如，宰相們提出：不要再搞斜封官，不要緣親故之恩濫封官，不許貴戚為奴請官，等等。這些意見，玄宗都一一「從之」。開元七年（七一九），寧王憲奏選人薛嗣先請授微官，宋璟堅持「不出正敕」，指出：「自大明臨御，玆事杜絕，行一賞，命一官，必是緣功與才，皆歷中書、門下。至公之道，唯聖能行。」如此堂堂正正的道理，玄宗當然「從之」[75]。加以採納。應當說，順耳的話、符合旨意的意見，聽取並不難。但是，善於比較，審時度勢，能作出正確的抉擇，收到顯著的效果，這也不是容易的。

第二類，批評性的意見，即觸犯龍鱗的直諫，唐玄宗基本上是「容納」的。玄宗曾令宦官到江南捕捉鵁鶄、鸂鶒等水禽，以供宮殿園池之玩。遠自江、嶺，水陸傳送，沿途煩擾。汴州刺史倪若水上表切諫，認為這樣做妨害農作，「道路觀者，豈不以陛下賤人貴鳥也！」語氣頗尖銳，近於指責。玄宗還是聽取了，把禽鳥統統放掉，賜給倪若水帛四十段，表彰其「骨鯁忠烈，遇事無隱」。不過，在「手詔」中說：「朕先使人取少雜鳥，其使不識朕意，彩鳥稍多。」[76] 這是在為自己辯解，把責任推到宦官身上。不久，又發生了一件事。根據胡人的建議，玄宗派人到海南及師子國，尋求珍寶、靈藥與醫嫗。監察御史楊範臣勸諫，說：「此特胡人眩惑求媚，無益聖德，竊恐非陛下之意，願熟思之。」其實，下令派人前往的，不是別人，完全是「陛下」的意願。所以，玄宗無法再辯解了，「遽自引咎，慰諭而罷之。」[77]一個位居尊極的帝王能夠「引咎」自責，知錯即改，總算是難能可貴的吧！

當然，關於鳥、藥與珍寶之類諫諍畢竟是小事，也許容易聽取。至於涉及皇帝親生母親、王皇后父親以及公主禮制方面的「忤旨直言」，玄宗的態度又是怎樣的呢？前面說過，玄宗幼年喪母，對竇德妃懷著深厚的愛。睿宗復位後，曾在東都洛陽城南造了一座「靖陵」。開元二年（七一四），玄宗下令徵料與工匠，在靖陵建紀念碑。汝州刺史韋湊「以自古園陵無建碑之禮，又時正旱儉，不可興功，飛表極諫，工役乃止」[78]。開元七年（七一九），王皇后父親、開府儀同三司王仁皎逝世，玄宗下令依外祖父竇孝諶先例，築墳高五丈一尺。宋璟與蘇頲認為不合禮制常式，特別提醒：「豈若韋庶人（韋后）父追加王位，擅作酆陵，禍不旋踵，為天下笑。」這裏竟聯繫到被唐玄宗所推翻的韋后勢力，真是犯顏逆耳的直諫。經此一說，玄宗覺悟了，謂曰：「朕每事常欲正身以成綱紀，至於妻子，情豈有私？然人所難言，亦在於此。卿等乃能再三堅執，成朕美事，足使萬代之後，光揚我史策。」[79]分賜絹四百匹，表彰敢於說「人所難言」的兩位宰相。開元十年（七二二），女兒永穆公主將出嫁，「敕有司優厚發遣，依太平公主故事。」僧一行直言諷諫，指出：「太平驕僭，竟以得罪，不應引以為例。」這一提醒，促使玄宗「遽追敕不行，但依常禮」[80]。上述例子說明，唐玄宗居安思危，沒有忘記韋后與太平公主覆滅的教訓，所以能夠聽取各種的極言規諫。

第三類，某些諫諍，唐玄宗採取「不能用」的態度。例如，開元二年（七一四），宮中更置左右教坊，以教俗樂；又選樂工伎女，以興歌舞。禮部侍郎張廷珪等上疏，以為「上春秋鼎盛，宜崇經術，邇端士，尚樸素；深以悅鄭聲、好遊獵為戒」[81]。對於這種意見，玄宗雖然嘉賞言者的用心，但並不予以採納。應當指出，倡導音樂歌舞未必是件壞事，這裏有個度的問題。在跟太平公主激烈鬥爭時期，沉溺於「女樂」是危險的，所以賈曾的切諫，太子隆基接受了。開元初期，玄宗「勵精為治」之餘，從個人的愛好出發，親自教法曲於梨園，倡導歌舞，實在是無可非議的。按照傳統的觀念，鄙之以「悅鄭聲」，難道不是太迂了嗎？唐玄宗不為這種諫諍所左右，倒是他特殊個性的表現。

（三）恢復諫官議政制度

唐朝諫官議政之制，始創於貞觀初年。當時規定「中書、門下及三品官入奏事，必使諫官、史官隨之，有失則匡正，美惡必記之」。諫官、史官（指御史等）可以隨宰相們到皇帝視朝之所兩儀殿裏，參與「平章國計」，商討大政。唐太宗也就能夠聽到各種不同的意見，便於全面了解情況，擇善而從。自唐高宗永徽以後，李義府和許敬宗恃寵用事，加上高宗也以天下無虞，改每日為隔日視朝，怠於理政。這樣，諫官議政制度逐漸地被廢棄了。史稱「及許敬宗、李義府用事，政多私僻，奏事官多俟仗下，於御坐前屏左右密奏，監奏御史及待制官遠立以俟其退；諫官、御史皆隨仗出，仗下後事，不復預聞」[82]。所謂「仗」，即朝會的兵衞。「仗下」之後，大臣才向皇帝奏事。諫官、御史參與朝會僅僅是形式，隨著仗衞而退下，對於奏事自然不可能當面發表什麼意見了。這種狀況一直延續到開元初年：「比來百司及詔使奏陳，皆待仗下，頗乖公道，須有革正。」[83]

開元五年（七一七）九月，根據宰相宋璟的建議，恢復了貞觀諫諍制度。唐玄宗詔曰：「自今以後，非灼然秘密，不合彰露者，並令對仗。如文書浩大，理文雜著，仍先進狀。其史官（包括御史、起居舍人等）自依舊制。」開元六年（七一八）七月，玄宗下詔重申：「百司及奏事，皆合對仗公言。比日以來，多仗下獨奏，宜申明舊制，告語令知。如緣曹司細務，及有秘密不可對仗奏者，聽仗下奏。」[84]這裏，反覆強調的「舊制」，指的是貞觀故事。除了機密的和細雜的事務外，其他奏事一概「對仗公言」，即當著兵衛、諫官、史官等都在場的朝會上，公開奏陳，甚至可以互相彈奏。如此，諫官也就有了參與謀議的機會，可以從比較客觀的立場上發表自己的意見。而唐玄宗也就能夠了解更多的情況，在兼聽博採的基礎上，作出符合實際的決策。

關於唐朝諫官的建置，據《冊府元龜》卷五二三《諫諍部・總序》記載，唐高祖武德初置諫議大夫四員，隸屬於門下省。高宗龍朔中改稱為正諫大夫。武則天垂拱中又置左右補闕各二人、左右拾遺各二人，合計八人。其職「供奉左右，箴規得失」。天授中，補闕、拾遺左右各增至五人，合計二十人。中宗神龍初，恢復垂拱初置人數，同時將正諫大夫改回為諫議大夫。及至「開元定制，左右補闕、拾遺各二員，復有內供奉各一員，凡十二人。左屬門下，右屬中書」[85]。總之，開元時期，諫官主要有：諫議大夫四人，正五品上，掌侍從贊相、規諫諷諭。左補闕二人，從七品上；左拾遺二人，從八品上；掌供奉諷諫，「大則廷議，小則上封。」[86]以上隸屬於門下省。右補闕二人，從七品上；右拾遺二人，從八品上；掌如左補闕拾遺之職。以上屬於中書省。此外，左右補闕、拾遺各有內供奉一員，計四人。

唐玄宗重視諫官的作用，一方面是讓他們參與廷議，當面提意見；另一方面則是鼓勵諫官「上封事」，即書面陳述時政之得失。開元十二年（七二四）四月敕令：「自今以後，諫官所獻封事，不限旦晚，任封狀進來，所由門司不得有停滯。如須側門論事，亦任隨狀面奏，即便令引對。如有除拜不稱於職，詔令不便於時，法禁乖宜，刑賞未當，徵求無節，寃抑在人，並極論失，無所迴避，以稱朕意。其常詔六品以上，亦宜准此。」[87]可見，玄宗多麼留意諫官及其他臣僚所獻的「封事」，強調「門司」不得「停滯」，正是為了防止壅蔽。回顧貞觀時期，唐太宗著《司門式》云：「其有無門籍人，有急奏者，皆令監門司與仗家引奏，不許關礙。」[88]開元敕令也體現了這種精神，說明此時唐玄宗還是勤於聽覽的，迫切希望下情上達，鼓勵諫官們「無所迴避」，敢於陳述意見。

（四）優禮故老，虛心求教

貞觀諫諍有一條準則，叫做「虛己納下」。作為帝王，要容納臣下意見，必須有虛心求教的態度。如果傲視一切，動輒訓人，誰還敢講話呢？唐玄宗雖然不是時時處處都能虛己納下，但至少開元前期對大臣還是相當尊重的。史稱「玄宗初即位，體貌大臣，賓禮故老，尤注意於姚崇、宋璟，引見便殿，皆為之興，去則臨軒以送。其他宰臣，優寵莫及」[89]。便殿即紫宸殿，在正殿（宣政殿）的後面。姚、宋每進見，玄宗就從御座上站起來，表示敬意。姚、宋離開時，又臨軒以送。這種禮遇反映了玄宗虛己納下的神態。宋代范祖禹就此事評曰：「開元之初，明皇勵精政治，優禮故老，姚、宋是師。」[90]

為什麼唐玄宗會如此「優禮故老」呢？原因也很簡單。開元之初，玄宗不過二十九歲。雖然經歷了六月政變以來的複雜鬥爭，頗諳策略手段，但對如何治理好天下，畢竟是經驗不足。而姚崇年已六十四歲，宋璟也有五十一歲，他倆早在武則天時期就顯露出傑出的政治才華，又歷唐中宗、睿宗兩朝，積極鼓吹「依貞觀故事」。「玄宗初即位，親訪理道」[91]，自然聽得進姚、宋的種種意見。「每事訪於元之，元之應答如響，同僚唯諾而已，故上專委任之。元之請抑權幸，愛爵賞，納諫諍，卻貢獻，不與羣臣褻狎；上皆納之。」[92]開元三年（七一五），玄宗曾同盧懷慎說：「朕以天下事委姚崇。」[93]足見對姚崇是何等的器重！至於宋璟，向來以「論得失」聞名，敢於講話，連武則天都是「內不能容，而憚其公正」[94]。唐玄宗對他那副「敢犯顏直諫」的舉動，「甚敬憚之，雖不合意，亦曲從之。」[95]宋璟還「顧天子方少」，時常「危言切議」。像這樣在青年皇帝面前擺起老資格來，實在是罕見的。正如宋代史臣所評論：「宋璟剛正又過於崇，玄宗素所尊憚，常屈意聽納。」[96]

姚、宋為相時，唐玄宗固然是虛懷納誨，就是離開相職後，作為元老顧問，玄宗依然優禮如故，虛心請教。這是唐玄宗的卓識，很值得注意！開元四年（七一六）底，姚崇罷政事而為開府儀同三司，這是最高的文散官，從一品，屬於榮譽性的虛職。姚崇每五日一朝，內殿朝參時仍立於供奉班之首。「恩禮更厚，有大政輒訪焉。」[97]開元九年（七二一）九月，姚崇病逝，享年七十二歲，謚曰「文獻」。至於宋璟罷相後，也被授予開府儀同三司，繼續發揮參謀的作用。開元十二年（七二四），玄宗將東巡洛陽，以宋璟為西京留守。臨別時，特地對宋璟說：「卿，國之元老，為朕股肱耳目。今將巡洛邑，為別歷時，所有嘉謨嘉猷，宜相告也。」璟一一極言。唐玄宗手制答曰：「所進之言，書之座右，出入觀省，以誡終身。」[98]可見，對元老的顧問作用是多麼的重視！直到開元二十五年（七三七），宋璟病逝，享年七十五歲，謚曰「文貞」。

唐玄宗「體貌大臣」還表現於「由師資之禮」。開元初期，為了讀書學習，聘請著名學者馬懷素和褚無量為侍讀，隔日輪流陪讀。馬懷素篤學博識，謙恭謹慎，深為玄宗所禮。「每次閤門，則令乘肩輿以進。上居別館，以路遠，則命宮中乘馬，或親自送迎，以申師資之禮。」[99]褚無量已屆老年，每次隨儀仗出入，特許緩緩步行。後來，又為他造了「腰輿」，令內侍抬進內殿。「無量頻上書陳時政得失，多見納用。」[100]此外，對社會上各類遺賢隱士如僧一行、盧鴻、葉法善等等，無不以禮相徵，詢問治道。例如，有個被譽為「真君子」的王友貞，禮聘不至，年九十餘卒。玄宗下制贊頌「王友貞稟氣元精，遊心大樸」；強調「貴德尊賢，飾終念遠，此聖人所以治天下，厚風俗也」[101]。這裏，把尊賢納下當作「治天下」的必要條件，是很有見地的。

（五）「見不賢，莫若自省」

凡是善納諫諍的帝王，從認識論的角度來看，往往都勇於自我反省，敢於承認與改正錯誤。唐玄宗也是如此。開元二年（七一四）八月，他接受民間輿論的批評，深知「求聲色」的錯誤，在詔令中說：「見不賢，莫若自省。」[102]這種知錯自省的精神，正是唐玄宗尊賢納下、虛心求教的思想基礎。開元四年（七一六），倪若水批評宦官羅捕禽鳥，玄宗就用「手詔」的方式作了自我檢討。楊範臣批評求靈藥等，玄宗便引咎自責，在臣下面前公開檢點過錯。開元七年（七一九），宋璟等批評築高墳不合禮式，玄宗虛心接受，表示「每事常欲正身」，嚴格地從自己做起。同年十一月，玄宗以「墨敕」將原藩邸故吏、岐山令王仁琛提升為五品官，宋璟反對說：「仁琛曏緣舊恩，已獲優改，今若再蒙超獎，遂於諸人不類；又是后族（屬王皇后家族），須杜輿言。乞下吏部檢勘，苟無負犯，於格應留，請依資稍優注擬。」[103]墨敕授官是不妥當的做法，經由「吏部檢勘」才是正常的途徑。玄宗終於自省了，同意了宋璟的意見。由此可見，唐玄宗並不以一貫正確自居，別人說得對就接受，自己做錯了就改正。這裏的關鍵在於「自省」。善於認識錯誤，並幡然而改，對於位居尊極的封建帝王來說，是不容易的。

以上事實，從各個側面反映了開元諫諍的概況。唐玄宗雖然不如唐太宗那樣「從諫如流」，但他「虛懷納誨」的事跡還是引人矚目的。就「容納」諫諍而言，唐朝李德裕把「太宗、玄宗」相提並論，不是沒有道理的。

抑制奢靡，移風易俗

先天年間，唐玄宗十分讚賞這樣的觀點：「隋氏縱欲而亡，太宗抑欲而昌。」[104]開元初期，他就從行動上效仿曾祖父，抑情損欲，刻厲節儉，抵制浮競，使社會風習出現了「反樸還淳」的新氣象。這是「開元之治」的特色之一。

（一）禁斷潑寒胡戲

潑寒，又稱乞寒，「用水澆沃為戲樂」。最早從波斯傳入中國，約於北周大象元年（五七九）十二月[105]。《資治通鑑》卷一七三曰：「初作乞寒胡戲。」隋朝和唐初，卻多不見記載。直到武則天末年，又從波斯傳入，每年冬十一月或者十二月舉行。神龍元年（七〇五）十一月，唐中宗在東都洛陽，曾登上城南門樓，觀看潑寒胡戲。不久，清源縣尉呂元泰上疏勸諫，引用〈洪範〉「謀時寒若」的古訓，指出：「何必裸露形體，澆灌衢路，鼓舞跳躍，而索寒也！」[106]疏奏，不納。景龍三年（七〇九）十二月，中宗在京師長安，又令諸司長官到醴泉坊看潑胡王乞寒戲。潑寒胡戲原是波斯數種節日禮俗的糅合，但在唐中宗時這種「裸露形體」的胡戲卻成為貴族官僚驕奢縱欲的一個方面。因此，不少有識之士力主取締。

唐玄宗即位初，「因蕃夷入朝，又作此戲。」開元元年（七一三）十月，中書令張說諫曰：「潑寒胡未聞典故，裸體跳足，盛德何觀；揮水投泥，失容斯甚。法殊魯禮，褻比齊優。」建議特罷此戲[107]。張說是著名的文人，從儒家傳統的禮樂觀念出發，反對「失容斯甚」的胡戲。十二月，唐玄宗頒布敕令：「臘月乞寒，外蕃所出，漸浸成俗，因循已久。自今以後，無問蕃漢，即宜禁斷。」[108]可見，胡戲已為蕃人和漢人所愛好，成了「因循已久」的風俗。改元「開元」不久，唐玄宗正式下令禁止，表明他在移風易俗上邁出了第一步。這一步是堅實的，以致潑寒胡戲從此禁絕，再也沒有流行起來了。開元二年（七一四）八月，玄宗又發布敕令，對於「事切驕淫，傷風害政」的某些「技樂」也嚴加「禁斷」[109]。

（二）焚毀珠玉錦繡

開元二年七月乙未[110]，唐玄宗發動了一場聲勢浩大的宣傳。那天，特地把內宮一些（不可能是全部）珠玉錦繡（不包括金銀）堆在殿庭前，放火焚燒。下制聲稱：金銀器物由有關機構「鑄為鋌」，貯藏起來，以供軍國之用。珠玉錦繡之類，「宜焚於殿前，用絕浮競」，規定后妃以下不得服珠玉錦繡。過了三天，下敕宣布：「天下更不得採取珠玉、刻鏤器玩、造作錦繡珠繩。」違者決杖一百，受雇工匠降一等辦罪；「兩京（指西京與東都）及諸州舊有官織錦坊宜停。」[111]同時，對百官車服飾和酒器都作出具體的規定。

這樣雷厲風行地銷毀金銀器玩，禁用珠玉錦繡，在中國古代史上是罕見的。此事可信程度如何？唐人著作《隋唐嘉話》卷下和《朝野僉載》卷三都有記述，不少史家連司馬光也確信其事，贊頌「明皇之始欲為治，能自刻厲節儉如此」[112]。但是，略一推敲，就會知道，唐玄宗絕對不可能把宮中所有的金銀器玩銷毀，將全部的珠玉錦繡焚燒。要想嚴禁「天下」採取珠玉、刻鏤器玩、造作錦繡，更是辦不到的事。皇帝敕令和官方文書，有些說的好聽，未必都能做到；有些確實做了，也是大打折扣的。如果不作具體分析，全信以為真，那就會上大當。

從事實來看，七月乙未那天，確實在殿庭前燒了一些珠玉錦繡，但這只是示意性的宣傳行動，「示不復御用也」[113]。沒有跡象證明，後來確實地貫徹制敕所規定的全部禁令。大概關於百官服飾的規定，如三品以上聽飾以玉，四品以金，五品以銀等等，還是照辦了的。作為帝王，沒有追求享樂的私欲，那是不可能的。唐玄宗只是在特殊的歷史條件下，對自己的私欲有所壓抑罷了。不到兩年，他就要派人到遙遠的師子國去收羅「珠翠奇寶」。監察御史楊範臣諫曰：「陛下前年焚珠玉、錦繡（注意！沒有提及金銀），示不復用。今所求者何以異於所焚者乎！」[114]玄宗知錯便改，但他那追求「珠翠奇寶」的私欲還是強烈地反映出來了。

為什麼要作一次示範性宣傳呢？看來，目的主要是移風易俗，轉變長期以來形成的奢靡風俗。唐中宗、睿宗時期，貴族官僚競相浮華。安樂公主有一條百鳥毛裙，正面看為一色，旁邊看為一色，陽光下為一色，陰影中為一色，彷彿百鳥並見裙中。據說，「自安樂公主作毛裙，百官之家多效之。江嶺奇禽異獸毛羽，採之殆盡。」[115]太平公主也以驕奢聞名，在公主府第裏，「綺疏寶帳，音樂輿乘，同於宮掖。侍兒披羅綺，常數百人，蒼頭監嫗，必盈千數。外州供狗馬玩好滋味，不可紀極。」[116]這裏，所謂「同於宮掖」，可以想見，睿宗皇宮裏又是何等的豪華奢侈。至於玄宗早年也未嘗不是如此。當太子時，「好妓之聲，或聞於人聽。」[117]即位以後，和太上皇睿宗一樣追求聲色。先天二年（七一三）正月十五、十六日夜，長安燈節熱鬧非凡。據說，在安福門外造了一座「燈輪」，高達二十丈，飾以金玉錦綺，燃燈五萬盞，簇之如花樹。「宮女千數，衣羅綺，曳錦繡，耀珠翠，施香粉。一花冠、一巾帔皆萬錢，裝束一妓女皆至三百貫。」[118]二月庚子夜，又開門燃燈。「上皇（睿宗）與上（玄宗）御門樓臨觀，或以夜繼晝，凡月餘。」[119]很清楚，奢靡之風，愈演愈烈。耗費錦繡珠翠知多少，國家財力也難以承受。因此，誅滅公主之後，玄宗親政時，賢相姚崇「屢以奢靡為諫」[120]，才有焚燒錦繡珠玉的宣傳舉動。玄宗在七月乙未敕令中，譴責往昔「互相誇尚，浸成風俗」，提出了「反樸還淳，家給人足」的主張[121]。這說明他有所反省，決心革除奢侈習俗，倡導淳樸新風，在移風易俗上又跨出了重要的一步。

（三）罷遣宮女

開元二年（七一四）八月，唐玄宗令有關部門在崇明門準備好車牛，將後宮裏用不著的宮女遣送回家。人數多少，已無可考。為什麼要採取這個措施呢？唐初以來，每當重大事變之後，因整頓內宮，時有放還宮女的事。唐太宗貞觀初，「放宮人三五千人出」[122]。唐中宗神龍初，「出宮女三千」[123]。唐玄宗遣返宮女，估計數字遠不及前幾次。因為這次主要是平息社會輿論，表示一下不求「聲色」而已。當時，民間紛紛傳言，說皇帝陛下採擇女子，以充掖庭。無風不起浪，傳說是有一定事實根據的。先天年間，正如玄宗本人所說：「往緣太平公主取人入宮，朕以事雖順從，未能拒抑。」這裏說是公主「取人入宮」，其實，太上皇睿宗和玄宗本人也是如此。所以，開元初，「人頗喧嘩，聞於道路，以為朕求聲色，選備掖庭。」民間輿論「喧嘩」，才使玄宗有所覺悟：「見不賢，莫若自省；欲止謗，莫若自修。改而更張，損之可也。」[124]在這種情況下，作出了罷遣宮女的決定。顯然，這是唐玄宗抑情損欲的措施之一。

（四）「以厚葬為誡」

開元二年（七一四）九月，唐玄宗頒發制書，強調「以厚葬為誡」。他指出，「近代以來，共行奢靡，遞相仿效，浸成風俗，既竭家產，多至凋弊。……且墓為真宅，自便有房，今乃別造田園，名為下帳，又冥器（隨葬器物）等物，皆競驕侈。」[125]為了改變奢靡風俗，特地「申明」喪葬「約束」，如規定冥器等物色數及長短大小，禁絕園宅下帳，墳墓務遵簡儉，送終之具不得以金銀為飾。同時規定，如有違者，先決杖一百；州縣長官不能舉察，並貶授遠官。這些禁令未必都能貫徹執行，但對社會上移風易俗起了一定的促進作用。

（五）「文質之風，自上而始」

上述四條措施，都是在一年之內採取的，反映了唐玄宗求治的急切心情。可貴的還在於：他懂得「文質之風，自上而始」的道理[126]。也就是說，抑制奢靡，要從上面開始，要從自己做起。司馬光評論唐玄宗「始欲為治，能自刻厲節儉」，這番讚語雖然不完全符合實際，但是，玄宗確實有點「自上而始」的精神，為樹立「節儉」新風作過號召與宣傳。有一次，看見一個衞士將吃剩的飯菜倒掉，玄宗不禁大怒，欲加嚴辦。從這件小事也可以看到節約糧食的好風尚。

開元前期，「自上而始」的精神還表現在不少宰相身上。盧懷慎就是一個榜樣，唐朝人早已把他當作「清廉」的典型。史稱：「懷慎清儉，不營產業，器用服飾，無金玉綺文之麗。所得祿俸，皆隨時分散，而家無餘蓄，妻子匱乏。」[127]開元四年（七一六）十一月，懷慎病逝，據說：「家無餘蓄，唯一老蒼頭（家奴），請自鬻以辦喪事。」[128]這似採自小說家之言，當非信史。根據四門博士張星的建議，玄宗下詔表彰盧懷慎「節鄰於右，儉實可師」。特地賜物一百段、米粟二百石。很久以後，玄宗校獵城南，「望見懷慎別業（別墅），方營大祥齋，憫其貧乏，即賜絹五百匹。制蘇頲為之碑，仍御書焉。」[129]唐玄宗多次表彰盧懷慎，也是要讓「節儉」之風發揚光大。「儉實可師」，希望臣僚們仿效這位「清廉」的宰相。

總之，在開元君臣們的倡導下，奢靡風俗基本上得到抑制，「反樸還淳」的新氣象逐漸地形成。唐玄宗在〈禁斷奢侈敕〉中，強調指出：「雕文刻鏤傷農事，錦繡纂組害女紅。粟帛之本或虧，飢寒之患斯及。朕故編諸格令，且列刑章，冀以還淳，庶皆知禁。」[130]禁斷奢侈，反對浪費，這是「開元之治」的重大成果。

當然，就唐玄宗本人來說，不可避免地具有兩重性的特點。一方面，開元二年（七一四）正月，宣布「不急之務，一切停息」[131]；另一方面，同年七月，始作興慶宮。一方面，焚燒錦繡珠玉，以示不復用；另一方面，派人到江南羅捕禽鳥，以供園池之玩，還想派人到海外營致「珠翠奇寶」。一方面，反對厚葬，申明喪葬禁約；另一方面，違背禮式，為王皇后父親築高墳。宰相宋璟等批評說：「比來蕃夷等輩及城市閒人，遞以奢靡相高，不將禮儀為意。今以后父之寵，開府之榮，金穴玉衣之資，不憂少物；高墳大寢之役，不畏無人。……」[132]由上可見，唐玄宗只是對個人欲望和社會上奢靡風氣作了一些節制而已。所謂開元淳樸風習，也僅僅是跟「天寶之後，俗尚浮華」[133]，相比較而言的。

「貞觀之風，一朝復振」

大量的史實表明，唐玄宗和宰臣們「依貞觀故事」，在政治上取得了成功。關於經濟、法制以及文化，另立專章論述。如果略作比較，就會發現，「開元之治」和「貞觀之治」有許多共同點。人們獲得這種認識並不難，難的是對歷史現象作出科學的分析。

（一）「太宗定其業，玄宗繼其明」

早在唐德宗即位初，有識之士就已經把「貞觀、開元之太平」聯繫起來考察了[134]。唐憲宗讀《國史實錄》，深有體會地說：「太宗之創業如此，玄宗之致理如此。」創業與致治，自有不同，而且前者之功業勝過於後者。唐穆宗時，下詔曰：「我國家貞觀、開元，同符三代，風俗歸厚，禮讓皆行。」這主要是就社會風氣而言的。唐文宗時，有個名叫劉蕡的，在賢良對策中指出：「太宗定其業，玄宗繼其明。」[135]這個提法很精闢，可以說是對前人認識的總結，較好地論述了「貞觀之治」與「開元之治」的關係。的確，唐太宗開創的「貞觀之治」是封建時代太平治世的典範，在政治上頗多創新。尤其是用人與納諫，達到了封建專制主義時代所能夠做到的最高水平。唐玄宗的「開元之治」是「依貞觀故事」的結果，是繼承了「貞觀之治」的事業。歸結為三個字：「繼其明」。本章前面論述的「任賢用能」、求諫與容納以及移風易俗等，無可爭辯地證明了這一點。

及至五代後晉，劉昫等編撰《舊唐書‧玄宗本紀》時，援引了唐朝史臣一段極其精彩的議論：「我開元之有天下也，糾之以典刑，明之以禮樂，愛之以慈儉，律之以軌儀。黜前朝徼倖之臣，杜其姦也；焚後庭珠翠之玩，戒其奢也；禁女樂而出宮嬪，明其教也；賜酺賞而放哇淫，懼其荒也；敍友於而敦骨肉，厚其俗也；蒐兵而責帥，明軍法也；朝集而計最，校吏能也。廟堂之上，無非經濟之才；表著之中，皆得論思之士。而又旁求宏碩，講道藝文。昌言嘉謨，日聞於獻納；長轡遠馭，志在於昇平。貞觀之風，一朝復振。」這裏不乏溢美之辭，但對照開元時期尤其是前十多年的政治、經濟、法制、文化、軍事，基本上是符合實際的。最後兩句「貞觀之風，一朝復振」，可謂畫龍點睛之筆，深刻地揭示了「貞觀之治」與「開元之治」的關係。也就是說，唐玄宗「依貞觀故事」是成功的。重新恢復「貞觀之風」，又開創了新的「盛世」，從而推進了中國古代社會的發展。這是唐玄宗及其臣僚們的歷史功績。

（二）學步、效仿與創新

當今研究「開元之治」，自然更須有科學的分析。「從政治上看『開元之治』，它不過是對唐太宗『貞觀之治』的模仿和學步而已。」[136]這是正確的。因為唐玄宗是在學步與效仿，「依貞觀故事」來施政，所以他就有更大的局限性，在許多方面比唐太宗遜色。拿用人與納諫這兩個最反映本質的問題來說吧。

唐太宗有系統的卓越的人才觀，其用人政策閃爍著辯證思想的光芒。所用之人既廣且多：士庶並舉，官民同申，新故齊進，漢夷共用。尤其善於團結跟自己意見不同的人，善於使用曾經反對過自己的人。而唐玄宗顯然沒有深刻的用人思想，策略與方法也較單調，政治上用人的圈子較窄，主要是依靠宰相們和身邊一批得力的文官，以及心腹如王毛仲、高力士等。應當說，開元之世，人才濟濟，盛過於貞觀時期。唐玄宗也喜歡廣泛地結交各種各樣的人士，如詩人學者、隱士山人、方伎醫家等等，但是這些人士在政治決策上不起什麼作用，並非都有政治管理的才能。在對待功臣問題上，「姚崇勸不用功臣」，雖然是符合鞏固皇權的需要。但是，如何把不安定的因素化為積極的力量，是考慮得很不夠的。姚崇作為傑出的皇權擁護者，處處維護皇權的穩定。但是，他有「嫉忌」的私念，如對待宰相魏知古「陰加讒毀」，實在不那麼光明正大，說明他不善於跟自己意見不同的人共事。同樣，唐玄宗雖然沒有枉殺功臣，表現了一定的寬容器度。但是，「待幽求等恨太薄云」[137]，說明他也不善於使用跟自己政見不同的人。總之，用人的氣魄與膽識，不如唐太宗那樣雄偉與廣博。

唐太宗的「從諫如流」，是以完整的政治思想作為基礎的，是跟他在認識論上的一些真知灼見緊密相連的。特別是君臣論，如主張君臣事同魚水、共理天下、同心同德等等，無疑是封建時代政治思想的精華之一。而唐玄宗的政治思想就顯得十分貧乏，構不成一個體系。他說過「見不賢，莫若自省」，也頗精彩，但這類觀點不多。正因為思想基礎薄弱，故開元諫諍從總體上說，遠遠不如貞觀諫諍。換言之，唐朝歷史上第二次諫諍高潮比不上第一次，可謂一浪低一浪。在君臣關係上，封建專制主義的氣焰比太宗厲害。姚崇算是玄宗「賓禮」的「故老」了，在開元元年（七一三）十月，再三奏請序進郎吏，玄宗故意不答。這時，「崇益恐，趨出。……崇至中書（省），方悸不自安。」[138]面對皇帝陛下，姚崇尚且如此懼怕，何況別的臣僚了。在這種氣氛中，犯顏直諫與廷爭面折，也就比較少見了。相反，當面頌揚與諂諛，卻愈來愈多。姚崇迎合玄宗的話不少，以致大臣褚無量譏之為「諛臣之言」[139]。即使是宋璟，史稱剛正直言超過姚崇，有時還以天子年少，常常「危言切議」，但是，對玄宗不乏「陛下降德音」之類的讚美詩[140]。由此不難明白：為什麼開元時期沒有產生魏徵那樣的典型人物？為什麼諫官議政制度恢復後諫官的作用仍不突出？顯然都跟專制思想的濃厚有關。

君主專制的厲害，還表現在嚴防洩漏禁中機密上。明文規定，凡是秘密的事，不允許諫官與史官參與討論。誰洩露「禁中語」，誰就要受罰。玄宗有位好友，名叫崔澄，玄宗早年出任潞州別駕時，崔澄送行直至最遠的地方。唐玄宗即位後，「澄侍左右，與諸王不讓席坐。性滑稽善辯，帝恐漏禁中語，以『慎密』字親署笏端。」141任何時代，都有一定的保密制度。但是，唐玄宗過於「慎密」，時有懲辦洩漏「禁中語」者。這樣，臣僚們議政或者提意見，勢必提心吊膽，不可能做到暢所欲言，更談不到君臣「事同魚水」的了。

由上可見，唐太宗不僅是傑出的政治家，而且是卓越的政治思想家。而唐玄宗僅僅是傑出的政治實踐家，夠不上政治思想家的資格。行動受思想支配。沒有深邃的思想，所以在用人與納諫上，後者不如前者。

當然，「依貞觀故事」是在新的歷史條件下進行的。效仿不等於舊的復原，它本身就是一種改革。既然是改革，總會有所前進，有所創新。如果只看到玄宗不如太宗的一面，而不注意「開元之治」中創新的東西，那也是不全面的。就以用人為例，唐玄宗講究任用宰相藝術，某些新的做法勝過於曾祖父。

第一，從橫向來看，在某一階段裏，宰相班子裏成員搭配相宜：一剛一柔，以剛為主；一嚴一寬，以嚴為主。這樣，同心戮力，以濟太平之政。姚崇與盧懷慎、宋璟與蘇頲、張嘉貞與源乾曜，就是三對緊密合作並取得顯著成效的賢相。本章第二節已有詳細論述。

第二，從縱向來看，「上(玄宗)即位以來，所用之相，姚崇尚通，宋璟尚法，張嘉貞尚吏，……各其所長也。」142這是精闢的概括。從「通」到「法」，再到「吏」，實際上反映了開元前期改革的進程。「通」者，「變」也。玄宗親始聽政之際，面臨著百亂待治、百弊待革的局面。首先需要的是一位「救時之相」，來迅速消除「再三禍變」所造成的後果。姚崇以「善應變」著稱，提出「十事要說」作為政治綱領，「故能成天下之務」。「通」的結果，是成功了。緊接著，要靠「法」了。所謂宋璟「尚法」，也就是「璟善守文」的意思。姚崇和盧懷慎都曾推薦宋璟接替宰相的職位，可能是看到了這一點。宋璟果然不負眾望，「能持天下之政」[143]，堅持嚴以執法，又取得了成功。經由姚、宋及其他臣僚們的相繼努力，「開元之治」終於奠定了牢固的政治基礎。所以，往後照辦就是了。張嘉貞「尚吏」即注重處理政事，正是適應了新形勢的需要。史稱張嘉貞「善傳奏，敏於裁遣」[144]，不愧為「惓惓事職」的名相。

第三，從任期來看，宰相一般任職三年左右：姚崇三年又三個月，盧懷慎不到三年而病卒，宋璟三年又一個月，蘇頲三年又一個月，張嘉貞三年又一個月。源乾曜從開元八年（七二〇）正月至開元十七年（七二九）六月罷相，長達九年又五個月。除了源乾曜之外，任期三年左右，這是由於偶然的因素所造成的，並非出於明文規定，跟現代意義上的輪換制或者不行終身制是不可同日而語的。但是，在客觀上，這樣做有利於發揮各類宰相的獨特才能，有利於皇權的鞏固。唐朝後期著名的宰相李德裕指出：「開元初，輔相率三考輒去，雖姚崇、宋璟不能逾。……是知亟進罷宰相，使政在中書，誠治本也。」[145]這番話的本意，不在於論證輪換制的優越，而是說明防止小人專權對於鞏固皇權的重要意義。

第四，宰相罷職以後，唐玄宗仍然重視發揮他們的顧問參謀作用，本章第三節對此已略說過。如姚崇罷知政事，玄宗「令崇五日一參，仍入閣供奉，甚承恩遇」[146]。宋璟免相後，作為「國之元老」，兩次被委任為西京留守。蘇頲罷相後，一度外任益州大都督府長史。開元十三年（七二五），隨玄宗封禪泰山，負責撰寫朝覲碑文。不久，又知吏部選事。開元十五年（七二七）

逝世，享年五十八歲。玄宗令於洛城南門舉哀，輟朝兩天，贈尚書右丞相，謚曰「文憲」。張嘉貞罷相後，因與張說矛盾，時而為京官，時而為地方官。但是，玄宗對他還是念念不忘的。開元十七年（七二九），張說回到東都洛陽治病，玄宗特地派醫官去治療。秋，張說病卒，年六十四歲，贈益州大都督，謚曰「恭肅」。

由上可見，唐玄宗善於任用衆多的宰相，在用人方面有不少新的特色。可惜的是，他不是思想家，沒有在理論上作出概括。此外，在加強地方吏治和完善行政法規方面，也有一些創舉。總之，「依貞觀故事」不是簡單地模仿，而是在效仿中有所創新。

（三）歷史條件的異同

玄宗跟太宗比較，有同也有異。這種異同，歸根結柢，取決於時代條件和各自的政治生活歷程。

唐太宗生活於從隋末喪亂到唐初大治的歷史時代，唐玄宗則處於從初唐到盛唐的發展時期。但是，他們有一個共同點：親歷動亂，備嘗艱苦，依靠不倦的奮鬥，才登上皇位。唐太宗曾回憶自己的創業史，說「出萬死而遇一生」[147]，所以他深知安天下必須任賢納諫，力戒驕逸，勤勞施政。唐玄宗雖然沒有晉陽起兵和國內戰爭那樣的經歷。但是，他從小就經過武后朝的艱危，經過「再三禍變」的動亂，從生死夾縫中奮鬥過來。所以，他和曾祖父一樣，深知「草創之難」。「自古帝王，在於憂危之間，則任賢受諫。」[148]太宗是這樣，玄宗也是如此。後來，唐憲宗時曾討論過這個問題。大臣崔羣說：「玄宗少歷民間，身經迍難，故即位之初，知人疾苦，躬勤庶政。加之姚崇、宋璟、蘇頲、盧懷慎等守正之輔，孜孜獻納，故致治平。」[149]這話是有道理的。「開元之治」所以成為「貞觀之治」的繼續，原因之一就是玄宗有著相似的社會經歷。

當然，歷史時代畢竟不同了。唐太宗目睹隋末「喪亂」，隋煬帝的統治被摧毀了。而唐玄宗經歷的是「禍變」，即統治階級內部的激烈鬥爭。前後引出的經驗教訓是不一樣的，因而治理天下的效果也就有差異。

衆所周知，隋末農民起事的洶湧波濤，隋王朝由盛而亡的短促行程，不能不給唐太宗以特別深刻的印象。他經常以隋亡為鑒，和大臣、太子談論「水能載舟，亦能覆舟」的道理[150]。由此引出任賢納諫，引出撫民以靜，引出「貞觀之治」。而對唐玄宗來說，一百年前隋末「喪亂」那幅歷史畫卷，是無緣親眼目睹的。聽臣僚們說起過「隋氏縱欲而亡」，但印象是不會深刻的。他本人在敕令中也提到過「自有隋頽靡，庶政凋敝」[151]，那不過是官樣文章。再看姚崇的「十事要說」，沒有一句話涉及隋煬帝暴政，講的盡是武則天垂拱以來包括中宗、睿宗時期的弊政。很清楚，開元初期，君臣們不是從隋亡歷史教訓中引出現行政策措施，而是模仿貞觀「故事」，以改革前朝弊政。正因為如此，「開元之治」的開明程度遠遠不及「貞觀之治」，唐玄宗在政治上不如唐太宗那樣的卓越。唐朝兩位最傑出帝王的差異，就是他們所處的不同歷史時代的反映。

（四）「開元之治」與武則天政治的關係

如前所述，「開元之治」是「依貞觀故事」的結果。至於它與武則天政治的關係如何呢？史學界早就有一種意見認為，武則天為「開元盛世」奠定了堅實的基礎。「開元時代的一些大臣宰相、文人學士大抵是武后時代所培養出來的人物。」[152]的確，武則天專政時代是初唐到盛唐的轉變時期，其重要意義是不可低估的。開元名臣如姚崇、宋璟、張說等，在武則天時已經顯露出政治才華。

但是，如果認為「開元之治」還依靠了武則天執政早、中期的政治經驗，至少在史料上缺乏充足的根據。看來，還有必要弄清唐玄宗與祖母武則天關係的來龍去脈。玄宗六歲以前，是得到祖母的寵愛的。武則天稱帝，改「唐」為「周」，對兒孫們的骨肉之情被強烈的政治沖淡了。近九歲時，母親竇氏被殺，接著幽閉六年。作為一個磨難少年，不可能對女皇帝武則天有什麼親暱的愛戴。十五歲再次「出閣」，雖然恢復了跟祖母的親善關係，但是內心深處的鴻溝尚難以填平。由於青少年時代的患難經歷，後來唐玄宗始終沒有讚賞過武則天時期政治局面的清平。姚崇在「十事要說」中指出：「自（武則天）垂拱已來，朝廷以刑法理天下；臣請聖政先仁義，可乎？」玄宗答道：「朕深心有望於公也。」姚崇又說：「自太后臨朝以來，喉舌之任，或出於閹人之口；臣請中官不預公事，可乎？」玄宗答曰：「懷之久矣。」[153]由此可見，開元君臣們對武后臨朝以來的一些政治措施，包括「武氏諸親猥侵清切權要之地」、「太后造福先寺」等等，都是持否定態度的。

既然要恢復「貞觀之風」，也就必然要改革武后弊政。開元二年（七一四）三月，唐玄宗派人銷毀東都洛陽的「天樞」，反映了這種決心。所謂「天樞」是女皇帝武則天統治天下萬國的象徵物，用大量銅鐵鑄成的。延載元年（六九四），「武三思帥四夷酋長請鑄銅鐵為天樞，立於端門（洛陽皇城正南門）之外，銘紀功德，黜唐頌周，以姚璹為督作使。諸胡聚錢百萬億，買銅鐵不能足，賦民間農器以足之。」[154]可見，鑄造「天樞」不僅是「黜唐頌周」的政治措施，而且是勞民傷財的經濟掠奪。武周統治結束，唐朝重新恢復，這座「黜唐頌周」的「天樞」安然地存在了近二十年。唐玄宗終於下令毀「天樞」，調發工匠，熔其銅鐵，歷月不盡。這樣做，既是出於消除武后政治的影響，又是為了解決當時的財政困難。

當然，武則天畢竟是祖母。從家族關係與孝道觀念出發，唐玄宗對早已逝世的祖母依舊保持尊崇的地位。先天元年（七一二）八月壬寅，即玄宗即位第三天，上大聖天后尊號曰「聖帝天后」。開元四年（七一六）十二月，改為「則天后」。天寶八載（七四九）六月，再改定為「則天順聖皇后」[155]。但是，這種「尊崇」絲毫不意味著要效仿武后政治的好經驗。說實在，唐玄宗不可能對祖母的歷史功績作二分法，區別其清明的一面與黑暗的一面。

註釋

1 《舊唐書・刑法志》。
2 《舊唐書・后妃傳上》。
3 《資治通鑑》卷二〇八，景龍元年二月條及胡三省注。
4 《隋唐嘉話》卷下。
5 《資治通鑑》卷二〇九，景雲元年七月條。
6 《舊唐書・辛替否傳》。
7 《舊唐書・賈曾傳》。
8 《舊唐書・褚無量傳》。
9 《冊府元龜》卷五三三，〈諫諍部・規諫一〇〉。
10 《明皇雜錄》，《資治通鑑》卷二一一，開元四年十一月條〈考異〉引。
11 《大唐新語》卷一，〈匡贊〉。
12 《新唐書》卷一二四，贊曰。
13 《資治通鑑》卷二一一，開元五年九月條。
14 《冊府元龜》卷五二三，〈諫諍部・諷諫〉。
15 《舊唐書・崔植傳》。
16 《舊唐書・張廷珪傳》。
17 《舊唐書・李乂傳》。
18 《舊唐書・方伎傳》。
19 《舊唐書・隱逸傳》作「盧鴻一」，誤。《資治通鑑》卷二一二開元六年三月條〈考異〉引碑文作「盧鴻」，《舊唐書·玄宗本紀上》亦作「盧鴻」，今從之。

20 《舊唐書·葉法善傳》。

21 吳兢〈上貞觀政要表〉。

22 《舊唐書》卷九九，贊曰。

23、24 《舊唐書·玄宗本紀下》，史臣曰。

25 《資治通鑑》卷二一一，開元三年正月條。

26 《舊唐書·盧懷慎傳》。

27 《資治通鑑》卷二一一，開元三年正月條臣光曰。

28 《舊唐書·隱逸傳》。

29 《明皇雜錄》卷上。

30 《全唐文》卷二一，玄宗〈授宋璟吏部尚書蘇頲同平章事制〉。

31 《舊唐書·蘇頲傳》。

32 《貞觀政要》自序。

33 《舊唐書·張嘉貞傳》。

34 《舊唐書·源乾曜傳》及傳末史臣曰。

35 《新唐書》卷一二七，贊曰。

36 《資治通鑑》卷二一〇，開元元年十月條。

37 《次柳氏舊聞》。

38 《唐鑑》卷四，〈玄宗上〉。

39 《隋唐嘉話》卷下。

40 《全唐文》卷五三七，裴度〈請罷知政事疏〉。

41 《舊唐書·禮儀志二》。

42 《資治通鑑》卷二一一，開元二年八月條臣光曰。

43 《唐會要》卷六八，〈刺史上〉。

44 《貞觀政要》卷三，〈擇官〉。

45 《唐會要》卷八一，〈勛〉。

46 《唐會要》卷六九，〈都督刺史以下雜錄〉。

47 《大唐新語》卷六，〈友悌〉。

48 《舊唐書·韋嗣立傳》附韋恒傳。

49 《舊唐書·良吏傳下》。

50 《全唐文》卷二〇，玄宗〈黜陟內外官制〉。

51 《資治通鑑》卷二一一，開元四年二月條。

52 《唐會要》卷六八，〈刺史上〉。

53 《全唐文》卷三五，玄宗〈重牧宰資望敕〉。

54 《舊唐書·良吏傳下》。

55 《舊唐書·王丘傳》。

56 《舊唐書·文苑傳中》。

57 《舊唐書·源乾曜傳》。《資治通鑑》卷二一二作開元八年五月，《唐會要》卷五三〈雜錄〉作開元九年四月，今從前者。

58 《舊唐書·姚崇傳》。

59《舊唐書・宋璟傳》。
60《新唐書・張嘉貞傳》。
61《舊唐書・良吏傳下》。
62《資治通鑑》卷二一〇，開元元年十月條。
63《資治通鑑》卷二一一，開元三年十二月條。
64《舊唐書・韋濟傳》及《資治通鑑》卷二一一開元四年五月條〈考異〉。《通鑑》云「餘二百餘人不入第」，似誤。胡三省改為二十餘人，確切。因參加考試者共計二百餘人，據《舊唐書》，「二十餘人還舊官」。
65《舊唐書・盧從願傳》。
66《舊唐書・李朝隱傳》。
67《資治通鑑》卷二一二，開元九年四月條。
68《舊唐書・蘇頲傳》及《大唐新語》卷六〈舉賢〉。
69《舊唐書・李德裕傳》。
70《舊唐書・李絳傳》。
71《舊唐書・賈曾傳》。
72《開元升平源》。
73《冊府元龜》卷一四四〈帝王部・弭災二〉及《舊唐書・玄宗本紀上》。
74《舊唐書・姚崇傳》。
75《資治通鑑》卷二一二，開元七年十一月條。
76《舊唐書・良吏傳下》及《大唐新語》卷二〈極諫〉。
77《資治通鑑》卷二一一，開元四年五月條。
78《舊唐書・韋湊傳》。
79《舊唐書・宋璟傳》。
80《舊唐書・僧一行傳》。
81《資治通鑑》卷二一一，開元二年正月條。
82《資治通鑑》卷二一一，開元五年九月條。
83、84《唐會要》卷二五，〈百官奏事〉。
85《冊府元龜》卷五二三，〈諫諍部・總序〉。
86《唐六典》卷八，〈門下省〉。
87《唐會要》卷五五，〈諫議大夫〉。
88《舊唐書・顏真卿傳》。
89《次柳氏舊聞》。
90《唐鑑》卷四，〈玄宗上〉。
91《舊唐書・張果傳》。
92《資治通鑑》卷二一〇，開元元年十月條。
93《資治通鑑》卷二一一，開元三年正月條。
94《大唐新語》卷二，〈剛正〉。
95《資治通鑑》卷二一一，開元四年十二月條。
96《新唐書・宋璟傳》及傳末贊曰。

97《資治通鑑》卷二一一，開元五年正月條。
98《舊唐書・宋璟傳》。
99《舊唐書・馬懷素傳》。
100《舊唐書・褚無量傳》。
101《舊唐書・隱逸傳》。
102《唐會要》卷三，〈出宮人〉。
103《資治通鑑》卷二一二，開元七年十一月條。
104 參見本章第一節〈晉陵尉楊相如上疏〉。
105《周書・宣帝紀》，參見岑仲勉《隋唐史》下冊。
106《唐會要》卷三四，〈雜錄〉。
107《舊唐書・張說傳》及《全唐文》卷二二三張說〈諫潑寒胡戲疏〉。
108《唐會要》卷三四〈雜錄〉，原作「十月」，應為十二月。
109《唐會要》卷三四，〈論樂〉。
110《舊唐書・玄宗本紀上》作六月，欠妥。今從《資治通鑑》卷二一一。
111《冊府元龜》卷五六，〈帝王部・節儉〉。亦作「七月」。
112《資治通鑑》卷二一一，開元二年七月條。
113《隋唐嘉話》卷下。
114《資治通鑑》卷二一一，開元四年五月條。
115《舊唐書・五行志》。
116《舊唐書・外戚傳》。
117《舊唐書・賈曾傳》。
118《朝野僉載》卷三。
119《資治通鑑》卷二一〇，開元元年二月條。
120《舊唐書・五行志》。
121《冊府元龜》卷五六，〈帝王部・節儉〉。
122《魏鄭公諫錄》卷四。
123《舊唐書・中宗本紀》。
124《唐會要》卷三，〈出宮人〉。
125《全唐文》卷二〇，玄宗〈禁厚葬制〉。
126《冊府元龜》卷五六，〈帝王部・節儉〉。
127《舊唐書・盧懷慎傳》。
128《資治通鑑》卷二一一，開元四年十一月條。
129《大唐新語》卷三，〈清廉〉。
130《全唐文》卷三五，玄宗〈禁斷奢侈敕〉。
131《冊府元龜》卷一四四，〈帝王部・弭災二〉。
132《舊唐書・宋璟傳》。
133《全唐文》卷七〇〇，李德裕〈薦處士李源表〉。
134《舊唐書・崔祐甫傳》。

135 《舊唐書・文苑傳下》。
136 參見徐連達〈開元天寶時期唐由盛轉衰的歷史考察〉，載一九八〇年十月二十日《文滙報》。
137 《新唐書》卷一二二，贊曰。
138 《次柳氏舊聞》。
139 《資治通鑑》卷二一一，開元五年正月條。
140 《新唐書・宋璟傳》。
141 《新唐書・崔澄傳》。
142 《資治通鑑》卷二一四，開元二十四年十一月條。
143 《大唐新語》卷一，〈匡贊〉。
144 《新唐書・張嘉貞傳》。
145 《新唐書・李德裕傳》。
146 《舊唐書・姚崇傳》。
147、148 《貞觀政要》卷一，〈君道〉。
149 《舊唐書・憲宗本紀下》。
150 《貞觀政要》卷四，〈教戒太子諸王〉。
151 《唐會要》卷三四，〈論樂〉。
152 參見郭沫若《我怎樣寫〈武則天〉？》。
153 《開元升平源》。
154 《資治通鑑》卷二〇五，延載元年八月條。
155 參見胡戟《武則天本傳》。

第七章　好大喜功——開元中期

開元中期，大約十四年。這時，人已中年的唐玄宗，為前期「致治」成功而感到欣喜。封禪泰山與置千秋節，就是他好大喜功的突出表現。空前的盛世自有一番熱鬧的活動。但是，在一片「萬歲」聲中，人們看到了「德消政易」，開元中期已不如前期了。

重新起用張說為相

張說再次出任中書令，這是「開元之治」從前期進入中期的標誌[1]。史稱張說「當承平歲久，志在粉飾盛時」[2]。唐玄宗重新起用張說為宰相羣中的決策人物，完全是出於粉飾「開元盛世」的需要。南宋洪邁說得好：「明皇因時極盛，好大喜功。」[3]

（一）「天下大治」的實現

前面說過，開元前期政治上是成功的，基本上實現了「大治」。唐朝劉肅在《大唐新語》卷一〈匡贊〉中指出：「軍國之務，咸訪於（姚）崇。崇罷冗職，修舊章，內外有敍。又請無赦宥，無度僧，無數遷吏，無任功臣以政。玄宗悉從之，而天下大理。」這裏說的「大理」，主要是指撥亂反正，安定政局和鞏固皇權。姚崇為相時的基本任務是實現了。但從社會經濟狀況來看，最初三年裏，關中旱災不雨，山東諸州蝗蟲猖獗。有些地區，「人多飢乏，遣使賑給。」有些地區，通過姚崇倡導的滅蝗鬥爭，「田收有獲，人不甚飢。」[4]注意！所謂「不甚飢」，僅僅是饑荒程度有所減輕，百姓溫飽問題尚未解決。及至開元四年（七一六）冬，全國豐收，才開始出現「唐主英武，民和年豐」的局面[5]。

接著，宋璟為相三年多，繼續推行「依貞觀故事」的方略，結果是一方面在政治上更加安定、更加鞏固，另一方面在經濟上有了新的發展。唐朝鄭綮在《開天傳信記》中指出：「開元初，上（玄宗）勵精理道，鏟革訛弊，不六七年，天下大治。」所謂「六七年」，恰恰是姚崇與宋璟相繼努力的時期。人間終於換了新顏，正如鄭綮所描繪：「河清海晏，物殷俗阜。安西諸國，悉平為郡縣。自開遠門西行，亘地萬餘里，入河隍之賦稅。左右藏庫，財物山積，不可勝較。四方豐稔，百姓殷富，管戶一千餘萬，米一斗三四文，丁壯之人，不識兵器。路不拾遺，行者不囊糧。其瑞疊應，重譯麕至，人情欣欣然，感登岱告成之事。」這裏不乏溢美之辭，但是，「百姓殷富」跟往昔「人多飢乏」畢竟是不大一樣的了。

面對太平盛世，「人情欣欣然」，一般人尚且如此，更何論好大喜功的唐玄宗了。張說作為文士的領袖，兼善武功，真是「適當其會」[6]，成了唐玄宗粉飾「文治武功」的最得力的宰相。

（二）張說其人其事

張說字道濟，或字說之，河南洛陽人。據記載，「張說年少時為（魏）克己所重。」[7]魏克己，世代為山東士族，以詞學見長。少年張說很有文學才能，故被魏克己所器重。武則天時，策賢良方正，張說所對第一，授太子校書郎，遷右補闕[8]、鳳閣舍人等職。張說雖然才華橫溢，但在政治上卻有趨炎附勢的特點。女皇武則天就曾罵他是「反覆小人」[9]。唐睿宗時，張說一度出任宰相，策動太子隆基監國，獻計誅殺太平公主。唐玄宗親政後，張說以功拜中書令，封燕國公。不到半年，張說就被罷相，貶為相州刺史。玄宗和姚崇之所以這樣做，是為了防範「反覆小人」們可能鬧的「禍變」。後來，張說又遷岳州刺史。據說，當「遞書」到相州時，張說「承恩惶怖，狼狽上道」。到達岳州後，張說自稱「貶官」，上表說：「無術無才，將何克宣風化？」[10]此時此地，這位文士是何等的失意潦倒！

時來運轉。開元四年（七一六）十一月，適逢摯友蘇瓌逝世六周年。謫居岳州的張說，特作《五君詠》組詩，其一是悼念蘇瓌的，託人送給蘇瓌之子蘇頲。當時，蘇頲是玄宗身邊的重臣，「頲因覽詩，嗚咽流涕，悲不自勝。」同年閏十二月，宋璟和蘇頲繼任宰相。蘇頲就向玄宗「陳（張）說忠貞謇諤，嘗勤勞王室，亦人望所屬，不宜淪滯於遐方。」玄宗便「降璽書勞問」[11]，於開元五年（七一七）二月調張說為荊州大都督府長史。唐玄宗對功臣張說的態度變化，雖然跟蘇頲的勸說有關，但是，從根本上說，是形勢發展的結果。這時，姚崇已經離開相位，劉幽求逝世已一年餘，皇權已經鞏固，因此對昔日功臣也就沒有防範的必要了。何況，張說多年淪滯於荒服，並無異圖，相反，對玄宗還是一片「忠貞」呢！

不久，張說以右羽林將軍檢校幽州都督，入朝時還穿著「戎服」，玄宗大喜。開元八年（七二〇）正月，張嘉貞調至中央任宰相。張說接替張嘉貞的原來職位，即并州長史、天兵軍節度大使。須知，張說還是一位儒將。早在唐中宗時，就擔任過兵部員外郎、兵部侍郎等。如今，率輕騎奔馳於沙場，表現了用政治手段解決軍事問題的傑出才能，使邊防得以鞏固。因此，開元九年

（七二一）九月，唐玄宗授張說為兵部尚書、同中書門下三品。這是張說一生中第三次拜相。玄宗在制書中，讚揚「張說挺其公才，生我王國，體文武之道，則出將入相，盡忠貞之節，亦前疑後丞」[12]。可見，玄宗重新起用張說為相，是看中了他的「文武之道」。而這一點，又是盛唐時期「文治武功」所需要的。

據唐朝張鷟《朝野僉載》記述，張說「前為并州刺史，諂事特進王毛仲，餉致金寶不可勝數。後毛仲巡邊，會說於天雄（兵）軍大設，酒酣，恩敕忽降，授兵部尚書、同中書門下三品。說謝訖，便把毛仲手起舞，嗅其靴鼻」。張鷟由此評曰：「燕國公張說，幸佞人也。」上述記載採自傳聞，並非實錄，所以司馬光編撰《資治通鑑》時不予取納。至於評論張說是「幸佞人」，也未必正確。但是，可以肯定地說，張說有趨炎附勢的弱點。當委任宰相的制書送到并州時，張說受寵若驚，故意上表推讓，說什麼「臣早以書生射策，載筆聖朝；晚以軍志典兵，秉旄乘塞」[13]。表白了對唐玄宗的「忠貞」，以博得好感。

張說任宰相以後，在宰相羣裏發生了新的矛盾。由於張說的為人、氣質與資歷都跟當時中書令張嘉貞迥然有別，所以他們不可能合作共事，彼此經常爭吵。原來，唐中宗時，張說為兵部侍郎，張嘉貞不過是兵部員外郎，位在張說之下。現在，他們都是宰相，且「（張）說位在嘉貞下，既無所推讓，說頗不平，因以此言激怒嘉貞，由是與說不叶」[14]。開元十一年（七二三）二月，張嘉貞弟弟嘉祐（金吾將軍）貪贓案被揭發，張說就趁機把張嘉貞整下去。唐玄宗宣布貶謫張嘉貞為幽州刺史。過了半個月，又以張說兼中書令。張說取代張嘉貞的位置，成為唐玄宗最寵信的宰相。

唐玄宗為什麼要採取這樣重大的人事變動呢？從表面上看，他認為張嘉貞「不能勵其公節，以訓私門」[15]。連弟弟都管不好，又怎能總管百官呢？其實，貶謫張嘉貞，重用張說，這反映了「開元之治」從「尚吏」到「尚文」的深刻變化。史稱「張嘉貞尚吏，張說尚文」[16]。張嘉貞善於處理政事，有過功勞。這一點，玄宗很明白，也從來不加以否認。但是，隨著「大治」的實現與「盛世」的來臨，像張嘉貞那樣「惓惓事職」的宰相，難以適應玄宗好大喜功的需要了。而張說呢？特點是「尚文」。玄宗在〈命張說兼中書令制〉中，讚揚張說「道合忠孝，文成典禮，當朝師表，一代詞宗」[17]。盛世要「一代詞宗」出來粉飾昇平，要「當朝師表」出來制定典禮。張說再次出任中書令，實在不是偶然的事。因此，以這次人事變動作為區分開元前期與中期的標誌，無疑是十分確切的。

（三）「志在粉飾盛時」

張說任中書令共三年又兩個月。開元十四年（七二六）罷相後，專修國史，一度致仕（退休）。至開元十六年（七二八）二月，唐玄宗又以尚書右丞相致仕張說兼集賢殿學士。「說雖罷政事，專文史之任，朝廷每有大事，上（玄宗）常遣中使訪之。」[18]可見，其人寵顧不衰！次年秋，代源乾曜為尚書左丞相。開元十八年（七三〇）春正月，玄宗加張說開府儀同三司；十二月張說病逝，享年六十四歲。總之，前後凡八年，張說的所作所為，集中到一點，就是「粉飾盛時」。正是根據張說的建議，唐玄宗做了八件大事，以粉飾「開元盛世」。

第一件事，就在張嘉貞罷相後第三天，唐玄宗祭后土祠於汾陰脽上（高地）。原先，張說建議說，汾陰有一座漢武帝造的后土祠，祭禮久廢；「為農祈穀」，宜去祭拜。唐玄宗照辦了。

第二件事，玄宗置麗正書院，聚文學之士，或修書，或侍講，以張說為修書使，主持其事。

後改為集賢殿書院，亦由張說負責。

第三件事，開元十一年（七二三）冬十一月，唐玄宗首次親祀南郊，極其隆重。張說擔任禮儀使。所謂「祀南郊」，就是祭拜昊天上帝的活動。唐中宗景龍三年（七〇九）十一月，李隆基從潞州回到長安，參加過「祀南郊」。此後整整十四年，唐王朝沒有舉行過。唐玄宗作為盛世君主，親祀南郊，那副神氣跟十四年前的情景猶如天壤之別。

第四件事，張說倡議封禪泰山，負責制訂封禪禮儀。唐玄宗封禪泰山的全過程，都是在張說的引導下進行的。

第五件事，張說奏請修訂「五禮」，希望與學士等討論古今，刪改施行。玄宗制從之。

第六件事，張說將僧一行編纂的《開元大衍曆》，呈給唐玄宗。天下始行新曆。

第七件事，張說和源乾曜率百官上表，請以每年八月五日（玄宗生日）為千秋節。布於天下，咸令宴樂。

第八件事，開元十七年（七二九）十一月，在張說的倡議下，唐玄宗拜謁五陵。以車駕經行近遠先後為序，先謁橋陵（睿宗陵墓），次定陵（中宗陵墓），次獻陵（高祖陵墓），次昭陵（太宗陵墓），最後謁乾陵（高宗陵墓）。車駕還宮，大赦天下，百姓減免今年地稅一半。

上述事實證明，張說「當承平歲久，志在粉飾盛時」。他的種種建議，完全迎合了唐玄宗好大喜功的需要，所以能夠件件照辦，為「開元盛世」描繪了彩色斑斕的圖畫。張說雖然有不少缺點，但是，簡單地說他是「幸佞人」，則未必正確。對於唐玄宗的事業來說，他是有功之臣。正如唐朝劉肅指出：「張說獨排太平（公主）之黨，請太子（隆基）監國，平定禍亂，迄為宗臣，前後三秉大政（三次為宰相），掌文學之任，凡三十年。為文思精，老而益壯，尤工大手筆，善用所長，引文儒之士以佐王化。得僧一行贊明陰陽律曆，以敬授人時，封泰山，祠脽上（汾陰后土祠），舉闕禮，謁五陵，開集賢，置學士，功業恢博，無以加矣。」[19]由此可見，唐玄宗在開元中期寵顧張說，長達八年，決不是偶然的。張說晚年病危，玄宗每天派中使去慰問，還賜以親手寫的「藥方」。張說逝世，玄宗憯惻久之，在光順門舉行哀悼儀式，並下令停止次年元旦朝會。太常諡議曰「文貞」，有些人反對，紛論未決。玄宗親自製神道碑文，御筆賜諡曰「文貞」。這樣，別人也就不敢提什麼意見了。

著名的詩人張九齡懷著敬仰之情，寫了〈祭張燕公文〉，自稱「族子」，告慰於燕國公之靈：「惟公應有期之運，降不世之英，坦高規以明道，謹大節而立誠。……人亡令則，國失良相，學墮司南，文殞宗匠。」又撰〈張（燕）公墓志銘並序〉，頌揚「公義有忘身之勇，忠為社稷之衞，文武可憲之政，公侯作扞之勛」[20]。這種評價帶有個人的私恩，但也反映了文學之士對文士領袖的尊崇。張說在開元「文治武功」中的作用，還是應該肯定的，當然也不能評價過高。

「萬歲」聲中的封禪

盛唐最為壯觀的典禮莫過於封禪泰山。玄宗說：「自古受命而王者，曷嘗不封泰山，禪梁父，答厚德，告成功！」[21]開元十三年（七二五），他以為大功告成，要拜謝天地了。於是，率領皇親國戚、文臣武將、四夷首領，興師動衆，前往泰山，舉行封禪儀式。論規模之宏大，秦始皇、漢武帝、漢光武帝以及唐高宗都是無法比擬的。它是盛唐國力強大的反映，也是玄宗好大喜功的表現。

（一）唐初封禪的復興

什麼叫封禪？宰相張說解釋，「封禪者，帝王受天命告成功之為也。」具體地說，其義有三：「一、位當五行圖籙之序，二、時會四海昇平之運，三、德具欽明文思之美。是謂與天合符，名不死矣。有一不足，而云封禪，人且未許，其如天何？」[22]可見，這種君權神授的理論跟粗鄙庸俗的迷信不同，而是專門給封建社會裏「太平盛世」塗上一層神秘主義的色彩。

其實，就封禪起源來說，它本身並不神秘。據近代學者章太炎研究，「封禪為武事，非為文事。」原來，遠古時代，中原地區各部落為了防備夷、戎，「因大麓之阻，累土為高，以限戎馬，其制同於蒙古之鄂博。」後來，由統治者給它籠罩上神秘主義色彩，「故文之以祭天以肅其志，文之以祀后土以順其禮，文之以秩羣神以讋其氣。」這樣，封禪失去原先的軍事實用價值，演變為君權神化的宗教儀式[23]。上述解釋，對溝封之典作了較好的說明。封禪可能與溝封有關，但是，歷代傳說的封禪始終與巍巍的泰山結下不解之緣。看來，封禪只是東方（齊魯）的宗教儀式。春秋戰國時代，諸侯紛爭，列國稱霸，封禪不可能成為崇高的禮儀。秦漢以後，出現統一的封建帝國和中央集權制度，曠古未有的專制皇帝才使封禪發生了質的變化，封禪成為粉飾「太平盛世」的典禮。章太炎說得對：「秦皇以後，世封禪。侈心中之，假文於升中燔柴，以恣佚樂。」[24]

自秦皇之後，封禪泰山的只有漢武帝和東漢光武帝，這反映了兩漢的「盛世」。唐玄宗指出：「自魏、晉已降，迄至（北）周、隋，帝典闕而大道隱，王綱弛而舊章缺，千載寂寥，封崇莫嗣。」[25]的確，魏晉南北朝的幾百年分裂局面，無法提供封禪泰山的歷史條件。隋文帝統一全國以後，至開皇十四年（五九四），「羣臣請封禪。」文帝先是不納，後則命牛弘等創定封禪儀注。但是，隋文帝最終還是決定不舉行封禪大典，說：「此事體大，朕何德以堪之！但當東狩，因拜岱山耳。」[26]次年春，經過泰山腳下，用祀南郊的禮儀，祭拜一下就走了。

直到唐朝，隨著「治世」的實現，封禪泰山才得以復興。貞觀五年（六三一）正月，趙郡王李孝恭等「以為天下一統，四夷來同，詣闕上表，請封禪」。唐太宗以「凋殘未復」的理由，加以拒絕。同年十一月，利州都督武士彠上表請封禪，太宗說：「喪亂之後，民物凋殘，憚於勞費，所未遑也。」次年，「公卿百僚，以天下太平，四夷賓服，詣闕請封禪者，首尾相屬。」[27]唐太宗猶豫了，心裏想做，又害怕勞費百姓。於是，就跟魏徵商量。魏徵認為，陛下功高德厚，華夏已安，年穀豐登，符瑞已至，但是，東封登山，千乘萬騎，供頓勞費，不能做這種崇虛名而受實害的事。「太宗稱善，於是乃止。」[28]

「終太宗世，未行封禪，然帝意亦非遂終止也。」[29]太宗的意願一直未了，其實，魏徵也不是堅決反對封禪的。在魏徵看來，貞觀前期，自伊、洛之東，暨於海、岱，茫茫千里，道路蕭條，還不具備封禪的條件。到了貞觀十一年（六三七），眾臣又請封禪，太宗同意了，令秘書監顏師古撰定《封禪儀注書》。當時，議者數十家，互相駁難，於是就由房玄齡、魏徵等慎採眾議，以為永式。可見，魏徵參與定禮，當時是贊同封禪泰山的。後來，唐太宗兩次宣布具體日期封禪泰山，結果是或因星變，或因水災，停止舉行。

唐太宗的願望，終於由他的兒子唐高宗實現了。繼「貞觀之治」之後，又經歷「永徽之治」，唐朝經濟實力有了新的增長。豐收年景，米斗五錢，麰麥不列市。在這種情況下，唐高宗於乾封元年（六六六）正月到達泰山，舉行了隆重的封禪大典。據說，籌劃時皇后武則天「密贊之」[30]，所以禪於社首，「以皇后武氏為亞獻，越國太妃燕氏為終獻，率六宮以登，其帷簾皆錦繡。羣臣瞻望，多竊笑之。」[31]關於這次封禪的歷史意義，歷來評價是不一樣的。當時，「議者以為古來帝王封禪，未有若斯之盛者也。」[32]作為唐朝第一次封禪，它恢復了中斷六百餘年的典禮，可謂「重光累盛」（玄宗評語）。其規模比漢武、光武帝宏大，反映了唐朝強盛超過了兩漢。但是，就封禪本身的涵義來說，像唐高宗那樣的帝王未必是相配的。五代後晉劉昫等撰《舊唐書・高宗本紀》時，指出：「藉文（文皇帝唐太宗）鴻業，僅保餘位。封岱禮天，其德不類。」的確，唐高宗的個人功業是遠不及唐太宗的，他只是依靠父親的「鴻業」，繼續推行「貞觀之治」的措施，維護其封建統治地位。由這位美德稍遜的帝王來「封岱禮天」，實在有點「不類」。

那麼，誰有資格來封禪泰山呢？所謂「功高德厚」的唐太宗當然可以的。但是，限於社會經濟狀況的客觀條件，他想做而沒有做成。其次，就推盛唐天子「有唐氏文武之曾孫隆基」了。從太宗謀議封禪，到高宗初次封禪，再到玄宗第二次（也是唐朝歷史上最後一次）封禪，反映了從初唐到盛唐的歷史進程。因此，唐玄宗東封泰山之舉，有它的歷史必然性，並不是他個人心血來潮的結果，也不完全是臣僚們請求與鼓動的結果。

（二）開元封禪的倡議

司馬光說：「張說首建封禪之議。」[33]不少人也認為，封禪是張說最早建議的。誠然，張說在倡導封禪中起了極其重要的作用，但他不是首倡者。最早建議封禪的是崔日用。前面說過，崔某曾參與六月政變，獻計誅滅太平公主，是有功之臣。開元初期，官為吏部尚書，特地集《毛詩》、《大雅》、《小雅》二十篇以及西漢司馬相如《封禪書》，在八月初五玄宗生日那天呈獻上，「以中規諷，並述告成之事。」玄宗一看，便明白此中用意，在「手詔」中答曰：「古者封禪，升中告成，朕以菲德，未明於至道。竦然以聽，頗壯相如之詞；惕然載懷，復慚夷吾之語。」[34]夷吾即管仲，曾諫阻齊桓公封禪。看來，崔日用的建議，太不合時宜了。那時，玄宗「勵精圖治」剛剛開始，「未明於至道」，更談不上大功告成。關中旱災，山東諸州蝗災，滅蝗鬥爭正在緊張地進行，怎麼可能興師動衆，東封泰山呢？所以，玄宗賜以衣物，「以示無言不酬之信。」[35]開元三年（七一五），崔日用從父兄崔日知貪暴不法，貶黜為歙縣丞。姚崇趁此機會，把善於「臨時制變」的崔日用外任為刺史。開元十年（七二二），轉并州大都督長史，尋卒，年五十歲。這位封禪的首倡者，卻沒有看到譽為「天下之壯觀」的典禮，真是遺憾啊！

封禪泰山，是以「天下大治」的實現為前提的，是「開元之治」由前期進入中期的產物。開元十二年（七二四），「文武百僚、朝集使、皇親及四方文學之士，皆以理化昇平，時穀屢稔，上書請修封禪之禮並獻賦頌者，前後千有餘篇。」[36]僅這年閏十一月，就有著名的四次上書、奏請。

第一次，閏十一月辛酉，以吏部尚書裴漼等文武百官，上請封東嶽，頌揚「皇帝陛下握符提象，出震乘圖，英威邁於百王，至德加於四海」；說什麼「臣幸遭昌運，謬齒周行，咸申就日之誠，願睹封巒之慶。」對此，玄宗報以「手詔」。表面上是「謙沖不許」的樣子，強調「朕承奉丕業，十有餘年，德未加於百姓，化未覃於四海」；心裏則為「人和歲稔」的盛世而沾沾自喜，只是一時難下決心，說：「難違兆庶之情，未議封崇之禮。」

第二次，過了三天，中書令張說、侍中源乾曜等奏請，把玄宗即位以來十餘年的政績吹得天花亂墜，說皇帝陛下有「大舜之孝敬」、「文王之慈惠」、「夏禹之恭儉」、「帝堯之文思」、「成湯之深仁」、「軒皇之至理」等等。真是到了無以復加的高度！還說：「臣等仰考神心，旁採衆望，封巒展禮，時不可仰。」對此，玄宗答以「手詔」，依舊「謙冲」一番，強調「幸賴羣公，以保宗社」，豈可以展封祀之禮？

第三次，緊接著，張說、源乾曜等又上言曰：「今四海和平，百蠻率職，莫不含道德之甘實，咀仁義之馨香。」而唐玄宗則說：「未能使四海乂安，此禮未定也；未能使百蠻效職，此功未成也；焉可以揚景化、告成功？」

第四次，緊接著，張說、源乾曜等又再上言曰：「陛下功格上天，澤流厚載，三王之盛，莫能比崇。登封告成，理叶幽贊。」據說，當時儒生墨客獻賦頌者，數以百計。最後，「帝不得已而從之」。丁卯，唐玄宗在〈允行封禪詔〉中宣布：「可以開元十三年十一月十日，式遵故實，有事泰山。所司與公卿諸儒，詳擇典禮，預為備具。」[37]

綜上所述，從辛酉至丁卯，共七天，演了一場又一場的鬧劇。其中，中書令張說扮演了最重要的角色，讚美詩愈唱愈高。封建時代的歌功頌德，於此可見一斑。所謂數以千百計，不免誇大。但是，確實有大批公卿百官、儒生墨客，紛紛獻賦頌，把皇帝陛下推上東封泰山的道路。至於玄宗本人，所謂「不得已而從之」，那無非是一種姿態。多次推託「不許」，等於給自己增加了「謙冲」的美德。也許他是真誠的，但是，虛偽的一面還是依稀可見。說穿了，以張說為首的大批官僚一再固請，恰恰是迎合了玄宗好大喜功的心理，滿足了粉飾「開元盛世」的需要。

（三）張說定禮，改革舊儀

唐玄宗即位以來，已經兩次去過東都洛陽。開元十二年（七二四）八月，決定再去，便以開府儀同三司宋璟為西京留守。第三次去洛陽，可能是跟東封泰山有關。同年十一月，到達東都。

不久，就有上述羣臣頻頻奏請「封巒展禮」。玄宗終於宣布明年十一月舉行大典，指示中書令張說負責刊撰封禪儀注。於是東都麗正（後改集賢）書院裏忙碌起來了，張說以及右散騎常侍徐堅、太常少卿韋縚、秘書少監康子元、國子博士侯行果等，與禮官們一道，反覆商議，編制禮式。開元十三年（七二五）四月，張說獻上儀注草稿後，玄宗十分高興，就跟宰臣、禮官、學士們歡宴於集仙殿，酒酣時提議將集仙殿更名為「集賢殿」。還宣布以張說知集賢書院事，著名文士徐堅副之。同年秋天，繼續修訂。經過近十個月的努力，封禪儀注最後定稿。

前面說過，先秦時代，封禪是純粹的宗教儀式，無一定的章法。「古封太山，七十二君，或禪亭亭，或禪云云。其跡不見，其名可聞。」秦漢時代，封禪究竟怎麼做，誰也說不清楚。既然禮無所本，方士儒生們也就大肆地神秘化。「方士虛誕，儒書不足，佚后求仙，誣神檢玉。秦災風雨，漢汗編錄，德未合天，或承之辱。」[38]也就是說，那時封禪是神秘主義的東西。自漢以後，歷世不行，到了唐朝才得以復興。由於時代的不同與歷史的進步，封禪從宗教儀式演化為喜慶大典。這個過程開始於貞觀而完成於開元，創啓於顏師古而定禮於張說。唐太宗和唐玄宗，也是這種禮制進化的推動者與贊助者。

唐朝封禪儀注是顏師古最先編定的。顏氏是有唐一代研究《漢書》的大學問家，對漢朝歷史與禮儀瞭如指掌。他說：「臣撰定《封禪儀注書》在(貞觀)十一年春，於時諸儒參詳，以為適中。」後來，唐太宗詔房玄齡、魏徵等討論，「定其可否，多從師古之說，然而事竟不行。」[39]唐高宗封禪泰山，是參照顏氏儀注的。當然，因皇后武則天的建議，也有一些令人「竊笑」的做法。及至開元，張說、徐堅等「詳擇典禮」，進行了充分的商議。他們「稽虞典，繹漢制」，比較研究《貞觀禮》和《顯慶禮》，特別對「乾封之禮」作了仔細的推敲[40]。張說定禮的革新精神，具體地表現為以下幾點。

一、為了防止「突厥乘間入寇」，根據兵部郎中裴光庭的建議，邀請四夷君長及使臣「從封泰山」。開元十三年（七二五）四月，「即奏行之」[41]。被邀的有突厥、契丹、奚、昆侖、靺鞨以及大食（阿拉伯）、日本、高麗、新羅、百濟、日南等等。這樣，封禪不僅是各族而且是各國使者參加的盛大典禮。

二、同年八月，張說奏請以睿宗配皇地祇，玄宗從之。原來，唐高宗封禪之禮，以文德皇后（高宗之母長孫皇后）配皇地祇，皇后武則天為亞獻，越國太妃為終獻。張說認為，「宮闈接神，有乖舊典。上玄不祐，遂有天授易姓之事，宗社中圮，公族誅滅，皆由此也。景龍之季，有事圜丘，韋氏為亞獻，……未及逾年，國有大難。」因此，要「革正斯禮」[42]。後來，玄宗祀昊天上帝於山上封壇，以唐高祖配享，邠王守禮亞獻，寧王憲終獻；享皇地祇於社首之壇，以睿宗配祀。可見，張說對儀注的「革正」，體現了開元政局的特色，反映了清除武后、韋后弊政的意願。

三、張說強調禮儀「斷於聖意」的原則。在商議過程中，總會有各種不同的意見。例如，有些人主張先燔柴而後祭祀，有些人認為應以後焚為準。彼此引經據典，各有道理。張說則向玄宗奏曰：「凡祭者，本以心為主，心至則通於天地，達於神祇。既有先燔、後燔，自可斷於聖意，聖意所至，則通於神。燔之先後，臣等不可裁定。」[43]這裏是說，禮儀本來就是依皇帝陛下的心意而定的。如此「斷於聖意」，自然便於充分地表達唐玄宗東封泰山的政治意圖。

四、張說還強調「臨時量事改攝」的原則。張說是文士的領袖，而不是學究。對於繁瑣的禮儀，主張靈活變通地運用，切不可死摳教條。當時，有位四門助教，名叫施敬本，呈上駁舊封禪禮八條。玄宗令張說、徐堅召敬本一道討論決定。張說等奏曰：「敬本所議，其中四條，先已改定。有不同者，望臨時量事改攝。」[44]玄宗同意了。後來，封禪泰山時，有不少場合都是臨時「變禮」的。

由上可見，張說刊定封禪儀注，著重於增加政治色彩。他跟秦漢時代的方士儒生不同，認為祭祀「本以心為主，心至則通於天地，達於神祇」，所以他不會過多地渲染原來濃厚的神秘主義的東西。改革的結果，把封禪宗教儀式變為粉飾「開元盛世」的喜慶典禮。這無疑是歷史的進步。

（四）帝王盛節，天下壯觀

唐玄宗和臣僚們在東都洛陽住了近一年，不僅刊撰封禪禮儀，而且作了人員組織與物資供應的準備。一切辦妥之後，於開元十三年（七二五）十月辛酉，皇帝車駕自東都出發，百官、貴戚、四夷酋長從行。每到一處，數十里中人畜被野，滿載物資的車隊連綿數百里。數萬匹牧馬，每種毛色為一隊，遠遠望去，猶如「雲錦」。中原大地上的奇觀，歡騰熱鬧的景象，真是令玄宗欣喜不已。

東行二十五天，十一月丙戌，抵達泰山腳下。第二天（丁亥），玄宗在行宮略略休息，並致齋於帳殿（野次連幄以為殿）。第四天（己丑）[45]，玄宗御馬登山。他認為靈山清靜，不宜喧嘩，就把眾多隨從官留在谷口，獨與宰相、諸王及祠祭禮官登上山頭。巍巍泰山，是何等神仙的境界啊！玄宗忽然問：前代帝王的玉牒文（祭文）為什麼都是秘而不宣的呢？禮部侍郎賀知章答道：密求神仙，故不欲別人看見。須知，玄宗早就說過：「仙者，憑虛之論，朕所不取」；而「賢者」才是「濟理之具」[46]。如今，置身於籠罩著神秘氣氛的泰山，多少還是從前的觀點，宣稱：「朕今此行，皆為蒼生祈福，更無秘請。宜將玉牒出示百僚，使知朕意。」[47]可見，玄宗是「臨時量事」，「斷於聖意」，按照自己的政治意圖來變通禮儀的。原來，那「禮」應秘而不宣的玉牒上寫著這樣的文辭：「有唐嗣天子臣某，敢昭告於昊天上帝。天啓李氏，運興土德。……中宗紹復，繼體不定。上帝眷祐。錫臣忠武。底綏內難，推戴聖父（指睿宗）。恭承大寶，十有三年。敬若天意，四海晏然。封祀岱岳，謝成於天。子孫百祿，蒼生受福。」[48]看！這是一篇政治文獻，簡明地概括了唐玄宗的經歷與事業，表達了為子孫祈祿與為百姓祈福的意向。當然，它又不可避免地點綴著「上帝」、「土運」、「天意」之類字眼。

據記載，這天，儀衛環列於山下百餘里。泰山上下行道間布置衛兵，傳呼辰刻（報時）及送遞詔書，須臾而達。仲冬之夜，忽然風起雨落，宿齋山上的君臣們頓時感到寒氣切骨。幸好很快就「息風收雨」，山氣又漸漸地暖和起來。泰山夜景，美不勝收。「夜中燃火相屬，山下望之，有如連星，自地屬天。」[49]這裏是一種神秘的氣氛，但又是一派熱烈的喜慶。

第五天（庚寅），「天清日暖」。遙望山下，休氣四塞，南風微吹，絲竹之聲，飄若天外。按照玄宗親自定的「先奠後燔」之儀，在山上封臺的前壇，祭拜昊天上帝，以唐高祖配享。玄宗首獻，邠王亞獻，寧王終獻。獻畢，將盛有玉冊與玉牒的兩個玉匱，藏於祭壇之石室。接著，位於封壇東南方向的一座燎壇，點燃了堆積的柴草。火勢直上，日揚火光，慶雲紛鬱，遍滿天際。「皇帝就望燎位，火發，羣臣稱萬歲，傳呼下山下，聲動天地。」這時，在山下壇，羣臣百官祭祀五帝百神也已結束。山上山下，一片「萬歲」聲。玄宗陶醉了，情不自禁地說：「今封祀初建，雲物休祐，皆是卿等輔弼之力。君臣相保，勉副天心，長如今日，不敢矜怠。」宰相張說跪言：「昨夜則息風收雨，今朝則天清日暖，復有祥風助樂，卿雲引燎，靈跡盛事，千古未聞。陛下又思慎終如初，長福萬姓，天下幸甚。」[50]其實，哪裏想的是「長福萬姓」？玄宗一心要維護的是「長如今日」的「盛事」。既好大喜功，又「不敢矜怠」，這是開元中期的特徵。

清晨「封祀」禮畢，玄宗、諸王、宰臣以及禮官們就由南向行道下山了。大約午前，到達社首山帷宮。迎候鑾駕的百官、貴戚及四夷酋長們，爭先祝賀，彷彿個個都要聆聽從昊天上帝那裏帶來什麼福音。這時，日色明朗，慶雲不散。遙望泰山之巔，紫煙憧憧上升，內外歡噪。

第六天（辛卯），舉行「禪社首」大典。社首山是泰山下西南方的一座小山，在今山東泰安縣西南。傳說：「周成王封泰山，禪於社首。」[51]此事不甚可靠。秦始皇和東漢光武帝，都是禪於梁父。梁父山，一作梁甫山，在今山東泰安縣東南，西連徂徠山。唐高宗恢復封禪大典，禪於社首山，唐玄宗因襲之。辛卯那天，享皇祇（地神）於社首之泰折壇，唐睿宗配祀。藏玉冊於石礴，如封祀壇之禮。至此，所謂「封泰山，禪社首」的祭祀天地大典結束了。

第七天（壬辰），唐玄宗在帳殿受朝覲，參加的有文武百官，二王之後，孔子後代，諸方朝集使，岳牧舉賢良及儒生、文士上賦頌者。還有突厥頡利發，契丹、奚等王，大食、謝䫻、五天十姓，昆侖、日本、新羅、靺鞨之侍子及使，高麗朝鮮王，百濟帶方王，十姓摩阿史那興昔可汗，三十姓左右賢王，日南、西竺、鑿齒、雕題、牂柯、烏滸之酋長。可見，這是空前的國際性盛會。正如玄宗所說：「四方諸侯，莫不來慶。」[52]高興之餘，大赦天下，封泰山神為天齊王。

第八天（癸巳），稍事休整。第九天（甲午），唐玄宗率領浩浩蕩蕩的隊伍，離開了泰山。

次年七月，唐玄宗總結了東封泰山之行，親製《紀泰山銘並序》，派人勒於泰山頂石壁之上。序中聲稱：「有唐氏文武之曾孫隆基，誕錫新命，纘我舊業，永保天祿，子孫其承之。」[53]道出了封禪泰山的政治目的。

（五）宋州酒宴，示以節儉

盛唐詩人李白《大獵賦》云：「登封於泰山，篆德於社首。」[54]開元封禪是自古以來最隆重的典禮，氣勢宏大超過了唐高宗「乾封之禮」。顯然，這反映了經濟實力的雄厚、盛唐帝國的強大以及周邊各族的友好。由於累歲豐稔，東都米斗十錢，山東靑、齊諸州米斗五錢。全國牧馬四十三萬匹，牛羊稱是。大唐帝國的威望遠播域外，各族各國使臣紛紛而來。正是在這種情況下，開元君臣們「張皇六師，震疊九寓，旌旗有列，士馬無嘩，肅肅邕邕，翼翼溶溶，以至於岱宗」[55]。

當然，千乘萬騎所過，勢必是供頓勞費。這一點，玄宗是預料到的，早在〈允行封禪詔〉中強調：「勿廣勞人，務存節約，以稱朕意。」封禪結束，返回東都，途經宋州（今河南商丘）時，宴從官於樓上。酒酣，玄宗對宰相張說曰：「前日出使巡天下，觀風俗，察吏善惡，不得實。」過去聽巡視諸道的使臣的滙報，往往隱瞞了真情。這次，親歷諸州，才發現地方官吏的好壞。接著，玄宗表揚了三位「良吏」：一是懷州刺史王丘，「餼牽外無它獻，我知其不市恩也」；二是魏州刺史崔沔，「遣使供帳，不施錦繡，示我以儉，此可以觀政也」；三是濟州刺史裴耀卿，上書數百言，甚至說「人或重擾，則不足以告成」，「朕置書座右以自戒，此其愛人也。」[56]宰臣率領百官起賀，樓上一片「萬歲」聲。

從宋州酒宴，可以看到，一方面好大喜功，東封泰山，重擾百姓，另一面善察吏治，注意「節約」，提倡儉樸，這是開元中期唐玄宗的兩重性的表現。

蘭殿千秋節

唐玄宗好大喜功的又一個突出標誌，就是四十五歲生日時設置了千秋節。自古以來，沒有一個帝王把自己的生日定為節令，舉國宴樂，祈禱「萬歲壽」。唯獨唐玄宗這樣做了，正如北宋王欽若指出：「誕聖節名始於此。」[57]這恰恰反映了唐朝的盛世和玄宗的驕氣。

（一）「蘭殿千秋節，稱名萬歲觴」

封禪泰山的熱潮過去三年半了，開元十七年（七二九）仲秋又掀起了一番熱鬧的景象。玄宗慶祝自己八月初五生日，在興慶宮花萼樓下大擺酒席，宴請百官。興慶宮原是興慶坊「五王宅」。根據長兄成器的建議，舊宅改為離宮；又經過十多年的營造，離宮成為艷麗堂皇的宮殿。開元十六年（七二八）正月，「始移仗於興慶宮聽政」[58]。這裏便是最高的政治中心，稱為南內。次年仲秋初五酒宴，是興慶宮有史以來最盛大的場面。百官滿席，羽觴流行，歌舞助樂。酒酣之餘，尚書左丞相源乾曜、右丞相張說率領文武百官，上表說：「伏惟開元神武皇帝陛下，二氣合神，九龍浴聖，清明總於玉露，爽朗冠於金天。月惟仲秋，日在端五，長星不見之夜，祥光照室之朝。羣臣相賀曰：誕聖之辰也，焉可不以為嘉節乎？」又是歌功頌德！其實，四十四年前，唐玄宗誕生於神都洛陽內宮，是很平凡的。如今，因為功業隆盛，就連他的出生也被說得神乎其神了。既然如此，源乾曜和張說等建議以每年八月五日為千秋節，「著之甲令，布於天下，咸令宴樂，休假三日。羣臣以是日獻甘露醇酒，上萬歲壽酒。王公戚里進金鏡綬帶，士庶以絲結承露囊，更相遺問。村社作壽酒宴樂，名為賽白帝，報田神。」[59]顯然，要把千秋節變成全國上下的喜慶日子，以祈禱「萬歲壽」作為各項活動的中心內容。

往昔，百官奏請封禪泰山，玄宗曾經多次推辭不許。這次，百僚建議置千秋節，玄宗滿口答應了。他明明知道，「凡是節日，或以天氣推移，或因人事表記。」自古以來，沒有以生日定為節令的先例。但是，他在「手詔」中宣稱：「自我作古，舉無越禮。朝野同歡，是為美事。依卿來請，宣付所司。」[60]於是，所謂「千秋節」就確立了，顧名思義，無非象徵著千秋萬代，永世不衰，萬壽無疆。

開元十八年（七三〇）閏六月，為了籌備千秋節的活動，禮部奏請，將千秋節休假三天跟村閭「社」會合併起來，「先賽白帝，報田祖，然後坐飲。」[61]玄宗同意了。原來，「社」會是鄉間村閭祭社祈年的活動，起源於先秦時代。《孝經緯》曰：「社，土地之主也。……故封土為社，以報功也。」[62]唐代有春秋二社，「本以祈農，如聞此外別為邑會。此後除二社外，不得聚集，有司嚴加禁止。」[63]也就是說，鄉閭只有春秋二社可以聚會飲酒，「家家扶得醉人歸」。此外，不准聚集歡飲作樂。唐中宗時，「改秋社依舊用仲秋（八月）」[64]，在秋分前後（戊日）。唐玄宗曾經頒詔，規定春秋二祀及釋奠，天下諸州宜依舊用牲牢，其屬縣用酒脯而已。如果千秋節休假三天，「作壽酒宴樂」，再加上秋社酒酺，那麼，鄉閭聚會歡飲活動過多了。因此，禮部建議將秋社併入千秋節，先祭白帝（五天帝之一，西方白招矩之神）[65]，報田祖（農神），然後飲酒作樂。這樣，民間千秋節不僅為皇帝陛下祝壽，還增加了「祈農」的內容。

經過兩個月的準備，八月初五生日，唐玄宗又在花萼樓大擺酒宴。百官為「千秋節」而紛紛獻賀，歌功頌德。玄宗賜四品以上金鏡、珠囊、縑彩，賜五品以下束帛有差。他樂融融地作了一首詩〈千秋節宴〉：「蘭殿千秋節，稱名萬歲觴。風傳率土慶，日表繼承祥。……處處祠田祖，年年宴杖鄉。深思一德事，小獲萬人康。」右丞相張說也奉和一首，頌揚「五德生王者，千齡啓聖人」，說什麼「何歲無鄉飲，何田不報神。薰歌與名節，傳代幸羣臣」[66]。一唱一和，是何等的熱鬧。

自此以後，「令節肇開」，年年千秋節，全國休假三天，聚宴歡飲。「羣臣上萬壽，王公戚里進金鏡綬帶，士庶結絲承露囊，更相遺問。」[67]鄉間賽白帝，報田祖，一片歡樂的情景。開元二十三年（七三五）千秋節，玄宗「御花萼樓，宴羣臣，御制千秋節詩序」[68]。次年千秋節，玄宗御東都廣達樓，賜宴羣臣，奏九部樂。下制書聲稱：「今屬時和氣清，年穀漸熟，中外無事，朝野乂安。不因此時，何云燕喜？卿等即宜坐飲，相與盡歡。」[69]此外，還召集地方父老宴飲，宣敕曰：「今茲節日，穀稼有成。頃年以來，不及今歲。百姓既足，朕實多歡。故於此時，與父老同宴，自朝及野，福慶同之，並宜坐食。」[70]

及至天寶七載（七四八）七月，唐玄宗已是六十四歲的老年人了，文武百官、宗子以及刑部尚書兼京兆尹蕭炤等奏請，改千秋節為天長節。玄宗從之。八月初一，正式宣布改名「天長節」。

總之，從千秋節到天長節，「稱名萬歲觴」，反映了唐玄宗要把自己的封建統治永遠維持下去的願望。正如封禪泰山時，一心想的是「長如今日」的「盛事」。其實，歷代帝王無不如此。秦始皇侈想後世以計數，二世三世至於萬世，傳之無窮。漢高祖也要維護劉氏天下而不絕。唐太宗同樣希望國祚永久，長守富貴。但是，沒有一個帝王把自己生日定為節令。「聖節錫宴」自玄宗始[71]，這確實是開元君臣們的一大發明。

（二）「享國既久，驕心浸生」

如果再比較一下，事情就更加明顯了。貞觀二十年（六四六）十二月，唐太宗四十九歲生日，對侍臣們說：「今日是朕生日。俗間以生日可為喜樂，在朕情，翻成感思。君臨天下，富有四海，而追求侍養，永不可得。……況《詩》云：哀哀父母，生我劬勞。奈何以劬勞之辰，遂為宴樂之事！甚是乖於禮度。」[72]不禁流下眼淚，久久不能平靜，左右侍臣莫不悲傷，看來，雖然貞觀後期已不如前期，但唐太宗還是比較注意「慎終」的，沒有完全為「貞觀之治」的顯赫政績所陶醉。至於唐玄宗，史稱他「依貞觀故事」，開元初期曾經努力按照唐太宗的一些開明措施去做。可是，一旦取得了成就，往往忘乎所以，在一片「萬歲」聲中封禪泰山，又在「羣臣上萬歲壽」中大搞那種「乖於禮度」的千秋節。

宋代史學家范祖禹評論說：「太宗不以生日宴樂，以為父母劬勞之日也。乾曜等乃以人主生日為節，又移社以就之。夫節者，陰陽氣至之候，不可為也；社者，國之大祀，不可移也。明皇享國既久，驕心浸生。乾曜、（張）說不能以義正君，每為諂首以逢迎之，後世猶謂說等為名臣，不亦異乎？」[73]本來，慶賀生日，搞點宴樂，也是人之常情，無可非議。但是，規定什麼「千秋節」，「布於天下，咸令宴樂」，這就不能不算是唐玄宗「享國既久，驕心浸生」的表現了！

應當說，唐玄宗開頭還是好的，既智且明。崔日用曾在玄宗生日時，進獻司馬相如《封禪書》。玄宗沒有採納，也沒有什麼生日慶祝活動。然而，隨著盛世的到來，他逐漸地驕傲起來了，變成一個好大喜功的帝王。張說和源乾曜奏請封禪時，把玄宗吹得比堯、舜、禹還高明。玄宗卻聽得樂滋滋，似乎當之無愧。後來，又是這兩位大臣，頌揚「陛下二氣合神，九龍浴聖」。玄宗同樣聽得進去，還說什麼「當朕生辰，感先聖之慶靈，荷皇天之眷命」[74]。很清楚，誠如范祖禹所批評的，「乾曜、（張）說不能以義正君，每為諂首以逢迎之。」這批諂諛之臣把唐玄宗推上驕侈的道路，是不可否認的事實。當然，張說等名臣對「開元之治」的貢獻，也是不可一筆勾銷的。關鍵還在於玄宗本人，他不能像曾祖父那樣，「翻成感思」，反對「乖於禮度」的宴樂，結果鬧出了「千秋節」新花招。宋代歐陽修等編唐史時，指出了事情的嚴重性：「千秋節者，玄宗以八月五日生，因以其日名節，而君臣共為荒樂，當時流俗多傳其事以為盛。……蓋其事適足為戒，而不足考法，故不復著其詳。」[75]這是對千秋節及當時流俗的抨擊。

雖然千秋節標誌著「君臣共為荒樂」了，但是，在開元中期，作為盛世君主的唐玄宗還是相當清醒的。一方面，陶醉於「萬歲壽」；另一方面，企望「處處祠田祖」，年年是豐收。所謂「深思一德事，小獲萬人康」，也並不是欺人之談。因為只有年成豐收，萬人康樂，才有「開元之治」的太平盛世，才有君臣們的酒宴作樂。玄宗能夠意識到這一點，還算是明智的。他強調「朝野同歡」，反映了某種真誠的願望。

「人君德消政易」

開元十七年（七二九）四月某一天，關中大風震電，藍田山摧裂百餘步。占卜者說：「人君德消政易則然。」[76]胡謅天象與人事感應，自然是荒謬的。但是，所謂「人君德消政易」，作為一種社會輿論，卻在一定程度上反映了開元中期的政治狀況。如果就任賢用能、納諫求諫和移風易俗等方面略作比較，不難發現，中期確實不如前期清明，唐玄宗漸漸地「德消政易」了。

（一）朋黨相構

開元前期，玄宗精心選拔宰輔。每屆宰相們如姚崇與盧懷慎，宋璟與蘇頲，張嘉貞與源乾曜，彼此配合協調，同心戮力，以濟太平之政。開元中期，這種政治局面基本上消失了。雖然玄宗選拔的宰臣，如張說、宇文融、李元紘、杜暹、蕭嵩、裴光庭、韓休等等，也都是很有才幹的能人，各自對「開元之治」作出了貢獻，但是他們彼此不和，互相拆臺，甚至「各為朋黨」[77]，鬧得不可開交。這種政治弊病，從根本上說，是唐玄宗鞏固皇權所造成的惡果。

朋黨之爭是隨著張說重新為相而出現的。前面說過，張說任宰相以後，就跟中書令張嘉貞發生了新的矛盾。開元十一年（七二三）二月，「張說與張嘉貞不平」[78]，結果嘉貞被貶為幽州刺史，而張說則兼任中書令，成為最主要的宰相。同年四月，玄宗任王晙為兵部尚書、同中書門下三品（宰相之一）。十二月，經張說審訊，王晙「以黨與貶蘄州刺史」[79]。可見，又出現了宰相結「黨」的苗頭。

張說作為中書令和文士領袖，擁護者與親信甚衆，自然地結集成派系。他與侍中源乾曜的關係基本上是好的，「乾曜不敢與之爭權，每事皆推讓之。」[80]但是，矛盾也逐漸地萌生了。舊史稱：「源乾曜本意不欲封禪，而（張）說固贊其事，由是頗不相平。」[81]這恐怕不是事實。據《冊府元龜》卷三六〈帝王部・封禪二〉載，三次奏請封禪，都是源、張聯名的。在當時的狂熱形勢下，源乾曜不可能「不欲封禪」。他們之間的「頗不相平」，似乎在由誰去包攬封禪禮儀大權。張說利用自己文士領袖的地位，壟斷了禮儀的制訂，而源乾曜卻完全被撇在一邊了。後來，在東封泰山的過程中，雖然由張撰〈封祀壇頌〉，源撰〈社首壇頌〉，但是，前者的顯赫使後者變得如此的不起眼。這是不能不引起源乾曜的「不平」的。

張說紅得發紫之日，也正是他為內外所怨之時。封禪泰山時，「張說自定升山之官」，將自己的故吏與親戚帶到泰山。因為參加大典禮儀，是會受到皇帝的「推恩」，可以獲得官爵賞賜。中書舍人張九齡勸說：「官爵者，天下之公器，德望為先，勞舊為次。若顛倒衣裳，則譏議起矣。」[82]張說以為悠悠之談，不予採納。結果，許多親信加階超入五品官。例如，女婿鄭鎰由九品驟遷五品。玄宗怪而問之，鎰無詞以對。旁邊有個叫黃幡綽的，幽默地說：「此乃泰山之力也。」[83]真是一語破的！其他官員以及扈從士卒卻沒有得到賞賜，「由是中外怨之」[84]。

張說的作風也招來了非議。史稱：「說有才智而好賄，百官白事有不合者，好面折之，至於叱罵。」[85]一個人自恃才高權重，聽不得別人意見，處事專斷，盛氣凌人，難免要垮臺的。果然，開元十四年（七二六）四月，東封泰山僅僅過了四個多月，權勢顯赫的張說遭到了政治上的敵手的突然襲擊。御史中丞宇文融、御史大夫崔隱甫以及御史中丞李林甫，趁內外埋怨張說的時機，聯名劾奏張說「引術士王慶則夜祠禱解，而奏表其閭；引僧道岸（人名）窺詷時事，冒署右職；所親吏張觀、范堯臣依據說勢，市權招賂，擅給太原九姓羊錢千萬」[86]。唐玄宗大怒，立刻令源乾曜等把張說抓起來審查，並派金吾衛兵把張說在東都洛陽的第宅包圍起來。事情竟是如此嚴重！不久前還與皇帝共登泰山、經常歡飲的宰相，一下子變成了囚犯。這裏又看到了集權專制的厲害。

唐玄宗為什麼大發雷霆呢？原因之一好像是宇文融進行括戶、括田，大見成效，從而深得玄宗的寵信；而張說則蔑視宇文融，千方百計地壓抑括戶之舉。但是，朝臣之間的政見紛爭，決不會引起玄宗那麼重視，因禁張說，通常最多是罷職與貶謫。或者說是玄宗由於三個多月前親自批准的「分吏部為十銓」之事[87]，遭到了張說的抵制，故心中不滿。但是，這種不滿決不會發展到那麼大怒的程度。

問題的癥結在於：宇文融等奏彈張說「引術士占星」，這太刺激唐玄宗的敏感的神經了。玄宗是靠政變起家的，自己曾利用過術士與僧人，而且看到過太平公主利用術士與僧人從事陰謀活動。因此，即位以後，三令五申，予以嚴禁。開元二年（七一四）七月，「禁百官家毋得與僧、尼、道士往還。」[88]開元十年（七二二）八月，敕曰：「其卜相占候之人，皆不得出入百官之家。」[89]此外，在〈禁百官交結匪人制〉中宣稱：「卜祝之流，妄陳休咎，占候之輩，假託徵祥，誑惑既然，僭違斯作。……仍令御史訪察，有即彈奏，當加嚴罰。」[90]在〈禁左道詔〉中強調：「如聞道俗之間，妄有占筮，誑惑士庶，……宜令所司，申明格敕，嚴加訪察。」[91]很清楚，作為御史中丞的宇文融與李林甫，作為御史大夫的崔隱甫，他們都有職責根據「有即彈奏」的旨意，控告張說交結「術士」。這一著是很厲害的，等於說張說圖謀不軌，欲置之於死地而後快。

當然，張說有無陰謀，還得審查之後定論。張說的哥哥、左庶子張光詣朝堂割耳呼冤，竭力辯護。經查證，中書主事張觀、左衛長史范堯臣並依張說的權勢，私度僧人王慶則占卜吉凶。張說本人並沒有引術士占星，也不清楚親吏們犯罪行為，至多是負有領導的責任。所以，六天以後，玄宗派高力士去探視，「見（張）說蓬首垢面，席藁，家人以瓦器饋脫粟鹽疏，為自罰憂懼者。」力士回來滙報說：「說往納忠，於國有功。」[92]這裏，「忠」比「功」更重要。張說還是「忠」於皇帝陛下的，所以玄宗「撫然」有憐憫之情。張說被囚禁整整八天，第九天釋放了，罷免了中書令的職務，右丞相及專修國史等依然如故。至於對張觀和王慶則之流，查有實據，一律處死；連坐貶逐者十餘人。

風波並沒有平息。次年二月，「右丞相張說、御史大夫崔隱甫、中丞宇文融以朋黨相構。」[93]彼此攻擊，鬧得朝廷不寧。這時，玄宗看清了：宇文融並不是真誠地履行職責，彈奏大臣「交結」術士，而是藉此來進行朋黨之爭。於是，「上（玄宗）惡其朋黨，尋出（宇文）融為魏州刺史。」同時，令張說致仕（退休），崔隱甫免官侍母。

（二）如何看待吏治與文學之爭

上述朋黨之爭，從表面現象來看，似乎是吏治與文學之爭[94]，是朝官中吏士派與文學之士之間的一場大交鋒。宇文融、崔隱甫和李林甫是吏士派官員的代表，而張說則是文學之士的代表。然而，細細地推敲，所謂「吏士派」的提法，是不夠確切的。

有唐一代，「士」即文化知識階層的構成，大約分為四大類別：儒學之士、文學之士、方伎之士和隱逸之士。舊、新《唐書》裏各有〈儒學傳〉、〈文苑（藝）傳〉、〈方伎（技）傳〉和〈隱逸傳〉，分別地記載他們活動的事跡。明代聞人詮在重刻《舊唐書》序中說：「〈儒學〉、〈文苑〉，表以著達；〈方伎〉、〈隱逸〉，兼以察微。」[95]可見，在古代史家們的眼裏，就沒有「吏士」單獨一類。官吏有大小高低之分，有流內流外之別，有良吏酷吏之異，等等。如果從官員中劃出「吏士派」一類，實在是模糊的概念。

當然，就官員的個人才能來說，有的擅長吏務，善於理政；有的以文學知名，善於辭令；有的既明於吏道又以文學見長；有的則什麼特長也沒有，只會庸庸碌碌地當官。這些差異在任何時代都是有的，確實會使彼此看問題的角度不同，容易產生政見的歧異。但是，朝官們的政治鬥爭包括朋黨之爭，從根本上說，並不是取決於這種分野，而是有更為深刻的具體的原因。即使都是善於吏治的官員，他們之間也會因爭權奪利而發生爭鬥。簡單地歸結為「吏士派」，是難以說明複雜的歷史的。

例如，姚崇既以文華著名，尤善於吏道，就算是「吏治派」官員吧。開元初年，他與張說的矛盾，就不僅僅是吏治與文學之爭。為了鞏固皇權，「姚崇勸不用功臣」，以防止禍變。張說是作為功臣而不是作為文學之士，才被貶逐的。如果張說不是文士，而是明於吏道者，也同樣在貶逐之列。又如，宋璟既工於文翰，更以吏事精明著稱，就算是「吏治派」官員吧。可是，與他共事的蘇頲，無論如何不能算是「吏治派」。誠然，蘇頲「吏事精敏」，但更擅長於文辭，早已有「思如湧泉」的讚譽。玄宗看中他的是文才，而不是吏道。可見，「吏治」與「文學」絕不是火水不容的，有時甚至可以集兩者於一人之身。

至於張說，他無疑是文學之士的首領。但是，他前後三秉大政，三次為宰相，也是吏道精明的重臣。「吏治」並沒有與這位著名的文士無緣呵！當然，他看不起沒有文才的官吏，如對崔隱甫，「薄其無文」；他還厭惡御史中丞宇文融的為人。這種矛盾實質上是朝官之間的爭權奪利。正如胡三省指出：「宇文融既居風憲之地，又貳戶部（宇文融兼戶部侍郎），故患其權重。」[96] 朝官們也有不同的「羣體」集團，他們之間的朋黨相構出於種種的原因。總之，要作具體分析，是什麼問題就說是什麼問題。統統歸結為吏治與文學之爭，反而說不清楚了。

開元中期，朋黨之爭是加強皇權而產生的惡果之一。這一點，唐玄宗本人是不自覺的，他並沒有故意地導演這場戲。而當他看清朝臣們的爭權奪利時，就採取「惡其朋黨」的態度，令張說退休，出宇文融為刺史，免崔隱甫的官職。這樣，朋黨之爭的勢頭被遏阻了，政治安定的局面繼續保持下去。不久，又重新起用張說、宇文融和崔隱甫。可見，唐玄宗在政治上還是清醒的。

（三）宰相不和

自張說罷相之後，足足有一屆任期裏（三年又二個月），唐玄宗物色不到合適的人選擔任中書令，只好讓它空缺。其間為同平章事的宰相，是兩位不甚顯赫的新人物，即李元紘與杜暹。

李元紘早年為雍州司戶參軍，曾抵制過太平公主和竇懷貞等惡勢力，把公主侵占的碾磑判歸還僧寺。他說：「南山或可改移，此判終無搖動。」表現了執正不撓的精神。開元初，三遷萬年縣令，「賦役平允，不嚴而理。」後從地方官調任京官，歷工部、兵部、吏部三侍郎。玄宗原想授以戶部尚書，「時執政以其資淺，未宜超授」。開元十四年（七二六）四月丁巳，即中書令張說被囚禁的第六天，以李元紘為中書侍郎、同平章事。史稱：「元紘性淸儉，既知政事，稍抑奔競之路，務進者頗憚之。」[97]

杜暹年輕為縣尉時，就有「公淸之士」的美譽。開元初期，遷監察御史，奉命出使突騎施（當時西北地區的少數民族）。「蕃人賫金以遺，暹固辭不受，……不得已受之，埋幕下，既去出境，乃移牒令收取之。蕃人大驚，度磧（沙漠）追之，不及而止。」在邊將受賄成風的情況下，竟有如此淸儉廉正的使臣，真是令人大驚。開元中期，擢拜黃門侍郎兼安西副大都護。史稱：「暹在安西四年，綏撫將士，不憚勤苦，甚得夷夏之心。」[98]開元十四年九月，以杜暹同中書門下平章事。

顯然易見，唐玄宗選拔上述兩位新的宰相，是經過精心考慮的。第一，資歷較淺，原先不是朝廷重臣。第二，品性淸直，為人公正廉潔。第三，各有地方或者邊疆從政的經驗。第四，在朝廷裏沒有黨派勢力。這些特點正是用來補救張說為相時的政治弊端的，以克服好賄、專斷等不良風氣，並防止朋黨之爭。

但是，事情也有不盡如人意之處。兩位宰相不和，缺少合作共事的條件。他們「多所異同，情遂不叶，至有相執奏者」[99]。經常在皇帝面前爭辯，彼此不相讓。這種情況又使玄宗深深地失望，不得不重新改組宰相班子。開元十七年（七二九）六月，貶李元紘為曹州刺史、杜暹為荊州長史。玄宗在〈罷杜暹李元紘平章事制〉中指出：「雖淸以自牧，而道則未宏，不能同心戮力，以祇帝載。而乃肆懷相短，以玷朝綸。朕緣事丑股肱，情惟隱蔽，掩其累而不率，遂其過而彌彰，將何以緝敍三光，儀刑百辟。」[100]可見，玄宗對宰相們「不能同心戮力」，表示了極大的不滿。

與此同時，玄宗罷免了源乾曜的侍中職位，僅保留其左丞相頭銜。「今源乾曜止為左丞相，是止為尚書左僕射，不復預政事也。」[101]源乾曜任侍中，長達九年又二個月。在張嘉貞和張說為中書令時，他基本上是積極配合的，每每推讓，不與相爭。後來，宰相李元紘與杜暹彼此不和，身為侍中的元老重臣，卻未能起著協調作用，實在是有失職守的。玄宗指出：「雖功力在公，而暮年微疾。」[102]沒有精力來從政了，所以停其侍中職權。

源、李、杜被罷相後，繼任者是宇文融、裴光庭和蕭嵩。前面說過，宇文融因朋黨之爭，被外出為刺史。但他善於理財，頗為玄宗所注重。開元十六年（七二八），調任京官，兼戶部侍郎。次年六月，拜相。宇文融自以為得志，大有以天下為己任的氣概，說：「使吾居此數月，庶令海內無事矣。」[103]結果，僅九十九天，不滿百日而罷相。為什麼呢?宇文融依舊有交結朋黨的惡習，常引賓客故人，旦夕歡飲，加上性格急躁，輕易表態，不善於聽取不同的意見，終於為時論所譏，下臺了。玄宗在〈貶宇文融汝州刺史制〉中，一方面肯定了他的理財功績，「往以封輯田戶，漕運邊儲，用其籌謀，頗有宏益。」另一方面，指出：「近頗彰於公論，交遊非謹，舉薦或虧，將何以論道三臺，具瞻百辟！」[104]因此，不宜居中樞之位，遂出為汝州刺史。宇文融罷相，從一個側面，反映了朝臣之間的爭權奪利。

至於裴光庭與蕭嵩，彼此也是不和睦的。蕭嵩是唐初名臣蕭瑀的後代，雖「寡學術」，但由於破吐蕃有功，於開元十六年（七二八）十一月，被提拔為兵部尚書、同平章事。次年六月，兼中書令。空缺了三年又二個月的高位，竟由他坐上了。這說明玄宗對他「恩顧莫比」[105]。裴光庭是名臣裴行儉的少子，先為平章事，後拜侍中，兼吏部尚書。按理說，中書令與侍中，應該協調一致，同心戮力。可是，「光庭與蕭嵩爭權不協」。尤其在用人問題上，爭鬥更為激烈。光庭掌管吏部，「奏用循資格」，用論資排輩的辦法選拔官吏。心腹閻麟之任門下省主事，專管吏部選官。凡是閻麟之裁定的，裴光庭就下筆簽署批准。當時人說：「麟之口，光庭手。」[106]反映了不滿的輿論。開元二十一年（七三三）三月，裴光庭逝世，蕭嵩奏請取消了「循資格」的辦法，並且把光庭所引進的官吏統統出為外職。

裴光庭死後，根據蕭嵩的建議，玄宗起用尚書右丞韓休為相。原來，蕭嵩以為韓休這個人「柔和易制，故薦引之」。其實，位居中書令的蕭嵩，並不了解尚書省屬官。韓休為人剛直方正，不求榮利，不討好獻媚。及拜相，「甚允當時之望」，連玄宗也讚賞他的「切直」。還經常在皇帝面前，跟蕭嵩爭論是非曲直，毫不相讓。史稱：「多折正嵩，遂與休不叶。」[107]宰輔們如此廷爭面折，也使玄宗感到不快。開元二十一年十二月，蕭嵩以乞憐之態，請求辭職，以傾韓休。玄宗考慮結果，將兩位宰相統統罷免，任命張九齡和裴耀卿為相。

綜上所述，十餘年來，幾乎每屆宰相們之間都有不和的現象。先是張說與張嘉貞的「不平」，繼而是張說與源乾曜的「不相平」，李元紘與杜暹的「不叶」，裴光庭與蕭嵩的「不協」，蕭嵩與韓休的「不叶」。此外，還有張說與宇文融的朋黨之爭，還有宇文融的百日罷相。這種狀況跟開元前期宰相們「同心戮力」，形成了鮮明的對照，足以說明開元中期「德消政易」了。至於唐玄宗的態度，第一，「惡其朋黨」，不允許爭鬥不休，維護政局安定；第二，發現了，及時處理，不偏袒一方，統統罷免相職；第三，肯定宰相們的功勞，或者安排榮譽性的閒職，或者降任他職，或者貶為刺史；第四，需要時，也可重新起用。由此可見，玄宗處理宰臣們問題還是明智的。

（四）諫諍漸衰

開元中期不如前期的又一個方面，就是諫諍之風漸漸衰落。前期求治心切，建設性的意見固然樂於採納，就是觸犯龍鱗的直諫也概不拒絕。及至中期，大功已經告成，玄宗被臣僚們的歌功頌德所包圍。什麼「功格上天，澤流厚載」；什麼「三王之盛，莫能比崇」。既然如此，還有什麼不足之處可提的呢？玄宗也自以為「感先聖之慶靈」，那就聽不進別人的批評了。因此，從開元十年（七二二）僧一行諫永穆公主出嫁之事以後，批評皇帝個人錯誤的直諫幾乎消失了。翻閱《資治通鑑》，竟找不出一條記載，實在不是偶然的。

當然，建設性的意見，玄宗還是聽取的。開元十二年（七二四），他鼓勵諫官們「無所迴避」，敢於「獻封事」，還強調「門司」不得「停滯」，以便下情上達。這說明玄宗還是勤勞施政的。不過，從事實來看，真正「無所迴避」的諫官少得可憐。開元十三年（七二五）東封泰山，濟州刺史裴耀卿「表數百言，莫非規諫」[108]，玄宗則置書座右以自戒。因為這些「規諫」是合乎旨意的，所以玄宗不僅接受，而且加以表揚。

值得一提的是，宰相韓休的直言敢諫，可謂獨樹一幟。中書令蕭嵩唯皇帝旨意是從，與玄宗結成親家，恩寵莫比。守正不阿的韓休就是不買帳，經常面折蕭嵩，據理力爭。當時，年已古稀的宋璟目睹此情，感嘆地說：「不謂韓休乃能如是，仁者之勇也。」[109]這話分明有兩層意思：一，自宋璟離開相位之後，幾乎沒有一個宰相直言敢諫；二，韓休做到了，確實不容易，正是「仁者之勇」的表現。韓休的勇氣還使玄宗有所顧忌。據記載，玄宗有時在宮中宴樂或者在後院遊獵，稍有過差，就對左右說：「韓休知否？」話音剛落，韓休的諫疏送到了。如此神速，不免有誇大。但是，毫無疑問，玄宗是怕韓休提意見的。有一次，玄宗獨自對鏡，默然不樂，左右的人挑撥地說：韓休為相以來，陛下沒有一天歡樂的樣子，比從前瘦得多了，為什麼不把他貶逐呢？玄宗戚戚而嘆：「吾貌雖瘦，天下必肥。蕭嵩奏事常順指，既退，吾寢不安。韓休常力爭，既退，吾寢乃安。吾用韓休，為社稷耳，非為身也。」這就清楚地說明，玄宗在納諫上有兩重性：一方面，不好直言，害怕別人提意見；另一方面，為了封建王朝的長治久安，還得聽一些逆耳的「忠」言。隨著時間的推移，前者越來越壓倒後者。元代史學家胡三省說：「明皇之待韓休如此，而不能久任之，何也？」[110]原因就在於唐玄宗「德消政易」，容納不了老是提意見的宰相。因此，韓休為相，僅十個月就被罷免了。

（五）奢靡日增

開元初期，唐玄宗刻厲節儉，抑制奢靡，為倡導淳樸的社會風氣作過一些努力。這是特殊的歷史條件促成的。沒有多久，封建帝王的本性又驅使他追求奢靡浮華的生活。營造宮殿，除了興慶宮外，開元十一年（七二三）冬在驪山改建溫泉宮。東封泰山時，「有司輦載供具之物，數百里不絕。」這是何等的鋪張！置千秋節之後，「君臣共為荒落」了。開元十八年（七三〇）二月，初令侍臣百官於春月旬休，各自尋選勝地行遊而宴樂。上上下下，沉醉於遊樂之中，恰恰反映了開元中期的奢靡習俗。

史稱：「上（玄宗）心益侈。」[111]玄宗的貪欲，也是和經濟政策聯繫在一起的。自宇文融進行括戶、括田以來，廣置諸使，競為聚斂，封建王朝積集了大量的物質財富。「時太平且久，御府財物山積，以為經楊卿者無不精好，每歲勾剝省便出錢數百萬貫。」[112]所謂「楊卿」者，即楊崇禮，隋煬帝曾孫。開元初，任太府少卿，專管封建王朝財產，以嚴辦著稱，因而擢拜為太府卿。此人雖然在職二十年，公清如一，卻為唐玄宗奢侈揮霍提供了豐厚的物質基礎。

此外，奢靡日增，還是跟政治上「優容」策略密切相關的。為了防止兄弟諸王的「禍變」，玄宗採取「專以聲色畜養娛樂之」的方針，讓諸王沉溺宴樂，不至於涉足政事。因此，諸王個個都是奢靡的典型。諸皇子和公主也無不過著窮奢極欲的生活。同樣，對待功臣和大臣們「常優容之」，用縱情娛樂與永保富貴，來換取他們對皇權的擁護與支持。由此影響所及，必然是社會風氣的奢靡。

（六）吳兢獻《貞觀政要》

開元前期，唐玄宗「依貞觀故事」取得了成效。及至中期，雖然經濟上文化上持續發展，但在政治上特別是在選用宰臣、納諫與社會風氣等方面，已明顯地不如前期了。正是在這種「德消政易」的情況下，傑出的史臣吳兢獻上一部《貞觀政要》，呼籲玄宗要「克遵太宗之故事」。

吳兢，汴州浚儀（今河南開封）人，是比較進步的史學家[113]。早在唐中宗神龍年間，由於「依貞觀故事」的歷史任務已經提出，所以吳兢就開始搜集太宗史料，加以研究。當然，那時遠遠沒有編成《政要》，更談不到呈獻了[114]。開元初期，吳兢「慮帝（玄宗）果而不及精」，乃上疏說：「太宗皇帝好悅至言，時有魏徵、王珪、虞世南、李大亮、岑文本、劉洎、馬周、褚遂良、杜正倫、高季輔，咸以切諫，引居要職。……當是時，有上書益於政者，皆黏寢殿之壁，坐望臥觀，雖狂瞽逆意，終不以為忤。」[115]從這篇奏議內容來看，吳兢還在繼續搜集貞觀史事，編撰《政要》。大約至開元八、九年（七二〇、七二一），即中書令張嘉貞和侍中源乾曜執政時，《貞觀政要》基本上編成了。但是，不久，張說為宰相，跟吳兢發生了矛盾。原來，張說自恃權勢，要吳兢修改《則天實錄》中涉及張說的史事，吳兢堅決抵制，說：「若徇公請，則此史不為直筆，何以取信於後！」[116]可能是由於這種糾葛，在張說執政時期，吳兢不願意獻上自己的《政要》。

開元十三年（七二五），東封泰山，玄宗在途中馳射為樂，身為太子左庶子的吳兢提了意見，玄宗接受了。封禪禮畢，回到東都洛陽，吳兢又就「分吏部為十銓」之事，上表批評玄宗：「陛下曲受讒言，不信有司，非居上臨人推誠感物之道。」[117]次年六月，吳兢不勝惓惓之情，批評「陛下庶政之闕」，強調：「願斥屏羣小，不為慢遊，出不御之女，減不急之馬，明選舉，慎刑罰，杜僥倖，存至公，雖有旱風之變，不足累聖德矣。」[118]在當時歌功頌德與一片「萬歲」聲中，這樣直言敢諫是需要很大的勇氣的。作為對「貞觀之治」頗有研究的良史，特別能夠從比較中看清楚開元中期政治上的弊病。

開元十七年（七二九），每事切諫的吳兢，不為玄宗所容，「出為荊州司馬，制許以史稿自隨。」[119]所謂「史稿」，是指未編完的《國史》，當然那部早已編成而未及上獻的《貞觀政要》也隨身帶去了。就在這年，他素來敬仰的宰相源乾曜，被罷免了侍中職務，得了個「安陽郡公」封號。也在這年，他敬仰的原宰相「河東侯」張嘉貞[120]，病逝於洛陽。吳兢百感交集，憂國憂民，情不自禁地寫下了二百餘言的〈貞觀政要序〉：「有唐良相曰侍中安陽公、中書令河東公，以時逢聖明，位居宰輔，寅亮帝道，弼諧王政，恐一物之乖所，慮四維之不張，每克己勵精，緬懷故實，未嘗有乏。太宗時政化，良足可觀，振古而來，未之有也。……於是綴集所聞，參詳舊史，撮其指要，舉其宏綱，詞兼質文，義在懲勸，人倫之紀備矣，軍國之政存焉。凡一帙一十卷，合四十篇，名曰《貞觀政要》。庶乎有國有家者克遵前軌，擇善而從，則可久之業益彰矣，可大之功尤著矣。」

大約不久，吳兢將《貞觀政要》呈獻給唐玄宗，上表說：「臣愚比嘗見朝野士庶有論及國家政教者，咸云若以陛下之聖明，克遵太宗之故事，則不假遠求上古之術，必致太平之業。」這裏，喊出了「朝野士庶」的呼聲，急切地希望唐玄宗「依貞觀故事」。同時，吳兢指出：「昔殷湯不如堯舜，伊尹耻之；陛下倘不修祖業，微臣亦耻之。」[121]這是批評玄宗不如太宗，開元中期不如前期。因此，建議從隨表奉進的《貞觀政要》中，擇善而從，克遵前軌，以致太平之業。

遺憾的是，唐玄宗似乎不理睬吳兢的一片心意，從現存的史籍中看不到玄宗對《貞觀政要》的一絲一毫的反映。十七年前，晉陵尉楊相如上疏言「貞觀之治」，玄宗還是「覽而善之」。如今，連這一點信息都沒有，說明他已經背離了「依貞觀故事」的方針。

張九齡與「開元之治」

這真是巧合：開元中期，以張說任中書令為開端，又以張九齡任中書令為結尾。前後兩位宰相，一個是中州人，一個是嶺南人，由於同姓「張」，加上共同的文學愛好，彼此結成了深厚的情誼。唐玄宗起用九齡，如同重用張說一樣，都是出於「文治」的需要。

（一）荒陬孤生，以文見用

張九齡曾跟玄宗說過：「臣荒陬孤生，陛下過聽，以文學用臣。」[122]這是對自己仕宦生涯的簡明概括。

所謂「荒陬孤生」，是指九齡出生於韶州曲江（今屬廣東），身世並非門閥之家[123]。幼年聰敏，小善文詞。十三歲時，深得廣州刺史王方慶的讚賞。二十五歲寫詩言志：「惜此生遐遠，誰知造化心。」[124]感嘆在荒僻的嶺南，縱然文才出衆，也難覓知己。誰知不久，著名文士張說被女皇武則天流放嶺南，過韶州，讀九齡文章，為之傾倒。兩張從此結成友誼，至死而不絕。

開元初年，流傳著這樣的議論：「不識宰相，無以得遷；不因交遊，無以求進。」官為左拾遺的張九齡大不以為然，他上書給剛剛為宰相的姚崇，說：「任人當才，為政大體，與之共理，無出此途，而曩之用才，非無知人之鑒，其所以失，溺在緣情之舉。」[125]姚崇嘉納其言。但是，開元四年（七一六）秋，由於跟姚崇有點矛盾，九齡辭官歸里。南下過湘水，賦詩述懷：「十年乖夙志，一別悔前行。……時哉苟不達，取樂遂吾情。」[126]吐露了官場失意與不求聞達的複雜的心情。

過了兩年，張九齡又拜諫官左補闕，遷禮部員外郎等職。開元九年（七二一），張說為宰相；次年，張九齡被提拔為中書舍人內供奉，成了玄宗親近的臣僚。張說與九齡互通譜系，敘為昭穆，儼然是宗族裏的前後輩。東封泰山時，九齡為玄宗起草詔令，但他十分謹慎，提醒張說切不可濫封官爵。回到東都以後，目睹宇文融權勢逼人，九齡勸張說道：「宇文融承恩用事，辯給多詞，不可不備也。」張說不以為然，說：「此狗鼠輩，焉能為事！」[127]結果，張說恰恰為「狗鼠輩」所奏彈，丟掉了中書令的職位。依附於張說的九齡，也因此而被出為刺史、都督和按察使等。

直到張說死後，唐玄宗又十分思念學士顧問，於是召回了張九齡，官以秘書少監、集賢院學士、知院事。這樣，張九齡繼張說之後，成為文士們的新領袖。開元二十年（七三二）八月，九齡兼知制誥，述宣聖旨。過了兩個月，遷中書侍郎。九齡在答謝狀中說：「聖恩不以不才，卻賜榮獎，拔擢非次，荷躍惟深。但中書近密，參掌不易，豈臣微賤所堪忝竊？拜命之日，伏用慚惶，不勝戰荷之至！」[128]表示了對唐玄宗的忠誠。次年十二月，九齡和裴耀卿被任命為宰相。又過五個月，九齡為中書令，耀卿為侍中。

（二）九齡為相，政局尚佳

九齡為相，將近三年，對開元中期的政治局面起了激濁揚清的作用。

第一，扭轉十多年來宰相不和的狀況。張九齡與裴耀卿，一個是中書令，一個是侍中，彼此通力合作。這就在一定程度上恢復了初期宰相們「同心戮力」的好傳統。

第二，繼續廢棄「循資格」的論資排輩的做法。雖然前任中書令蕭嵩早已奏請取消「循資格」，但它的影響仍然存在。因此，張九齡「上言廢循資格，復置十道採訪使」[129]。

第三，獎掖後進，選用新人，一批文士提拔為朝官。例如，著名的詩人王維擢右拾遺，歷監察御史。又如文士盧象，字緯卿，擢為左補闕、河南府司錄、司勳員外郎。劉禹錫贊頌說：「丞相曲江公方執文衡，揣摩後進，得公深器之。」[130]文士當上諫官，往往敢於發表各種意見。

第四，堅持直諫。史稱「張九齡尚直」[131]，「當是時，帝在位久，稍怠於政，故九齡議論必極言得失，所推引皆正人。」[132]有時弄得玄宗發怒了，他還是堅持己見，大有謇諤之士的風度。

第五，反對起用李林甫和牛仙客，反對赦免安祿山。這些意見最終不為玄宗所採納，但是，足以表明他那正氣浩然的品質。

總而言之，「九齡守正嫉邪，以道匡弼，稱開元賢相。」[133]唐玄宗能夠任用這樣的「賢相」，以推進「開元之治」，可謂尚有眼力與卓識。玄宗讚揚九齡：「器識宏遠，文詞博贍，負經濟之量，有謀猷之能。自翼贊臺階，彝倫有序，直道之心彌固，謇諤之操愈堅。」[134]可見，好大喜功的唐玄宗畢竟還不是昏昏然的君主，在用人問題上自有清醒之處。

（三）褒美《千秋金鏡錄》

開元二十四年（七三六）千秋節，玄宗在東都洛陽宴請羣臣與父老。當時進獻金寶鏡（銅鏡），成為一種時髦的風尚。唯獨宰相張九齡搜集歷代興廢史事，編為一部書《千秋金鏡錄》，呈獻給唐玄宗。九齡上表說：「伏見千秋節日，王公已下悉以金寶鏡進獻，誠貴尚之尤也。臣愚以謂明鏡所以鑒形者也，有妍蚩則見之於外；往事所以鑒心者也，有善惡則省之於內。……伏惟開元神武皇帝陛下，聖德之至，動與天合，本已全於道體，固不假於事鑒。然覆載廣大，無所不包，聖道沖虛，有來皆應。臣敢緣此義，謹於生辰節上事鑒十章，分為五卷，名曰《千秋金鏡錄》。」[135]看來，此時玄宗聽慣了歌功頌德，已為諂諛之臣所包圍。連敢於直諫的張九齡，也只好通過「事鑒」，婉轉地向皇帝陛下提出批評。所謂《千秋金鏡錄》說的雖然是「前世興廢之源」，實際上是一份意見書，針對開元中期的政治上弊病而言的。

據載，《千秋金鏡錄》獻上後，玄宗「賜書褒美」[136]。這說明它是得到玄宗的賞識的。但是，由於奸臣李林甫的挑撥，九齡終於不為玄宗所容納。開元二十四年（七三六）十一月，罷知政事，而為尚書右丞相。次年，貶荊州長史。「無心與物競，鷹隼莫相猜。」[137]在荊州待了二年，就回嶺南故鄉去了。開元二十八年（七四〇）五月七日，病逝於曲江，享年六十三歲。唐玄宗不勝悲悼，贈荊州大都督，謚曰「文獻」，對「一代辭宗」表達了深沉的追念。

註釋

1 呂思勉《隋唐五代史》上冊云：「開元九年，張說相，導帝以行封禪，而驕盈之志萌矣。」以九年為區分前、中期的標誌，未嘗不可。但確切地說，開元十一年二月，張嘉貞罷相，張說才成為宰相羣中的決策人物。故以張說任中書令作為標誌，似較妥。

2 《舊唐書・張說傳》。

3 《容齋續筆》卷一四，〈用計臣為相〉。

4 《舊唐書・玄宗本紀上》。

5 《資治通鑑》卷二一一，開元四年十月條。

6 參見汪籛〈唐玄宗時期吏治與文學之爭〉，載《汪籛隋唐史論稿》。

7 《舊唐書・列女傳》。

8 《新唐書・張說傳》作「左補闕」。

9 《資治通鑑》卷二〇七，長安三年九月條。

10 《全唐文》卷二二三，張說〈岳州刺史謝上表〉。

11 《明皇雜錄》卷下，原日期有誤，今已訂正。

12 《全唐文》卷二二，玄宗〈授張說同中書門下三品制〉。

13 《全唐文》卷二二二，張說〈讓兵部尚書平章事表〉。

14 《舊唐書・張嘉貞傳》。

15 《全唐文》卷二二，玄宗〈貶張嘉貞幽州刺史制〉。

16 《資治通鑑》卷二一四，開元二十四年十一月條。

17《全唐文》卷二三，玄宗〈命張說兼中書令制〉。

18《資治通鑑》卷二一三，開元十六年二月條。

19《大唐新語》卷一，〈匡贊〉。

20張九齡《曲江集》。

21《全唐文》卷二九玄宗〈允行封禪詔〉及《舊唐書·禮儀志三》。

22《全唐文》卷二二一，張說〈大唐封祀壇頌〉。

23《訄書·封禪》，參見姜義華《章太炎思想研究》第一一七頁。

24《訄書·封禪》北圖底本增刪文字。

25《全唐文》卷二九，玄宗〈允行封禪詔〉。

26《隋書·禮儀志二》。

27《冊府元龜》卷三五，〈帝王部·封禪一〉。

28《貞觀政要》卷二〈直諫〉及《魏鄭公諫錄》卷二〈諫封禪〉。

29《魏鄭公諫錄》卷二〈諫封禪〉王先恭校注語。

30《舊唐書·禮儀志三》。

31《新唐書·禮樂志四》。

32《冊府元龜》卷三六，〈帝王部·封禪二〉。

33《資治通鑑》卷二一二，開元十二年閏十一月條。

34、35《舊唐書·崔日用傳》。

36《舊唐書·禮儀志三》。

37以上均見《冊府元龜》卷三六〈封禪二〉。原誤作「閏十二月」，據《資治通鑑》卷二一二，當為閏十一月。又，參見《全唐文》卷二九，玄宗〈報裴漼等請封禪手詔〉、〈答源乾曜等請封禪手詔〉、〈答源乾曜等重請封禪手詔〉、〈允行封禪詔〉及《舊唐書·禮儀志三》。

38《全唐文》卷四一，玄宗〈紀泰山銘並序〉。

39《舊唐書·顏師古傳》。

40《舊唐書·禮儀志三》。

41《資治通鑑》卷二一二，開元十三年四月條。

42、43《通典》卷五四，〈禮十四·封禪〉。

44《舊唐書·禮儀志三》。

45按照干支次序，如果以丙戌為第一天，那麼，第二天丁亥，第三天戊子，第四天己丑。若以「己丑」為「第三天」，疑疏忽致誤。第三天（戊子），可能是颳大風，寒氣切骨，休息一天。夜半風止。第四天（己丑），天晴轉暖，玄宗一行御馬登山。

46《資治通鑑》卷二一二，開元十三年四月條。

47《舊唐書·禮儀志三》。

48《通典》卷五四，〈禮十四·封禪〉。

49、50《舊唐書・禮儀志三》，原作「癸巳」，疑誤。

51《漢書・郊祀志上》。

52《舊唐書・禮儀志三》。

53《冊府元龜》卷三六，〈帝王部・封禪二〉。

54《李太白文集》卷二五，〈古賦・大獵賦〉。

55《全唐文》卷四一，玄宗〈紀泰山銘並序〉。

56《新唐書・裴耀卿傳》。

57《冊府元龜》卷二，〈帝王部・誕聖〉。

58《冊府元龜》卷一四，〈帝王部・都邑二〉。

59《冊府元龜》卷二，〈帝王部・誕聖〉。又，參見《玉海》引《實錄》。

60《全唐文》卷三〇，玄宗〈答百僚請以八月五日為千秋節手詔〉。

61《舊唐書・玄宗本紀上》。

62《太平御覽》卷三〇，〈時序部・社〉。

63《舊唐書・高宗本紀下》。

64《舊唐書・中宗本紀》。

65《舊唐書・禮儀志四》云：「立秋，祀白帝於西郊。」

66《文苑英華》卷一六八玄宗〈千秋節宴〉及張說〈奉和千秋節宴應制〉。

67《隋唐嘉話》卷下。

68《冊府元龜》卷二，〈帝王部・誕聖〉。時玄宗在東都洛陽，云「御花萼樓」，疑誤。

69《全唐文》卷二三，玄宗〈千秋節宴羣臣制〉。

70《全唐文》卷三五，玄宗〈千秋節賜父老宴飲敕〉。

71《資治通鑑》卷二一三，開元十七年八月條胡三省注。

72《貞觀政要》卷七，〈禮樂〉。原作「貞觀十七年」，據《資治通鑑》卷一九八，當為貞觀二十年。

73《唐鑑》卷五，〈玄宗下〉。

74《冊府元龜》卷二，〈帝王部・誕聖〉。

75《新唐書・禮樂志十二》。

76《新唐書・五行志二》。

77《資治通鑑》卷二一三，開元十五年正月條。

78《資治通鑑》卷二一二，開元十一年二月條。

79《新唐書・王晙傳》。

80《舊唐書・源乾曜傳》。

81《舊唐書・張說傳》。

82《大唐新語》卷三，〈公直〉。

83《酉陽雜俎》前集卷一二，〈語資〉。

84《資治通鑑》卷二一二，開元十三年十一月條。

85《資治通鑑》卷二一三，開元十四年二月條。

86《新唐書・張說傳》。

87《資治通鑑》卷二一二，開元十三年十二月條。

88《資治通鑑》卷二一一，開元二年七月條。

89《資治通鑑》卷二一二，開元十年八月條。

90《全唐文》卷二二，玄宗〈禁百官交結匪人制〉。

91《全唐文》卷二九，玄宗〈禁左道詔〉。

92《新唐書・張說傳》。《舊唐書・張說傳》作「（張）說經兩宿，玄宗使中官高力士視之」。據《資治通鑑》卷二一三，高力士探視，是在六天之後。

93《舊唐書・玄宗本紀上》。

94 汪籛《唐玄宗時期吏治與文學之爭》。已故的汪先生有許多卓絕之見，已為拙著所引用。但是，關於「吏治與文學之爭」的觀點，經再三思考，難以接受。如果由此引申出「吏士派」，似不夠確切。

95 聞人詮〈重刻舊唐書序〉。

96《資治通鑑》卷二一三，開元十四年二月條及胡三省注。

97《舊唐書・李元紘傳》。

98《舊唐書・杜暹傳》。

99《舊唐書・李元紘傳》。

100《全唐文》卷二三，玄宗〈罷杜暹李元紘平章事制〉。

101《資治通鑑》卷二一三，開元十七年六月條胡三省注。

102《全唐文》卷二三，玄宗〈停源乾曜侍中制〉。

103《舊唐書・宇文融傳》。

104《全唐文》卷二二，玄宗〈貶宇文融汝州刺史制〉。

105《舊唐書・蕭嵩傳》。

106《舊唐書・裴光庭傳》。

107《舊唐書・韓休傳》。

108《資治通鑑》卷二一二，開元十三年十一月條。

109《舊唐書・韓休傳》。

110《新唐書・韓休傳》及《資治通鑑》卷二一三開元二十一年三月條胡三省注。

111《資治通鑑》卷二一三，開元十七年八月條。

112《舊唐書・楊慎矜傳》。

113 參見吳楓〈評貞觀政要〉，載《唐太宗與貞觀之治論集》。

114 明朝宋濂認為，《貞觀政要》上獻於唐中宗。此說欠妥。

115《新唐書・吳兢傳》。

116《資治通鑑》卷二一二，開元九年十二月條。

117《資治通鑑》卷二一二，開元十三年十二月條。

118《新唐書・吳兢傳》。
119《舊唐書・吳兢傳》。
120《舊唐書・張嘉貞傳》。
121 吳兢〈上貞觀政要表〉。
122《新唐書・張九齡傳》。
123 參見劉斯翰《張九齡年譜簡編》。
124 張九齡詩〈湞陽峽〉。
125 張九齡〈上姚令公書〉。
126 張九齡詩〈南還湘水言懷〉。
127《舊唐書・宇文融傳》。
128 張九齡〈謝中書侍郎狀〉。
129《新唐書・張九齡傳》。
130《劉禹錫集》卷一九，〈唐故尚書主客員外郎盧公集紀〉。
131《資治通鑑》卷二一四，開元二十四年十一月條。
132《新唐書・張九齡傳》。
133《四庫全書總目》卷一四九，〈集部・別集類二〉。
134《全唐文》卷二三，玄宗〈罷侍中裴耀卿中書令張九齡為尚書左右丞相制〉。
135 張九齡〈進千秋節金鏡錄表〉。
136《資治通鑑》卷二一四，開元二十四年八月條。
137 張九齡詩〈詠燕〉。

第八章 「怠於政事」——開元晚期及其以後

開元晚期，僅僅五年。這時，「上（玄宗）在位歲久，漸肆奢欲，怠於政事。」[1]至於天寶時期十多年，無非是開元晚期政治的繼續惡化。誠如韓愈所說：「天寶之後，政治少懈，文致未優，武克不綱。」[2]唐玄宗由「怠於政事」而踏上昏庸之路，為自己的垮臺準備了條件。

委政李林甫

罷免張九齡，委政李林甫，這是「開元之治」進入晚期的標誌，是唐玄宗自「明」趨於「昏」的轉折點。

（一）口蜜腹劍的奸相

所謂「口蜜腹劍」的成語，出典於李林甫其人其事。據五代王仁裕《開元天寶遺事》載，「時人皆言林甫甘言如蜜。」朝中異口同聲地說：「李公雖面有笑容，而肚中鑄劍也。」宋代司馬光說得更明確：「世謂李林甫口有蜜，腹有劍。」[3]可見，李林甫的陰險奸詐，是當時人所公認的。

然而，唐玄宗委政這樣的奸相竟達十六年之久。這裏，原因不在於李林甫是什麼「吏士派」

的代表人物，而是他用「巧言似忠」的伎倆，深深地迷住了忠奸莫辨的唐玄宗。

林甫出身於李唐宗室，「爰因宗室，獎以班序。」[4]他的曾祖父，名叫李叔良，是唐高祖李淵的從父弟。祖父李孝斌，官為原州長史；父親李思誨，官為揚府參軍。按輩分來說，李林甫還是唐玄宗的遠房小叔叔呢。林甫小名「哥奴」，年輕時素行才望不高，被人瞧不起。但是，他頗機靈乖巧，善於鑽營，歷任御史中丞、刑部侍郎、吏部侍郎、黃門侍郎等職。開元二十二年（七三四）五月，李林甫拜相，為禮部尚書、同中書門下三品。這固然是跟「惠妃陰助之」分不開，但主要是由於玄宗的「眷遇」[5]。唐玄宗十分讚賞李林甫，說：「泉源之智，迪惟前人。」[6]那套奸臣的智術，確實把唐玄宗弄得昏頭轉向了。

當時，張九齡為中書令，裴耀卿為侍中，李林甫還不是主要的執政者，並沒有形成三巨頭的政治格局。張九齡鄙視李林甫的為人，根本不把他放在眼裏，常謂賓客曰：「李林甫議事，如醉漢腦語也，不足可言。」[7]由於九齡大權在握，「方以文學為上（玄宗）所重」，所以「林甫雖恨，猶曲意事之」[8]。心裏恨得要死，表面上還是討好九齡。宰相們議政時，李林甫從來不敢公開反對九齡的意見，背後則處處設置陷阱，陰害之。他很明白，關鍵在於要破壞玄宗與九齡的關係。為此，他千方百計地揣摩玄宗的心意，製造君臣的不和，達到挑撥離間的目的。史稱：「林甫面柔而有狡計，能伺候人主意，故驟列清班，為時委任。而中官妃家，皆厚結托，伺帝動靜，皆預知之，故出言進奏，動必稱旨。」[9]玩弄這種伎倆，李林甫可謂登峰造極的了。

例如，開元二十四年（七三六）十月，唐玄宗心裏想從東都洛陽回到西京長安。召集宰相們商議，張九齡和裴耀卿認為，秋收未畢，待仲冬十一月再說吧。李林甫當場不表態，暗中探知玄宗的心意，就單獨留下對玄宗說：「長安、洛陽，陛下東西宮耳，往來行幸，何更擇時！」玄宗一聽，很高興，覺得還是李林甫為知己。於是，匆匆地回到了長安。又如，唐玄宗打算提拔朔方節度使牛仙客，欲官以尚書。宰相們討論時，張九齡公開地陳述自己的反對意見。李林甫又是當場不說，私下言於玄宗：「仙客，宰相才也，何有於尚書！九齡書生，不達大體。」玄宗悅。第二天，重新商議，正直的張九齡固執如初，玄宗滿臉怒色。李林甫則退而言曰：「苟有才識，何必辭學！天子用人，有何不可！」[10]於是，賜爵牛仙客，食實封三百戶。諸如此類，說明李林甫當面一套，暗中搗鬼，事事迎合唐玄宗的旨意，處處中傷誠實的張九齡。

尤其惡劣的是，為了整倒張九齡，竟硬扣上結黨的罪名。李林甫清楚地知道，皇帝陛下的心病之一，就是害怕宰臣們結黨。自開元中期以來，常有結黨的事。一經發現，玄宗就毫不手軟地將他們罷免。機會果然又來了。張九齡有位好友，名叫嚴挺之，官為中書侍郎。九齡曾推薦他為宰相。而嚴挺之鄙薄林甫的為人，林甫一直懷恨在心。開元二十四年（七三六），蔚州刺史王元琰貪贓案發生，由刑部、大理寺和御史臺合庭審理，嚴挺之為之營解。原來，王元琰的妻子，就是嚴挺之的早已離異的前妻。李林甫把這消息秘密地轉告給唐玄宗。玄宗召集宰相們討論，要追究嚴挺之包庇親屬的罪責。張九齡哪裏知道此中有李林甫設置的陷阱，像往前一樣，實話直說，極力替嚴挺之辯護。這就引起了唐玄宗的懷疑：為什麼反對牛仙客？為什麼薦引嚴挺之？前後一聯繫，就得出了宰相張九齡、裴耀卿為「阿黨」的結論。同時，覺得李林甫倒是孑然獨立的忠臣。於是，就在這年十一月，罷免了張九齡和裴耀卿的相職，任命李林甫兼中書令，牛仙客為工部尚書、同中書門下三品。據載，宣布任免令時，九齡與耀卿憤鬱難言，而李林甫「抑揚自得」。旁觀者竊竊私語，說：「一雕挾兩兔。」[11]道出了李林甫陷害忠良的凶惡面目。

李林甫竊據中書令，直至天寶十一載（七五二）十一月病死為止，總共十六年。這期間，雖然在經濟上和文化上仍舊有所發展，但在政治上卻急劇地滑坡了。諫諍路絕與妒賢嫉能，集中地反映了日趨腐敗的情況。

（二）無復直言，諫諍路絕

諫諍歷來是封建政治的晴雨表。開元前期，下制求直諫，鼓勵犯龍鱗。開元中期，雖然諫諍之風漸漸地衰弱，但是，唐玄宗依舊提倡諫官們上封事、提意見，像韓休和張九齡那樣的直言切諫在一定程度上還是「容納」的。及至晚期以後，情況發生了根本性的變化。唐玄宗既然厭惡遇事力爭的張九齡，誰提意見就是「阿黨」，就得罷免官職，那麼，一切忠直之士還有什麼話好說的呢！司馬光一針見血地指出：「九齡既得罪，自是朝廷之士，皆容身保位，無復直言。」[12]

李林甫專權，為了「蔽欺天子耳目」，竟取消了諫官議政制度。有位補闕（諫官）杜璡，上書言事。李林甫把他斥黜為地方縣令，並拿這個例子來告誡其他的諫官，說：「明主（玄宗）在上，羣臣將順不暇，亦何所論？君等獨不見立仗馬乎，終日無聲，而飫三品芻豆；一鳴，則黜之矣。後雖欲不鳴，得乎？」如此侮辱性的威脅言辭，反映了李林甫為人的刻薄。所謂「立仗馬」，是指宮庭裏儀仗隊的駿馬，平時吃好料，養得高大。每天，八匹廐馬分為左右廂，立在正殿側宮門外，候仗下即散。把諫官視同為「立仗馬」，無非要他們擺擺樣子而已。誰要「一鳴」，提意見，誰就被斥黜。這樣，原以上書言事為職責的諫官，也被剝奪了發言權，「由是諫諍路絕」[13]。

萬馬齊喑的局面的出現，歸根到柢，責任還在於唐玄宗本人。作為專制帝王，已經越來越聽不得半句意見了。開元二十五年（七三七）四月，監察御史周子諒彈奏牛仙客沒有才能，濫居相位，援引讖書「兩角犢子自狂顛，龍蛇相鬥血成川」[14]，來證明姓「牛」的將會造成唐廷內爭。對牛仙客的非議，基本上是事實。但是，周子諒太不了解：讖書歷來是刺激玄宗神經的東西。玄宗勃然大怒，命人在殿廷上痛打周子諒，絕而復蘇，仍杖之朝堂，流瀼州，至藍田而死。李林甫趁機挑撥，說周子諒是張九齡薦引的。於是，唐玄宗貶九齡為荆州長史，驅出京師。

周子諒之死，一方面反映了唐玄宗對妖言讖書之類的痛恨，另一方面表明玄宗飾非拒諫，庇護奸臣。唐朝著名的文士柳宗元，曾特地歌頌周子諒「以諫死」的事跡，讚揚他「抗言以白其事，得死於墀下」，抨擊開元晚期「諂諛至相位，賢臣放退」的政治局面[15]。

（三）「妒賢嫉能，亦無敵也」

如何用人，是衡量政治開明程度的重要準則。開元前期，朝臣頌揚玄宗「任賢用能，非臣等所及」[16]。開元中期，玄宗任用的十多位宰相，基本上都是賢能之才。及至晚期，「時帝春秋高，聽斷稍怠，厭繩檢，重接對大臣，及得林甫，任之不疑。」[17]從姚崇起，每位中書令任期只有三、四年，經常調換，以利於宰臣們聰明才智的充分發揮。而李林甫竊據要職，長達十六年，終於形成了奸臣專權的局面。「妒賢嫉能」取代了「任賢用能」，政治上腐敗現象日益嚴重。

李林甫是權欲薰心之徒，奢好大權獨攬。由他薦引的牛仙客，「既居相位，獨潔其身，唯諾而已。」[18]牛仙客作為「諂諛」之臣，跟奸臣李林甫還是不同的，「獨潔其身」，沒有直接做壞事害人。但是，牛仙客既無才智，唯唯諾諾，一切政事聽由李林甫處置，也就助長了奸臣專權的氣焰。天寶元年（七四二）七月，牛仙客病逝。八月，玄宗任命刑部尚書李適之為左相（天寶元年二月改侍中為左相，中書令為右相）。李適之出身於宗室，他的祖父是唐太宗的長子李承乾。適之為人簡率寬疏，不務苛細，嗜酒好客。「及為左相，每事不讓李林甫。林甫憾之，密奏其好酒，頗妨政事。」李適之敢於跟李林甫爭權不協，李林甫必欲去之而後快。天寶五載（七四六）四月，李適之被罷免相職，改為太子少保，自我解嘲地做了一首詩：「避賢初罷相，樂聖且銜杯。為問門前客，今朝幾個來？」[19]繼任左相的是陳希烈。原來，李林甫以為希烈柔佞易制，故引以為相。陳希烈也和牛仙客一樣，唯唯諾諾，凡政事一決於李林甫。由上可見，李林甫專權時期有一個特點，就是「苟用可專制者，引與共政」[20]。這種情況顯然違背了「任賢用能」的原則，跟以往宰相們共商政事是大大不同的了。

李林甫不僅把無才無能者「引與共政」，而且對聲望稍著的賢能之士加以誣陷、排擠與打擊。史稱：「李林甫開元末為中書令，耽寵固權，已自封植，朝望稍著，必陰計中傷之。」[21]例如嚴挺之，唐玄宗雖然往昔追究過他包庇親屬的錯誤，但是，總覺得他是可用的人才。時隔多年，問李林甫：嚴挺之現在何處?李林甫害怕嚴挺之又被重用，就耍弄花招，欺騙玄宗，說嚴挺之年高，又患風疾，還是授予閒官，讓他養病去吧！唐玄宗信以為真，嘆息之餘，授嚴挺之為員外詹事，令東京養疾。後來，嚴挺之到了洛陽，鬱鬱不得志，成疾而卒。又如齊澣，也是朝廷宿望之臣，任職汴州刺史和河南採訪使，「興利以中天子意」。李林甫妒嫉他，竭力加以排擠。天寶初，召為太子少詹事，留在東都養病。當時，「嚴挺之亦為林甫所廢，與（齊）澣家居，杖屨經過不缺日，林甫畏之，乃用澣為平陽太守，離其謀。」[22]最後，齊澣積鬱而死。再如戶部尚書裴寬，向來為唐玄宗所器重，「李林甫恐其入相，忌之。」[23]藉故把他貶為睢陽太守。如此等等，不勝枚舉。

總之，李林甫城府深密，忌賢成僻，詭計多端。安史之亂爆發後，唐玄宗逃到成都，曾跟一位精通歷史的給事中裴士淹，評品人物。提及李林甫時，玄宗作了這樣的評論：「妒賢嫉能，亦無敵也。」這話算是說到要害。裴士淹接著問：既然陛下知道如此，又為什麼長期地寵用李林甫？

「玄宗默然不應」[24]。唐玄宗只能是無言以對的，還要為自己辯解嗎？其實，李林甫的「妒賢嫉能」，正是由於唐玄宗背棄「任賢用能」原則而造成的惡果。君主不明，奸臣孳生，歷代無不如此。如果沒有唐玄宗的「任之不疑」，李林甫是不可能那樣「無敵」的。在委政林甫的十六年裏，玄宗恰恰把「忠賢」與「奸邪」顚倒過來了。天寶六載（七四七），玄宗忽然想「廣求天下之士」，而林甫則聲稱「野無遺賢」。似乎天下賢士都已被錄用，草野之士盡是「卑賤愚瞶」者[25]。對於這種胡言亂語，玄宗卻偏聽偏信，以為李林甫是網羅賢才的宰相呢。過了四年，下詔表彰李林甫，什麼「器惟國楨，材乃人範」，什麼「文標楷式，學究精微」，簡直是人才難得的賢相。玄宗還特別強調：林甫好就好在「淸貞之節，盡公心於匪躬」[26]。可見，以邪為賢，以奸為忠，這正是唐玄宗長期地寵信李林甫而毫無覺悟的根本原因。只有嚐到安史之亂「苦果」之後，才會真正認識到李林甫的本來面目。

（四）「治亂固已分矣」

李林甫專權時期，雖然社會禍亂還沒有發生，依舊是一派歌舞昇平的景象，但是，政治上由「治」趨「亂」已有明顯的先兆。唐憲宗時，曾經討論過這個問題。大臣崔羣尖銳地指出：「世謂祿山反，為治亂分時。臣謂罷張九齡，相林甫，則治亂固已分矣。」左右大臣莫不為之動容。宋代史臣也贊同此說：「崔羣以為相李林甫則治亂已分，其言信哉！」[27]的確，委政李林甫，便給安史之亂種下禍根。上述納諫與用人的情況，不是有力的證明嗎？

罷免張九齡以後，朝士們鑒於納忠見斥，就不敢多提意見了。諫官們像「立仗馬」一樣沉默無聲，骨鯁之士終於銷聲匿跡了。「開元之初，諫者受賞；及其末也，而殺之。」周子諒以諫而死，造成了極其嚴重的後果。稍諫即怒而殺，何人更敢直言？而不讓人講話，恰恰為玄宗垮臺和宗社傾敗準備了條件。正如宋代范祖禹所說：「古之殺諫臣者，必亡其國。明皇親為之，其大亂之兆乎！」[28]

委政李林甫以後，奸臣柄權，恩寵日甚，道路以目。「用人得失，所繫非小。」[29]以前，任賢致治，姚崇、宋璟、蘇頲、張說、李元紘、韓休、裴耀卿、張九齡等等，孜孜守正，努力創新，所以才有「開元之治」。晚期以後，唐玄宗以奸宄為賢能，以巨猾為忠良，因此造成了禍亂而不自知。唐朝劉肅說得好：「林甫奸宄，實生亂階，痛矣哉！」[30]

顯然易見，罷免九齡，委政林甫，這是區別治亂的分水嶺。作為「開元之治」進入晚期的路標，記下了唐玄宗走向昏庸的第一步。

寵信高力士

宦官制度是封建專制皇權的附屬物，它本身包含著必然的腐朽性。賢相姚崇曾反對政事「出於閹人之口」，「請中官不預公事」。玄宗深表贊同，說：「懷之久矣。」[31]開元十九年（七三一）以前，宦官基本上是「不預公事」的。而從王毛仲事件以後，高力士便成為唐玄宗的心腹。宦官勢力益盛，作用越來越重要，這是開元晚期與天寶時期政治上的一個特點。

宦官高力士是一位頗有爭議的歷史人物。不少史家囿於傳統的觀點，鄙視宦官而全盤否定了高力士，憤怒地譴責：「明皇不鑑石顯（西漢宦官）之事，而寵任力士，……失君道甚矣。其後李林甫、楊國忠，皆因力士以進，跡其禍亂所從來者，漸矣。」[32]把「禍亂」歸咎於高力士，是不公平的。他雖然不是「開元之治」的功臣，但絕不是天寶之亂的罪魁。在他身上散發著奴氣，但也閃爍著特異的光彩。「內侍如力士者甚少」[33]，的確，有唐一代，沒有哪個宦官在才識器度上比高力士高明。如果對他畢生行事作出簡明的概括，似可以歸結為六個字：忠誠，謹慎，精明。

（一）「力士當上，我寢則穩」

高力士有過這樣的表白：「臣生於夷狄之國，長自昇平之代，一承恩渥，三十餘年，嘗願粉骨碎身，以裨玄化，竭誠盡節，上答皇慈。」[34]這是肺腑之言。

所謂「夷狄之國」，是指故鄉嶺南潘州（今廣東高州）。他原姓馮，名元一，生於西元六八四年，比唐玄宗大一歲。據陝西蒲城出土的〈大唐故開府儀同三司贈揚州大都督高公神道碑〉載，高力士的曾祖父馮盎，唐初任高州總管；父親馮君衡為潘州刺史，「家雄萬石之榮」。六九三年，父親犯罪，「籍沒其家」，年僅十歲的馮元一被閹為奴。十五歲那年，被嶺南討擊使李千里帶到神都洛陽[35]，改名力士，一度伺候過女皇武則天。後來，力士為宦官高延福收為養子，故改姓高。唐中宗景龍年間，李隆基為藩王時，「力士傾心奉之，接以恩顧。」[36]這反映了宦官勢力也倒向正在策劃政變的李隆基一邊。但是，高力士的地位並不重要，沒有直接參加六月二十日禁宮夜戰。既誅韋氏，隆基為太子，力士日侍左右，關係更加緊密。先天二年（七一三），高力士以內給事的身分參與誅滅太平公主的鬥爭，起了重要的作用。七月八日，唐玄宗大封功臣，賞郭元振等官爵、第舍、金帛有差，以高力士為右監門將軍、知內侍省事[37]。

舊史稱「宦官之盛自此始」，是不符合事實的。唐玄宗之所以賜封高力士，主要是根據論功行賞的原則[38]。既然功臣郭元振、姜皎、李令向、王守一等等都得到了封賞，為什麼宦官高力士就不可以了呢？力士身高六尺五寸，善於騎射。碑文讚揚他「一發而中，三軍心伏」[39]。選擇這樣的功臣擔任右監門將軍，倒是唐玄宗善用能人的例證。

高力士除了擔任宮廷禁衛外，還負責傳達聖旨與掌管內務。後人讚頌他「傳王言而有度」[40]，並不過譽。例如，姚崇剛為相時，請序進郎吏，玄宗一言不答。高力士奏曰：「陛下初承鴻業，宰臣請事，即當面言可否。而崇言之，陛下不視，臣恐宰臣必大懼。」待玄宗說明原委之後，「會力士宣事，因為言上意，崇且解且喜。」[41]可見，高力士頗有見識，辦事周全，決不是唯唯諾諾之輩。又如，開元十四年（七二六），張說被押受審查，玄宗派力士去探視，力士如實滙報張說「惶懼待罪」的狀況，還說張說有功於國，理應從寬處理。作為宦官，奔走於君臣之間，不是挑撥是非，而是協調關係，難道不該肯定的嗎？

開元十九年（七三一）以前，史籍上看不到高力士干預朝政的記載。事實上，玄宗遵照姚崇的意見，政事由宰相們集體議決，不存在宦官專權的問題。這期間，恃寵驕恣的人物不是高力士，而是皇帝「心腹」王毛仲。官為開府儀同三司的王毛仲，寵幸用事，蔑視宦官，猶如僮僕，「稍不如意，必恣其凌辱。」高力士「忌之頗深，而未嘗敢言於帝」[42]。顯然，宦官的權勢遠不是炙手可熱的。

自王毛仲賜死後，高力士才成為唐玄宗的心腹。玄宗嘗曰：「力士當上，我寢則穩。」[43]意思是力士精明強悟，辦事幹練，由他值班，自己就放心了，睡得安穩了。如果認為唐玄宗從此不理政，而讓宦官專權，實在是一種誤解。的確，高力士經常留在禁中，四方表奏，先呈力士，再向玄宗報告。力士可以單獨處理小事，部分地代「天子」行事，那權勢也是夠顯赫的了。但是，這些主要是秘書性質的事務，還沒有發展到擾亂朝政的地步。

由於高力士的特殊的「恩寵」地位，拍馬奉承者也就蜂擁而來。據記載，力士的母親麥氏病逝，「左金吾大將軍程伯獻、少府監馮紹正二人，直就力士母喪前披髮哭，甚於己親。朝野聞之，不勝恥笑。」[44]類似荒唐可笑的事，舊史上渲染的不少，也當是事實。如果用來證明宦官專權，理由似乎還不充足。須知，這類事的主要責任在於那些巴結獻媚者。高力士本人是「小心恭恪」的，他沒有重踏王毛仲走過的寵極奸生的老路，所以唐玄宗「終親任之」[45]。

（二）「我家老奴，豈不能揣我意」

開元晚期，尤其是天寶時期，隨著唐玄宗從「怠於政事」到荒於理政的變化，高力士的作用也就愈來愈重要了。歷來皇帝與宦官的關係，往往不同於一般的君臣關係。皇帝雖然至高無上，富有四海，但在思想感情交流方面卻是孤獨的，貧困的。俗話說：「王者無戲言。」即使是對宰相們，也不能隨便地講心裏話。唯獨身邊寵信的宦官，可以與之傾吐自己的煩惱、困惑、設想與閃念。玄宗越到晚年，這種心態表現得更加突出。在奸相李林甫「蔽欺天子耳目」的情況下，卻能從宦官那裏聽到一些信息。所以，玄宗對力士說：「汝，我家老奴，豈不能揣我意！」[46]是的，高力士這個「老奴」，深深地知道主子的意圖。在一系列重大問題的決策上，玄宗總是先跟「老奴」私議，而力士的意見也無不扣緊主子的心弦。

開元二十六年（七三八），唐玄宗碰到了立太子的疑難。儲君問題關係到統治集團內部的權力分配，關係到政局安定與皇權鞏固。如果處置不妥，就會引出「禍變」。這一點，玄宗是頗有體會的。當時，究竟立壽王李瑁還是立忠王李璵，猶豫不決。壽王是武惠妃生的，排行第十八。

寵妃武氏已經病逝，宰相李林甫卻繼續勸立壽王為太子。忠王李璵是第三個兒子（長子李琮面容損傷，次子廢太子李瑛已死），在玄宗看來，忠王年長，而且仁孝恭謹，準備立為太子。就在舉棋不定的時候，高力士私下說：「推長而立，孰敢爭？」[47]玄宗聽了很高興，就斷然地立李璵為皇太子。

回顧歷史，廢立太子，是不容宦官插手的。而高力士竟起了如此重要的作用，確實反映了開元晚期宦官勢力的「益盛」。但是，對於這種「干預」朝政，要作具體分析，不能籠統地加以否定。奸相李林甫擁立壽王，包藏著險惡的禍心，為的是繼續獨攬外朝，並進而打入內廷。如果陰謀得逞，勢必會使皇室內部矛盾激化，甚至演成無休止的爭鬥。這幅情景是唐玄宗最憂慮的。而高力士提出的「推長而立」，恰恰是防止內爭與「禍變」的方案。雖然玄宗從來不恪守什麼立儲以長的，但是，現實使他高興地接受了這條原則。後來的歷史證明，立忠王比立壽王為好，有利於開元晚期和天寶時期的政局穩定，有利於消除皇室內爭。從這種意義上說，高力士「干預」朝政，決不是他的一大罪狀。

當然，宦官高力士和宰相李林甫之間的矛盾，實質上是唐朝最早的內廷與外朝之爭[48]。這種爭鬥，一直延續到天寶時期。天寶三載（七四四），唐玄宗倦於理政，忽然想「高止黃屋，吐故納新」，企求長生不老，而準備把「軍國之謀，委以林甫」。對此，高力士立刻表示不贊同，強調指出：「軍國之柄，未可假人，威權之聲，振於中外，得失之議，誰敢興言？伏惟陛下圖之。」這裏，「老奴」與主子之間，意見不一致了。唐玄宗原是醉心於「吐納」導引養生術，未必真的要把「軍國之柄」專委之林甫。高力士則深怕李林甫專權會損害自己的地位，所以用聳聽的危言來挑激「陛下」。玄宗乍一聽，很不高興。但是，細細一想，「老奴」之言也有道理，在維護皇權上比任何人都要「竭誠盡節」。於是，玄宗轉怒而喜，對力士說：「朕與卿休戚共同，何須憂慮。」[49]置酒為樂，左右皆稱萬歲。

舊史稱：「力士自是不敢深言天下事矣。」[50]如果把這句話理解為力士不敢言事了，恐怕不是真實的情況。既然力士與玄宗「休戚共同」，關係如此密切，怎麼可能會像「立仗馬」那樣沉默無聲呢？高力士言事有個特點，叫做「順而不諛，諫而不犯」[51]。他跟李林甫一樣，順從並迎合玄宗的心意。但是，又很不相同：李林甫專門歌功頌德，不講缺點；而高力士則多少提些意見，說些存在的問題。當然，如果唐玄宗不高興聽的話，力士就會聲稱身患「風疾」，自責罪該萬死，決不敢冒犯唐玄宗。這是奴性的表現，跟張九齡犯顏直諫有著本質的區別。

天寶十三載（七五四）六月，雲南戰事失利，唐軍覆沒。奸相楊國忠蔽欺皇帝，把失敗說成勝利，誰也不敢反映真實的情況。當時，唐玄宗認為，朝事付之宰相，邊事委託邊將，就沒有什麼憂患了。高力士尖銳地指出：「臣聞雲南數喪師，又邊將擁兵太盛，陛下將何以制之！臣恐一旦禍發，不可復救，何得謂無憂也！」[52]同年深秋，大雨成災，楊國忠隱沒真情，天下無敢言災者。高力士伏奏：「自陛下威權假於宰相，法令不行，災眚備於歲時，陰陽失度，縱為軫慮，難以獲安，臣不敢言，良有以也。」[53]可見，高力士時刻關注內外形勢，留意天下大事，對奸相報喜不報憂的做法極為不滿。在無人敢言的情況下，他能「諫而不犯」，給玄宗敲起警鐘，還是難能可貴的！

以上事實說明，宦官高力士的為人不同於奸相李林甫、楊國忠，決不是一丘之貉。誠然，李林甫和楊國忠的早年進用，跟高力士有點關係（不是主要的因素），但是，他們之間很快就發生矛盾了。這種矛盾的性質，一方面是爭權奪利與互相傾軋，另一方面也是政見分歧與志趣相異。高力士忠誠地維護皇權，反對奸相專權，反對邊將擁兵，其見識還算是高明的。特別是在天寶末期，預感到禍亂的爆發，多次提醒過唐玄宗，表現了一定的遠見與卓識。加上性格和藹，小心謹慎，得寵而不驕橫，得勢而不專斷，頗獲士大夫的好感。總之，天寶「禍亂」並非源於宦官高力士，是明明白白的事實。

（三）「竭誠盡節，上答皇慈」

唐玄宗既然荒於理政，也就會把政事交給宦官去辦，使高力士日益得寵。「上在禁中，不名力士，呼為將軍。」[54]皇太子叫力士為「二兄」，諸王公主皆呼「阿翁」，駙馬輩則直呼為「爺」。力士留在禁中處理表奏，玄宗就讓他在寢殿旁邊的簾帷中休息。力士篤信佛教，玄宗就以殿側一所廷院供他唸經拜佛，作為「修功德處」。據說，那裏「雕瑩瓘璨，窮極精妙」。天寶初，又封高力士為冠軍大將軍、右監門衛大將軍，進爵渤海郡公。天寶七載（七四八），加驃騎大將軍，從一品。階雖高，不過是勛官。過了六年，特地置內侍監二員，由高力士和另一個得寵的宦官袁思藝任之。這是職事官，雖然秩正三品，但比勛官重要。高力士權勢顯赫，「資產殷厚，非王侯能擬。」[55]宦官的地位提高與作用加強，對於後來宦官專權起了一定的影響。這也是無需否認的事實。

高力士是奴性十足的宦官。他曾聲稱：「竭誠盡節，上答皇慈」，即使「粉骨碎身」，也在所不辭。這裏吐露的是一種愚忠而已。但是，就力士與玄宗的私人情誼來說，卻有令人矚目的地方。許多的兄弟親王，無數的后妃宮女，上萬的臣僚官屬，幾千的宦官侍者，大概只有高力士追隨唐玄宗為時最長了。玄宗晚年在政治上最忠誠的知己者，除了「老奴」外，還有誰呢？特別是安史之亂爆發後，玄宗處於危難之際，寵妃楊氏死了，兒子肅宗自立為帝了。大臣如陳希烈，駙馬如張垍，宦官如袁思藝，紛紛投向安祿山營壘。而高力士則維護唐玄宗，逃到成都。後來，作為太上皇的玄宗，重返長安，相依為命的還是「老奴」高力士。玄宗死後，力士悲痛而絕，緊跟而去。大量的史實表明，「高力士真忠臣也，誰謂閹宦無人？」[56]在歷史上，像高力士這樣獨具個性、忠誠專一的宦官，確實是罕見的。

由於高力士畢生謹慎無大過，唐朝人對他的評論還是好的。「代宗以其耆宿，保護先朝，贈揚州大都督，陪葬泰陵。」[57]〈高公神道碑〉上說：「近無間言，遠無橫議。」曾與高力士有過接觸的郭湜，特地寫了《高力士外傳》，口口聲聲「高公」，表示了懷念與敬意。

踏上昏庸之路

如果說，開元初期「勵精為治」，中期「德消政易」，已不如前，那麼，晚期以後，唐玄宗就從「怠於政事」而走向昏庸了。政治上的昏庸，除了上述委政林甫、諫諍路絕、寵信宦官等外，還突出地表現為以下幾點。

（一）倦於萬機，高居無為

人的進取精神，是事業上成功的重要因素。只有克服無所作為的思想，才能成為一個大有作為的明君。唐玄宗早年經歷艱險，以不倦的拚搏，才登上皇位。開元初期，求治心切，奮發圖強，兢兢業業。有時通宵達旦地處理政事，「上（玄宗）不解衣以待旦。」[58]半夜裏想到什麼事，就叫宦官「持燭」於省中，立刻督促辦理。開元中期，雖然好大喜功，有所鬆懈，但基本上是勤勞施政的。玄宗規定：臣僚諫官們上封事，「門司」不得停滯，要迅速上報。一切重大的政事，包括宰臣任免，玄宗總是親自及時地處理。開元晚期以後，「上（玄宗）在位多載，倦於萬機，……自得林甫，一以委成。」[59]由於幾十年來的「太平盛世」，經濟繁榮，社會穩定，唐玄宗自我陶醉了，困倦於事了，不再像過去那樣日理萬機了。委政李林甫，竟達十六年，這是跟唐玄宗「倦於萬機」的心態密切相關的。

「上（玄宗）厭巡幸」，自開元二十四年（七三六）冬回西京，不復東幸洛陽。歷來有「天子巡狩」制度，反映了皇帝對全國各地形勢的關注。天寶三載（七四四），玄宗從容地說：「朕不出長安近十年，天下無事，朕欲高居無為，悉以政事委林甫，何如？」[60]高力士當即反對把政事「悉委」林甫，但對「高居無為」的思想不敢說半個「不」字。這年，玄宗正好六十歲，在古代早已算是老年人了。天寶十三載（七五四），古稀之年的唐玄宗，不得不發出了「朕今老矣」的感嘆，表達了十分厭倦政事的情緒。

從「倦於萬機」到「高居無為」的變化，說明唐玄宗已經喪失進取精神。有了無所作為的思想，也就不可能在政治上有所作為了。每當宰相推薦賢士，玄宗雖然詢問風度是否像張九齡那樣，但是，一問了之，再也不願作具體地考察。從前半夜物色張嘉貞的勁兒，早已沒有了。李林甫說「野無遺賢」，玄宗也信以為真。林甫奏，今天下太平無事，宰相們辦公巳時（上午十點鐘）就可以回家了。軍國機務竟決於私家，宰相陳希烈只是簽名而已。對於這種不正常的規則和鬆散的作風，玄宗聽之任之，因為他本人也認為天下無事可幹的了。君臣上下如此，天寶時期政治怎麼不會腐敗呢？

（二）冀求神仙，思慕長生

迷信神仙與否，歷來是區別明君與昏君的一個重要標誌。

唐玄宗急於理政之時，是無暇求神弄鬼的。開元十三年（七二五），明確宣稱：「仙者憑虛之論，朕所不取。」[61]改集仙殿為集賢殿，成為歷史上的美談。凡是務實的清醒的政治家，誰也不會輕信世上真有什麼神仙。為了穩定社會秩序，玄宗還禁止卜祝迷信活動，不准各地獻符瑞。當然，對於方藥與養生術，唐玄宗始終是孜孜以求的。人不可能不死，更無法成仙。但是，長壽健康是可以做到的。玄宗深諳此道，精通醫藥，講究養身。如果這一切並沒有妨礙與影響政務，又有什麼不好的呢？

開元二十二年（七三四），玄宗在東都洛陽召見了著名的方士張果，恩禮甚厚。舊史稱：「上（玄宗）由是頗信神仙。」胡三省也說：「明皇改集仙為集賢殿，是其初心不信神仙也，至是則頗信矣，又至晚年則深信矣。」[62]的確，從「不信」到「信」神仙，這年跨出了重要的一步。但是，就史實來看，玄宗主要是請教「方藥」之事，並沒有把張果當作「神仙」。張果自稱數千歲，是荒誕的，然而他有長年秘術，也是不必否認的。張果在宮殿裏的種種鬧劇，似出於後人的傳說編造，未必是信史。玄宗讚揚「張果先生，遊方外者也。跡先高尚，深入窈冥」[63]。與之結交半年，在政治上沒有產生惡劣的影響。

唐玄宗從思慕長生而篤信神仙，發展到荒政誤國的昏庸地步，那是天寶時期的事。「天寶元年十月，造長生殿，名為集靈臺，以祀神。」[64]從前廢棄「集仙殿」，如今重新造了「集靈臺」，這是政治思想上的大倒退。延年益壽不去依賴養身術，而是祈求於神仙，也就走向荒謬的境界了。

天寶四載（七四五）正月，有一天，年過花甲的玄宗，一本正經地對宰相說，他曾在宮中築壇祈福，忽然聽到空中語云「聖壽延長」。這似乎是過分思念長壽而造成的幻覺。可笑的是，玄宗把幻覺當作神怪顯靈，而太子、諸王、宰相等竟將誕佞視為事實，紛紛上表慶賀。宋代史學家范祖禹批評說：「明皇假於怪神，以罔天下，言之不怍，而居之不疑，何以使其臣下不為欺乎？是率天下而欺己也。」[65]如此自欺欺人，真是昏庸之至！

為了迎合唐玄宗企求長壽的急切心情，一些投機取巧之徒耍弄了新花招。天寶八載（七四九），有個叫李渾的，串連了一些人，上書聲稱：在太白山遇見「神人」，「神人」說金星洞有塊玉板石，「記聖主福壽之符」[66]。玄宗立刻派官員去尋找，果然得到了。這是拙劣的詐騙，事先埋好「福壽之符」，竟使玄宗如獲至寶。從此以後，各地紛紛效仿，「符瑞」像雪片似的飛來。史稱：「時上（玄宗）尊道教，慕長生，故所在爭言符瑞，羣臣表賀無虛月。」宰相李林甫也把自己的宅第捐獻為道觀，「以祝聖壽，上悅。」[67]可見，從合理的養身之道，演化為如此荒唐的「慕長生」，清楚地反映了唐玄宗晚年的昏庸。這也是政治上喪失進取心的必然結局。

（三）鑄造真容，崇拜偶像

更有甚者，唐玄宗還製造偶像崇拜，掀起了一場渾渾噩噩的造神運動。

雖然在此之前，那些尊崇道教者，早就把始祖老子當作「玄元皇帝」來頂禮膜拜。但是，老子何等樣子，誰也說不清楚。開元二十九年（七四一），玄宗根據自己的夢幻，派人到盩厔樓觀山間找到了一張老子像，迎置興慶宮。同時，「命畫玄元真容，分置諸州開元觀。」[68]這樣，全國處處有玄元皇帝的「真容」畫像，尊奉老子到了狂熱的程度。

如果說，崇拜老子偶像還是可以理解的，那麼，唐玄宗自己為自己造神，簡直是莫名其妙的了。大約天寶初期，在長安最大的道教廟堂太清宮，「命工人於太白山採白石，為玄元聖容與玄宗聖容，侍立於玄元右，皆依王者袞冕之服，繪彩珠玉為之。」[69]用白玉石雕塑了玄宗真容，站立在玄元皇帝（老子）聖容的右側，供人禮拜。天寶三載（七四四），東、西兩京以及天下諸郡都要用金銅鑄造老子和玄宗「真容」，供奉在道觀裏。天寶八載（七四九），甚至在潞州啟聖宮（即隆基舊宅飛龍宮）裏，「琢玉造聖祖大道玄元皇帝真容及帝真容」[70]。可見，唐玄宗的塑像遍及全國各地，有玉石雕的，有金銅鑄的，像老子一樣備受崇拜。

眾所周知，唐初以來，皇帝有寫真圖，即皇帝的畫像。如唐太宗寫真圖，開元時期張說就曾看見過。但是，沒有一個皇帝把自己的畫像供奉起來，更沒有雕鑄成「真容」，而唐玄宗卻率先這樣做了，開啟了帝王偶像崇拜的先聲。這是為什麼呢？舊史稱：「天寶中，天下州郡皆鑄銅為玄宗真容，擬佛之制。」[71]的確，塑像是跟佛教的傳播有關。但是，玄宗「真容」的大樹特樹，卻是尊崇道教這股潮流的產物。天寶四載（七四五），崇玄館學士、門下侍郎陳希烈奏曰：「伏惟陛下虔誠奉道，福佑所歸，置玉石真容，侍聖祖（老子）左右。」[72]可見，設置玄宗偶像，是跟尊奉道教分不開的。所謂「福佑所歸」，無非是要聖壽延長，永遠健康。這也就是造神運動的現實目的。

唐玄宗不僅把自己造成了「神」，而且把身邊寵信的宰相也帶進了「神」的殿堂。天寶五載（七四六）九月，「詔於太清宮刻石為林甫及陳希烈像，侍於聖容（玄宗塑像）之側。」[73]後來，李林甫死了，名聲敗裂，宰相楊國忠取而代之，也以石像侍於玄宗「真容」之側。長安太清宮裏的情景，猶如封建朝廷的倒影。世俗間的君與臣，到了「神」的境界，依舊是君臣關係。這種從

「人」到「神」的昇華，反映了要把封建統治永遠維持下去的願望。然而，維護封建統治不是依靠政治上的明察，而是祈求於造神舉動，又恰恰表現了唐玄宗晚年的昏庸。

（四）蕩心侈欲，風俗奢靡

前章說過，隨著開元盛世的出現，唐玄宗就醉心於豪華的生活，不講什麼「刻厲節儉」了。開元晚期以後，尤其是天寶時期，由於荒於理政與冀求神仙，在物質享受方面必然是日益腐朽化。唐朝蘇冕指出：「上（玄宗）心蕩而益奢，人望怨而成禍。」[74]玄宗晚節猶以奢敗，是何等深刻的教訓。

建置瓊林、大盈二庫，是唐玄宗「蕩心侈欲」的表現之一。開元末年，貴臣貪權，飾巧求媚，建議：「郡邑貢賦所用，盍各區分：賦稅當委於有司，以給經用；貢獻宜歸於天子，以奉私求。」也就是說，天下賦稅按舊制皆納於左藏，太府四時上其數，尚書比部復校其出入。另外，新置瓊林、大盈二內庫，專門存儲各地貢物，以供天子私求。這樣做，實際上是把天下貢賦（部分）化為人君私藏，便於皇帝任意揮霍。唐朝著名的政治家陸贄批評說：「瓊林、大盈，自古悉無其制，傳諸耆舊之說，皆云創自開元。……玄宗悅之，新是二庫，蕩心侈欲，萌柢於玆。」[75]

天寶四載（七四五），由於「用度日侈」，戶口色役使王鉷，私自把歲貢額外錢百億萬，轉入大盈內庫，以供皇帝宴私賞賜。王鉷說：「此皆不出於租庸調，無預經費。」玄宗信以為真，誇獎王鉷「能富國」，將他提拔為御史中丞、京畿採訪使。其實，「鉷務為割剝以求媚，中外嗟怨。」[76]由此可見玄宗昏庸之一斑。

宴樂無度，賞賜無節，這是君臣上下、朝廷內外腐敗的重要表現。宴請之風愈颳愈烈，貴戚競以進食相尚。玄宗吃的山珍海味，一盤的費用就等於十戶中等人家的產業。天寶六載（七四七），命百官到尚書省參觀各地送來的貢物。閱畢，統統賞賜給宰相李林甫。李林甫是開元以來最奢侈的宰相。史稱：「林甫京城邸第，田園水磑，利盡上腴。城東有薛王別墅，林亭幽邃，甲於都邑，特以賜之，及女樂二部，天下珍玩，前後賜與，不可勝紀。」[77]天寶八載（七四九），引百官參觀堆滿寶貨財物的左藏庫，同時給百官賜帛有差。過了三年多，玄宗又親自帶領羣臣參觀左藏庫，賜羣臣帛。據說：「上（玄宗）以國用豐衍，故視金帛如糞壤，賞賜貴寵之家，無有限極。」[78]在這種情況下，貴寵之家如高力士、楊國忠、楊氏家族以及安祿山等等，都是窮奢極欲的典型。

總之，「天寶已後，風俗奢靡，宴席以諠譁沉湎為樂。……公私相效，漸以成俗，由是物務多廢。」[79]政治上昏庸，促使了風俗上衰頹；而奢靡成風，又造成了「物務多廢」。這樣的惡性循環，終於把唐玄宗推上敗亡的道路。

「開元之治」的反思

「開元之治」歷來與「貞觀之治」並稱，它以空前繁榮的盛世登上了唐朝歷史的最高峰。然而，就在經濟文化一直呈上升趨勢的同時，唐玄宗在政治上卻是「滑坡」了：開元中期不如初期，晚期不如中期，天寶不如開元。如此明顯的反差，往往令人反思不已。

（一）由明而昏的三部曲

「開元盛世」消失之後，回過頭來一看，不難發現，唐玄宗走的是一條由明趨昏的道路。唐代宗、德宗時，政治家顏真卿、陸贄等對此已作了一些分析。特別是唐憲宗，十分重視「開元之治」的研究，提出了一個發人深省的問題：「朕讀《玄宗實錄》，見開元初銳意求理，至十六年已後，稍似懈倦，開元末又不及中年，何也？」[80]這裏說的，正是把「開元之治」劃分為三個階段。初期，銳意求治，「依貞觀故事」，取得了「貞觀之風，一朝復振」的業績。中期，好大喜功，「粉飾盛時」。唐憲宗說的「十六年已後」，似指封禪泰山之後，從東都返回西京，在政治上稍稍懈倦。當然，確切地說，張說任中書令為中期的開始。晚期，委政李林甫，「怠於政事」，走向昏庸。可見，唐玄宗的三部曲，是客觀存在的事實，並不是人為的臆造。

為什麼經濟文化持續發展而政治上卻走下坡路呢？安史之亂的暴風雨過後，殘破景象代替了歌舞昇平，人們探討的話題自然地集中到「開元之治」的得失上。有的說：「皆權臣誤主，不遵太宗之法故也。」[81]有的說：「耳目之娛漸廣，憂勤之志稍衰。侈心一萌，邪道並進。……司府以厚斂為公忠，權門以多賂為問望。外寵持竊國之勢，內寵擅回天之謠。禍機熾然，焰焰滋甚。」[82]有的說：「承平日久，安於逸樂，漸遠端士，而近小人。宇文融以聚斂媚上心，李林甫以奸邪惑上意，加之以國忠，故及於亂。」[83]有的說：「理生於危心，亂生於肆志。……李林甫、楊國忠相繼用事，專引柔佞之人，分居要劇，苟媚於上，不聞直言。……蓋小人啟導，縱逸生驕之致也。」[84]如此等等，不一而足。

上述各種的解釋，歸結起來，主要有幾點：第一，用人不當，奸寵專權。第二，不容諫諍，偏信邪言。第三，倦於理政，驕奢縱欲。這些確實是唐玄宗由明而昏的重要因素。但是，如果追問一下：為什麼從「任賢用能」變為寵信奸邪？為什麼從「從諫如順流」變為「諫諍路絕」？為什麼從「求治心切」變為求神仙心切？為什麼從「勵精圖治」變為荒於理政？為什麼從「刻厲節儉」變為肆志縱逸？苛求古人，用階級矛盾與社會矛盾的觀點來解釋，那是荒唐的。而要弄清「為什麼」，關鍵在於對封建專制政治體制的基本特徵的認識。

（二）「人君明哲，終始尤難」

唐文宗時，大臣李玨論及開元天寶政事時，指出：「人君明哲，終始尤難。」[85]肯定唐玄宗是傑出的政治家，無疑對的。但是，作為「人君明哲」，跟許多傑出的歷史人物一樣，有好的開始，卻沒有好的結局。應當說，歷史上政治家特別是帝王一類人物，未能終始如一的，多得很，只是程度有所差異罷了。即使像明君唐太宗，也是後期不如前期，卑儉之跡歲改，驕侈之情日異，「所以，功業雖盛，終不如往初。」[86]

這樣，歷史就提出了一個帶普遍性的重要問題：自古以來，多少傑出的「人君明哲」，創業時總是兢兢業業，蓬勃向上，但是，在取得勝利與成功之後，或者在繁榮盛世之時，就逐漸地為功業所陶醉，慢慢地腐敗，走向下坡路了。這究竟是為什麼呢？歷史是千差萬別的，具體的人物要結合具體的歷史條件來分析。但從普遍意義上說，「鮮克有終」，是跟封建專制政治弊病分不開的。下面，列舉幾點來談談。

第一，專制權欲與年事增長的關係。

封建帝王無例外地要把自己的統治維持下去，這是不會放棄的專制權欲的表現。在初創時期，帝王的權欲往往跟社會發展的趨勢相一致，跟恢復與發展生產力的潮流相一致，跟廣大人民羣衆的意願相一致，因而就能夠有所作為，幹出一番轟轟烈烈的事業。「開元之治」贏得輝煌的功績，根本原因就在於此。但是，一旦坐穩天下，大功告成，專制權欲所固有的種種弊病就會表現出來，成為阻礙社會進步的東西。同時，隨著帝王年事的增長，逐漸地喪失蓬勃向上的進取精神，「怠於政事」是不可避免的了。開元中期，唐玄宗在一片「萬歲」聲中封禪泰山，又在「上萬歲壽」中搞了「千秋節」，自我陶醉了，忘乎所以了。晚期以後，他多次表示對政事的厭倦，說：「朕年事漸高，心力有限，朝廷細務，委以宰臣，藩戎不讋，付之邊將，自然無事，日益寬閒。」[87]

由於皇位的終身制與世襲制，把事情弄得更加複雜了。一方面「心力有限」，倦於理政，另一方面專制權欲至老而不衰，決不會輕易地放棄。於是，各種矛盾發生了，各種弊病出現了。圍繞著太子問題（皇位繼承權）的爭鬥激烈了，朝臣之間互相傾軋增多了，竊國擅權的外內寵臣孳生了。因此，帝王晚年政治狀況總是不如初期，即使主觀上想要保持清明，也是難以做到的。

第二，「太平盛世」與政治昏庸的關係。

「太平盛世」是指王朝的鼎盛時期，歷來「人君明哲」無不以此為追求目標。而要實現「盛世」，就非經由艱苦奮鬥不可。史稱：「昔玄宗少歷屯險，更民間疾苦，故初得姚崇、宋璟、盧懷慎輔以道德，蘇頲、李元紘孜孜守正，則開元為治。」[88]在這過程中，統治者的私欲，不僅受到客觀歷史環境的制約，而且還會由自己作些壓抑。因此，政治上比較清明，國家官僚機構運轉比較正常，相對地說，腐敗現象較少。

但是，隨著「太平盛世」的實現，在歌舞昇平的背後，各種社會矛盾從平穩狀態又趨向激化了。統治者的貪欲因經濟繁榮與財富增長而逐漸地膨脹起來。「侈心一萌，邪道並進」，種種弊病湧現了。官僚機構越來越龐大，冗官冗員，腐敗自不待言。據統計，開元二十一年（七三三），「官自三師（太師、太傅、太保）以下，一萬七千六百八十六員，吏自佐史以上，五萬七千四百一十六員，而入仕之途甚多，不可勝紀。」[89]天寶之後，不僅官員多，而且將兵多。凡鎮兵四十九萬人，馬八萬餘匹。每年軍士用衣達一千二十萬匹，耗糧一百九十萬斛。司馬光指出：「公私勞費，民始困苦矣。」[90]注意，所謂「始」字，說明經歷近三十年「開元盛世」而百姓又「困苦」了，階級矛盾必然是日益尖銳化。

「氣盛而微，理固然也。」[91]從「太平盛世」走向衰微，對於統治者來說，幾乎是不可抗拒的規律。

第三，商品經濟與縱欲頹敗的關係。

有一種意見認為，商品經濟的腐蝕作用，是封建統治集團包括唐玄宗本人頹敗的原因之一。這是值得商榷的。

首先，必須指出，經濟繁榮與財富增長，其本身並不包含有什麼腐蝕作用，只是為統治者驕奢淫逸提供了物質條件，貪欲是統治者對物質享受追求的某種特性，而這種特性卻不是來自經濟發展的內涵。在特定的歷史環境裏，因客觀物質條件的限制，統治者的貪欲表現不甚突出，如「明皇之始欲為治，能自刻厲節儉」，就是一個典型。但是，隨著「太平盛世」的出現，「國用豐衍」，統治者視金帛如糞壤，「明皇暴斂而橫費之，其不愛惜如此，安得無禍乎？」[92]如果把這種頹敗情況歸結為「商品經濟的腐蝕作用」，似不妥當。司馬光說得好：「甚哉，奢靡之易以溺人也！」[93]是奢靡是貪欲膨脹害人，而不是經濟發展害人，這是應當區別清楚的。

其次，在開元、天寶時期，占主導地位的是自給自足的自然經濟，而不是商品經濟。統治者享用的物質資料，絕大部分是由全國賦稅與貢獻提供的，而不是來源於商品交換。例如，專供「天子私求」的百寶大盈庫，儲存的是各地貢物；左右藏庫皆出於租庸調。天寶初，有人進獻五色玉帶，玄宗又從左藏庫中得到五色玉杯。於是，「上（玄宗）怪近日西貢無五色玉，令責安西諸蕃。蕃言比常進，皆為小勃律所刼，不達。」[94]可見，遠自西域而來的奢侈品，是通過進貢的途徑，而不是經由商人之手。商業豪富階層是存在的，但在經濟生活中並沒有扮演重要的角色。國家財富的積累與集中，依賴於政府官員的搜括。什麼租庸使、戶口色役使，什麼和糴使、轉運使，什麼鹽鐵使、支度使，名目繁多。聚斂之臣如宇文融、韋堅、楊慎矜、王鉷、楊國忠等等，身兼各種專使，奔忙於各地，搜括民膏民脂，以供統治者包括唐玄宗的任意揮霍。顯然，他們的經濟活動跟商品經濟是無緣的。正因為財富不是通過商品交換得到的，所以浪費起來毫無痛惜之心。

（三）驕奢是可怕的腐蝕劑

以上，說的是階級的、社會的、經濟的客觀原因。如果從主觀因素來看，唐玄宗由明而昏還在於：驕奢是可怕的腐蝕劑[95]。

首先，「志滿意驕」，陶醉於「太平盛世」。前章說過，開元中期已不如初期，原因之一就是唐玄宗「驕心浸生」。正如宋代史臣指出：「及太平久，左右大臣皆帝自識擢，狎而易之，志滿意驕，而張九齡爭愈切，言益不聽。夫志滿則忽其所謀，意驕則樂軟熟、憎鯁切，較力雖多，課所效不及姚（崇）、宋（璟）遠矣。」[96]的確，驕傲自滿，就聽不進別人的意見，就喜歡阿諛奉承，所以政治上稍怠了。開元晚期以後，唐玄宗更為歌功頌德所包圍。開元二十七年（七三九），羣臣請加尊號曰「開元聖文神武皇帝」，許之。天寶元年（七四二），尊號又加了「天寶」兩字。七載（七四八），尊號內又加了「應道」兩字。次年，羣臣上尊號曰「開元天地大寶聖文神武應道皇帝」。十三載（七五四），上尊號曰「開元天地大寶聖文神武證道孝德皇帝」。尊號的變化，反映了唐玄宗越來越「志滿意驕」了。

唐玄宗還陶醉於「太平盛世」，居安而不思危，於是無所作為的思想占了上風。天寶元年正月初一，玄宗在興慶宮勤政樓受朝賀，大赦天下，改元「天寶」，宣稱：「昊穹孚祐，萬方無事。六府惟修，寰宇晏如。」[97]既然天下太平，「萬方無事」，也就從「怠於政事」走向荒政誤國了。後來，他多次聲稱「朕欲高居無為」，把政事統統交給內外寵臣去辦理。這樣就造成了奸相專權的黑暗局面。

其次，驕者必奢，奢者必昏。唐穆宗時，大臣崔植對此作了生動的說明。他指出，開元初期，宋璟送上《無逸圖》一幅，該圖是根據《尚書・無逸》篇畫的，告誡切勿縱欲。玄宗置之內殿，出入觀省，牢記在心，「故任賢戒欲，心歸沖漠。」然而，「開元之末，因《無逸圖》朽壞，始以山水圖代之。」這表明玄宗放棄了「無逸」的古訓，沉溺於山水娛樂，蕩心於侈欲奢靡。「自後既無座右箴規，又信奸臣用事，天寶之世，稍倦於勤，王道於斯缺矣。」[98]可見，驕奢縱欲的結果，必然導致政治上的昏闇。

再次，沒有自知之明。一般地說，「人之立事，無不銳始而工於初，至其半則稍怠，卒而漫澶不振也。」[99]雖然封建帝王都有後期不如前期的情況，但是，並非個個都踏上敗亡的道路。這裏，除了各種客觀條件外，重要的問題是有無自知之明。例如，唐太宗後期雖然驕奢縱欲，但他還是有自知之明的，公開地檢討：「吾居位已來，不善多矣，錦繡珠玉不絕於前，宮室臺榭屢有興作，犬馬鷹隼無遠不致，行遊四方，供頓煩勞，此皆吾之深過，勿以為是而法之。」[100]由於能夠承認錯誤，也就避免了一些失誤，始終沒有朝危亡的道路滑下去。相比較而言，唐玄宗晚期就缺乏這種自知之明。史稱：「晚年自恃承平，以為天下無復可憂，遂深居禁中，專以聲色自娛，悉委政事於林甫。……養成天下之亂，而上（玄宗）不之寤也。」[101]在委政李林甫的十六年裏，玄宗自以為「明主」，聽不得別人的意見，對於各種嚴重的問題根本「不之寤」，沒有覺察，更談不到有所檢討。李林甫死後，又完全聽信了楊國忠，依舊是「不之寤」。天寶十二載（七五三），玄宗在〈削李林甫官秩詔〉中，說李林甫「外表廉慎，內懷凶險，……禍福生於喜怒，榮辱由其愛憎，使縉紳箝口，行路側目」[102]。這裏，雖然譴責奸相李林甫的罪行，但是沒有一句話聯繫到玄宗自己。其實，林甫的一切「凶險」，正是由於玄宗寵信的結果。可見，時至於此，玄宗還是沒有一點自知之明。因此，繼續委政楊國忠，終於導致了安史之亂。

註釋

1《資治通鑑》卷二一四，開元二十四年十一月條。
2《全唐文》卷五四八，韓愈〈潮州刺史謝上表〉。
3《資治通鑑》卷二一五，天寶元年三月條。
4《全唐文》卷三三，玄宗〈削李林甫官秩詔〉。
5《舊唐書·李林甫傳》，拜相作開元「二十三年」，當誤。
6《全唐文》卷二三，玄宗〈授裴耀卿侍中、張九齡中書令、李林甫禮部尚書制〉。
7《開元天寶遺事》卷下，「醉語」條。
8《資治通鑑》卷二一四，開元二十四年十一月條。
9《冊府元龜》卷三三九，〈宰輔部·邪佞〉。
10《資治通鑑》卷二一四，開元二十四年十月條。
11《明皇雜錄》卷下。
12《資治通鑑》卷二一四，開元二十四年十一月條。
13《新唐書·李林甫傳》。
14《資治通鑑》卷二一四，開元二十五年四月條〈考異〉。
15《柳河東集》卷九，〈故御史周君碣〉。
16《大唐新語》卷六，〈舉賢〉。
17《新唐書·李林甫傳》。
18《太平御覽》卷二〇五，〈職官部·丞相下〉。
19《大唐新語》卷七，〈識量〉。
20《新唐書·陳希烈傳》。
21《冊府元龜》卷三三九，〈宰輔部·忌害〉。
22《新唐書·齊澣傳》。
23《資治通鑑》卷二一五，天寶三載十二月條。
24《大唐新語》卷八〈聰敏〉及《新唐書·李林甫傳》。
25《資治通鑑》卷二一五，天寶六載正月條。
26《全唐文》卷三三，玄宗〈以李林甫兼領朔方節度詔〉。
27《新唐書·崔羣傳》及傳末「贊曰」。
28《唐鑑》卷五，〈玄宗下〉。
29《舊唐書·崔羣傳》。
30《大唐新語》卷一一，〈懲戒〉。
31《開元升平源》。
32《唐鑑》卷五，〈玄宗下〉。
33《史綱評要》卷二〇，〈玄宗〉。
34 唐朝郭湜《高力士外傳》。

35 有的傳記說是「帶至長安」，當誤。
36 《舊唐書・高力士傳》。
37 有的傳記作「開元初」，似未細加考核，欠妥。
38 參見葛承雍〈重評高力士〉，載《人文雜志》一九八四年第一期。
39、40 〈大唐故開府儀同三司贈揚州大都督高公神道碑〉。
41 《次柳氏舊聞》。
42 《明皇雜錄》卷上。
43 《冊府元龜》卷六六七，〈內臣部・幹事〉。
44 《朝野僉載》卷五。
45 《資治通鑑》卷二一三，開元十九年正月條。
46 《資治通鑑》卷二一四，開元二十六年五月條。
47 《新唐書・李林甫傳》。
48 參見黃永年〈唐肅宗即位前的政治地位和肅代兩朝中樞政局〉，載《唐史研究會論文集》。
49 《高力士外傳》。
50 《資治通鑑》卷二一五，天寶三載十二月條。
51 〈大唐故開府儀同三司贈揚州大都督高公神道碑〉。
52 《資治通鑑》卷二一七，天寶十三載六月條。《高力士外傳》作天寶「十年」，似誤。
53 《高力士外傳》。
54 《次柳氏舊聞》。
55 《舊唐書・高力士傳》。
56 《史綱評要》卷二〇，〈玄宗〉。
57 《舊唐書・高力士傳》。
58 《明皇雜錄》卷上。
59 《舊唐書・李林甫傳》。
60 《資治通鑑》卷二一五，天寶三載十二月條。
61 《資治通鑑》卷二一二，開元十三年四月條。
62 《資治通鑑》卷二一四，開元二十二年八月條。
63 《舊唐書・張果傳》。
64 《唐會要》卷三〇，〈華清宮〉。
65 《唐鑑》卷五，〈玄宗下〉。
66 《資治通鑑》卷二一六，天寶八載五月條。
67 《資治通鑑》卷二一六，天寶九載十月條。
68 《資治通鑑》卷二一四，開元二十九年五月條。
69、70 《冊府元龜》卷五四，〈帝王部・尚黃老二〉。
71 《舊唐書・李寶臣傳》。
72 《冊府元龜》卷五四，〈帝王部・尚黃老二〉。
73 《冊府元龜》卷三一九，〈宰輔部・褒寵二〉。
74 《資治通鑑》卷二一六，天寶七載六月條。

75《全唐文》卷四六九，陸贄〈奉天請罷瓊林大盈二庫狀〉。
76《資治通鑑》卷二一五，天寶四載十月條。
77《舊唐書・李林甫傳》。
78《資治通鑑》卷二一六，天寶八載二月條。
79《舊唐書・穆宗本紀》。
80《舊唐書・憲宗本紀下》。
81《全唐文》卷三三六，顏真卿〈論百官論事疏〉。
82《全唐文》卷四六八，陸贄〈奉天論前所答奏未施行狀〉。
83《舊唐書・憲宗本紀下》。
84《舊唐書・李絳傳》。
85《舊唐書・陳夷行傳》。
86《貞觀政要》卷二，〈納諫〉。
87《高力士外傳》。
88《新唐書・崔羣傳》。
89《資治通鑑》卷二一三，開元二十一年六月條。
90《資治通鑑》卷二一五，天寶元年正月條。
91《元稹集》卷二八，〈才識兼茂明於體用策一道〉云：
「天寶之後，徭戍漸興，氣盛而微，理固然也。」
92《唐鑑》卷六，〈玄宗下〉。
93《資治通鑑》卷二一一，開元二年七月條。
94《酉陽雜俎》前集卷一四，〈諾皋記上〉。
95 參見魏克明〈唐玄宗盛衰史略〉，載上海《社會科學》一九八〇年第四期。
96《新唐書》卷一二六，贊曰。
97《全唐文》卷三九，玄宗〈改元大赦文〉。
98《舊唐書・崔植傳》。
99《新唐書》卷一二六，贊曰。
100《資治通鑑》卷一九八，貞觀二十二年正月條。
101《資治通鑑》卷二一六，天寶十一載十一月條。
102《全唐文》卷三三，玄宗〈削李林甫官秩詔〉。

第九章　完善立法與行政法典

「開元之治」的一個重要方面，就是襲用貞觀法制的寬仁慎刑原則，對唐初以來律令格式進行某些刪修，編撰了我國歷史上最早的行政法典《唐六典》，以適應「盛世」的需要。唐玄宗為完善法制而作的努力，在我國法制史上譜寫了新的一頁。但是，晚年又走上了重用酷吏、踐踏法制的老路。

「以寬仁為理本」

史稱：「開元中，玄宗修道德，以寬仁為理本。」[1]重新恢復「寬仁」原則，是經歷長期鬥爭的結果，是對武周時代酷吏政治的否定。

（一）清除酷吏政治的影響

衆所周知，「唐家承隋苛虐，以仁厚為先。」[2]鑒於隋煬帝的繁法酷刑的嚴重後果，唐太宗「遂以寬仁治天下，而於刑法尤慎」[3]。正是在寬仁慎刑原則的指導下，制定了著名的《唐律》。及至「高宗即位，遵貞觀故事，務在恤刑」。永徽四年（六五三）頒布的《唐律疏議》，是貞觀法律繼續完善的成果。然而，自永徽以後，武則天登上政治舞臺，由於統治集團內部矛盾的激化，逐漸出現「濫刑」的傾向。特別是垂拱以後，武后臨朝，「恐人心動搖，欲以威制天下，漸引酷吏，務令深文，以案刑獄。」[4]於是，寬仁慎刑原則被廢棄了，代之以威刑嚴法。

針對上述情況，姚崇在「十事要說」中首先強調：「自垂拱已來，朝廷以刑法理天下，臣請聖政先仁義，可乎？」也就是說，姚崇主張恢復貞觀、永徽時期的寬仁原則，把行「仁義」作為「理天下」的第一要務。對此，唐玄宗深表讚賞，說「朕深心有望於公也」[5]。欣然採納姚崇的這一政治主張，絕不是偶然的。在酷吏横行的時代，唐玄宗本人也是受害者之一。外祖父竇孝諶一家慘遭酷吏迫害，那是何等的寃屈事件。樂工安金藏剖腹的壯烈場面，更使少年的李隆基看到「酷吏肆凶，潛行謀構」，造成了多麼嚴重的後果。往後的二十年，又目睹各種殘酷的宮廷内爭。從切身經歷中，玄宗體會到：姚崇的建議無疑是正確的。如果不先行「仁義」，內部關係不可能獲得協調，穩定政局也就成了一句空話，天下「太平」更何從談起。

開元時期，寬仁原則貫串於政治經濟生活的各個方面。下面，先談談有關消除酷吏政治影響的兩個問題。

第一，重中廢止酷吏政治。

唐朝酷吏政治是派別鬥爭的產物。酷吏所打擊的對象主要是政治上的反對派，而不是平民百姓。武則天曾起用酷吏，以達到消滅政敵與鞏固統治的目的。然而，酷吏肆凶，又帶來新的社會恐怖與不安。所以，武則天最終還是親自處置了周興、索元禮、來俊臣等一批酷吏。中宗神龍初年，宣布周興等酷吏已死的追奪官爵，尚存者如唐奉一、曹仁哲等都流放到嶺南惡地。但是，在「禍亂」

不已的時期裏，自然來不及徹底清查酷吏並消除其政治影響，以致某些人仍任地方刺史等官職。開元元年（七一三）底，唐玄宗就著手清理還活著的酷吏及其子弟。次年閏二月，下了一道敕令：涪州刺史周利貞等十三人，都是酷吏，罪行比周興等差輕，應當「放歸草澤，終身勿齒」[6]。必須指出，這個敕令並沒有切實執行。如周利貞，原是崔湜的表兄，任廣州都督時，崔湜曾唆使他殺害劉幽求。照規定，宜「終身勿齒」。可是，不久又授珍州司馬。次年，授夷州刺史，黃門侍郎張廷珪反對說：「今錫以朱紱，委以藩維，是絀奸不必行也。」[7]疏入，遂寢。未幾，復授黔州都督，加朝散大夫，由於張廷珪堅決抵制，玄宗乃止。廷珪罷職後，周利貞起為辰州長史。最後，又貶利貞為邕州長史，未幾，賜死於梧州。看來，唐玄宗的這種態度，為天寶年間重新起用酷吏，種下了禍根。

開元十三年（七二五）三月，御史大夫程行諶奏：武周朝酷吏周興、索元禮、來俊臣等二十三人，「殘害宗枝，毒陷良善，情狀尤重，子孫不許與官。陳嘉言、魚承曄、皇甫文備、傅遊藝四人，情狀稍輕，子孫不許近任。」[8]玄宗採納並實行這一建議。當然，酷吏跟他們的子孫不是一回事。按照血統論，株連及其子孫，也未必是妥善的。不過，此事卻反映了唐玄宗重申廢止酷吏政治的某些意向。

第二，表彰「用法平直」。

當酷吏「羅織」之際，也有些法官卓然守法，持平不撓，敢於跟羣邪爭鬥。大理卿徐有功就是一個典型。史載：「時酷吏周興、來俊臣、丘神勣、王弘義等構陷無辜，皆抵極法，公卿震恐，莫敢正言。有功獨存平恕，詔下大理者，有功皆議出之，前後濟活數十百家。」[9]他還曾為李隆基外祖父母寃案辯護，因而被除名為庶人。後來，又任司刑少卿等，執志不渝。長安二年（七〇二）卒，年六十二歲。

對於徐有功這樣的法官，唐玄宗是深懷敬意的。開元二年（七一四）閏二月，「上思徐有功用法平直」[10]，以其子徐惀為恭陵令。國舅豳公竇希瑊等請把自己的官爵讓給惀，以報舊恩，於是徐惀遷為申王府司馬。

唐玄宗表彰「用法平直」，產生了積極的社會效果。開元時期，湧現一批執法清嚴的官吏，顯然與此有關。例如，開元三年（七一五），京兆尹崔日知「貪暴不法」，御史大夫李傑將發舉之，日知反而誣告李傑有罪。侍御史楊瑒奏曰：「若糾彈之司，使奸人得而恐愒，則御史臺可廢矣。」[11]玄宗覺得有理，立刻命李傑視事如故，貶日知為歙縣丞。又如河南尹李朝隱，「政甚清嚴，豪右屏跡。」當時太子舅舅趙常奴恃勢欺害平民，朝隱繩之以法，執而杖之。玄宗知道後，「又降敕書慰勉之」[12]，表揚這位「素有公直之譽」的官員。開元十年（七二二），遷大理卿。

（二）防止苛刑與濫刑

在酷吏橫行的時代，苛刑之殘忍，令人髮指。或者以醋灌鼻，禁地牢中；或者盛之瓮中，以火燒之。什麼「定百脈」、「喘不得」，什麼「突地吼」、「失魂膽」，真是五花八門！後來，酷吏統治雖已結束，但苛刑之餘風繼續存在著。先天二年（七一三）八月，即誅滅太平公主不久，唐玄宗宣布：「凡有刑人，國家常法。……自今以後，輒有屠割刑人骨肉者，依法科殘害之罪。」[13]這是對酷吏遺風的清理，也是立法上的一種進步。開元以來，基本上廢除了「屠割骨肉」的苛刑，按照「常法」實行死刑、流刑、徒刑、杖刑等。開元十二年（七二四）四月，由於杖刑過重，致人殞斃，唐玄宗頒發了一道敕令：「比來犯盜，先決一百，雖非死刑，大半殞斃。言念於此，良用惻然。今後抵罪人，合杖敕杖，並從寬。」[14]改決杖一百為六十，定為常式。可見，這些法制上改革都體現了寬仁慎恤的原則，反映了開元立法的某些特點。

完善死刑的審批程序，是貞觀司法的重要措施。開元司法也有這一條，唐玄宗在〈恤刑制〉中宣稱：「自今有犯死刑，除十惡罪，宜令中書門下與法官詳所犯輕重，具狀奏聞。」[15]但是，唐玄宗有時候「生殺任情」，從個人好惡出發，輕易地決定處死。例如，開元七年（七一九）深秋，在通往興慶宮的「複道」上，看見一個衞士將吃剩的飯菜倒在溝竇裏。玄宗「怒，欲杖殺之，左右莫敢言」。同行的長兄寧王憲（原名成器）從容諫曰：陛下在「複道」上看見人家過失就要殺他，恐怕會弄得人人不自安。況且陛下厭惡倒掉飯食，為的是糧食可以養人。現在以餘食殺人，不是喪失了原先的本意嗎！玄宗一聽，「大悟」，蹶然起曰：「微兄，幾至濫刑。」[16]立刻釋放衞士。當天，在興慶宮裏宴飲極歡，玄宗親自解下紅玉帶，連同御馬，送給了大哥。這個真實的故事既說明善納規諫，更反映了防止「濫刑」的事實。浪費糧食是一種「過失」，但從法律上說，並不構成死罪。如果盛怒之下「杖殺之」，勢必造成一樁錯案，將使人人自危。唐玄宗終於明悟過來，避免了如同唐太宗怒殺張蘊古那樣的悲劇[17]。

開元十年（七二二）八月，武強（今屬河北）令裴景仙索取賄贓達五千匹，事發逃走。玄宗「大怒，令集衆殺之」。剛剛上任的大理卿李朝隱認為，「乞贓，犯不至死」，加上景仙曾祖是唐開國元勛裴寂，根據「十代宥賢」的原則，應改棄市為流刑。玄宗手詔不許。李朝隱繼續辯護說：「生殺之柄，人主合專；輕重有條，臣下當守。……今若乞取得罪，便處斬刑，後有枉法當科，欲加何辟？所以為國惜法，期守律文，非敢以法隨人，曲矜（景）仙命。」這裏堅持有法必依，該斬則斬，該流則流，不輕罪重判，不以法隨人，表現了法官忠於職守的品質。唐玄宗下制曰：「朕垂範作訓，庶動植咸若，豈嚴刑逞戮，使手足無措者哉？」[18]於是，判處貪官裴景仙決杖一百，流放嶺南。

除了斷案外，對待社會動亂事件的處置也貫徹了寬仁原則。就在裴景仙案不久，京城長安發生權楚璧擁左屯營兵叛亂事件，西京留守王志愔驚恐而死。當時，唐玄宗在東都洛陽，立即派遣河南尹王怡前往處理。「（王）怡禁繫極眾，久之未能決斷。」看來，嚴刑逞戮，「窮其枝黨」，反而得不到效果。玄宗就請開府儀同三司宋璟為西京留守。宋璟早已罷宰相，作為元老顧問，欣然應命。宋璟來到長安，只處置了幾個策劃陰謀的人，「脅從者盡原之」[19]。這是執法「平允」的典型例子，可以跟貞觀時期崔仁師處理青州「逆謀」事件的作風相媲美[20]。

（三）行法先近親而後遠疏

嚴以執法之難，難在對待皇親國戚、寵幸近密的違法亂紀問題上。而如果讓權貴們恣意橫行，為非作歹，那就不可能有「太平」的局面。姚崇在「十事要說」中，尖銳地提出：「比來近密佞倖之徒，冒犯憲網者，皆以寵免；臣請行法，可乎？」唐玄宗堅決地回答說：「朕切齒久矣。」[21]開元前期，基本上實現了自己的諾言。

開元二年（七一四）正月，玄宗同父異母的弟弟薛王業，有一位舅父叫王仙童（即王德妃兄弟），侵暴百姓，被御史揭發出來。薛王向玄宗求情，便令紫微省（原中書省）、黃門省（原門下省）複核。宰相姚崇、盧懷慎等奏：「仙童罪狀明白，御史所言無所枉，不可縱舍。」玄宗採納了宰相們的意見。史稱：「由是貴戚束手。」[22]可見，只有嚴以執法，才能使權貴們畏威屛跡，不敢侵欺細人。

開元四年(七一六)正月,王皇后的妹夫、尚衣奉御長孫昕和御史大夫李傑有點矛盾。有一次,長孫昕夥同自己的妹夫楊仙玉,在里巷裏伺機毆打李傑。李傑上表自訴,說大臣被打,實在是國家受到凌辱。玄宗大怒,令斬昕等。散騎常侍馬懷素以為陽和之月(春正月),不可行刑,累表陳請。於是,由斬刑改為朝堂杖殺,以謝百官。玄宗還特地以敕書慰問李傑,說:「昕等朕之密親,不能訓導,使陵犯衣冠,雖置以極刑,未足謝罪。卿宜以剛腸疾惡,勿以凶人介意。」[23]這裏,倡導的是嫉惡如仇、不畏權貴的精神,表白了玄宗「勵精為治」的決心。

值得注意的是,唐玄宗還在敕令中強調了這樣的法律思想:「夫為令者自近而及遠,行罰者先親而後疏。」[24]把嚴以律己、寬以待人的道德準則引進立法與司法之中,恰恰是「玄宗修道德,以寬仁為理本」的一個例證。嚴以執法,它本身是「寬仁」原則的題中應有之義。當然,開元法律實質上是特權法規,竭力維護封建等級制度。在立法與司法方面,都有優待尊者、貴者的種種規定。如所謂「八議」,即議親、議故、議賢、議能、議功、議貴、議勛、議賓等。這八類人無非是皇親國戚、貴族官僚。越是近親者,享受法律特權的機會就越多。至於人主喜怒斷案,徇情枉法,更是在所難免。但是,唐玄宗畢竟強調過行法先近親而後遠疏,罰不阿親戚,其進步意義是不可抹殺的。

刪輯格式律令

唐代法典體式分為律、令、格、式等四類，以刑律為最根本。唐高宗頒行《唐律疏議》，標誌著封建刑律的完備化。爾後相沿使用，幾乎沒有更動。而令、格、式等則有待於繼續完善，這個歷史任務由玄宗在開元時期完成了。

所謂「令」，主要是尊卑貴賤之等數及國家之制度，也就是封建國家的行政組織制度。所謂「格」與「式」，主要是百官有司所常行之事與常守之法，也就是行政法規以及公文程式等。從初唐到盛唐，由於長期以來的社會變動和各種制度的演化，令、格、式愈積愈多，不少條款已經不能適應新形勢的需要了。為了鞏固中央集權和加強行政效能，必須進行修刪與整理。

（一）五次修撰的經過

第一次，編定《開元格》（亦稱《開元前格》）。開元二年（七一四）初，玄宗命黃門監盧懷慎以及刑部尚書李乂、紫微侍郎蘇頲等「刪定格、式、令」[25]。可見，這次沒有涉及「律」，仍沿用《唐律》及其《疏議》。至開元三年（七一五）正月，編成，奏上，名為《開元格》，計十卷[26]。

第二次，編定《開元後格》、《開元令》等。開元六年（七一八），玄宗命侍中兼吏部侍郎宋璟以及中書侍郎蘇頲、尚書左丞盧從願、吏部侍郎裴漼、慕容珣，戶部侍郎楊滔、禮部侍郎王丘、中書舍人劉令植、源光裕、大理司直高智靜、幽州司功參軍侯郢璡等十一人，刪定律、令、格、式。這次涉及「律」，但只是稍作訂正，基本上照舊。新編《開元後格》（對前《開元格》而言），十卷；

《開元令》，三十卷；式仍舊名，二十卷。開元七年（七一九）三月，奏上。

第三次，修撰《唐六典》。開元十年（七二二），玄宗先令起居舍人陸堅編纂，後由宰相張說負責，繼而經宰相蕭嵩、張九齡、李林甫等人努力，至開元二十六年（七三八）編成。詳情專節論述，見下。

第四次，刪撰《格後長行敕》。開元十九年（七三一），侍中裴光庭和中書令蕭嵩「以格後制敕行用之後，頗與格文相違，於事非便，奏令所司刪撰《格後長行敕》六卷，頒於天下」[27]。這次背景似乎是，《開元後格》行用已十多年，制敕常與格文相矛盾，因此刪撰常行的制敕，以方便於行政事宜。

第五次，編修《開元新格》和《格式律令事類》等。開元二十二年（七三四），唐玄宗下詔改修格令，由禮部尚書李林甫負責[28]。二十四年（七三六）十一月，李林甫遷中書令，乃與宰相牛仙客以及明法之官等繼續修編，至開元二十五年（七三七）九月頒行。前後歷時近三年半。玄宗原先只要求改修格、令二類，而實際上還涉及律、式、敕，是最全面的一次修訂。總共刪輯舊格式律令及敕七千二十六條，其中一千三百二十四條於事非要，並刪之。二千一百八十條隨文損益，三千五百九十四條仍舊不改[29]。總成律十二卷，律疏三十卷，令三十卷，式二十卷，《開元新格》十卷。此外，又撰《格式律令事類》四十卷，以類相從，便於省覽。上述各種法典，由玄宗敕尚書都省（即辦公廳）寫成五十定本，遣使散發於天下。

（二）開元立法的特點

由上可見，唐玄宗為了「開元之治」的需要，極其重視法典的編撰與刊定。據統計，唐代共修訂了三十多部主要的法典，開元年間新修的達七部之多[30]。開元立法具有以下幾個特點：

第一，刊定與重頒原有的法典。封建法制本身有它的連續性與繼承性，如《唐律》及《唐律疏議》這樣完備的法典誕生後，唐朝歷屆帝王因循行用，沒有必要重新編修。開元前期，唐玄宗命宋璟等對舊有的律作了一次訂正。開元晚期，又命李林甫等進行全面的「刊定」，卷帙與內容，一仍其舊。當然，「刊定」時要對《律》和《律疏》中若干忌諱、地名、職官作些改動，但不能據此以為《唐律疏議》是開元時期的法典[31]。刊定的目的在於頒行。自永徽四年（六五三）《唐律疏議》頒於天下後，雖沿用不變，但沒有作過訂正。經歷八十多年，唐玄宗重新將《唐律》十二卷和《唐律疏議》三十卷頒發於天下，這對於完善封建法制和鞏固中央集權都具有重大的意義。

第二，著重於行政法典的編撰。衆所周知，唐太宗時，立法的重點是《貞觀律》，其次是《貞觀格》、《貞觀令》和《貞觀式》。唐高宗時，立法的重點是《永徽律》與《永徽律疏議》（即《唐律疏議》），其次是《永徽留司格》、《永徽令》、《永徽式》。及至開元時期，情況發生了明顯的變化。因為刑律已經是十分完備了，所以立法的重點轉移到行政法典的完善上。新修的七部，除《唐六典》是綜合性的行政法典外，其他都是格、令、式三類。同時，由於盛唐帝國的出現和皇權的加強，各種行政事務日益增多，政府各部門之間的關係日趨繁雜，因此，格、令、式三類法規都有不斷刪輯和繼續完善的過程。例如，《開元前格》是對舊有的格刪輯損益而成的，計十卷。過了幾年，有些條款不適用了，隨事增損，於是編撰了《開元後格》，也是十卷。又過十多年，「隨文損益」，刪輯成《開元新格》，同樣是十卷。可見，開元「格」卷數沒有變化，但條款內容為適應「開元盛世」的需要而時有增刪。

第三，貫徹「便於省覽」的原則。一般地說，刑律具有相對的穩定性。從《武德律》到《貞觀律》，再到《永徽律》，都是十二卷，五百條。開元時期重頒的「律」也是十二卷，五百條。《唐律疏議》凡五百條，計三十卷；開元時期重頒的「律疏」，也是如此。但是，行政法規就顯得多變而且繁冗了。它們往往是隨時隨事而規定的，有些具有長期的效力，有些僅在短期內行用。日積月累，時常出現「於事非便」的情況。因此，每每新的宰相上任，就對行政法規作必要的刪輯；而刪輯的原則就是「便於省覽」，便於遵照執行。例如，開元晚期，舊格、式、律、令及敕總計七千多條。宰相李林甫等將其中「於事非要」的一千三百多條刪掉了，被刪的絕大多數是過時了的行政法規。此外，為了「便於省覽」，又把格、式、律、令四大類處理同一事情的條款歸於一起，編成《事類》四十卷。唐初以來，律、令、格、式都是各自分開制訂的。李林甫、牛仙客等卻搞了個「以類相從」，這在古代法制史上卻是一種創新。

據記載，開元二十五年（七三七），刑部斷獄，天下死囚只有五十八人。大理獄院裏一片冷落景象，鳥鵲竟在樹上築巢。「百僚以幾至刑措，上表陳賀。」這些是溢美之辭。但是，完善法制所產生的某些積極效果，也是不可否認的。因此，「玄宗以宰相燮理、法官平允之功，封仙客為邠國公，林甫為晉國公，刑部大理官共賜帛二千匹。」[32]牛、李執政，雖然政治上已由治趨亂，但在完善法制上所作的功績，還是應當如實地加以肯定。歷史人物是十分複雜的，好的不是一切都好，壞的也不是一切都壞。例如：「牛仙客既居相位，……百司或有所諮決，輒對曰：但依令式即可，若不依文，非所知也。」[33]這話既反映了唯唯諾諾的神態，也說明他還是嚴格地依照律、令、格、式來辦事的。當然，如此「依文」，也近於呆板。至於李林甫，曾主持編撰過一系列法典，素諳律令格式。史稱他「自處臺衡，動循格令，……」[34]；「謹守格式，百官遷除，各有常度。」[35]可見他辦事謹慎，綱紀嚴明，講究效率。如果沒有這一點，恐怕李林甫很難獨攬朝政達十六年之久。雖然李林甫依法辦事的目的在於個人專權，但是，完善立法，對於穩定封建統治秩序也起了一定的作用。為什麼天寶時期還能維持十多年的安定局面？原因之一就在於此。

編撰《唐六典》

《唐六典》作為我國現存最早的行政法典，舊題唐玄宗明皇帝御撰，這當然不是事實。但是，這部行政法的巨典確實是玄宗親自下令編撰的，經由張說、蕭嵩、張九齡和李林甫等四任宰相的努力，歷時十六年，方才修成。可見，玄宗對此是何等的重視[36]！

（一）手書六典，撰錄以進

所謂「六典」究竟是什麼意思呢？恐怕是出於玄宗的手書六條。據韋述《集賢記注》載：「開元十年，起居舍人陸堅被旨修《六典》，上（玄宗）手寫白麻紙凡六條，曰理、教、禮、政、刑、事典，令以類相從，撰錄以進。」[37]這是關於《唐六典》的最早的史料。詔書一般用黃麻紙寫的，特別重要的使用白麻紙。玄宗親自在白麻紙上寫了六條，指示編撰《六典》，反映了他重視的程度。所謂「理、教、禮、政、刑、事」六典，並不是玄宗的創見，而是引自《周禮》卷二〈太宰〉。原文是這樣的：「太宰之職，掌建邦之六典，以佐王治邦國。一曰治典，以經邦國，……二曰教典，以安邦國，……三曰禮典，以和邦國，……四曰政典，以平邦國，……五曰刑典，以詰邦國，……

六曰事典，以富邦國，……」為了迴避祖父唐高宗李治的名字，改「治典」為理典，其他五典仍舊。顯然易見，玄宗企圖遵照《周禮》太宰「六典」的精神，編纂唐朝各方面的典章制度。

但是，奉旨修《六典》的陸堅，似乎不願意也沒有能力來完成這項巨大的工程。陸堅，洛陽人，以「善書」著稱[38]。當宰相張說以修書使名分主持麗正書院時，學生們享受優厚的待遇。中書舍人陸堅「以為此屬無益於國，徒為糜費，欲悉奏罷之」。張說反對說：「今天子獨延禮文儒，發揮典籍，所益者大，所損者微。陸子之言，何不達也！」玄宗聽到後，便「重（張）說而薄（陸）堅」[39]。看來，陸堅對「發揮典籍」持不同的意見，自然無法勝任《六典》的編撰。於是，玄宗把這個任務交給了張說。

史載：張說「以其事委徐堅」。徐堅是著名的文士，與張說交誼甚篤。徐堅遍覽經史，多識典故，七入書府，編修過《三教珠英》、國史實錄等等。這樣學問淵博的學者卻對如何編纂《六典》，顯得束手無策。「沉吟歲餘」，謂人曰：「堅承乏，已曾七度修書，有憑準皆似不難，唯《六典》歷年措思，未知所從。」[40]這是實話。的確，修書「有憑準」就不難，照著編好了。但是，玄宗手書「六條」，沒有具體的設計。怎樣按照「理、教、禮、政、刑、事」六典，以類相從，實在是前人從未做過的事。況且，果真分典編撰，又會產生何等龐雜的典籍呢？

既然徐堅「未知所從」，張說也就另想辦法了。史載：張說「乃命毌煚、余欽、咸廙業、孫季良、韋述參撰，始以令式象《周禮》六官為制」[41]。毌煚、余欽、韋述是著名的圖書目錄學家，他們跟隨徐堅一起撰《六典》，頗為合適。張說不僅增加編修人員，而且提出了「憑準」，即「檢前史職官，以今式分入六司，以今朝六典，象周官之制」[42]，這是一種變通的辦法。玄宗原先要按「理、教、禮、政、刑、事」六典編纂，做不成，只好勉強遷就《周禮》六官之制。六官顯然與六典不同，是指天官冢宰、地官司徒、春官宗伯、夏官司馬、秋官司寇、冬官司空。一部《周禮》就是由這六部分構成的。如果以《周禮》體例為「憑準」，參照前史的職官志，將唐朝行政組織加以條理，那還是可以編修的。不過，名稱雖叫《唐六典》，實際上「六典」的本義幾乎喪失了。

不幸的是，書未編成身先死。開元十七年（七二九），年過古稀的徐堅病卒。次年，尚書左丞相、燕國公張說病逝。繼續負責修《唐六典》的，是中書令兼集賢殿學士、知院事蕭嵩。「蕭嵩知院，加劉鄭蘭、蕭晟、盧若虛。」[43]開元二十二年（七三四），張九齡為中書令，知院事，負責《唐六典》的編撰，增加了一名修書人員陸善經。後來，李林甫代九齡，又加一名修書人苑咸。至開元二十六年（七三八），《唐六典》終於編成了，「始奏上，百僚陳賀。」[44]由宰相李林甫呈獻給唐玄宗，所以舊題李林甫奉敕注。

（二）「一代典章，釐然具備」

《唐六典》是什麼性質的典籍呢？歷來衆說紛紜，看來，這種意見較為確切：「唐朝《六典》是我國現存的一部最古老的行政法典，它的編纂在封建立法史上具有重要意義。」[45]

《唐六典》凡三十卷，正文內容包括從中央到地方的行政機構的建置和各級官吏任用制度，注文備述歷史沿革。誠如南宋晁公武所說：《唐六典》「以三師三公三省九寺五監十二衞等，列其職司官佐，敍其品秩，以擬《周禮》。」[46]就它的體系而言，大約如下[47]：

三師（太師、太傅、太保），三公（太尉、司徒、司空），為中央最高顧問。德高望重者居其位，掌「訓導」、「論道」之事。

三省，即尚書省、門下省、中書省。三省首長組成最高決策機關。實際上，尚書省首長的職權變化複雜，而中書門下政事堂為最高權力機構，這兩個問題下面另外論述。

尚書六部（吏、戶、禮、兵、刑、工六部），為中央行政管理機關。每部分設四個司。

九寺五監，為中央政府辦事機構，它們對六部是承受的關係，並非完全平行的關係。九寺，即太常寺、光祿寺、衞尉寺、宗正寺、太僕寺、大理寺、鴻臚寺、司農寺、太府寺。五監，即國子監、少府監、將作監、軍器監、都水監。

御史臺，為中央最高監察機關，設臺院、殿院、察院。

此外，還有秘書省、殿中省、內侍省、十二衞、諸衞府、太子東宮、諸王府、公主邑司等等。

至於地方行政機構，有府、州、縣，還有都護府。

乍一看，《唐六典》的體例跟正史職官志如唐初編的《晉書・職官志》之類差不多，只是內容特別詳盡完備。這種相似之處，是無法否認的事實。因為張説接替編《六典》時就曾參照過「前史職官」，所以《新唐書・藝文志》也把《唐六典》列入「職官類」。值得注意的是，在形似的背後，還有性質的區別。如《晉書》（包括職官志）舊題唐太宗「御撰」，由宰相房玄齡等集體編修，但那明確地說是「修史」，而不是立法。《唐六典》的性質就不同了，它是以唐玄宗「御撰」和宰相奉敕注的名義，通過封建國家立法的形式而產生的。正如韋述所說：「以令式分入六司，象《周禮》六官之制，其沿革並入注。」[48]將「令」、「式」等行政法規加以綜合與條理，顯然跟修史編志不可同日而語。

《唐六典》作為一部行政法典，涉及的是封建國家的政體問題。它展現了唐朝的政權組織形式，對專制主義的中央集權制度的各級機構與官吏任用作了詳盡的規定。內外上下，曉然究悉。清代學者贊曰：「一代典章，釐然具備。」[49]

（三）加強集權，文飾太平

《唐六典》為什麼產生於盛唐時期呢？這不是偶然的，而是有著深刻的歷史原因。

開元君臣們編撰《唐六典》，是跟《周禮》相關的，所謂「法以《周官》，作為唐典」[50]。這種情況反映了時代的特點。例如，開元末年，著名的史學家劉知幾的兒子，名叫劉秩，「採經史百家之言，取《周禮》六官所職，撰分門書三十五卷，號曰《政典》，大為時賢稱賞。」[51]可見，無論是封建法典還是私人專著，都曾標榜遵循《周禮》的精神與原則。

但是，就內容來說，《唐六典》與《周禮》是大不相同的，絕不是把《周禮》的禮制理想變成唐代的現實法制。衆所周知，《周禮》是戰國時代儒家編著的一部典籍，它按天官、地官、春官、夏官、秋官、冬官等六部分敍述各級官職和各種典章制度。《周禮》是以西周春秋時代的封建制度為基礎，經過系統化與理想化而編成的。至於《唐六典》體現的是專制主義的中央集權制度，這跟《周禮》之制有著本質的差異。誠然，《唐六典》披上一層「周六官」的薄薄的外衣，如把吏、戶、禮、兵、刑、工等六部跟天、地、春、夏、秋、冬等六官相比擬。但是，事實上，尚書六部跟「周六官」是風馬牛不相及的。口頭標榜的和實際內容全不相同，這是研究古代法制禮制時必須注意的。

《唐六典》不是孕育於《周禮》，而是秦漢以來中央集權制度發展的產物。秦、兩漢王朝是我國大一統帝國的創建與發展時期，政治上實行的是三公九卿體制和郡縣制。《漢書·百官公卿表》最早記述了秦漢官制的設置，展現了中央集權的國家政權組織形式。它開啟了正史職官志的先聲，影響深遠。但它畢竟是私人修史，不具有任何的立法意義。及至隋唐，中央集權制度發生了重大的變化：從三公九卿體制轉變為三省六部體制，尚書六部是封建國家的最高行政機構。由於隋唐是我國大一統帝國的再建與鼎盛時期，政治上經濟上比秦漢更為統一，更為發展，反映到王朝上層，也有重新制定統一的政治、法律與禮儀等典章規範的必要，因此就有《唐律疏議》、《唐六典》、《唐開元禮》等法典的相繼制定[52]。

如果說，唐高宗時編纂的《唐律疏議》，是刑律完備化的標誌，那麼，唐玄宗時修撰的《唐六典》，是行政法發展到新階段的信號。聯繫開元時期刪輯格、式、律、令的頻繁活動，可以明白，《唐六典》是當時編制行政法典的綜合性成果。還應當承認，它的產生也帶有「粉飾盛時」的意義。《唐六典》編修前後凡十六年，恰恰是開元中期。這不是偶然的巧合。「當承平歲久，志在粉飾盛時」，幾乎是時代的特徵。好大喜功的唐玄宗企圖效仿《周禮》編撰「六典」，也流露了他那專制帝王的虛榮心。肯定這一點，跟著重新揭示《唐六典》產生的歷史必然性，並不是相悖的。

總之，《唐六典》是開元盛世時期政治體制完備化的結晶，在我國法律制度發展史上具有重要的意義。

關於《唐六典》行用與否的問題，歷來爭論甚多。其實，結合歷史背景來看，問題似乎是可以講清楚的。開元二十五年（七三七）九月，經過全面修訂的律、令、格、式頒行於天下。次年修成的《唐六典》，如韋述《集賢記注》所說：「至今在書院，亦不行用。」這裏，所謂「不行用」，當是指沒有頒行於天下。事實確是如此，在舊新《唐書》和《資治通鑑》中都找不到頒行的記載。為什麼呢？有人認為唐玄宗倦於政事，昏庸享樂，使國家法制遭到破壞，所以《唐六典》不曾行用。這種意見雖好，但解釋不了一個疑問：何以律令格式頒行於天下而《唐六典》沒有頒行呢？看來，關鍵在於《唐六典》涉及的是國家政權的組織形式、官員編制、職掌權限等等，這些內容是沒有必要頒示於天下的，主要靠皇帝和宰相們來掌握。而律令格式是要下面貫徹執行的，要各級官吏和百姓遵守的，所以要寫成定本，散發於天下。

《唐六典》雖然沒有頒行天下，但它還是發生法律效用的。須知，行政法本身是現實的政治結構的反映，既經立法，又會對現實政治起著一定的作用。唐憲宗元和年間，上距《唐六典》成書約七十年，劉肅在《大唐新語》中說：《唐六典》「（開元）二十六年始奏上，百僚陳賀，迄今行之」。這裏所謂「行之」，是指法律效用而言的。例如：裴珀奏曰：「集賢御書院，請準《六典》，……」[53]白居易疏曰：「臣謹按《六典》，左右拾遺，掌供奉諷諫，……」[54]唐文宗時，馮定奏曰：「據《六典》，太師居詹事府，……」[55]可見，準《六典》、按《六典》、據《六典》，都說明《唐六典》的法律效用是無需懷疑的。

（四）左右丞相與政事堂

《唐六典》反映了唐朝一百二十年中行政機構的概況，某些條文跟開元時期實際狀況並不符合。它的法律效力也不在於要一一依照遵行，這一點是應當注意的。

先拿尚書省長官的職權變化來說吧。

《唐六典》規定：「尚書令一人，正二品。」實際上，唐初武德年間，秦王李世民曾任尚書令，自唐太宗即位以後，尚書令就闕而不置了。尚書省長官為左、右僕射，也就是正宰相。但是，後來僕射如不帶「同中書門下三品」者，就不算是宰相，僅僅掌管尚書省而已。開元初，改左右僕射為左右丞相，從二品，如果帶上「同中書門下三品」，實在有點不倫不類，所以唐玄宗乾脆讓它空缺，不再任命某某人為左、右丞相，當時執政的宰相是中書令、侍中（均正三品）。直到開元十三年（七二五）十一月封禪泰山時，「以侍中源乾曜為尚書左丞相兼侍中，中書令張說為尚書右丞相兼中書令，蓋以宰相之任佐於王化，勒成岱宗，特有寵也。」[56]可見，左右丞相品位高於侍中與中書令，故源、張兩位兼之，被看成是特殊的恩寵。左丞相兼侍中，右丞相兼中書令，這是三省制度產生以來從未有過的事。

不久，由於朋黨之爭的牽連，張說被罷免了中書令，僅保留尚書右丞相。過了幾年，復拜尚書左丞相。這裏，所謂「左、右丞相」跟執政的「宰相」是不可同日而語的，只是榮譽性的虛職，毫無實權。正如《唐六典》注文所說：張說「罷知政，猶為丞相。自此已後，（丞相）遂不知國政」[57]。開元十七年（七二九），源乾曜被免掉侍中，止為左丞相。元朝胡三省指出：「今源乾曜止為左丞相，是止為尚書左僕射，不復預政事也。」[58]這樣就形成了一條不成文的慣例：一些資望深的宰相（侍中、中書令）罷知政事時，又授予左、右丞相。如蕭嵩罷相，授尚書右丞相；裴耀卿罷相，授尚書左丞相；張九齡罷相，授尚書右丞相。

由上可見，左右丞相「初亦宰相之職」[59]，後來演變為「不復預政事」的榮譽性的職稱。這種變化反映了皇權的鞏固與加強。按規定，左右丞相掌總領尚書六部。而實際上，尚書六部直接聽命於由宰相組成的中書門下政事堂，後者成為執行皇帝旨意的行政管理中樞。不經由尚書左右丞相之手，減少了中間環節，也就有利於加強中央集權和提高行政效能。

再來說政事堂問題。

《唐六典》規定：「侍中二人，正三品」；「中書令二人，正三品。」實際上，開元時期中書令、侍中各一人，他們是執政的宰相。自唐初以來，宰相們議決大政的場所，叫做政事堂。政事堂制度經歷了三個發展階段：第一，門下省政事堂時期，主要任務是議決政事。第二，中書省政事堂時期，它成為宰相議政的最高國務會議。第三，開元十一年（七二三）以後，政事堂成為最高權力機構[60]。據記載：「開元十一年，中書令張說改政事堂為中書門下，其政事印，改為中書門下之印也。」[61]同時，在正堂後院分列五房：一曰吏房，二曰樞機房，三曰兵房，四曰戶房，五曰刑禮房。這樣，由中書令牽頭，將門下省與中書省的權力合而為一，反映了中央集權制度的強化。

既然政事堂如此重要，為什麼在《唐六典》中一句也沒有提及呢？《唐六典》規定的是三省制度的常規：先是尚書省，次是門下省，再次是中書省。而在開元時期政治生活中，恰恰是倒了過來，最重要的是中書令，其次是門下省侍中，再次是尚書六部。「中書門下」即政事堂，成為最高權力機構；而尚書六部則是行政管理中樞，任務在於執行。因此，政事堂制度是三省制度的衍生物。它的強化，勢必會衝擊「中書主出令，門下掌封駁，尚書主奉行」的格局。同時，政事堂五房的設置跟尚書六部有明顯的重疊，也會帶來繁冗難理的弊病。可能是由於這些原因，《唐六典》對政事堂的記載採取略而不詳的態度。

酷吏復活，冤案屢起

開元初期，廢止酷吏政治是英明的措施；而天寶時期，重新起用酷吏，則是政治上昏庸的表現。唐玄宗的可悲往往是把自己從前反對過或者禁止過的東西又撿了起來，重蹈覆轍。

（一）「羅鉗吉網」

前面說過，唐朝酷吏鼎盛於武后臨朝之時。後來，酷吏為人所不齒，漸漸地銷聲匿跡了。然而，「中興四十載而有吉溫、羅希奭之蠹政」[62]。吉溫、羅希奭是天寶時期著名的酷吏，他們依靠奸相李林甫，屢興獄訟，時人謂之「羅鉗吉網」[63]。

吉溫，是武周時酷吏吉頊的侄子，毒辣陰險，「譎詭能諂事人」。天寶初，任新豐縣丞，經人薦引，為玄宗所召見。但是，玄宗對他的印象很不好，說：「是一不良漢，朕不要也。」後來，吉溫為萬年縣丞，與京兆尹蕭炅串通一氣，又升為京兆府法曹。天寶四載（七四五），李林甫為了排擠宰相兼兵部尚書李適之，藉故把兵部屬吏六十餘人抓起審問。吉溫把兵部屬吏集中在院外，自己到後廳「佯取兩重囚訊之，或杖或壓，痛苦之聲，所不忍聞」。兵部屬吏聽到如此嚴刑拷打，便紛紛自誣伏罪。這是酷吏首次登臺表演，頗得李林甫的讚賞。吉溫常說：「若遇知己，南山白額獸不足縛也。」[64]從此以後，酷吏吉溫便成為奸相李林甫的一條家犬。

羅希奭，原是杭州人，後遷東都洛陽。他是鴻臚少卿張博濟的堂外甥，而張博濟則是李林甫的女婿。由於這種裙帶關係，羅希奭從御史臺主簿（從七品下）再遷殿中侍御史。羅某為吏持法深刻，與吉溫一樣的毒辣陰險。他們製造了種種冤案，誰也難以逃脫他們的魔爪。

（二）「非吏敢酷，時誘之為酷」

吉溫與羅希奭，不過是兩個小官，能耐終究有限，為什麼膽敢為非作歹，威懾朝野呢？原因不在於他們個人的狠毒，而是當時統治者內部矛盾激化的形勢所造成的。宋代史臣說得好：「嗚呼！非吏敢酷，時誘之為酷。」65事實確是如此。

統治集團的爭權奪利，是圍繞著太子廢立問題而展開的。李林甫陰謀動搖東宮，另立太子。支持太子的有韋堅、皇甫惟明等，微勸玄宗除掉李林甫。林甫得知此事，恨之入骨，伺機報復。天寶五載（七四六）正月十五元宵燈節，太子出宮遊樂，恰好與韋堅不期而遇。接著，韋堅與皇甫惟明在崇仁坊景龍觀的道士之室裏聚會。李林甫因奏韋堅與皇甫惟明互相勾結，圖謀共立太子。言下之意，要奪取帝位。於是，將韋堅與皇甫惟明下獄，由京兆府法曹吉溫等審問。玄宗本人也懷疑韋堅與皇甫惟明有陰謀，但是證據不足。過了幾天，下制貶韋堅為縉雲太守、貶皇甫惟明為播川太守。同年七月，再將韋堅長流臨封（嶺南），凡韋堅親黨坐流貶者數十人。

不久，又發生了杜有鄰冤案。杜有鄰的女兒，為太子良娣。換句話說，玄宗與有鄰是親家。有人揭發「有鄰妄稱圖讖，交構東宮，指斥乘輿（皇帝）」66。李林甫趁機派酷吏吉溫與御史一道審問。天寶五載十二月，杜有鄰等人皆杖死，積屍大理寺，朝野震驚。同時，派巳為監察御史的酷吏羅希奭到青州，查處有牽連的北海郡太守李邕。次年正月，根據李林甫的奏議，分遣御史到韋堅、皇甫惟明等貶所，令其「賜死」。羅希奭在青州杖死李邕後，又奉命奔赴嶺南，「所過殺遷謫者，郡縣惶駭。」67排馬牒（御史所過，事先給郡縣的通知）至宜春，貶居那裏的原宰相李適之憂懼不已，飲藥自殺。謫居江華的王琚，聽說酷吏將至，立即自縊。

由上可見，酷吏吉溫與羅希奭，扮演了打手與鷹犬的角色。他們心狠手毒，令人聞風喪膽。但是，如果沒有奸相的指使，沒有皇帝的聖旨，豈能如此橫行天下！罪魁禍首與其說是吉溫與羅希奭，毋寧說是李林甫與唐玄宗。酷吏的出現，反映了統治階級內部鬥爭的殘酷性。正是這種殘酷的形勢，把奸惡小人召喚上歷史舞臺，得以充分地表演。

（三）專制帝王的心病

如果說，武則天重用酷吏，是為了翦除李唐宗室，以維護女主臨朝，那麼，唐玄宗起用酷吏，則是為了防止政變圖謀，以穩定統治秩序。前後兩次情況雖然不同，但都表明了封建專制帝王的心病：最害怕的是皇位受到威脅。對於一切危及皇權的人與事，那是絕對不會容忍的。

誠然，開元初期，玄宗也是懷著那種心病的，不過，當時還能作冷靜的分析，辨明真相，沒有製造過冤獄。及至天寶時期，隨著政治上走向昏庸，他就喪失了求實的作風，一聽說誰有危及皇權的圖謀，必置誰於死地而後快。這樣，就給李林甫興風作浪與酷吏橫行提供了條件。李林甫誣陷韋堅等「欲共立太子」，玄宗也懷疑他們有圖謀。有人誣告杜有鄰等「指斥乘輿」，玄宗也信以為真。至於真相究竟如何，壓根兒不作調查。而且，「事有微涉東宮者，皆指擿使之奏劾，付羅希奭、吉溫鞫之。」[68]既然一切由酷吏來審問，又怎麼能夠弄清是非曲直呢？所以，韋堅、杜有鄰之死，確實是冤案。

就唐玄宗本人來說，還是要維護太子地位的。這一點，跟企圖廢太子的李林甫是不同的。玄宗強調：「吾兒居深宮，安得與外人通謀，此必妄也。」[69]顯然，在他看來，危及皇權的不是太子，而是利用太子的旗號另有圖謀的人；要維護政局的安定，必須毫不手軟地打擊那些似乎有謀劃的臣僚。韋堅、杜有鄰冤案的發生，恐怕是和這樣的主觀認識分不開的。這也是唐玄宗晚年的悲劇。

可悲的還在於：明明知道酷吏吉溫這個人不可用，後來卻偏偏重用了他。天寶十載（七五一），吉溫為戶部郎中。次年，又提拔為御史中丞，充京畿、關內採訪等使。天寶十三載（七五四），安祿山奏以吉溫為武部（即兵部）侍郎，不久，玄宗親自欲以武部侍郎吉溫為宰相。

同年底，由於吉溫跟楊國忠有矛盾，貶為澧陽郡長史。這時，玄宗在華清宮，謂朝臣曰：「吉溫是酷吏子侄，朕被人誑惑，用之至此。屢勸朕起刑獄，以作威福，朕不受其言。今去矣，卿等皆可安枕也。」[70]唐玄宗和祖母武則天一樣，終於親手結束了酷吏政治，但是，為時已晚了，垮臺的日子就在前面了。

註釋

1《舊唐書・楊炎傳》。

2《新唐書・權德輿傳》。

3《新唐書・刑法志》。

4《舊唐書・刑法志》。

5《開元升平源》。

6《唐會要》卷四一，〈酷吏〉。《資治通鑑》卷二一一云周利貞是「天后（武則天）時酷吏」，似欠確切。

7《新唐書・酷吏傳》。

8《舊唐書・酷吏傳上》。

9《舊唐書・徐有功傳》。

10《資治通鑑》卷二一一，開元二年閏二月條。

11《資治通鑑》卷二一一，開元三年十二月條。

12《舊唐書・李朝隱傳》。

13《冊府元龜》卷六一二，〈刑法部・定律令四〉。

14《唐會要》卷四〇，〈君上慎恤〉。

15《全唐文》卷二三，玄宗〈恤刑制〉。

16《資治通鑑》卷二一二，開元七年九月條。關於「複道」問題，據《冊府元龜》卷一四〈帝王部・都邑二〉記載：「興慶宮在東內之南，自東內達南內，有夾城複道，經通化門達南內，人主往來兩宮，莫知之。」又，《資治通鑑》卷二一一開元二年七月條胡三省注云：「興慶宮，後謂之南內，在皇城東南，距京城之東，直東內之南。自東內達南內，有夾城複道，經通化門達南內，人主往來兩宮，外人莫知之。」可見，「複道」即夾城複道。如果把「複道」解釋為「宮廷裏的通道」，或者說「玄宗在宮中複道中散步，通過隔墻看見衞士將吃剩的飯菜隨意丟棄了」，似欠確切。

17 怒殺張蘊古，詳見拙著《唐太宗傳》第一八五頁。

18 《舊唐書・李朝隱傳》及《唐會要》卷四〇〈臣下守法〉。

19 《冊府元龜》卷六一八，〈刑法部・平允〉。

20 崔仁師事跡，詳見拙著《唐太宗傳》第一八七頁。

21 《開元升平源》。

22 《資治通鑑》卷二一一，開元二年正月條。

23 《資治通鑑》卷二一一，開元四年正月條。

24 《舊唐書・李傑傳》。

25 《通典》卷一六五〈刑三〉和《舊唐書・刑法志》作「開元初」，《冊府元龜》卷六一二〈刑法部・定律令四〉作「開元元年」。按：開元二年正月，盧懷慎檢校黃門監，故「刪定格、式、令」，當在此後。

26 《唐會要》卷三九〈定格令〉作「正月」，今從之，《舊唐書・刑法志》作「三月」，「三」疑「正」之訛。又，《新唐書・藝文志二》作《開元前格》，十卷，參與刪定者還有兵部尚書兼紫微令姚崇。

27 《冊府元龜》卷六一二，〈刑法部・定律令四〉。

28 《舊唐書・刑法志》作「戶部尚書」，疑誤。是年五月，李林甫為禮部尚書、同中書門下三品。

29 《通典》卷一六五〈刑三〉作「總七千四百八十條，其千三百四條於事非要，並刪除之。二千一百五十條隨文損益，三千五百九十四條仍舊不改」。

30 參見楊廷福《唐律初探》第十八頁。

31 參見楊廷福《唐律初探》第二十一頁。

32 《舊唐書・刑法志》。

33 《太平御覽》卷二〇五，〈職官部・丞相下〉。

34 《舊唐書・李林甫傳》。

35 《資治通鑑》卷二一四，開元二十四年十一月條。

36 參見王超〈我國古代的行政法典——《大唐六典》〉，載《中國社會科學》一九八四年第一期。

37 陳振孫《直齋書錄解題》卷六，《唐六典》條引。

38 《新唐書・儒學傳下》。

39 《資治通鑑》卷二一二，開元十一年五月條。

40 《大唐新語》卷九，〈著述〉。

41《新唐書・藝文志二》，職官類《六典》條注。

42《大唐新語》卷九，〈著述〉。

43《新唐書・藝文志二》，職官類《六典》條注。

44《大唐新語》卷九，〈著述〉。

45 參見張晉藩主編《中國法制史》第二〇四頁。

46《郡齋讀書志》卷七。

47 參照王超〈我國古代的行政法典——《大唐六典》〉。

48 韋述《集賢記注》。

49《四庫全書總目》卷七九，〈史部・職官類〉。

50《全唐文》卷七六五，顧德章〈東都神主議〉。

51《舊唐書・杜佑傳》。

52 參見周予同《中國歷史文選》下冊第三十九頁。

53《舊唐書・裴垍傳》。

54《舊唐書・白居易傳》。

55《舊唐書・馮定傳》。

56《冊府元龜》卷三六，〈帝王部・封禪二〉。以侍中兼尚書左丞相，中書令兼尚書右丞相，這確實是破天荒的事。繼張說之後，偶爾也有類似的情況。例如：天寶元年，改侍中為左相，中書令為右相，尚書左、右丞相復為僕射。右相李林甫兼尚書左僕射（《舊唐書・李林甫傳》）。

57《唐六典》卷一，〈尚書都省〉。

58《資治通鑑》卷二一三，開元十七年六月條胡三省注。

59《唐六典》卷一，〈尚書都省〉。

60 參見王超〈政事堂制度辨證〉，載《中國史研究》一九八三年第四期。

61《舊唐書・職官志二》。

62《舊唐書・酷吏傳上》序。

63《舊唐書・羅希奭傳》。

64《舊唐書・吉溫傳》。

65《新唐書・酷吏傳》序。

66《資治通鑑》卷二一五，天寶五載十一月條。

67《資治通鑑》卷二一五，天寶六載正月條。

68、69《資治通鑑》卷二一五，天寶六載十一月條。

70《舊唐書・吉溫傳》。

第十章　括戶之舉與賦役改革

唐玄宗即位以後，不僅在政治上作了卓有成效的改革，而且還面臨著恢復和發展經濟的嚴重任務。如果這個任務不能解決，也就談不到「天下大治」。所謂「括戶」之舉以及隨之而來的賦役改革，是唐玄宗解決經濟問題的突破口。

「積歲淹年」的逃戶問題

開元以前，唐王朝經歷了近百年的發展，社會經濟基本上呈上升的趨勢。由「貞觀、永徽之治」到武則天執政，經濟發展較快。中宗、睿宗時期七年半政治動蕩一度影響了經濟發展。但是，總的來說，是由初唐到盛唐的推進。

當然，問題也不少。最尖銳的是農民遊離土地日趨嚴重。所謂逃戶問題，由來已久，唐玄宗曾經指出：「天冊、神功（武則天年號，六九五至六九七年）之時，北狄西戎作梗，大軍過後，必有凶年；水旱相仍，逋亡滋甚，自此成弊，於今患之。」[1]追溯了武則天晚年因戰亂與災害而導致的嚴重流亡問題，一直遺患至今。

其實，武周天冊、神功時的流民問題，早在十餘年前的文明元年（六八四）就較嚴重了，當時武則天曾諄諄告誡官員要安撫「棄其井邑，逋竄外州」的流民[2]。再往上溯，則可追至高宗總章二年（六六九）下達的敕令：「遣使存問諸州逐糧百姓。」所謂「逐糧百姓」，是指逃荒到餘糧地區就食的農民，這事始於太宗朝，但當時對戶口控制很嚴，俟其度過饑荒，就要督返故里。高宗放寬管制，「其未情願歸者聽之」[3]，允許就地附籍。武周朝社會問題複雜化了，流亡原因也趨多樣化，除了「因緣逐糧」之外，還有「違背軍鎮」、「偷避徭役」等等。

鑒於流民日益成為嚴重的社會問題，武周朝士頗為憂慮，為了消弭潛在危險，紛紛獻計獻策。證聖元年（六九五），鳳閣舍人李嶠上表陳危、建議檢括：「此等浮衣寓食，積歲淹年，王役不供，簿籍不掛，或出入關防，或往來山澤，非直課調虛蠲，闕於恒賦，亦自誘動愚俗，堪為禍患，不可不深慮也。」為了防微杜漸，提出一個寓「恩」威、兼「衡」、「制」於一體的檢括方針[4]，為後繼者唐玄宗、宇文融所沿用。右拾遺陳子昂也向武則天呼籲：「大括此戶」、「乞作條例括法」[5]。當時，武則天面臨帝位繼嗣的內爭，無暇制定括戶條例。但是，正直的大臣卻督促武則天採取權宜措施，例如狄仁傑就一再疏請，後派他到河北諸州「撫慰百姓，得突厥所驅掠者，悉遞還本貫。」又採取善後措施，發放糧食，以賑貧乏，禁止州縣騷擾百姓，使「河北遂安」[6]，收到了一些抑制流亡的效果。

中宗繼位，內則廣度僧尼、耗財建寺，外有夷族入擾、劫掠人畜，政治腐敗，時遭大水，宋務光上書痛陳時弊說：「丁壯盡於邊塞，孀孤轉於溝壑，猛吏奮毒，急政破資」，致使「戶口減耗」[7]。農民逃亡是「戶口減耗」的主要原因，但中宗不思進取，「戶口亡散」更多[8]。

旋及睿宗，農民流亡更甚。景雲二年（七一一），監察御史韓琬上疏指出，昔年農民樂業安生，近年「人多失業，流離道路」，成為「遊惰」，責任在於朝廷「軍機屢興，賦斂重數，上下逼促，因為貧民」所致，但統治者不思緩解，反而更立「嚴法束之」，結果適得其反，「法嚴而犯者愈衆」。韓琬把禍根歸之於「刻薄之吏」[9]，當然是一種表面膚淺的看法，但他敢於觸及統治者的痛處，多少有點刺激作用。可是在「王室多難」的睿宗時期，宮廷與朝臣忙於結黨與紛爭，哪有心思與精力去緩解農民的逃亡問題。

玄宗臨朝，制定治國方略，革除武周以來的積弊，進展顯著，但解決逃戶的問題，不那麼順暢。逃戶所以之積重難返，是各種社會矛盾的積澱，又是唐初三朝社會問題的凝集，帶有諸多複雜的因素。單純就事論事，是抓不住解決問題的要領的，必須進行綜合治理。逃戶的沉積同吏治不善、賦役弊病、土地併吞糾結一起，要解決逃戶問題，必須結合這幾方面的改革一起進行。但是，唐玄宗並不是一開始就認識清楚的，當他頗費周折、頗歷歲月之後，才有所領悟，取得了較為顯著的效果，使開元的括戶之舉與他的名字一起載入了史册。

前期的安撫措施

開元初期，當務之急是穩定政局，鞏固皇權。此外，採取重農政策、澄清吏治、解決災荒問題、扶植小農經濟，使農民安於壟畝而不浮浪，也是嚴重的任務，而這些都涉及解決逃戶問題所採取的安撫措施。

（一）「行清靜之化」

「人必土著，因議流亡」[10]，這是唐玄宗於開元十三年（七二五）二月所下的〈置十道勸農判官制〉中的一句話，揭示了他括戶的目的在於：把遊離土地的農民重新固著在土地上，以編戶籍的形式加以控制。農業社會一個最基本的問題是生產資料與直接生產者的結合。農民單與土地結合，本身具有自流性的趨求；編戶齊民、國家介入干預，具有離心的趨向，逃亡與括戶就是在這兩種反差逆境中出現的。

唐玄宗的括戶既從安撫流亡入手，就不能實行煩擾之政，必須撫民以靜，這也是他實現致治的思想。他的夙願是竭力想作個有道明君，多次標榜自己要「行清靜之化，成太平之業」[11]。農民的逃亡是與他矢志實現「清靜致化」以及夢寐以求的「太平之業」互不相容的。這裏，篤信老子的哲學，奉行清靜無為的學說，無疑是他安撫流民思想的出發點，而「行清靜之化」帶有明顯的功利動機，因為撫靜，利於政治上的穩定與財政上的增收。

首先，從政治上說，唐玄宗深知，農民流亡多半是由於統治者的濫徵引起的，不滿的積憤很易引爆為動亂。他認識到清靜是安民的前提，為了穩定統治，就要嚴防逃民棲身山澤與潛藏兵器。開元五年（七一七）二月，他在〈至東都大赦天下制〉中說到：「亡命山澤，挾藏軍器，百日不首，復罪如初。」[12]這當然是出於穩定統治的目的。值得注意的是，他與武則天的做法不同，後者曾對四川流民光化軍的起事，派軍鎮壓。玄宗強調自首，採取溫和手段解決流民的反抗，避免過激以穩定局面。

其次，從經濟上說，逃戶脫籍減少了財稅收入。唐初的租庸調制是以「丁身為本」的租稅徵收制度，它以朝廷控制的戶口、人丁的多寡作為國家財稅徵收的依據，這是國家極端重視戶籍、丁口控制的終極原因。生產力的發展，均田制的破壞成為不可抗拒的經濟法則，隨之與其相適應的租庸調稅制也發生了動搖。但現實稅率的徵收照舊不變，帶來了稅制的弊病，特別使失去土地的農民的負擔顯得極不合理。逃戶，主要是這個階層的農民構成的，逃亡主要是為了逃避賦役徵收。玄宗所說的「租賦既減，戶口猶虛」[13]，就是逃戶帶來的社會經濟問題。

開元前期，唐玄宗試圖在局部地區對逃戶採取檢括措施，以解決這個社會經濟問題。開元五年（七一七），孫平子上書指出：「兩畿戶口，逃去者半，常侍解琬招携不還，李傑奏請訪括不得。」[14]必使租賦收入疾減。

（二）派遣朝集使等督察吏治

「撫字之道，在於縣令」[15]，唐玄宗深知農民逃亡，往往多與吏治失撫有關。為了促使流民返鄉，必須改善吏治，加強安撫工作，督責朝集使嚴加考察。開元三年（七一五）三月，頒布敕令：「頃雖臨遣使臣，未能澄正此弊，或以害物，或以妨農，或背公向私，或全身養望，至使錢穀不入，杼軸其空，捐瘠相仍，流庸莫返。」[16]敕令的用意是指出吏治敗壞，敦促朝集使予以澄清，使其清勤勸農、恤孤扶弱，最終企望「流庸」復歸。

開元八年（七二〇），唐玄宗面對「五穀豐植，萬物阜安，百姓無事，與能共化」的昇平景象，不迷戀於豐年的太平氣象，念念不忘「淳流未還」，「田里」仍有「愁嘆之聲」。為此，他告誡諸道朝集使要督察地方吏治得失，促其關心民瘼，才能使「田里絕愁嘆之聲」，達到「淳流」返鄉務農的期望[17]。

為了減輕農民的賦役負擔，正面的做法是勸課農桑。開元二年（七一四）七月，玄宗下敕告誡州縣說：「且一夫一女，不耕不織，天下有受其飢寒者」，故勤政循吏督察農桑，使「田疇」力墾，「布帛」畢出，最為急務。但「課其貯積」，必須「待至秋收」[18]。玄宗如此部署，無非是避免徵斂失時，造成農民生活困頓，流移他鄉，故他強調徵斂以時。

唐玄宗重視吏治，還把逃民自動復歸與諸州刺史的薦賢有機地聯繫起來。開元五年（七一七）七月，他在敕中指出：「至於敬耆老，恤煢弱，止奸盜，伏豪強，下不忍欺，吏不敢犯。田疇墾闢，獄囹空虛，傜役必平，逋逃自復，若是者，乃聞舉職，思可以力致。」[19]將「逋逃自復」作為縣令「力致」的重要依據，意在擢任他們安輯流亡。開元八年（七二〇）七月，玄宗下敕告誡京縣、畿縣縣令要勤政恤民，不奪農時，不事煩擾，寬簡刑獄，整肅政典，「傜役須平，豪強勿恣」[20]以此作為循吏的標準，推薦與擢任的條件。玄宗此後還派遣按察使考察諸道吏治，以政績優劣分為五等，朝廷根據按察使兩次推薦，特指出「兼戶口、復業帶上考者，選日優與內（京）官」[21]。玄宗著重戶增與復農作為從優選拔京官的標準，顯然是鼓勵循吏招撫逃戶。

（三）禁止重徵與重視救荒

農民已經被租調傜役壓得喘不過氣來，再加重徵，實在無法生存。為了防止農民逃亡，唐玄宗特於開元四年（七一六）四月下達制令說：「諸處百姓，苦被勾徵。使人（按察使等）貪功，既不納理，州縣承敕，又不敢放。或已輸已役，重被徵收；或先死先逃，勒出鄰保。欲令貧弱何以安存？」玄宗總算說了幾句公道話，既然如此，那麼採取什麼措施安存農民呢？制令規定自今以後「隔年以去，更不在勾限」[22]。同年九月，唐玄宗針對地方官員濫增「差科」的情況，使百姓苦不堪言，特下詔令，申明「緣頓差科」，「不得妄有科喚，致妨農業」，為了督促執行，特意派遣左右御史「檢察奏聞」[23]。

唐玄宗一方面禁止累年勾徵，另方面關心災民與防災。在諸類災害中以饑荒較為多見。開元元年（七一三）十月，引見京畿縣令，戒以歲饑惠養黎元之意。開元二年（七一四）五月，「以歲饑，悉罷員外、試、檢校官。」[24]針對連續兩年的「歲饑」，唐玄宗採取親自面誡和果斷行動，責令父母官「惠養黎元」，及時發放賑糧。此外，唐玄宗對京畿以外地方上的饑荒也照樣賑濟。如開元二年（七一四），他得悉江東道「今玆人庶，頗致饑乏」之後，認為「目前之困，餬口猶切，思從蠲者，用救荒弊」，於是，任命給事中楊虛受往江東道安撫存問，指示「不急之務，一切除減，觀察疾苦，量宜處置」[25]。

（四）恢復義倉與滅蝗鬥爭

救荒要有充足的貯糧。京師有太倉，各地亦有倉儲，或供食內外官員，或作為內外官俸；而常平倉與義倉則具救荒之糧。唐玄宗即位，以防年荒，恢復義倉制度。

開元二年九月，「以歲稔傷農，令諸州修常平倉法」。其法以豐年穀賤糴進，刺激市場穀價浮升；以凶年穀貴糶出，壓抑糧價，通過購銷環節調節糧價。所謂「諸州」，並不包括江淮以南的地區，因為「江、嶺、淮、浙、劍南地下濕，不堪貯積，不在此例」[28]。常平倉法的設置與義倉含意相通，目的主要是凶年備賑，帶有安撫農民的用意。

常平倉法和義倉法是唐玄宗經濟上「依貞觀故事」的救荒措施。唐太宗的義倉法是：不論王公至庶人，計墾田多寡，畝納地稅兩升，秋熟收稅入倉，歉收則散賑災民。「義」含稅率平均之意，又有賑災與衆皆同之意，正如唐玄宗所說的：「元率地稅，以置義倉。」[27]「義倉原置，與衆共之」[28]。不僅可以賑民，而且可於青黃不接時免息貸種[29]，俟秋後償還，限制高利盤剝。至於玄宗標榜「恩宏惠恤，以拯貧窶」，不免言過其實，但作為封建帝王能面對「年穀頗登，時政庶緝」的情況，未能忘懷下戶貧民的困境，而且還敦促州縣官吏「審責貧戶應糧及種子」之需[30]，可謂難能可貴。

唐玄宗還匡正父、祖置義倉事不得宜的做法，針對「高宗以後，稍假義倉以給他費，至神龍中略盡」的弊病[31]，指出義倉之設原來「將以克制斯人，豈徒蓄我王府」[32]，應該賑貧為務，為此，每郡責令設立上佐專司其事[33]。

開元前期的救災，最為突出的當推捕蝗鬥爭。

開元三年（七一五）五月[34]，山東諸州蝗蟲大起，尤以河南、河北最為肆虐，飛蝗鋪天蓋地而來，稍為停食，苗稼立盡。地方官員不思捕滅蝗蟲，昧於迷信，驅使農民焚香祭拜，祈禱蒼天福祐。「救時宰相」姚崇聞報，急忙採取對策，上奏玄宗，派遣朝廷御史分赴蝗害諸州，督促當地官員驅捕焚埋，「以救秋稼」[35]。姚崇富於吏才，注重實際，態度堅決，說理有力。他以《詩經》與漢光武帝詔滅除蝗之義作為依據，指出滅蝗先王典籍有徵，事有所驗，蝗食莊稼，稼有田主；滅蝗符合田主利益，人必盡力。再者，蝗蟲畏人，人不必畏蝗；坐視束手，無異畏蝗，若設法捕殺，「易為驅逐」。最後，他根據「蝗既解飛，夜必赴火」的趨光特性，提出「夜中設火，火邊掘坑，且焚且瘞，除之可盡」的捕滅之法。玄宗接受了他的建議，「乃遣御史分道殺蝗」[36]。

但是，捕蝗並非一帆風順，朝臣中不乏反對的議論。在聲勢喧囂的飛蝗面前，或惶懼不知所措，或畏天譴。連一向唯諾連聲的「伴食宰相」盧懷慎也向姚崇進言：「蝗是天災，豈可制以人事？

外議咸以為非。又殺蟲太多，有傷和氣。今猶可復，請公思之。」姚崇反駁說：「今蝗蟲極盛，驅除可得，若其縱食，所在皆空，山東百姓，豈宜餓殺！」如果「救人殺蟲，因緣致禍，崇請獨受，義不仰關」[37]，駁得盧懷慎啞口無言。

御史督捕，焚埋滅蝗，使蝗災緩解，秋稼不致全損，「是歲，田收有獲，人不甚飢」[38]。

唐玄宗和姚崇為了鼓勵農民捕蝗，曾採取以捕代賑的做法：「採得一石者，與一石粟；一斗，粟亦如之，掘坑埋卻。」這無疑對捕滅蝗蟲起了促進作用；但他們對「大如黍米，厚半寸蓋地」的「（蝗）卵」[39]，卻忽視了捕滅，致為來年蝗蟲的再度孳生埋下了禍胎。

開元四年（七一六）夏，「山東蝗復大起，姚崇又命捕之。」[40]督捕御史到達汴州，刺史倪若水拒不應命，還振振有詞地說：「蝗是天災，自宜修德。」姚崇聞報，大為震怒，移書駁斥，指出：「古之良守，蝗蟲避境，若其修德可免，彼豈無德致然！」既然河南諸州蝗害如此嚴重，豈非守吏失德、失職所致，今坐視蝗害，於心何忍，一旦苗盡，「因以饑饉，將何自安？」倪若水無言以對，態度由反對轉為支持，執行焚埋之法，捕蝗粲然可觀，「獲蝗一十四萬石，投汴渠流下者不可勝紀。」[41]

在這次捕蝗鬥爭中，唐玄宗的態度比上年積極而堅決，他於五月派遣捕蝗使，並下敕說：「今年蝗暴，乃是孳生。」指出這點，表明他不相信這是天譴所致，而是去年未能滅卵除根之故；既是人為因素造成，必須根絕蝗害，除蟲還須除卵。「所由官司不早除遏，信蟲成長，看食田苗，不恤人災，自為身計」[42]，就是嚴重的瀆職、失職行為。為此，他制訂了稱職者獎功、失職者罰過的褒貶措施，並下詔申明：「向若信其拘忌，不有指麾，則山東田苗，掃地俱盡。使人（捕蝗使）等到彼催督，其中猶有推托，以此當委官員責實。若有勤勞用命，保護田苗，須有褒貶，以明得失，前後使人等審定功過，各具所由州縣長官等姓名聞。此蟲若不盡除，今年還更生子，委使人分州縣會計，勿使遺類。」[43]接著，玄宗連續採取了較為有力的滅蝗救災措施。開元四年七月六日下制，凡河南、河北遭遇蝗害諸州，「十分損三以上者，差科雜役，量事矜放。」[44]八月四日又下敕河南、河北檢校捕蝗使狄光嗣、康瓘、敬昭道、高昌、賈彥璇等，「宜令待蟲盡而刈禾將畢，即入京奏事。」[45]

然而，諫議大夫韓思復立足於蝗蟲是天災，當修德祈神福祐，恐非人力所能捕滅的迂腐認識，上疏反對：「伏聞河北蝗蟲，頃日益熾，經歷之處，苗稼都盡。」[46]「遊食至洛，使命來往，不敢昌言，山東數州，甚為惶懼。」反對姚崇以人力捕殺蝗蟲。希望玄宗悔過自責，減停不急之役，停派前後驅蝗使，「以答休咎」[47]。看來，開元四年夏的蝗災，原以河南為甚，經倪若水督責焚埋，大為減少。但至初秋，河北官員始終措施不力，致使當地遭殃，蔓延西飛，河南復被蝗害。面對蝗災輾轉難滅的氣候，朝中某些人重彈起漢儒天人感應的濫調來了，韓思復就是典型代表。由於他的阻撓，曾一度使唐玄宗發生了思想動搖：「上深然之，出思復疏以付崇。」

面對反覆，姚崇仍然一如既往，先請派韓思復檢察蝗害情況，韓思復既然早有成見，自然還奏不能令姚崇感到滿意。於是，姚崇再請派監察御史劉沼「重加詳復」[48]，劉沼是贊同姚崇的捕埋做法的，可以想見，回奏完全兩樣。於是，姚崇的滅蝗主張又得以貫徹執行了。

姚崇還針對玄宗的疑慮，指出「庸儒執文，不識通變。凡事有違經而合道者，亦有反道而適權者」，除蝗就是「合道」的救災之舉。若任憑蝗蟲急劇繁殖，耗盡苗稼，「倘不收穫，豈免流離，事繫安危，不可膠柱」，即使除滅不盡，總比姑息成災好些。為了表白自己捕蝗必勝的信念，諍然宣稱以官爵擔保[49]。終使玄宗下定捕蝗決心，開元四年的山東蝗災很快得以捕滅，「由是連歲蝗災，不至大饑。」[50]

唐玄宗為了吸取滅蝗必須除根的教訓，又採取了善後措施，於開元五年（七一七）二月，下詔重申「頃歲河南、河北諸州蝗蟲為患，雖當遺除瘞，恐今仍生育」的潛患，特遣「戶部郎中蔡秦客往河北道，試御史崔希喬往河南道，觀察百姓間利害」[51]，從而鞏固了滅蝗的成果。

歷時兩年的蝗害，所以如此喧議，是涉及天人之際的世界觀的分歧。《朝野僉載》作者「浮休子」對於蝗災，主張「當明德慎罰，以答天譴，奈何不見福修以禳災，而欲逞殺以消禍！此宰相姚元崇失燮理之道矣」[52]。但《新唐書》主編歐陽修見解較為有識，他在〈五行志序〉裏指責漢儒董仲舒、劉向父子的災異之學，認為「螟蝗之類」災，「被於物而可知者也」，故他在〈志〉中載蝗時，僅書開元三年、四年河南北、山東蝗，蝕稼，不載庸儒天人感應之論，可謂卓識。總之，開元初唐玄宗、姚崇密切配合捕蝗一舉，閃耀著人能勝天的思想光輝而載入了抗災史冊。

宇文融與括戶舉措

宇文融括戶始於開元九年（七二一）初，迄於開元十二年（七二四）底，歷時四年，大體分為兩個階段，第一階段自九年初至十一年七月；第二階段自十一年八月至十二年底。兩個階段既互為聯繫，又互有變化，特別是第二階段的變化較大，取得的成效也較顯著。

（一）括戶的歷史淵源

唐玄宗、宇文融的括戶承自前代，溯其法律淵源，當始於北魏。其時賦重役繁，民多逃亡，豪強趁機庇為私家隱戶，國家編戶劇減，失去大宗租調與徭役徵斂。北魏統治者為了增加稅收，展開了與地方割據勢力爭奪勞動力的鬥爭，制定了「檢括戶口」的法律[53]。隋唐刑律規定了夫如逃避賦役而亡，最重則處徒刑；其檢括戶口當承自魏律，不過，比魏律更有條貫、更趨完備[54]。但從括戶的政策和措施來看，唐玄宗、宇文融則大多承襲了武周朝鳳閣舍人李嶠的建議。

證聖元年（六九五），李嶠鑒於逃戶具有誘發土著流亡和減少「恒賦」收入的「禍患」，指出括戶的極端必要性。李嶠的建議精神是，加強中央政府的監督，防止單純的地方自流。認為朝廷頒發詔敕固然不可或缺，但更重要的是要派遣官員到州縣檢察、督促。為此，他提出了「設禁令」、「垂恩德」、「施權衡」、「為制限」的方針，作為制訂具體措施的依據。

所謂「設禁令」的措施，是「使閭閻為保，遞相覺察」、「仍有不出，輒聽相告」。這是預防今後再現逃亡的辦法，也是吸取隋代括戶採用鄉里連坐、開相糾之科的做法。

所謂「垂恩德」的措施，重在招誘逃戶返鄉。為此，須解決他們返鄉安家的生活困難：如應還本貫者，要途供「程糧」；返歸乏食者，要予以賑濟；田地荒蕪者，要助其修營；積欠徭賦者，須寬而勿徵等等。改變以前只強調驅返，不解決他們的生計問題的做法，試圖括戶能夠奏效。可見，「恩德」云云，不過是誘人歸籍的食餌而已；不過，它比以前單純的脅迫手段顯得緩和。

所謂「施權衡」的措施，頗具新意。李嶠鑒於「逃人有絕家去鄉，離失本業，心樂所在，情不願還」的情況，提出「聽於所在隸名，即編為戶」的解決措施。唐初法禁農民流移，特別是規定「軍府之地，戶不可移。關輔之民，貫不可改」，但流民謀生的本能驅使他們衝破法律的禁區，陸續移入「軍府」與「關輔」。李嶠面對現實和禁令的脫節，與其讓空文自欺欺人，不如承認既成事實。這雖無視於祖制，但對解決逃戶問題有利，故他認為流民「樂住」關輔與軍府，不如順水推舟，讓他們就地附籍，不必非驅本貫不可。這一變革是通情達理的，它擯棄了強迫命令，代之以相對照顧逃戶的意願，做法較為寬和。

所謂「為制限」的措施，規定逃戶「自首」與否，有一個「制限」的時間界線，即「以符到百日為限」，限內報到，算作「自首」，既往不咎；或返歸故鄉或就地附籍，悉聽自願。但「限滿不出」，即百日限期已過，算作「不首」。「自首」與「不首」、「限內」與「限滿」涉及合法與違法的界線，「不首」既然違法，就要加重處罰，「遷之邊州」，這是變相的流刑。顯然，李嶠企圖對不願復歸本貫或就地附籍的逃納課役的流民，加重刑罰。從這個角度來看，從重、從嚴懲處逃戶也是李嶠首先提出來的[55]。

由上可見，李嶠的「設禁令以防之，垂恩德以撫之；施權衡以御之，為制限以一之」的括戶方針，既有繼承前代的經驗，又有總結當代失御的教訓，還有他自己的變通設想。既「防」又「撫」；既「御」又「一」，寬嚴結合、「恩」威並濟，堪稱為唐玄宗、宇文融括戶以前最具通融、周詳的措施。

李嶠的括戶措施，曾為武則天部分地所採納。如她頒發的〈置鴻、宜、鼎、稷等州制〉中，就對「先緣饑歲，流宕忘歸」的逃戶，規定「限百日內首盡，任於神都（洛陽）及畿內懷、鄭、汴、許、汝等州附貫，給復一年」[56]。顯然，允許京畿附籍、百日首盡就是李嶠「施權衡」、「為制限」的建議措施。李嶠上表為證聖元年（六九五），武周「置稷州」、「置宜州」雖為天授二年（六九一），但鴻州、鼎州並非置於該年。因為，當年李嶠表文中對「軍府」與「關輔」地區「不達於變通」的凍結戶口的傳統做法，深表不滿。如果制令前已放寬，李嶠就不會衝著武則天無的放矢了。據此，鴻州、鼎州之置與武則天頒發此制，當在證聖元年至大足元年（六九五—七〇一）之間，因為罷廢上述四州為大足元年[57]。這是武則天採納李嶠部分建議予以推行的嘗試。

（二）第一階段的括戶

開元九年（七二一）正月至開元十一年（七二三）七月為括戶的第一階段。開元八年以前，唐玄宗採取了安撫措施，但逃戶有增無減，使他感到失望。正如杜佑所說的：「（開元）八年，天下戶口逃亡，色役僞濫，朝廷深以為患。」[58]標榜勵精圖治的他，最忌逃戶增多導致政治上的潛在危險與經濟上的減少收入。於是，他檢討了以前單純從寬安撫的失策，轉而承襲了李嶠提出的寬嚴相濟的括戶方針，遂於開元八年（七二〇）八月下制申明：「政寬而慢，法弊則窮，弛而張之，其可致理。」又說：「隱匿不作，人斯無怨；寬猛相濟，政是以和。」[59]體現唐玄宗寬嚴的括戶指導方針，就是「作一招攜、捉搦法聞奏」[60]的思想。所謂「招攜」，指招誘，採取安撫手法，從寬附籍。所謂「捉搦（音諾）」，指對不願附籍者，採取捕捉手法，從嚴懲處。可見，唐玄宗的寬嚴相濟的括戶方針，是繼承李嶠而來的。但是，更為具體的細則措施卻是宇文融循跡李嶠提出的。

宇文融，京兆萬年（今陝西省西安市）人，出身官僚家庭，祖父宇文節仕貞觀朝尚書右丞，父宇文嶠任萊州長史。開元初，宇文融任富平縣主簿，以「明辯有吏幹」著稱，頗得京兆尹源乾曜、孟溫的器重與禮待[61]。不久，調任監察御史，品位雖然不高，卻是京官，按當時重內輕外的仕途慣例，說明他政績顯著。開元八年，他知悉玄宗為逃戶問題所困擾，遂於次年（七二一）正月乙亥（二十八日）「上言，天下戶口逃移，巧僞甚多，請加檢括」62。這正中玄宗下懷。僅隔十天，即二月乙酉（八日），玄宗就「敕有司議招集流移、按詰巧僞之法以聞」63。據前引《冊府元龜》所載詔令原文是「作一招攜，捉搦法聞奏」，這就是二月乙酉詔的主要精神。

距二月乙酉詔頒僅只兩天，即於二月丁亥（十日），唐玄宗就迫不急待地將有司（主要是宇文融）據他旨意擬定的逃亡弊病與括戶方針及具體細則措施頒制天下了64。制令指出「雖戶口歲增，而稅賦不益」的原因，是由於農民輕易離鄉，而豪民與奸吏的欺壓和包庇，則促使流亡日益嚴重。為了防止逃亡，一方面需免除積欠、救濟孤窮，御之「恩」撫；另方面需設立法禁，人知方向，施之威服。但他強調應以威濟「恩」，以嚴糾寬，才會改變「國章或弛，氓僞實繁」的局面。至於具體措施，根據《冊府元龜》的記載如下：諸州逃戶，限制百日內自首。凡自首者，准許戶令「樂住之制」從寬鄉、從近處、從役重處編戶，「情願者」，「即附入簿籍，差科賦斂於附入令式」，就地附籍後於當地徵納賦役，而原籍賦役則予以停徵。

若按期自首的逃戶自願歸返故籍，或因關輔之民、軍府之地不合附籍的，登記存檔，暫不遣返；由官府通知原籍，待至秋後遞還。本人立即還鄉的，到後免除當年賦租課役。如有百戶以上集體返鄉，須由原籍派員帶領。

若按期不首，作為違法論處：「並即括取，遞邊遠，附為百姓。家口隨逃者，亦便同送。」

若本貫及客籍以外的州縣，不分公私凡允許逃人居留的，「事有未盡，所司明為科禁。」

自開元七年十二月以前，凡天下勾徵未納的貸糧種子、地稅，「並宜放免」。

以上五條，主要是前三條，為這階段括戶的重要依據65。它所體現的寬嚴相輔精神，在事隔一年的開元十年（七二二）二月二十七日詔敕中，仍然被玄宗所強調：「遊業浮墮，不勤稼穡者，特令懲肅，……逃亡之戶，兼籍招攜。」[66]

從上述括戶措施來看，百日之內自首與否是劃分「招攜」和「捉搦」的政策界線。「招攜」即招撫，按理含有寬鬆之意，實際上並不盡然。「捉搦」即捕追，當屬嚴厲做法。招撫附編以限內時間自首作為前提，或就地附籍，或遣歸原籍。捕捉或云「括取」，以過限時間不首作為前提，遞解邊州編戶，受到形同流放式的懲處。可見，這些措施明顯地承自李嶠的括戶議。

「謫徙邊州」，理所當然地遭到流民逃丁的抵制與反抗。至於返歸原籍的辦法，雖稍溫和，但也非逃人所欲。故唐玄宗採取相應的監督措施，規定「如滿百戶以上，各令本貫差官，就戶受領」，這些「本貫差官」對他管下的逃亡農民怎會有好感呢？途中驅迫在所難免。因此，「遞還」故籍有可能成為變相的遞解返籍。故制書中所謂「情願即還者」，只是玄宗一廂情願的想法。而「招攜」的另一種形式就地附籍，雖可免去路上的顛沛之苦，但附籍之後差科賦役僅有一年半載的免徵，根據《唐六典》載：「凡丁新附於籍帳者，春附則課役並徵，夏附則免課從役，秋附則課役俱免。」[67]至於今後就一切照徵了，故誘惑力不大。「情願」云云，只是表面文章，實際上或多或少都會帶有某些強制性。當然「招攜」與「捉搦」的強制性質不同，如捉搦後的徙邊就不提什麼「情願」了，這還有區別。

唐玄宗為了貫徹括戶制令，任命宇文融為推勾使。「推勾」，亦稱勾檢，據《舊唐書・職官志二》載官吏考課之法其中有「二十七最」，第十七最是「明於勘覆，稽失無隱，為勾檢之最」。驗證審覆，明白無誤；追查逃亡，沒有隱漏，作為官員優績考課之一。據此，宇文融充使推勾的主要職責是依據簿籍，檢括逃戶。《新唐書》本傳說他「勾檢帳符」，做法頗為嚴厲，短期內也收到一些效果。傳謂「得僞勛亡丁」，主要指逃丁、逃戶，因「甚衆」，故獲得玄宗賞識，從原職正八品上的監察御史拔擢為從六品上的兵部員外郎。

這次括戶，強調從嚴，強制勾檢，造成煩擾，在所難免。階級關係趨向緊張，亦非玄宗所望，故後來括戶時指導思想又由嚴趨寬了。

（三）第二階段的括戶

開元十一年（七二三）八月至十二年（七二四）底為括戶的第二階段。該階段的指導思想是強調安撫、體諒流亡。具體做法是將括戶與括田及賦役改革結合起來，唐玄宗、宇文融的括戶成效主要是在這個階段取得的。

由於唐玄宗檢討了前階段的括戶問題，才出現了新階段的轉變。其標誌是，頒於開元十一年八月的敕令云：「前令檢括逃人，慮成煩擾，天下大同，宜各從所樂，令所在州縣安集，遂其生業。」[68]從中可見，玄宗已覺察到開元九年以嚴糾寬、造成「煩擾」逃戶的不良後果。經過反思，吸取教訓，採取了「宜各從所樂」的方針，並責令州縣予以安輯，「遂其生業」，這就提出了解決土地問題。同年十一月，宇文融被任為「勾當租庸地稅使」[69]，不久轉任「括地使」，從中透露了括田也被提上了議事日程。

開元十一年八月的敕令，僅是唐玄宗確立的括戶新方針。至於具體措施，至次年（七二四）六月壬辰頒的〈置勸農使詔〉時才提出來的[70]。其間，唐玄宗有過一系列的思想活動。他曾回顧了自己一貫具有的安民固本思想，經常考慮弘濟黎民，以致到了夜不成寐、晝至忘食的地步。使他感慨的是，為什麼多次招諭仍不顯效呢？尋思答案，可能是上情不能通下，下情不能達上所致。

作為決策者，必須知悉民意，降以籠絡民心的詔敕，使上下互通。這就需要物色一個能夠溝通上下的人選。他看中了宇文融，於是面召到延英殿，提出了「人必土著，因議逃亡」的問題，宇文融則暢言所欲；玄宗贊同，「授其田戶紀綱，並委之郡縣釐革」。這就是十二年六月壬辰詔的來歷[71]。

詔令體現了唐玄宗設身處地同情逃戶的態度：「至於百姓逃散，良有所由。」除了歷史沉積的原因之外，還有「暫因規避，旋被兼併；既冒刑網，復損產業；居且常懼，歸又無依，積此艱危，遂成流轉。」逃戶空有懷鄉之念，不能實現土著務農之業；逃民既出無奈，又有苦衷。基於這種較為開明的認識，就不會一味指責逃戶的不是了，而把檢討的重點轉移到「前令」的「煩擾」方面。由此制定的具體措施就不會照搬李嶠的舊議，而必具新意了。那麼，這階段由他們提出的措施新在哪裏呢？據《冊府元龜》所載：

第一，**將括戶和括田結合起來**。詔中提到：「頃歲以來，雖稍豐稔，猶恐地有遺利，人多廢業；遊食之徒未盡歸，生穀之疇未均墾。」為了地盡其利、人盡其力，派遣使臣，兼括戶田，將安撫逃戶和括量剩田並舉進行，要解決流亡問題，必須同時解決土地問題。這就找到了問題的癥結所在，克服了以往單純的括戶偏向。於是，在「並宜自首」的前提下，採取了「所在閒田，勸其開闢」的措施。

第二，**免徵正賦，僅收隨土所產實物為稅**。詔云：「逐土任宜收稅，勿令州縣差科，徵役租庸，一皆蠲放。」目的在於調動流民編戶後的生產積極性，使其「服勤壟畝，肆力耕耘」。但詔中沒有明言到底免徵幾年，有人認為這就是「其新附客戶，則免其六年賦調」，看來不是；否則，不會提出下面的政策措施。

第三，不便於人的賦役，可以變通。詔末有一段頗為耐人尋味的話：「乃至賦役差科，於人非便者，並量事處分，續狀奏聞。」《通鑑》則作「與吏民議定賦役」。這是唐玄宗授權宇文融巡行州縣時可便宜從事流民附籍進行賦役改革。至於賦役改革的具體措施，開元十二年六月的王辰詔中還沒有提出，據《通典》及《舊唐書‧宇文融傳》來看，是指「其新附客戶，則免其六年賦調，但輕稅入官」。時間必在壬辰詔頒之後不久，《通鑑》胡注係此為開元十二年八月己亥條下。

有關這項賦役改革的過程，大體上可作如下理解：宇文融「巡行州縣，與吏民議定賦役」時，當會注意到地方上比較能反映民情的呼聲，其中六年起科可能是他了解下情之後，依「量事處分」精神，經向玄宗奏聞批准而實行的新政策，故頒於六月壬辰的詔書不見此說。由於添加這個使附籍客戶得惠的賦役改革措施，才使這個階段的括戶以罕見的感人場面出現。史載，當宇文融宣制之日，「老幼欣躍，惟令是從，多流淚以感朕心，咸吐誠以荷王命」[72]。能激發逃戶「欣躍」附籍的積極性，關鍵不是宣傳方式的改變，而是免徵六年、輕稅入官符合逃戶的利益。

眾所周知，唐初均田戶移居「寬鄉」授田，僅限於免除一至三年的徭役。而唐玄宗、宇文融的賦役改革，不僅將優免由徭役擴及租調，而且歷時長達六年。就此而論，它超過太宗朝的優惠，又下啓了明清移民墾荒三年、五年甚至十年起科的惠政，從而在括戶與賦役改革史上寫下了嶄新的一頁。

既然免徵六年涉及賦役改革的大事，而以前史書在免徵的年限與免徵的始年方面，記載互有出入，以致引起後人的誤解，有必要加以澄清。

關於免徵六年之說，現存史書的最早記載，當推杜佑的《通典》與劉昫的《舊唐書‧宇文融傳》。但劉昫失審，在《舊唐書‧食貨志》裏作「免五年徵賦」，以致前後互相牴牾而不自覺。

歐陽修似有覺察，故在《新唐書・宇文融傳》裏迴避此事・但他在〈食貨志〉裏卻說：「融獻策括籍外羨田逃戶，自占者給復五年，每丁稅錢千五百。」這樣，牴牾之處似乎避免了，但又節外生枝，引出「給復五年」之說。其實，「給復」，指免服徭役，而杜佑、劉昫則指免其「賦調」，又增添了一個疑點。再者，司馬光的《通鑑》卷二一二開元九年二月條亦作「免六年賦調」，但開元十二年八月條胡三省注文又作「給復五年」，這是胡注引歐〈志〉和《通鑑》引《舊唐書・宇文融傳》造成了矛盾。看來，出現牴牾的根源始於劉昫的〈傳〉與〈志〉，繼之又承自舊、新《唐書》的〈傳〉與〈志〉。我們認為，「免徵六年賦調」較為確切。

關於免徵六年的始年問題，《通鑑》卷二一二係於開元九年二月條下，故有人據此將宇文融的這項新政策與開元九年括戶活動接連並敘，沒有指出始年，不免使人誤會。經查證，免徵六年必非始於開元九年，有以下理由足資證明。其一，《通鑑》編年紀事時，有將跨越幾年的同一事件作過程性敍述的作法，宇文融括戶起訖時間歷時四年，而免徵六年是將近尾聲階段的傑作，當非開元九年始時之事。其二，《冊府元龜》所載開元九年二月丁亥制全文，完全沒有提到免徵六年賦調之語。那麼究竟始於何年呢？前已引述《冊府元龜》及《通鑑》載唐玄宗授宇文融「量事處分」、「議定賦役」之權，兩書均明確係於開元十二年六月。至於由此派生的免徵六年措施，當在六月壬辰之後、八月己亥之前。另一有力旁證是，「（開元）十八年，宣州刺史裴耀卿論時政上事：『竊見天下所檢客戶，除兩州計會歸本貫以外，便令所在編附，年限向滿，須准居人，更有優矜，即此輩僥幸。』」[73]。所謂「年限向滿」，即指優免六年期屆，可知始年當為開元十二年。

關於「輕稅入官」，指免其租庸調雜徭，歲收僅一千五百文，且不說租庸調正賦之數，單以雜徭色役如防閤、庶僕、白直、士力等，折為資課就高達二千五百文了，而新附客戶所交丁稅還比資課少納一千文，確實輕多了。

第二階段括戶時的賦役改革所以能得以實現，是唐玄宗對第一階段括戶不甚顯效的反思結果。那麼，促成反思的動因是什麼呢？恐是出於以嚴糾寬、押解邊州流民的反抗所致吧！從開元十年懷安縣的設置透露了這個信息。《舊唐書・地理志一》云：「開元十年，檢括逃戶置，因名懷安。」《新唐書・地理志一》說：「開元十一年括逃戶連黨項蕃落置。」《元和郡縣志》卷三也載：「懷安縣，古居近黨項蕃落，開元十年檢逃戶初置。」懷安原屬邊遠番漢雜居區，人煙稀少，開元十年謫徙若干逃戶，因人口漸多始置下縣。這些百日限滿不首的逃戶，本對檢括已心懷不滿，被國家據法強制徙邊，更是火上加油。試想，返歸本土與就地附籍總比徙邊好得多，但既已薄彼，而豈有厚此之理，造成的「煩擾」自不待言，連唐玄宗也羞答答地自認了，足見徙邊引起的「煩擾」震波是夠撼動人心的了。

由此動因觸發唐玄宗進行賦役改革，從而使唐玄宗、宇文融第二階段括戶大見成效，足見其作用是不容低估的。

組織措施

括戶是一項艱巨而又複雜的經濟事件，面向全國，遍於十道。但唐玄宗意志堅定，頻發詔敕；宇文融則設計方案，進呈御前，又承敕貫徹，予以推行。君臣之間的貼然配合，是保證括戶順利開展的關鍵。

正如唐玄宗善於知人，任用宇文融得其所宜一樣；宇文融也是明於知人，任用勸農判官各得其所的。難得的是，宇文融既是括戶方案的設計師，又是實際推行的組織者，他的組織措施就是把括戶由設想變成現實的人事保證。

起自開元九年（七二一）初，迄於開元十二年底（七二四），在頭尾約四年的括戶進程中，宇文融物色了一批由他提名上奏、經唐玄宗批准的助手，稱為勸農判官，作為具體執行者。這批勸農判官究有多少人呢？史傳所載互有出入，大體分為兩種：一為十人說，一為二十九人說。《舊唐書・宇文融傳》是主十人說的，在宇文融首議括戶、唐玄宗令其充使推勾句後云：「無幾，獲僞濫及諸免役甚衆，特加朝散大夫，再遷兵部員外郎，兼侍御史。融於是奏置勸農判官十人，並攝御史，分往天下，所在檢括田疇，招携戶口。其新附客戶，則免其六年賦調，但輕稅入官。」按其執行任務看來，似是開元十二年六至八月間派出的。司馬光在《資治通鑑》卷二一二開元九年二月條下，行文基本照抄《舊唐書・宇文融傳》，故派出十人的時間基本同上。

《通典》是現存史書中最早主二十九人說的代表，而且一一列其姓名，其可信性不容懷疑。此後，《新唐書》、《通鑑》胡注、《唐會要》均沿其說。歐陽修、宋祁在《新唐書・宇文融傳》裏說：「融乃奏慕容珣、韋洽、裴寬、班景倩、庫狄履溫、賈晉等二十九人。」《通鑑》胡注則云：「《通典》及《新（唐）書》並云二十九人，《通典》且列其姓名。」顯然，歐、宋與胡只列勸農判官總數，沒有指出究分幾次派出。而王溥編的《唐會要》則提出了二十九人兩次派出說：「開元九年正月二十八日，監察御史宇文融請急察色役僞濫並逃戶及籍田，因令充使。於是奏勸農判官數人。華州錄事參軍慕容珣……（下列共十九人從略）。至十二年，又加長安縣尉王燾……（下列共十人從略）。」[74]王溥認為開元九年二月至十一年為一次派出十九人，十二年又是一次，派出十人，共二十九人。論述比《通典》細緻，但從九年至十一年決不會只派一次的。據我們的理解，在首尾兩次括戶中，還有一次開元十一年八月唐玄宗所頒變革「前令」的括戶詔敕，必又物色一些判官作為助手，可能這次為九人。

據此，《舊唐書》與《通鑑》的十人說，是指最後一次派出的人數；《唐會要》二十九人說是指先後兩次派出的人數。而我們認為應是先後三次派出的人數，即開元九年二月為十人；十一年八月增派九人，計十九人；十二年六月不久再增十人，共二十九人。

從宇文融先後自選的勸農判官二十九人來看，充分顯示了他的組織才能，主要表現在以下三點。

第一，善於物色「知名士」。當時全國分為十道，每道至少得有一名勸農判官，累計三次，一次比一次事繁量大，故至最後人數最多。這是《通典》與《新唐書》以及《唐會要》二十九人說的由來。唐道為地方上最大的行政區域，相當於現在兩至三省，或跨越現在的數省，一個或兩、三個勸農判官檢括全道的逃亡戶口與無籍荒地，碰到人少事多的矛盾。如何擔負這繁重的工作呢？只有選拔長於吏治的人員，組成幹練班子，才能對付這種局面。這決定了宇文融非啓用「知名士」及「當時才彥」不可。

宇文融物色了一批頗有知名度的人士，說明他善於識別人才。據唐人杜佑載注二十九人是：「慕容珣、王冰、張均、宋希玉、宋珣、韋洽、薛侃、喬夢松、王誘、徐楚璧、徐鍔、裴寬、岑希逸、邊仲寂、班景倩、郭廷倩、元將茂、劉日正、王燾、于儒卿、王忠翼、何千里、梁勛、盧怡、庫狄履溫、賈晉、李登、盛廙等，皆知名士，判官得人，於此為盛，其後多至顯秩。」[75] 所謂「判官得人」，正是宇文融知人善任的表現。他能把一批「知名士」物色到手，成為後世史家的美談，確證他有非凡的眼力。以裴寬為例，《舊唐書》本傳，盛讚他「清幹善於剖斷」，「為長安尉，時宇文融為侍御史，括天下田戶，使奏差為江南東道勾當租庸地稅兼覆田判官」。由於宇文融物色了裴寬，才使裴寬的吏幹得以顯露頭角，並得到唐玄宗的垂青。其他二十八人，史傳雖然無徵，但既與裴寬一起並列為「皆知名士」，而且「其後多至顯秩」，可見，以「才彥」獲致高官非只一人，裴寬僅是典型代表而已。就此而言，說宇文融的組織措施成為開元吏治改觀的一個促進環節，並不顯得過分。

第二，長於選拔諳練吏事的人才。宇文融物色的勸農判官，《唐會要》均一一列其原職，這不能視為一件無足輕重的小事，是王溥對宇文融選拔人才的肯定。

二十九個勸農判官的原職大體是這樣的：屬於京官系統的只有大理寺丞一人，大理評事三人，左右拾遺兩人，共六人；屬於府縣外官系統的則有二十三人，其中府職六人，縣職十七人。外官占總數百分之八十，京官只占百分之二十。可見，宇文融重點物色的是州縣僚佐，特別是縣尉幾占百分之六十。從品位來看，最高的大理寺丞是從六品上，但只有一人；而最低的縣尉是從九品下，京畿縣尉分別也只是從八品下與正九品下，卻共有十七人。這說明他從下級基層選拔多數助手，不僅易於指揮，而且著眼於括戶工作的有利開展。因為縣尉最熟悉本職工作，史載：「縣尉分判衆曹，收率課調。」[76] 顯然，他們對基層的賦役徵斂與課調弊病較為了解。府僚中有錄事參軍兩人，其職責是「造籍」時，「審加勘覆」[77]，他們對基層戶籍的編制、登錄、增減以及戶去籍存等情況最為知悉。雖然勸農判官人數不多，但辦事效率較高，原因是在於宇文融善於物色基層幹吏。

第三，擇取的多數是京畿、河南職任的幹吏。從二十九個勸農判官的分布地域來看，較集中於關內道與河南道的腹心地區，關內道又集中於京兆府，計有長安、萬年、渭南、三原、富平、咸陽、奉天七縣和華州一府，以及屬馮翊的同州一府，共九處。其中又以長安居多，計有長安縣尉王冰、裴寬、王燾、李登，長安主簿韋利涉，累積計之共有十三人次。屬河南道的集中在河南府屬下的河南、洛陽、告成、伊闕、汜水等五處。合京畿及河南府縣計十八人次，占總數百分之六十多；如加上京職的六人，占總數百分之八十多。為什麼物色腹心地區的幹吏任勸農判官特多呢？原因不外於二，其一是這些地區戶口逃亡、土地兼併較為典型，其二是對這些地區、尤其京兆地區的情況較為熟悉。宇文融係京兆萬年人，萬年是京兆府轄下的京縣；開元初，他任富平主簿，富平又是京兆府管下的畿縣，由於出身與任職都在京畿，故對京畿的田戶情偽與基層吏治較為了解。

宇文融行之有效的人事組織，使上下密切配合，彼此分工明確。判官分判諸道田、戶，宇文融則統制全局，執掌「田戶紀綱」，乘傳馬巡視天下，檢察、監督田戶檢括、客戶附籍、賦役改革等貫徹情況。所至之處，使上情及時下達，招集父老、丁幼，當衆宣讀諭旨，收到了良好的宣傳效果：「百姓感其心，至有流淚稱父母者。」[78]反映了新的政策措施頗得民心，出現了「流戶大來，王田載理」的空前盛況[79]，這是第二階段括戶成功的真實寫照。原因首先是唐玄宗的放寬政策，其次與「判官得人」也是分不開的。杜佑在充分肯定宇文融括戶業績的同時，並沒有忘記這些助手的輔助作用。他在《通典》裏記載「（裴）寬等皆當時才彥」之後，緊稱「使還，得戶八十餘萬，田亦稱是」[80]，把兩者聯結一起，可謂卓識。宇文融也因此由從六品上的兵部員外郎超擢為正四品下的戶部侍郎了。

括戶的意義與影響

括戶是封建國家對付逃民脫籍、使之重新編戶的措施。就逃戶來說，他們「浮食閭里，詭脫傜賦」，是拒納賦役的反抗行動；就國家來說，「收匿戶羨田佐用度」，是迫使農民重新服役交租的理財手段。如何使括戶納入既有利於國家又使百姓各得其所的軌道，歷來難辦。由於唐玄宗與宇文融的努力，基本使雙方利益兼顧，就這方面而言，唐玄宗與宇文融的括戶有其成功經驗，但封建剝削制度的固有弊病，不可能徹底解決。

（一）括戶的爭議

括戶是深刻的社會變革，涉及皇朝與千家萬戶的經濟利益，不引起人們的議論才是怪事。反對的是誰呢？有陽翟縣尉皇甫憬、左拾遺楊相如、戶部侍郎楊瑒。他們上疏彈劾宇文融，於是引起了一場圍繞括戶與反括戶的論爭風波。

皇甫憬的疏文由於《通鑑》係於開元九年二月條下，易給人誤認為是在此後不久上疏的。但前已論證，此條是司馬光對四年來括戶全過程的概述，所以不能說該疏是括戶開始後不久上的。根據疏文內的攻擊語句：「何必聚人阡陌，親遣括量」以及「豈括田稅客能周給也！」[81] 顯指開元十二年六月壬辰詔的括戶與括田並舉之事。

那麼，皇甫憬疏文反對括戶的理由是什麼呢？舉其大要，有以下兩點。

其一，指責宇文融所遣勸農判官「未識大體」、「務以勾剝為計」；「州縣懼罪，據牒即徵。逃亡之家，鄰保代出；鄰保不濟，又便更輸。急之則都不謀生，緩之則慮法交及」，結論是括戶只會加速流亡。

這種論調較為片面。宇文融所遣勸農判官並非「未識大體」，他們多能盡職行事，故史家譽為「判官得人」。如史載裴寬，「為政務清簡」。至於州縣迎合旨意，確有以張虛數、冒主戶為客戶、稱熟田為荒地的，但不是主流，不能以偏概全。說逃亡之家，鄰保代出，早在括戶之前就已存在，不是因為括戶才出現，正相反，括客後防止兩徵，恰是為了堵塞鄰保代出的弊病。

其二，指責吏治不善，是造成戶口逃亡的根源。他說：「今之具僚，向逾萬數，蠶食府庫，侵害黎人……戶口逃亡，莫不由此。」言外之意是括戶不能杜絕逃亡，改善吏治才是正本清源。應該承認把吏治不善與農民流亡聯繫起來，有一定道理，但把澄清吏治作為制止百姓逃亡的癥結，未免天真。其實，唐玄宗早已頻降詔敕，三令五申，並以嚴刑峻法懲處貪吏，但收效不大。不過，開元前期，玄宗勵精圖治，官風不算太壞，比之武周、中宗、睿宗時期已有好轉，但逃戶為何反而比前朝更多呢？可見，逃戶的癥結所在不是吏治。

應當說，反對括戶是錯誤的，但是，不同意見的發表並不是壞事。有時可以促使括戶工作做得更加完善。如左拾遺楊相如的反對理由是「咸陳括客為不便」[82]，說「不便」是有事實根據的，那主要是第一階段的括戶，唐玄宗事後亦有發覺，故在開元十一年（七二三）八月的敕令中有「慮成煩擾」之語，並採取措施予以改正，才出現了第二階段括客感悅的局面。

反對的呼聲來自中央的代表人物是戶部侍郎楊瑒。開元十二年底，唐玄宗召集百官討論括戶經驗，當時括戶已取得顯著成績，楊瑒卻說：「以括客不利居人，徵籍外田稅，使百姓困弊。」[83]這種論調貌似正確，實為迂闊之談。試想如允許流民脫籍不稅，封建國家財源流失，必增加土著戶負擔。正如王夫之指出的：「客勝而主（土著戶）疲，不公也。」如對客戶橫徵「繇役」，又為新附者「生未成而力不堪也」[84]，即主勝而客疲，也是不公。通融辦法應是寬簡徭役租調，徐而後徵。唐玄宗、宇文融頗能得中，勾除積欠，免徵六年，輕稅入官，既化繁為簡，又變重為輕。唐玄宗當然不會接受楊瑒的意見，楊瑒和皇甫憬一樣都遭到貶職。

宇文融括戶是唐玄宗貫徹改革政策的一個組成部分，反對者不多，上層人物中雖有張說、張九齡等人，但出於與宇文融的個人恩怨糾紛，說不出充足的理由，影響不大。而贊成者占多數，宇文融物色的「知名士」及侍中源乾曜、中書舍人陸堅都是支持括戶做法的。特別是唐玄宗堅定不移，力排眾議，起了很大作用。他不僅相繼貶黜了反對者，而且賦予宇文融獨立行事的大權，「事無大小，（諸州）先牒上勸農使，而後申中書，省司亦待融指撝而後決斷」[85]。欽命的職銜具有凌駕中樞之上的威權，可直接發號施令於州縣，排除了樞機的掣肘，放手大幹，效率極高，顯示了唐玄宗聽斷不惑，臨事果斷的聰明智略。

（二）括戶的成就

第一，大大增加了國家編戶。一般史書均作「凡得客戶八十餘萬」，唐玄宗頒於開元十三年二月的制令則作「歸首百萬」。「八十餘萬」之說見於開元十二年八月《通鑑》紀事，而「百萬」之說，「來於歲終」[86]，時距八月還有四個來月，再括二十萬戶並非不可能。以開元十四年（七二六）全國總戶數為七百零七萬計，新括客戶分別占百分之十強與百分之十四。比起隋開皇三年（五八三）括得一百六十四萬餘口、約合三十餘萬戶來，是大大倍增於前了。可謂是歷代括戶的最高數字，唐玄宗最為關切的社會問題終於初步如願以償了。關於八十餘萬或百萬戶是否可信呢？試以中宗神龍元年（七〇五）為六百十五萬餘戶來看，至開元九年初基本未變，故馬端臨在《通考》裏說：「是時，天下戶未嘗升降。」[87]當然這不符合實況，事實上是時天下昇平，戶口歲增，所謂「未嘗升降」是被逃戶之數掩蓋了，至括戶結束後兩年淨增九十一萬餘戶，故括得八十餘萬或百萬基本可信。

第二，有利於農業生產的發展。逃戶中大部自行墾荒之外，也有部分「浮食閭里」的，括戶後「括正丘畝，招徠戶口而分業之」[88]，把逃戶置於土地務農。而新附客戶免徵六年，就是最重要的敦本務農措施，也是發展農業生產的重要政策。為了貫徹這個政策，唐玄宗還派遣勸農使與判官予以督責。

第三，推動了括田。這個措施是宇文融建議的，胡三省與馬端臨均云：「融獻策括籍外羨田逃戶，自占者給復五年，每丁稅錢千五百。」[89]故唐玄宗授宇文融「田戶紀綱」、又兼租地安輯戶口使，其助手有「勾當租庸地稅兼覆田判官」。開元十二年六月壬辰詔云：「恤編戶之流亡，閱大田之衆寡。」即指此而言。看來，宇文融是認真付諸實施的，因皇甫憬疏文中有「何必聚人阡陌，親遣括量」之語。由於檢括戶田並舉，既取得了「流戶大來」，又獲致了「王田載理」的雙重成果，史載：「括得客戶凡八十餘萬，田亦稱是。」及至開元十七年（七二九），宇文融雖已失寵被貶，但唐玄宗仍然表彰他：「往以封輯田戶，……頗有宏益。」[90]可見，括戶與括田確實取得了較大成果。

第四，增加了國家財稅收入。規定的「輕稅入官」，每丁歲錢一千五百文，歲得數百萬緡，以佐國用；六年期滿，一切徵斂照舊，財利收入更多。唐玄宗關心逃戶的實質，是受制於他的經濟價值觀念的。正如《通考》所引的：「時天下有戶八百萬，而浮客乃至八十萬，此融之論所以立也。」[91]所謂財利，就是括取這些浮逃戶丁的稅收，括客增加戶數十分之一，即稅收總額增加十分之一。這是唐玄宗重視括戶的終極原因。玆後，宇文融雖因驕縱被徙，但唐玄宗仍舊緬懷：「上復思之，謂裴光庭曰：『卿等皆言融之惡，朕既黜之矣，今國用不足，將若之何！卿等何以佐朕？』光庭等俱不能對。」[92]可見，括戶是玄宗朝財稅的一大收益。

第五，括戶構成盛唐的繁榮經濟的一個重要原因。唐代杜佑在《通典》裏記敍括戶完畢以後，即接著說「至（開元）十三年封泰山」，緊書開元盛世云：「米斗至十三文，青齊穀斗至五文，自後天下無貴物；兩京米斗不至二十文，麵三十二文，絹一匹二百一十文。」[93]將括戶成就與盛唐的經濟繁榮聯繫起來，可謂卓識。開元十二年（七二四）的括戶政策，調動了農民的生產積極性，時值風調雨順，獲得了年穀豐登。唐玄宗頗為意驕氣得，於次年十一月在文武百官的簇擁下，浩浩蕩蕩地君臨泰山，在天下昇平聲中，舉行盛大的封禪典禮了。玄宗的封禪時間不先不後，卻在括戶大見效之後，意味頗為深長。

但括戶也存在一些弊病。所謂「州縣希旨，張虛數以正田為羨，編戶為客」[94]，因此，括取的八十餘萬戶數與田數多少帶點浮誇。再者，由於州縣虛報括戶數字，一方面使某些有背景的實戶以逃戶身分減徵稅收；另方面又將實戶的負擔轉嫁到其他實戶頭上，使這些人家無辜地遭受經濟損失。括戶中雖然存在一些不足，畢竟是支流；其成就才是主流。故後世有識之士評價頗高。元代馬端臨在《文獻通考》裏引沙隨程氏語曰：「使融檢括剩田以授客戶，責成守令，不收限外之賦，雖古之賢臣何以加諸。雖有不善，其振業小民，審修舊法，所得多矣，故杜佑作理道要訣，稱融之功。」[95]沙隨程氏和馬端臨均以宇文融括戶理財有方，堪與「古之賢臣」相提並論，可謂真知灼見。比較舊、新《唐書》與《唐鑑》的作者的迂腐之論不知高明多少，什麼「開元之幸人」、「以括戶取媚」[96]，什麼「言利得幸……以中主欲」[97]，什麼「唐世言利，始於宇文融」[98]，一句話，注重功利就是「利祿之徒」；不搞括戶，才為「清高」了。其實，宇文融的理財才幹、審時度勢、組織能力、辦事效果均有過人之處，善於用人的唐玄宗「恨得之晚，不十年而取宰相」[99]，就是對他才能的賞識，決非用「承主恩而徵責」一詞所能解釋得了的。後宇文融獲譴，「而追恨融才有所未盡也」[100]，這是唐玄宗知人的內心思想的真誠流露，非恨宇文融有什麼「取媚」，而是後悔自己未能盡其才用。

對宇文融括戶作出全面的評價，當推清初史學家王夫之，他條分縷析，首先分析農民逃亡的原因：「土或瘠而不給於養，吏或虐而不恤其生，政或不任其土之肥瘠，而一概行之，以困其瘠，於是乎有去故土，脫版籍而之於他者。」[101]由此可見，農民逃亡有自然與人為兩方面的原因，但主要的是吏虐失撫，促成自然條件的進一步惡化。其次，王夫之認為安撫當以客戶新附、減輕徵斂最為得宜，這就充分肯定了宇文融的括戶政策。指出：「民不可使有不服籍者也，客勝則主疲，不公也；而新集之民，不可驟役者也，生未定而力不堪也。」各有難處，究應怎辦？無非兩途，一是「檢括之而押還故土，尤苛政也」，「苛」在哪裏呢？「民不得已而遠涉，抑之使還，致之死也」，應當捨棄。另一是「開元十一年，敕州縣安輯流人，得之矣」，「得」在何處呢？「安輯之法，必令供所從來，而除其故籍，以免比閭宗族之代輸，然後因所業而徐定其賦役，則四海之內，均為王民，實不損，而逃人之名奚足以乎？」[102]這是對唐玄宗、宇文融第二階段括戶利國而不擾民的讚許。

（三）遺留問題

開元十二年（七二四）六月開始的新附客戶免徵賦調六年的政策，確使舊有逃戶大為減少。

但新的逃戶又不斷冒出，使唐玄宗防不勝防，造成新的逃戶隱患。但括戶有個限度，總不能年年跟在逃戶後面打轉。「思弘自新之令」固然有效，但同時也會助長土著戶的逃亡，原因是新附客戶優免，舊附土著照徵，在負擔方面存在反差，無疑會促使土著流離。如果對不斷增加的客戶都予六年起科，必使國家財政收入減少，因此享受新令優免不能沒有時間限制。開元十五年（七二七）二月玄宗所頒制令已顯露這個苗頭：「諸州逃戶，先經勸農使括定按比後復有逃來者，隨到准白丁例輸當年租庸，有徵役者先差。」103 可見，新生的逃戶已沒得到減免的好處了，而與土著戶負擔相同，以此抑制土著戶逃移。但是就是新附客戶，或因州縣不加「安輯」，也沒有附籍歸農。開元十六年（七二八）十二月敕令中透露了這一信息：「攘竊者時有犯禁，逋亡者罕聞復業。」104 開元十八年（七三〇）免徵六年期滿，逃亡趨向增加，唐玄宗面對此情此景，不禁嘆息：「欲免流庸，不可得也。」105

雖然如此，唐玄宗抑制逃戶之心未泯，硬的、軟的都用過了，再也想不出什麼新花招，對付新生逃戶也只得老調重彈罷了。開元十八年四月下敕：「頃以天下浮逃，先有處分，所在招附，便入差科，輒相容隱，亦令糾告。」106 顯然比過去嚴厲了。但以威臨之，如能奏效，豈至今日，最後自然以無濟於事告吹。反省之餘，檢討失撫之外，也別無他法。開元二十四年（七三六）敕令的調子又放低了：「安人之政，獨不行於諸夏，使黎氓失業，戶口凋零，忍棄枌榆，轉徙他土，傭假取給，浮窳求生，言念於兹，良深惻隱。」107 但即使安撫逃亡，逃亡照常不斷，辦法用盡了。唐玄宗深為感慨，開元二十九年（七四一）坦率承認：「其浮寄逃戶等亦頻處分，頃來招携，未有長策。」108

天寶年間，戶口逃亡更趨嚴重，這與唐玄宗荒殆政事、奢華生活有關。政事荒疏，撫民想得少了；生活豪奢，擾民做得多了。為了彌補財政入不敷出，他採取了勾當租庸與戶口的搜括措施。天寶二年（七四三）四月，任命陝郡太守韋堅兼知勾當租庸使。天寶四載（七四五）二月，加戶部郎中王鉷為勾當戶口色役使。天寶六載（七四七）十一月，楊愼矜加諸郡租庸使。這些「聚斂之臣」，或以聚貨得權，或以剝下獲寵，楊、王以及楊國忠等人的搜括，幾使民不聊生，當促使農戶流移。此外，唐玄宗加強對戶口的控制，重視州縣官員監督戶口，指出：「縣在僻遠，多不情願，遂虛其位，累載缺人，既無本官，為政不一，戶口逃散，莫不由茲。」[109] 為制止戶口流散，注重選拔素質較好的官員任職州縣。

逃戶不能根絕，作為括戶的遺留問題，有其深刻的社會階級根源，唐玄宗雖有九五之尊，但不能以皇權與意志制止戶丁逃亡。盛唐社會的諸多矛盾問題越來越多，在面臨社會階級與經濟變革之中，逃戶的遞相出現是難以避免的陣痛。他陷入了既傾心於財利之收、又不願貧民流失的矛盾境地，這使他只能帶著遺憾的心情度過晚年了。

註釋

1 《冊府元龜》卷七〇，〈帝王部·務農〉。

2 《文苑英華》卷四六五，〈誡勵風俗敕〉。

3 《冊府元龜》卷一六一，〈帝王部·命使一〉。

4 《唐會要》卷八五，〈逃戶〉。

5 《陳子昂集》卷八，〈上蜀川安危事〉。

6 《資治通鑑》卷二〇六，聖曆元年十月條。

7《新唐書・宋務光傳》。

8《新唐書・呂元泰傳》。

9《唐會要》卷八五，〈逃戶〉。

10《全唐文》卷二五，玄宗〈置十道勸農判官制〉。

11《唐大詔令集》卷七八，〈追尊玄元皇帝制〉。

12《唐大詔令集》卷七九，〈至東都大赦天下制〉。

13《唐大詔令集》卷一〇三，〈處分朝集使敕八道之六〉。

14《全唐文》卷三三五，孫平子〈請祔孝和皇帝封事〉。

15《全唐文》卷二七，玄宗〈勸獎縣令詔〉。

16《唐大詔令集》卷一〇三，〈處分朝集使敕八道之一〉。

17《唐大詔令集》卷一〇三，〈處分朝集使敕八道之六〉。

18《唐大詔令集》卷一〇八，蘇頲〈禁斷錦繡珠玉敕〉。

19《唐大詔令集》卷一〇〇，〈誡勵諸州刺史敕〉。

20《唐大詔令集》卷一〇四，〈勸誡京畿縣令敕〉。

21《全唐文》卷二七，玄宗〈整飭吏治詔〉。

22《唐大詔令集》卷一〇〇，〈洗滌官吏負犯制〉。

23《冊府元龜》卷七〇，〈帝王部・務農〉。

24《資治通鑑》卷二一一，開元二年五月條。

25《唐大詔令集》卷一一五，〈遣楊虛受江東道安撫敕〉。

26《資治通鑑》卷二一一，開元二年九月條。

27《全唐文》卷二九，玄宗〈放免（開元）十二年以前積欠詔〉。

28《全唐文》卷二三，玄宗〈發諸州義倉制〉。

29《全唐文》卷二七玄宗〈賑恤河南北詔〉：「德惟善政，政在養人……間者河北、河南頗非善熟，人間糧食，固應乏少……凡立義倉，用為歲備。今舊穀向沒，新穀未登，蠶月務殷，田家作苦，不有惠恤，其何以安，宜開彼倉儲，時令貸給……。」

30《全唐文》卷二三，玄宗〈發諸州義倉制〉。

31《新唐書・食貨志二》。

32《全唐文》卷二三，玄宗〈發諸州義倉制〉。

33《全唐文》卷二五玄宗〈南郊推恩制〉：「諸郡義倉，本防水旱，如聞多有費損，妄作破除，自今以後，每郡差一上佐專知，除賑給百姓之外，更不得輒將雜用。」

34《舊唐書・玄宗紀上》作「六月」，《資治通鑑》卷二一一作「五月」，今從《資治通鑑》。

35《舊唐書・玄宗紀上》。

36《舊唐書・姚崇傳》。《傳》云「開元四年」，非也，今從《資治通鑑》。

37《舊唐書・姚崇傳》。《舊唐書・五行志》作「帝曰：『殺蟲太多，有傷和氣』」。

38《舊唐書・玄宗紀上》。

39《朝野僉載》補輯，《太平廣記》卷四七四〈蝗〉。

40《資治通鑑》卷二一一，開元四年五月條。

41《舊唐書・姚崇傳》。

42《資治通鑑》卷二一一，開元三年五月條〈考異〉引《實錄》。

43《全唐文》卷二七，玄宗〈捕蝗詔〉。又見《通覽》卷二一一。

44《唐大詔令集》卷一〇四，〈遣王志愔等各巡察本管內制〉。

45、46《舊唐書・五行志》。

47、48《舊唐書・韓思復傳》。

49《舊唐書・姚崇傳》。

50《資治通鑑》卷二一一，開元四年五月條。

51《唐大詔令集》卷一〇四，〈遣使河南河北道觀察利害詔〉。

52《朝野僉載》補輯，《太平廣記》卷四七四〈蝗〉。

53《魏書・高祖本紀》。

54《唐律疏議》卷二八，〈捕亡〉。

55《唐會要》卷八五，〈逃戶〉。

56《全唐文》卷九五，高宗武皇后〈置鴻宜鼎稷等州制〉。

57《舊唐書・地理志一》。

58《通典》卷七，〈歷代盛衰戶口〉。

59《唐大詔令集》卷一〇四，〈遣御史大夫王晙等巡按諸道制〉。

60《冊府元龜》卷六三，〈帝王部・發號令二〉。

61《舊唐書・宇文融傳》。

62、63《資治通鑑》卷二一二，開元九年正月條。

64《冊府元龜》卷六三〈帝王部・發號令二〉、《全唐文》卷二二〈科禁諸州逃亡制〉、《資治通鑑》卷二一二開元九年二月條。

65《資治通鑑》卷二一二開元九年二月條：「州縣逃亡戶口聽百日內自首，或於所在附籍，或牒歸故鄉，各從所欲。過期不首，即加檢括，謫徙邊州；公私敢容庇者抵罪。」後一措施與《冊府元龜》稍異，其實這是隋代括戶「正長遠配」的繼承。

66《唐大詔令集》卷一〇三，〈處分朝集使敕八道之八〉。

67《唐六典》卷三，〈戶部郎中員外郎〉。

68《資治通鑑》卷二一二，開元十一年八月條。

69《唐會要》卷八四，〈租庸使〉。

70《全唐文》卷二九玄宗〈置勸農使詔〉、《資治通鑑》卷二一二開元十二年六月條及《冊府元龜》卷七〇〈帝王部‧務農〉；惟《唐大詔令集》卷一一一〈置安農使安撫戶口詔〉作五月，今從《通鑑》及《元龜》六月說。

71《舊唐書‧宇文融傳》、《全唐文》卷二五載玄宗〈置十道勸農判官制〉，但均不標年月。比照《資治通鑑》卷二一二開元十三年二月條，則知〈置十道勸農判官制〉係在開元十三年二月，其文云：「庚申，以御史中丞宇文融兼戶部侍郎。制以所得客戶稅錢均充所在常平倉本；又委使司與州縣議作勸農社，使貧富相恤，耕耘以時。」玄宗頒此制提出多種善後措施以鞏固括戶成果，司馬光雖只擇取上列的稅錢充作常平倉本與勸作農社兩項，但這兩項賦有新意，其餘措施早已有之，故不全錄。比起《舊唐書‧宇文融傳》與《全唐文》所載此制的全文，當然簡略多了，但司馬光不會把最重要舉措遺漏掉的，故通過比照，可辨知頒制年月。由於原制文回顧了上年派遣宇文融為勸農使之前的思想活動，故可作開元十二年六月頒壬辰詔的背景資料理解。

72《舊唐書‧宇文融傳》、《全唐文》卷二五〈置十道勸農判官制〉。

73《唐會要》卷八五〈逃戶〉、《冊府元龜》卷四九五〈邦計部‧田制〉。

74《唐會要》卷八五，〈逃戶〉。

75《通典》卷七，〈歷代盛衰戶口〉。

76《新唐書‧百官志四下》。

77《唐會要》卷八五，〈籍帳〉。

78《舊唐書‧宇文融傳》。

79《全唐文》卷二五，玄宗〈置十道勸農判官制〉。

80《通典》卷七，〈歷代盛衰戶口〉。

81《舊唐書‧宇文融傳》，下同。

82、83《舊唐書‧宇文融傳》。

84《讀通鑑論》卷二二，〈唐玄宗十三〉。

85《舊唐書‧宇文融傳》。

86《舊唐書‧宇文融傳》，又《全唐文》卷二五玄宗〈置十道勸農判官制〉，其「來於歲終」作「及於歲終」。

87《文獻通考》卷三，〈田賦考〉。

88《新唐書・宇文融傳》。
89《資治通鑑》卷二一二開元十二年八月條胡注、《文獻通考》卷三〈田賦考〉。
90《全唐文》卷二二，玄宗〈貶宇文融汝州刺史制〉。
91《文獻通考》卷三〈田賦考〉引沙隨程氏語。
92《資治通鑑》卷二一三，開元十七年十月條。
93《通典》卷七，〈歷代盛衰戶口〉。
94《新唐書・食貨志一》。
95《文獻通考》卷三，〈田賦考〉。
96《舊唐書・宇文融傳》，史臣曰。
97《新唐書・宇文融傳》，贊曰。
98《唐鑑》卷五，〈玄宗下〉。
99、100《新唐書・宇文融傳》，贊曰。
101、102《讀通鑑論》卷二二，〈玄宗十三〉。
103《資治通鑑》卷二一三，開元十五年二月條。
104《唐大詔令集》卷一〇四，〈處分朝集使敕五道之一〉。
105《唐大詔令集》卷一〇四，〈處分朝集使敕五道之三〉。
106《唐大詔令集》卷一〇四，〈處分朝集使敕五道之四〉。
107《唐大詔令集》卷一一一，〈聽逃亡歸首敕〉。
108《唐大詔令集》卷一〇四，〈遣使黜陟諸道敕〉。
109《全唐文》卷二五，玄宗〈安養及諸改革制〉。

第十一章　開天盛世，海內富實

唐玄宗上秉祖輩之餘蔭，勵精圖治，開創了開元天寶盛世，譜寫了大唐帝國最為光輝燦爛的新篇章。政治局面的長期穩定，周邊環境的多年安寧，社會經濟的日益繁榮，尤為史家所讚頌，也勾起了文人騷客的詠史雅興。這裏，探討一下唐玄宗的經濟思想以及開元天寶時期經濟發展的原因。

富民、「致肥」的經濟思想

詩人白居易指出：「太宗以神武之姿，撥天下之亂。玄宗以聖文之德，致天下之肥。」[1] 從經濟方面說，唐太宗撥亂反正，實施「與民休息」政策，使社會經濟得到恢復與發展；而唐玄宗則注意文治，貫徹富民政策，「致天下之肥」，把日益發展的社會經濟推向繁榮階段。唐玄宗雖然沒有系統的卓越的經濟思想，但他與決策集團在實現「致肥」的過程中，留下了一些真知灼見。

（一）「富而後教」

開元十二年（七二四），唐玄宗在制書中說：「人惟邦本，本固邦寧，必在安人，方能固本。」

這些前哲至言，玄宗十分欣賞，說：「永言理道，實獲朕心。」那麼，如何「安存」百姓呢？他認為，重要的一條是「食為人天，富而後教」[2]。事隔九年，他再次頒詔云：「既富而教，奚畏不理！」[3]

所謂「富而後教」，確實是唐玄宗的重要經濟思想。「富」，要注重物質生產；「教」，要注重儒家彝禮。這兩者之間有個孰先孰後的問題。古來多數統治者往往重「教」而恥言「富」，囿於「為富不仁」的傳統觀念，不甚強調百姓的衣食之「富」。唐玄宗是個比較務實的君主，他把「富而後教」提高到治國的高度，既兼顧了富與教，又置富於教之上，頗有管子的「倉廩實而知榮辱」的經濟思想遺風。

在富的內涵方面，還有一個國富與民富的關係問題。天寶二年（七四三），玄宗在詔中說：「古之善政，貴於足食；將欲富國，必先利人。」[4]把「足食」富民擺在「富國」之前，體現了藏富於民的思想。因為只有百姓富足了，封建國家賦稅才有來源，皇室貴族官僚地主才有揮霍的物質基礎。凡是開明的政治家，無不強調「家給人足」的重要意義。

唐玄宗對「家給人足」有一個逐步深化的認識過程。開元初，經歷王室多難的動盪局面，他只是設想而已，「思使反樸還淳，家給人足。」[5]開元中，隨著農業生產的發展，出現了「開元之治」，認識也就達到了新境界：「為國之道，莫不家給人足。」[6]及至天寶時期，他總結了「臨馭萬邦，迨今四紀」的統治經驗，認為已實現了這個目標。溫飽無虞，人易自重，教易收效，正如他在〈天長節推恩制〉裏所說的：「衣食既足，則廉恥乃知。」[7]就能達到「富而後教」了。

反過來看，「教」也可以促「富」。所謂「教」雖然是指禮義，但並不全是空洞說教，而是滲透到各種「勸農」的措施中去。早在開元二年（七一四），玄宗就督責州縣「仍加勸課，循植農穡」[8]。過了二十年，再次強調：「農桑之時，不得妨奪，州縣長官，隨時勸課。」[9]如果勸課無效，則輔之以猛，對於遊業浮墮與不勤稼穡者，則特令「懲肅」。這就從思想與法制兩方面把致富的手段與目的結合起來了。

當然，致富的最主要手段，還是發展生產。唐玄宗和大臣強調：「贍人之道，必廣於滋殖。」[10]就指民務稼穡，才能衣食豐足之意，反映了他的發展農業生產是致富之源的思想。只有把生產事業做好，才能為公私提供足夠的消費財富；而勸農，就是敦促農民發展生產的思想環節。可見，勸農致富之教，在唐玄宗經濟思想中占有重要的地位。

（二）「濟生人為意」

北宋著名的唯物主義思想家李覯，曾經總結過「開元之治」的歷史經驗，指出：唐玄宗「以安天下，濟生人為意，此其所以興也」[11]。所謂「濟生人為意」，就是「惠養黎民」思想的體現，這是開元時期經濟政策的一個特色。

開元元年（七一三）冬十月，玄宗親自接見京畿縣令，「戒以歲饑惠養黎元之意。」[12]開元三年（七一五）盛夏，他身居避暑臺榭，有感而道：「天其養生，在物最靈，惟人最貴。」[13]天地之間人最貴，由此出發，自然地要引申出恤人思想；而從恤人思想又會引出「惠養黎元」的政策措施。具體地說，主要有災蠲賑濟與恩蠲惠免兩大類。

其一，災蠲與「富教」有內在聯繫。農民遭災，已成窮民，先要濟貧，然後才能致「富」，即玄宗所說的：「將給小康，必弘厚貸。」在「必弘厚貸」措施中，設置義倉就有這個含意。他說：「義倉元（原）置，與衆共之，將以克制斯人，豈徒蓄我王府。」[14]義倉積穀，非為「王府」而設，作為防荒備災之用。這是取之於民、還之於民的一種公共設施；如排除貪吏舞弊，不失為一種行之有效的濟貧救災措施。州縣除義倉外，有時也動用當地倉儲救濟。如開元十四年（七二六）秋，全國發生水災加旱災，玄宗詔遣御史中丞宇文融檢覈「賑給」。至於京師逢災，則動用太倉賑濟。如開元二十一年（七三三），關中久雨害稼，京師饑，詔出太倉米二百萬石，以濟貧民。這是京師無償賑災發糧最多的一次。

災蠲不限於發放救濟糧，還有採取減免當年與來年租稅的做法。如開元五年（七一七），河北遭澇及蝗災，須令無出今年租。過了六年，河南府遭水災，玄宗下敕說：「（今）不支濟者，更量賑給，務使安存。」[15] 開元二十三年（七三五），玄宗於東都親耕籍田，特地下制云：「天下諸州損免處，稅地先矜放；其非損免處，有貧乏未納者，並一切放免。」[16]

其二，恩蠲，一般說來，與災情無關，多屬玄宗喜逢重大慶典時的特殊蠲免，頗具推恩意味，並不常有，但一旦恩蠲則普及全國，惠及周流。開元天寶時期，全國性的恩蠲主要有三次：第一次為開元二十七年（七三九），玄宗加「開元聖文神武皇帝」尊號，下敕曰：「百姓間或有乏絕，不自支濟者，應須蠲放及賑給。」[17] 第二次為天寶七載（七四八），玄宗受冊加「開元天寶聖文神武應道皇帝」尊號，大赦天下，百姓免來載租庸。第三次為天寶十四載（七五五），玄宗頒〈天長節推恩制〉，宣布：「天下百姓今載租庸，並宜放半。」

上述措施，反映了唐玄宗「濟生人為意」，維護穩定的社會經濟秩序。蠲免賑濟雖然不是主要的、直接的致富辦法，但是仍不失為間接的致富手段。正如玄宗本人所說：「比歲小有僭亢，頗非豐稔，遂使開倉賑乏，空圄恤刑，兼蠲徭省賦，故得家給人足。」[18] 顯然，「家給人足」局面的出現，也是跟「惠養黎元」的措施分不開的。

（三）「男耕女桑不相失」

大詩人杜甫〈憶昔〉一詩讚頌「開元全盛日」時，特別提到「男耕女桑不相失」。徵之史實，並非虛語。這是唐玄宗經濟思想的內容之一。

眾所周知，男耕女織是古代社會小農經濟最基本的生產形態與勞動分工形式。耕桑及時，就會獲得豐收。歷來開明的政治家無不強調「不奪農時」，唐玄宗也是如此。他認為，「衣食本於農桑」[19]，當不容忽視。「農事傷則饑之本，女功害則寒之源。」[20]養民之道，必須以耕為本，輔以之織，使耕織並舉，粟帛兼顧。為此，一要不失農事，二要不妨農事。

如何做到不失農事呢？唐玄宗除了頒詔勸農外，還命御史督察，分往各地，巡行勸課。直至天寶十三載（七五四），他還重申縣令須加視察：「至於上敷朝政，下字淳人，親其農桑，均其力役。」[21]妨農之舉莫過於力役，玄宗為了不讓力役擾人，多次頒詔云：「農功不可奪，蠶事須勿擾。」[22]強調停止妨礙農事的「不急之務」。

當然，唐玄宗的重農，實質上是關心賦稅收入。因為當時賦稅的實物方面，不外乎農產品與絲麻織品兩類，玄宗仍承唐初的租庸調制，徵收糧食與絹布。他關心男耕女桑，目的在於防止小農家庭的破壞與逃戶的出現。他頻頻勸農，教誡官員切勿「擾以妨農」、致失農時，是與國家「錢穀不入，杼軸其空」，稅利損失有關的[23]。「男耕女桑不相失」，為農民創造豐產增收條件，也為國家增加稅收，可謂公私兩利。這就不難理解唐玄宗把男耕女桑提到「為國之道」的認識高度，以及為什麼強調「勸農務穡，國政攸先」的用意所在了[24]。

（四）「我無事而民自富」

值得注意的是，唐玄宗執政於王室多難之際，他曾擇取道家某些思想觀點來治理經濟環境，收到了一定的成效。

早在唐睿宗時，諫官辛替否上疏陳時政，提出「以無為為妙，依兩卷《老子》」來治理天下[25]。當時崇尚道家學說的潮流，對太子李隆基不會沒有影響。玄宗即位後，除了尊崇儒學外，還大力提倡道教，弘揚玄元之風。他曾對輔臣說：「同歸凊靜，共守玄默。」[26]開元二十一年（七三三）正月，令天下士庶家藏《道德經》一本，藉此闡明「凊靜」之政。爾後，又親自研讀並注釋《道德經》，總結了理國、理身的要旨。

首先，依據經文，發揮了清靜致富的經濟思想。他引證經文所說：「我無為而人自化，我無事而人自富，我好靜而人自正，我無欲而人自樸。」[27]這裏，將節欲、凡事簡易作為治國的起點。從主體的無為、無事、好靜、無欲，達到客體的自化、自富、自正、自樸，體現了道家「無為而治」的哲理。唐玄宗特地對「我無事而民自富」一句作了這樣的疏釋：「上無賦斂，下不煩擾，耕田鑿井，家給民足，故云而民自富。」[28]這就是從道家思想中概括出的治國要旨。

其次，要做到「我無事」，就必須「少私寡欲，以虛心實腹為務」。他引證經文曰：「不貴難得之貨，不見可欲」，不以珍物為貴，見到欲求之物，當作視而不見、望而不想一樣，不為斑駁之物所動，當然知足為足了。人一旦知足了，就會少私寡欲與虛心實腹。唐玄宗有八句道訣云：「以不貪為寶，以知足為富。內保慈儉，外能和同。念身何來，從道而有。少私寡欲，夷心治元。」[29]這就是從道家思想中總結出的治身之道。

第三，以《道德經》作為理國、理身之本，是以「清靜無為」融會貫通的，反映在經濟思想上就是：「愛民者，使之不暴卒，役之不傷性；理國者，務農而重穀，事簡而不煩；則人安其生，不言而化也。此無為也。」[30]這裏，役民不傷、務農去煩、使民樂生等三條構成了「清靜無為」的基本內容，為推行富民政策與勸農措施提供了理論根據。

綜上所述，唐玄宗孜孜不倦於「富而後教」、「濟生人為意」、「男耕女桑」以及「清靜無為」，自有一定的積極意義。儘管這些思想帶有虛僞的騙人的色彩，什麼「愛民」，什麼「少私寡欲」，並沒有那麼一回事，而且唐玄宗本人向來以多欲奢豪為特點，但是，仍然不能低估玄宗經濟思想多少付諸實踐而取得較大的成果。

「開元之盛，漢、宋莫及」

凡是論述開元盛世的，幾乎沒有不引杜甫〈憶昔〉詩的。詩人讚頌說：「憶昔開元全盛日，小邑猶藏百家室。稻米流脂粟米白，公私倉廩俱豐實。九州道路無豺狼，遠行不勞吉日出。……」美麗的詩句自非實錄，但不愧為盛唐的形象史詩。開元盛世，歷來有口皆碑。唐朝著名的政治家陸贄說：「朝清道泰，垂三十年。」[31]北宋歐陽修在《新唐書‧玄宗本紀》贊曰：「開元之際，幾致太平。」明清之間的王夫之更從上下歷史的比較中，得出了這樣的結論：「開元之盛，漢、宋莫及矣。」[32]的確，開元時期社會高度繁榮，這是中國封建社會史上的黃金歲月。

（一）社會經濟的繁榮

開元時期社會經濟的演進，大約分為兩個階段。

開元十二年（七二四）以前，屬於發展時期。唐玄宗即位於艱難之際，面臨著長期政局動盪遺留下的各種問題，當務之急是要採取各種措施來治理政治經濟環境。他限制佛教勢力，不允許新營佛寺，將僧尼還俗，以增加勞動力。一再頒詔恤農賑災，強調不奪農時，勸以男耕女桑。推行括戶授田，改革賦役，將流民列為編戶，安置農業生產。罷除冗吏，去奢省費；罷不急之役，以待農閒。這些措施的綜合治理，都是圍繞著發展農業生產這個中心任務而展開的。至開元十二年，取得了大豐收，正如羣臣上言封禪所說：「年穀屢登，開闢以來，未之有也。」33

從開元十三年（七二五）至開元末，是社會經濟發展的繁榮階段。連年豐收，蒸蒸日上，一派富庶的情景。據唐朝杜佑說，天下無貴物，兩京米斗不至二十文，麵三十二文，絹一匹二百一十文。開元二十八年（七四〇），「西京、東都米斛直錢不滿二百，絹匹亦如之。海內富安，行者雖萬里不持寸兵。」34

總之，開元時期確實是「全盛日」，封建經濟的高度繁榮，還可以從兩個方面來說明。

第一，「累歲豐稔」的農業。

衡量古代農業經濟繁榮的標尺之一是人口增長，因為勞動力是農業生產的必要的前提。唐朝前期的發展是跟戶口增長同步的。武德間全國戶數僅二百餘萬戶，貞觀初不滿三百萬戶，永徽三年（六五二）增至三百八十萬戶，這實際上是反映貞觀末的戶數，說明「貞觀之治」二十餘年間增加了近百萬戶。中宗神龍元年（七〇五）復增至六百十五萬戶，即五十三年間增加了二百三十五萬戶。據宋代蘇轍說，「開元之初，雖號富庶，而戶口未嘗升降。」[35]經由括戶，至開元十四年（七二六）戶數為七百零七萬。開元二十八年（七四〇），增至八百四十一萬餘戶，即十四年間增加了一百三十四萬戶，為唐朝前期增速最快的階段。

墾田增加是農業發展的直接標誌。唐玄宗繼續執行鼓勵農民墾荒政策，當為期四年的「括戶」開始時，將括田、墾荒與之聯繫一起，加速了全國範圍內墾荒的進程。開元十二年（七二四），玄宗下了所在閒田、勸其開闢的詔令。耕者多占寬鄉的閒田，律不與罪，體現了鼓勵墾荒的精神。除均田外，屯田墾荒也是擴大耕地面積的重要措施。如開元二十二年（七三四），「遣中書令張九齡充河南開稻田使」，後又「遣張九齡於許、豫、陳、亳等州置水屯」[36]。總之，在鼓勵政策的推動下，調動了廣大民眾的積極性，海內墾田大為增多，正如元結所說的：「開元、天寶之中，耕者益力，四海之內，高山絕壑，耒耜亦滿。」[37]

江南農業也得到了發展。由於人口與墾田的大量增加，為水稻集約經營提供了條件。雙季稻需要勞動集約化程度更高，它的出現是水稻種植史上的大事。開元十九年（七三一），揚州改種雙季稻達一千八百頃，後又在廣東地區得以推廣，稻米產量驟增。小麥雖已在前代傳播到長江流域，但種植還不普遍，唐玄宗時大力推廣麥稻輪作制。雲南地區水稻與大、小麥間作與輪種兼行，充分利用地力，提高單位面積產量。

第二，官私手工業與商業。

手工業主要有紡織、印染、礦冶、金工、造船、玉雕、木器、瓷器、製糖、製茶、印刷、造紙、服飾、皮革等業。技藝精湛，分工細密。例如，一九七〇年在西安市郊發現了窖藏金銀器，經考古確定，係李守禮邠王府的遺物[38]。從出土的碗、盤、碟、壺、罐、鍋、盒、爐等金銀器來看，工藝極其細緻，以焊為例，就有大焊、小焊、兩次焊、掐絲焊等。器物圖案，花形不同，鳥狀互異，燦爛奪目，整齊中有變化，變化中有規律。鍍刻也是巧奪天工，一件模仿皮囊形製的銀壺，兩面各鑄一馬，馬身塗金，頸繫飄帶，嘴銜一杯，昂首揚尾，形象逼真，生氣勃勃，是盛唐金銀器的傑作。

私營手工業與商業的發展，更能說明當時經濟的繁榮。例如，定州何名遠以紡織作坊主身分，購置綾機五百張，成為當地豪富[39]。以行商走南闖北、貨販致富的也不乏其例。貨幣在商品流通中愈益重要，甚至產生了貨幣拜物教。名臣張說撰了〈錢本草〉一文，認為錢既是「善療飢寒困戹」、「能利邦國」的惠貧劑，又是「污賢達」的腐蝕劑。在儒臣的傳統觀念中，錢神一旦遊蕩官場，「賢達」也就難以保持潔白無污。為此，張說主張以儒制利，以「道」、「德」、「仁」、「義」、「禮」、「智」、「信」等予以約束[40]。這種論調不免迂腐，不過，從中也透露出商品經濟較前發展的潛訊。開元二十二年（七三四），貨幣問題專家劉秩針對市場銅錢短缺、私鑄質濫的現象，主張壓低銅價，多鑄公錢，這樣「錢又日增，末復利矣」[41]。他敢於衝擊傳統的輕末觀念，提出利末而不傷農的看法，也是當時商品經濟發展在思想上的反映。

（二）興修水利的成就

水利是農業生產的命脈，興修水利的成就反映了開元盛世的一個側面。

據統計，貞觀年間興建水利工程計二十六處[42]，唐高宗時期三十一處，武則天時期十五處。唐玄宗開元時期，興修了三十八處水利工程，加上天寶時期八處，合計四十六處，為唐朝前期的最高數字，現列表如下：

玄宗時期興修水利表

州（郡）縣名	渠名	興修年代	主持者	渠位	資料來源
杭州鹽官縣	捍海塘堤（重築）	開元元年			《新唐書・地理志五》
華州華陰縣	敷水渠	開元二年	刺史姜師度	縣西二十四里	《新唐書・地理志一》
太原府文水縣	甘泉渠	開元二年	縣令戴　謙	縣東北五十里	《新唐書・地理志二》
太原府文水縣	蕩沙渠	開元二年	縣令戴　謙	縣東北二十五里	《新唐書・地理志二》
太原府文水縣	靈長渠	開元二年	縣令戴　謙	縣東北二十里	《新唐書・地理志二》
太原府文水縣	千畝渠	開元二年	縣令戴　謙	縣東北二十里	《新唐書・地理志二》
華州鄭縣	利俗渠	開元四年	刺史姜師度	縣西南二十三里	《新唐書・地理志一》
華州鄭縣	羅文渠	開元四年	刺史姜師度	縣東南十五里	《新唐書・地理志一》
莫州任丘縣	通利渠	開元四年	縣令魚思賢	縣南五里	《新唐書・地理志三》
薊州三河縣	渠河塘	開元四年	縣令魚思賢	縣北二十里	《新唐書・地理志三》
薊州三河縣	孤山陂	開元四年	縣令魚思賢	縣西北六十里	《新唐書・地理志三》
華州華陰縣	渭　漕	開元五年	刺史樊　忱	縣西二十四里	《新唐書・地理志一》

衢州西安縣	神塘	開元五年		縣東五十五里	《新唐書・地理志五》
兗州萊蕪縣	普濟渠	開元六年	縣令趙建盛	縣西北十五里	《新唐書・地理志二》
冀州堂陽縣	漳水堤	開元六年		縣西四十里	《新唐書・地理志三》
同州朝邑縣	通靈陂	開元七年	刺史姜師度	縣北四里	《新唐書・地理志一》
會州會寧縣	黃河堰	開元七年	刺史安敬忠		《新唐書・地理志一》
滄州清池縣	東未名渠	開元十年	刺史姜師度	縣東南二十里	《新唐書・地理志三》
滄州清池縣	衡漳東堤	開元十年	刺史姜師度	縣西北六十里	《新唐書・地理志三》
景州南皮縣	未名渠	開元十年	刺史姜師度	縣東南七十里	《新唐書・地理志三》
景州南皮縣	毛河↓臨津↓清池	開元十年	刺史姜師度		《新唐書・地理志三》
越州會稽縣	防海塘	開元十年	縣令李俊之	縣東北四十里	《新唐書・地理志五》
海州朐山縣	永安堤	開元十四年	刺史杜令昭		《新唐書・地理志二》
滄州清池縣	無棣河	開元十六年		縣西南五十七里	《新唐書・地理志三》
滄州清池縣	陽通河	開元十六年		縣東南十五里	《新唐書・地理志三》
滄州清池縣	浮河堤	開元十六年		縣南五十里	《新唐書・地理志三》

滄州清池縣	陽通河堤	開元十六年		縣南十五里	《新唐書·地理志三》
滄州清池縣	永濟北堤	開元十六年		縣南三十里	《新唐書·地理志三》
孟州河陰縣	梁公堰	開元二十二年	縣尹李傑	河汴之間	《新唐書·地理志三》
成都府溫江縣	新源水	開元二十三年	長史章仇兼瓊		《新唐書·地理志六》
濠州虹縣	廣濟新渠	開元二十七年	採訪使齊澣		《新唐書·地理志二》
朗州武陵縣	北塔堰	開元二十七年	刺史李璡	縣西北二十七里	《新唐書·地理志四》
魏州貴鄉縣	西渠	開元二十八年	刺史盧暉		《新唐書·地理志三》
蔡州新息縣	玉梁渠	開元中	薛務增	縣西北五十里	《新唐書·地理志二》
趙州柏鄉縣	千金渠	開元中	縣令王佐	縣西	《新唐書·地理志三》
趙州柏鄉縣	萬金堰	開元中	縣令王佐		《新唐書·地理志三》
景州東光縣	靳河	開元中		縣南二十里	《新唐書·地理志三》
明州 縣	小江湖	開元中	縣令王元緯	縣南二里	《新唐書·地理志五》
陝郡平陸縣	平陸渠	天寶元年	太守李齊物		《新唐書·地理志二》
常光郡獲鹿縣	太白渠	天寶二年			《新唐書·地理志三》

餘姚郡鄮縣	西　湖	天寶二年	縣令陸南金		《新唐書·地理志五》
蜀郡成都縣	官源渠	天寶二年	縣令獨孤戒盈	縣南百步	《新唐書·地理志六》
滎陽郡官城縣	廣仁池	天寶六載			《新唐書·地理志二》
弘農郡胡城縣	新開渠	天寶八載	御史中丞宋渾	縣東	《新唐書·地理志二》
會稽郡諸暨縣	湖　塘	天寶中	縣令郭密之	縣東二里	《新唐書·地理志五》
蜀郡成都縣	萬歲堤	天寶中	長史章仇兼瓊	縣北十八里	《新唐書·地理志六》

由上表可見，水利建設以開元初、中期最為出色，開元後期已不如以前，天寶年間又不如開元時期。這種滑坡的情況，正是唐玄宗政治上走向昏庸的表現。不過，從全局來看，開元天寶時期還是有唐一代水利工程興修最多的時期。建設的重點是黃河中下游地區，唐玄宗在前人成就的基礎上，完善了關中平原的灌溉系統，對調節氣候與保持水土起了良好的作用。開元詩人李華歌詠「咸陽古城下，萬頃稻苗新」[43]，描繪了古老的關中平原渠水潺潺。稻苗油然的肥綠生態。這種景象無疑與唐玄宗重視水利關係極大，也為盛唐的「累歲豐稔」創造了必要條件。

（三）科學文化的異彩

科學文化大放異彩，是開元時期的興盛景象之一。

唐玄宗十分重視翰林「學士院」與「伎術院」的建設，那裏集中了兩類專門人才：一是文學之士，二是伎術之士，供皇帝隨時召用。玄宗給以優厚的物質條件，讓他們彼此交流、切磋技術，這對於唐代科學文化的發展起了一定的作用。

唐玄宗與傑出的科學家僧一行的交往佳話，治唐史者說得夠多了。的確，一行的科學成就，也離不開玄宗的支持與贊助。例如，僧一行進行世界上第一次用科學方法實測子午線的活動，玄宗命太史監協助之。觀測點分布範圍至盛唐疆域的南北兩端，如果沒有中央皇權的支持，是難以順利完成的。又如，唐玄宗鑒於「《麟德曆經》推步漸疏，敕一行考前代諸家曆法，改撰新曆」[44]，於是一行推《周易》大衍之數，改撰《開元大衍曆經》。可惜，曆成人亡，僧一行逝世後，由兼集賢殿學士的特進張說獻上《開元大衍曆》，唐玄宗下令正式頒行。唐朝前期，從傅仁均「戊寅曆」到崔善為「校定曆」，再到李淳風《麟德曆》，再到僧一行《大衍曆》，說明科學技術的不斷進步。

唐玄宗還熱心於文化事業，被後世史家讚為「好文之君」[45]。「貞觀開元述作為盛，蓋光於前代矣。」[46]看來，開元更「盛」過於貞觀。太宗時，粲然畢備的「秘府圖籍」，經魏徵等校定分類，確立了「經、史、子、集」四部體制。開元初期，玄宗令於東都乾元殿刊校圖書，「大加搜寫，廣採天下異本。數年間，四部充備。」[47]後來，成立麗正修書院繼續工作，至開元九年（七二一）完成《羣書四錄》，凡書四萬八千一百六十九卷。開元十三年（七二五），改麗正修書院為集賢殿書院，由宰相張說負責，著名文士徐堅為副，重文之舉可謂空前。及至開元二十三年（七三五），宰相裴耀卿「入書庫觀書」，不禁讚嘆：「聖上好文，書籍之盛事，自古未有。」[48]

至於其他方面如唐詩、書法、繪畫、雕塑等，也是萬紫千紅，顯示出開元時期的盛唐氣象。

這裏不一一列舉了。

（四）「受報收功，極熾而豐」

上述農業、手工業、商品貨幣、興修水利以及科學文化的繁榮，充分地說明了盛唐在中國古代史上的地位，稱得上黃金時代。如果翻閱一下世界歷史，作橫向比較，還會知道，盛唐帝國是最昌盛強大的國家，超過了當時世界強國法蘭克、拜占廷和阿拉伯等國。

為什麼會出現開元盛世呢？

任何社會經濟文化從初步發展到繁榮昌盛，都要經歷很長的歷史時期。漢初，經由「文景之治」，至漢武帝時出現繁榮，花了七十餘年。唐初，經由「貞觀之治」，又歷唐高宗、武則天、中宗、睿宗，直到開元時出現極盛，花了近百年。社會繁榮總是從過去繼承下來的條件下創造的，決不可能隨心所欲地創造。這是歷史的真理。

中唐思想家韓愈談到開元盛世的歷史原因時，指出：「高祖、太宗，既除既治；高宗、中（宗）、睿（宗），休養生息；至於玄宗，受報收功，極熾而豐。」[49]真是卓識！即使最傑出的人物，在他譜寫歷史的新篇章時，不能僅憑一張「白紙」。玄宗正是基於前代的「休養生息」，繼承著流傳下來的生產力，才能創作出「極熾而豐」的盛世最強者。

衆所周知，「貞觀之治」是推行「休養生息」政策的結果，當時社會經濟處於恢復與發展階段，尚算不上繁榮盛世。唐高宗時期，繼續貫徹均田、賑濟、輕徭薄賦等措施。武則天執政，更是採取「務在養人」的重農政策，督令州縣長史「務在田蠶」，凡「田疇墾闢，家有餘糧」者晉級，反之，「若為政苛濫，戶口流移」，必予貶職[50]。她親自刪定《兆人本業》，頒示天下，指導農桑生產。這樣，社會經濟發展到了新的水平，戶數猛增。如武則天下臺那年（七〇五），全國戶數六百十五萬戶，比貞觀末年增長了近一倍。當時糧價便宜，耕地面積也不斷擴大。誠然，武則天晚年弊政叢生，但傷不及下；酷吏打擊的是政治上反對派，沒有擾亂社會經濟秩序。接著，唐中宗、睿宗時期，「王室多故」，長達七八年的內爭造成了唐初以來最黑暗的政治局面，給經濟發展帶來了影響。但是，內爭限於封建統治集團上層，限於宮廷，亂不於民。廣大鄉村的農業生產仍舊在發展，只是增長速度慢了一些。韓愈說：「高宗、中、睿，休養生息。」就唐高宗與武則天時期而言，確是如此。至於唐中宗、睿宗，並沒有採取新的「休養生息」政策，但在社會經濟領域中，基本上延續從前的舊政策，也就是說，仍然處於「休養生息」之中。

總之，唐玄宗即位時，唐朝近百年的發展已經創造了相當高的生產力水平。開元時期的社會繁榮，就是在這個基礎上發展起來的。如果經濟上千瘡百孔，或者說是一張「白紙」，決然畫不出又新又美的圖畫。韓愈說玄宗「受報收功」，是有一定的道理的。時勢造就了盛世之君，某些封建史家把一切都歸美於唐玄宗，那就錯了。

（五）「開元之治」對經濟發展的作用

當然，盛世的出現，也是跟唐玄宗及其臣僚們的努力分不開的。唐玄宗的歷史功績，是不可否認的事實。

首先，淸理政治環境，維護內外安定局面，保障了經濟文化的順利發展。開元初期，唐玄宗果敢地採取各種措施，鞏固皇權，消除禍亂因素；同時任用賢能，尊信舊老，克己從諫，終於出現了「開元之治」。「朝淸道泰，垂三十年」，這是社會經濟繁榮的必要條件。國防形勢也十分有利，沒有一個強大的番國或民族足以威脅到盛唐的安全。邊境少事，「人情欣欣然」。史稱：「天下大治，河清海晏。」「安西諸國，悉平為郡縣，自開遠門西行，亘地萬餘里，入河隍之賦稅。左右藏庫，財物山積，不可勝較。」[51]好一派「開元盛世」的昇平景象。

其次，推行富民政策，加快了經濟發展的速度。前面說的「富而後教」及「清靜無為」等，雖然沒有比唐太宗的經濟思想高明，但在特定的歷史條件下加以實施，卻取得了較顯著的成效。唐玄宗重視地方官吏的選拔，依靠他們貫徹富民措施與「清靜」之治。效法漢初物色「循吏」的做法，任命了一批尙清靜、務簡易的幹吏。如：倪若水為汴州刺史，「政尙清靜，人吏安之。」宋慶禮兼檢校營州都督，「數年間，營州倉廩頗實，居人漸殷。」姜師度以水利專家而受到重用，拜為河中尹，「疏決水道，置為鹽屯，公私大收其利。」[52]如此等等，不一而足。可見，全國各地經濟的發展，有賴於「良吏」們的努力。而這，也正顯示了唐玄宗的英明。

天寶繁華，「氣盛而微」

繼「開元盛世」之後，天寶時期社會經濟仍然是繁榮的。所謂「盛唐」，包括開元與天寶兩個階段。《開天傳信記》序云：「竊以國朝故事，莫盛於開元、天寶之際。」詩人劉禹錫唱詠：「重見天寶承平時。」[53]可見，天寶是後人所嚮往的時代。當然，與「開元」相比較，又有所不同，正如詩人元稹所說：「天寶之後，……氣盛而微。」[54]

（一）政治昏暗與經濟繁榮的反差現象

從開元後期起，唐玄宗由明而昏，怠於政事，在政治上走下坡路了。天寶時期，專事聲色，志求神仙，委政於李林甫與楊國忠，政治上昏暗是人所皆知的。但是，經濟上卻呈增長趨勢，社會繁華，歌舞昇平。如此鮮明的反差現象，是有事實為證的。

第一，戶口繼續上升。開元二十八年（七四〇），全國八百四十一萬二千八百七十一戶，計四千八百一十四萬三千六百零九人。天寶元年（七四二），戶八百五十二萬五千七百六十三，口四千八百九十萬九千八百。天寶十三載（七五四），戶九百零六萬九千一百五十四，口五千二百八十八萬四百八十八。十多年間，增加了五六十萬戶，增長速度雖不算高，但戶口數字卻是唐代最高的紀錄。元代史家胡三省評說：「有唐戶口之盛，極於此。」55

第二，耕地面積相應增加。天寶中，唐政府掌握的墾田數為六百二十餘萬頃。由於隱戶隱田不少，所以，實際上耕地面積遠遠超過。據汪籛先生推算，約在八百萬頃至八百五十萬頃之間（依唐畝積計），稍高於西漢時的墾田數56。這一點也說明盛唐為漢所莫及。元結描述「四海之內，……未耜亦滿」時，是將「開元、天寶」並稱的。其實，天寶中墾田之多則超過了開元時期。

第三，儲糧更為豐實。天寶初，兩京「米粟豐賤」57。天寶五載（七四六），斗米錢十三，青、齊間僅只三錢，絹一匹錢二百。如果跟開元中比較一下，幾乎一樣，反映了社會經濟生活的長期穩定。天寶八載（七四九），州縣倉庫殷實，據杜佑記載：「天下諸色米都九千六百六萬二千二百二十石，……諸色倉糧總千二百六十五萬六千六百二十石：（其中）北倉六百六十一萬六千八百四十石，太倉七萬一千二百七十石，含嘉倉五百八十三萬三千四百石，太原倉二萬八千一百四十石，永豐倉八萬三千七百二十石，龍門倉二萬三千二百五十石。」[58] 這是玄宗朝國家最高的儲糧數，反映了農業連年豐收的碩果。安史之亂前一年，邊遠地區的隴西，人口歲增，土地日闢，桑麻遍野；至於中原地區的繁庶可想而知。

第四，百工興旺，百貨通流。天寶初，唐玄宗支持陝郡太守韋堅開鑿廣運潭，雖以通漕運為出發點，但也與玄宗的加強物資交流的想法不無關係。廣運潭開成後，首通的是全國「輕貨」，儼然是盛大的博覽會。數百隻新運船，滿載著以江淮為主的名優特產，如廣陵的錦、鏡，京口的綾衫緞，會稽的銅器、絳紗，豫章的名瓷、酒器，宣城的糯米，南海的瑇瑁、真珠等等。這些產品雖帶有「上貢」性質，但如受人歡迎，難道商人就不貨販暢銷嗎？廣運潭的貨利通航，正是天寶年間經濟繁榮的一幅圖畫。

手工業發展也很顯著。如絲織業，就有水紋綾、方紋綾、魚口綾、緋綾、白編綾、綢、絹、八蠶絲、輕容、花紗、緊紗、寶花羅、花紋羅等花色品種，不僅數量多，而且質量也佳。不少絲織物還以獨具地方特色而引人注目。又如製瓷業，北窰向以邢州窰獨享盛名，南方的越州、婺州、溫州、洪州、岳州、饒州等郡，均為名窰，窰區之多已首屈一指，瓷質之佳也可與邢窰一決雌雄。越州生產之瓷名聞遐邇，典雅精美，歷來有邢一越二之說。值得注意的是，豫章郡也產名瓷，《新唐書・地理志》未列入郡產土貢之內，很可能是民窰所產，幾乎異軍突起，韋堅開鑿廣運潭，滙集江淮各地名優特產時，不以越瓷、卻以豫章郡「名瓷」展出，說明它必有自身特色。

第五，驛驢運輸的發達。「京兆府奏兩京之間多有百姓僦驢，俗謂之驛驢，往來甚速。」[58] 東都、西京是全國商業中心，客商來往頻繁，運輸最為繁忙，城坊行肆比肩，百工爭輝，萬商雲集，店鋪林立，需要各地物資上市，行商貨販，需要沿途留宿歇息或奔波代足。於是，私人仿照官驛制度建立私驛，經營客棧兼營畜力運輸，盛於開元天寶年間。開元中，東至宋、汴，西至岐州，南詣荊、襄，北至太原、范陽，「夾路列店肆，待客酒饌豐溢。每店皆有驢，賃客乘，倏忽數十里，謂之驛驢，……以供商旅。遠適數千里，不恃寸刃。」[60]這種為客居止與接送的新興旅運業，便利經商，業務繁忙，經營得法，能致大富，天寶時有了新的發展。

第六，江南地區經濟更加發展。開元時，江南經濟已有長足的進步，天寶時期顯露了經濟重心南移的趨勢。南方的水稻種植具有得天獨厚的條件，雙季稻進一步推廣。經濟作物如茶葉、甘蔗、柑桔等種植顯著增多，如柑桔產區普及南方各地。唐玄宗喜歡吃柑桔，天寶十載（七五一）對侍臣說：「近日於宮內種甘子數株，今秋結實一百五十顆，與江南、蜀道所進不異。」[61]絲織業與北方比較，不僅數量上領先，而且質量上毫不遜色。製瓷業也呈超越北方的態姿。揚州是冶銅業、鑄造業、製鏡業的中心，天寶年間北方流傳的歌謠有「揚州銅器多」的辭句，正是江淮彩製銅器發達、名列榜首的反映。

以上幾點，從各個側面顯示了天寶時期的繁榮景象。天寶八載（七四九）二月，唐玄宗引百官參觀寶貨如山的「左藏」庫，賜帛有差。史稱：「是時州縣殷富，倉庫積粟帛，動以萬計。」唐玄宗「以國用豐衍」[62]，得意洋洋，顯然為繁榮盛世所陶醉了。

（二）經濟持續發展的原因

為什麼政治上日益昏暗而經濟上繼續發展呢？

政治與經濟是密切相關的，但也不是一回事。兩者既有同步的一面，又有不同步的一面。開元初、中期，政治的開明，促進了經濟的發展，彼此是協調的和諧的。而天寶時期則是不同步的，政治狀況日益「滑坡」，經濟上卻沿著原有的方向前進。這裏，關鍵的問題是政治昏庸尚不構成對社會生產力的直接破壞。本書第九章說過，天寶時期政治昏暗主要表現為：玄宗荒於理政，寵信李林甫（後來是楊國忠），用人不當，偏信讒言，不納忠諫，製造冤案等等。這種狀況潛伏著危機，在某些方面也影響了經濟的發展，但是沒有造成「天下大亂」，社會生產秩序仍還較正常地維持著，廣大農民遠遠沒有到了「揭竿而起」的地步。後來，安祿山叛亂爆發了，但沒有爆發農民抗爭，這就清楚地說明：創造物質財富的千千萬萬勞動羣衆生活得還可以。正因為如此，天寶時期，社會生產力按照固有的上升方向前進，沒有出現阻滯、斷裂或者倒退之類現象。

消費刺激生產，也是一個原因。天寶風俗奢靡，皇室貴族、官僚地主驕奢淫逸、靡費不節、追求奇巧、覓取寶貨，其程度大大超過開元時期。因此，消費品的生產比重增大，奢侈品生產特別興隆。例如，絲織品有綢、絁、絹、綾、綿、紗、羅等，綾的種類又分細綾、瑞綾、兩窠綾、獨窠綾、熟線綾等。還有一種叫做「輕容」的，它是紡織高檔絲羅的優質原料。「蜀煙飛重錦，峽雨測輕容」，「輕容」指由這種高級薄紗精織而成的名貴羅綺。詩人讚不絕口的「輕容」，自然不是一般民衆的日用品。又如夜明枕，光照一室，不假燈燭，工藝是何等的高超。很清楚，貴族官僚的特殊消費，刺激了手工業的發展，因而也帶動了工藝技術的進步。

天寶時期貨幣政策的改進，有助於商品經濟的流通，這也是社會繁華的因素之一。唐代常用的貨幣是銅錢，但官鑄不足，錢不敷用。由於商品經濟的發展，這一矛盾更形突出，私鑄活躍，嚴禁也無濟於事。開元晚期，唐玄宗似已意識到增加鑄錢的必要性，但銅源不足，也難以增鑄。為此，他採取增開銅礦、加置錢爐的辦法。天寶末期，置天下錢爐九十九，每爐年鑄錢三千三百緡，費銅二萬一千二百斤，全國鑄錢總量可達三十二萬七千緡。這是唐朝前期的最高鑄造量。每爐僅役丁匠三十，既降低了成本，又提高了產量，使鑄錢成為獲利頗豐的產業，刺激了國家投資冶鑄業的積極性。而鑄幣的大量增加，滿足了商品流通的需要，使市場更加繁榮。

此外，自然災害較少，也是客觀上有利的條件。杜甫〈憶昔〉詩云「百餘年間無災變」，抒寫了唐期從立國到極盛時期的風調雨順的景象。當然，全無災害不是事實，但也確無大災或者特大災害，就少災而言，天寶比開元更為突出。

（三）盛極而衰，危機潛伏

毫無疑問，天寶時期是繁華的。但是，在「繁華」的背後，隱藏著深刻的社會危機。「氣盛而微」，其理固然！

一方面，社會財富豐實；另一方面，各種消費激增：這是當時國家財政經濟的根本特點。軍費日益龐大：開元前期，每年邊防費用不過錢二百萬。「天寶之後，邊將奏益兵浸多，每歲用衣千二十萬匹，糧百九十萬斛，公私勞費，民始困苦矣。」[63]官僚機構耗費驚人：機構重疊，官員衆多。唐初依品制祿，一品官月俸錢三十緡，職田祿米不過千斛。開元時一品月俸增至三萬一千，而天寶時期的數字，又倍增於開元之時[64]。上述軍費與行政費，還算是常規的開支。至於特殊的賞賜也不少，如天寶六載（七四七）十二月，「命百官閱天下歲貢物於尚書省，既而悉以車載賜李林甫家。」[65]如此龐大的開支，如此驚人的浪費，不能不壓抑著社會經濟發展的勢頭。

為了保障統治者窮奢極欲的需要，唐玄宗千方百計地搜括財富。正如宋代蘇轍指出：「（宇文）融既死，而言利者爭進。韋堅、楊慎矜、王鉷日以益甚，至楊國忠而聚斂極矣。」王鉷身兼二十餘使，楊國忠身兼四十餘使，是歷史上罕見的事。這批聚斂之臣的出現，正是適應天寶經濟繁榮而又潛伏危機的時勢需要，是由盛轉衰時期形成的怪胎，是當時商品經濟發展的畸形兒。「聚斂」活動反過來進一步刺激了權貴的物欲胃口，腐蝕了封建統治的機體。當然，後果是極端嚴重的。「蓋玄宗在位歲久，聚斂之害遍於天下，故天下遂分。」66統治階級的貪婪腐朽的惡性膨脹，是後來爆發安史之亂的原因之一。

隱性的社會危機還表現在貧富對立的日益尖銳上。「海內富實」的局面，從根本上說，是千百萬勞動者創造的。舊史稱「人情欣欣然」，往往是溢美之辭。但勞動者的生活有一定程度的改善，大概也是事實。唐玄宗在位四十多年，沒有發生農民抗爭，說明社會生活的安定。當然，開元天寶時期，越到後來，貧富懸殊就越顯著。天寶十四載（七五五）十一月初，杜甫寫了「朱門酒肉臭，路有凍死骨」的詩句67，表達了民間的疾苦。注意！路「有」凍死骨，不等於哀鴻遍野的慘境。如何估計天寶末人民生活狀況，恐怕不能以偏概全，說成是一片黑暗。那樣估計，未必符合盛唐氣象的事實。貧富對立日益尖銳化，但還沒有到了「揭竿而起」的地步。這就是叛亂發難於北疆而不淵源於內地的根本原因。

最嚴重的社會問題是「朱門酒肉臭」，豪華荒淫的生活方式像瘟疫一樣蔓延。其中，尤以唐玄宗本人為最突出：晚期荒於理政沉醉於歌舞昇平之中，「窮天下之欲不足為其樂，而溺其所甚愛，忘其所可戒」68，結果踏上了由盛而衰的道路。

註釋

1《白居易集》卷四七，〈才識兼茂明於體用科策一道〉。
2《舊唐書・宇文融傳》。
3《唐大詔令集》卷一〇四，〈處分朝集使敕五道之二〉。
4《册府元龜》卷四九七，〈邦計部・河渠二〉。
5《唐大詔令集》卷一〇八，〈禁珠玉錦繡敕〉。
6《唐大詔令集》卷一〇七，〈遣使選擇邊兵詔〉。
7《全唐文》卷二五，玄宗〈天長節推恩制〉。
8《唐大詔令集》卷一〇八，〈興慶宮成御朝德音〉。
9《唐大詔令集》卷七四，〈開元二十三年籍田赦〉。
10《唐大詔令集》卷一一一，常袞〈勸天下種桑棗制〉。
11《李覯集》卷二，〈禮論第七〉。
12《資治通鑑》卷二一〇，開元元年十月條。
13《唐大詔令集》卷八三，蘇頲〈原減囚徒敕〉。
14《全唐文》卷二三，玄宗〈發諸州義倉制〉。
15《唐大詔令集》卷七九，〈將離東都減降囚徒敕〉。
16《唐大詔令集》卷七四，〈開元二十三年籍田赦〉。
17《唐大詔令集》卷九，〈開元二十七年册尊號赦〉。
18《全唐文》卷二五，玄宗〈天長節推恩制〉。
19《唐大詔令集》卷一〇四，〈處分朝集使敕五道之一〉。
20《唐大詔令集》卷一〇八，〈禁珠玉錦繡敕〉。
21《唐大詔令集》卷一〇〇，〈吏部引見縣令敕〉。
22《唐大詔令集》卷一〇四，〈誡勵京畿縣令敕〉。
23《唐大詔令集》卷一〇三，蘇頲〈處分朝集使敕八道之一〉。
24《全唐文》卷二八，玄宗〈釋放流徒等罪詔〉。
25《舊唐書・辛替否傳》。
26《册府元龜》卷五三，〈帝王部・尚黃老一〉。
27《全唐文》卷四一，玄宗〈道德真經疏釋題詞〉。
28 唐玄宗御注〈道德真經疏〉，見《道藏・洞神部・玉訣類》。
29《全唐文》卷三八，〈通微道訣碑文〉。
30 唐玄宗御注〈道德真經疏〉，見《道藏・洞神部・玉訣類》。
31《全唐文》卷四六八，陸贄〈奉天論前所答奏未施行狀〉。

32《讀通鑑論》卷二二，〈玄宗〉。
33《唐會要》卷八，〈郊議〉。
34《資治通鑑》卷二一四，開元二十八年十一月條。
35《欒城後集》卷一一，〈歷代論五〉。
36《舊唐書・玄宗本紀上》。
37《元次山集》卷七，〈問進士〉。
38〈西安何家村窖藏的唐代金銀器〉，載《文物》一九七二年第二期。
39《朝野僉載》卷三。
40《全唐文》卷二二六，張說〈錢本草〉。
41《舊唐書・食貨志上》。
42 拙著《唐太宗傳》列表原計二十五處，漏「觀省陂」（見《新唐書・地理志二》），現予增補。
43《全唐詩》卷六，李華〈詠史〉。
44《舊唐書・方伎傳》。
45《舊唐書》卷一〇二，「史臣曰」。
46《大唐新語》「總論」。
47《舊唐書・褚無量傳》。
48《大唐新語》卷一，〈匡贊〉。
49《全唐文》卷五六一，韓愈〈平淮西碑〉。
50《文苑英華》卷四六五，武則天〈誡勵風俗敕〉。
51《開天傳信記》。
52《舊唐書・良吏傳下》。
53《劉禹錫集》卷二五，〈平蔡州三首〉。
54《元稹集》卷二八，〈才識兼茂明於體用策一道〉。
55《資治通鑑》卷二一七，天寶十三載閏十一月條胡三省注。
56 參見《汪籛隋唐史論稿》第六十七頁。
57《舊唐書・食貨志上》。
58《通典》卷一二，〈輕重〉。
59《冊府元龜》卷一五九，〈帝王部・革弊一〉。
60《通典》卷七，〈歷代盛衰戶口〉。
61《酉陽雜俎》前集卷一八，〈木篇〉。
62《資治通鑑》卷二一六，天寶八載二月條。
63《資治通鑑》卷二一五，天寶元年正月條。
64 參見徐連達《開元天寶時期唐由盛轉衰的歷史考察》。
65《資治通鑑》卷二一五，天寶六載十二月條。
66 蘇轍《欒城後集》卷一一，〈歷代論五〉。
67《杜工部集》卷一，〈自京赴奉先縣詠懷五百字〉。
68《新唐書・玄宗本紀》，贊曰。

第十二章　楊玉環身世

唐玄宗晚期生活，離不開一位絕代佳人，她就是中國歷史上特出的女人楊貴妃[1]。玄宗與貴妃之間曲折而動人的愛情故事，既為盛唐氣象增添了斑斕的光彩，又與唐王朝由盛而衰的行程息息相關。

楊貴妃，「小字玉環」[2]，一生只有短短的三十八年。然而，其人其事，卻籠罩著重重的迷霧，至今尚難顯露出歷史的真面目。這裏，先談談她的身世、少年與壽王妃時期的情況。

楊氏家族

唐朝皇宮裏是講究門第的。楊玉環是何等的出身呢？唐玄宗頒發的官方文書裏這樣寫道：「公輔之門，清白流慶，誕鍾粹美，含章秀出。」[3]換句話說，這位俊秀的美人是名門望族的後代。

（一）弘農楊氏的後裔

追溯遠祖，楊玉環的高祖父是隋朝名臣楊汪。《新唐書・后妃傳》說她是楊汪的「四世孫」，疑誤，應為五世孫女。唐初編撰的《隋書》有楊汪專傳，說他「本弘農華陰人也」。唐人陳鴻《長恨歌傳》特地點明「弘農」，宋人樂史《楊太真外傳》也說楊玉環「弘農華陰人也」，都是就遠祖地望而言，強調楊氏家族源出於北周隋朝以來的弘農望族。

不過，早在楊汪的曾祖楊順時代，就「徙居河東」了。楊汪及其後代子孫，世居河東，所以史籍上又稱楊氏家族為蒲州永樂人。蒲州，隋屬河東郡，唐屬河東道，永樂縣乃蒲州之屬縣。楊汪由於與隋文帝都是弘農人，曾被重用，賜爵平鄉縣伯，官至尚書左丞。隋煬帝即位，楊汪守大理卿；歲餘，拜國子祭酒。大業九年（六一三）楊玄感起兵，楊汪遭到懷疑，出為梁郡通守。隋煬帝死後，楊汪依附於東都王世充集團。唐初，秦王李世民平定王世充，克復東都，對於楊汪，「以凶黨誅死」[4]。

自楊汪被殺以後，其子孫輩繼續居於蒲州永樂（今山西永濟），並不顯貴了。《舊唐書・楊貴妃傳》提及「高祖令本，金州刺史。」「高祖」當誤，這個楊令本疑為楊玉環的曾祖父，即楊汪之子。玉環祖父一輩，有幾個兄弟。楊國忠的祖父與楊貴妃的祖父，就是兄弟關係。大概他們都沒有擔任過顯職，史籍上沒有留下詳細的記載。尤其是楊國忠祖父一支系，已衰落到「細微」的境地。

及至楊玉環父親一輩，史載比較多了。看來，楊玉環親生父親是楊玄琰，舊、新《唐書》及《通鑑》都是這樣說的，毋庸懷疑。「玄琰，（楊）汪之曾孫也。」[5]玄琰從家鄉永樂跑到四川，當了蜀州司戶，時間約在開元初期。蜀州為上州，司戶屬從七品下的刺史衙吏，掌管戶籍、計帳、道路、逆旅、婚田等事務。楊玄琰還有兩個親弟弟：一個叫楊玄珪，似在家鄉；一個叫楊玄璬，官為河南府士曹參軍事，也是從七品下的衙吏，掌管津梁、舟車、舍宅、百工衆藝之事。

由上可見，楊汪的曾孫一代，已是家道衰落，當官的沒有超過七品。但是，他們畢竟是名門望族的後裔，如果提起楊氏家族的遠祖楊汪，還是引人注目的。

（二）玉環籍貫與出生地

按照嫡系三代的居住狀況，楊玉環的籍貫應為蒲州永樂（今山西永濟）。倘若說是「弘農華陰人」，實在扯得太遠了。當然，就遠祖地望而言，說是弘農楊氏也未嘗不可。

一個人的籍貫與出生地有時是不一致的。前者指的是祖籍（上溯三代夠了），後者說的是誕生之地。楊玉環生於何處？《唐國史補》卷上記載：「楊貴妃生於蜀，好食荔枝。」這是可信的，為樂史《楊太真外傳》所採用。所有的史料都肯定楊貴妃死時三十八歲，由此推算，她誕生於開元七年（七一九）。那時，父親官為蜀州司戶，楊玉環就是作為這個小官的最小女兒而降臨人間的。

至於生日，《明皇雜錄》逸文說：「六月一日，上（玄宗）幸華清宮，是貴妃生日。」衆所周知，唐玄宗只有在冬天到華清宮避寒，決沒有盛夏六月「幸華清宮」的事實。因此，人們懷疑這條史料不可靠。但是，由此而否定出生日期，也未必理由充足，這裏暫且將六月一日當作楊貴妃的生日。

楊玉環有三個親姊姊，即後來的韓國夫人、虢國夫人、秦國夫人。史籍上稱「大姨」、「三姨」、「八姨」，如果按楊貴妃姊妹排列的話，那麼還有衆多的堂姊姊，也許她們早已去世了。《明皇雜錄》逸文還說八姨，「貴妃妹也」。似乎傳說楊貴妃不是最小女兒，恐誤。三個姊姊沒有名字，唯獨小女兒「字玉環」，這不知是由於什麼緣故？

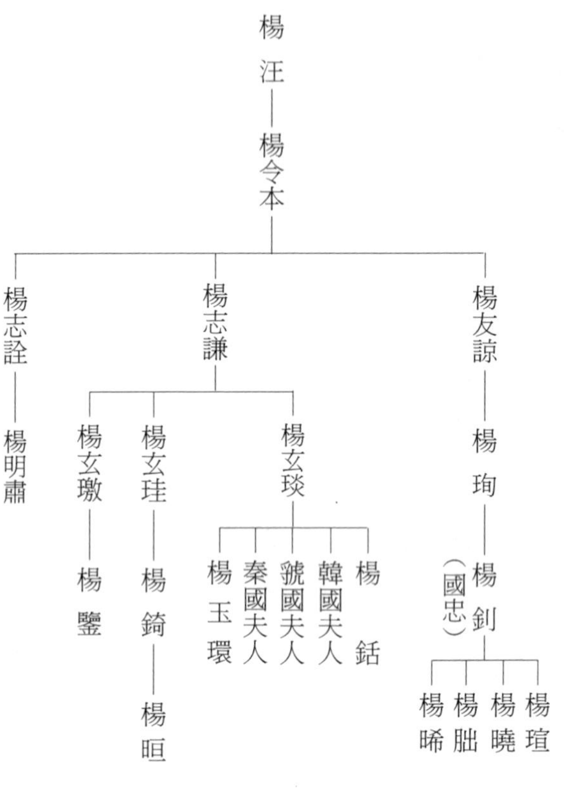

楊玉環的兄弟情況如何？「《唐曆》以（楊）銛為玄琰之子。」6從天寶時期楊貴妃與楊銛關係的親密來看，楊銛很可能是楊玉環的親哥哥。但是，後來楊玉環被叔父楊玄璬領養，所以稱楊銛為「從兄」。還有一個從兄叫楊錡，疑為叔父楊玄珪之子。至於楊國忠，當年叫楊釗，則是從祖兄，親屬疏遠，不是直系。此外，楊玄璬之子鑒，是楊玉環的堂弟。

玉環的童年是在蜀川度過的。蜀中風土，有異中原，培育了她那輕快活躍的性格。據記載，大概長到學會走路時，竟獨自跑到池塘邊玩耍，「嘗誤墜池中，後人呼為落妃池。」[7]這顯然是民間傳說，唐人筆記史料中無一字提及，似不可靠。但是，幼年的玉環愛動，好奇心強，無疑是事實。聯繫到楊貴妃入宮以後的種種表現，仍有幼年餘韻。

楊玉環十歲左右，死神奪走了她的雙親[8]。舊、新《唐書》本傳稱「早孤」或者「幼孤」，所謂「孤」者指的是父母雙亡，不僅父親楊玄琰逝世了，而且母親也死了。至今有的新傳記卻說楊玉環出生不久，父親即逝世，從小在河南長大，這是不符合實際的。史籍上明明說是「幼」（幼年）孤，怎麼會是出生不久呢？

由於父母亡故，幼年的楊玉環被叔父楊玄璬領到河南洛陽撫養。楊玄璬沒有兒女，便把小玉環當作「長女」，自然是十分寵愛的。但是，玉環的童年，畢竟是在生父的悉心教養下成長，所以，後來的楊貴妃仍舊認定楊玄琰為父親。如果玉環出生不久，就被叔父楊玄璬收為養女，那麼，她對生父的感情不可能如此深厚。

從蜀川到河南，楊玉環的生活天地發生了重大的變化。中原的風土人情，洛陽的繁榮豪華，無不吸引著富於好奇心的少女。養父楊玄璬官為河南府士曹，這官雖小，但卻與權貴們有著廣泛的聯繫，加上遠祖楊汪的聲望，那還是有一定的地位的，比起楊玄琰在蜀州，要闊氣得多。楊玉環在洛陽所見所聞也遠非昔比，學會了歌舞音樂，學會了交際應酬。隨著年齡的增長，這位「含章秀出」的少女，如花似玉，頗能引起上流社會的矚目。

（三）《楊妃碑記》的偽造

大凡絕代佳人，遺聞秘事的編造也多。像楊玉環的身世，歷來就有種種的奇談怪論。

有的說楊玉環的籍貫是虢州閿鄉，根據是《新唐書・楊元琰傳》。傳云：元琰，字溫，「虢州閿鄉人」，東漢太尉楊震的十八代孫。元琰與玄琰，雖只一字之差，但分明是兩個人，「元」字決不是「玄」的避諱字。細讀該傳，楊元琰參與過「五王政變」，唐睿宗即位，官刑部尚書，封魏國公，「徙太子賓客，詔設位東宮，太子為拜。」太子李隆基自然是十分熟悉、敬仰的。開元六年（七一八）卒，年七十九。顯而易見，這楊元琰跟蜀州司戶楊玄琰，是風馬牛不相及的，扯在一起，豈非笑話！

有的認為楊貴妃是今廣西容縣人，據說，《全唐文》卷四〇三許子真〈容州普寧縣楊妃碑記〉可作證明。許子真其人，史傳無徵，《全唐文》編者前注云「天寶時官四門助教」，未知出自何據。四門助教乃一小小學官，不見經傳，這就為杜撰碑記者提供了作假的方便。經專家學者考證，〈楊妃碑記〉純係僞造，時間應在清朝康熙以後、嘉慶修《全唐文》之前[9]。

首先，從文體來看，盛唐仍承六朝、唐初遺風，文尚駢麗、四六對偶。而碑文多係俚俗之詞，淺陋之筆，散漫無章，半文半白，倒像明清時代拙劣文人的作品。如果唐朝真有個許子真為楊貴妃寫碑記，決不會以如此蹩腳文筆形之筆端。

其次，內容上幾乎到處都可發現漏洞。碑記稱楊妃出生於今廣西容縣西南楊山沖，父名楊維，母為葉氏。母親懷娠，十二月始生。「初誕時，滿室馨香，胎衣如蓮花，三日目不開，夜夢神以手拭其眼。次日目開，眸如點漆，抱出日下，目不瞬，肌白如玉，相貌絕倫。」這個女孩子名楊玉娘。後來，「後軍都置」楊康見之，欲求為己女，「以財帛啖其父」，楊維家裏貧窮，不得已與之。後來，楊康又將女孩賣給楊元琰，當楊元琰以金帛脅取時，「（楊）康舉家號泣」。經過這番買賣，楊玉娘成了楊元琰的女兒。

請對照一下舊、新《唐書》與《通鑑》，〈容州普寧縣楊妃碑記〉僞造的痕跡如此明顯，純粹是為了譁衆取寵。普寧縣乃武德年間所置，貞觀初改隋朝合浦郡為容州，開元中稱容州都督府，天寶初改為普寧郡。照理，〈碑記〉應稱普寧郡，不可作「容州普寧縣」，因為容州與普寧郡是同級的；如將普寧置於容州之下，則視為容州屬下之縣，變成州縣兩級制了。可見，〈碑記〉撰者不熟悉當時情況，決非唐朝四門助教「許子真」。至於說「後軍都置」楊康，更是大笑話。唐代雖有都督府建制，但無「後軍都置」軍銜。明代有後軍都督銜頭，明太祖為了分制軍權，置前、後、左、右、中五軍大都督府。後軍都督常駐中央，如無戰事，不會輕易奔赴邊陲。〈碑記〉的杜撰者昧於唐代軍制，誤將明代軍制夾雜其中，徒然露出了造假的證據。此外，僞造者根本不知道楊貴妃的遠祖楊汪是隋朝鼎鼎大名的官僚，把她的生父說成是「素窶」的鄉間村民，完全不符盛唐婚姻崇尚閥閱之風。孕誕楊妃時的神異之象以及楊維、楊康兩個人名，純屬虛構，一望而知。楊維竟將美貌絕倫的女兒委之他人，似乎是一個要錢不要人的財迷。相形之下，甚至不如買養玉娘的楊康頗有父愛，這豈非把生父楊維比得更為卑下了嗎？如此不近人情，竟然形諸筆端，僞作者忘了最起碼的人情味。

總之，〈楊妃碑記〉是僞造的。追根究柢，它淵源於廣西地方志。明朝郎瑛《七修類稿》卷二十六〈楊貴妃生考〉條云：「廣西省志又載，妃乃容州普寧縣雲陵里人，父維，母葉氏。生妃有異質，都部署楊康求為女。時楊元琰為長史，又從康求為女，携至京，進入壽王宮。城西至今有楊妃井。」從廣西省志到〈楊妃碑記〉，反映了明、淸時代人們對楊貴妃故事的濃厚興趣。

冊為壽王妃

楊玉環十七歲時，從河南府衙吏的「長女」，一躍而為大唐天子的兒媳婦，這是楊氏家族裏所有的人包括玉環本人萬萬沒有料到的。頓時，榮耀與富貴向她湧來，前面展現的是一條新的多姿多彩的生活道路。選為壽王妃，猶如人生旅途上的中轉站，如果沒有這一站，她就不可能成為楊貴妃，或許永遠是沒沒無聞的女人，儘管她的姿色超羣。

（一）唐玄宗東都之行

楊玉環的機遇，是跟唐玄宗最後一次東都之行相聯繫的。

玄宗即位以來，先後五次巡幸東都洛陽。每次東巡，都與解決關中糧運不足有關，同時也為了加強對全國各地的統治。開元二十一年（七三三）秋，關中霖雨連綿，糧食減產，長安穀價大幅度上升，倉儲銳減，民食吃緊。玄宗考慮到近幾年來官僚機構擴大，漕運艱辛，準備再赴洛陽。次年正月，率領文武百官、宮妃、皇子、公主等等，浩浩蕩蕩地來到了洛陽；至開元二十四年（七三六）十月返回西京長安，共住了兩年十個月。這是最後一次的東都之行。

在這期間，洛陽確是真正的政治統治中心，以張九齡為中書令，裴耀卿為侍中，李林甫為禮部尚書、同中書門下三品，所謂「開元之治」正處於盛世的頂峰。

好大喜功的唐玄宗，標榜天下昇平、與百姓同歡，使洛陽成了歌舞喧鬧的大都會。開元二十三年（七三五）正月，大赦天下，東都城內酺宴三日。皇家梨園子弟與民間藝人粉墨登場，並伴以驚險的雜技表演。洛陽士女傾城出觀，人山人海。玄宗親御五鳳樓酺宴，觀者喧嘩，幾與奏樂爭聲。維持演出秩序的皇家金吾衞士，雖以「白梃」驅策，觀者擁擠仍不減於前。幸好高力士出了條主意，讓河南丞嚴安之來維護場面，才避免了事故。這次盛況空前的大酺宴樂，給當時人留下了深刻的印象；直至中唐，詩人張祜作詩讚頌：「車駕東來值太平，大酺三日洛陽城。小兒一伎竿頭絕，天下傳呼萬歲聲。」[10]

值得注意的，就在一派歡樂的氣氛中，於同年秋冬，唐玄宗親自操辦了皇子壽王和咸宜公主的婚事。玄宗諸子三十個，女兒也多達二十九人[11]，除了冊皇太子妃外，要算壽王選妃與咸宜公主下嫁最為隆重了。這兩件喜事都是在東都舉行，反映了玄宗對他們的特殊寵愛。

原來，壽王、咸宜公主是武惠妃生的，而武惠妃則是唐玄宗最寵愛的事實上的皇后。武惠妃，本為武則天從父兄子恒安王武攸止的女兒。父親攸止死後，她年紀尚幼，「隨例入宮」。玄宗即位，見她容貌端麗而且婉順賢惠，十分喜歡，從此「漸承恩寵」。開元十二年（七二四）王皇后被廢，特賜武氏為「惠妃」，「宮中禮秩，一同皇后。」[12]武氏雖承恩寵，但在養育方面很不如意。生下第一個兒子，名「一」，即玄宗第九子夏悼王，可惜天不假命。開元五年（七一七），正值玄宗第一次東巡，「孩孺」而卒，遂葬於洛陽城南龍門東嶺，欲宮中舉目見之。足見玄宗對他鍾愛無比。武氏養的第二個兒子，名「敏」，即玄宗第十五子懷哀王。史載：「才晬，開元八年二月薨。」[13]所謂「晬」，指嬰兒已周歲。據此，懷哀王似誕生於開元六年（七一八）底。第三個兒子即壽王，初名「清」，也就是玄宗第十八子。壽王出生年月，經十月懷胎，當在開元七年秋冬之間。算起來，他與楊玉環同庚，祇是生日稍晚些，後來他倆結成夫妻，真還有點緣分呢！

鑒於武惠妃養的二個兒子以及女兒上仙公主相繼夭亡的情況，壽王初生不久，就由玄宗的大哥寧王收養於府邸。注意！開元七年（七一九）九月，徙宋王憲為「寧王」，停止諸兄弟親王外任刺史，寧王李憲才回到了京城長安。壽王的出生，當然不會在這年前半年，更不可能比楊玉環大一、二歲。大約次年二月懷哀王夭折，玄宗深怕不足半歲的嬰兒壽王又出意外的事故，便讓寧王妃元氏撫養，元氏「自乳之，名為己子」[14]。開元十三年（七二五）三月，玄宗在洛陽（第三次東巡），更改諸皇子王號，並將年僅七歲的李清正式封為「壽王」。壽王從此回到宮中，宮中常呼為「十八郎」。過了兩年，玄宗仍在東都，宣布皇子諸王領州牧、刺史、都督、節度大使、大都護、經略使等，實際上掛名而已，並不外出。壽王清遙領益州大都督、劍南節度大使。有趣的是，此時楊玉環正在蜀州，從名義上說，那還是在壽王的管轄之下呢！

隨著歲月的推移，壽王清長大了，十分俊美。由於「武惠妃寵幸傾後宮」，作為她兒子的壽王尤其尊貴，「諸子莫得為比」，連李林甫也表示「願盡力保護壽王」[15]。及至唐玄宗第五次巡幸東都，為壽王選妃的事提到日程上來了。而最後選中的竟是同齡的美女楊玉環，那無疑是轟動洛陽的大喜事。

（二）冊妃禮與大婚

首先舉行的是咸宜公主的婚禮，時間在開元二十三年（七三五）七月。咸宜公主，是武惠妃的親生女兒，約比壽王小一、二歲，出嫁時十五、六歲。新駙馬名叫楊洄[16]，他的遠祖出自弘農（隋朝宗室後裔），也是名門望族的後代。這是武惠妃子女的第一件婚事，唐玄宗自然十分重視，破例地增加公主封戶數額，從五百戶增至一千戶。回顧唐太宗時代，革除濫封之弊，削減封戶，定制公主三百戶。高宗時，寵幸武后，惠及子女，封戶開始逾制。武后執政，如太平公主增至一千二百戶；中宗臨朝，太平公主疊封至五千戶。玄宗即位，鑒於武周以來食實封制度的弊病，制定了開元新制：長公主（皇妹）一千戶，公主（皇女）只五百戶。當時，有人認為食封太微薄，玄宗嚴正地指出：「百姓租賦非我有，士出萬死，賞不過束帛，女何功而享多戶邪？使知儉嗇，不亦可乎？」可見，玄宗還是明智的，頗有點革新的精神。然而，隨著「開元之治」的實現，陶醉於太平盛世以及「萬歲聲」中，踐踏了早年自己制定的封戶制度，「後咸宜（公主）以母愛益封至千戶，諸主皆增，自是著於令。」[17]即使公主不出嫁，亦得封戶一千。這就表明唐玄宗又走上了因緣為私的老路。

不到半年，武惠妃兒子壽王的婚事也來臨了。按照《開元禮纂類》規定[18]，皇子親王納妃有一整套繁縟的禮儀。在隆重的「冊妃」禮之前，先要經由「納采」、「問名」、「納吉」、「納徵」、「請期」等五個過程。看來，唐玄宗和武惠妃於開元二十二年（七三四）正月抵達洛陽後，才為壽王挑選妃子。通過近兩年的了解，選中了楊玉環，並完成了上述五項禮儀，於開元二十三年（七三五）十二月二十四日舉行熱鬧的「冊妃」禮。唐玄宗簽署的詔令文告是這樣寫的：

「維開元二十三年歲次乙亥，十二月壬子朔，二十四日乙亥，皇帝若曰：於戲！樹屏崇化，必正閫闈，紀德協規，允資懿哲。爾河南府士曹參軍楊玄璬長女，公輔之門，清白流慶，誕鍾粹美，含章秀出。固能徽範夙成，柔明自遠；修明內湛，淑問外昭。是以選極名家，儷玆藩國，式光典冊，俾叶龜謀。今遣使戶部（按：應作禮部）尚書、同中書門下李林甫，副使黃門侍郎陳希烈，持節冊爾為壽王妃。爾其敬宣婦道，無忘姆訓。率由孝敬，永固家邦，可不慎歟！」[19]

讀一讀這重要的文獻，可以淸楚地看到：第一，楊玉環是以「楊玄璬長女」的身分出嫁的[20]，當時人們似不了解她的生父楊玄琰以及幼年在蜀州的情況。既稱「長女」，意味著楊玄璬領養小玉環後，又添了兒子。第二，楊玄璬官為「河南府士曹參軍」，僅從七品下的循吏，而詔令稱「名家」、「公輔之門」，可見他被公認為名家望族的後裔。楊玉環出身高貴，冊為壽王妃，可謂門當戶對。第三，楊玉環不僅美貌出衆，而且品德淑賢。第四，唐玄宗與武惠妃十分重視這件婚事，特地委派宰相之一李林甫（開元二十二年五月起為禮部尙書、同中書門下三品）和黃門侍郎陳希烈為正、副使。李林甫依附於武惠妃，鼓吹「保護壽王」，由他負責這特殊的使命，自然是很適宜的。

「冊妃」典禮是在楊家進行的。照規定，開元二十三年十二月二十四日這天，楊氏父女和親屬們「咸集」於家，正副使李林甫和陳希烈在儀仗隊的呼擁下來到楊家大門之外。迎接入內，使者、持節者、典謁者、贊禮者、持冊案者以及主人、諸宗人各就各位。之後，女相者從「別室」把楊玉環引出，立定，使者稱有「制」，女相者曰「再拜」，女贊者承傳，玉環再拜。使者讀畢冊書（即上述詔令全文），女相者曰「再拜」，女贊者承傳，玉環再拜。接著，「女相者引妃少前」，接受了皇帝的冊書。這意味著楊玉環成為壽王妃了，成為唐玄宗的兒媳婦了。使者等大隊人馬離開楊家，「主人拜送於門外」[21]。顯而易見，隆重的典禮使楊家滿門生輝，對於循吏楊玄璬來說，實在是光宗耀祖的大喜事。

繼「冊妃」（訂婚）之後，還有「親迎」、「同牢」、「妃朝見」、「婚會」、「婦人禮會」、「饗丈夫送者」、「饗婦人送者」等七項禮儀。完成了「納妃」的全部禮儀，壽王及其妃子才生活在一起，時間約在開元二十四年（七三六）春正月。二月，玄宗宣布皇太子和皇子諸王改名字，壽王原名清，現改為瑁。年方十八的楊玉環，跟隨壽王瑁住在東都王宅中，與從前楊家的生活小天地相比較，大大不同了。

（三）選中楊玉環的緣由

楊玉環被選為壽王妃，其原因何在？假如沒有唐玄宗的最後一次東都之行，也許她走的是另一條生活道路。命運之神把她變成了壽王妃，不能不說帶有很大的偶然性。但是，在這偶然性的背後，又潛藏著唐代門閥婚姻的必然因素。

唐玄宗第一次巡幸東都，楊玉環尚未出世。第二、三次東巡洛陽，小玉環在蜀州。開元十九年（七三一）十月，玄宗第四次巡幸東都，玉環十三歲，已在洛陽，雖美貌，但畢竟年少，沒有惹人注目。玄宗第五次抵達東都那年，玉環芳齡十六，正當豆蔻年華，姿色絕倫，可說是洛陽第一美女。皇帝的巡幸，使東都留守官員與河南府官員分外忙碌。養父楊玄璬作為河南府衙吏，掌管津梁、舟車、舍宅、百工衆藝之事，自然也參與了接待皇親國戚和貴族達官的工作。因此，家裏美貌的「長女」漸漸地為上流社會所熟悉。正在這時，唐玄宗與武惠妃考慮壽王的婚事，經多方的了解，終於選中了楊玉環。「含章秀出」，無疑是重要的條件。假如她是一個相貌平平乃至醜陋的少女，不管出身於何等高門望族，也未必會成為壽王妃。

但是，皇家婚事，正式選妃，又必然地要講究門第。如果艷麗異常的楊玉環，沒有「公府之門」這一條件，要想堂堂皇皇地冊為壽王妃，恐怕是很困難的，甚至是不可能的。咸宜公主下嫁楊洄，壽王以楊玉環為妃，這兩門婚事都跟「楊姓」相聯繫，決不是偶然的巧合。

追溯歷史，唐高祖李淵是隋文帝楊堅的皇后的姨侄，與隋朝帝室有親戚關係。隋亡唐興，名義上不是一個推翻一個，而是打著「尊隋」的旗號取天下。先是迎立恭帝，遙尊隋煬帝為太上皇。煬帝死於江都，隋恭帝禪位，李淵即皇帝位，國號唐。唐初以來，李、楊兩大家族聯姻之風盛行。唐太宗娶隋煬帝女兒為妃，生子名恪，以其英武類己，且母妃地望素高，一度想立為太子。齊王元吉也娶隋宗室楊恭仁的從侄女為妃，玄武門事變時，李世民殺死元吉，奪弟妃為己妃。

及至唐高宗時，立武則天為皇后，標誌著李武婚姻關係的建立。而武氏家族與弘農楊氏有姻親關係，如武士彠娶楊氏，生則天；而楊氏乃隋宗室楊士達（官納言，即宰相）的女兒。這就說明武則天與楊隋有血緣關係。武則天執掌朝政，首先制定了「要欲我家及外氏常一人為宰相」的政策[22]，即武氏本家父系與楊氏舅家母系至少得各有一人任職宰相。固然，天授年間，女皇帝武則天以本家侄子武承嗣、武攸寧相繼為相，又任母族楊恭仁的從孫楊執柔同中書門下三品（宰相之一）。同時，「以則天母族，追封（楊）士達為鄭王，贈太尉。」[23]此外，由於李、武締姻，武則天所生子、孫一輩係為李姓，大多與武姓構築了婚姻關係。例如，武則天女兒太平公主，嫁給武攸暨；孫女新都公主（唐中宗之女），嫁給武延暉；孫女長寧公主（中宗之女），嫁給楊慎交；孫女安樂公主（中宗之女），先嫁武崇訓，後嫁武延秀。如此等等，不勝枚舉，反映了李、武、楊三大家族的緊密關係，以婚姻為紐帶結成了政治上李、武、楊統治集團。

從唐中宗到唐睿宗，「王室多故」，政變不絕，各種羣體集團發生了新的變化。從政治勢力上看，武氏家族衰敗了，楊氏家族影響減弱了。唐玄宗即位之後，不復存在什麼李、武、韋、楊統治集團。但是，在婚姻習俗方面，舊傳統舊觀念不會輕易地消失，崇尚閥閱之風仍然存在（程度上有所減輕）。唐玄宗立武惠妃，從某種意義上說，是承襲前代李武姻親政策的結果。武惠妃出自武氏本家，再從叔武三思是臭名昭著的人物。開元十四年（七二六），玄宗欲以武惠妃為皇后，有人反對說：「武氏乃不戴天之讎，豈可以為國母！」[24]雖然打消了立皇后的企圖，實際上寵之如同皇后。此外，玄宗元獻皇后楊氏（唐肅宗生母），弘農華陰人，係楊士達的後裔。可見，傳統的婚姻觀念仍在起一定的作用。

至於唐玄宗與武惠妃選擇女婿與媳婦，也是講究門第，重視李、武、楊姻親關係。楊洄是楊慎交與長寧公主的兒子，論其父系源於弘農楊氏。同樣，楊玉環的遠祖與武則天的外家皆出自弘農楊氏，雖然楊順時「徙居河中永樂」[25]，宗親疏遠，但永樂這房仍是弘農楊氏的分支，多少有點沾親帶故的血緣關係。到了楊玉環的父祖輩，仕途不顯，但舊望尚高，仍屬「名家」。因此，武惠妃的親生女兒下嫁楊洄，親生兒子以楊玉環為妃，決非偶然的結合。這是皇室婚姻的傳統政策的繼續。當然，開元時期，未必還存在李、武、韋、楊婚姻集團，但他們家族之間締結良緣，則是不可否認的事實[26]。

壽王與廢立太子之爭

開元二十四年（七三六）冬十月，據說洛陽宮中「有怪」（迷信的鬼怪），唐玄宗與武惠妃提前四個月返回長安。完婚不到一年的楊玉環，也隨同壽王到了京城，又繼續度過了四年餘的王妃生活。這期間，圍繞著立壽王為皇太子，展開了激烈的宮闈內爭。而作為壽王妃的楊玉環似乎淡然待之，表現了對政治鬥爭的冷漠態度。

（一）壽王宅邸的新生活

對楊玉環來說，長安是陌生的，又是令人神往的。楊玉環幼年時從蜀州到河南，必經長安，但匆匆一過，不會留下深刻的印象。如今，定居於西京，生活在壽王宅邸裏，一切都是新奇的。

壽王宅是著名的「十王宅」（後亦稱十六王宅）之一，位於長安朱雀街東第五街安國寺東邊。原來，唐玄宗即位初，諸皇子年幼，養在內宮。後來，長大了，雖兼有各種名目的職位，但只是「遙領」而已，從不出遷外藩。大約開元十三年（七二五），「乃於安國寺東附苑城同為大宅，分院居，為十王宅。令中官押之，於夾城中起居，每日家令進膳。又引詞學工書之人入教，謂之侍讀。」[27]十王，即慶王、忠王、棣王、鄂王、榮王、儀王、光王、潁王、永王、濟王。不久，壽王、盛王、陳王、豐王、恒王、涼王等又就封入內宅，所以又稱「十六王宅」。這裏是皇子諸王的聚居地，所謂「十」或者「十六」，「蓋舉全數」。後來，諸王添了兒子，「又於十宅外置百孫院」[28]。「十王宅」每院宮人四百，百孫院亦有三四十人。

對於楊玉環來說，王妃的富貴生活，跟從前養父家裏的情形，不可同日而語了。在「十王宅」裏，終日歌舞宴樂，嬉戲喧鬧，她那擅長歌舞的才能得到了培育與發揮。

（二）廢太子瑛的初次交鋒

然而，「十王宅」決非世外桃源，太子與諸皇子之間的爭權奪利，在這裏掀起了驚濤駭浪。皇太子李瑛與壽王李瑁，就是彼此對立的關鍵人物。

早在開元二年（七一四）十二月辛巳[29]，李瑛（當時叫嗣謙）就被立為皇太子。他是玄宗的次子，生於李隆基任潞州別駕時，母親是趙麗妃。為什麼立次子為皇太子呢？因為王皇后沒有兒子，長子嗣直的生母劉華妃不甚得寵，而趙麗妃以「善歌舞」得幸，因此，「以母寵而立其子」[30]，太子便是嗣謙了。開元二十四年（七三六）二月，皇太子改名為李瑛。

隨著武惠妃的日益寵幸，趙麗妃漸漸地失寵，後來默然地亡故了。「母寵衰則子愛弛」[31]，皇太子的地位發生了動搖。而「惠妃之子壽王瑁，鍾愛非諸子所比」[32]。事實上居於皇后地位的武惠妃，在宰臣李林甫的支持下，趁玄宗「鍾愛」壽王之機，力圖改立壽王為皇太子。但在唐玄宗第五次東巡期間，廢立太子的陰謀尚在策劃之中，還沒有演化為公開的爭鬥。

廢太子瑛的初次交鋒，發生在開元二十四年十一月，即返回長安不久。史載：「太子與（李）瑤、（李）琚會於內第，各以母失職有怨望語。」所謂「內第」，胡三省注云：「時太子、諸王皆居禁中。」[33]「十王宅」也屬禁中的範圍，故又稱「內第」。李瑤，即玄宗第五個兒子，封為鄂王，生母是皇甫德儀。李琚，即玄宗第八個兒子，封為光王，生母是劉才人。在諸皇子中，要算李瑤與李琚最有學識了，「同居內宅，最相愛狎。」尤其是李琚，「有才力，善騎射。初封甚善，玄宗愛之。」但是，由於他們生母漸遭疏薄，就與太子瑛一道在「內宅」裏發牢騷。誰知武惠妃獲悉此事，便派女婿楊洄去偵察。「（楊）洄希惠妃之旨，規利於己，日求其短，譖於惠妃。」武惠妃向玄宗泣訴，說什麼「太子結黨」，企圖謀害「妾母子」，甚至「指斥」皇帝陛下。玄宗一聽，不禁大怒，就與宰相們商議廢黜太子與鄂王、光王。

這時，中書令張九齡嚴正地指出：「陛下纂嗣鴻業，將三十年，太子已下，常不離深宮，日受聖訓。今天下之人，皆慶陛下享國日久，子孫蕃育，不聞有過，陛下奈何以一日之間廢棄三子？伏惟陛下思之。且太子國本，難於動搖。」還援引晉獻公、漢武帝、晉惠帝以及隋文帝的歷史教訓，說明輕率廢太子，就會有「失天下」的危險。「今太子既長無過，二王又賢，臣待罪左右，敢不詳悉。」[34]慷慨陳辭，使玄宗無言對答！

緊接著，武惠妃耍弄收買花招，密派官奴牛貴兒對張九齡說：「有廢必有興，公為之援，宰相可長處。」[35]張九齡怒斥牛貴兒，並向唐玄宗作了滙報。玄宗為九齡的忠實正直所感動，廢立太子的風波暫時停息了。

由上可見，宮闈隱秘之中，包含著爭寵的激烈鬥爭。在得寵與非寵、或者寵而復失之間都會產生種種怨恨情緒，從後宮嬪妃波及太子諸王，波及外廷大臣。為了各自的地位、權勢、利益、前途以及家族集團的興隆，彼此勾鬥，不擇手段。顯然，這是政治上昏闇的突出表現，發生在「開元之治」由中期到晚期的轉折之際，決不是偶然的。作為維護「開元之治」的最後一位重臣，張九齡挺身而出，反對廢黜太子，極力避免出現天下動亂的政治局面。

（三）「一日殺三庶人，昏蔽甚矣」

張九齡的努力，最後還是失敗了。他本人也被扣上「阿黨」的罪名，丟了宰相之職。「願盡力保護壽王」的李林甫，當上了中書令，這就為廢太子瑛創造了重要的條件。「李林甫專國，數稱壽王美，以揠妃意，妃果德之。」一場廢立太子的新風波又來臨了！

開元二十五年（七三七）四月，武惠妃又指使女婿楊洄誣陷太子，說瑛、瑤、琚三兄弟以及太子妃之兄薛鏽潛構「異謀」。什麼叫「異謀」？就是指造反，企圖發動宮廷政變。據《新唐書》記載，武惠妃使人詭召太子、鄂王、光王，曰：「宮中有賊，請介以入。」太子等從之，被甲入宮。惠妃立刻向玄宗報告：「太子、二王謀反，甲而來。」玄宗派宦官去看，「如言」，果然如此[38]。宋代史學家司馬光等不相信有那麼一回事，認為：「瑛等與惠妃相猜忌已久，雖承妃言，豈肯遽被甲入宮！」[37]的確，太子等被甲入宮，決不是事實，但當時唐玄宗肯定認為皇太子等有策劃宮廷兵變的圖謀。如果說，五個多月前太子等「指斥至尊」，僅僅言論上怨恨，尚可寬恕，那麼，潛構「異謀」，蓄謀兵變，就絕對不能容許的了。因此，玄宗立即召集宰相商議，準備廢黜太子。這時，張九齡已被貶為荊州長史，再也沒有人敢為太子申辯了。中書令李林甫趁機說：「此陛下家事，非臣等所宜豫。」言下之意，照皇帝的處決就是了。於是，四月乙丑日，玄宗派宦官宣制於宮中，廢瑛、瑤、琚為庶人，流薛鏽於瀼州。注意！「於宮中廢之，用李林甫家事之言也。」[38]所謂「家事」，卻並沒有多一絲一毫的溫情脈脈色彩！大概由於武惠妃與李林甫的繼續挑撥，「庶人」李瑛、李瑤、李琚賜死於長安城東驛，薛鏽賜死於藍田。玄宗一日賜死三子，可謂殘酷。第二天（丙寅），太子舅家趙氏、妃家薛氏、李瑤舅家皇甫氏，坐流貶者數十人，株連甚眾。「家事」如此嚴懲不貸，足見唐玄宗對事態的估量是何等的嚴重！

廢殺太子瑛，固然出於武惠妃與李林甫的勾結誣陷，但最終還是由唐玄宗決定的。自即位以來，如何防止宮廷「禍變」，始終是最敏感的問題，反映了專制帝王的特殊心態。先前，害怕過功臣「禍變」，擔心過兄弟諸王「禍變」，後來，一一妥善地解決了。如今，太子與諸皇子也居然敢蓄謀「禍變」，怎麼不暴跳如雷呢？問題在於玄宗輕信讒言，沒有查一查事實。瑛、瑤、琚三兄弟因母失寵而憤憤不平，他們暗中相聚，互訴不滿，這是事實。但是，這三人小集團完全是孤單的，既無生氣，也無力量，決不可能走上宮廷政變的道路。張九齡被罷免後，他們失去了宰相的支持，深感自身岌岌可危，很有可能，他們也策劃過反對武惠妃與李林甫的某些辦法。當然，「被甲入宮」是子虛烏有的事。唐玄宗沒有弄清真相，就在寵妃與奸臣的挑撥之下，製造了一日殺三親子的大冤案。宋代史學家歐陽修評論說：「明皇一日殺三庶人，昏蔽甚矣。」[39]的確，廢殺太子瑛等，是唐玄宗政治上昏庸的表現，標誌著唐玄宗由「明」趨「昏」的變化。歷史上昏庸君主往往製造冤案，玄宗也是如此。玄宗嘗曰：「自即位以來，未嘗殺一不辜。」[40]而偏聽讒言，「一日殺三庶人」，不亦惑乎？

（四）壽王妃的態度

在激烈的宮闈鬥爭中，壽王與王妃楊玉環的態度如何？

廢立太子的實質是封建統治權力的再分配問題。原太子李瑛年已二十八、九歲，雖然不是很有才能，不是理想的皇位繼承人，但正如張九齡所說：「今太子既長無過。」無過而加以廢黜，必然要引起紛爭。就太子本人的態度來說，無疑地要維護自己的地位。在三十個皇子中，除早亡者與四個年幼無知者之外，好學且有才識的要算是鄂王李瑤與光王李琚，張九齡也稱讚「二王又賢」。由於他們才智出衆，也就不會沒沒無聞地生活於「十王宅」，而是積極地參與了宮廷內爭。他倆與太子瑛同病相憐（生母漸遭疏薄），聯合一起，反對專寵的武惠妃。但是，力量的孤單，又注定了這三人小集團失敗的可悲命運。

至於壽王李瑁，作為玄宗第十八個兒子，原是沒有資格當太子的。然而，「壽王以母寵子愛，議者頗有奪宗之嫌。」[41]生母武惠妃是個權欲強烈、頗有心計的女人，保有武氏家族的餘風。開元中期，她在爭立皇后的角逐中，未達目的，深以為憾；轉而求其次，為自己的愛子壽王爭立太子。她吸取了爭立皇后中功敗垂成的教訓，主要是沒有外廷作為奧援。這次，她將網絡撒向外廷重臣與內侍宦官，籠絡他們為廢立太子吶喊助威。其中，李林甫起了極其惡劣的作用。當然，唐玄宗本人也因寵幸惠妃，進而「鍾愛」其子，很想立壽王為太子，以取代李瑛。一切有利的條件，把年方十八、九的壽王推向皇太子的位置。

然而，壽王主觀意識上似乎並不熱衷於爭當太子。史載，李瑁七歲時，「請與諸兄衆謝，拜舞有儀矩，帝異之。」[42]小時候，腼腆有禮，文質彬彬，謙讓寬容；長大以後，性格大概還是這樣。要他當太子，出於母親的意向，而不是他本人的強烈願望。綜觀各種史籍記載，在廢立太子的激烈鬥爭中，看到的是太子瑛、鄂王與光王的活動，是玄宗、惠妃的活動，是張九齡、李林甫的活動，是駙馬楊洄、駙馬薛鏽、官奴牛貴兒的活動，如此等等。當上太子，意味著是皇位的繼承人，這點十八、九歲的壽王無疑是懂的。假若他是血氣方剛、權欲熏心的人，假若他是性格暴露、富於鋒芒的人，必然地要積極投身於鬥爭的漩渦，必然地會在史籍上留下記述。現存史籍上沒有隻言片語，恰恰說明壽王對宮闈鬥爭的冷漠態度。

同樣，壽王妃楊玉環也缺乏濃厚的政治興趣。她從洛陽剛到長安，迎面襲來的是廢立太子的驚濤駭浪。她自然明白，如果壽王當了太子，她就是太子妃；如果將來太子即位，她就是皇后。但是，這一切，楊玉環似乎考慮得不多。當時武惠妃有女婿楊洄，有媳婦楊玉環，都是很親密的。楊洄稟承武惠妃的旨意，充當了密探、打手與誣告者的角色；而且野心畢露，「規利於己」，為了私利而不擇手段。從鮮明的對照中，可以想見楊玉環對政治鬥爭的冷漠態度。

武惠妃之死

三「庶人」賜死後八個月，武惠妃一命嗚呼。惠妃之死，改變了唐玄宗的私生活，改變了壽王的地位，也改變了楊玉環的命運。

（一）「怖而成疾，不痊而殞」

武惠妃以陰謀手段，促使唐玄宗殺死三個親子，製造了震驚朝野的大寃案。雖然當時李林甫專權，朝廷之士皆容身保位，無復直言，但私下同情的輿論廣為流傳，禁也禁不住。史稱：「瑛、瑤、琚尋遇害，天下寃之，號三庶人。」[43]「三庶人」因他們的寃死，而聲名遠揚。玄宗即位以來，此案最大。

武惠妃原以為除掉太子瑛，就可以立壽王為太子，誰知輿論上反而使自己處於不利的地位，唐玄宗也沒有立即冊壽王為皇太子，這使她無以自安。而且，殺害「三庶人」，出自她的陰謀詭計，不能不使她的良心受到譴責。據載：「其年，武惠妃數見三庶人為祟，怖而成疾，巫者祈請彌月，不痊而殞。」[44]所謂「三庶人為祟」，當然是迷信的說法，沒有那麼一回事。但是，武惠妃心驚膽戰，心理上壓力帶來了生理上疾病，「怖而成疾」，確是事實。雖經醫治包括巫者「祈請」，也未能見效。這年冬十一月，玄宗到驪山溫泉避寒，惠妃隨行。僅僅待了十四天就回來，很可能是惠妃病情惡化。又過了二十天，即開元二十五年（七三七）十二月丙午，武惠妃病逝於長安興慶宮，享年三十九歲[45]。

武惠妃死了，最為傷心的是唐玄宗。因為他對她的寵愛長達二十多年，王皇后、趙麗妃、劉華妃、錢妃、皇甫德儀、劉才人、高婕妤、郭順儀、柳婕妤等等，都遠遠比不上。惠妃生前沒有獲得「皇后」的桂冠，死後玄宗立刻追贈她為「貞順皇后」，以慰亡靈。在制文中，玄宗不勝「載深感悼」，回顧「惠妃武氏少而婉順，長而賢明，行合禮經，言應圖史」，讚頌她「貴而不恃，謙而益光；以道飭躬，以和逮下，四德粲其兼備，六宮咨而是則」[46]。而對她的野心隻字不提。其實，惠妃爭奪皇后、搞廢立太子的陰謀，歸根結柢，是唐玄宗專寵的結果。悼詞只褒不貶，那是很自然的事。

（二）「推長而立，誰敢復爭」

武惠妃之死，對於壽王來說，不僅失去了一位強有力的母親，而且喪失了當太子的一切的可能性。

「太子瑛既死，李林甫數勸上（玄宗）立壽王瑁。」李林甫迎合武惠妃的心意，害死太子瑛，就想把壽王推上皇太子的位置。玄宗過去「鍾愛」壽王，也曾想廢立太子。但是「三庶人」死後，天下喊冤，玄宗反而猶豫了，貿然地立壽王為太子，肯定會引起輿論上更多的不滿，因此不得不將此事擱下來。

緊接著的是武惠妃之死，宮中傳播著「三庶人為祟」的流言，這就使各個方面都要重新考慮太子人選的問題。

首先，宰相李林甫的態度有所變化。以往，李林甫是朝臣中鼓吹擁立壽王的臺柱。他之所以那麼賣力，為的是巴結武惠妃。「惠妃德之，陰為內助。」[47]有沒有這後宮「內助」，對於奸相專權至關重要。從黃門侍郎到同中書門下三品，再到中書令，都是跟武惠妃「陰為內助」分不開的。

所以，他總是勸玄宗立壽王為太子。而現在武惠妃死了，「內助」沒有了，狡猾的李林甫也就不必「盡力保護壽王」了，也就要看看唐玄宗的態度再說了。

其次，唐玄宗在立太子問題上猶豫不決。開元初立李瑛為太子，二十餘年來還是相當平靜的。由於寵愛武惠妃，連及「鍾愛」惠妃之子壽王。玄宗喜歡壽王，主要是壽王俊美可愛、溫良禮讓。但是，壽王缺乏陽剛之氣與奮發精神，與當年李隆基的性格大不一樣，所以不是很理想的皇位繼承人。「三庶人」賜死後，李林甫多次勸立壽王，玄宗不敢貿然決定。究竟立誰好？玄宗自然比其他人考慮得多。長子李琮（初名嗣直），開元初就不令人喜歡，據說，後來打獵時臉上被野獸抓傷，難看得很，當太子不雅。次子李瑛已死。論「年長」的話，當推第三子忠王李璵。李璵的生母楊妃，弘農華陰人，門第遠比李琮、李瑛的母親為高。而且，李璵「仁孝恭謹，又好學」，玄宗有意立他為太子。但是，武惠妃在病中，李林甫不同意，唐玄宗「猶豫歲餘不決」[48]。

及至開元二十六年（七三八）五月，武惠妃死了好幾個月，唐玄宗「自念春秋浸高（五十四歲），三子同日誅死，繼嗣未定，常忽忽不樂，寢膳為之減」。可見，既為惠妃之死而傷悼不已，又為「繼嗣未定」而憂患不樂，真是到了心力交瘁的地步。這時，高力士乘間問其故，玄宗說：「我家老奴，豈不能揣我意！」是的，「老奴」高力士一清二楚，知道是太子未定的緣故。緊接著，高力士明確地表態：「大家（稱呼皇帝）何必如此虛勞聖心，但推長而立，誰敢復爭！」所謂「推長而立」，指的是第三子忠王李璵，說出了皇帝的心意，玄宗連聲道：「汝言是也！汝言是也！」[49]既然唐玄宗與高力士意見一致，宰相李林甫當然不會沒趣地勸立壽王了，不敢再反對忠王了。於是，六月庚子這天，正式宣布李璵為皇太子。秋七月己巳，玄宗親御宣政殿，舉行「冊太子」的隆重典禮；又過十天，冊忠王妃韋氏為太子妃。次年九月，太子更名紹；至天寶三載（七四四）正月，再改名亨。李亨就是後來的唐肅宗。

很清楚，在立太子的過程中，高力士起了重要的作用。雖然養父高延福出自武三思家，但高力士本人並不倒向武氏家族。對於武惠妃，自然很敬重，但也絕不像李林甫那樣巴結武惠妃，極力鼓吹立壽王為太子。高力士主張立忠王，也不是對李瑛有什麼特殊的偏愛，或者懷著另一番目的，而是強調「推長而立」，防止諸皇子之間的爭奪，防止再出現「三庶人」這類案件。換句話說，高力士的著眼點在於維護宮廷內部的太平無事，維護唐玄宗的封建統治局面。

忠王被立為太子，意味著壽王失寵了。任何朝臣包括李林甫都不願「保護」壽王了，不會再提擁立壽王的事了。壽王和妃子楊玉環在宅邸裏過著他們自己的生活。

若問他們的愛情有何結「子」？恐怕沒有。《舊唐書・壽王瑁傳》載：「天寶中有子封為王者二人，伓為濟陽郡王，偡為廣陽郡王、鴻臚卿同正員。」注意！封王者二人，也就是說，還有沒有封王的兒子，幾人不得而知。這裏還特地點明是「天寶中」封的，而不是開元末封的。唐玄宗的孫子一代，統統住在「百孫院」裏，幼年便可封「郡王」。看來，李伓與李偡，似當生於天寶年間，決不可能是壽王妃楊玉環生的兒子。此外，《新唐書・壽王瑁傳》載：「子王者三人，僾王德陽郡，伓濟陽郡，偡廣陽郡，伉薛國公，傑國子祭酒。」《新唐書》編撰者是參考過《舊唐書》的，關於李伓與李偡所封郡王的記載，完全相同。在兄弟次序上，李伉與李傑最晚，更不可能是楊玉環所生的。一個封為薛國公，一個官為國子祭酒，似當在天寶以後的新的時期。至於最大的兒子李僾，封為德陽郡王，這在《舊唐書》中沒有言及。那麼，這李僾是不是楊玉環的兒子？限於史料，妄加肯定，根據不足。即使李僾不是生於「天寶中」，而是生於開元末，也未必就是楊玉環生的。須知，皇子親王和皇帝一樣，實行的是多妻制。壽王除了王妃楊氏外，還有衆多側室。壽王諸子，載於史傳者五人，都與楊玉環無關，原因恐怕是楊玉環沒有生育的能力。她從十八歲起，與壽王共同生活了近五年，在正常的情況下，孩子至少二三個。如果真的養育過子女（即使夭折），美貌的形體定會有所變化。後來，她成為楊貴妃，也沒有生過子女，似乎也可以證明上述的推斷。

愛情生活中沒有子女，不一定就是不幸。由於武惠妃之死，唐玄宗在感情上出現了空白，於是，召來了美貌的兒媳婦。命運之神把壽王妃變成了女道士，變成了楊貴妃；而楊玉環沒有子女的牽掛，似乎提供了方便條件。

註釋

1 參見南宮搏《楊貴妃——中國歷史上最特出的女人》。

2《明皇雜錄》卷下。

3《全唐文》卷三八，玄宗〈冊壽王楊妃文〉。

4《隋書・楊汪傳》。

5《資治通鑑》卷二一四，開元二十三年十二月條。

6《資治通鑑》卷二一五，天寶四載八月條〈考異〉引。

7 宋朝樂史《楊太真外傳》卷上。

8 楊國忠三十歲跑到四川，楊玄琰恰好逝世不久，據此推算，楊玉環約十歲左右。楊國忠到達時，楊玉環已到河南去了，故彼此並不相識。

9 參見黃永年〈「全唐文・楊妃碑記」偽證〉，載《人文雜誌》一九八二年第四期。

10《全唐詩》卷五一一，張祜〈大酺樂〉。

11 錢大昕《十駕齋養新錄》卷六〈新唐書明皇二十九女〉條云：「唐書公主傳明皇帝二十九女，吳氏糾其謬，謂公主數多一人，然不言所多何人。予考……普康公主傳不著其封年，乃悟咸通九年追封者必是懿宗女，非明皇女也。若去此一人，正合二十九之數。」

12《太平御覽》卷一四一，〈皇親部七・武皇后〉。

13《舊唐書・玄宗諸子傳》。又，《資治通鑑》卷二一二亦載皇子敏卒於開元八年二月，追立為懷王，謚曰哀。

14《舊唐書・玄宗諸子傳》。

15《資治通鑑》卷二一四，開元二十二年四月條。

16 據《新唐書・宰相世系表》載，楊洄是楊慎交之子，出於弘農楊氏。

17《新唐書・諸帝公主傳》。

18 詳見《通典》卷一二九，〈親王納妃〉。

19《唐大詔令集》卷四〇及《全唐文》卷三八玄宗〈冊壽王楊妃文〉。

20 有的新傳記說，楊玄璬已亡故。當誤，詔令稱「爾河南府士曹參軍楊玄璬」，可見人健在。

21 參見《通典》卷一二九，〈冊妃〉。

22《新唐書・楊恭仁傳》。

23《舊唐書・后妃傳下》。

24《資治通鑑》卷二一三，開元十四年四月條。

25《新唐書・宰相世系表》楊氏條。

26 參見陳寅恪〈記唐代之李武韋楊婚姻集團〉，載《歷史研究》一九五四年第一期。

27、28《舊唐書・玄宗諸子傳》。

29 舊、新《唐書》作開元三年正月，今從《通鑑》卷二一一。

30、31《資治通鑑》卷二一一，開元二年十二月條胡三省注。

32《舊唐書・玄宗諸子傳》。

33《資治通鑑》卷二一四，開元二十四年十一月條及胡三省注。

34《舊唐書・玄宗諸子傳》。

35《資治通鑑》卷二一四，開元二十四年十一月條。

36《新唐書・太子瑛傳》。

37、38《資治通鑑》卷二一四，開元二十五年四月條〈考異〉及胡三省注。

39《新唐書・南蠻傳中》，贊曰。

40《舊唐書・陳夷行傳》。

41 獨孤及《裴稹行狀》，《資治通鑑》卷二一四開元二十五年四月條〈考異〉引。

42《新唐書・壽王瑁傳》。

43《新唐書・太子瑛傳》。

44《舊唐書・玄宗諸子傳》。

45 據《資治通鑑》卷二一三〈考異〉引云：惠妃先天元年始年十四。故卒年三十九。舊、新《唐書・后妃傳上》均作「年四十餘」。

46《舊唐書・后妃傳上》。

47《資治通鑑》卷二一四，開元二十二年四月條。

48、49《資治通鑑》卷二一四，開元二十六年五月條。

第十三章　從女道士到太真妃

開元二十八年（七四〇）冬十月，楊玉環二十二歲時，人生旅途上發生了重大的轉折。她結束了近五年的作嬪壽邸的生活，被拋進了年已五十六歲的唐玄宗的懷抱。此後，她以女道士或者「女官」的身分活動於宮中，不到一年，就成為貴寵的「太真」妃。

驪山相會

李隆基與楊玉環的情愛史發端於驪山溫泉宮。這段秘史若暗若明，在史籍上沒有留下確鑿的記載。下面，盡可能展現其真相。

（一）玄宗感情上的空白

唐玄宗為什麼需要召入壽王妃呢？唐人陳鴻《長恨歌傳》最早作了說明：「先是元獻皇后、武淑（惠）妃皆有寵，相次即世。宮中雖良家子千數，無可悅目者。上心忽忽不樂。時每歲十月，駕幸華清宮（天寶六載以前稱溫泉宮），內外命婦，熠耀景從，浴日餘波，賜以湯沐，春風靈液，澹蕩其間。上心油然，若有所遇，顧左右前後，粉色如土。」元獻皇后死於開元十七年（七二九），當與此事無關。而在武惠妃撒手人間以後，唐玄宗失去了精神的寄託，不覺黯然神傷，憂鬱寡歡，這是事實。

陳鴻的意見，為後世史家所採納。《舊唐書・楊貴妃傳》云：「（開元）二十四年惠妃薨，帝悼惜久之，後廷數千，無可意者。」《新唐書》本傳亦云：「開元二十四年，武惠妃薨，後廷無當帝意者。」這裏，卒年有誤，顯然可見。所以，司馬光則寫道：「初，武惠妃薨（胡三省注：開元二十五年），上悼念不已，後宮數千，無當意者。」1

各家記述基本上反映了歷史的真實：惠妃死後，玄宗感情上出現了空白，一方面對惠妃追思不已，另一方面為沒中意的新人而懊惱。開元二十六年（七三八）冬在驪山，凡十五天；次年冬在驪山，十六天；再次年正月在驪山，計八天。這三次避寒驪山，唐玄宗見景生情，油然想起昔日與惠妃同幸溫泉宮的歡樂景象，不覺若有所失，後宮隨從，內外命婦，無一合心，真是景色依舊，人時已非。

（二）高力士建議召壽王妃

就在此時，有人建議召入壽王妃楊玉環。這個人究竟是誰呢？《長恨歌傳》說：「詔高力士潛搜外宮，得弘農楊玄琰女於壽邸。」注意！「詔」，似是指玄宗命令高力士去選美，當然也可能是高力士先提出，然後玄宗命他去辦。但是，舊、新《唐書》和《通鑑》都不提及高力士，僅作「或奏」、「或言」，是誰不得而知。

看來，請召壽王妃的，無疑是高力士。「老奴」最懂得主子的心態，過去選美大多經他手。如開元十三年（七二五），為忠王李璵選妃，玄宗「詔力士下京兆尹，亟選人間女子細長潔白者五人」。力士建議改在掖庭中選擇，「上大悅，使力士詔掖庭，令按籍閱視。」[2]結果得三人，其一即唐代宗的生母。開元二十八年（七四〇），當唐玄宗出現神思恍惚的異常情緒時，高力士又肩負起選美的重任。或許物色之中，無有效應，更使玄宗興味索然，追思益深。高力士不得不把獵艷的眼光轉向「外宮」，得楊玉環於「壽邸」。所謂「外宮」，是跟內宮（興慶宮）相對而言。壽王宅邸在「十王宅」內，「十王宅」與長安城東北禁宮連接，築夾城，圍起來，與一般外宅有別。但它又非正式內宮，這與外宅相類。所以，作為「十王宅」之一的「壽邸」，又可以稱為「外宮」。

高力士為什麼選中壽王妃呢？首先，楊玉環的「絕世無雙」的花容月貌是有口皆碑的，當時人就稱讚她「姿色冠代」，「姿質天挺」[3]。無論姿色儀態、風度舉止，都堪稱冠絕一代，這就能起到填補唐玄宗感情上空白的作用。其次，高力士深知壽王失寵及其地位。開元二十六年（七三八）六月，根據高力士的「推長而立」主張，玄宗立忠王李璵為皇太子。往後幾年，壽王處境難堪，高力士比誰都清楚。顯然，把壽王妃召入內宮，估計不會引起麻煩與風波。

（三）定情信物的傳說

那麼，召玉環到驪山，與玄宗相會，是在何年何月呢？《長恨歌傳》與《舊唐書》都是指開元末惠妃死後幾年，確切年月沒有交代清楚。《通鑑》於天寶三載末記述此事，但用了一個「初」字，是追述「武惠妃薨」後的事情。如果認為《通鑑》作天寶三載（七四四）楊玉環入宮，是誤解了司馬光的原意的。當然，司馬光也沒有弄清具體日期。

北宋樂史《楊太真外傳》最早指出了確切年月：「（開元）二十八年十月，玄宗幸溫泉宮，使高力士取楊氏女於壽邸。」《外傳》包容了許多不可靠的傳聞，但這「二十八年十月」似有實錄根據，可惜「根據」今人無法知曉了。後來，歐陽修等撰《新唐書・玄宗本紀》亦云「開元二十八年十月」，這是依樂史說的，還是另有實錄根據，不得而知。看來，上述所記年月似最為可信[4]。清代著名史學家趙翼曾強調說：「楊貴妃本壽王瑁妃，……召入宮，此開元二十八年事也。」[5]

以開元二十八年（七四〇）十月溫泉宮相會為標誌，揭開了李楊情愛史的序幕。自《長恨歌》流傳以來，渲染了「養在深閨人未識」的意境，這有助於文學典型形象的塑造，妙不可言。但是，作為唐明皇的歷史傳記，如果仍然說這次見面後才知道楊玉環「姿質豐艷」，似乎以前從未看到過她的風采，那是不符合歷史事實的。

須知，早在開元二十三年（七三五），玄宗在東都為當時「鍾愛」的壽王冊妃時，就讚美過「含章秀出」。詔令雖出自詞人之手，但玄宗是過目的，知道壽王妃的美貌。次年春大婚，壽王與王妃有朝見玄宗與惠妃之禮，玄宗當然看到過壽妃。回到長安以後，至開元二十八年十月之前，在各種各樣的場合中，都有看到壽王妃的可能性。例如，每年元旦，皇子親王與王妃循例朝賀，共四次。隨從遊幸溫泉宮，凡三次。武惠妃死後祭奠，據喪禮子媳應蒞靈堂。排除壽王妃偶然不參加的次數，玄宗四年內總有幾次親見其美。問題在於惠妃在世時以及死後一段時間裏，玄宗對於壽王妃還不會有什麼雜念。經歷近三年的感情上空虛和精神上孤獨，當高力士提及「姿色冠代」的楊玉環時，玄宗也就為之振奮起來，毅然地決定要高力士把她召入驪山溫泉宮。

這幕驪山相會，對於二十二歲的壽王妃來說，是歡樂，還是驚憂，難以揣測；而對五十六歲的李隆基來說，無疑是心靈的解脫、青春的再現。史稱：「既進見，玄宗大悅。」[6]這是事實。白居易歌詠：「天生麗質難自棄，一朝選在君王側。回眸一笑百媚生，六宮粉黛無顏色。」詩句不單是讚美「楊家女」的媚態，也吐露了唐玄宗的心情。換句話說，在玄宗的眼裏，壽王妃「一笑百媚生」，不禁為之傾倒。

據《長恨歌傳》載：「上（玄宗）甚悅，進見之日，奏《霓裳羽衣曲》以導之；定情之夕，授金釵鈿盒以固之。」虛構「定情」節目，虛構「定情」信物，就塑造藝術形象來說，是必不可缺的，實在太重要了。然而，就史事而言，恐怕是禁不起推敲的，甚至說根本沒有那麼一回事。

首先，李隆基與楊玉環相會於驪山，跟民間一般男女戀情，絕對不可等同視之。作為壽王妃被召入溫泉宮，對面站著的是一位大唐的天子，自己丈夫的父親。進見當天，儘管皇帝表現得何等的歡顏、恩寵，要在一夕之間達到親密無間的純真程度，怎麼可能呢？何況，像民間男女那樣的所謂「定情」，對於皇帝與王妃來說，簡直是不可理解的。

其次，所謂「定情」信物，指的是愛情憑據。一般男女戀情有此等信物，如首飾之類，是很自然的事。但是，皇帝也用金釵鈿盒作為「愛」的信物，豈非笑話！按開元禮，皇帝納后、皇太子納妃、親王納妃等都有極其繁雜的禮儀。唐玄宗本人就經歷了這三項的全過程：當年臨淄郡王時，納妃，嘗過一套禮儀；後來當皇太子，納太子妃，又嘗過一套禮儀；後來即位為帝，立皇后及納妃嬪，又嘗過一套套禮儀。所有的禮儀中，都沒有專門拿首飾作信物的。唐玄宗在溫泉宮召見楊玉環，又怎麼會想到那樣做呢！

本來，文士虛構「定情」一節，是很有詩意的。但是，在真實的歷史傳記中，也說當夜玄宗贈給玉環金釵鈿盒，作為定情的信物，那就不夠確切了。正史與《通鑑》絕不提「定情」，頗有道理。

開元二十八年十月玄宗在驪山，比前三次住得長些，可能是楊玉環在的緣故。第十八天，回長安興慶宮去了。至於楊玉環去向如何，史傳未見記載，以事理推之，她只能暫時地回到壽王宅邸。等待著她的，將是一條女道士的生活道路。

度為女道士

驪山相會畢竟短暫，要真正地解決感情上空白問題，還必須另想妥善的辦法，辦法就是把壽王妃度為女道士。

（一）度道時間之謎

由於史籍記載的簡略與模糊，使度道時間成為一個歷史之謎，至今紛爭未決。

《舊唐書・楊貴妃傳》載：「……宜蒙召見。時妃衣道士服。……既進見，玄宗大悅。」似乎壽王妃先度為道士，然後穿著「道士服」到驪山，與唐玄宗相會[7]。《楊太真外傳》與《新唐書》顯然覺察到上述記載不近情理，於是先述召壽王妃到溫泉宮，後寫以壽王妃為道士。換言之，先後有密切相聯的兩個層次：先見面，後度道。不過，時間都在開元二十八年十月，地點都在驪山。有人由此引申出這樣一種意見：就在玄宗與玉環「定情」的同時，玄宗批准她去做女道士。

事實究竟是怎樣的呢？

論情理，唐玄宗在溫泉宮召見時，楊玉環是以壽王妃的身分出場的，當穿俗家嬪妃衣服參見。之後，玄宗傾心異常，才有將壽王妃度為女道士的事。這條妙計是誰出的呢？不妨臆測一下，似是那班以「女道士」名義活動於皇宮內的大小公主們。棘手的仍是度道時間問題。現存史料中有一道〈度壽王妃為女道士敕〉，全文如下：

「聖人用心，方悟真宰；婦女勤道，自昔罕聞。壽王瑁妃楊氏，素以端懿，作嬪藩國，雖居榮貴，每在精修。屬太后忌辰，永懷追福，以茲求度。雅志難違，用敦宏道之風，特遂由衷之請，宜度為女道士。」8

可惜，這道敕令不著日期。然而，細細研讀，仍有年月可尋。敕文中「屬太后忌辰」一句，務必注意。「太后」，指唐玄宗的生母竇氏；「忌辰」，即逝世日子。本書第一章裏說過，長壽二年正月二日（六九二年十二月四日），玄宗近九歲時，母親竇氏被武則天秘密地殺害於神都（洛陽）內宮，連屍骨都不知弄到哪裏去了。睿宗重新即位，追謚竇氏為昭成皇后，招魂葬於東都洛陽城南。後來，唐玄宗以帝母之重，追尊為「皇太后」，祔葬睿宗橋陵，遷神主於京師太廟。因此，每年正月二日是太后忌辰，例行悼念。既然度壽王妃為女道士是為太后忌辰「追福」，那就不可能發生在十月。陳寅恪先生早就指出：「假定楊氏以開元二十八年十月為玄宗所選取，其度為女道士敕文中之太后忌辰，乃指開元二十九年正月二日睿宗昭成竇后之忌日。」9

這樣，壽王妃楊氏入道的過程清晰地顯露出來了：開元二十八年十月甲子至辛巳，凡十八天，玄宗在溫泉宮，與壽王妃相會。玄宗返回興慶宮，而壽王妃暫回壽王宅。接著，商議利用正月二日太后忌辰的機會，以「追福」的名義，將壽王妃度為女道士。經策劃，似於年底頒布了敕文。正月二日，楊玉環正式當了女道士。緊接著，楊玉環以「女道士」的身分，而不再是壽王妃的身分，跟隨唐玄宗又到驪山去了。從正月癸巳至庚子，前後八天，在溫泉宮度過了歡快的生活。之後，唐玄宗返回興慶宮，「女道士」則居於大明宮內的道觀。

據載，玄宗自驪山回來後，夢見道教始祖「玄元皇帝」告云：「吾有像在京城西南百餘里，汝遣人求之，吾當與汝興慶宮相見。」[10] 果然，派人在盩厔樓觀山間找到了像。同年閏四月，迎置興慶宮。五月，唐玄宗命畫「玄元皇帝」真容，分置諸州開元觀。毫無疑問，這股全國範圍內崇道之風，是跟壽王妃度為女道士相呼應的，或者說是給壽王妃入道製造某種氣氛。

（二）在為太后「追福」的背後

唐玄宗為什麼不敢直接納壽王妃為己妃，而要經由度為女道士的過渡階段呢？依封建禮教，玄宗是壽王妃的公公，納為己妃，有悖人倫，易遭物議。李唐王朝雖然肇基關隴，又賦有鮮卑貴族血統，對兒女關防不如中原士族那麼嚴格，婚娶風俗較自由，這僅是問題的一方面；另一方面，它畢竟是長達百餘年的中原王朝，封建倫理對它的影響，不能視而不見。這與唐太宗娶齊王妃為己妃不能完全類比。秦王李世民與齊王李元吉，雖為同胞手足，然而齊王投靠東宮李建成，勢同水火。經由玄武門之變，齊王作了刀下鬼，王妃便成了階下囚，或殺或占，身不由己。唐太宗以勝利者占有失敗者之妻，大模大樣地納為己妃，時人不敢非議。亂倫之誚，僅僅宋儒有之。唐玄宗的情況就不同了，他想納壽王妃，而壽王未聞有過，若強詞奪理，據為己有，有悖情理與倫常，不能不有所顧忌。前車可鑒，唐高宗廢王皇后、立武則天為皇后，大臣褚遂良就以武氏曾侍寢唐太宗為詞，責備高宗行為有失檢點，弄得高宗尷尬不堪。鑒乎此，唐玄宗就不敢貿然地奪子媳為己妃，而必須採取先度為女道士的辦法。

的確，「婦女勤道，自昔罕聞。」如唐高祖十九個女兒、太宗二十一個女兒、高宗三個女兒、中宗八個女兒，沒有一個當女道士的。但是，唐睿宗時，以西城公主與隆昌公主（玄宗兩個親妹妹）為女道士，道號一曰「金仙」、一曰「玉真」。度道的原因，據說是「以資天皇太后（武則天）之福」[11]。這兩個公主入道，築觀京師，頗引人矚目，對於「婦女勤道」起了推動的作用。及至開元四年（七一六）六月癸亥，太上皇睿宗逝世，史載：「己巳（睿宗死後第七天），睿宗一七齋，度萬安公主為女道士。」萬安公主是玄宗的親女兒，度道原因也是「欲以追福」[12]。可見，皇家女子入道，是為死逝者「追福」的形式之一，而不是當時女子離異後進行再嫁的習俗。

既然有金仙公主與玉真公主「資福」的先例，又有萬安公主「追福」的榜樣，那麼，趁竇太后「忌辰」之際，為了「永存追福」，度壽王妃為女道士，可謂做得堂堂正正，十分得體。看來，提出這條妙計的，似與金仙、玉真、萬安等公主有關。當時崇道之風愈演愈烈，貴家女子入道已不是「罕聞」，如李林甫的女兒也當了女道士。所以，壽王妃度道之事不會有突兀的感覺，輿論上也不存在什麼可譏刺的東西。至於壽王妃「悟」道，似不至於胡編，總有點修道的跡象。不過，敕文說她「每在精修」，過於虔誠了，當屬飾詞。

明明是強加於人的做法，卻偏偏說是出自壽王妃「由衷之請」。似乎「勤道」的壽王妃為太后「追福」，「以玆求度」，誠心誠意。而唐玄宗呢，覺得「雅志難違，用敦宏道之風」，便同意壽王妃為女道士。其實，這是騙局。如果壽王妃「精修」真辛、又懷孝思也可在以前求度，為何恰好選在驪山相會之後發出這個敕令呢？說穿了，什麼「追懷追福」，什麼「雅志難違」，無非是在「用敦宏道之風」的冠冕辭令下，掩蓋玄宗霸占兒媳的不光彩行為。

宋代史學家早就戳穿了「由衷之請」的謊言，指出：「上（玄宗）見而悅之，乃令妃自以其意乞為女官。」[13]事實是唐玄宗「令」其入道，並非出自壽王妃本人的請求。所謂「女官」，即「女冠」，也就是女道士。唐代女道士頭戴黃冠，故名。「官」與「冠」通，故女冠又稱「女官」。

（三）「太真」道號與「娘子」稱呼

楊玉環當了女道士，另屬籍簿，身分不再是王妃了。為此，加了一個道號「太真」。所謂「太真」，究竟是什麼意思呢？它原是道教修煉用語。南朝道教首領陶弘景說：「仙方名金為太真。」[14]以「太真」為號，體現了「宏道」的精神。聯繫到「金仙」公主和「玉真」公主的道號，楊玉環號「太真」，是煞費苦心才想出來的。後來，「太真」專指楊貴妃，沿用至今而不變。

作為「女官」，理應頭戴黃冠，居於道觀。宮內是不置道觀的，如金仙公主、玉真公主兩道觀均於宮外。而唐玄宗為了自己的需要，破例地將女道士楊玉環迎入大明宮內，別置宮內道觀。因為道號「太真」，所以居地又稱內太真宮。如此空間設計，完全暴露了唐玄宗的良苦用心。

但是，玄宗常居興慶宮，從大明宮通過「複道」到那裏，往來總不甚方便。因此，開元二十九年（七四一）冬以後，楊太真的居住情況發生了變化。原來，這年冬十月丙申，至十一月辛酉，共二十六天，楊太真跟隨唐玄宗，避寒於溫泉宮。這是李楊第三次的驪山相會，比前兩次長得多。大約從驪山回來，楊太真也就住進了興慶宮，再也不到大明宮的道觀裏去了。而且，楊太真也不必一身「女官」打扮，而完全可以穿著妃嬪們的衣服。史載：「不期歲，恩禮如惠妃。太真姿質豐艷，善歌舞，通音律，智算過人。每倩盼承迎，動移上意。宮中呼為『娘子』，禮數實同皇后。」[15]所謂「不期歲」，即不到一年，從正月「度道」算起，恰好至十一月驪山回來。爾後，「恩禮如惠妃」，楊太真實際上處於后妃的地位，自然不會戴著女道士的假面具了。而唐玄宗心目中只有一個楊太真，楊太真成了他私生活中形影不離的伴侶。

值得注意的是「娘子」稱呼，陳寅恪先生指出：「即今世俗『太太』之稱。」[16]當時民間稱家庭主婦，往往呼為「娘子」，而宮內嬪妃則是沒有此稱的。宮中之所以呼楊太真為「娘子」，是因為她沒有正式冊妃，而承歡玄宗，於是移用民間的主婦之稱於宮闈之中。當然，「娘子」與妃子也有區別的，但在宮中稱之，實含嬪妃之意。顯然，楊玉環喜歡「娘子」稱呼，既符合她的世俗情調，又能以玄宗事實上的妃子自恃。上之所好，下必趨之，宮中盛呼「娘子」，反映了楊玉環「度道」近一年後就實際上摘取了皇妃的桂冠，同時說明了人們心目中的「太真」早已不是頭戴黃冠的女道士。

李白詩讚太真妃

「開元」時代的最後一年仲冬，楊玉環住進了興慶宮。緊接著，她以太真妃與「娘子」的身分，迎來了新的「天寶」時期。天寶之初，政治上日益昏庸，而李楊情愛卻獲得了發展。恰好這時，大詩人李白遊長安，他以綺麗高華之筆，寫了〈清平調〉三首，讚美太真妃。

（一）改元「天寶」

由於連年豐收，西京、東都米斛二百錢，天下乂安，海內富實。唐玄宗為「開元盛世」所陶醉，宣稱：「自朕嗣守丕業，洎三十年，實賴宗社降靈，昊穹孚祐，萬方無事，六府惟修，寰宇晏如，庶臻於理。……式降惟新之澤，可大赦天下，改開元三十年為天寶元年。」[17]天寶元年（七四二）

正月初一，玄宗親御興慶宮西南隅勤政樓，受羣臣朝賀，正式改元「天寶」。二月，玄宗加尊號為「開元天寶聖文神武皇帝」。改侍中為左相，中書令為右相，尚書左右丞相依舊為僕射，東都為東京，北都為北京，州為郡，刺史為太守。至天寶三載（七四四）正月初一，改「年」為「載」。這些制度上的更改，似乎有一番「惟新」樣子。

其實，改元「天寶」並不具有劃時代的意義，天寶時期政治是開元晚期政治的繼續。前面說過，罷張九齡、相李林甫，標誌著唐玄宗由「明」而「昏」的轉折，而這一轉折並非始自天寶元年。當然，天寶初期，政治上日趨昏闇，右相李林甫妒賢忌能，「凡才望功業出己右及為上（玄宗）所厚、勢位將逼己者，必百計去之。」[18]唐玄宗則以為天下無事，高居無為，悉以政事委林甫，結果連高力士都「不敢深言天下事矣」[19]。

隨著「天寶」時期的到來，李楊情愛有了新的發展。興慶宮裏，龍池畔，沉香亭，花萼樓，……玄宗與「娘子」遊賞名花，演奏新曲，沉醉於歌舞之中。天寶元年十月丁酉至十一月己巳，楊玉環跟隨玄宗，第四次幸驪山[20]，凡三十三天。天寶二年（七四三）十月戊寅至十一月乙卯，第五次驪山避寒，共三十八天。次年正月辛丑至二月庚午，第六次幸驪山，凡三十天；十月癸巳至十一月丁卯，第七次幸驪山，共三十五天。可見，唐玄宗「耽樂而忘返」，時間之長大大超過了前三次。歌舞遊樂，從某種意義上說，反映了唐玄宗與太真妃之間的情投意合。

（二）李白遊長安

就在天寶初年，著名的大詩人李白來到了長安，以自己的狂放行為與奇妙詩篇，給歡鬧的宮廷生活增添了特異的情趣。李白（七〇一—七六二），字太白，生於碎葉（時屬安西都護府，今蘇聯吉爾吉斯北部），幼居四川，從二十五歲起漫遊各地。唐朝的盛世與祖國的山河，孕育了這位傑出的浪漫主義詩人。

唐玄宗召李白入京，是出於吳筠的推薦。吳筠是著名的道士，也是文采煥發的詩人。他與李白在天臺剡中有過交往，詩篇酬應。後來，玄宗遣使召吳筠，「既至，與語甚悅，令待詔翰林。」[21]吳筠向玄宗推薦了李白，玄宗特詔徵召。大約天寶元年（七四二）秋天，李白來到了長安，時年四十二歲。李白拜見年邁的太子賓客賀知章，賀見其文，嘆曰：「子，謫仙人也！」[22]賀知章再向玄宗推薦，玄宗立即接見了李白。這無疑是轟動京城的新聞。據唐朝李陽冰《草堂集》序記載，玄宗「降輦步迎，……御手調羹以飯之」。玄宗還對李白說：「卿是布衣，名為朕知，非素蓄道義，何以及此。」李陽冰與李白有過交往，所記似當真確。其實，所謂「降輦步迎」、「御手調羹」等，並非實錄，只是傳聞而已。從唐玄宗的生活習慣來看，一般不用「輦」的；親手調羹，更是不可能的事。不過，這些傳說也反映了唐玄宗對李白的重視。

為什麼玄宗如此禮遇李白呢？首先，為了「求才」的需要。雖然李林甫專權，妒忌人才，但玄宗有時還要強調一下「求才」的。在改元「天寶」的大赦文中，重申「國之急務，莫若求才」，要求：「白身人中有儒學博通及文詞秀逸，或有軍謀越衆，或有武藝絕倫者，委所在長官，具以名薦。」[23]天寶初年，先召吳筠，後徵李白，就是選拔「文詞秀逸」者的典型例子。吳、李均屬「白身」、「布衣」，玄宗待之以禮，還是難能可貴的。其次，出於崇道求仙的需要。玄宗向吳筠請教道法以及神仙修煉之事，「（吳）筠之所陳，但名教世務而已，……玄宗深重之。」[24]李白號稱「謫仙人」，「素蓄道義」，即對道法頗有造詣。玄宗禮遇李白，自然也有崇道求仙的目的。第三，出於對詩文的愛好，雖然玄宗本人詩寫得不很好。過去，玄宗喜歡跟文士領袖張說、張九齡等詩篇唱和。天寶二年（七四三）底，賀知章請度為道士還鄉。次年正月，送別於長樂坡，李白等紛紛獻詩，「上（玄宗）賦詩贈之。」25

既然玄宗當時對李白如此優遇，為什麼僅命他為「供奉翰林」呢？某些文學史著認為，唐玄宗把李白作為御用文人，作為淸客，需要他為宮廷幫閒而已。這樣評論唐玄宗是不公正的，說實在，玄宗完全沒有必要那樣做。何況，待詔翰林，跟流俗所輕的「倡優」，是不可等同視之。翰林院始建於開元後期，它是從唐朝文學館、弘文館、集賢書院等演化而來。在翰林院裏集中了兩類專門人才：一是文學之士，二是伎術之士。唐玄宗給予某些優厚的待遇，隨時召用，使他們對唐代文化的發展起了一定的作用。其中，文學士「入居翰林供奉別旨」，撰擬詔制，較外廷官為便捷。簡單地將學士們斥之為御用文人，是很不妥當的。當時李白自己都感到榮寵，並不將「供奉翰林」視為賤職。

（三）高力士脫靴的傳說

從天寶元年秋至天寶三載夏秋間，李白在長安住了近兩年。在酒與詩的狂放生活中，留下了許多生動的故事。

唐朝李肇《唐國史補》裏有一條「李白脫靴事」，據說，「李白在翰林多沉飲。玄宗令撰樂辭，醉不可待，以水沃之，白稍能動，索筆一揮十數章，文不加點。後對御引足令高力士脫靴，……」。僅此一句，李白「令」脫，高力士是否替李白脫靴，沒有交代淸楚。《酉陽雜俎》裏記述具體了：「玄宗於便殿召見，（李白）神氣高朗，軒軒然若霞舉，上不覺亡萬乘之尊，因命納履。白遂展足與高力士，曰：『去靴。』力士失勢，遽為脫之。」可見，傳說總是越來越細微，似乎確有其事，以致後世史家也把「力士脫靴」寫進了舊、新《唐書‧李白傳》。

然而，傳說畢竟不是事實。首先，李白雖然傲岸淸高，但作為一個「供奉翰林」，在帝王面前，決不會將高力士卑視為奴僕。果有此事，李白的為人品性反而變成不可理解的了。杜甫詩讚李白云：「天子呼來不上船，自稱臣是酒中仙。」[26]倘若李白真的對唐玄宗如此傲慢，為何又高興地應召入宮呢？事實上，李白「常出入宮中，恩禮殊厚」[27]，對皇帝還是有討好的一面。其次，就高力士來說，決不會幹出為李白脫靴之類事。須知，高力士早於開元初就為右監門將軍，從三品；其後進為左監門將軍，正三品。高力士勢傾內外，門施棨戟，一般官吏奉之惟恐不及，怎麼可能被視為執奴僕之役的呢！總之，脫靴傳說是完全不可靠的[28]。唐代人傳播這類奇聞，無非是要拔高李白狂放的形象，反映了人們卑視權貴的心態。

（四）〈淸平調〉三首

如果說，「力士脫靴」故事是臆造，那麼，李白詩讚太真妃則是事實，至今存留的三首〈淸平調〉就是鐵一般的證據。

據唐朝韋睿《松窗錄》記述，有一次，正逢繁花盛開、牡丹吐艷，玄宗和太真妃到興慶宮龍池東沉香亭前賞花。著名歌手李龜年手捧檀板，押衆樂前，將欲歌之。玄宗說：「賞名花，對妃子，焉用舊樂詞為！」於是叫李龜年帶著「金花箋」到李白那裏，請塡新詞。李白「欣然承旨」，立刻援筆寫了〈淸平調〉詞三章。「龜年遽以辭進，上（玄宗）命梨園弟子約略調撫絲竹，遂促龜年以歌。」

關於〈淸平調〉創作背景，大概如此。《松窗錄》以及《楊太真外傳》說是「開元中」，當誤，那時李白尚未到長安。牡丹盛開於春三月，寫詩要麼在天寶二年春，要麼在天寶三載春。清朝王琦《李太白年譜》繫之「天寶二載」，較為確切。如果作天寶二年，似乎太早了。因為李白寫了〈清平調〉不久，即天寶三載（七四四）夏秋，就離開長安了。

看來，李白填寫〈清平調〉時，並沒有參加沉香亭前的賞花遊樂。他在長安的兩年裏，或許未曾跟楊太真會過面。所以，傳說李白令楊貴妃磨墨而「醉草嚇蠻書」，純屬好事者的虛構。儘管李白沒有看到過太真妃的風采，但他用筆描寫了太真妃的美貌。請讀一讀〈清平調〉：

雲想衣裳花想容，春風拂檻露華濃；
若非羣玉山頭見，會向瑤臺月下逢。

一枝紅艷露凝香，雲雨巫山枉斷腸；
借問漢宮誰得似？可憐飛燕倚新妝。

名花傾國兩相歡，長得君王帶笑看；
解釋春風無限恨，沉香亭北倚欄干。[29]

這三首像詩又像詞，李白恐怕是當作詩寫的[30]。詩人以比、興手法，以名花比喻「傾國」美人，熱情地讚頌了太真妃。所謂「羣玉山頭」與「瑤臺」寫的是道教的仙境，似為點出她女道士身分[31]。當時學道求仙成了朝野的共同風氣，當女道士是頗時髦的。李白與玉真公主就有直接往來，寫了〈玉真仙人詞〉、〈玉真公主別館苦雨贈衛尉張卿〉等詩篇。由此推知，李白頌揚太真妃不是偶然的。

第二首詩中借「漢」喻「唐」，以趙飛燕比楊太真，是否暗含譏刺的意義呢？絕對沒有。須知，從唐初至盛唐，「趙飛燕」是美人的代名詞，並不包含女人禍水的意思。據《漢書‧外戚傳下》載：「孝成趙皇后，……學歌舞，號曰飛燕。……上（西漢成帝）見飛燕而說之，召入宮，大幸。……貴傾後宮。」趙飛燕的經歷與愛好，實在跟楊玉環有些相似之處。李白詩云「飛燕倚新妝」，可謂維妙維肖，而且揭明了太真妃「貴傾後宮」的特殊地位。難怪唐玄宗接到〈清平調〉三章後，立刻令被之管弦，讓李龜年放聲歌唱。據說，玄宗親自調玉笛以倚曲，太真妃「笑領歌，意甚厚」[32]。

因此，歷來關於〈清平調〉的種種深文曲解，就不值得一駁了。例如，《松窗錄》記述：「會高力士終以脫靴為深恥，故意挑撥太真妃怨恨李白，說：『以飛燕指妃子，是賤之甚矣！』太真妃深以為然，於是阻止了給李白的官職任命，致使李白憤然離京。」這種編造顯然不符合史實，楊太真和高力士都不是撥弄是非的小人。至於後代注家以為「雲雨巫山」句有譏楊太真曾為壽王妃，「枉斷腸」者指壽王，那更是荒唐可笑。李白當時豈敢如此惡罵？唐玄宗與太真妃又怎麼會把惡罵當作頌歌呢？

李白離開長安的原因，並不是高力士的進讒，也不是太真妃的作祟，而是由於翰林院內部的傾軋。很可能是出於張垍的妒忌，張垍是開元文士領袖張說的兒子，又是唐玄宗的女婿，他主持翰林院，排擠了天才的詩人李白。此外，翰林學士起草詔制文書，務必遵守保密的規定。如果漏洩，就要貶官或者懲罰。像李白那樣豪放不羈的詩人，常常沉醉於酒肆，實在不適宜供職於翰林。

總之，李白在〈清平調〉三章中，以綺麗高華之筆，為名花、妃子傳神寫照。透過這幅畫面，可以看到李楊情愛的熱烈，看到楊太真的尊貴。作為一種社會輿論，說明正式冊妃的條件成熟了。

註釋

1《資治通鑑》卷二一五，天寶三載十二月。
2 參見《次柳氏舊聞》及《舊唐書・后妃傳下》。
3 舊、新《唐書・楊貴妃傳》。
4 參見陳寅恪《元白詩箋證稿》第二十頁。
5《廿二史劄記》卷十六，〈舊唐書前半全用實錄國史舊本〉。
6《舊唐書・楊貴妃傳》。
7 新近有的傳記也認為，楊玉環初次到溫泉宮被召幸時，是穿著道士服裝去的。
8《唐大詔令集》卷四〇及《全唐文》卷三五玄宗〈度壽王妃為女道士敕〉。
9《元白詩箋證稿》第二十頁。
10《資治通鑑》卷二一四，開元二十九年正月條。
11《資治通鑑》卷二一〇，景雲元年十二月條。
12《資治通鑑》卷二一一，開元四年六月條。
13《資治通鑑》卷二一五，天寶三載十二月條。
14《本草綱目・金石部一》引。
15《太平御覽》卷一四一，〈皇親部七・楊貴妃〉。
16《金明館叢稿初編》第二六三頁。
17《全唐文》卷三九，玄宗〈改元大赦文〉。
18《資治通鑑》卷二一五，天寶元年三月條。
19《資治通鑑》卷二一五，天寶三載十二月條。
20 以開元二十八年十月第一次驪山相會算起。
21《舊唐書・吳筠傳》。
22《新唐書・李白傳》。
23《全唐文》卷三九，玄宗〈改元大赦文〉。
24《舊唐書・吳筠傳》。
25《舊唐書・玄宗本紀下》。
26《杜工部集》卷一，〈飲中八仙歌〉。
27 孟棨《本事詩・高逸》。
28 參見南宮搏《楊貴妃》第一七七頁附記。
29《李太白全集》卷五，〈清平調〉三首。
30 參見俞平伯〈李白「清平調」三章的解釋〉，載於《光明日報》一九五七年二月二十四日。
31 參見南宮搏《楊貴妃》第一八三頁附按。
32《楊太真外傳》卷上。

第十四章　正式立為貴妃

天寶四載（七四五）八月初六，唐玄宗剛過了六十一歲的生日，就宣布將二十七歲的楊玉環立為貴妃。前面說過，楊太真早已脫掉了女道士的外衣，以「娘子」的身分生活於興慶宮，成為事實上的皇妃。然而，所謂「太真」妃畢竟是名不正、言不順。正式立為貴妃，這是李楊情愛發展的必然結果。

事前的安排

立楊貴妃之前十天，唐玄宗給壽王李瑁另選了一位王妃。兩件喜事，一先一後，是經過精心安排的。冊壽王妃，是立楊貴妃的必要準備。

（一）以韋氏為壽王妃

另冊韋妃的日期，《資治通鑑》作天寶四載七月壬午，「壬午」即十六日，恐誤。據冊文，當為「壬辰」即二十六日，茲抄錄如下：

「維天寶四載歲次乙酉，七月丁卯朔，二十六日壬辰，皇帝若曰：於戲！古之建封，式崇垣翰，永言配德，必擇幽閒。咨爾左衛勛二府右郎將韋昭訓第三女，育慶高門，稟柔中闈，……爰資輔佐之德，以成樂善之美。是用命爾為壽王妃。今遣使光祿大夫行左相兼兵部尚書、宏文館學士李適之，副使金紫光祿大夫行門下侍郎、集賢院學士兼崇文館大學士陳希烈，持節禮冊。爾其欽承寵數，率由令則，敬恭婦道，可不慎歟！」[1]

回顧十年前，唐玄宗在東都頒布過〈冊壽王楊妃文〉，內容類似。可是，楊妃後來不屬於壽王的了。如今，壽王年已二十七歲，玄宗再次給他選了韋妃。這樣兩次冊妃，是罕見的。更為稀奇的是，大臣陳希烈擔任了兩次冊妃的副使。他對楊玉環的來龍去脈，可說是瞭如指掌；而且清楚地意識到，另冊韋妃是為楊貴妃的登臺作輿論上的準備。陳希烈性格柔佞易制，唯唯諾諾，辦事小心，關於楊妃的事自然不會聲張出去，所以頗得唐玄宗的喜愛。天寶五載（七四六）四月，他竟當上了宰相。

以韋氏為壽王妃，也是講究門第的。冊文說她「育慶高門」，確是事實。據《新唐書・宰相世系表四上》載，韋昭訓源於韋氏郿公房，其父韋湜官為齊州刺史，祖父韋爽曾任太僕少卿，從祖父韋巨源歷任武則天、唐中宗時的宰相。神龍初，韋巨源遷侍中、中書令，進封舒國公，「附入韋后三等親，敍為兄弟，編在屬籍。」[2]可見，當時韋氏家族是頗顯赫的。後來，李隆基發動「六月政變」，誅滅韋后，韋巨源也為亂兵所殺。及至唐玄宗時期，除了李、武之間與李、楊之間通婚外，李、韋兩大家族之間也往往締結良緣。如薛王業（玄宗之弟）以韋氏為妃，鄂王瑤妃家韋氏，皇太子李亨妃家韋氏，棣王琰妃家韋氏，等等。唐玄宗選擇左衛郎將韋昭訓之女，為壽王妃，也可算是門戶相當。這在時人婚姻崇尚門第的情況下，不至被人作為口實。

（二）壽王悲哀的消失

另冊韋妃之後，壽王一顆懸著的心才放了下來。

原先楊妃的離去，給他留下了感情上的悲哀，也造成了潛在的危險。與同齡的美貌的楊妃生活了近五年，沒有繼眷是不合情理的。深懷著己妃被皇帝又兼生父所奪的委屈，真是有苦說不出。好在壽王生性謹慎，不敢發洩不滿，又沒有楊妃為他生兒育女的拖累，才免遭不測之禍。相反的例子不是沒有，他的異母兄太子瑛、鄂王瑤、光王琚，均因怨言引起誣陷而被賜死。面對既是皇帝、又是生父的權威，無論從君臣、父子關係來說，唐玄宗都是尊者，如有怨言沖尊，或死或廢，易如反掌。壽王身處於某種潛在的危險之中，他自己一清二楚。所以，自楊妃當了女道士以後，整整四年半裏，壽王過著沒有王妃陪伴的孤寂生活。開元二十九年（七四一）十一月，寧王李憲逝世，乃謚曰「讓皇帝」。壽王「瑁請制服，以報乳養之恩，玄宗從之」[3]。那副孝順恭敬的態度，足以使玄宗放心。因此，玄宗又為壽王另選了一位妃子。對於壽王來說，楊妃一去不返了，但他畢竟又有了新的韋妃，他的生命不會有危險了，他的悲哀也就消失了[4]。在這個問題的處理方法上，唐玄宗總算沒有把事情做絕。

冊壽王韋妃，不早不遲，選在立楊貴妃之前十天，還有另一番用意。隨著十年時光的流逝，東都冊壽王楊妃的事，人們或許淡忘了。〈冊壽王韋妃文〉中絕對不會涉及往事，似乎壽王至此時才娶了一位王妃。這樣，楊貴妃原是壽王妃的一段歷史被掩蓋了。即使局外人知道壽王過去娶過一位楊妃，但那位「楊妃」是否就是楊貴妃，也未必一清二楚。皇宮裏雙喜臨門，父皇立妃，皇子娶妻，在熱鬧聲中割斷了某種瓜葛。因此，冊壽王韋妃，是唐玄宗為自己立楊貴妃創造必要的前提條件。

賜以「貴妃」

八月壬寅（初六）[5]，千秋節剛過，唐玄宗正式宣布「太真」妃號曰「貴妃」。從此以後，楊貴妃以嶄新的姿態活躍於歷史舞臺，直到馬嵬坡死時為止。

（一）納妃與立妃的禮儀差異

從陳鴻《長恨歌傳》到白居易〈胡旋女〉，從《舊唐書》到《楊太真外傳》與《資治通鑑》，都說是「冊」為貴妃。這裏，所謂「冊」並不是指納妃禮儀，而是賜號「貴妃」的意思。

按照開元禮的規定，皇帝納后有一套繁雜而隆重的禮儀（跟皇太子納妃、親王納妃有所不同），如「臨軒命使」、「納采」、「問名」、「納吉」、「納徵」、「告期」、「冊后」、「命使奉迎」、「同牢」、「皇后表謝」、「朝皇太后」、「皇后受羣臣賀」等等。其中，「冊后」禮儀是在后氏宅第裏舉行的，要由太尉為正使、司徒為副使，授以冊寶。以上說的是納皇后禮儀，納皇妃也大致如此。

至於楊玉環被立為貴妃，她不是以父家閨女受冊的，因此納后妃那一整套的禮儀均無奉行的必要。如果真的遵照納妃禮儀辦，反而弄巧成拙，徒然暴露了楊玉環入主後宮的非正常過程。唐玄宗豈敢循禮而行呢？事實上，楊玉環內以「娘子」之稱，外以「太真」之號，在興慶宮裏生活了三年半多，早已是皇妃了。所謂「賞名花，對妃子」，不是清楚地說明這一點嗎？問題在於「太真」妃是沒有名目的非正式的稱號，要正名，就必須賜號「貴妃」。正如當年武惠妃一樣，年幼「隨例入宮」，開元初「漸承恩寵」。「及王庶人（皇后）廢后，特賜號為惠妃，宮中禮秩，一同皇后。」[6]可見，賜號「惠妃」、「貴妃」之類事，跟納后妃是不可同日而語的，禮儀上的差異也顯明地存在著。

那麼，賜號「貴妃」時有沒有隆重的典禮呢？從賜號「惠妃」時情況來看，似乎沒有，至多是舉行一次內宮的歡慶宴樂。陳鴻只說「冊為貴妃，半后服用」[7]，而不提及慶典。白居易〈胡旋女〉詩云：「梨花園中冊作妃。」[8]認為唐玄宗是在梨花園即梨園中立楊太真為貴妃。這是詩人虛構的文學手筆，不足憑信，但是透露了一點信息：立楊貴妃時舉行了一場歌舞歡宴活動。當然，地址絕對不會在梨園弟子排演場。

宋代樂史說：「天寶四載七月，冊左衛中郎將（應為左衛郎將）韋昭訓女配壽邸。是月（應為八月），於鳳凰園冊太真宮女道士楊氏為貴妃，半后服用。進見之日，奏《霓裳羽衣曲》，……是夕，授金釵鈿合。」[9]這裏採擷唐人雜著，顛三倒四。所謂定情之夕，《長恨歌傳》明明說是驪山初次相會，怎麼可以繫於天寶四載呢？樂史說冊妃儀式是在鳳凰園舉行的，也不可信。鳳凰園或許就是丹鳳園。原來，大明宮南牆有五個大門，中門叫丹鳳門，內有園叫丹鳳園。大明宮始建於唐太宗時，命名永安宮。唐高宗加以擴建，改稱大明宮，移政議事於此。唐玄宗開元初修建興慶宮，至開元十六年（七二八）春正月，「始聽政於興慶宮」[10]。爾後，大明宮遂為閒置宮殿，只在重大節日才啓用，如每年元旦，玄宗接受百官朝賀，就在大明宮的正殿含元殿舉行。丹鳳門乃含元殿之正門，屆時丹鳳門開，文武百官魚貫而入含元殿，呼萬歲，奏昇平。可見，重大的慶典舉行於大明宮，也是在含元殿，決不可能在丹鳳園。樂史寫的是《外傳》，可以想像「於鳳凰園」冊為貴妃，但與史實並不符合。大明宮即「東內」，不是立后妃之地。

據《開元禮纂類》載，臨軒冊命皇后，規定在太極殿（西內）裏舉行[11]。早在先天元年（七一二）

八月，唐玄宗即位後第七天，冊立妃王氏為皇后，禮儀就是在太極殿裏舉行的。王皇后被廢而死，唐玄宗再也沒有立新皇后了。賜號「惠妃」的慶典在何處，不得而知。至於立楊貴妃，無疑是在興慶宮（南內）。因為天寶年間重大的節日慶典也改在興慶宮了。如天寶元年（七四二）元旦，玄宗御興慶宮勤政樓，受百官朝賀，改元「天寶」，大赦天下。興慶宮不僅是議政的中心，而且是宴樂的中心。再者，「太真」妃的身分是女道士，過分莊嚴的典禮反而惹人矚目，招來不必要的麻煩。

（二）「貴妃」的由來

自天寶四載八月起，「楊貴妃」的稱號逐漸地為朝野所熟悉，至今歷一千數百年之久，還是家喻戶曉。那麼，「貴妃」稱號的由來如何？

「貴妃」作為皇帝妃嬪之一，始置於南朝宋武帝。孝建三年（四五六），「置貴妃，位比相國；進貴嬪，位比丞相；貴人位比三司；以為三夫人。」[12]貴妃的地位，僅次於皇后。南朝四代，互相沿襲，無大異同。至隋煬帝時，參詳典故，自制嘉名，著之於令：以貴妃、淑妃、德妃為三夫人，正一品；順儀、順容、順華、修儀、修容、修華、充儀、充容、充華為九嬪，正二品；婕妤十二員，正三品；美人、才人十五員，正四品，是為世婦。如此等等，不一而足。唐初因隋制，皇后之下，有貴妃、淑妃、德妃、賢妃為四夫人，正一品。其他各號及人數，與隋制稍有差異。如唐高祖時，有位萬貴妃。貴妃的地位，也是僅次於皇后。但是，從唐太宗經高宗、中宗、睿宗，直到玄宗前期，貴妃的設置並不固定。史稱：「開元中，玄宗以皇后之下立四妃，……非典法也。乃於皇后之下立惠妃、麗妃、華妃等三位，以代三夫人，為正一品。」[13]也就是說，取消了「貴妃」稱號，以惠妃僅次於皇后。開元時期，武惠妃得寵就是例證。及至天寶四載（七四五），武惠妃亡故已七年多，楊玉環得寵也有四年多，如果依舊俗稱「娘子」或者「太真」妃，實在是不符合「典法」的。再賜以「惠妃」，也不甚妥善。於是，唐玄宗恢復了「貴妃」的稱號，立楊太真為貴妃。從制度上說，貴妃僅次於皇后，但當時沒有皇后，所以，楊貴妃處於事實上皇后的地位，即六宮之主。

為什麼不直接立為皇后呢？恐怕是由於歷史傳統的影響。衆所周知，唐高祖李淵正妻竇氏早於隋末逝世，唐王朝創建後就沒有另立皇后。唐太宗即位，以長孫氏為皇后。貞觀十年（六三六），長孫皇后病亡，太宗也不再立新的皇后。唐高宗時期，先有王皇后，後有武皇后（則天），結果導致了唐王朝中斷的局面。唐中宗時只有韋后。唐睿宗重新即位，因劉氏與竇氏早已被殺，也沒有皇后。玄宗即位初，以王氏為皇后。王皇后死後，「上（玄宗）欲以武惠妃為皇后」[14]，但遭到朝臣反對，只好作罷。反對的理由主要是：如以武氏為「國母」，將會取笑於天下；而且，太子非惠妃所生，容易引起宮廷內爭。由上可見，擁立「國母」是極其愼重的事，一般不宜更立新的皇后。正因為如此，儘管唐玄宗寵愛楊貴妃甚於惠妃，但還是不可立為皇后的。像楊太真女道士的身分，當了「國母」，不亦取笑於天下！而且太子李亨年長於楊玉環，玉環為皇后，又成何體統呢？

（三）父奪子媳與倫理觀念

如果楊貴妃原先不曾是壽王妃，唐玄宗納她為己妃，是絕對不必考慮輿論與影響的，也不必等待了四年多的時光。問題恰恰在於看中了壽王妃楊氏，即使在婚姻關係較自由放任的盛唐，父奪子媳也是非正常的事。皇權賦予唐玄宗以無限的權力，但要公然地立子媳為皇妃，還是不能立即做到的。正因為這種緣由，唐玄宗採取了度壽王妃為女道士的過渡辦法，足足拖了四年多，而且正式立貴妃之前，又為壽王另冊韋妃。經過充分的準備與多方的掩飾，才宣布了楊貴妃的冊命。

當時，局外人對唐玄宗父子與楊貴妃的微妙關係是不大知情的。知情者或者懾於皇權威嚴，或者有意為尊者諱，決不會評議父奪子媳在倫理觀念上的是與非。

歷史記載隨著時間的推移有個由隱到顯的過程。事隔半個世紀，陳鴻在《長恨歌傳》中提及楊玉環是選自「壽邸」，可見民間已廣泛知道楊貴妃本來是壽王妃。詩人白居易卻偏偏說：「楊家有女初長成，養在深閨人未識。」白與陳一起在樓觀山飲酒作詩，當然知道楊貴妃入宮前不是閨女。陳鴻既已揭示了事實，白居易也沒有必要為尊者隱諱了。《長恨歌》裏不提壽王妃，那決不是為國諱，而是要歌頌愛情的真誠與純潔。換句話說，出於文學上塑造典型人物的需要。

後來，詩人李商隱竟為壽王鳴不平了：「夜半宴歸宮漏永，薛王沉醉壽王醒。」[15]將壽王當年想發洩而強行壓抑的憤慨心情委婉地點出來了。詩筆追求的是藝術的真實，而不是複寫歷史的實錄。須知，薛王死於開元二十二年（七三四），怎能和離去了楊妃的壽王共赴宮宴呢？不過，薛王是盡人皆知的酒色之徒，拉他出場作為陪襯，詩人別有意在。薛王沒有愛妃被占的委屈，心無牽掛，一味暢飲至「醉」；而壽王心存離愁，無意沾唇，所以仍「醒」。這一「醉」一「醒」，反映了兩人截然不同的遭遇與心態。詩篇曲折含蓄地將唐玄宗奪子之婦作了隱晦的諷刺，又賦予了壽王失愛以深切的同情，應該視為一首有分量的宮闈史詩。

推恩楊門

一人得寵，合家升遷，這是封建宗法制度在家族推恩方面的反映。楊玉環一旦晉為貴妃，楊氏家族就以外戚的地位，享有皇權賦予的種種特權。楊家上自長輩，下至同輩，幾乎都得到了皇恩浩蕩、惠澤周流的好處。當時普遍流傳的民謠說：「生女勿悲酸，生男勿喜歡」，「男不封侯女作妃，看女卻為門上楣。」[16]道出了封建宗法制下血緣政治形成的心態，牽動了當時羨慕的人心，連重男輕女的封建信條也發生了價值觀念的轉變。可見，「恩寵聲焰震天下」的誘惑力量是何等的巨大！

（一）養父的隱沒

然而，出現了十分奇怪的現象：在一片推恩與承恩聲中，養父楊玄璬似乎被隱沒了，毫無聲息。即使亡故，也該追贈官爵啊！唐玄宗與楊貴妃遺忘了這位「養父」嗎？當然不會。相反，記得太清楚了，以致不得不將他隱去。這裏包藏著難言的苦衷。

十年前，唐玄宗在東都為兒子壽王冊妃，詔令上明白地寫著：「爾河南府士曹參軍楊玄璬長女，……為壽王妃。」當時楊玉環是以「楊玄璬長女」嫁給壽王的，早已亡故於四川的生父楊玄琰卻並不引人注意。換句話說，玄宗只知道玉環是楊玄璬的女兒，而不了解她的親生父親楊玄琰。新近有的歷史傳記認為，開元二十三年（七三五）十二月，楊玉環被納為壽王的妃子時，養父楊玄璬則已亡故。這是毫無根據的。讀一讀冊文，就會知道楊玄璬健在的，而且冊妃儀式是在他家裏舉行的。因為「長女」當了壽王妃，不久又遷居長安，所以楊玄璬也從東都到了西京，任職為國子司業[17]。唐朝國子監設祭酒一員，從三品；司業二員，從四品下。祭酒、司業之職，掌邦國儒學訓導之政令。楊玄璬原為河南府士曹參軍，從七品下，現任國子司業，算是大大地升遷了。

後來，楊玉環度為女道士，楊玄璬對此是贊同還是反對呢？作為「養父」，自然深知「度道」

不過是幌子而已，無非是唐玄宗奪子媳的過渡辦法。作為掌職儒學訓導的國子司業，無論是對度為道士，還是對父奪子媳，總是不那麼讚揚的吧！雖然不贊同，但也不敢反對，因為事情出於皇帝的意願，況且楊玉環本人後來也樂意的。大概是在憂鬱之中，楊玄璬離開了人間。這些，雖然沒有史料證實，但完全是合乎情理的推測。

唐玄宗正式立楊貴妃時，楊玄璬確實已經亡故了。在推恩楊門的名單中，這位「養父」名字被埋沒了。原因很簡單，如果有了「楊玄璬」，豈不叫世人聯想到楊貴妃即其「長女」嗎？如果真的想起了十年前〈冊壽王楊妃文〉，總有點不愉快吧！而隱掉了「楊玄璬」，也就多少掩蓋了楊貴妃即壽王妃的一段歷史。特別是對不了解內情的世人來說，這樣做更有必要。井上靖先生分析得好：「因為考慮到還是從正式文獻上抹掉更為平安無事的吧，這個人物再也沒有在歷史上露名。」[18]連死後追贈官爵也沒有份，不勝悲寂！

（二）追贈親生父母

封建時代推恩是按等親進行的，首先要恩及父母。楊貴妃十年前是認楊玄璬為父親的，現在卻認定了生父楊玄琰。這是皇帝推恩之大勢所趨，未必出於楊貴妃本人的主意。唯有如此，世人就會相信楊貴妃是楊玄琰之女，跟那個「楊玄璬長女」迥然有別。楊貴妃與壽王妃之間的某種聯繫被拆掉了，真不愧是虛僞的妙計。

楊玄琰早已亡故，必須追贈官爵。《資治通鑑》卷二一五云：「贈其父玄琰兵部尚書。」這是天寶四載（七四五）八月初次贈官[19]。《舊唐書・楊貴妃傳》又載：「妃父玄琰，累贈太尉、齊國公。」注意！所謂「累贈」，就是再次追贈的意思。兵部尚書，正三品；太尉係三公，正一品。

可見，官爵越贈越高，也反映了唐玄宗對楊貴妃的專寵程度。順便一提，如果認為太尉齊國公是追贈給楊玄璬的，恐怕不是事實。

前面說過，楊玉環幼年時代，父母雙亡，推恩也不忘已故的生母。《舊唐書》云：「母封涼國夫人。」似乎這位夫人仍健在。有些歷史傳記竟認為，楊貴妃在四川的生母，被迎至京師長安居住。其實，《舊唐書》行文是緊接「累贈」妃父之後，所謂「封」也是追贈的意思。樂史編寫《楊太真外傳》時，倒理解得正確：「又贈玄琰兵部尚書，李氏（生母）涼國夫人。」透露了追贈的跡象，換言之，李氏早已亡故。《長恨歌傳》僅僅說：「叔父昆弟皆列位清貴，……姊妹封國夫人，……」可見，唐人陳鴻也不認為生母的健在，哪裏有什麼迎至京師居住的事實呢？貴妃長輩中健在的，只有叔父楊玄珪。唐玄宗封他為光祿卿，從三品，還算是得體的。後來，叔父楊玄珪累遷至工部尚書，正三品；於是，生父楊玄琰追贈的官爵相應提高，從兵部尚書加至太尉、齊國公。

此外，隨著楊貴妃的日益得寵，特地為「貴妃父祖立私廟，玄宗御制家廟碑文並書」[20]。這對於楊氏家族無疑是莫大的榮耀。

（三）兄弟們的升遷

楊貴妃的兄弟們也因她的關係而紛紛獲得官位。

親兄楊銛，即楊玄琰之子，初任為殿中少監，從四品上，協助掌管天子服飾、總領尚食等六局之官屬。後遷鴻臚卿，從三品；再授三品、上柱國，享有「私第立戟」的榮寵。唐制官階勛三品以上，私宅家門施棨戟。項安世《家說》曰：「棨戟，殳也，以赤油韜之，亦曰油戟。」[21]這油漆的木戟，原是漢代官吏出行時作前導的儀仗。唐代門施棨戟，表示主人地位的高貴。

從兄楊錡，即楊玄珪之子，初任侍御史，從六品下。八月癸卯（初七），即正式立貴妃之次日，玄宗冊武惠妃的幼女為「太華公主」，命楊錡尙之。楊錡娶了公主，循例晉為駙馬都尉，從五品下。但是，駙馬都尉是武散官，凡尙公主者皆授之；而侍御史則是有職有權的流官。看來，楊錡尙太華公主時是以侍御史兼領駙馬都尉的。太華公主曾以母寵，備受鍾愛，禮遇過於諸公主，下嫁以後，玄宗特賜近宮的甲第，號稱「太華宅」，與宮禁相連。這就使楊錡頓時光耀門庭。

値得注意的是，楊玉環為壽王妃時，太華公主（壽王親小妹）叫她嫂嫂，關係似親熱，從輩分上說是同輩。當了楊貴妃，太華公主乃至壽王，則屬於晚輩了。可是，楊貴妃的從兄又偏偏娶了太華公主，從中牽線者也許是楊貴妃。如此輩分上混亂、顚倒，反映了當時封建倫理觀念還不是十分嚴峻化。正是在這種情況下，出現了婚姻關係上的自由與放任，對於父奪子媳之類現象未必加以憤怒的譴責。

從祖兄楊釗，即後來的楊國忠，因為他是貴妃三代直系之外親屬，初次推恩時也就輪不到他。楊釗在仕途上另闢蹊徑，走著一條與楊氏其他兄弟不同的道路。

還有一個堂弟，名叫楊鑒，為什麼立貴妃時未及推恩，恐與他年幼有關。大約開元二十三年（七三五）冊壽王妃時，楊鑒始生不久。天寶四載（七四五），他的年齡當稍大於十歲，必小於十五歲（男子行冠禮年）。天寶九載（七五〇）以後，史載：「妃弟鑒皆尙公主。」[22]楊貴妃前係「楊玄璬長女」，故視楊鑒為「弟」，實際上是堂弟。至此，楊鑒約十六、七歲，始尙公主，推恩授職為「湖州刺史」[23]。

（四）諸姊姊的承恩

楊貴妃的三個姊姊，不僅美貌，而且各有性格特點。他們早就分別嫁給崔家、裴家、柳家，依夫姓氏，也可稱崔氏、裴氏、柳氏。天寶初期，楊玉環為「太真」妃時，他們就來到長安了，因妹妹的寵幸，也可以出入內宮。

初立貴妃推恩時，「貴妃三姊，皆賜第京師，寵貴赫然」[24]。天寶七載（七四八）冬十一月，唐玄宗正在華清宮避寒，宣布以崔氏為韓國夫人、裴氏為虢國夫人、柳氏為秦國夫人。這三夫人皆有才色，唐玄宗竟呼之為「姨」；她們出入宮掖，並承恩澤，勢傾天下。連玄宗的妹妹玉真公主等，對她們也是謙讓三分，起立相迎，不敢就座。其中，尤以虢國夫人寵遇最深，權勢最大，行賄請託，嬉遊無度，正如元稹詩云：「虢國門前鬧如市」，「楊氏諸姨車鬥風」[25]。

虢國夫人還是能說會道的皇室媒人，凡「十王宅」、「百孫院」裏的婚嫁，少不了這個穿針引線的大唐姨娘。當然說媒是百說百成的，即使不盡如人意，也不看僧面看佛面。只是有一條，先要納錢千緡，事包成功。

虢國夫人財源最盛，也最仗勢欺人。有一次，她看中已故大官僚韋嗣立的私宅，妒嫉它的豪華，竟想占為己有。她帶領侍從婢數十人來到韋宅門前，談笑自若，對韋氏諸子曰：「聞此宅欲賣，其價幾何？」諸韋答以根本沒有這回事。緊接著，數百工徒在她授意下，立時拆遷，補償韋宅的僅十畝多空地[26]。然後大興土木，酷役工匠，不分晝夜，限期竣工。中堂既成，又想剋扣賞錢，當場將螻蟻、蜥蜴放置堂中，若堂有微隙，走失一隻，就不給賞錢。可見，豪奢的虢國夫人又是如此刻薄，吝於付錢。

（五）「恩寵聲焰震天下」

綜上所述，楊家憑藉貴妃之寵，而成為政治上經濟上的暴發戶。權勢顯赫，大有「恩寵聲焰震天下」的威力[27]。

由於玄宗與貴妃結為伉儷，李楊互結姻親，層出不窮。除楊錡、楊鑒尚公主、郡主外，楊國忠的兒子楊昢尚萬春公主，楊暄尚延和郡主。韓國夫人的外孫女嫁與玄宗孫為妃，虢國夫人的女兒嫁與寧王子為妃，秦國夫人女婿之弟柳潭尚太子李亨女為妻。這樣，楊門尚二公主、二郡主，加上三夫人的親屬與皇家通婚，就顯得更威風了。

為了炫耀自己的權勢，每逢朝會，楊氏五家爭先奪路，前呼後擁，好不威風。每年冬玄宗與貴妃行幸華清宮，楊氏五宅排場之盛，裝飾之侈，令人咋舌。楊國忠以劍南節度使開纛，五宅魚貫而行，每家一隊，每隊著一色衣，照映如百花之煥發。諸楊競為車服，一車之費，動輒數十萬貫，牛不堪重負牽引，奉旨乘馬，又爭購名馬，窮飾馬匹。貴妃諸姊盛飾珠翠、鈿簪，搖落於途，俯拾皆是。

權勢助長了橫暴，以致發展到家奴竟敢欺侮皇親的地步。如天寶十載（七五一）正月望夜元宵燈節，楊氏五宅在家奴簇擁下夜遊燈市，恰逢廣平公主偕同駙馬程昌裔觀燈，雙方爭過西市門，互不相讓。楊氏家奴揮鞭抽及公主，公主受驚落馬，駙馬程昌裔下扶之，亦被數鞭。公主哭訴於玄宗，玄宗依律令杖殺楊氏奴。但是，次日又免程昌裔的官職，不令朝謁，以安慰楊氏五宅。可見，楊門氣焰是何等的囂張！

史稱：「開元已來，豪貴雄盛，無如楊氏之比也。」[28]楊氏外戚勢力的興盛，是跟皇權的腐敗密切相關的，也反映了唐玄宗由明而昏的變化。

（一）外戚貴盛與開天治亂

外戚勢力是伴隨封建皇權而必然產生的。《舊唐書‧外戚傳》序總結了這樣的歷史教訓：「自古后族，能以德禮進退，全宗保名者，鮮矣。」因為外戚往往恃宮掖之寵，驕侈淫逸，作惡多端，最終幾乎沒有不身敗名裂的。因此，明哲之君總要慎重地對待外戚問題。唐太宗時，長孫皇后告誡說：「漢之呂、霍，可為切骨之戒，特願聖朝勿以妾兄為宰執。」[29]不甚重用外戚，任以勛賢，這是「貞觀之治」政治上清明的重要因素之一。可是，自唐高宗以後，武后、韋后相繼干政，造成了禍亂不已的局面。

唐玄宗即位初，傑出的政治家姚崇在「十事要說」中尖銳地提出：「呂氏產、祿，幾危西京，馬、竇、閻、梁，亦亂東漢，萬古寒心，國朝為甚，臣請陛下書之史冊，永為殷鑒，作萬代法，可乎？」玄宗潸然良久，說：「此事真可為刻肌刻骨者也。」[30]開元時期，唐玄宗基本上牢記深刻的教訓，防止外戚勢力的惡性膨脹，保障了「開元之治」的安定局面。

例如，以王氏為皇后，其父王仁皎任官太僕卿，累加開府儀同三司、邠國公。后兄王守一也封官進爵。但是，王氏后族沒有干預朝政。後來，搞「符厭之事」，聲稱「當與則天皇后為比」。事發，玄宗親究之，皆驗。王皇后被廢而卒，王守一賜死。對於這一事件，唐玄宗過於嚴酷了，但也可以看到他防範后族亂政的苦衷。

又如，玄宗寵愛趙麗妃，其父趙元禮、兄趙常奴擢為大官。趙氏父子沒有也不可能干預朝政。開元後期，由於太子瑛事件的牽連，舅家趙氏也遭到流貶。

再如，玄宗寵愛武惠妃長達二十餘年，而當大臣提出「武氏乃不戴天之讎」的告誡時，玄宗還是接受了，始終沒有立武惠妃為皇后。惠妃死後，玄宗下制讚揚她「貴而不恃，謙而益光」[31]，道出了外戚勢力沒有得到發展的事實。

宋代史家指出：「玄宗即位，大加懲革，內外有別，家道正矣。」[32]這話雖有溢美之處，但在一定程度上說明唐玄宗改革后族亂政的弊病，「法行近親，裏表修敕」，取得了「開元之治」的成就。

然而，「天寶奪明，政委妃宗」[33]，唐玄宗已經忘記了從前「刻肌刻骨」的「殷鑒」，為了寵愛楊貴妃，竟不惜扶植楊門外戚勢力。政治上推恩，給予各種官爵與特權；經濟上賞賜，唯恐供應不周。凡有頒賜四方進奉，每家一份，五家如一，中使傳送，往來不絕。楊氏五宅的權勢顯赫，歸根到柢，是唐玄宗一手縱容造成的。

楊氏外戚是封建家族臍帶關係衍化出來的一股腐朽勢力，成為天寶時期政治日趨腐敗的晴雨表。

（二）楊門外戚勢力的特點

首先，楊門的飛黃騰達，是由於楊貴妃的關係。民謠說：「君今看女作門楣。」什麼叫「門楣」？胡三省注云：「凡人作室，自外至者，見其門楣宏敞，則為壯麗。言楊家因生女而宗門崇顯也。或曰：門以楣而撐拄，言生女能撐拄門戶也。」[34]白居易的〈長恨歌〉也有類似詠嘆：「姊妹弟兄皆列土，可憐光彩生門戶。」所謂「門楣」、「門戶」之說，都矚目於楊貴妃光耀門庭的推恩效用，這主要是由唐玄宗荒怠政事、貪戀女色的結果。

其次，楊氏五宅即楊銛、楊錡、韓國、虢國、秦國三夫人，他們和楊貴妃一樣，在政治上起不了決策作用。楊貴妃並不是權勢欲強烈的女人，同樣，楊氏五宅也沒有多少參政本領。楊氏外戚的這個特點，跟歷史上干政的外戚集團是不同的。以往，外戚貴盛，常常威脅或者危害著皇權；外戚愈強，皇權愈衰，甚至出現女主臨朝的局面。天寶時期，楊氏外戚始終依附於皇權，沒有形成獨立的政治羣體，沒有發展到危及皇權的地步。所以，唐玄宗對他們是放心的。每當宮宴，諸楊奉旨給以伴食，酒興之餘，得以賜賞，教坊奏樂，觀賞歌舞，都盡歡而散。

誠然，「委政妃宗」也是事實。所謂「妃宗」，指的是楊國忠。楊國忠的發跡，是靠了楊貴妃的宗族親屬關係。但是，唐玄宗所以重用他，不僅僅是因為外戚的關係，主要是楊國忠聚斂的才能。關於這一點，本書第十九章將會作詳細的論述。

註釋

1 《全唐文》卷三八，玄宗〈冊壽王韋妃文〉。

2 《舊唐書・韋巨源傳》。

3 《舊唐書・玄宗諸子傳》。

4 壽王李瑁卒於唐代宗大曆十年正月壬寅，終年五十七歲。參見《資治通鑑》卷二一五。

5 今據《新唐書・玄宗本紀》及《資治通鑑》卷二一五。《舊唐書・玄宗本紀下》作「八月甲辰」，《唐曆》作「甲寅」。

6《舊唐書・后妃傳上》。

7《長恨歌傳》。

8《白居易集》卷三。

9《楊太真外傳》卷上。

10《舊唐書・玄宗本紀上》。

11 參見《通典》卷一二五，〈臨軒冊命皇后〉。

12《宋書・后妃傳》。

13《舊唐書・后妃傳上》。

14《資治通鑑》卷二一三，開元十四年四月條。

15《全唐詩》卷五四〇，李商隱〈龍池〉。

16《長恨歌傳》。

17《新唐書・宰相世系表一下》。

18 井上靖《楊貴妃傳》，第八十九頁。

19《楊太真外傳》云：「冊妃日贈其父玄琰濟陰太守，母李氏隴西郡夫人。」未必可靠，追贈「太守」，嫌小。然而，父母並「贈」，可見母李氏亦已逝世。

20《舊唐書・楊貴妃傳》。

21《資治通鑑》卷二一三，開元十八年末胡三省注引。

22《舊唐書・楊貴妃傳》。《新唐書》本傳作「弟（楊）鑒尚承榮郡主」。

23《新唐書・宰相世系表一下》。

24《資治通鑑》卷二一五，天寶四載八月條。

25《全唐詩》卷四一九，元稹〈連昌宮詞〉。

26《明皇雜錄》卷下。

27《新唐書・楊貴妃傳》。

28《舊唐書・楊貴妃傳》。

29《舊唐書・長孫皇后傳》。

30《開元升平源》。

31《舊唐書・后妃傳上》。

32《唐會要》卷三，〈內職〉。

33《新唐書・外戚傳》序。

34《資治通鑑》卷二一五，天寶五載七月條胡三省注。

第十五章　兩次「出宮」風波

楊玉環被選入宮，冊為貴妃，使唐玄宗的感情得到了充實。然而，其間也有過感情的跌宕起伏。玉容妒悍和龍顏不悅的衝突，曾導致兩次被譴「出宮」，旋又兩次入宮，而且獲得唐玄宗「恩遇愈隆」、「寵待益深」的眷戀。

在宮闈秘史中，嬪妃被譴出宮的事很多，或者廢為庶人，或者打入冷宮，或者賜死自裁。但是，譴而復入者卻是鮮有其事。這兩件事發生在楊貴妃一人身上，是夠奇特的，而且結局良好，更是出人意外。於是乎歷代的文人騷客不由遐想聯翩，煞有介事，推出真名實姓的設想，企圖顯露這椿鮮為人知的宮闈公案。

天寶五載的風波

唐玄宗對楊貴妃的百依百順，養成了楊貴妃的恃寵任性，嬌氣十足，使她情不自禁地妒火中燒，發洩不滿。結果，弄得唐玄宗尷尬不已，禁不住發起脾氣來。天寶五載（七四六）七月，即冊為貴妃不到一年，就發生了一場由楊貴妃「妒悍」引起的「出宮」鬧劇。事情的經過究竟是怎樣的呢？

（一）貴妃「妒悍」，譴還楊宅

翻閱唐朝人的記載，這次「出宮」風波，在白居易的〈長恨歌〉中不見詠嘆，在陳鴻的《長恨歌傳》中隻字未提。兩人究竟是不知底細還是有意廻避情節呢？看來，後者的可能性較大。為了突出李楊愛情的主題思想，割掉旁枝蔓節，這大概是白、陳兩人不抒寫「出宮」情節的原因。

晚唐的鄭綮在《開天傳信記》裏披露了有關的史實：「太真妃常因妒媚，有語侵上（玄宗），上怒甚，召高力士以輜軿送還其家。妃悔恨號泣，抽刀剪髮……，上得髮，揮涕憫然，遽命力士召歸。」

鄭綮沒有寫明年月，從貴妃剪髮、玄宗命高力士召還來看，似指第二次風波。但是，文內「常因妒媚」的「常」字應值得注意。它表明「妒媚」不止一次，引起風波的原因大體一樣。

第一次風波最早見於正史的當推《舊唐書・楊貴妃傳》，玆引錄如下：「（天寶）五載七月，貴妃以微譴送歸。」這裏，寫了具體年月。但是，《新唐書・楊貴妃傳》作「它日，妃以譴還」。所謂「它日」，又顯得模糊不淸。《資治通鑑》據《舊唐書》作七月「妃以妒悍不遜，上怒，命送歸」，可以說是最為確切。

所謂「不遜」，即大不敬，可能是楊貴妃出言頂撞，致使「龍顏大怒」。要是一般嬪妃如此「不遜」，早已加以嚴刑處置。而唐玄宗畢竟捨不得割愛，只以「送歸」外第了事。正如《舊唐書》說的「微譴」，也就是指重重的罪過，僅作了輕輕的發落，手下是極其留情的。

楊貴妃「出宮」，送至何處安頓呢？她的養父早已死了，叔父楊玄珪雖然健在，但非生父，楊錡僅是堂兄，所以《舊唐書》作「送歸楊銛宅」，《新唐書》簡略為「還銛第」。《資治通鑑》

也說「命送歸兄銛之第」。

據《唐曆》記載，楊銛是楊玄琰之子。換句話說，楊銛實際上是楊貴妃的親哥哥。早年玄琰死後，楊玉環被叔父楊玄璬領養，而玄琰這一家則由楊銛充當家長。楊貴妃得寵以後，楊銛也成為長安的新貴。由於血親的緣故，楊貴妃與楊銛的關係比較密切，似把楊銛宅當作娘家。嬪妃「出宮」，類同於皇室婚姻的離異；「譴歸」娘家，是符合時尚禮儀的。

楊銛宅位於崇仁坊，該坊東連勝業坊，北連永興坊。永興坊東連安興坊，而安興坊與勝業坊，又毗鄰興慶宮。當宗室貴戚恩寵至親者，大多建宅於興慶宮西旁之坊內。如：「寧王、岐王宅在安興坊，薛王宅在勝業坊，二坊相連，皆在興慶宮西。」[1]又如，太華公主以母武惠妃之寵，特賜宅於安興坊，便於出入[2]。楊銛既以貴妃之恩寵，必賜宅於靠近皇宮的崇仁坊，而不可能在相距較遠的永崇坊[3]。用車送貴妃「出宮」，是在那天上午，楊銛宅第又近，所以很快就到了。事先楊銛未得風聲，看到貴妃被突然譴歸，自然引起闔家的驚恐不安。楊氏五宅毗鄰一起，又引起楊門闔族的極大震動。

（二）高力士請召回宮

楊貴妃「出宮」之後，唐玄宗的心情又是怎樣的呢？

一般說來，擁有「三千」佳麗的皇帝發譴一個嬪妃，根本算不了什麼大事。唐玄宗以前多次有過類似的做法，事後都無動於衷。唯獨這次對楊貴妃的「出宮」表現了異常的情緒：心神不寧，急躁暴怒。據記載：「是日，上（玄宗）不懌，比日中，猶未食，左右動不稱旨，橫被棰撻。」[4]細讀這條史料，「是日」指楊貴妃被送歸楊銛宅那天。當天上午，玄宗「不懌」，一副不高興的樣子。及至中午，連飯都不吃，什麼都不稱心。倒楣的是那些服侍妥貼的內監與宮女，他們成了皇帝大發雷霆的出氣筒。

回顧九年前，武惠妃之死，唐玄宗遭到一次感情上的打擊，但遠遠沒有這次嚴重。他從心底裏迷戀楊貴妃，尤其是近年來，彼此「行同輦，止同室，宴專席，寢專房」[5]。平日密不可分，突然一下子離異，就面臨著一場新的感情空虛。那留戀憶舊之情，顯得更加強烈了。既然思念貴妃，為什麼不直接吐露心聲，下旨召回呢？須知，「出宮」是玄宗下旨的，儘管是在一時惱怒的情況下作出的。如果他主動下令召回，豈非出爾反爾，怎能取信於人！但是，堅守前旨，又使自己在感情上受到折磨。因此，唐玄宗陷入了自我困擾的境地，昔日樂觀詼諧的情趣沒有了，以致飯食不進，暴怒打人。

緊隨皇帝的高力士，看在眼裏，急在心上。他首先「探知上旨」，知道唐玄宗還是急切思念貴妃的，決沒有真的要把貴妃趕出內宮。於是，老奴提議：將貴妃院裏的「供帳、器玩、廩餼等」盡數裝車，送至楊銛宅第。這樣做，無非是表示皇帝繼續關心貴妃的生活起居，使矛盾的氣氛緩和下來。精明的唐玄宗也深知老奴的用意，便決定「分御饌以送之」。分御膳比送器物，更能體現思念的心意，實際上傳遞了要召貴妃回宮的信息。

當天下午，中官護送百餘輛車的器物以及御膳，到了楊銛家。驚惶萬狀的楊家，頓時又充滿了希望與歡樂。也就在這時，高力士又提出新的建議：「奏請迎貴妃歸院。」[6]這完全說到了玄宗的心坎上。玄宗早已等待不住了，只是自己難以先下旨。既然高力士「奏請」了，也就順水推舟，馬上答應。名義上是採納臣下的意見，做得十分得體。

據《通鑑》記載，這天夜裏，打開「禁門」，迎回楊貴妃。選擇夜裏入宮，是為了不事聲張，好為屈尊的玄宗暗留臺階。所謂「禁門」，是指皇城的城門和宮殿的殿門，都由禁軍守護。每天早晚按時開啓、關閉，均以擊鼓報時為號。唐代宵禁極嚴，「禁門」以及其他坊門、市門關閉之後，不准隨便開放的。如果碰到軍國大事，需要夜開「禁門」以及其他坊門，務必事先奏報中書門下核准。唐玄宗和高力士這回破例了。《舊唐書・楊貴妃傳》載：「是夜，開安興里門入內。」從楊銛住宅崇仁坊，經安興坊，須開二道坊門；從城坊到興慶宮內，又須開宮殿門。玄宗居然准許為迎貴妃而夜開「禁門」與坊門，一路上都由禁軍護送。這在唐朝歷史上是絕無僅有的事，充分地反映了唐玄宗迫不及待的心情。

一齣牽動帝王之心的宮闈鬧劇就此結束了。楊貴妃重新回到內宮，「伏地謝罪」，玄宗則「歡然慰撫」[7]。次日，大擺宴樂，寵遇愈隆。

「妒媚」係誰

貴妃「出宮」，事出有因。然而，宮闈隱秘，史籍上沒有留下具體的記載。而後世獵奇者以豐富的遐想，對這類風流韻事妄加猜測，編造了不少動人的故事。

（一）與虢國夫人無涉

歷來有一種說法，認為天寶五載的風波，是出於唐玄宗與貴妃姊姊裴氏（後封虢國夫人）調情。楊貴妃發覺後，大發醋勁，便衝撞了皇帝。到底有沒有這回事呢？

楊玉環為「太真妃」時，三個姊姊就從蜀來到長安了。其中以裴氏最為活躍，她雖可入宮，但終究屬於外人，一般都是在太真妃伴隨的情況下才得以朝見。如果裴氏入宮，避開其妹，單獨朝見玄宗，那是不可能的。天寶四載（七四五）八月冊封「貴妃」後，情況也是如此。

即使在驪山行宮，當時也不可能發生此事。天寶五載「出宮」風波之前，行幸驪山只有一次，即天寶四載冬天。當時，貴妃三個姊姊以及堂兄楊釗（楊國忠）陪同到了驪山。唐玄宗舉行家宴，款待諸楊，席間還讚賞楊釗精於計算的本領。驪山行宮比起京師興慶宮，就時間與空間來說，確實具有不同的特點。

首先，這次行幸時間較長。從十月丁酉至十二月戊戌，共計六十二天。終日酒宴，舞樂歡鬧。比起在興慶宮偶爾見面，接觸機會要多得多了。

其次，驪宮的空間條件尤佳。那裏遍植松柏花草，加上溫泉地熱，有水灌溉，處處鬱鬱葱葱，掩映著衆多的殿閣。顯然，這是男女幽會的理想場所。

此時此地，唐玄宗若和虢國夫人調情，客觀的條件倒是具備的。然而，這時楊氏家族還未飛黃騰達，諸楊才第一次隨遊驪宮，楊釗剛剛冒頭，裴氏尚未就封虢國夫人。按理，裴氏是不敢放肆的。總而言之，還不可能具備調情的主觀條件。如果真的發生了風流艷事，楊貴妃是個急性女人，矛盾必在當時或返京伊始就會爆發出來，何以按捺長達八個月之久？顯然，這種傳說不合情理。

（二）梅妃並無其人

還有一種說法：梅妃的介入，使楊貴妃妒忌起來，以致觸怒了唐玄宗。梅妃的故事影響至今，有的唐明皇傳記也採取了認可的寫法。因此，很有必要弄清梅妃是否確有其人。

根據無名氏撰的《梅妃傳》，其人其事，言之鑿鑿。傳記的梗概是這樣的：梅妃姓江，福建莆田人，父親名叫江仲遜，世代行醫。她九歲時，就能誦《詩經》，取名彩萍。開元中，高力士出使閩、粵，見她年輕美貌，選歸回京。她伺候玄宗，大見寵幸，被冊為妃。妃善詩賦，尤喜梅花，所居欄檻之外，遍植梅樹，旁修一亭，名曰「梅亭」。唐玄宗以妃所愛，戲稱她「梅妃」。後來，楊貴妃入宮，以媚嫵見寵，恃色而驕。梅妃孤芳自賞，恃才自矜。二人相嫉，結果梅妃被貶入東都上陽宮，楊貴妃始得專寵。梅妃曾寫詞〈一斛珠〉，以諷玄宗，又作《樓東賦》以寄情懷。直到安祿山叛亂時被害，玄宗從蜀回鑾，撫妃屍骨，悲慟欲絕。

從《梅妃傳》來看，梅妃是玄宗「大見寵幸」的妃子，後與楊貴妃「相嫉」。楊妃「忌而智」，梅妃「性柔緩，亡以勝」。若果真有此事，不可能不在史籍中留下蛛絲馬跡。可是，舊、新《唐書》根本無梅妃其人其事，《資治通鑑》也無片言隻語。此外，唐人的文集詩詞亦無一處涉及。《宋史·藝文志》、《郡齋讀書志》、《直齋書錄解題》、《崇文總目》等均未著錄《梅妃傳》。

再來看《梅妃傳》羅列事跡所構成的情節，也完全禁不起史實的檢驗。

首先，高力士沒有出使過閩粵，也就談不到選梅妃的事。《高力士外傳》最能說明問題，作者郭湜筆錄力士親口所述，撰成於唐代宗大曆年間，較為可信。《外傳》中只說「貴妃受寵，外戚承恩」，沒有一字提及梅妃。按舊、新《唐書》及《通鑑》，高力士在開元、天寶年間的全部活動中，並無出使閩、粵的記載。這就說明所謂高力士選梅妃是杜撰之詞。

其次，從時間來看，梅妃根本無法得寵。《梅妃傳》說她「開元中」大見寵幸，「長安大內、大明、興慶三宮，東都大內、上陽兩宮，幾四萬人（宮女），自得妃，視如塵土。」這是不可信的。衆所周知，開元中得寵的只有武惠妃。如果梅妃也同時得寵，勢必與武惠妃相妒。但是，史書中卻無一點蹤跡。那麼，在武惠妃死後的那幾年（召壽王妃楊玉環之前），梅妃有無可能得寵呢？也不可能。前面說過，武惠妃之死，弄得玄宗喪魂失魄，感情上極度空虛。如果真有一個「姿態明秀，筆不可描畫」的梅妃，唐玄宗何以如此失常，又何以「潛搜」壽王妃楊氏呢？

《梅妃傳》云：「會太真楊氏入侍，寵愛日奪，上無疏意。而二人相嫉，……後竟為楊氏遷於上陽東宮。後上憶妃，夜遣小黃門滅燭，密以戲馬召翠西閣，敍舊愛，悲不自勝。」這番話更是破綻百出。眾所周知，唐玄宗自開元二十四年（七三六）十月從東都返回西京以後，直至逝世再無東巡。所謂梅妃被貶後，玄宗與她「敍舊愛」於東都，純屬子虛烏有。至於說梅妃與「太真楊氏」相忌，那當指在天寶四載八月冊「貴妃」之前，就算確有此事，也跟天寶五載七月的「出宮」風波無關。

再次，從罵人醜語來看，不合史實。《梅妃傳》載她對玄宗特寵貴妃表示不滿，竟笑曰：「恐憐我則動肥婢情，豈非棄也？」盛唐以豐碩為美，欣賞健壯，只要肥中不見臃腫，就不顯醜，罵人鮮有詆肥之語。自宋以降，轉以瘦弱為女性美，才有詆肥為醜的含意。若梅妃真有其人，怎麼會從唐人口中以宋時詆語辱罵楊貴妃呢？

由上可見，梅妃的故事是不可信的。《梅妃傳》說她承恩久遠，除非沒有生育能力，否則怎無子女？若有子女，即使一般嬪御也會在史書上留名的，更不用說「大見寵幸」的梅妃了。但翻檢有關史書，唐玄宗諸子與諸女竟沒有一人出自梅妃名下，原因就是根本沒有梅妃其人。

（三）梅妃傳說的由來

《梅妃傳》既然是僞作，那麼，它是何時出現的呢？北宋肯定尚未出現這部傳記，因為《新唐書・藝文志》、《宋史・藝文志》以及許多著名的書志總目均未著錄。據悉，南宋寧宗嘉定年間（一二〇八—一二三三），在一本名叫《莆陽比事》的筆記中，載有〈梅妃入侍〉條，作為地方名媛揚名，與現存的《梅妃傳》相差無幾。顯然，這是無名氏創作《梅妃傳》的藍本。〈梅妃入侍〉文後附跋云：「此傳葉石林得之朱遵度家。」葉、朱兩人，《宋史》均有傳。朱遵度，北宋初人，卒於宋真宗景德四年（一〇〇七）；而葉石林即葉夢得，生於北宋熙寧十年（一〇七七），上距朱卒年恰恰七十年。為什麼別人不能早先得到朱家收藏的傳記，而晚至葉夢得成名後才獲得呢？而且，葉氏乃北宋著名文人，學有專識，詞酬甚多，如果他得到此傳，又為什麼沒有言及此事呢？顯然，跋文作者編造了葉氏「得之」朱家的謊言，藉這兩位名人的關係，以提高〈梅妃入侍〉的身價。看來，葉氏去世很久之後，有人才敢如此妄託。據此，推斷《梅妃傳》是南宋人的作品，較為可靠[8]。

《梅妃傳》行世後，史家鮮有辨正，致使文史互混，真僞莫辨。文士以其頗有戲劇性，喜於附會增飾。明代吳世美雜劇《驚鴻記》，淸代洪昇《長生殿》之〈夜怨〉、〈絮閣〉兩齣，都上演了梅妃的故事。明淸編歷代名媛詩及《全唐詩》，收入《梅妃傳》中的〈一斛珠〉詞或兼採前人的箋評，越發使《梅妃傳》流傳開來。

《梅妃傳》雖禁不起史實的推敲，但作為文學作品卻有一定的現實意義。文學是以其可能發生的事作為創作的依據的。楊貴妃「妒媚」有史可按，至於嫉妒何人，姓甚名誰，那是無關宏旨的。虛構人物梅妃的故事反映了當時的宮闈歷史，具有一定的真實性。看來，作者似乎意在諷諭，教誡有道君王切莫重蹈唐玄宗貪戀女色誤國的覆轍。傳中將梅妃作為正面人物來歌頌，而把楊貴妃當作反面人物予以鞭撻；塑造了賢妃與妒妃的性格衝突，進行憂國與禍國的對比。這些說明《梅妃傳》滲入了宋人的封建正統觀念，宣揚了女人禍水論。唐朝人雖亦有類似的論調，但並非輿論一律。由於唐代婦女地位尚可，才會出現武則天、楊貴妃這類著名的歷史人物；又因為較開放，所以對她們並不菲薄，唐代詩詞對楊貴妃之死不乏同情之辭。而自宋至明清，理學統治思想界的狀況越演越烈，《梅妃傳》因其宣揚女人禍水論的主題迎合封建統治者的需要，也就廣泛流傳開來。還有傳奇故事的曲折離奇，託名梅妃，演繹盛唐宮闈秘史，更迎合了市井小民的欣賞口味。因此，《梅妃傳》久傳不衰，以致今人也信以為真。

（四）貴妃「妒媚」究竟指誰

天寶五載風波的起因，似乎出於唐玄宗選美與調情之事。至少白居易是這樣理解的，他的詩〈上陽白髮人〉開篇云：「上陽人，紅顏暗老白髮新」，「玄宗末歲初選入，入時十六今六十。」這首詩抒發了玄宗所選的「紅顏」，被楊貴妃嫉妒、幽禁上陽空等白頭的悲憤：

> 未容君王得見面，已被楊妃遙側目；
> 妒令潛配上陽宮，一生遂向空房宿。

原詩前另有小注云：「天寶五載已後，楊貴妃專寵，後宮人無復進幸矣。六宮有美色者，輒置別所，上陽是其一也。貞元中尚存焉。」[9]

詩與注告訴人們：天寶五載楊貴妃「專寵」之前，是有被選的佳麗進幸的，也就難免發生唐玄宗與之調笑的事。而楊貴妃一旦專寵，便施展她「妒媚」之舉，來個先下手為強，挑出最媚嫵動人的美女，暗送東都上陽打入冷宮。此外，元稹亦作〈上陽白髮人〉詩，揭露強奪民間美女，造成「良人顧妾心死別，小女呼爺血垂淚」的慘象。元稹自注：「天寶中，密號採取艷異者為花鳥使。」[10]姿色艷麗的宮女不能得幸，往往就「永配深宮作宮婢」，深閉長待，多麼殘忍。總之，白居易和元稹的詞情文飾，也包含著某種歷史的真實：唐玄宗的選美，誘發了天寶五載的風波。

楊貴妃的「出宮」，使唐玄宗受到了痛苦的精神折磨。隨著楊貴妃的入宮，他似乎變得更富人情味了，表現出「歡然」的心態。為了「慰撫」楊貴妃，次日唐玄宗大擺宴樂，並召貴妃三個姊姊一道，「作樂終日，左右暴有賜與。自是寵遇愈隆。」[11]比較一下唐玄宗對左右的態度，很耐人尋味。貴妃出宮後是「暴怒笞撻」，入宮後則是「暴有賜與」。兩個「暴」字，反映了唐玄宗前怒後喜的截然不同的心情，說明楊貴妃以感情俘虜了皇帝，接踵而來的自然是「寵遇愈隆」。這真是意外之賜。

天寶九載的風波

按理，楊貴妃有了上次的被譴「出宮」的教訓，應該有所收斂。但是，時過境遷，不到四年，即天寶九載（七五〇）二月，又發生了「忤旨」送歸私第的事件。

（一）「忤旨送歸」

這次事件的經過，最早的記載見於《開天傳信記》：「太真妃常因妒媚，有語侵上，上怒甚，召高力士以輜軿送還其家。妃悔恨號泣，抽刀剪髮授力士曰：『珠玉珍異，皆上所賜，不足充獻，唯髮父母所生，可達妾意，望持此伸妾萬一慕戀之誠。』上得髮，揮涕憫然，遽命力士召歸。」《舊唐書》本傳基本類此，開頭簡括為：「天寶九載，貴妃復忤旨，送歸外第。」不過，改探視者為中官張韜光，增補了吉溫獻議及發生風波的時間。《新唐書》本傳也很簡略：「天寶九載，妃復得譴還外第。」《通鑑》亦曰：「（天寶九載）二月，楊貴妃復忤旨，送歸私第。」上述四種史書比較而言，《開天傳信記》集中地記述了這次事件的全過程，也交代了發生的原因。但是，它記載高力士送貴妃回家，是搞錯了。這次風波的年月，當以《通鑑》所記的為最確切。

看來，具體經過是這樣的。天寶八載（七四九）冬十月乙丑，幸驪山華清宮，至次年正月己亥還興慶宮，總共九十五天。不久，就發生了「送歸私第」事件。

「私第」，即楊銛住宅。楊貴妃第二次被送歸長兄家，可急壞了楊氏家族。他們深知，自己享受的榮華富貴，全仗楊門一女；萬一唐玄宗認真計較，不復召入宮，從此恩澤斷絕，什麼也沒有了。特別是堂兄楊釗最為焦急，一時計無所出，只得「謀於吉溫」[12]。

吉溫是個多心計的小人，他固然提出了一個處置得體的辦法。楊釗十分贊同，付之實行。吉溫利用「與中貴人善」的有利條件，打通關節，得以入內面奏：「婦人智識不遠，有忤聖情，然貴妃久承恩顧，何惜宮中一席之地，使其就戮，安忍取辱於外哉！」[13]這裏，先貶楊貴妃知識淺陋，心胸狹隘，結果得罪了皇帝。接著，故意挑激唐玄宗，說：過忤當死，就將她殺戮於內宮，何必讓她忍辱於外，貽笑大方呢！實際上，這番話的意思是叫玄宗儘快召回貴妃。

唐玄宗聽了，為之「感動，輟食」，立即派宦官張韜光賜御膳撫慰貴妃。張韜光一到楊銛宅，貴妃就急於表白，所謂「妃附韜光泣奏」。「附」者，示以親切狀也；「泣」者，韜光並非玄宗，但貴妃就當著他面流淚哭訴了。如果說，第一次「出宮」，看不出貴妃有什麼內疚，那麼，這次則充分地流露了她的歉意。貴妃說罷，「乃引刀翦髮一繚附獻。」[14]儒家謂身體髮膚皆受之父母，不敢毀傷，否則就是對父母的不孝。楊貴妃為了表白自己的「萬一慕戀之誠」，不僅承擔不孝之名，而且也表示自己「悔恨」不已之情[15]。須知，剪髮代首乃是訣別的象徵。正如《新唐書》本傳所說的，「以此留訣。」

張韜光返回興慶宮，轉告了楊貴妃的情況。唐玄宗只見那一縷青絲，大驚失色，深知「翦髮」暗示後果的嚴重性。因此，急命高力士召還楊貴妃。由於史籍記載的簡略，具體情節不得而知，估計是在白天召回的。彼此重新見面，自然少不了貴妃的痛哭流涕與玄宗的溫言慰藉。

（二）風波的結局

這次風波的結局和上次相似，以鬧劇始，以喜劇終。《新唐書》本傳曰：「禮遇如初。」「如初」，若指復歸「出宮」前的專寵而言，不夠恰當。還是《通鑑》說得確切：「寵待益深。」不僅是恢復，而且還超過從前。從史實來看，是有根據的[16]。

楊門的一男一女因彌合有功，得到了更多的恩澤。不久，唐玄宗特地「幸秦國（夫人）及國忠第，賜兩家巨萬。」《新唐書》的這條記載，可以補《舊唐書》和《通鑑》的缺筆，說明平日最為活躍的虢國夫人沒有獲得賞賜，給讀史者留下了一個感到蹊蹺的問號。下一節，將會揭露此中秘密。看來，調解第二次「出宮」事件，秦國夫人起了一定的作用。當然，最重要的還是楊釗。這年十月，即風波平息後半年多，玄宗與貴妃遊幸華清宮，諸楊隨行。唐玄宗賞識楊釗的一片忠心與辦事能力，特地賜名「國忠」。從此，楊國忠得到更大的信用，越來越橫行霸道。

風波也使李、楊的愛情昇華了。楊貴妃「出宮」後，就感到不能沒有玄宗的愛撫，故「悔恨號泣」。而當唐玄宗得到一縷青絲，也「揮涕憫然」，說明他承受不了失去寵妃的精神打擊。經此風波，往後再也沒有發生過分離了，似乎貴妃變得不那麼「妒媚」了，玄宗愛得更加專一了。在《長恨歌傳》裏，假託升仙後的貴妃對方士說：「昔天寶十載，侍輦避暑於驪山宮。……上憑肩而立，因仰天感牛女事，密相誓心，願世世為夫婦。」這是文學傳奇作品，所記當然不足憑信。但陳鴻將「密相誓心，願世世為夫婦」繫於天寶十載，不是沒有道理的，恰與史籍上「寵待益深」的史實是相符的。「願世世為夫婦」的愛情昇華，需借助於「寵待益深」的皇恩培育，由此不難找到兩者內在的感情維繫的紐帶。

再次「出宮」的原因

天寶九載二月何以重演「出宮」鬧劇呢？舊、新《唐書》和《通鑑》說得很籠統，《開天傳信記》則明確指出「妒媚」。如是「妒媚」，當為唐玄宗另有新歡。但是，中唐詩人張祜卻有一種看法，認為是楊貴妃別有追求。這就使「出宮」原因顯得撲朔迷離起來。

（一）「閒把寧王玉笛吹」的誤傳

日映宮城霧半開，太真簾下畏人情；
黃翻綽指向西樹，不信寧哥囘馬來。17

這首題為〈寧哥來〉的詩，是詩人張祜寫的。「寧哥」，即寧王李憲（本名成器），也就是唐玄宗的大哥。請看，在「日映宮城」、霧氣迷濛的景色中，貴妃站在殿閣簾下思念著什麼，但又擔心被別人窺破。詩人把貴妃傾心寧王寫得脈脈含情。

北宋樂史又據此敷衍成文云：「（天寶）九載二月，上舊置五王帳，長枕大被，與兄弟共處其間。妃子無何竊寧王紫玉笛吹。故詩人張祜詩云：『梨花靜院無人見，閒把寧王玉笛吹。』」這裏認為楊貴妃閒來無事，私下把寧王玉笛拿出來吹，「因此又忤旨，放出。」[18]

其實，樂史張冠李戴了。張祜集中沒有留下貴妃竊寧王笛的詩，但有虢國夫人竊邠王笛之詠：「虢國潛行韓國隨，宜春小院映花枝。金輿遠幸無人見，偷把邠王小管吹。」[19]樂史可能把張祜寫的貴妃鍾情寧王與虢國竊笛二件事混同起來，遂改為貴妃「閒把寧王玉笛吹」。此後，據南宋王楙的記載，有人承襲此說，「乃謂妃子竊寧王笛。」[20]

無論張祜的〈寧哥來〉也好，樂史的貴妃竊寧王笛說也好，若以史實核之，均屬虛構。南宋洪邁早在《容齋續筆》卷二〈開元五王〉條內作了反駁：「唐明皇兄弟五王，兄申王撝以開元十二年，寧王憲、邠王守禮以二十九年，弟岐王範以十四年，薛王業以二十二年薨，至天寶時已無存者。」楊貴妃於天寶四載冊封，寧王早已不在人間，怎麼可能會思念「寧哥來」呢？

更令人發噱的是，樂史還把已死近十年的寧王拉入宮廷樂團之中，與貴妃同臺演出。說：天寶十載（七五一），新豐縣獻上舞女謝阿蠻，於清元小殿舉行演奏，「寧王吹玉笛，上（玄宗）羯鼓，妃琵琶，……自旦至午，歡洽異常。」[21]唐玄宗舉行音樂演奏會是常有的事，但決不可能拉進已死的寧王來湊熱鬧。樂史如此鋪敍，正是他不明史事而弄出的笑話。但今人寫歷史人物傳記不加辨正，是有礙視聽的。

如果說，北宋樂史有隔代之遙，難免以訛傳訛，那麼，中唐詩人張祜應知寧王已死，何以編造「寧哥來」之類傳說呢？其中必有原因。

首先，寧王以「好聲色」著名，容易使後人聯想到他與楊貴妃的情意。其次，開元初，唐玄宗消磨兄弟諸王銳氣，使之沉溺聲色。時而在宮中酒宴，時而在寧邸張樂，玄宗與寧王確有輪番吹玉笛之事。及至天寶年間，貴妃歌舞時，玄宗往往以玉笛伴奏。這些也會使後人將寧王玉笛跟楊貴妃聯繫起來，甚至編造了貴妃「閒把寧王玉笛吹」的故事。

儘管貴妃鍾情於寧王之說，純屬子虛烏有，但是，張祜的詩及樂史的《外傳》，多少反映了玄宗與貴妃之間不愉快的史實。假設寧王死後留下一支珍貴的玉笛，且保存在興慶宮，有一次，貴妃出於好奇，便拿來吹。這也決不是有傷皇帝尊嚴的越軌舉動。因此而將貴妃趕出內宮，送歸私第，實在是很難說通的。

（二）虢國夫人的奪愛

原因究竟是什麼呢？看來，敢在妒悍的貴妃面前插上足，這個女人不是等閒之輩。種種跡象表現，是虢國夫人從中奪愛。

楊貴妃的三個姊姊都長得美貌絕倫，唐玄宗曾為之垂青。其中「三姊」裴氏最為放蕩，玄宗稱之為「三姨」。她原嫁裴姓丈夫，夫死孀居，早在蜀川就與堂兄楊釗勾搭。及至入京，裴氏生活豪華，驕侈淫佚。天寶七載（七四八）冬，諸楊隨遊華清宮。玄宗封「大姨」崔氏為韓國夫人、「三姨」裴氏為虢國夫人、「八姨」柳氏為秦國夫人。諸楊國夫人「出入宮掖，並承恩澤，勢傾天下」[22]。

與玄宗關係最密切的還是虢國夫人，她是諸姨中最為「恩寵一時」的大紅人。中唐詩人張祜曾作〈集靈臺〉二首，其二云：

虢國夫人承主恩，平明上馬入宮門；
却嫌脂粉涴顏色，淡掃蛾眉朝至尊。23

這首詩透露了虢國夫人與唐玄宗之間的隱私。虢國夫人並非嬪妃，居然能「承主恩」，非同尋常。詩題名〈集靈臺〉，別有意思。集靈臺，後改稱長生殿。傳說玄宗與貴妃有「七月七日長生殿」之事，而詩人描寫虢國夫人集靈臺裏「承主恩」，其寓意不是昭然若揭嗎?

前面說過，天寶五載之前，還不具備調情的主觀條件。而天寶七載封國夫人之後，情況就起了變化。虢國夫人所受到的恩寵，十分特殊。一般命婦入宮是乘鳳輦的，而她常乘驄馬，使小黃門御。紫驄之俊健，黃門之端秀，皆冠絕一時。她「卻嫌脂粉」、「淡掃蛾眉」，活現了一副自詡天生麗質的妖嬈色相；風流的唐玄宗在這位「三姨」面前，是難以自持的。

可以推測，曖昧關係似發生在天寶八、九載之交，地點在驪山華清宮。從八載十月至次年正月，玄宗、貴妃及貴妃諸姊在華清宮住了九十五天。緊接著，正月己亥，返回興慶宮，就爆發了貴妃「忤旨」而被「送歸」楊銛宅的風波。「忤旨」的原因，自然在於華清宮裏發生了不愉快的事。須知，自天寶六載以來，華清宮大興土木，衆多的亭臺殿閣掩映在茂密的蒼松翠柏之中。或許這為唐玄宗與虢國夫人的調情具備了較好的場所。虢國夫人的奪愛，激起楊貴妃對唐玄宗的不滿，於是出現了第二次「出宮」風波。

還有一條史料，可以證明上述推斷的合理性。《新唐書・楊貴妃傳》載，高力士召回貴妃後，唐玄宗特地到秦國夫人和楊國忠宅第，賜「兩家」巨萬。注意！第一次風波結束後，玄宗曾宴請「諸姨」；而這次則迴避了虢國夫人，僅賜秦國夫人和楊國忠兩家。顯然，這樣做，是為了照顧楊貴妃的情緒，消除「虢國夫人承主恩」的影響。看來，秦國夫人為彌合姊妹之間的糾葛，作了一些事。

（三）如何看待「出宮」風波

綜上所述，兩次風波的原因與結局，基本上是類似的，但在經過方面頗多不同。

第一次，事件的起訖時間較短，幾乎都發生在一天一夜之內。沒有驚動外廷，「出宮」鮮為人知；入宮時乘黑夜潛歸，力圖不讓外人知道。唐玄宗心情不寧，舉動異常，急於要迎回貴妃，所以破例地動用禁軍護送。高力士主動為主子分憂，獻計策劃，起了重要的作用。

第二次，風波延續了好幾天，事情比第一次鬧得大。不僅楊氏家族惴惴不安，外出奔走，也驚動了外廷臣僚，使某些人也捲入了這場宮闈是非之爭。唐玄宗在心態和行動方面都較平靜，相反，楊貴妃一再表白自己的悔恨與求饒心情。高力士沒有顯示出上次那樣的主動性，不見他提出什麼積極意義的措施。而楊國忠和吉溫扮演了重要的角色，反映了這批新貴勢力的抬頭。

關於唐玄宗的調情和楊貴妃的「妒媚」，不應該停留在表面的分析上，而要對他們習以為常又異乎尋常的風情作一番透視。忤旨復返、恩寵更甚的現象，說明楊貴妃在唐玄宗的愛情生活中，占有不可或缺的地位。兩次風波涉及重感情和遵禮法的鬥爭，權衡結果，唐玄宗是重前者而輕後者的。對此，元代史學家胡三省指責玄宗不尙婦道，說：「婦人女子最為難養，以忤旨而出之，若棄咳唾可也。既出而復召還，則彼之怙寵悍悖將無所不至。明皇其可再乎！」[24] 胡三省是站在封建衞道者的立場上說話的，不免迂腐。出而復召，當然會促使楊貴妃恃寵而驕，但唐玄宗始終重感情，有時就違背了禮法。

歷史上好色的帝王確實不少，這主要是嚴格的封建等級制度形成的多妻制的結果。皇帝調情以致隨意合歡，誰敢非議；還對這種輕薄行為，美化為遊龍戲鳳的「恩幸」。其實，這反映了封建專制時代男女在性愛方面的不平等。在唐代比較開放的社會風氣影響下，帶有幾分抗爭精神的楊貴妃，對於天子溺於衆愛的傳統觀念，提出了大膽的挑戰，確是難能可貴的。雖然，這種挑戰是出於排他性的妒意，但這種妒意又是多少與封建禮教相悖的。楊貴妃對唐玄宗敢於衝撞與冒犯，從某種意義上說，表現了盛唐女性的特殊性格。

註釋

1 《資治通鑑》卷二一一，開元二年七月條胡三省注。

2 《楊太真外傳》卷上：「力士因請就召，既夜，遂開安興坊，從太華宅以入。」

3 南宮搏按：「史傳稱楊銛住永崇坊，距興慶宮北門有八坊之遠，需開十六道坊門，舊傳但記開安興坊門，可證楊銛宅在崇仁坊，毗連安興坊也。唐代宵禁極嚴，非軍國大事，不得開坊門，故開坊門之事，史必詳記，因此可判斷楊銛所居之處。」

4 《資治通鑑》卷二一五，天寶五載七月條。細讀《通鑑》，第一次「出宮」風波，僅一天一夜，並沒有延續幾天。

5 《長恨歌傳》。

6、7 《舊唐書・楊貴妃傳》。

8 參見盧兆蔭〈梅妃其人辨〉，載《學林漫錄》第九集。

9 《白居易集》卷三，〈上陽白髮人〉。

10 《元稹集》卷二四，〈上陽白髮人〉。

11《舊唐書・楊貴妃傳》。

12《新唐書・楊貴妃傳》。

13、14《舊唐書・楊貴妃傳》。

15《開天傳信記》。

16 樂史《楊太真外傳》比《新唐書》和《通鑑》成書早，因《舊唐書》沒有提到結局，故此書的「自後益嬖焉」，是最早提及結局的確切用語。《新唐書》不如它，《通鑑》又比它遲，就此而言，《楊太真外傳》很有史料價值。

17《全唐詩》卷五一一，張祜〈寧哥來〉。

18《楊太真外傳》卷上。

19《全唐詩》卷五一一，張祜〈邠王小管〉。

20《野客叢書》卷二四，〈楊妃竊笛〉。

21《楊太真外傳》卷上。

22《資治通鑑》卷二一六，天寶七載十一月條。

23《全唐詩》卷五一一，張祜〈集靈臺〉之二，一云此詩為杜甫作。

24《資治通鑑》卷二一六，天寶九載二月條胡三省注。

第十六章　「三千寵愛在一身」

在歷代帝王與后妃中，玄宗和貴妃之間的愛情似最富多姿多彩。盛唐風流天子一生承歡過諸多美人，「後宮佳麗三千人」正是他的多妻特權的寫照。而最後玄宗竟排除衆愛，「三千寵愛在一身」，完全鍾情於楊貴妃。這是什麼原因呢？貴妃的嬌艷玉容與雍容華貴，首先博得玄宗的傾心。更重要的是，共同的歌舞愛好、相近的性格情趣，把他們兩人緊密地結合在一起了。這種愛情既是盛唐歷史時代的特殊產物，又是五彩繽紛的社會生活的展現。

專寵楊貴妃

唐玄宗是一個性格豪放又富於感情的帝王，開元時期寵幸的主要是武惠妃，天寶年間就集中在楊貴妃一人。

（一）李楊情愛的三部曲

如前章所述，專寵貴妃有一個曲折的過程。愛情禁得起風波的考驗，結果達到了至深彌篤的境界。舊、新《唐書》及《通鑑》等史書圍繞兩次「出宮」風波，雖然也有簡略的交代，但比起〈長恨歌〉還是不夠細緻的。〈長恨歌〉取捨史料，融合傳說，運用文學的集中寫法，擯棄兩次「出宮」事件，突出李楊愛情發展這條主線，從而奏響了兩人身心交融的三部曲，即性愛、情愛、摯愛三個階段。

初始階段，由於彼此相處的時間不長，尚未找到更多的共同語言。玄宗較多地迷戀於對方的美貌，著眼於外表。詩人善於細味角色的心態，將審視方位對準這個側面，十分妥貼地抒寫了第一層次的特徵：

回眸一笑百媚生，六宮粉黛無顏色。……
春宵苦短日高起，從此君王不早朝。

隨著李楊相處時間的增多，彼此加深了對共同愛好的了解。詩人觸及到玄宗由貪戀美色而轉入內在的情愛階段，於是詩人筆下展開了「愛在一身」的暢寫：

承歡侍宴無閒暇，春從春遊夜專夜；
後宮佳麗三千人，三千寵愛在一身。

天寶九載（七五〇），楊貴妃經歷第二次「出宮」風波之後，受到唐玄宗「寵待」無以復加的殊遇。與此相應，歲冬隨幸驪山，楊氏家族備受垂青。楊貴妃自然對玄宗的浩蕩皇恩感激不盡，更加傾心相愛了。至此，李楊愛情的發展，達到了最高境界。白居易以浪漫主義的手法，虛構了貴妃死後神遊仙山，遇見方士，倒敍了生前「七月七日」的山盟海誓：

七月七日長生殿，夜半無人私語時：
在天願作比翼鳥，在地願為連理枝。

詩人描寫李楊愛情發展的第三層次，雖沒有指出具體時間，但陳鴻在《長恨歌傳》裏卻點明了：「天寶十載，……秋七月，牽牛織女相見之夕。」這個特定的時間，是否純粹出於文學家的虛構呢？陳鴻既不提前於五載，也不後推幾年，恰恰選定此年此月此日，看來不是沒有道理的。就史實而言，天寶九載冬幸華清宮，楊貴妃比從前更為玄宗所寵愛，再也沒有發生糾葛了。因此，描寫次年七夕的感情飛躍，達到比翼雙飛、連理同枝的境界，就顯得合情合理。

總之，〈長恨歌〉既源於歷史，又高於歷史，可以以詩證史，基本上反映了李楊愛情發展的全過程。

（二）「寵甚於惠妃」

唐玄宗一生最鍾情的妃子，前有武惠妃，後有楊貴妃。比較起來，他更愛貴妃。宋代樂史以傳奇文學的筆觸概括了兩點：第一，唐玄宗初得楊玉環，抑制不住內心的欣喜之情，對宮人說：「朕得楊貴妃，如得至寶也。」玄宗雖然傾心過武惠妃，但從未視為「至寶」。第二，惠妃死後，「後廷雖有良家子，無悅上目者，上心凄然。至是得貴妃，又寵甚於惠妃。」[1]

第一點史傳無證，不過從唐玄宗對楊貴妃的百依百順來看，「至寶」之說並不算過分。第二點決非文飾，確有史據。只要比較一下兩人的寵異程度，就可判然而知。

眾所周知，唐朝後宮建置極其龐大。依照禮制，例置皇后一人，以下有嬪妃，多達一百二十二名。嬪妃列於內職，經過正式冊命的，稱為「命婦」。此外，還有無數的宮女[2]。作為盛唐天子，玄宗當然擁有衆多嬪妃；不過，其中受恩寵的只是少數。首以見幸的是王皇后。王氏出自關中官宦名門，李隆基為臨淄郡王時納她為妃。後來，王氏及其父王仁皎、其兄王守一，都曾參預平定武韋之亂，建立了一定的功勛。玄宗即位初，便以王氏為皇后。但王皇后年長色衰，兼又無子，不久失寵。兄王守一「常懼有廢立，導以符厭之事」[3]，企圖求子邀寵。事露，玄宗藉機將王皇后廢為庶人。

接著，玄宗寵幸的便是武惠妃。前面說過，武氏出自武則天本家，與玄宗是表兄妹的關係。先天元年（七一二），武氏年屆十五，便被召入宮，躋身於「漸承恩寵」的行列。看來，這位「少而婉順」的武氏，比年長色衰的王皇后、趙麗妃等，更能獲得唐玄宗的喜歡。及至開元十二年（七二四），王皇后被廢之後，武氏「承恩寵」又進了一步，玄宗特賜號曰「惠妃」，已從冊封方面予以寵冠後宮的認可了。至開元二十二年（七三四），越益受寵，正如司馬光在《通鑑》裏所說的：「寵幸傾後宮。」[4]所謂「傾後宮」，是指壓倒其他一切嬪御，標誌著武惠妃達到了真正獨承專寵的地位。此後至她死時為止，這種特異的專寵維持了三年多。

武惠妃承恩的時間是夠長的了，唐玄宗對她的感情也是頗深的，但比起後來入宮的楊貴妃還差一截。也就是說，對楊貴妃愛寵的程度超過了武惠妃。

首先，楊貴妃入宮不到一年，就寵冠後宮，禮數同於皇后；而武惠妃至少要等十二年，才得到皇后規格的待遇。《舊唐書・后妃傳》將楊、武兩妃作了比較，強調：「（貴妃）不期歲，禮遇如惠妃。」顯然，在恩寵的時間進程表上大大地縮短了。

其次，玄宗專寵武惠妃僅三年多，此前雖偏愛於她，但卻是溺於衆愛的。楊玉環被冊為貴妃，僅以一年時間，就使「後宮莫得進矣」[5]。而且，這種專寵地位一直延續至馬嵬被縊殺為止，長達十年。

陳鴻早就對此作了這樣的白描：「時省風九州，泥金五岳，驪山雪夜，上陽春朝，與上行同輦，止同室，宴專席，寢專房。雖有三夫人、九嬪、二十七世婦、八十一御妻（應作御女），暨後宮才人、樂府妓女，使天子無顧盼意。」[6]其中，唯有「驪山雪夜」是符合實情的，其餘「省風九州，泥金五岳」與「上陽春朝」等都屬虛構。然而，這些虛實相生的手法，形影相隨的刻劃，揭示了唐玄宗專寵楊貴妃的歷史實際。

愛情的基礎

唐玄宗為什麼如此專寵楊貴妃？他們的愛情生活究竟是以什麼作為基礎呢？

（一）皇帝與愛情

皇帝擁有多妻制的特權，嬪妃成羣，是沒有什麼愛情可言的。但這僅僅是問題的一方面。另一方面，皇帝也是人，必有感情、家庭生活，甚至還有高遠的情趣。拿唐玄宗來說，他除了履行「朕即國家」的皇權使命外，還有個人的理想、寄託、愛好與追求。儘管他的私生活比較放蕩，但卻很重感情，從成年到暮年，幾乎離不開一個「情」字。早先寵愛歌伎趙氏，不因她出身寒微而有歧見，後來封她為趙麗妃。可見，在感情與門第的天平兩端，他是重前者的。王皇后雖是他發難創業時的內助，但在愛好、興趣等方面和玄宗格格不入，不討歡心。王皇后被廢而死，「後宮思慕之，帝亦悔」[7]，流露出懷念之情。武惠妃死後，玄宗深為哀悼，追思不已，說明他對惠妃有深厚的感情。後來，他對楊貴妃更是一見傾心，一往情深。

當然，唐玄宗又是多情多欲的風流天子，嗜色的需求驅使他做出荒誕不經的事。據王仁裕《開元天寶遺事》記載：「開元末，明皇每至春時旦暮，宴於宮中，使嬪妃輩爭插艷花；帝親捉粉蝶放之，隨蝶所止幸之。」這種傳說，當然不會在官方史書中看到。歷史上曾有晉武帝隨羊車選幸嬪妃的故事，反映了封建統治者的荒淫無恥。五代王仁裕是否據此而杜撰了唐明皇的荒唐故事，也未可知。但揆之以情，也並非不可能。「開元末」，正是痛失武惠妃而未得楊貴妃的時候。宮嬪千數，無可悅目。隨蝶所幸，恰恰是唐玄宗的反常心態的表現。一旦找到了真正的所愛之人，就會恢復常態：「後因楊妃專寵，遂不復此戲也。」[8]

還有一個傳說：「明皇未得妃子（指楊貴妃），宮中嬪妃輩投金錢賭侍帝寢，以親者為勝。」又是荒唐的做法。「賭寢」出於嬪妃輩的某種幸勝心理，透露了她們的不幸遭遇與心態失衡。據記載，後來，「召入妃子，遂罷此戲。」[9]楊貴妃得寵，使宮嬪們斷了可憐的欲念。

上述傳說真實性如何，尚難判斷，但反映了一個不可否認的事實，即唐玄宗的宮闈生活以與楊貴妃的結合，作為明顯的分界線。此前，除武惠妃死前幾年外，唐玄宗多情多欲，溺於衆愛。王皇后、楊皇后（追贈）、劉華妃、趙麗妃、錢妃、皇甫德儀、劉才人、高婕妤、郭順儀、柳婕妤、鍾美人、虞美人、閻才人、王美人、陳美人、鄭才人、武賢儀等等，先後共養育了五十九個子女。而唐玄宗得到了楊貴妃以後，改變了泛愛的局面與某些荒唐無恥的做法，逐漸地產生了固定式的專一的情愛。

（二）楊貴妃的情愛觀

愛情從來不是一廂情願的，只有雙方共愛才會產生誠摯的感情。唐玄宗專寵楊貴妃，楊貴妃也愛唐玄宗。由於雙方感情的交流，才使李楊的結合產生了較持久的力量。

楊貴妃的情愛觀，具體反映在她對唐玄宗的態度上。她不僅把唐玄宗視為人間的至尊，而且看作自己心愛的人，而後者正是別的嬪妃難以做到的。一般的嬪妃難得有獨立的人格、突出的個性，或者受寵若驚，或者懼而失寵。楊貴妃的出衆之處是，把對天子的愛在一定程度上還原為對「人」的愛，然後在彼此之間追求某種對等的情愛。她以貴妃自居自尊，不讓別人染指。這種心態表面上看來，似是嫉妒，實質上也是一種變相的情愛。她既不能容忍唐玄宗寵愛別的嬪妃，也不隱諱自己對皇帝的不滿，敢於在玄宗面前大發脾氣。對比一下，王皇后、趙麗妃、皇甫德儀、劉才人等雖不滿武惠妃的爭寵，但不敢衝撞玄宗。武惠妃雖嫉妒其他嬪妃分享「恩寵」，但也不敢冒犯玄宗。其實，製造爭寵風波與宮闈事端，主要責任在於玄宗。然而，她們往往把矛頭指偏了方向，歸咎於別的爭寵者。為什麼？因為在她們心目中，皇帝是至尊，她們不敢將對天子的愛還原為對人性的情愛。這種觀念上的差距和精神上的桎梏，是不能產生楊貴妃式的女性的。

楊貴妃獨具鮮明的個性，她不是纖弱含蓄的貴婦，而是大膽潑辣的美人。兩次「出宮」事件清楚地反映了這一點。如果說，第一次「忤旨」造成了出宮的後果，事先還不知道，那麼，以後應加壓抑情緒，就不至於出現第二次「忤旨」。但是，還是再次「出宮」了，說明她忍受不了，才敢於發作。而「出宮」之後，她和唐玄宗一樣地感到徬徨與內疚。兩人都對暫時的分離，既有孤單之感，又有悔恨之情，反映了兩人的內心深處是相愛著的。

楊貴妃的情愛觀為什麼在唐玄宗晚年能得到如此強烈的自我表現呢？這與玄宗晚年的心態緊密相關的。一個年老的封建專制帝王，面臨著兄弟諸王都已仙逝的情況，徒然地增長了孤獨感，變成了名副其實的孤家寡人。執政後期，荒殆政事，使賢者日疏，諛者日親。索性委政佞幸，深居內宮。身邊雖有老奴高力士可以談心，但老奴畢竟代替不了異性的溫存，更不能滿足精神上的慰藉。楊貴妃恰好在此時此地出現，正適應了唐玄宗的及時欲求，填補了皇帝感情上的空虛。因此，唐玄宗對楊貴妃寵愛彌專，楊貴妃對他也是體貼入微。深沉的共愛，充實了玄宗晚年的精神生活。

一般地說，愛情包括三個要素：體態的美麗，融合的旨趣，親密的交流。這些因素都植根於共同生活。唐玄宗與楊貴妃之間的愛情是在共同生活的土壤上培育起來的，同樣離不開這些因素。

首先，楊玉環的美貌是玄宗喜愛她的首選因素。開元二十八年（七四〇）十月，皇子諸王循例隨玄宗行幸驪山，時距壽王妃結婚將近五年。玄宗早已多次耳聞目睹壽王妃的美艷了，用不著別人「或言妃資質天挺」[10]，但從壽邸召入內宮是要別人提出的。固然，玄宗一見之下，喜不自勝。沒有美貌這一點，楊玉環是無緣成為貴妃的。

其次，旨趣交融，是他們情投意合的最重要的因素。他們既有藝術家的素質與才藝，可謂歌舞知音；又有道教徒的虔誠和信仰，可謂崇道雅好。這兩點是構成他們融合旨趣的主要條件，下面將另闢專章論述。他們性格頗多相似，玄宗豪爽、詼諧、樂觀，貴妃率直、開朗、大膽。他們生活情趣不隨世俗，不拘傳統，趨向時尚，崇尚開放。

再次，通過兩次風波，顯露了各自個性，進而彼此交流，互諒互讓，增長了情愛。唐玄宗雖然生性活潑，感情豐富，但被封建帝王的尊嚴禁錮了，被宮闕禮儀束縛住了。楊貴妃的出現，以她特具的美貌與風情，使唐玄宗晚年生活中激起新的感情波濤。楊貴妃與衆不同，她獨具天賦，當然知道獲得唐玄宗歡心的必要。但是，她在皇帝面前並不那麼百依百順，排他的心理、不遜的頂嘴，說是妒忌也好，潑辣也好，都顯示了她是個有膽量的女性。兩度風波，使她窺見了玄宗雖然貴為天子，但是一個多情善感的至尊。總而言之，彼此感情的交流，旨趣的融合，奠定了共同生活的基礎，最後達到了親密無間的地步。

「殊艷尤態」與時世妝

古來天子選妃曰選美。唐玄宗對楊玉環一見傾心，首先就是迷戀於她的天生麗質。然而，楊貴妃並不滿足於自己的自然美，還崇尚時髦打扮，追求服飾美，積極推行「天寶時世妝」。這也投合了唐玄宗的心意。

（一）「天生麗質難自棄」

「漢皇重色思傾國，御宇多年求不得」，後來終於如願以償，選入了「天生麗質難自棄」的楊玉環。陳鴻形容她的美貌是「殊艷尤態」，超越衆美；劉昫敍寫為「姿色冠代」。兩人異詞同義，都讚揚她是盛唐第一美人。在唐玄宗的眼裏，楊貴妃是「生平雅容」、「爾顏類玉」[11]，確實使他傾心不已。

白居易詠唱楊貴妃的「麗質」是「天生」的，描繪她美目傳神，媚態頓生，相形之下，六宮粉黛，都黯然失色了。陳鴻補敍道：「光彩煥發，轉動照人」，真是顧盼生輝。劉禹錫的詩句更為誇張：「低迴轉美目，風日為無暉。」[12]連風雲、陽光都在她的眼珠轉動之中，失去了光輝。

楊貴妃的麗質帶有盛唐時代的印記。盛唐崇尚健康美，體型俗好豐肌，故司馬光說：「太真肌態豐艷。」[13]陳鴻詠楊貴妃「纖穠中度」，用詞較為恰當。即既不纖小，也不過度豐腴，而是豐纖適中，略顯豐滿。過去有人理解她具有肥碩體型，那怎能創造優美的舞姿形像呢？北宋樂史說得最為確切：「妃微有肌也。」還說楊貴妃「有姊三人，皆豐碩修整」[14]。「豐碩」，就是豐滿之意。以豐為美的盛唐審美觀還一直延續至中唐，詩人元稹寫崔鶯鶯之美，其中也有「膚潤玉肌豐」之句[15]。

楊貴妃的「麗質」還有另一特徵是，臉型崇尚豐滿勻稱。史載「（太平）公主豐碩，方額廣頤」，「則天以為類己」[16]。武則天有「武媚娘」之稱，曾使高宗迷戀。高宗當然認為她「方額廣頤」是美的臉型。這種審美觀，顯然受到印度犍陀羅藝術風格的影響。當時的佛像面部雕刻多呈生動、慈祥的表情和方額廣頤的造型，一變魏晉佛像嚴肅、呆板的神態，頗多流露了世俗人情味。盛唐也以「方額廣頤」為美，上下勻稱，面如佛相，形如蓮子，唐玄宗稱之曰「蓮臉」。他又以「蓮臉嫩」[17]，形容這種帶有盛唐氣質的白嫩臉型之美。楊貴妃的臉型史無明載，但從〈長恨歌〉讚其「雪膚花貌」的潔白皮膚，以及比喻她「芙蓉如面柳如眉」來看，多少反映了她有嫩如白蓮或白荷的「蓮臉」。

總之，楊貴妃一雙美目以及體型、臉型特徵，恰好與開元天寶時期崇尚蓬勃向上的健美風氣合拍。這就無怪乎她成為「姿色冠代」的佳人了。唐玄宗果然「重色」，但也不應忽視，他的審美觀含有時代的積極因素。

（二）「舉止閒冶」，雍容華貴

楊貴妃的儀態風範也很動人。陳鴻描寫她「舉止閒冶」，形容儀態從容不迫，即沒有局促不安的窘態，卻有犖犖大方的風度。

詩人李白在長安供奉翰林時，聽說過太真妃雍容華貴的美艷風度，曾被玄宗點名酬唱。李白欣然從命，援筆立就〈清平調〉三章。詩人以深邃目光抓住太真妃的儀態特徵，以花王牡丹來比擬妃子，可謂恰到好處。其時太真妃漫步興慶宮沉香亭北牡丹繁開叢中，「名花傾國兩相歡，長得君王帶笑看」，簡直分不清誰是妃子，哪是牡丹，人、花融為一體，交相輝映。這裏，以牡丹寫太真妃，又以太真妃比牡丹，把她照得花團錦簇、艷麗華貴極了。

盛唐長安盛植牡丹，季春花開，成為朝野內外著名的觀賞花卉。牡丹色艷花碩，層層疊疊，被譽為富貴之花。一時賞牡丹、詠牡丹，成為文人學士的雅興。李白以牡丹比擬貴妃儀態，恰是盛唐豐富的物質和精神文明在審美觀上的反映。

（三）「紅汗」與「香囊」

唐玄宗喜歡自然美，也愛好修飾美；楊貴妃在天生麗質之外，也喜梳妝打扮、粉黛艷抹。兩人出於對化妝術的共同愛好，也是打開愛情心扉的一個條件。據說，玄宗於華清宮造端正樓，作為貴妃的梳洗之所。貴妃心領神會，「緣是冶其容」，「以中上意」[18]。於是，圍繞貴妃的分外之美，種種頗有傳奇色彩的美容術便流傳開來，其中「紅汗」與「香囊」就是典型例子。

何謂「紅汗」？據五代王仁裕記載：「貴妃每至夏月，常衣輕綃，使侍兒交扇鼓風，猶不解其熱。每有汗出，紅膩而多香，或拭之於巾帕之上，其色如桃紅也。」[19]貴妃會出「紅汗」，看來有點怪誕。其實是她施朱塗紅、拭汗沾色的緣故。這種敷面及唇的化妝品，究竟是什麼呢？可能是一種高檔胭脂和紅粉。元稹〈離思五首〉：「須臾日射燕脂頰，一朵紅蘇旋欲融。」[20]反映了唐代貴族婦女特別盛行塗脂抹粉的濃妝風尚。據胡三省考證，元代的「富貴之家，帨巾率以胭脂染之為真紅色」，是「唐之遺俗」[21]。即唐代胭脂除了化妝之外，還用來染色，優質不易褪色。盛唐還盛行以紅粉敷臉、脖頸及胸的打扮，正如張祜〈李家柘枝〉詩云：「紅鉛拂臉細腰人」[22]，元稹〈恨妝成〉：「傅粉貴重重，施朱憐冉冉。」[23]很明顯，楊貴妃身出「紅汗」並染紅揩汗的「巾帕」，是她濃抹胭脂與紅粉的染色所致。

楊貴妃還喜愛胸佩「香囊」。當時異域進奉的香料、香藥很多，納入囊中，稱為「香囊」。這是當時的珍稀之物，一般說來，皇家才有。唐玄宗從不輕易地賞賜與人，只用來賞賜寵臣與寵妃。如天寶九載（七五〇），玄宗駕幸華清宮，曾賜「香囊珍寶」等物與安祿山[24]。楊貴妃身佩的「香囊」，當然也來自玄宗所賜。據記載，馬嵬驚變，埋骨黃泉，玄宗回鑾，打開墓穴，發現生前「香囊」仍在[25]。詩人張祜有感而賦：「蹙金妃子小花囊，銷耗胸前結舊香。」[26]指出貴妃佩戴的是用「蹙金」繡成花朵，內盛香料，故稱「花囊」。「香囊」中的香藥、香料散發出異香，可以經久不絕，劉禹錫故說「縷絕香不歇」[27]。李益亦有類似的吟詠：「濃香猶自隨鑾輅，恨魄無由離馬嵬。」[28]詩人以貴妃香隨玉殞，寄託玄宗離愁，別具藝術匠心。貴妃喜佩「香囊」，渾身散發異香，無疑是歷史的真實寫照。

其實，楊貴妃所謂體紅氣香，也反映了唐玄宗的嗜好。玄宗的〈好時光〉詞描寫盛唐美女的化妝曰「體紅香」。貴妃出「紅汗」、「佩香囊」，正是「體紅香」的如實反映。她的三個姊姊可能也身佩「香囊」，有人從她們隨幸華清宮的車中一窺，不禁香氣撲鼻，殘留「數日不絕」[29]。可見，佩戴「香囊」是當時宮廷與貴婦的裝飾時俗，也是豪侈生活的反映。

（四）簪步搖、黃裙、柳葉描、義髻

步搖，是古代婦女鬢髮修飾品，上有垂珠，步則搖動，故名。盛唐的步搖以金玉作飾，比前朝製作精緻。〈長恨歌〉云：「雲鬢花顏金步搖。」《楊太真外傳》卷上鋪敘道：「上（玄宗）又自執麗水鎮庫紫磨金琢成步搖，至妝閣，親與插鬢上。」「紫磨金」，指紫金磨製鳳鳥置上；「琢」，指美玉雕琢彩珠以垂下。玄宗親為楊玉環簪步搖，說明他喜歡步搖。這是流行於天寶年間的時世妝。宋歐陽修云：「婦人則簪步搖釵，衿袖窄小。楊貴妃常以假鬢為首飾。」[30]「假」者，借也，憑借雙鬢插上首飾，很可能是步搖。可見，唐宋文人「金步搖」之詠，不僅為詩文修飾的詞藻，也是史家紀事的實錄。

陳鴻《長恨歌傳》稱，楊貴妃「披紫綃」。紫綃，為質輕如紗的紫色薄絹。這種服裝十分吻合貴妃的擅長和個性，既便起舞，亦似武裝，類似披肩或披衫，增添了女性的瀟灑、嬌健之美。毋庸贅言，這也是貴妃諸姊仿製的對象。她們穿「羅帔衫」，袒露頸胸，更顯開放。

唐代婦女喜著紅裙，為了協調顏色，罕用紫色披肩。楊貴妃喜歡「披紫綃」，也就不宜著紅裙。因此，《新唐書•五行志》載她「好服黃裙」。值得注意的是，原來楊太真為女官時曾戴黃冠，專寵後又好服黃裙。黃冠是道教徒的標誌，黃裙也可能與「天寶中，上書言事者，多為詭異」，以應符命有關。李唐據說承漢代火運，為土德，「衣服尙黃，旗幟尙赤，常服赭赤也。赭，黃色之多赤者。」[31]因此，唐玄宗於天寶十載（七五一）頒布〈諸衞隊仗緋色幡改赤黃色詔〉[32]，以符土德。正是在這種氣氛下，「智算警穎，迎意輒悟」的楊貴妃，帶頭穿起黃裙，具有以應土德的含意。貴妃諸姊紛紛效法，虢國夫人「衣黃羅帔衫」[33]。

畫眉是古代婦女的眉飾風俗，唐代特別盛行，玄宗尤其注意畫眉樣式的總結與推廣。據《楊慎外集》記載，唐明皇曾令畫工畫過十眉圖，即鴛鴦眉（又名八字眉）、小山眉（又名遠山眉）、五岳眉、三峰眉、垂珠眉、月棱眉（又名卻月眉）、分梢眉、涵煙眉、拂雲眉（又名橫煙眉）、倒暈眉等。十眉圖是根據開元年間流行的眉式整理加工的，成為當時婦女畫眉的範本。天寶年間，眉式時俗發生了變化，盛行起柳葉眉。〈長恨歌〉描寫的「柳如眉」，就是柳葉眉。其特點是眉式線條細長，宛如柳葉，是當時的宮眉。《梅妃傳》雖係僞作，但作者似也知道盛唐宮廷的時尚眉式，故撰〈一斛珠〉詞，首句就是「柳葉雙眉久不描」。

描畫柳葉眉施用青黛之色，唐玄宗尤善此道。他在〈好時光〉詞裏說：「眉黛不須張敞畫，天教入鬢長。」張敞是西漢人，當他在京兆尹任上時，曾親手給妻子畫眉，在長安傳為美談，他就成為畫眉能手的代稱。畫柳葉眉無須驚動畫眉能手，只要抓住細長要領就得了。從劉禹錫的〈馬嵬行〉「共愛宿妝妍，君王畫眉處」[34]來看，也許這是唐明皇為貴妃畫柳葉眉的經驗之談。盛唐「天寶時世妝」的眉式特點是「青黛點眉眉細長」，與中唐「元和時世妝」的「莫畫長眉畫短眉」[35]，「雙眉畫作八字低」[36]，迥然不同。

盛唐婦女崇尚的髮式是高髻，將髮髻梳高，遍插首飾。楊貴妃喜梳高髻，《新唐書・五行志》稱為「義髻」。「義」與假通，故「義髻」亦可稱假髻，〈長恨歌〉描寫貴妃髮式為「翠翹金雀玉搔頭」。梳妝特點是將髮梳鬆，髮端插上髮環，環呈扇形，正中大，兩邊小，上飾金鳳、珠翠等首飾，後佩孔雀翎，兩鬢簪步搖。後人稱這種髮式為玉環髻或楊貴妃髻[37]。如此豪華的髮飾，當然引起了人們的憤慨，故有「義髻拋河裏」的不滿情緒流露[38]。

高髻時尚始於唐初的宮妝。當時「俗尚高髻，是宮中所化也」[39]。後及民間，形成流俗。時至盛唐，風氣更加開放。除了髮飾趨向繁富之外，花樣也別出心裁了，楊貴妃又成為宮妝髮飾的創新者。她喜歡在寶冠上插花，〈長恨歌〉云「花冠不整下堂來」。據王仁裕記載，有一次御苑千葉桃花盛開，玄宗「親折一枝插於妃寶冠上，曰：『此個花尤能助嬌態也。』」[40]寶冠上插花叫花冠，髻上插花，稱為「簪花」。當時長安貴族婦女競簪名花，幾與簪步搖同步流行。

看來，自楊貴妃倡行的高髻、插花髮式，也是由宮廷擴及社會的「時世妝」之一。沿及中唐，盛行不衰，從著名仕女畫家周仿的仕女畫來看，高髻髮飾除簪有金鈿、簪釵等等之外，髻上還插有花朵。這種髮式既是盛唐高度物質與文化生活水平的反映，也是當時貴族婦女注重美感的裝飾的思想流露。

唐玄宗喜歡流行時世妝扮，傳說他作〈好時光〉詞一首：「寶髻偏宜宮樣，……莫倚傾國貌，嫁取個，有情郎。彼此當年少，莫負好時光。」反映了他心目中女性傾國的時妝美。所謂「寶髻」，似指寶塔形髻，即高髻。因塔檐掛垂鈴鐺等飾品，類似高髻的多數頭飾。玄宗所詠「寶髻偏宜宮樣」，意指高髻應以宮妝髮髻為範本模式，也就是他推廣楊貴妃髻的意思。

（五）「服妖」之誚

白居易指出，「天寶末年時世妝」的時新服式特徵是：「小頭鞋履窄衣裳。」《新唐書・五行志》擴而大之把這類競奇尚新的穿著等服飾，一概視為不祥之物，故把楊貴妃的簪步搖、義髻、窄衣裳、好服黃裙也斥為「服妖」。所謂「服妖」之誚，就是譏笑穿著新奇款式的服裝，視同妖異。

所謂「天寶時世妝」，包括兩方面的涵義。一是對中原傳統服飾的變革，如金步搖、描柳眉、施朱塗紅、黃裙、高髻等等，都是在吸取唐以前各代服飾的基礎上，形成了自己優美高雅的服飾。二是引進胡風、胡俗性質的服飾，作為中原傳統服飾的補充，如胡衣、胡帽、窄衣裳、小頭鞋履等等。其中，特別是胡服，更易引起重夷夏之辨者的「服妖」之誚。

就唐代胡化裝束來說，唐初就已仿製了。太宗時長安士庶嗜愛胡衣胡帽，如長孫無忌以烏羊毛製作渾脫氈帽，不少人予以仿造。及至盛唐，風氣更趨開放，「天寶初，貴族及士民好為胡服胡帽」[41]。「胡帽」，據姚汝能記載，乃「豹皮帽」，和唐初男人崇尚羊皮帽的款式也有變異。但是它比起天寶時貴婦的明顯胡化裝束，卻大為不如，也就是說，盛唐婦女的服飾更趨開放。白居易〈柘枝詞〉詠柘枝舞女有「香衫窄袖裁」之句，顯然，婦女崇尚「窄小」的「衿袖」，不能忽視天寶間外來柘枝舞衣的影響[42]。「小頭鞋履」，指小巧的皮靴，是西域胡旋舞女的裝束，便騰跳和飛舞，成為宮廷仿著的胡履，改變了傳統的鳳舄穿著。鳳舄是複底鞋，下底木製，木上置履，履面綉鳳，不便行動，更不宜起舞，崇尚開放的女子自然不喜歡。貴妃善舞胡旋，估計她有可能穿這種小鞋履。

「天寶時世妝」反映了唐玄宗、楊貴妃對傳統美感觀念的更新，打上了盛唐時代社會心態的印記。天寶亂後，唐人痛定思痛，對玄宗沉溺聲色，反思激切，不能說沒有道理。然而，未能切中時弊，流於表象，甚至迷戀守舊，歸罪開放就不對了。元稹對「胡音胡騎與胡妝，五十年來競紛泊」的胡風氛圍，就大加筆伐。其實，這種風氣也為民間所接受：「女為胡婦學胡妝，伎進胡音務胡樂。」[43]尊重客觀的元稹又不得不承認這種現實。可見，「胡化」是盛唐不可阻遏的文化浪潮。

當時朝野上下為時勢所趨，腐儒少有露頭或鮮有斥語，這不能不歸功於唐玄宗和楊貴妃吞吐萬象的宏偉氣魄。他們帶頭標新立異，思想較為開明。玄宗又制訂了更加開放的政策，加速了經濟、文化的交流，使域外的胡風、胡俗得以暢通。長安作為經濟、文化交流的中心，深受西域服飾等等文化的影響。唐玄宗和楊貴妃在服飾等等文化方面引進外來或邊陲民族的文化藝術，予以融合，形成了頗具特色的天寶服飾美。因此，他們都是服飾文化的改革者，又是身體力行者。崇尚時髦、情投意合，這是他們得以建立厚愛的另一條件。

當然，楊貴妃在服飾方面也是夠奢侈的。她所穿的綾羅衣裙，極其精巧，是由掖庭織錦院的七百名優秀織工特地製作的。她喜飾賞玩的珍物器服，除唐玄宗大量恩賜外，還有各地官吏進奉的。其中，嶺南經略史張九章、廣陵長史王翼貢納的珍異，最稱精美。據說，這些地方官因此而得到了高官厚祿。

奢風是受物質生產條件制約的。盛唐整個統治階級都趨向奢華生活，這與當時社會所能提供的物質消費水平直接有關。唐文宗說：「朕聞前時內庫有二錦袍，飾以金鳥，一袍玄宗幸溫湯御之，一即與貴妃。當時貴重如此，如今奢靡，豈復貴之？料今富家往往皆有。」[44]這裏說明，當時紡織飾以金鳥的錦袍，想必生產工藝難度頗大，剛剛推行，故全國唯有兩件，顯得「貴重」異常，當然只能為玄宗和貴妃獨享了。中唐以降，生產力繼續發展，商品經濟更趨發達，必使更多的織工掌握了這種生產技術，錦袍生產數量增多，「富家往往皆有」，已不如天寶時那麼「貴重」了。中、晚唐的奢華比盛唐有過之而無不及。據此，不能過分誇大李楊的豪侈生活與個人所承擔的責任。

豪侈生活

唐玄宗與楊貴妃之間的愛情，是跟物質與精神方面的享受相聯繫的。〈長恨歌〉云：「金屋妝成嬌侍夜，玉樓宴罷醉和春。」遊賞、飲宴、歌舞、賜浴、侈服、嗜食，構成了他們突出的豪侈生活。清代著名史學家趙翼說唐詩詠「宮闕之壯麗，以及韋曲鶯花，曲江亭館、廣運潭之奇珤異錦」，「至天寶而極矣」[45]。一方面，這是盛唐物質與文化高度發展的結果，另方面也是唐玄宗與楊貴妃豪侈生活的反映。

（一）龍池、太液池、曲江

唐明皇金屋藏嬌，沉溺歌舞之聲，遊嬉昇平之樂。即位後，在所謂龍潛之地的龍池廣置景觀。「龍池」在南內興慶宮的「（興慶）殿後」[46]，接近「力士當上，我寢則穩」的寢殿[47]，是皇宮內宴樂賞景的中心場所。李商隱詩云：「龍池賜酒敞雲屏，羯鼓聲高衆樂停。」[48]展現了他們宴飲、遊賞生活。龍池之西為交泰殿，殿西北為沉香亭，亭在園內，四周遍植綠樹，盛開繁花。李白有詩讚曰：「名花傾國兩相歡，長得君王帶笑看。解釋春風無限恨，沉香亭北倚欄干。」[49]這裏描寫了沉香亭北觀賞牡丹花的實地實景。有時，還在綠草如茵的園地舉行歌舞表演。詩人張祜曰：「興慶池南柳未開，太真先把一枝梅；內人已唱春鶯囀，花下傞傞軟舞來。」[50]〈春鶯囀〉為軟舞曲，在宮廷梨園子弟演唱聲中，跳起輕盈柔軟的舞姿。五月五日端午節，玄宗偕貴妃同遊興慶池（即龍池），池中可以泛舟，傳說築有水殿，為避暑「與妃子晝寢於水殿中」[51]。可見，觀賞歌息又伴隨著豪侈的享受。

西內太液池，也是他們常去的遊園勝地。特別是每逢八月仲秋，或前去欣賞池中千葉白蓮，或於月圓之夜「臨太液池，憑欄望月」，意猶未盡，遂敕令左右，「於池西別築百尺高臺，與吾妃子來年望月。」據說，後經安史之亂，沒有築成[52]。

曲江是宮外最為著名的園林，在長安城東南，係由人工挖掘而成，也稱曲江池。隋初以芙蓉盛開，改名芙蓉園或芙蓉池。胡三省注云：「（芙蓉園）本隋世之離宮也。青林重複，綠水瀰漫，帝城勝景也。」[53]玄宗時景觀更美，波光瀲灩，碧水一泓，內可泛舟，外與觀風樓、彌勒閣、紫雲樓、芙蓉苑構成一組園林整體格局，交相輝映。唐玄宗為便於觀賞這個名園，開元二十年（七三二）自興慶宮「築夾城，……經春明、延興門至曲江芙蓉園，而外人不之知也」[54]。以便隨時微服私遊。

至於元旦朝賀，正月十五上元節，二月一日中和節，三月三日上巳節，七月七日乞巧節，八月五日千秋節，八月十五中秋節，唐玄宗和楊貴妃或盡興欣賞歌舞、或遊宴園林。其中，尤以慶祝玄宗生日的千秋節更是歡騰，正如張祜詠唱：「八月平時花萼樓，萬方同樂奏千秋；傾城人看長竿出，一枝初成趙解愁。」[55]至天寶七載（七四八）八月，改千秋節為「天長節」，繼續宴樂祝壽。

（二）驪山華清宮

「華清恩幸古無倫，猶恐蛾眉不勝人」[56]，李商隱的詩點明了楊貴妃在華清宮的恩幸是前無古人的。「華清宮之香車寶馬，至天寶而極矣」[57]，趙翼的讀史劄記以「香車寶馬」作為代表，揭露了李楊在此過著豪侈生活。

華清宮建於驪山，是盛唐最著名的行宮。舊名溫泉宮，因溫泉而建，係先鑿溫泉，後成宮殿的。湯池歷史可遠溯秦漢，北周前已有名湯兩所，宇文護執政增建皇堂石井一所。隋文帝於開皇十六年（五九六）十一月，曾「幸溫湯」，並在此短時起居[58]。可知此前，曾修建屋宇，栽植松柏，以供浴後暫息，但並非行宮。唐初，高祖偶有校獵驪山，但不見行幸溫泉的記載。太宗患有風濕症，行幸溫泉約有六次[59]，書有〈溫泉銘〉。高宗在位三十四年僅行幸溫泉兩次。玄宗位，頻繁行幸，從先天元年（七一二）至天寶十四載（七五五）的四十餘年中，除五次東巡洛陽外，幾乎每年逢冬即去，時間長短不一，據舊、新《唐書》與《通鑑》所載，總共四十次。

唐玄宗歷年驪山行幸，大體可分為三個階段：

第一階段，開元二十八年以前。一般是十月臨行，也有十一月、十二月、正月出發的，二月、九月各一次。以避寒休息為主，停留時間或者七、八天，或者半個月左右。開元八年冬達二十六天，是例外的情況；當時行幸長春宮，真正在溫湯恐怕也是半個月左右。驪山新建宮殿池苑相對較少，隨行人員也不多。這說明唐玄宗為了「開元之治」而忙碌，親理政務，只是冬天到驪山略略休息半月左右。

第二階段，從楊玉環入宮至冊貴妃之前。這時，唐玄宗已經怠於政事。自寵幸太真妃之後，到驪山的次數明顯增多，每次往往待了一個多月。如天寶二年（七四三）冬居留三十八天，胡三省指出：「帝（玄宗）耽樂而忘返。」[60]這是前所未有的紀錄。返京勉強居住一個多月，似感年前尋歡作樂意猶未足，便於新春再次臨幸，直至二月春暖始回。所謂「耽樂忘返」，真是暴露無遺！

第三階段，冊立貴妃以後。天寶四載（七四五）冬，楊玉環第一次以「貴妃」的身分遊驪山。貴妃諸姊從行，堂兄楊釗初次到溫泉宮。諸楊侍宴禁中，遊戲賭博，好不熱鬧，足足待了六十二天，在時間上又創了新紀錄。天寶六載（七四七）冬起，新命名的華清宮實際上成了另一政治中心，此後居留時間更長了。天寶十載（七五一）冬至次年正月，長達九十五天，創下了最高紀錄。更有甚者，索性在華清宮舉行元旦朝賀的重大節日活動。至於歌舞排場，愈來愈鋪張盛大。

總之，開元和天寶臨幸驪山的情景的明顯區別，與楊太真入宮以及楊貴妃專寵有直接關係。一方面，通過驪山之遊，李楊情愛越來越深，彼此更加了解；另一方面，玄宗「耽樂」與荒殆政事同步發展。看來，李楊確立愛情所付出的政治上、經濟上的代價是十分高昂的。

為了遊幸取樂的需要，唐玄宗大興土木，對驪山行宮作了三次擴建。

第一次，開元十一年（七二三）冬，把原來的「湯泉宮」名稱，改為「溫泉宮」[61]，並進行了一番改建。

第二次，天寶元年（七四二）新建「長生殿」。天寶三載（七四四）十二月，以新豐縣距泉較遠，不便供頓，劃出新豐、萬年兩縣的部分地區，就近另設會昌縣，置於溫泉宮下，再次擴建。

第三次，自天寶六載（七四七）起，大興土木，規模最為龐大。改溫泉宮為華清宮[62]，增闢溫湯為池，修造亭臺殿閣，布置園林美景。又築羅城，置百司及十王宅；臨幸期間，移仗驪山，處理政事。王公高官各建邸舍，土地畝值千金；環宮沿山，「植松柏遍滿岩谷，望之鬱然」[63]，一個新的花園型皇宮出現了。天寶七載（七四八）十二月，廢新豐縣，併入會昌縣，改名昭應縣。華清宮供頓地區更加擴大，隨之形成了一個人口稠密的區域。附近村民利用「官道」開設「村店」[64]，出現了「商賈繁會，里閭闐咽」的局面[65]，繁榮了長安與驪山之間的經濟。

華清宮的建築於天寶六載基本定型。據鄭嵎記載，宮殿布局自北向南延伸，羅城以北門津陽門為正門，經後殿前殿，達南門昭陽門。東西兩側採取左右相對的建置：左面東半部是玄宗和貴妃的遊樂中心，其建築自北依次為遙光樓，樓南為飛霜殿，御湯九龍殿在飛霜殿之南。成羣殿庭迤邐而立，湯泉間接相錯。雕樑畫棟，暖流汩汩，景色宜人，賞心悅目。右面西半部為廟宇壇院所在，較為冷落，自北至南有七聖殿、功德院、羽帳、瑤壇等。

宮城東門為開陽門，與東繚牆之間有宜春亭、四聖殿、重明閣、鬥鷄臺、按歌臺、觀風樓等高大建築物。「此時初創觀風樓，檐高百尺堆華榱；樓南更起鬥鷄殿，晨光山影相參差。」鄭嵎自注云：「觀風樓在宮之外東北隅，屬夾城而連上內，前臨馳道，周視山川。」[66]可見，風景極佳。宮城西門為望京門，與西繚牆之間有粉梅壇、芙蓉園、看花臺、西瓜園等園林建築。

驪山的宮城之內，還有東、西繡嶺，以景色如畫、如錦繡之美而得名。在秀麗的山巒上布列不少亭臺樓閣。其中著名的有長生殿、老君殿、朝元閣等建築[67]。

天寶以來，華清宮崛起的建築羣，是極為壯觀的。白居易的〈華清宮望幸〉云：「驪岫接新豐，岧嶤駕碧空；……絳闕猶棲鳳，雕樑尚帶虹；溫泉曾浴日，華館舊迎風。」[68]揭露了玄宗、貴妃的享樂生活。

華清宮既是李楊以景寄情的仙窟，又是耗人脂膏的淵藪。三次大興土木，所需巨木，不少是從遙遠林區採購而來。直至德宗時還記憶猶新。有一次他對戶部侍郎裴延齡說：「人言開元、天寶中側近求覓長五、六十尺木，尚未易，須於嵐、勝州採市。」[69]所需人力、物力可想而知。

（三）御湯與妃子湯

「春寒賜浴華清池，溫泉水滑洗凝脂；侍兒扶起嬌無力，始是新承恩澤時。」自從〈長恨歌〉詠唱楊貴妃沐浴華清池以來，引起了唐人抒寫和後人憑弔華清池的濃厚興趣。

華清池係由宮內湯池得名，湯池也稱溫湯、湯泉，溫泉；還有稱浴堂的。王建〈宮詞〉云：「浴堂門外抄名入。」[70]看來，沐浴的官員需逐個依次唱名而入。

宮泉地處陝西臨潼縣南一百五十步，在驪山西北。唐以前已有三所，至唐增闢較多，尤其是天寶六載（七四七），在擴建宮室的同時，大規模地增築「湯井為池」[71]。據宋代王讜說，當時驟增至十八處。其實不止此數，天寶十四載（七五五）七月，唐玄宗還為安祿山新作一湯，邀他十月至華清宮湯沐。胡三省為此引〈津陽門詩注〉曰：「宮內除供奉兩湯外，內更有湯，十六所長湯，每賜諸嬪御。」指出「太子湯」在供奉湯的「次西」，「宜春湯」又在其「次西」[72]。所謂「供奉兩湯」，指御湯與貴妃湯，是玄宗與貴妃專用的。「長湯十六所」，指供嬪御沐浴的。還有供太子專用的太子湯，可能供梨園法部所置的小部音聲人用的宜春湯。至於大臣集體沐浴的是露天浴池，稱為星辰湯。近年從考古發掘得知，此湯東西長十八米、南北寬五米，是一個長形大池。

掌管宮禁湯泉，專設溫泉監機構與專官，監官正七品下，職責是「凡王公以下至於庶人，湯泉館有差，別其貴賤，而禁其逾越」[73]。正如王建在〈溫泉宮行〉裏所詠的：「宮前內裏湯各別，每個白玉芙蓉開。」詩中透露了湯泉的嚴格等級差別。上面提到的「庶人」也可於湯泉洗澡，那肯定在宮外較遠的最低等的非官修浴池。以封建等級特權為享受特徵的溫湯，最高級的當屬御湯，以下依次為貴妃湯、太子湯、嬪御湯、大臣湯等等。

御湯，據胡三省注說：「曰九龍殿，亦曰蓮花湯。」[74]所謂「九龍殿」，因泉出九龍吐水得名，又名「九龍湯」，殿依湯而建，故曰「九龍殿」。御湯不僅以泉口白玉製作龍頭精巧聞名，而且池內還以雕刻或形制蓮花馳名，又曰「蓮花湯」。宋樂史的《楊太真外傳》將其張冠李戴，說華清宮「有蓮花湯，即貴妃澡沐之室」，因係傳奇文學，情有可原[75]。但是，當代有的傳記亦沿襲訛傳，不免失審。御湯以池內形制名為蓮花湯，唐人鄭處誨似已言及：安祿山於范陽節度使任內，命玉工取材白玉石雕成魚、龍、鳥、雁作為石樑，及「石蓮花以獻」，雕琢酷肖，巧奪天工，玄宗大喜，「命陳於湯中，又以石樑橫亘湯上，而蓮花終出於水際，……其蓮花至今猶存。」[76]宋人王讜還記石蓮出泉云：「四面石座，階級而下，中有雙白石瓮，連腹異口，瓮口中復植雙白石蓮，泉眼自蓮中湧出，注白石之面。」[77]據近年考古發掘報告，御湯深約一點五米，浴池略呈橢圓形，池的四周用券石自上至下砌四級臺階，池面第一級臺階用券石砌成蓮花形狀。據此，雖然實物形狀與文獻記載關於蓮花的解釋稍有不同，但是，御湯即蓮花湯是不成問題的。

貴妃湯，又名海棠湯。自一九八三年起，經三年發掘，已看出眉目，湯也呈橢圓形，比御湯小而淺。池東西長三點六米，南北寬二點七米，深一點二六米。浴池沿邊有上下兩層臺階，每層分別用十六塊與八塊弧形券石砌成盛開的海棠花形狀。從發掘現場來看，貴妃池的左上方為御湯，那麼，御湯的右下方就是貴妃池了。宋人王讜記載：「御湯西南，即妃子湯，湯稍狹，湯側有紅石盆四所，刻作菡萏於白玉之面。」[78]對照地理方位以及裝飾是基本相符的。

玄宗與貴妃浴華清溫泉，窮極奢侈。《明皇雜錄》謂「製作宏麗」，以銀鏤漆及白香木作船，又以珠玉裝飾楫櫓，還於湯泉中積壘瑟瑟及丁香，製成類似瀛洲、方丈等仙山的形狀。〈津陽門詩注〉也說：「上時於其間泛鈒鏤小舟，以嬉遊焉。」這些傳聞未必事實，但製作豪華是可信的。

唐代詩人吟詠御湯與貴妃池的詩篇較多。李商隱〈驪山有感〉云：「驪岫飛泉泛暖香，九龍呵護玉蓮房。」[79]前句描寫貴妃入浴後湯泉飄浮著香氣，一個「香」字，寫盡貴妃豪侈粉妝。後句的「九龍呵護」，語意雙關，既指出御湯在九龍殿，又隱喻玄宗以龍體入浴蓮花湯。當然，在華清宮貴妃不僅入浴，而且備受恩幸。白居易曾揭露了李楊談情說愛過於狂熱，以致「春宵苦短日高起，從此君王不早朝」；張祜則委婉地指責：「水繞宮牆處處聲，殘紅長綠露華清；武皇一夕夢不覺，十二玉樓空月明。」[80]

唐玄宗和楊貴妃在華清豪侈的生活中度過，在愛情的漩渦中沉淪，加劇了天寶時期的昏庸局面。這可能是後世史家和詩人把安史之亂的爆發而導致唐由盛轉衰，歸罪於楊貴妃專寵的一個因素。

（四）嗜食新鮮荔枝

在享受豪侈生活方面，李楊兩人基本上是同步的。但是，楊貴妃有一個特殊嗜好卻為玄宗所不及，就是嗜食新鮮荔枝。

荔枝生產於巴蜀和嶺南，如能保鮮運至京師，所耗人力、財力極其驚人。白居易作〈荔枝圖序〉云：「荔枝生巴峽間，形狀團團如帷蓋，葉如桂、冬青，花如桔、春榮，實如丹、夏熟。朵如蒲桃，核如琴軫，殼如紅繒，膜如紫綃，瓤肉潔白如冰雪，漿液甘酸如醴酪。」他深知荔枝極難保鮮，指出採摘後，「一日色變，二日香變，三日味變，四、五日外香味盡去矣。」[81]既然保鮮荔枝以四、五日為限，巴蜀也難以如期，白樂天似已隱約地指出楊貴妃所嗜荔枝不可能來自嶺南。比白樂天稍晚的李肇，在《國史補》裏則說：「楊貴妃生於蜀，好食荔枝。南海所生，尤勝蜀者，故每歲飛馳以進。」但是，嶺南廣州「在京師東南五千四百四十七里」，而劍南成都府「在京師西南二千三百七十九里」[82]，里程幾遠一倍，其中崇山惡水，道路險阻，驛騎不如劍南便捷。李肇所云，不合情理。宋代蘇軾似不同意李肇說法，他在〈荔枝嘆〉詩中自注云：「唐天寶中，蓋取涪州荔枝，自子午谷（今陝西省秦嶺中）路進入。」元胡三省似也同意蘇軾說法，他針對司馬光的「妃欲得生荔枝，歲命嶺南馳驛致之」的記載，以加注的形式表達了自己的看法：「自蘇軾諸人，皆云此時荔枝自涪州致之，非嶺南也。」[83]

宋代歐陽修與司馬光均持嶺南說，而唐宋詩人白居易、蘇軾則持巴峽說。揆之事理，似以巴峽說較能站住腳；當然，也不能絕對排除自嶺南進貢荔枝的可能性。

即使從巴蜀涪州馳驛傳送，也是夠勞民傷財的了。詩人杜甫的〈荔枝詩〉揭露云：「側生野岸及江浦，不熟丹宮滿玉壺。雲壑布衣鮐背死，勞生害馬翠眉須。」明代楊慎指出：「杜公此詩，蓋紀明皇為貴妃取荔枝事也。其用『側生』字，蓋為庾文隱語，以避時忌。……末二句蓋明（韓）昌黎感二鳥之意，言布衣抱道，有老死雲壑而不徵者，乃勞生害馬，以給翠眉（指貴妃）之須。何為者耶?其旨可謂隱而彰矣。」[84]

晚唐詩人杜牧揭露得更為深刻：「長安回望繡成堆，山頂千門次第開；一騎紅塵妃子笑，無人知是荔枝來。」[85]北宋蘇軾和其詩云：「美人一破顏，驚塵濺血流千載。」[86]當驛騎風塵僕僕地馳至宮前時，貴妃是嚐到了荔枝的香美滋味，但是勞民傷財的苦頭卻使人畜吃夠了，多麼嚴冷的諷刺。

註釋

1 《楊太真外傳》卷上。

2 順便指出，內宮和宮女的身分是嚴格區別的。內宮，指皇帝嬪妃，列於內職，都有品位，從四妃的正一品到彩女的正八品，各有等差。宮女，是指服侍天子、后妃等皇家主子起居或供宮內灑掃等雜役使喚的人員，是皇家奴婢。內宮與宮女貴賤有別，不可混淆。有的歷史人物傳記把後宮具有內職之稱的一百二十二個后妃歸入「三千宮女」之列，無異將宮女和後宮等同起來，不僅用語不當，恐亦出於對宮女涵義的誤解。

3 《舊唐書・后妃傳上》。

4 《資治通鑑》卷二一四，開元二十二年四月條。

5 《資治通鑑》卷二一五，天寶五載七月條。

6 《長恨歌傳》。

7 《新唐書・后妃傳上》。

8 《開元天寶遺事》卷上，〈隨蝶所幸〉。

9 《開元天寶遺事》卷下，〈投錢賭寢〉。

10 《新唐書・楊貴妃傳》。

11 《全唐文》卷四一，玄宗〈王文郁畫貴妃像贊〉。

12 《劉禹錫集》卷二六，〈樂府上・馬嵬行〉。

13 《資治通鑑》卷二一五，天寶三載十二月條。

14 《楊太真外傳》。

15 《全唐詩》卷四二二，元稹〈會真詩三十韻〉。

16 《舊唐書・外戚傳》。

17 《全唐五代詞》，唐玄宗〈好時光〉。

18 《楊太真外傳》。

19 《開元天寶遺事》卷下，〈紅汗〉條。

20 《全唐詩》卷四二二，元稹〈離思五首〉之一。

21 《資治通鑑》卷二一六，天寶十一載十月條胡三省注。

22 《全唐詩》卷五一一，張祜〈李家柘枝〉。

23 《全唐詩》卷四二二，元稹〈恨妝成〉。

24 《安祿山事迹》卷上。

25 舊、新《唐書・楊貴妃傳》。

26 《全唐詩》卷五一一，張祜〈太真香囊子〉。

27 《劉禹錫集》卷二六，〈樂府上・馬嵬行〉。

28 《全唐詩》卷二八七，李益〈過馬嵬二首〉之二，一作李遠。

29《楊太真外傳》卷下。
30《新唐書・五行志》。
31《唐語林》卷五。
32《全唐文》卷三三玄宗〈諸衞隊仗緋色幡改赤黃色詔〉，《舊唐書・玄宗本紀下》。
33《明皇雜錄》卷下。
34《劉禹錫集》卷二六，〈樂府上・馬嵬行〉。
35《才調集》，元稹〈有所教〉。
36《全唐詩》卷四二六，白居易〈上陽白髮人〉。
37 張艷鶯〈唐仕女髮髻〉，《文化周報》一九八五年一月。
38《新唐書・五行志》。
39《唐語林》卷三，〈雅量〉。
40《開元天寶遺事》卷上，〈助嬌花〉。
41《新唐書・五行志》。
42 據向達先生《唐代長安與西域文明》考釋，此舞為天寶九載高仙芝遠征石國，隨之傳入。
43《全唐詩》卷四一九，元稹〈法曲〉。
44《舊唐書・鄭朗傳》。
45《廿二史劄記》卷二〇，〈長安地氣〉。
46《唐兩京城坊考》卷一，〈皇城・興慶宮〉。
47《舊唐書・高力士傳》。
48《全唐詩》卷五四〇，李商隱〈龍池〉。
49《李太白全集》卷五，〈清平調三首〉其三。
50《全唐詩》卷五一一，張祜〈春鶯囀〉。
51《開元天寶遺事》卷下，〈被底鴛鴦〉。
52《開元天寶遺事》卷下，〈解語花〉、〈望月臺〉。
53《資治通鑑》卷一九四，貞觀七年十二月條胡三省注引《景龍文館記》。
54《唐兩京城坊考》卷一，〈皇城・興慶宮〉。
55《全唐詩》卷五一一，張祜〈千秋樂〉。
56《全唐詩》卷五三九，李商隱〈華清宮〉。
57《廿二史劄記》卷二〇，〈長安地氣〉。
58《隋書・高祖本紀》。
59 舊、新《唐書・太宗本紀》均載貞觀四年二月、五年十二月、十四年二月、十六年十二月、十七年十二月、十八年正月，太宗幸之，並作短期停留。又《通鑑》開元十一年十月條胡注引《十道志》曰：「貞觀十八年詔閻立本營建宮殿、御湯，名溫泉宮。」
60《資治通鑑》卷二一五，天寶二年十月條胡三省注。
61 據載，唐高宗咸亨三年名「溫泉宮」，但開元前期仍稱溫湯，開元十一年置「溫泉宮」。

62 據《玉海》卷一二八，華淸之得名，取「溫泉㘭湧而自浪，華淸蕩邪而難忘。」

63《唐語林》卷五。

64 參見《開元天寶遺事》卷下，〈歇馬杯〉。

65《南部新書》，辛部。

66《全唐詩》卷五六七，鄭嵎〈津陽門〉詩及注。

67 以上參看馬正林〈唐代華淸宮的盛衰〉，《人文雜誌》一九八四年第一期。

68《全唐詩》卷四九六，白居易〈華淸宮望幸〉。

69《舊唐書・裴延齡傳》。

70《唐詩紀事》卷四四，王建〈宮詞〉。

71《資治通鑑》卷二一五，天寶三載十二月胡三省注引。

72《資治通鑑》卷二一七，天寶十四載七月條胡三省注引。

73《舊唐書・職官志三》。

74《資治通鑑》卷二一七，天寶十四載七月條胡三省注。

75 王建〈宮詞〉：「貴妃湯殿（一作池）玉蓮開」亦誤。

76《明皇雜錄》卷下。

77、78《唐語林》卷五。

79《全唐詩》卷五四〇，李商隱〈驪山有感〉。

80《全唐詩》卷五一一，張祜〈華淸宮四首〉其四。

81《全唐文》卷六七五，白居易〈荔枝圖序〉。

82《舊唐書・地理志四》。

83《資治通鑑》卷二一五，天寶五載七月條胡三省注。

84《升庵全集》卷七九，〈杜工部荔枝詩〉。

85〈過華淸宮絕句三首〉其一。

86〈荔枝嘆〉。

第十七章　歌舞姻緣

歷史上帝王所寵愛的妃子中，擅長歌舞是不多的。但是，楊貴妃卻是盛唐著名的歌唱家與舞蹈家，而唐玄宗又是多才多藝的皇帝。他們作為一對藝術家，結合的基礎之一就是共同的藝術情趣。音樂與舞蹈，構成了他們愛情生活的內容之一。

霓裳羽衣曲

唐朝最負盛名的《霓裳羽衣舞曲》，彷彿是一座愛的橋樑，把唐玄宗與楊貴妃緊密地連在一起。這不僅是盛唐歷史上的佳話，而且是古代藝術史上的大事。

（一）進見之日，奏曲導之

據《長恨歌傳》記載，唐玄宗初次召見壽王妃楊玉環時（開元二十八年十月在溫泉宮），「進見之日，奏《霓裳羽衣曲》以導之。」《楊太真外傳》亦云：「進見之日，奏《霓裳羽衣曲》。」這些記述雖然出自歷史文學作品，但從前後實際情況看來，是可信的。所謂「導之」，即啓導的意思，指演奏名曲以開拓楊玉環的情懷。陳鴻、樂史特地點明此事，意味著李楊情愛是建立在歌舞知音的基礎上。

為什麼唐玄宗選了《霓裳羽衣曲》演奏呢？因為它是當時最流行的名曲，而且包含著唐玄宗本人的藝術創作。這裏，必須回顧一下它的來龍去脈。

白居易在〈霓裳羽衣舞歌微之〉詩中，有「楊氏創聲君（指元稹）造譜」的說法，並自注曰：「開元中，西涼府節度使楊敬述造。」敬述身居武職，能否作曲，值得懷疑。宋代《新唐書・禮樂志十二》載：「河西節度使楊敬忠獻《霓裳羽衣曲》十二遍。」「敬忠」係敬述之誤；「獻」即獻聲，不是「創聲」，較確切。至於楊氏所「獻」的究竟來自何方，《新唐書》就沒有下文了。據宋代王溥《唐會要》卷三三〈諸樂〉披露：「婆羅門改為霓裳羽衣。」這就把曲的淵源揭示出來了。查唐史，開元八年（七二〇），楊敬述官為涼州都督。涼州地處絲綢之路上，西來的胡樂經此傳入中原。楊敬述把婆羅門（天竺）曲獻給朝廷，唐玄宗十分喜歡。

關於舞曲的來歷，還有其他的一些說法。劉禹錫詩云：「開元天子萬事足，唯惜當時光景促。三鄉陌上望仙山，歸作霓裳羽衣曲。」[1]認為是玄宗望女兒山仙女廟有感而作。女兒山在今河南宜陽縣境，為玄宗的覽勝之地。此外，晚唐詩人王建在〈霓裳辭十首〉解題中云：「羅公遠多秘術，嘗與明皇至月宮，仙女數百，皆素練霓衣，舞於廣庭。問其曲，曰霓裳羽衣。」《逸史》也把唐明皇遊月宮的神話加以渲染，說：「上（玄宗）密記其聲調，遂回橋，……旦諭伶官，象其聲調，作《霓裳羽衣曲》。」[2]諸如此類，不一而足。這些俚俗相傳的故事，當然不是事實，但也說明唐玄宗與此曲的製作密切相關。

綜合各種記載來看，《霓裳羽衣曲》有它的複雜的創作過程。楊敬述呈獻的《婆羅門曲》即印度的佛曲，確實是後半段的基礎。但這也不是簡單的外來樂曲的移植，而是以中原的淸商樂為主，糅合了印度的佛曲。北宋王灼〈碧鷄漫志〉云：「西涼作，明皇潤色，又為易美名。」所謂「潤色」，僅指藝術加工，不免貶低了唐玄宗的貢獻。實際上，玄宗是出色的音樂家，他立足於傳統的清商樂，融合《婆羅門曲》，進行了再創造，並增加了散序部分。這樣，盛唐法曲的代表作誕生了，玄宗給它起了美名，叫做《霓裳羽衣曲》。「霓裳」、「羽衣」是什麼意思呢？據邢昺《爾雅》疏云：「虹雙出，色鮮盛者為雄，雄曰虹；暗者為雌，雌曰霓。」裳，即衣之下裙。「霓裳」，指女性衣裙。「羽衣」，即用羽毛製成的衣服，道教沿用而衍為羽化登仙之意。總之，《霓裳羽衣曲》包盈著仙女翩翩起舞的極美的意境，使人有親臨神仙之府的藝術感受；故張祜詩云「碧雲仙曲舞霓裳」[3]，稱之為「仙曲」。後人大概由此渲染了唐明皇遊月宮等美麗的神話。

由於《霓裳羽衣曲》是唐玄宗本人改編的，所以他對這支樂曲特別喜歡，在驪山溫泉宮初次召見楊玉環時令奏此曲。正是通過《霓裳羽衣曲》的演奏，揭開了李楊愛情的序幕。

（二）醉舞「霓裳」，情投意合

如果說，從《婆羅門曲》到《霓裳羽衣曲》，唐玄宗有不可磨滅的貢獻，那麼，從樂曲到舞蹈，則要歸功於楊貴妃了。白居易在〈法曲〉詩裏自注云：「《霓裳羽衣曲》起於開元，盛於天寶也。」而「盛於天寶」，是跟作為舞蹈家的楊貴妃的努力分不開的。

開元時期，唐玄宗只完成了編曲、作曲的任務，尚未推出舞蹈的演出形式。開元二十八年（七四〇）冬，楊玉環「進見之日」，玄宗令「奏」曲以「導之」，可見《霓裳羽衣舞》還沒有創作出來。到了天寶時期，才形之於舞，形象地顯現了樂曲的意境。而從音樂到舞蹈的演變過程中，一個不可忽視的因素就是楊貴妃加入了《霓裳羽衣舞》的創作實踐。

據古代舞蹈史的專家分析，楊貴妃很可能是《霓裳羽衣舞》的編舞者[4]。舊、新《唐書》本傳讚揚她既「曉音律」，又「善歌舞」。換句話說，她是兼具音樂與舞蹈的通才。自楊貴妃得寵以後，無論在長安興慶宮，還是在驪山華清宮，「仙樂飄飄處處聞」，生活於「緩歌慢舞」之中。正是這種仙境氣氛，推動了舞的創作。曲盡其妙，舞盡其態。楊貴妃深得樂曲的旨趣，運用「小垂手」等優美的傳統舞姿，又注入了西域舞伎的旋轉動作，賦予它綽約多姿、宛轉飄忽的旋律，使舞與曲達到完美無缺的藝術佳境。綜觀《霓裳羽衣舞曲》的結構，分為散序、中序、曲破三個部分。第一部分散序，不歌不舞，只奏樂器（如擊磬、擪簫、彈箏、吹笛），實為序曲。第二部分中序，始有拍，隨拍起舞。楊貴妃編舞，就是從中序舞蹈初態與續態入手的。舞姿的優美，正如白居易《霓裳羽衣舞歌》所描繪：「飄然轉旋迴雪輕，嫣然縱送游龍驚；小垂手後柳無力，斜曳裾時雲欲生。煙蛾斂略不勝態，風袖低昂如有情。……」第三部分曲破，節奏由漸快到極快，舞姿也以急轉為主。曲終，拍、舞驟停，卻留下了一絲拖長音。全曲在慢節奏的延長音中煞尾，打破了一般法曲的傳統。由急而緩，由動趨靜，反差強烈。

楊貴妃不僅編舞，而且還親自參加演出，展現了天賦的歌舞才能。據樂史記載，唐玄宗宴諸王於木蘭殿時，楊貴妃「醉中舞《霓裳羽衣》一曲，天顏大悅」[5]。木蘭殿宴諸王，自非實錄，諸王於天寶之前已一一亡故。不過，貴妃醉舞霓裳，大概是事實。當然，地點不是在什麼「木蘭殿」，大多是在驪山華清宮。唐玄宗與楊貴妃每年冬季有二三個月避寒華清宮，在「緩歌慢舞」的生活中，自然少不了醉舞一曲《霓裳羽衣》。直到天寶十四載（七五五）冬安祿山叛亂爆發時，也還是如此。白居易〈長恨歌〉云：「漁陽鞞鼓動地來，驚破霓裳羽衣曲。」寫的是貴妃隨著不斷加快的節奏，演出急轉舞姿，舞至高潮，戛然而止。而這拖長音的「曲破」，如哀如泣，恰好與安祿山舉兵反唐、導致山河破碎的叛亂合拍。詩人用筆之妙，令人拍案叫絕。

貴妃編舞的成功，標誌著《霓裳羽衣曲》的進一步完善化。舞蹈表演包括了奏曲的內容，它是綜合性的樂舞藝術，技藝水平遠較單純的樂器演奏為高，更為廣大的觀賞者所歡迎。因此，舞《霓裳羽衣》成為宴樂活動中的重要節目。據記載，天寶年間，唐玄宗每次酺宴，先設太常雅樂坐部、立部，繼以鼓吹、胡樂、教坊、府縣散樂、雜戲；又以山車、陸船載樂往來；「又出宮人舞《霓裳羽衣》」；又教舞馬百匹，銜杯上壽；又引犀象入場，或拜或舞[6]。從這張節目單中，可以看到，宮人舞「霓裳」是宴會的高潮之一。而宮人舞的，無疑是貴妃所教。傳說貴妃有個侍兒，名叫張雲容，「善為霓裳舞」；貴妃曾贈她一首詩，詩曰：「羅袖動香香不已，紅蕖裊裊秋煙裏。輕雲嶺下乍搖風，嫩柳池塘初拂水。」[7]貴妃是否寫有此詩，無法考證。但詩所形容的舞蹈優美多姿，卻反映了楊貴妃編舞的意圖。

綜上所述，《霓裳羽衣舞曲》是唐玄宗與楊貴妃共同創作的，特別是通過楊貴妃的藝術實踐，更臻完美。這舞曲好像一條絢麗的紐帶，維繫著他們的愛情生活。

（三）「霓裳」功罪，古今評說

《霓裳羽衣舞曲》在我國古代藝術史上自有重要的地位。但是，中唐以後，論者往往把這歌舞聲容視為唐玄宗「溺聲色」、「招禍亂」的象徵。「唐人詩歌於此寓諷刺者，不可勝計！」[8]一般認為〈長恨歌〉首先開了風氣，將《霓裳羽衣曲》同玄宗之「溺聲色」、「招禍亂」串連在一起[9]。其實，白居易之前，李益在〈過馬嵬〉詩中已說：「世人莫重霓裳曲，曾致干戈是此中。」[10]當然，白居易之後，那就更多了。例如：張祜詩云：「天高一笛涼，細聲搖翠佩；

輕步宛霓裳，禍亂根潛結。」[11]詩人們都把《霓裳羽衣舞曲》視為亂階。直到宋代的王讜還是這樣看的，他說：「天寶中，樂章多以邊地為名，若涼州、甘州、伊州之類是焉。其曲遍繁聲為破，後其地盡為西蕃所沒，破其兆矣。」[12]所謂「曲遍繁聲為破」，指法曲的高潮曲破，也包括「霓裳」在內。

誠然，「天寶亂政」的重要方面是唐玄宗沉溺聲色。「從此君王不早朝」，荒於理政確是招致「禍亂」的原因之一。但這是封建統治者腐敗的表現，而歌舞本身並不是造成腐敗的根源。把禍亂與「霓裳」舞曲混為一談，無異倒栽罪魁於楊貴妃身上，豈不冤哉?!作為樂舞藝術的奇葩，何罪之有！唐朝詩人李益、張祜等的指責，過於簡單化了。

比較而言，白居易還是區別對待的。白居易〈法曲〉詩云：「法曲法曲舞霓裳，政和世理音洋洋，開元之人樂且康。」須知，開元時期只有樂曲而無舞蹈。詩人認為《霓裳羽衣曲》是「開元之治」的象徵，頗有見地。至於〈長恨歌〉，確實把「霓裳」舞的「曲破」跟安祿山叛亂串連在一起，但是，並沒有視「霓裳」為禍根，更沒有把楊貴妃當作罪魁。相反，〈長恨歌〉後半篇繼續唱道：「風吹仙袂飄颻舉，猶似霓裳羽衣舞。……昭陽殿裏恩愛絕，蓬萊宮中日月長。」可見，詩人一再筆觸此舞曲，正是展現了歌舞知音者的愛情悲劇，似無寓諷刺於《霓裳羽衣舞曲》。

胡旋舞

楊貴妃不僅擅長霓裳舞，而且還善跳胡旋舞。她和唐玄宗一樣，對待胡人舞樂的態度，是頗為開明的。既注意吸收，又加以創新，為盛唐藝術寶庫增添了一筆財富。

（一）「最道能胡旋」

白居易詩云：「中有太真外祿山，二人最道能胡旋。」[13]天寶年間，楊貴妃與安祿山以善舞胡旋著名，這大概是唐人所公認的事實。

追溯歷史，胡旋舞風行於九姓胡，並不像《新唐書・五行志》說的「本出康居」。早在南北朝時就傳入中原了，唐初流行於宮廷。如武則天的孫女安樂公主十分喜愛，時武則天的侄孫武延秀善舞胡旋，後為安樂公主「唱突厥歌，作胡旋，有姿媚，主甚喜之」[14]。及至開元、天寶時，西域康、米、史、俱密諸國屢獻胡旋舞女，從宮廷到民間，盛行一時。這種舞以旋轉便捷為巧，學習較易，流傳就廣。正如白居易所描繪：「胡旋女，胡旋女，心應絃，手應鼓。絃鼓一聲雙袖舉，迴雪飄飖轉蓬舞，左旋右轉不知疲，千帀萬周無已時。人間物類無可比，奔車輪緩旋風遲。」[15]有的記載說：「胡旋舞，舞者立毬上，旋轉如風。」[16]這種舞法固然甚妙，但近似雜技，難度大，恐怕不是胡旋舞的基本舞法。

由於唐玄宗的喜愛與倡導，胡旋舞成為內宮宴樂活動的節目之一。天寶六載（七四七），安祿山入朝，宴於興慶宮勤政樓。「玄宗每令作《胡旋舞》，其疾如風。」[17]可見玄宗是很欣賞胡旋舞的。而安祿山雖然自稱體重三百五十斤，腹垂過膝，但跳起舞來，旋轉如風，說明他舞蹈本領的高超。至於楊貴妃，雖然現存史籍上沒有關於她跳胡旋舞的記載，但從她善舞「霓裳」，可以推斷她會舞「胡旋」，因為兩舞具有共同的身段舞姿。白居易說她「最道能胡旋」，當有史實根據。天寶末年，康居又獻胡旋女，正是迎合了唐玄宗與楊貴妃的愛好。

（二）胡舞與禍亂

從胡旋舞的流行，可以看到唐玄宗對外來藝術的開明態度。盛唐時期，對外來的文化抱有極恢廓的胸襟，禁忌較少，或者吸收而加以創造，或者移用而加以推廣。

前一種情況，如唐玄宗作《霓裳羽衣曲》時就吸收了《婆羅門曲》，不過他改造製作十分成功，幾乎不露夷曲痕跡，可說是進行了再創造，特別是突出了清商樂為主調，使深悉樂章的白居易等也未覺察。白居易就有「乃知法曲本華風」的詠唱，殊不知霓裳法曲是糅合夷音的。由於白居易以為《霓裳羽衣舞曲》是純粹的「華風」，所以沒有將它與「招禍亂」扯在一起。

後一種情況，如唐玄宗倡導胡旋舞，就遭到一些詩人的非議了。白居易詩云：「天寶季年時欲變，臣妾人人學圓轉。」（〈胡旋女〉）把胡旋舞的盛行視為天寶末年變亂的象徵。詩人元稹說得更明白：「天寶欲末胡欲亂，胡人獻女能胡旋；旋得君王不覺迷，妖胡奄到長生殿。」[18]竟在一個「胡」字上做文章！因為胡旋舞是胡舞，安祿山是胡人，便從胡舞聯繫到胡亂。其實，胡舞本身並不是禍根。從南北朝至天寶年間，中歷唐初「貞觀之治」與盛唐「開元之治」，胡旋舞不曾「迷」君誤國，從未遭到非議，為什麼天寶末就成了禍亂之源呢？

相形之下，唐玄宗與楊貴妃倒是堅持歌樂革新的中堅力量。他們對胡音夷樂不予排斥，相反，積極提倡，使「胡化」或「胡俗」成為時髦。這實質上是盛唐樂舞對外開放的深化反映，具有一新唐人耳目的啓迪作用。如果一味排斥外來舞樂，哪有盛唐藝術苑裏的千紫萬紅呢？問題是天寶末季之前的胡樂是獨立存在的，如高昌樂、龜茲樂、疏勒樂、安國樂、唐國樂、天竺樂、西涼樂、高麗樂等等，它們與傳統的清商樂不相交侵，故唐人鮮有異議。開元晚期，「胡部新聲」傳入，也還是不相參錯的。天寶十三載（七五四），唐玄宗「始詔道調、法曲與胡部新聲合作，識者異之，明年祿山叛」[19]。於是，分歧產生了。白居易、元稹等人認為破壞了華音的純正性，講不出什麼道理，便擺出亂政嚇人。例如，白居易從「審音與政通」的禮樂觀出發，強調：「一從胡樂相參錯，不辨興衰與哀樂。願求牙曠正華音，不令夷夏相交侵。」[20]茲後北宋歐陽修在《新唐書・禮樂志》中也重複了這種看法。其實，以夷夏之辨、審音得失作為甄別治亂興衰的依據，是儒家保守的禮樂觀的反映，不足為訓。而唐玄宗將「胡部新聲」引進道調、法曲是繼《霓裳羽衣曲》之後，進一步擴大音樂改革的嘗試。當他剛熔華夷音樂於一爐時，不巧遭次年的安祿山犯闕，使這次更大膽的華夷音樂革新夭折於搖籃之中，致遭帶有傳統禮樂觀的人士的物議，沉淪千載，不亦寃乎！

藝術伴侶

從藝術修養來看，唐玄宗與楊貴妃不愧為一對藝術家。彼此相愛的十四年裏，幾乎都是在歌舞聲中度過的。

（一）音樂家與歌舞家

如果說，唐玄宗是傑出的音樂家，那麼，楊貴妃就是出色的歌舞家。

唐玄宗的音樂才能是從小培養起來的。父親睿宗以「好樂」著名，對於音樂往往「聽之忘倦」[21]。玄宗幼年幽居深宮，常與樂工為伴，逐漸學會音律。長大後，儀範偉麗，「性英斷多藝，尤知音律。」[22]在潞州任別駕時，愛上歌女趙氏，決非偶然。開元初期，勵精圖治，但仍然嗜好音樂，以致有人上疏批評玄宗「悅鄭聲」，玄宗嘉其誠而不納。歷史上喜愛音樂的帝王不少，但善於作曲的就不多了。唐玄宗精通音律，元稹、白居易都推崇其「雅好度曲」。民間流傳並經詩人潤筆的李謨偷曲的故事，最為傳神。據說，玄宗東幸駐蹕上陽宮，夜闌新翻一曲，擊節度譜。適有少年笛手李謨路過宮牆，偷聽度曲，默記曲譜。次夕元宵，玄宗潛遊燈下，忽聞酒樓有人笛奏己曲，問其來歷，方知緣由。元稹詩云：「李謨壓笛傍宮牆，偷得新翻數般曲。」[23]張祜也有詩曰：「平時東幸洛陽城，天樂宮中夜徹明；無奈李謨偷曲譜，酒樓吹笛是新聲。」[24]李謨故事的真實性難以考證，但流傳如此廣泛，說明玄宗「度曲」知名度之高！北宋王讜讚揚玄宗「製作諸曲，隨意即成，如不加意」[25]。達到即事作曲、隨心所欲的地步，那該有何等的真功夫！粗略統計一下，玄宗創作的曲除了著名的《霓裳羽衣曲》外，還有《得寶子》、《紫雲回》、《凌波曲》、《龍池樂》等等[26]。玄宗不僅作曲，有時也兼填詞。王建〈宮詞〉云：「朝來樂部歌新曲，唱著君王自作詞。」玄宗詩詞水平並不高超，遠比「度曲」遜色，但能夠填詞，也算是不簡單的了。

楊貴妃也具有天賦的藝術素質，十餘歲在歌舞中心的洛陽開始學習，很快就顯露出才華，惹人注目。召入內宮以後，以絕代姿色與兼通音樂歌舞，使她與一般只善歌舞的嬪妃區別開來，受到唐玄宗的專寵。司馬光稱讚：玄宗「精曉音律」，貴妃「曉音律」。以「精」否劃分，表明大史學家用詞極有分寸。的確，兩人都通音律，但內行程度有別。貴妃作曲之數量、質量，自然比不上玄宗。但是，一個妃子能作曲，這在嬪妃羣中是難能可貴的。相傳《涼州曲》，「貴妃所製」[27]。這恐怕不是事實。《開天傳信記》云：「西涼州俗好音樂，製新曲曰《涼州》，開元中列上獻。上（玄宗）召諸王便殿同觀。」據此，《涼州曲》是開元中傳入的。由於玄宗的喜歡，貴妃作了改編，使之成為天寶中的流行歌曲。

楊貴妃是以出色的舞蹈家而彪炳於盛唐史冊的。她善舞「霓裳」與胡旋舞，上面已經說過了。天寶年間，玄宗沉醉於絲竹齊鳴、翩翩起舞的藝術氣氛中，能歌善舞的楊貴妃投合了唐玄宗的藝術情趣，唐玄宗大有知音恨晚之感。在帝京興慶宮與驪山華淸宮，他倆在歌舞活動中，配合默契。或者聯袂演出，玄宗調玉笛以倚曲，貴妃「笑領歌」，甚為得意。或者由梨園弟子演奏金石絲竹，貴妃於樂曲聲中飄然起舞。有時候，「貴妃姊妹盡來看」，共同觀賞宮妓樂舞。盛大的歌舞場面，反映了昇平的盛唐氣象！

（二）善奏樂器，多才多藝

唐玄宗與楊貴妃還能演奏多種樂器，這是他們成為藝術伴侶的一個重要原因。

唐玄宗多才多藝，可能出於家學淵源。父親睿宗喜奏琵琶，據說，他有把心愛的「玉環琵琶」，後由玄宗一直珍藏至天寶末。長兄成器以善笛出名，且懂樂理。弟弟隆範善彈琵琶，睿宗時任太常卿，說明也是熟悉音樂禮儀的。請看，這是音樂氣氛濃厚的家庭。開元中，作為至尊的帝王，卻常與兄弟聚會，奏樂助興，往往自執絲竹。玄宗有時登花蕚樓，「聞諸王音樂之聲，咸召登樓同榻宴謔。」每逢大哥生日，「必幸其宅，移時宴樂。」[28]如此家庭演唱會，反映了盛唐宮廷生活的特色。

大概由於家庭的影響，玄宗從小就會弄笛。隨著歲月的推移，技藝愈來愈精，或調玉笛倚曲，或以笛度曲。除了李謨故事外，還有這樣的傳說：玄宗夢見衆多仙女，飄飄而下，懸奏樂器，曲調淸越，仙女告訴說，這是《紫雲回》曲，傳授陛下，為正始之音。玄宗喜而受之，一覺醒來，餘音猶在，忙以玉笛習曲，曲盡其妙。這當然是神話，姑妄聽之，但善笛度曲確是事實。

玄宗也會撥弄弦樂器，「自執絲竹」[29]，「絲管皆造其妙」[30]。就是說，彈絲弦樂器與奏管樂器一樣內行。例如，玄宗善琵琶。《明皇雜錄》云：「玄宗夢凌波池中龍女，製《凌波曲》。」樂史加以演化，說玄宗醒來，盡記夢中之曲，「自御琵琶，習而翻之。」[31]附會神怪，不足為憑，但玄宗會彈琵琶看來也有所據。及至天寶末，「羯胡犯京」，避亂出奔前夕，登花蕚樓，叫人把珍藏的睿宗的「玉環琵琶」拿出來，「命禪定僧段師彈之」[32]。張祜詩云：「宮樓一曲琵琶聲，滿眼雲山是去程。」[33]可見，寄悲涼於琵琶，感情是何等的深沉。

玄宗最拿手的，要算是羯鼓了。這種愛好，不僅與他的雄豪性格有關係，而且跟他的對外文化開放政策分不開。前面說過，玄宗積極倡導胡音、胡舞、胡俗等。羯鼓係打擊樂器，南北朝時已從西域傳入。形如漆桶，擊用兩小杖，故又稱「兩杖鼓」。唐代的高昌樂、龜茲樂、疏勒樂、天竺樂等都用羯鼓伴奏，盛行於開元、天寶年間。玄宗常說：「羯鼓，八音之領袖，諸樂不可方也。」[34]八音，指金、石、絲、竹、匏、土、革、木。羯鼓聲焦殺，特異衆樂，故為八音之首。「羯鼓聲高衆樂停」，那高昂雄壯的鼓聲，恰好與盛唐氣象相配合。難得的是，玄宗本人還是擊鼓的好手。傳說，有一次，玄宗問「善羯鼓」的李龜年能打多少杖，答曰：「臣打五十杖訖。」玄宗說：「汝殊未，我打卻三豎櫃也。」過了幾年，又聞李龜年打一豎櫃，「因錫（賜）一拂杖羯鼓棬」[35]。故事真實性無法考核，但多少反映了唐玄宗體力健壯與技藝高超！

楊貴妃也是多才多藝，善奏各種樂器。首先，她以彈撥琵琶見長。傳說，她所用的琵琶選材極精，是「中官」白秀貞從蜀地帶回的，「其槽以邏逤檀為之」，溫潤如玉，光輝可見，用金鏤紅文，做成雙鳳。「貴妃每抱是琵琶奏於梨園，音韻淒淸，飄如雲外。」許多人包括虢國夫人都拜她為師，自稱「琵琶弟子」[36]。

貴妃還是擊磬高手。據《開天傳信記》載：「太真妃最善於擊磬拊搏之音，泠泠然新聲。雖太常梨園之能人，莫能加也。」唐玄宗特令選藍田綠玉，精琢為磬。「製作神妙，一時無比。」以藍田石或者華原石製磬，是對傳統磬石的改變。原來，「天寶中，始廢泗濱磬，用華原石代之。」直至中唐，白居易就此詢問「磬人」，「磬人」引故老云：「泗濱磬下，調之不能和，得華原石考之乃和，由是不改。」[37]藍田與華原，同屬京兆府，藍田玉石可能比華原玉石更好。看來，天寶中改用磬石，似與楊貴妃善磬而講究選石有關。這種改制無疑是有利於磬樂的發展。

（三）禮待藝人，培育新苗

唐玄宗與楊貴妃，作為一對出色的藝術家，禮待各種歌舞名伶，培養藝術新人，隨和相處，切磋技巧，沒有皇帝的專橫，沒有寵妃的刁習，這實在是很可貴的。

古代樂工歸太常寺管轄，編入樂籍，號「太常音聲人」，是封建社會裏的特種專業人戶。士流已不屑與之為伍，更不用說帝王了；至於教習樂工的樂師，也是不預士流的賤民。但唐玄宗卻能親自「教太常樂工子弟三百人為絲竹之戲」[38]，對才藝出衆者予以優厚賜賞或者破格授官。他對藝人的關懷，是歷代帝王中罕見的。因此，大批名師如馬仙期、張野狐、賀懷智等等，紛紛滙集於玄宗手下。特別是著名音樂家李龜年、彭年、鶴年兄弟三人，以「才學盛名」，深受玄宗「顧遇」。他們在東都大起第宅，「逾於公侯。」[39]總之，把優倡之類賤民當作有一技之長的藝人看待，是盛唐氣象折射出來的人性曙光，應當刮目相看。

唐玄宗不拘一格選藝人，他以「性識」即稟賦才藝作為選拔的依據，打破了過去按部排樂的僵死做法，通過比賽，激勵樂工們苦練本領的積極性。無「性識」者退，有「性識」者進，以技藝高低確定等級，這是一種合理的改革。

除了太常樂工外，唐玄宗還十分重視各地民間藝人。開元二十三年（七三五）正月，玄宗在東都命三百里內刺史、縣令各帥所部音樂，集於五鳳樓下，「令較其勝負而賞罰焉。」[40]懷州刺史以車載樂工數百，皆衣文繡，服箱之牛皆為虎豹犀象之狀，觀者駭目。這種盛大的會演，為選拔人才創造了條件。

影響所及，楊貴妃對善歌善舞者也很器重。她身邊有兩名侍兒，善歌的叫紅桃，善舞的叫張雲容，彼此融洽，互相教習。還有一位新豐女伶謝阿蠻，以善舞著名，「常入宮中，楊貴妃遇之甚厚，亦遊於國忠及諸姨宅。」[41]謝阿蠻，與楊貴妃素無瓜葛，但讓她出入禁宮，完全是出於對舞蹈名藝人的讚賞，或許可以彼此切磋技藝。貴妃特贈以「金粟裝臂環」，阿蠻一直珍藏在身邊。可見，楊貴妃是頗有人情味的，待人厚道。

（四）梨園與宜春院

梨園與宜春院，是盛唐時期音樂歌舞的教演機構，與唐玄宗、楊貴妃的關係極其密切，由此可以看到這對藝術伴侶關懷舞樂發展的用心。

「梨園」名稱始見於《舊唐書・中宗本紀》，在光化門北，主要是打毬、拔河的空曠場所。開元二年（七一四），唐玄宗新置「梨園」，於近於禁苑之處置院，當為室內建築，宜於教曲習樂。前後兩處「梨園」，似有不同的性質。玄宗新置的梨園是教練坐部伎子弟法曲的場所，玄宗自任教練，校正曲音，故號「皇帝梨園弟子」。也就是說，「皇帝梨園」是皇家音樂教習、排練廳，由「預教」的弟子與執教的樂師組成皇家樂隊，他們從坐部伎挑選出來，原先已有奏樂技巧，經過審音專家唐玄宗的指導，必使曲藝更上一層樓。這是具有深遠歷史影響的事。元明以後，戲班仍沿稱「梨園」，藝人崇奉唐玄宗為祖師，甚至塑像供奉，演出前上香祈禱，保祐不出差錯。顯然，這與唐玄宗嚴於正聲有關，也表現了後世戲曲藝人對他的感念之深。

唐玄宗新設的宜春院，亦是梨園，不過，教習的是以女性為對象。據《新唐書・禮樂志十二》載：玄宗以「宮女數百，亦為梨園弟子，居宜春北院」。宜春院當在西內宜春門內，近射殿。它的設置比梨園晚些，但在開元中似已經有了。如果認為「天寶中」才建立，似未必正確。當然，天寶年間，由於楊貴妃倡導歌舞，宜春院更加火紅了。張祜詩云：「宜春花夜雪千枝，妃子偷行上（玄宗）密隨；便喚耍娘歌一曲，六宮生老是蛾眉。」[42]這裏道出了楊貴妃與宜春院關係的密切。妃子住在南內興慶宮，宜春院在西內大極宮宜春門內，相隔尚遠，須經夾城複道，故詩人想像貴妃「偷行」而玄宗「密隨」。當然，「偷行」與「密隨」均屬虛構，不過，反映了唐玄宗與楊貴妃是經常到那裏去的。

宜春院與梨園還有一個區別是：前者以習演歌舞為主，後者以習奏樂曲為主。歌舞以女性擅長，所謂長袖善舞，宜春院可說是皇家歌舞集訓、排演場所。因係宮女習藝、演藝，故也稱宮妓，亦名「內人」，人數仿照梨園，其中優異者單獨演於內宮小殿，一般性的衆多藝人則演出了羣衆場面。在天寶瀰漫樂舞的氣氛中，經唐玄宗與楊貴妃的關懷，宜春院裏培養了一批女歌舞家。王建〈宮詞〉云：「縫著五弦琴繡袋，宜春院裏按歌回」；「小隨阿姐學吹笙，好見君王乞與名。」這些彈吹絲管樂器的宮妓，可惜沒有留下姓名。總之，宜春院對培養女歌手、女舞妓、女樂工起了重要的作用。

此外，唐玄宗設置了別教院與小部音聲。別教院，是專教樂工新曲與演奏新曲的機構，人數比梨園與宜春院都多，常有千人。唐玄宗為了將度譜新曲投入演奏，需先經排練，別教院的任務就是教會樂工供奉新曲的演奏。這就將曲譜與奏樂聯為一體，使作曲家與演奏者相得益彰。小部音聲，是一種小型樂隊，約三十餘人，樂工均為未成年者，即十五歲以下。看來，新置於天寶中，以供娛樂。

綜上所述，出於對音樂歌舞發展的關懷，唐玄宗建置了梨園、宜春院、別教院、小部音聲等機構，著意教練與培養了一大批樂工與歌舞藝人，為繁榮盛唐藝壇繪製了絢麗多彩的新畫面。而正是以這幅畫面為背景，展現了玄宗與貴妃這對藝術伴侶的愛情生活。

註釋

1 《劉禹錫集》卷二四，〈三鄉驛樓伏睹玄宗望女兒山詩，小臣斐然有感〉。

2 參見《楊太真外傳》注引《逸史》。

3 《全唐詩》卷五一一，張祜〈華清宮四首〉其二。

4 參見王克芬《中國舞蹈史》，文化藝術出版社一九八七年二月初版。

5 《楊太真外傳》卷上。

6 《資治通鑑》卷二一八，至德元載八月條。

7 《全唐詩》卷八九九，楊貴妃〈阿那曲〉。

8 參見任半塘《唐聲詩》上編。

9 參見陳允吉《從「歡喜國王緣」變文看「長恨歌」故事的構成》。

10 《全唐詩》卷二八三，李益〈過馬嵬二首〉。

11 《全唐詩》卷五一一，張祜〈華清宮和杜舍人〉。

12《唐語林》卷五。

13《白居易集》卷三，〈胡旋女〉。

14《舊唐書·外戚傳》。

15《白居易集》卷三，〈胡旋女〉。

16《新唐書·禮樂志十一》。

17《安祿山事迹》卷上。

18《全唐詩》卷四一九，元稹〈胡旋女〉。

19《全唐詩》卷四一九，元稹〈立部伎〉自注。

20《全唐詩》卷四二六，白居易〈法曲〉。

21《舊唐書·嚴挺之傳》。

22《舊唐書·玄宗本紀上》。

23《全唐詩》卷四一九，元稹〈連昌宮詞〉。

24《全唐詩》卷五一一，張祜〈李謨笛〉。

25《唐語林》卷四，〈豪爽〉。

26《舊唐書·音樂志一》云：「玄宗又製新曲四十餘，又新製樂譜。」

27《明皇雜錄》補遺。

28《舊唐書·睿宗諸子傳》。

29《資治通鑑》卷二一一，開元二年五月條。

30《唐語林》卷四，〈豪爽〉。

31《楊太真外傳》卷上。

32《明皇雜錄》逸文。

33《全唐詩》卷五一一，張祜〈玉環琵琶〉。

34《新唐書·禮樂志十二》。

35《隋唐嘉話》補遺。

36《明皇雜錄》逸文。《楊太真外傳》卷上作「寺人白貴貞」。

37《全唐詩》卷四二六，白居易〈新樂府·華原磬〉自注。

38《舊唐書·音樂志一》。

39、40《明皇雜錄》卷下。

41《明皇雜錄》補遺。

42《全唐詩》卷五一一，張祜〈耍娘歌〉。

第十八章　太真「仙子」與道教

楊貴妃與唐玄宗愛情生活的一個特點是：她以玄宗的宗教信仰作為自己的信仰。從開元末到天寶末，唐玄宗崇信道教，慕長生，煉金丹，戀飛升，幾乎與日俱增；而楊貴妃與之心心相印，一致崇道，使李楊後期的愛情愈益堅固。因此，在民間染有道教絢麗色彩的傳說中，舒展了李楊悲思與神遊的構思，設想了「南內真人」與太真「仙子」重圓的情節。如果撇開傳說的荒誕不經的外衣，卻透露了楊太真與道教的緊密聯繫。

「精修」與「嚴奉」

楊貴妃生前跟道教結下不解之緣，就是死後，民間傳說她仍然生活在道院中。這種情況在歷代后妃中恐怕是罕見的。

（一）「雖居榮貴，每在精修」

前面說過，開元二十八年（七四〇）底，唐玄宗頒布〈度壽王妃為女道士敕〉，敕文強調：「壽王瑁妃楊氏，素以端懿，作嬪藩國，雖居榮貴，每在精修。」這裏，讚揚壽王妃楊玉環「精修」道教，未免言過其實，但多少反映了她與道教是有緣分的。須知，開元晚期，即楊玉環為壽王妃的那四、五年，朝野上下，崇道之風愈演愈烈，玄宗繼親自注釋《道德經》之後，任道士尹愔為諫議大夫、集賢學士兼知史官，特賜朝散階，並下詔「許道士服視事」。隨之，命兩京及諸州各置玄元皇帝廟一所，下令置崇玄學，令習《老子》、《莊子》、《文子》與《列子》，每歲依明經例舉。所謂「婦女勤道」，也成了時尚趨向。除了金仙公主、玉真公主、萬安公主等這批著名的女道士外，還有不少「榮貴」之家的女子紛紛「勤道」，以當女道士為榮耀。在這種濃烈的尊崇道教的氣氛下，壽王妃楊氏參與修道活動，是十分自然的，雖然史料上至今沒有留下具體的記載。

如果說，壽王妃「勤道」，尚無確證，那麼，楊玉環「度為女道士」後，「精修」道教則是不言而喻的了。史書上載：「丐籍女官。」[1]「丐」乞也，指楊玉環主動乞求為女道士。其實，這是唐玄宗以己之欲強加於人的做法，第十三章已經作了分析。值得注意的是「籍」字，「籍」指戶籍。原來，唐代除民籍、賤籍外，還有僧籍與道士籍，均由民戶剃度而附籍的。政府設有專管機構，負責掌管道士籍與度道事宜[2]。楊玉環當了女道士，名義上另屬籍簿，僅僅表明其身分不再是壽王妃而已，決不會跟一般的道士籍等同起來。不過，既然是女道士，就要按照教規參加一定的「精修」活動。據記載，楊玉環住在大明宮的「內太真宮」[3]，熟悉與學習道教的禮儀與經典。內太真宮裏當有住持與女道士多人，實際上替楊太真生活起居服務。

唐玄宗度壽王妃為女道士，雖然出於他個人的好色目的，客觀上卻有利於道士社會地位的提高。開元二十九年（七四一）正月，即楊玉環度道不久，河南採訪使、汴州刺史齊澣上奏：「伏以至道沖虛，生人宗仰，未免鞭撻，熟瞻儀型。其道士、僧、尼、女冠等，有犯望准道格處分，所由州縣不得擅行決罰，如有違越，請依法科罪」，「敕旨，宜依。」[4]可見，道士、女冠具有法外特權。他們「有犯」，一般以姦情為多，而《唐律疏議》原訂的「道士、女官姦者，加凡人二等」[5]，就變成虛文了。若以「道格」處分，至多令其還俗，豈非道士、女冠的身分可作抵罪的特權了嗎？這樣一來，他們既可逃避差徭，又可豁免刑法處分，社會地位顯然提高了。

由於上述原因，道士、女冠自然受到凡人宗仰。如天寶二年（七四三），「太子賓客賀知章請度為道士還鄉」[6]，受到玄宗的讚賞與朝士的歡送。玄宗還優待道士，對兩京宮觀「各賜近城莊園一所，並量賜奴婢」[7]。因此，他把度道士視為一種「恩典」。天寶六載（七四七）正月，下詔說：凡天下諸觀道士人數不足定數的，恩准「度滿七人」，標準有兩條，年齡要「三十以上」，須具備「道行經業」者[8]。而且，玄宗對上層道教人士如觀主、法師、煉師等予以殊遇，封官賜號，與之素箋往還。如對茅山道士李含光，玄宗尊稱其為「煉師」、「尊師」、「元靜先生」，自稱「弟子」。道士如此走紅，女官自然亦為時人看重。楊玉環度道不到一年，就寵逾於武惠妃了，宮中稱呼她為「娘子」。但在時人心目中，還是一個女道士。直至天寶四載（七四五）八月，楊太真被冊為貴妃後，雖在官修正史中都以楊貴妃稱謂，但在唐宋文人的野史、詩文裏仍稱「太真」或「貴妃太真」，樂史《楊太真外傳》更以「太真」作為篇名。如此等等都表明她是太真妃子。

（二）「勤志元宗，協誠嚴奉」

楊貴妃熱心於道教的活動，得到了唐玄宗的首肯與表彰。

天寶七載（七四八）三月，據說，興慶宮大同殿柱上長出「玉芝」來，著名道士李含光聞訊，奏稱道教聖地茅山也出現「靈芝」。玄宗神乎其神地宣稱：「玉芝遙為合應，斯仙真上祐。」[9]

同年五月，羣臣上尊號曰「開元天寶聖文神武應道皇帝」。所謂「應道」，就是指虔誠奉道得到的符應。為了表彰崇道聖德與瑞祥符應，唐玄宗頒發了冊尊號大赦敕。敕文回顧了自己一貫弘揚道教、宗道師人、行教尊禮的業績，追封了歷史上一批名道為神仙或真人，宣布擴大道教宮觀基地及道士人數。其中，特別指出：「貴妃楊氏，稟性柔和，因心忠孝，克愼閨壼，蹈禮循詩，加以勤志元宗，協誠嚴奉，率勵宮掖，以迪關睢，宜賜物三千匹，……其太真觀雖先已度人，住持尚少，宜更度七人。」[10]

注意！敕文頒布的時間，距離楊貴妃第一次「出宮」風波近兩年。玄宗稱讚貴妃「稟性柔和」、「蹈禮循詩」，反映了李楊愛情生活的日趨和諧。至於「勤志元宗，協誠嚴奉」，更是對楊貴妃篤信道教的表彰。這裏，所謂「元宗」，即「玄宗」，也就是指道教聖主玄元皇帝。回顧歷史，唐高宗首先追封老子（太上老君）為「太上玄元皇帝」，設廟祭祀。武則天時一度廢除「玄元皇帝」的稱號。唐中宗復辟，依舊稱「玄元皇帝」。及至唐玄宗天寶二年（七四三），加玄元皇帝尊號「大聖祖」。在神化玄元皇帝的過程中，楊貴妃也是「協誠嚴奉」，「勤志」於玄元皇帝，足以成為後宮嬪妃的楷模。因此，唐玄宗特地「賜物三千匹」，以資鼓勵。

上述敕文還透露了一個事實：楊貴妃原先修道的太真觀，仍然受到非同尋常的優待。前面說過，楊玉環剛度為女道士時，住在大明宮裏的太真觀。開元二十九年（七四一）冬十一月，從驪山回來，楊太真就長居興慶宮了。不久，內太真宮遷至宮外，稱為外太真觀。楊太真雖然不去了，仍舊關心那裏的修道活動。女道士嫌少，就提出增度的要求。天寶七載（七四八）敕文再次准許「更度七人」，表明了唐玄宗對「協誠嚴奉」是另眼相看的。

唐玄宗詔敕中「勤志元宗」的讚語，雖與七、八年前的「婦女勤道」涵義差不多，但「協誠嚴奉」卻反映了楊貴妃從女道士到貴妃前後崇道思想與行動的深化。顯然，這離不開唐玄宗對她的深刻影響。

（三）神權與皇權

在唐玄宗與楊貴妃的共同崇道的影響下，出現了神權的皇權化與皇權的神權化這兩股趨勢。朝野上下，無不沉浸在「上玄元之尊」、「獻寶符之瑞」的氣氛中[11]。

皇帝神化，早已有之，但以人間最尊貴的皇帝封號敕賜老君，卻是唐朝的特色。唐高宗已將老君封為「玄元皇帝」。唐玄宗開創了移用宮闕制度的先例，使他的崇道具有神權皇權化的特徵。具體表現在以下幾點。

第一，改廟為宮。人間至尊的龍居之處稱為宮殿，供奉玄元皇帝的宸居豈能沿襲舊稱。天寶元年（七四二）九月，玄宗下詔將兩京及天下諸郡的玄元皇帝廟，改為玄元皇帝宮。次年三月，又改西京的玄元皇帝廟為太淸宮，東都為太微宮，天下諸郡為紫極宮。將道廟升格為道宮，反映了唐玄宗崇道尊祖的加深。

第二，追封真人。世俗帝王擁有師保輔弼，玄宗仿照朝官制度，為玄元皇帝配備班底。天寶元年，敕尊莊子為南華真人、文子為通玄真人、列子為沖虛真人、庚桑子為洞虛真人。天寶七載（七四八），又封張天師為太師、陶弘景為太保。玄元皇帝有了列仙、真人、師保等侍奉左右，就無冷落之感。

第三，強化道舉。所謂「道舉」，指以道經作為教育與取士的用人制度，開元時已有，至天寶間趨向完備，其標誌是在原有的《道德真經》之外，將四部子書升格為經，稱為《南華真經》、

《通玄真經》、《沖虛真經》、《洞虛真經》，「仍以《道德真經》置諸經之首」[12]。新置崇玄博士與助教各一員，崇玄生徒百人，作為培養道學的接班人。

第四，規定半闕的書寫格式。唐玄宗將詔敕的書寫格式，移用到聖祖頭上，下敕百官表疏及一應公文，凡引用《道德真經》之詞，一律半闕。此外，唐玄宗還以皇帝的冠服制度改裝了老子的形象。天寶二年（七四三）詔令以「王者衮冕之服，繪彩珠玉為之」[13]，把聖祖的神權外衣也皇權化了。天寶四載（七四五），甚至連太清宮的行禮官祭祀玄元皇帝時，也脫去祭服而改穿了朝服。

總之，唐玄宗裏裏外外，俱以自己至尊的模式，鑄造了道教教主，把他裝飾成人間主宰。神是人創造出來的，神的禮儀制度都可以從人那裏找到它的踪跡。隨著玄元皇帝的玄宗化，玄宗也玄元皇帝化了。也就是說，在神權的皇權化同時，皇權也神權化了。

天寶元年（七四二），玄宗以玄元皇帝顯聖，加尊號為「開元天寶聖文神武皇帝」；天寶七載以符應，又加尊號為「開元天寶聖文神武應道皇帝」；天寶八載（七四九），再加「開元天地天寶聖文神武應道皇帝」；天寶十三載（七五四）甚至加到「開元天寶聖文神武證道孝德皇帝」的高度。在宣揚神權的感應下，皇權的靈光圈越加越多，尊號也越來越長。天寶十三載，追加老子為「高上大道金闕玄元皇帝天皇大帝」。「天皇大帝」比起「玉皇上帝」至尊神銜，毫無遜色之處。

玄宗製造皇權的神權化，還有一個十分露骨的做法。天寶四載，太清宮道士蕭從一胡謅了一通聖祖顯靈的謊言，說玄宗是「上界真人，令侍吾左右」。道士們一片隨和：「（請）置玉石真容，侍聖祖左右。」[14]於是，兩京至天下諸郡紛紛鑄玄宗等身真容，置於神宮之中，與「上界真人」

應證，受到士庶臣僚的頂禮膜拜，備受人間的香火熏陶。玄宗成為崇道出名的皇帝還不過癮，還幻想成為神仙君主呢！

楊貴妃在上述情況下「協誠嚴奉」道教，與她獲得的專寵以及與唐玄宗愛情的日益深化，是同步發展的。

「七月七日長生殿」

「七月七日長生殿，夜半無人私語時：在天願作比翼鳥，在地願為連理枝。」這是膾炙人口的傳神韻語。然而，「長生殿」撲朔迷離，歷來就有各種說法。「七月七日」的解釋也是仁智互見，各持一端。其實，圍繞這個特定的時間與空間，從史學與意境兩個角度，都反映了唐玄宗與楊貴妃愛情和道教的直接或間接的聯繫。

（一）長生殿與集靈臺

據《舊唐書》所載，唐高祖崩於垂拱殿，太宗崩於太極殿，高宗崩於貞觀殿，中宗崩於神龍殿，睿宗崩於百福殿。以上諸帝的寢殿，都沒有名為長生殿的。

以長生殿為寢殿，最早見於《通鑑》：武周長安四年（七〇四）十二月，「太后寢疾，居長生院」。胡三省注云：「長生院，即長生殿，明年（中宗神龍元年，七〇五）五王誅二張，進至太后所寢長生殿，同此處也。」又說：「此武后寢疾之長生殿，洛陽宮寢殿也。」他還舉出肅宗寢疾之長生殿，是「長安大明宮之寢殿」，白居易〈長恨歌〉七夕盟誓的長生殿，是「華清宮之寢殿」。胡三省所能舉出的例子，僅是三處。但他斷言「蓋唐寢宮皆謂之長生殿」，顯然與以上史實不符[15]，不免流於以偏概全。不如反過來說，唐宮長生殿多為寢殿，則較為確切。

唐玄宗開元年間，無論就長安興慶宮或驪山溫泉宮的寢殿，都沒有稱長生殿的記載。據《舊唐書・玄宗本紀》載：「（天寶元年）冬十月丁酉，幸溫泉宮。……新成長生殿名曰集靈臺，以祀天神。」《舊唐書・禮儀志》亦有類似記載：「新作長生殿改為集靈臺。」從行文來看，似乎新築的長生殿即集靈臺，是祭祀天神的聖殿。但有人認為長生殿是沐浴的齋殿，而華清宮的寢殿是飛霜殿。有人認為長生殿不是齋殿，而只能是「夜半私語」的寢殿。

看來，很有必要揭開這個迷團。不妨先從集靈臺說起，從其取名與作用來看，無疑是神殿。玄宗祭祀的至尊天神，當首推玄元皇帝。回顧開元年間，他在興慶宮大同殿多係每天四更初起，穿衣漱畢，即禮謁玄元皇帝聖容。開元末，以玄元皇帝玉石立像代替其懸掛畫像，玄宗禮謁更勤了。《舊唐書・禮儀志四》曰：「玄宗御極多年，尚長生輕舉之術。於大同殿立真仙之像，每中夜夙興，焚香頂禮。」[16]寢殿鄰近神殿，才便於中夜禮道。有時，玄宗於理政之暇，也就便到「大同殿思神念道」[17]。大同殿在興慶殿之南，即神殿與寢殿相鄰，還與玄宗的「尚長生」有關。因此，興慶宮的寢殿雖不見長生殿之名，但賦有玄宗的「尚長生」之實，反映了玄宗晚年寢殿與道教長生的思想聯繫。

天寶元年（七四二），驪山溫泉宮增建了一批建築，長生殿或稱集靈臺便是其中之一，建置布局很可能仿照興慶宮神殿與寢殿鄰近的布局。具體的構想可以擬定兩種設計：一座較大的殿內分兩小殿，一是神殿，一是寢殿；或一座較大殿內分上下兩層，上層是神殿，下層是寢殿。從命名來看，後一種設計可能性較大。集靈臺的「臺」與樓、閣意同，故處上層；長生殿作為寢殿，當處下層。

元代著名史學家胡三省依據《長恨歌》所謂「七月七日長生殿，夜半無人私語時」確認「華清宮之長生殿」是「寢殿」[18]。注意，胡氏不說溫泉宮之長生殿是寢殿，似乎有意避開與《舊唐書》撰者劉昫矛盾的說法。至少在他看來，天寶六載以後華清宮長生殿是寢殿。那麼，天寶元年至六載未改名前的長生殿是否寢殿？他沒有交代。兩人似乎都沒有把問題說完全，劉昫只說了新落成的長生殿是神殿，胡三省只說了改名華清宮後的長生殿是寢殿。而且從兩人行文來看，也有不足之處。劉昫沒有解釋長生殿為什麼名曰集靈臺。胡三省則壓根兒不提集靈臺，是出於有意迴避，或是情況不明，今不可知。不過，有一點值得注意，他沒有指出長生殿與集靈臺的不相協調，說明裏面大有文章。似乎有一種解釋可以消疑：集靈臺與長生殿是同一座大殿內相鄰的兩小殿，或處於平面結構，或處於層次結構。再從他不採納鄭嵎的「飛霜殿即寢殿」的說法來看[19]，他堅信長生殿是寢殿的看法[20]。

劉昫籠統地說長生殿即集靈臺、或集靈臺即長生殿，都失於過簡，沒有說清何以異名，不免使人納悶。「長生」，當指世人所求，神仙何求於此？聯想玄宗晚年「尚長生」，將寢殿傍於神殿之側，兩殿相近而異名，便於禮道、祈求長生來看，肯定集靈臺是神殿，而否定長生殿是寢殿；或肯定長生殿是寢殿，而否定集靈臺是神殿，都有片面性。究其原因，可能沒有慮及驪宮內神殿與寢殿的建置模式是仿照興慶宮而來的。

集靈臺既然祭祀天神，必列真仙之像。這是玄宗尚長生輕舉之術的表現，如同他的祖母武則天那樣，將寢殿取名為長生殿[21]。可以說，集靈臺與長生殿的毗鄰結構，是秉承唐玄宗祈求長生的旨意而來的。

（二）朝元閣

從天寶元年至六載，唐玄宗與太真妃（後稱貴妃）每次遊驪山，都住在長生殿，並到集靈臺祭祀。自溫泉宮改名華清宮以後，由於宮殿羣落的大規模擴建，情況發生了某些變化。新的擴展以長生殿為中心，北面落成老君殿，「（老君）殿之北為朝元閣，以或言老君降於此，改曰降聖閣。」[22]「朝元」，即朝拜玄元皇帝，顯然，這個建築是供奉玄元皇帝的。玄宗與貴妃由於虔誠祭祀，期待神人感應，次年底有老君顯靈的說法，遂改閣名曰「降聖」，以示符應。按其性質，無疑是一座神殿。白居易〈華清宮望幸〉詩云：「鑿山開秘殿」，即指此。「秘」與「神」通，「秘殿」即神殿。至於「鑿山」，正如宋代王讜所描述的：「朝元閣在北嶺之上，最為嶄絕。」由於山勢險峻，故需開鑿，工程艱難，可想而知。王讜又說閣之「次南，即長生殿」。可知朝元閣位於最高處，南為老君殿，次南為長生殿。長生殿「東南，湯泉凡一十八所」[23]。這樣就形成了一個圍繞長生殿呈南北輻射的新建築羣，北為神殿，中為寢殿，東南為湯泉。唐玄宗還擴充了宮殿建置範圍，「環山列宮室，又築羅城，置百司及十宅。」[24]王讜所謂「北嶺」，實即西繡嶺，朝元閣為西繡嶺的最高峰。王建〈溫泉宮行〉有「朝元閣向山上起」之詠，杜牧〈華清宮〉也有「行雲不下朝元閣」之嘆。

朝元閣的啓用，意味著集靈臺的消失。新的神殿取代了舊的神殿，使集靈臺併入了長生殿，長生殿就成為單獨的寢殿了。從長生殿到朝元閣雖然遠些、高點，但也無妨。這時，祭祀程序發生了變化。由於唐玄宗耽於逸樂，沉醉於溫柔之鄉，出現了「武皇一夕夢不覺」[25]、「日光斜照集靈臺」的晚睡晚起情況[26]，改變了從前「中夜夙興，焚香頂禮」的習慣，改為白天到朝元閣禮神了。

自此以後，楊貴妃的「協誠嚴奉」就與朝元閣聯繫一起了。天寶七載（七四八）三月，興慶宮大同殿有玉芝呈祥；十二月，華清宮朝元閣有降聖傳言。彷彿在玄宗虔敬齋心的感召下，貴妃協同誠心奉道，產生了昭應的現象。降聖固不足取，但透露了楊貴妃的積極配合是可信的。

天寶九載（七五〇）冬，唐玄宗與楊貴妃歡聚華清宮，有個方士聲稱見到玄元皇帝，預告他太白山寶仙洞有玉石函、《上清護國經》、寶券、紀籙等。唐玄宗鄭重其事地派出六員大臣作為專使，取來符應，如獲至寶，楊貴妃與他同享樂趣。詩人張祜詩曰：「昨夜上皇新受籙，太真含笑入簾來。」[27]所謂「籙」，指道籙，就是道教的神學預言符應之類，即方士所說的「妙寶真符」。而這時，正是玄宗尤為「尊道教，慕長生，故所在爭言符瑞。羣臣表賀無虛月」的崇道高潮[28]。楊貴妃為了彌合年初再次忤旨的內疚，於是有含笑入簾祝賀的非同尋常之舉。

「那勝妃子朝元閣」[29]，張祜揭示了楊貴妃起勁地到那兒禮道的情景。「朝元閣迴羽衣新，首按昭陽第一人」[30]，李商隱則點明了楊貴妃是以女道士的名分去祭祀玄元皇帝的。天寶後期，楊貴妃「好服黃裙」。服色尚黃，與運應土德有關，也與道士服色有關。女道士戴黃冠、穿黃袍，朝廷敕令中往往以「黃」作為道士代稱，故「黃裙」也有「羽衣」象徵。因此，「朝元閣迴羽衣新」，似乎可以作這樣的理解：楊貴妃隨唐玄宗朝玄時是穿著新製的「黃裙」的。從道衣的象徵到虔誠的禮道，正是楊貴妃「勤志元宗，協誠嚴奉」的表率。她與玄宗在世俗的同居、同輦、同餐、同賞的生活之外，又加上宗教上的同道，真是同到一家了。這也是楊貴妃成為「首按昭陽」的一個重要原因。

自天寶六載（七四七）至十四載（七五五），唐玄宗與楊貴妃逢每歲冬十月行幸，朝元閣為必去之聖地。詩人楊巨源寄詩與代宗大曆年間任昭應丞的王建曰：「武皇金輅輾香塵，每歲朝元及此辰。」[31]舉例來說，天寶十一載（七五二）十月，唐玄宗與楊貴妃去朝元閣更勤了。當時，李林甫已患重病，臥養昭應私宅，心憂如焚，求玄宗一見以冀驅邪，「上乃令林甫出庭中，上登降聖閣遙望，以紅巾招之。」[32]可見，玄宗白日至朝元閣禮謁之外，還在這裏處理世俗事務。天寶十四載冬十月，玄宗與貴妃幸華清宮，庚午，聞安祿山起兵叛亂。王建作〈華清宮感舊〉云：「塵到朝元邊使急，千官夜發六龍回。」詩中透露了玄宗率領文武百官以及禁軍急急忙忙地撤回長安的狼狽相。值得注意的是，王建以朝元閣作為華清宮的象徵，似乎他看出了降聖閣在玄宗宗教生活中的重要作用。

華清宮殿閣的變遷史，學識淵博的大詩人白居易還算是了解的，但是，沒有留下確切的文字記載，疑團不少。所以後世的詩人學者往往如墮五里霧中，或者避而不談。如司馬光沒有片言隻語涉及長生殿與集靈臺；歐陽修也迴避了集靈臺，雖在〈禮樂志〉中提到了長生殿，也是語焉不詳。或者籠而統之，如劉昫。或者講不清驪宮殿室的來龍去脈，如晚唐詩人鄭嵎。其〈津陽門〉詩云：「飛霜殿前月悄悄。」自注云：「飛霜殿即寢殿，而白傅〈長恨歌〉以長生殿為寢殿，殊誤矣。」所謂「飛霜殿即寢殿」，不知出自何據？他又說：「長生殿，乃齋殿也。有事於朝元閣，即御長生殿以沐浴也。」這裏，既說長生殿是齋殿，又說「沐浴」後，「有事於朝元閣」，豈不是成了兩座神殿了嗎？其實，朝元閣並非與長生殿同時建成，而是建於天寶六載。那麼在此以前的五年，長生殿「沐浴」後到哪裏去禮神呢？可見，鄭嵎的說法矛盾重重，難以自圓。宋代宋敏求《長安志》及其他一些學者也持此說，並未為多數學者認可，至少元代胡三省就是如此。

（三）「七月七日」與升仙意境

唐玄宗御極四十五年，有數十餘次行幸驪宮，多是冬去春回，間有早春往返。但是，從來沒有盛夏避暑的記載。這對博學強識的白居易來說，當不致蒙然無知。但是，《長恨歌》偏偏設想了「七月七日」在長生殿「夜半私語」的情節，從而引起後人種種的臆測。

「七月七日」的特定時間與「長生殿」的特定空間發生了脫節，如何彌合，才能珠聯璧合呢？假定「七月七日」作為實解，長生殿當作虛擬，空間環境不能設想於華清宮，當在興慶宮寢殿度七夕節時，玄宗和貴妃憑肩而立，「因仰天感牛女事，密相誓心，願世世為夫婦。」[33]李商隱〈馬嵬〉二首其二所詠的「當時七夕笑牽牛」[34]，也是闡發白詩陳傳的餘韻的。但文學不等於歷史，不必拘泥於史實的束縛，借用長生殿，實是著眼於李楊愛情史上的典型環境考慮的，似乎更有藝術魅力。否則，就難以展開縱橫馳騁的生花妙筆。應該說，詩人統攝史實，運用想像，創造典型，熔鑄新篇，如此處理，產生了良好的藝術效果。

若從文學的意境角度理解，「七月七日」不僅只是時間概念，更重要的是包含某種隱喻意象。就唐玄宗和楊貴妃來說，沒有什麼比道教對他倆愛情生活所起的思想洗禮更為直接的了。前已提到，唐玄宗崇道成癖，楊貴妃「協誠嚴奉」，在他倆的愛情發展史上注入了奉道的催化劑。白居易對唐玄宗的尚仙飛升是不難得知的。他的「七月七日」四句，是一種照應手筆，描述貴妃仙逝神遊之後，玄宗苦思冥想，肝腸寸斷，派遣方士尋訪仙山，於蓬萊仙宮謁見貴妃，貴妃以自述口吻抒發思念明皇之情，然後託出生前七夕誓言。〈長恨歌〉是詠史詩，因此詩中有史，史中有詩，詩史交融，虛實相生。「七月七日」的隱喻，以「在天」「比翼」的明示，交相疊印，與道教的飛升幻想是有聯繫的，可以說是別有一層仙家意蘊的。

不妨翻述一下道書，如西漢劉向撰的《列仙傳》，其中有一篇〈王子喬傳〉，頗有啓迪。傳中寫曰：王子喬是周靈王太子，年輕好道，遊於伊、洛之間，被道士浮丘公引度嵩山學道，歷三十餘個春秋，忽遇友人柏（桓）良說：「『告我家七月七日待我於緱氏山巔』。至時果乘白鶴駐山頭，望之不得到，舉手謝時人，數日而去。」[35]後出的《續仙傳》載王子喬（名晉，字子喬）事跡基本同上，僅謂桓良曰稍異幾字：「七月七日我當升天，可與故人會別也。」咸曰：「王子登仙。」[36]故後加號曰「升仙太子」。可見，「七月七日」是神仙家編造的王子喬升仙之期。由此引申，這個含有仙風飛升之意的日子，被稱為「緱山之期」。反過來看，膜拜王子喬也賦有祈求長生、飛升求仙的涵義。一個顯著的例子，武則天晚年為求自己健康長壽，曾「幸嵩山，過緱氏，謁升仙太子廟。」胡三省援引《列仙傳》作注，無非指明武則天在崇佛的同時也有「緱山之期」的荒誕之想[37]。

那麼，唐玄宗與楊貴妃有沒有「七月七日」的緱山之期呢？回答是肯定的。看一下他頒的〈敕冀州刺史原復邊仙觀修齋詔〉，就會一目瞭然的。詔云：「朕承唐運，遠襲元（玄）元，載宏道流，遂有靈應。彼之女道丹臺真人，白日上升，五雲在御，不圖好道，遂有明徵，深為喜慰。卿舊相之子，家上無元，能叶心志，自滋目視，果成朕願。雖上清玄遠，而舊相猶存。遼海雖別於千年，緱山復期於七日，窈冥嚮像，故亦依然。……卿可於觀所，宜修齋行道，以達朕意也。」[38]玄宗認為女道白日飛升，是他「載宏道流，遂有靈應」的驗徵。然後，發揮了一通「遼海雖別於千年，緱山復期於七日」的議論。這個詔敕出於何年何月，史無記載。但從唐玄宗盼望道士升仙、作為他宿願的實現來看，頒於天寶七載（七四八）稍後頗有可能[39]。

所謂「遼海」，指道教裏的蓬萊、方丈、瀛洲三座神山；「緱山」，指王子晉升仙的聖地。意思是：遙隔千年的遼海仙山雖屬曠遠，但以當地「女道丹臺真人，白日上升」來看，並非虛無縹緲。他多麼期望自己有朝一日也能像王子晉一樣「七月七日」升仙。玄宗認為只要誠心宏道，總有靈應，如果說王子晉升仙只有傳聞的話，那麼丹臺真人飛升卻是冀州刺史「明視」的實況，為此，「果成朕願」而深喜。

「七月七日」作為升仙的隱喻，是白居易深悉唐玄宗求仙心態的含蓄表達。天寶以來玄宗迷信道教，期望飛升，夢寐以求，多次表白：「朕志求道要，緬想真仙」[40]，「朕載懷仙境……豈徒夢寐華胥，馳誠碧落而已。」[41]「華胥」，即華胥國，源出《列子・黃帝篇》，說黃帝晝寢「神遊」華胥，被道家喻為人間仙境。「碧落」，道家指天空。這兩句話流露了玄宗遐想神遊華胥還不過癮，實現白天飛升、羽化登仙才過癮的心境。

天寶晚年，大同殿前鐘鼓樓鐘鳴，玄宗下詔：「朕齋心大同，……體應薦臻。今九華之鐘，三清徹響，聲聞金石，氣含虛元。是知紫宸之宮，雲軿降集，青童之府，煙景來遊，靈仙坐接，福壽昭然。」[42]唐玄宗憑藉神殿前鐘鳴之事，揣思為仙宮天尊乘雲車下降，「靈仙坐接」的徵象，想像自己彷彿坐到「雲軿」之上，被飄飄然接往「紫宸之宮」了，遂其「七月七日」的緱山之期。

據此，〈長恨歌〉篇末的傳神佳句，是詩人融入道教的絢麗色彩、別開生面的浪漫主義大手筆，令人拍案叫好。同時也是大詩人歌頌李楊真摯愛情思想的明顯流露。「七月七日長生殿」的誓言，由於馬嵬驚變，願為人間的「連理枝」夭折了，那只能以願作天上的「比翼鳥」來慰藉了。當方士充當傳遞太真「仙子」的信使還報：「但令心如金鈿堅，天上人間會相見」，即預言「太上皇亦不久人間」[43]，這樣，就實現了「在天願作比翼鳥」的夙願。

人死哪能致神，升仙更是妄想。頭腦較為淸醒的白居易，並非不知虛妄，故煞尾仍以「此恨綿綿無絕期」作結。但是，文學虛構是藝術創作，而傑出的創作決不能隨心所欲。從這個角度理解，「七月七日」的意境說也是源於生活而又高於生活的。

白居易的意境觀，還為唐宋文人創作野史與傳奇提供了思想資料。唐鄭處誨《明皇雜錄》云：「明皇自為上皇，嘗玩一紫玉笛，一日吹笛，有雙鶴下，顧左右曰：『上帝召我為孔升真人。』未幾果崩。」「上帝」，指玉皇上帝，道教說是總執「天道」的神，是神仙世界的「皇帝」。「真人」與仙人同義。意謂這個太上皇將被神仙「皇帝」封為神仙，將乘仙鶴飛升了。透過所謂「上帝」、「真人」、仙鶴等的荒誕詞彙，反映了唐明皇幻想升仙的真實願望。

宋樂史的《楊太真外傳》有一段記載頗値玩味：「（方士）具奏太上皇，皇心震悼。及至移大內甘露殿，悲悼妃子，無日無之。遂辟穀、服氣。」注意，「辟穀」不是絕粒。絕粒指絕食，是自殺的一種手段；「辟穀」是養生求仙的道術。中唐詩人張籍詩云：「學得餐霞法，逢人與小還；身輕曾試鶴，力弱未離山。……朝朝空漱水，叩齒草堂間。」[44]描寫的多係辟穀的方術。「身輕曾試鶴」，賦有辟穀者飛升登仙的企求。玄宗修煉辟穀，也有「試鶴」飛升的涵義。樂史還認可鄭處誨的記載傳聞，予以移植：「吾奉上帝所命，為元始孔升真人。」緊接著又加了畫龍點睛一筆：「此期可再會妃子耳」，點破了唐明皇想屍解神遊天際與太真「仙子」重圓的心態。於是，「即令具湯沐」。「湯沐」不是指生活上的洗澡，而是禮神前淨身的一種宗教儀式，進一層點明明皇要隨「仙子」比翼雙飛。可見，樂史所增飾的「辟穀」、「湯沐」之詞，話雖不多，但都緊緊扣住玄宗幻化飛升，以期「再會妃子」，更能體現玄宗與太真比翼神遊的意境。從這個角度來看，《外傳》緣飾之語，是對〈長恨歌〉的「七月七日」升仙意境的深化。

白居易圍繞「七月七日」展開的太真「仙子」與「南內真人」的情節[45]，寫得如此聲情並茂，產生了曠日持久的藝術感染力。而「七月七日長生殿，夜半無人私語時」，就是李楊世俗的摯愛與比翼升仙的意境的完美結合。

「平生服杏丹」

「平生服杏丹，顏色真如故。」[46]這是劉禹錫〈馬嵬行〉詩中的兩句，詠唱了楊貴妃服丹護膚的作用。當然，楊貴妃於馬嵬香消玉殞之後，保持生前的白皙、紅潤的顏面是詩人的想像、誇張，事實是不可能的。但從中透露了楊貴妃生前服丹藥的事，完全是可能的，其源蓋在於唐玄宗身上。

唐玄宗迷戀長生的思想有一個發展歷程。開元初，他英年勃發，勵精圖治，無意顧及長生。及至開元晚年，兄弟諸王相繼亡故，使他感到生之有限，死之可期，而道教的修仙長生可以解除他的恐死症，遂激發了他對長生的熱烈追求。從道家思想的影響來說，《道德經》中亦有這類消極意識，如所謂「長生、久視之道」，「不失其所者久，死而不亡者壽」，等等。當他執政長達三十年時，還想繼續執政，永享皇祚，於是在開元二十九年洩漏了天機，自編了玄元皇帝顯聖的傳言：「當慶流萬葉，享祚無窮。」狡黠的李林甫附和說是：「啓無疆之休，論大慶之應。」[47]天寶元年（七四二），陳王府參軍田同秀編造了玄元皇帝的宣符：「聖壽無疆」；天寶四載（七四五）正月，唐玄宗在宮中置壇祭禱，自導自演聖祖顯靈云：「聖壽延長」；天寶八載（七四九），太白山人李渾等胡謅在太白山金星洞發現一塊玉版石，石上書寫符籙曰：「聖上長生久視。」如此等等，明顯地反映了對長生的盼望。

如何才能長生呢？道教方士認為吞服金丹，便能延年益壽，金丹被稱為長生藥。所謂「金丹」，指含硫的金屬礦石經高溫熔化分解而成的化合藥劑。玄宗早在當太子時，對道術就有所涉獵了，如謀士王琚曾以「飛丹煉藥」之技侍奉左右。開元後期，玄宗曾向張果詢問「藥餌之事」，似乎當時雖精於「藥方」，但尚未有服金丹的跡象。天寶四載，嵩山道士送來仙丹，後來又有茅山道士李含光所呈仙藥[48]。據煉丹方士說，需在名山置爐；玄宗在道教聖地嵩山與茅山都指定法師主持煉製，如李含光就是茅山的主持者。玄宗致函李含光時，曾說他「爐開仙藥，九真示傳」，即指「九轉金丹」，意為反覆煉製，極言金丹之精。這裏讚揚李含光勤事煉燒之功，是對東漢魏伯陽煉丹「豫兆於前」的發展，為表示虔誠，特表「齋心以伺，專使以迎」[49]。唐玄宗還褒揚李含光「保我以金丹之期」[50]，對他如期煉成，深表感激。正如劉昫所說的：唐玄宗晚年於「天下名山，令道士、中官合煉醮祭，相繼於路。投龍奠玉，造精舍，採藥餌，真訣仙踪，滋於歲月」[51]。後來，玄宗自己也學會了配方，專製了金灶，在宮內開爐親煉，可見他迷戀之深。

金丹能致長生之說，顯然是方士的妄言，服食者多數適得其反，促其中毒早死。清代趙翼在《廿二史劄記》卷一九〈唐諸帝多餌丹藥〉條中指出：「古詩云：『服食求神仙，多為藥所誤。』自秦皇漢武之後，固共知服食金石之誤人矣。及唐諸帝又惑於其說，而以身試之。」不少唐代君主「實由貪生之心太甚，而轉以速其死耳」。但是，唐玄宗與楊貴妃服丹食卻未中毒，這顯然與玄宗懂得醫藥知識很有關係。時人稱「合煉丹藥」，即於爐裏另加清熱解毒的中草藥，如「性好服餌」的宰相蕭嵩罷官後，「於林園植藥，合煉自適。」[52]玄宗的醫藥知識比蕭嵩懂得多，曾多次為臣下開方。他鑽研藥典，撰集醫方，刊行《廣濟方》，流布天下。他利用己之擅長，解脫了硫化汞之類的毒性，避免了厄運，而且從藥物之方獲得了保健之道，故活到高齡。李唐諸帝中，最為長壽的就是玄宗[53]。楊貴妃如不遭馬嵬橫禍，從她的身體素質以及健康或體態來看，也許如玄宗之期。

史言：「玄宗好神仙，往往詔郡國，徵奇異之士。」[54]他所徵的名道士，有葉法善、司馬承禎、王希夷、張果、李含光等，都懂神仙方術。方術致仙是荒誕的，人有生必有死，但方術中卻有養生之術，能起健身延年作用。如葉法善明於「攝養占卜之術」[55]，「攝養」者，以陰陽、表裏、虛實、寒熱的辨證療法，協調人體機能，賦有調養互補、祛邪扶正作用。

司馬承禎，師事高宗朝的名道潘師正，師正「服松葉飲水」，精於辟穀之術。承禎「傳其符籙及辟穀、導引、服餌之術」，玄宗召之，親受法籙[56]。

王希夷，原為嵩山隱士，「師事道士，得修養之術」，唐玄宗慕名，命中書令張說「訪其道異」。

張果，隱逸恒山，開元二十一年（七三三）不願就徵，使出「絕氣」如死人之狀的絕招[57]。所謂「絕氣」，是氣功之法，運用意念，屏息凝神，氣沉丹田，進入假寐狀態。玄宗於次年幸東都召見張果，恩禮甚厚，親學其法。後來，玄宗回到長安，常於大同殿禮道時屏息靜心，進入假寐或「思神念道」、「吐故納新」[58]。

李含光，亦善服氣養生，玄宗就遣使求教，如何「運心太虛之境，以養穀神之壽」[59]。「運心」，即排除雜念，靜心服氣，屬呼吸養生之法。嵇康《養生論》云：「呼吸吐納，服氣養身。」道教予以神秘化，聲稱吐納可以吸取「生氣」，吐出「死氣」，達到長生，即所謂「穀神之壽」。「穀神之壽」，源出《道德經》「穀神不死」的玄言，被道教利用作為養生之道。

唐玄宗從這些郡國「奇異之士」中學會了「辟穀」、「服氣」之類養生術。安史之亂前，他多情多欲，難以專心致志，只有禮道時進行「服氣」。從他禮道時「或齋戒一室，則蔬食精專」來看60，有時玄宗也吃素，故沒有出現老年性的肥胖臃腫之態。暮年幽禁西內時，萬念俱滅，勤事修仙，才使「辟穀」、「服氣」成為必修功課。

所謂「辟穀」，即養生術，僅飲甘露的方術。道教聲稱，人體裏有一種叫「三尸」（或三彭、三蟲）的邪怪，靠五穀為生，危害人體。經過「辟穀」修煉，使「三尸」無以為生，從而除去「三尸」，才能長生不死。道教杜撰不食人間煙火，僅靠飲水，可以長生飛升，是一派胡言。但是，「辟穀」也屬服丹一類方術。服食「辟穀丹」並佐以清泉能維持人體最低限度的營養，有一定的科學依據。丹由山術、山藥、黃芪、茯苓、大棗以及花生仁、栗子仁、核桃仁等混合製成，包含有較豐富的植物性脂肪、蛋白質、糖類以及各種維生素、氨基酸等。後來，玄宗的溘然長逝，主要不是「辟穀服氣」之故，而是崩於精神憂鬱。

道教把養生術納入修仙方術，雖為這類氣功療法披上了神秘外衣，但如煉功得法，亦不失為一種行之有效的延年益壽之術。如玄宗所徵的「奇異之士」多以高齡而終。唐玄宗由於「服氣」養生，很少生病。當然，促成他健康的因素是多方面的，養生是其中之一。他還喜歡踢毯、擊劍、騎術、射擊、圍獵等體育活動；為人性格豁達、樂觀、開朗、不拘小節、詼諧成趣，有利於調節情緒；又懂醫藥，執政四紀，凡冬在西京必去驪宮，接受溫泉療養。凡此等等，都有利於他的體質提高。從楊貴妃的「協誠嚴奉」來看，她從唐玄宗那裏也有可能學得一點養身之道，細味詩句「平生服杏丹，顏色真如故」，頗有道術沾邊的一定道理，唐玄宗帶動了楊貴妃對道術的愛好，使他倆在這方面也有了共同興趣。

註釋

1 《新唐書・楊貴妃傳》。為什麼稱「女官」呢?「官」與「冠」同。「冠」指女道士所戴的黃冠，故女道士稱「女黃冠」，簡稱「女冠」或作「女官」。《唐律疏議》卷六有「諸稱『道士』、『女官』者」的律文，可見，「女官」之稱至遲在隋唐之際已經出現。

2 《舊唐書・職官志三》載：「崇玄署……令掌京都諸觀之名數，道士之帳籍與其齋醮之事。」規定天下州縣三年造籍一次，一式三份，崇玄署一份、州縣各留一份。開元二十四年改上宗正寺，天寶二年轉呈司封。

3 《新唐書・楊貴妃傳》云：玉環度道後「內禁中」。《通鑑》曰：「潛內太真宮中。」《楊太真外傳》亦云：「住內太真宮。」「內太真宮」何以得名?顯然與「太真」道號有關。如睿宗度八女、九女西城與隆昌公主為女官，曾取金仙與玉真封號，道家以「真」與仙同義，故封號亦具道號之意，造觀命名為金仙觀、玉真觀。

4 《唐會要》卷五〇，〈尊崇道教〉。

5 《唐律疏議》卷六，〈雜律〉。

6 《舊唐書・玄宗本紀下》。

7、8 《冊府元龜》卷五四，〈帝王部・尚黃老二〉。

9 《全唐文》卷三六，玄宗〈命李含光投謝茅山敕〉。

10 《唐大詔令集》卷九，〈天寶七載冊尊號赦〉。

11 《高力士外傳》。

12 《全唐文》卷三一，玄宗〈尊《道德》、《南華》經詔〉。

13、14 《冊府元龜》卷五四，〈帝王部・尚黃老二〉。

15 《資治通鑑》卷二〇七長安四年十二月條及胡三省注。又《舊唐書・陳夷行傳》載陳夷行於唐文宗大和八年「充皇太子侍讀，詔五日一度入長生院，侍太子講經」。此處長生院也非寢殿。

16 《冊府元龜》卷五三〈尚黃老一〉載：開元二十九年，玄宗置玄元皇帝玉石像於大同殿，李林甫等諛言迎合道：「陛下爰舍正殿以為法堂，是尊是崇，至敬至極，殊嘗（常）之禮。」所謂「法堂」，即神殿，故此後祥瑞屢見。《全唐文》卷三三玄宗〈答中書門下賀大同殿鐘鳴手詔〉云：「朕齋心大同」，等等，亦說明大同殿是神殿。

17 《高力士外傳》。

18 《資治通鑑》卷二〇七，長安四年十二月條胡三省注。

19 《全唐文》卷五六七，鄭嵎〈津陽門詩注〉。

20 胡三省是以史學家的眼光來衡量白居易〈長恨歌〉的。他熟知鄭嵎的〈津陽門詩注〉，取捨與否，皆出於歷史審視角度。在他認為鄭注具史料價值的，則予引用，如注華清宮湯泉即是一例。反之，則予存疑，不予引用，如對鄭注的「飛霜殿即寢殿」，就是如此。

21 武則天於天授三年（六九二）九月，改元「長壽」。後年改元「延載」，意與「長壽」義同。一些方士投其所好，詭言能合煉長生藥，武則天信以為真，還加服食。聖曆二年（六九九），幸道教聖地嵩山，謁升仙太子廟；次年再幸。返京後，改元「久視」，源出道家與道教的「長生久視」用語。當時她年高多病，為了盼望平安無事，又改元「長安」。但直至長安四年病情反而加重，為圖吉利，將臥病寢殿命名為長生院或長生殿，這就是「太后寢疾」，所以「居長生院」的來歷。

22 《資治通鑑》卷二一六，天寶七載十二月條胡三省注。

23 《唐語林》卷五。

24 《資治通鑑》卷二一五，天寶六載十一月條胡三省注。又，鄭嵎〈津陽門〉詩云：「其年十月移禁仗，山下櫛比羅百司。朝元閣成老君見，會昌縣以新豐移。」自注：「自有詔改新豐為會昌縣，移自陰盤故城，置於山下。至明年十月，老君見於朝元閣南，而於其處置降聖觀，復改新豐為昭應縣。廨宇始成，令大將軍高力士率禁樂以落之。」

25 《全唐詩》卷五一一，張祜〈華清宮四首〉之四。

26、27 《全唐詩》卷五一一，張祜〈集靈臺二首〉之一。

28 《資治通鑑》卷二一六，天寶九載十月條。

29 《全唐詩》卷五一一，張祜〈折楊柳枝二首〉之二。

30 《全唐詩》卷五三九，李商隱〈華清宮〉。

31 《唐詩紀事》卷四四，王建〈宮詞〉後語。

32 《資治通鑑》卷二一六，天寶十一載十月條。

33 《長恨歌傳》。

34 《全唐詩》卷五三九，李商隱〈馬嵬二首〉其二。

35 《道藏》第五冊，《列仙傳》卷上。

36 《道藏》第五冊，《歷世真仙體道通鑑》卷三。

37《資治通鑑》卷二〇七，聖曆二年二月條及胡三省注。

38《全唐文》卷三一，玄宗〈敕冀州刺史原復邊仙觀修齋詔〉。

39《舊唐書・玄宗本紀》：天寶七載「三月乙酉，大同殿柱產玉芝，有神光照殿。」《冊府元龜》卷五三〈尚黃老一〉載天寶七載三月玄宗下禮道詔云：「諸郡有自古得仙之處，雖先令醮祭，猶慮未周，每處度道士二人。」聯繫女道升仙，「果成朕願」來看，故斷為天寶七載三月稍後。

40《全唐文》卷三六，玄宗〈命李含光奉詞詣壇陳謝敕〉。

41《全唐文》卷三六，玄宗〈命李含光建茅山壇宇敕〉。

42《全唐文》卷三三，玄宗〈答中書門下賀大同殿鐘鳴手詔〉。

43《長恨歌傳》。

44《全唐詩》卷三八四，張籍〈贈辟穀者〉。

45《全唐詩》卷二八三，李益（一作李遠）〈過馬嵬二首〉其二云：「……濃香猶自隨鸞輅，恨魄無由離馬嵬。南內真人悲帳殿，東濱方士問蓬萊。……」

46《劉禹錫集》卷二六，〈馬嵬行〉。

47《冊府元龜》卷五三，〈帝王部・尚黃老一〉。

48《全唐文》卷三六，玄宗〈命李含光建茅山壇宇敕〉、又〈命李含光修功德敕〉有「復請尊師於茅山」之語。

49《全唐文》卷三六，玄宗〈答李含光賀仙藥、靈芝敕〉等。

50《全唐文》卷四一，玄宗〈送李含光還廣陵詩序〉。

51《舊唐書・禮儀志四》。

52《舊唐書・蕭嵩傳》。

53女皇帝武則天高齡八十三歲。李姓皇帝中，玄宗七十八歲，高祖七十一歲，德宗六十四歲。六十歲以下，五十歲以上有七帝，如太宗、高宗、中宗、睿宗等。四十六歲至四十一歲有三帝，三十八歲以下有七帝。

54《唐語林》卷五。

55《冊府元龜》卷五三，〈帝王部・尚黃老一〉。

56《舊唐書・隱逸傳》。

57《舊唐書・方伎傳》云：「開元二十一年，恒州刺史韋濟以狀奏聞。玄宗令通事舍人裴晤往迎之，果對使絕氣如死，良久漸蘇，晤不敢逼，馳還奏狀。」可見不願就徵是開元二十一年，《通鑑》將此併入二十二年二月條內追敘，易造成錯覺。又《大唐新語·隱逸》作「開元二十三年」、《冊府元龜》卷五三〈帝王部·尚黃老一〉繫於「開元二十年」，皆誤。

58《高力士外傳》。

59《全唐文》卷三六，玄宗〈賜李含光號元靜先生敕〉。

60《冊府元龜》卷五九，〈帝王部·尚黃老二〉。

第十九章　楊國忠與天寶亂政

天寶時期，繼李林甫之後，左右政局的有兩個重要人物：一是楊貴妃的遠房堂兄楊國忠，一是楊貴妃的所謂「義兒」安祿山。由於楊國忠的專權，迅速地觸發了安祿山的叛亂，最終導致了唐玄宗政治上的垮臺。

「因緣椒房之親」

楊國忠曾作過這樣的自白：「某家起於細微，因緣椒房之親，以至於是。至今未知稅駕之所，念終不能致令名，要當取樂於富貴耳。」[1] 所謂「椒房」，是指皇帝的后妃。家境「細微」的楊國忠，因為靠楊貴妃的親屬關係，才爬上了富貴的地位。

（一）「起於細微」

楊國忠，原名楊釗，他的祖父與楊貴妃祖父是兄弟。因此，他與楊貴妃是從祖兄妹，親屬疏遠，不是直系。

楊釗的祖、父輩都定居於蒲州永樂（今山西永濟）。父親楊珣，家境貧乏，一生沒有當過什麼大官[2]。母親張氏，是武則天時寵幸張易之的妹妹，換言之，張易之是楊釗的舅父。張易之在「五王政變」中被殺，名聲狼藉，家族衰頹。《新唐書・楊國忠傳》稱「張易之之出也」，就帶有輕蔑的意思。楊釗父輩「細寒」，跟楊貴妃父輩當官的境況，略有不同。

當然，楊釗的品行惡劣，並不是源於娘胎，而是他青少年生活所形成的。他從小不肯努力讀書，行為放蕩不檢點，喜歡飲酒與賭博，為鄉里宗族所鄙視。不過，這種生活也造就了他那精明機靈的特性。三十「而立」之年，竟在家鄉立不住腳，就發憤從軍，跑到四川當兵了。「益州長史張寬惡其為人，因事笞之，竟以屯優授新都尉。」[3]在新都任期滿後，窮困而不能自歸，幸好得到了富豪鮮于仲通的資助。堂叔父楊玄琰死於蜀州，楊釗曾經「護視其家，因與妹通，所謂虢國夫人者」[4]。楊釗跟這個妹妹私通，關係密切，這是他後來發跡的跳板。因為當時小妹妹楊玉環已經到河南去了，跟堂兄楊釗並不相識。

據說，楊釗在成都賭博，輸個精光，便逃亡他鄉。後來，到了關中，當上扶風尉。但是，又不得志，再回到四川，依附於豪富鮮于仲通的門下。總之，楊釗在蜀十多年，頗為潦倒，娶蜀倡裴柔為妻，養了幾個兒子，生活困苦。

楊釗的走運，是在天寶四載（七四五）。這年八月，冊楊太真為貴妃，「推恩之時，何以及（楊）銛、（楊）錡而不及國忠？」[5]因為楊釗是貴妃三代之外親屬，作為從祖兄，關係疏遠，推恩之時也就輪不到他。但是，楊釗終於憑藉這點宗族關係往上爬了。原來，貴妃得幸的消息傳到四川，劍南節度使章仇兼瓊知道楊貴妃出生於蜀，就想派人到長安與她家結交。鮮于仲通向節度使推薦了楊釗，他無疑是十分合適的人選。章仇兼瓊引見楊釗，十分高興，立刻委任楊釗為「推官」，並以貢獻「春綈」為名，派往長安。

大約十月初冬[6]，楊釗抵達長安。他首先找到了楊氏諸妹，分送了大量精美的蜀貨。經由虢國夫人的介紹，入宮見了楊貴妃。因為他是貴妃的遠親，唐玄宗僅給他當金吾兵曹參軍。這官雖小，但可以出入禁宮。有一次，楊釗參加內宮宴會，做「樗蒲」遊戲時，負責計數，「鈎校精密」，頗得唐玄宗的賞識。不久，任命他為御史中丞王鉷手下的判官。這樣，楊釗在仕途上另闢蹊徑，走著一條跟楊氏其他兄妹不同的道路。

（二）賜名「國忠」

楊釗踏上仕途，無疑是「因緣椒房之親」。沒有楊貴妃的關係，絕對不可能出入禁宮，無緣得到唐玄宗的賞識。但是，楊釗步步高升，在政治舞臺上扮演了越來越重要的角色，卻是天寶時期經濟形勢發展的結果，基本上跟楊貴妃無關。

天寶四載（七四五），由於唐玄宗在位歲久，用度日侈，需要一批聚斂之臣搜括錢財。戶部郎中王鉷擔任戶口色役使時，幹得頗為出色。玄宗「以鉷為能富國，益厚遇之」。十月丙子，以王鉷為御史中丞、京畿採訪使。恰好這時，玄宗見楊釗「強明」[7]，就讓他當王鉷手下的判官。顯然，玄宗起用楊釗，主要是考慮到他某方面的才能。

天寶五載（七四六）以後，楊釗被授予監察御史，又遷檢校度支員外郎，兼侍御史，監水陸運及司農、出納錢物、內中市買、招募劍南健兒等使。他還以推事院御史的身分，與酷吏羅希奭、吉溫為伍，參與製造冤案，如天寶六載（七四七）審理楊慎矜案件。由於楊釗善於迎合唐玄宗的愛惡，以聚斂有功，驟遷度支郎中，一年之內就兼領十五餘使。天寶七載（七四八）六月，遷給事中，兼御史中丞，專判度支事。自宇文融「括戶」以來，出任御史中丞的無不是聚斂之臣，如楊愼矜、王鉷等。如今，楊釗兼任此職，說明他已成為很有影響的重臣。

天寶八載（七四九）二月，為了顯示天下殷富的景象，唐玄宗引百官參觀左藏，特地賜給楊釗紫衣金魚袋，以表彰他的聚斂之功。次年，楊釗兼任兵部侍郎。同年十月，玄宗在華清宮，根據楊釗的請求，下制為張易之兄弟昭雪。同時，楊釗胡謅圖讖上有「金刀」兩個字，自己名「釗」不適宜，請求改一改。唐玄宗便親自賜名曰「國忠」，意味著給楊國忠以最大的榮寵。

由上可見，短短五年，從小小的「判官」，爬到僅次於宰相李林甫與御史大夫王鉷的重臣地位，真是官運亨通。其中，固然由於楊國忠有掖庭之親，但主要是他有聚斂之功，適應了唐玄宗的需要。論親疏關係，楊國忠比不上楊銛、楊錡；但是，楊銛、楊錡沒有在官場上飛黃騰達，原因就在於他們政治上才能遠不及楊國忠。客觀地說，楊國忠是頗有才智的。當年劍南節度使章仇兼瓊初次見到他，深為他的「言辭敏給」所傾倒。唐玄宗跟他接觸不久，就讚賞他的「強明」特點，誇他是個「好度支郎」。如果楊國忠僅僅是個無賴之徒，毫無才能與本領，那就不可能委以高官，在天寶時期政治舞臺上起了如此重要的作用。在唐玄宗的心目中，楊釗是「忠」於「國」的，和王鉷一樣「能富國」，為封建王朝提供豐厚的財物。這也是唐玄宗寵信楊國忠的根本原因。

（三）取代李林甫

自然，楊國忠又是野心勃勃的，善於耍弄權術與詭計。最早，他是依附於李林甫與王鉷一派勢力的，參與製造寃案，把楊愼矜打了下去。隨著楊釗地位的提高，酷吏吉溫曾「為釗畫代林甫執政之策」。實際上，楊釗本人已經有取代李林甫之心，目標是謀取宰相之職。天寶九載（七五〇）四月，李林甫的心腹、御史大夫宋渾坐贓巨萬，流於潮陽郡。原來，這是楊國忠向玄宗報告的，並建議加以流放，以便翦除李林甫的心腹。對此，「林甫不能救」[8]，無可奈何。

天寶十一載（七五二）四月，楊國忠又向王鉷開刀。當時，王鉷任戶部侍郎、御史大夫、京兆尹，兼領二十餘使，權寵日盛，僅亞於宰相李林甫。但是，其弟王銲（戶部郎中）與邢縡勾結，陰謀叛亂。事發，楊國忠斷定王鉷參與謀劃。玄宗以為自己如此重用王鉷，他是不會同為逆惡的。右相李林甫也為王鉷辯護，而左相陳希烈則極言王鉷大逆當誅。於是，玄宗下令由陳希烈與楊國忠一道審理，並以楊國忠兼京兆尹[9]。審查的結論是不言自明的，即使王鉷確實沒有一點兒預謀，也是必然地死於楊國忠的手下。唐玄宗在〈賜王鉷自盡詔〉中宣稱：王鉷「外飾公忠，干冒非據；內懷奸詐，包藏不測」[10]。王鉷其人固然不足以稱道，但說他「包藏不測」，預謀作亂，那不是事實。王鉷之死，是楊國忠製造的冤案。

同年五月，京兆尹楊國忠加御史大夫、京畿、關內採訪等使，凡是王鉷所有的使務，全部歸於他。這樣，「國忠貴震天下，始與林甫為仇敵矣。」[11]然而，對付李林甫，是不那麼容易的。大約在這年深秋九月，南詔數寇邊，蜀人表請身兼劍南節度使的楊國忠赴鎮。李林甫順水推舟，建議玄宗批准楊國忠鎮蜀，實際上是要把他從中央政府中排擠出去。楊國忠深知這是詭計，但又無法推辭赴蜀。臨行前，楊國忠向玄宗告別，哭著說李林甫陷害他，楊貴妃也在旁求情。玄宗說：「卿止到蜀郡處置軍事，屈指待卿。」也就是說，屈指計日，很快就召還。玄宗賦詩送行，「句末言入相之意。」[12]

冬十月戊寅，唐玄宗幸華清宮，已經患病的李林甫隨從。過了幾天，李林甫病情急劇地惡化，玄宗立刻派中使召還楊國忠。楊國忠正在赴蜀途上（估計尚未到達蜀郡），碰見中使，自然喜出望外，回轉頭來，直奔長安。就在楊國忠到達前一天，李林甫臥疾昭應私第（在華清宮附近），已經病得不能起床，玄宗特地登上華清宮中的降聖閣遙望，以紅巾招之，表示慰問（因為左右固言不可前往探病）。李林甫不能拜，使人代拜。第二天，楊國忠趕到昭應私第，謁林甫，拜於床下。李林甫垂涕託以後事，楊國忠謝不敢當，汗出覆面。不久，李林甫就死了。

據《資治通鑑》卷二一六載：「十一月，丁卯，林甫薨。」按「丁卯」疑誤，應為「乙卯」。舊、新《唐書・玄宗本紀》均作「乙卯」，確切。過了五天，即十一月庚申，以楊國忠為右相，取代了李林甫的位置。如果認為李林甫尚未斷氣的前七天，玄宗就已任命楊國忠為右相，那是絕不可能的。照常識來說，只有右相李林甫死了之後，才能任命新的右相。《通鑑》係「庚申，以楊國忠為右相」，於「林甫薨」之後，可見李林甫先死而後任楊國忠為右相，這也可以證明「丁卯」當為「乙卯」之誤。如果是「丁卯」，那就比「庚申」遲了七天，怎麼可以繫於前面呢？

楊國忠取代李林甫，這是天寶後期政局的重大變化。其間，楊貴妃在玄宗面前求過一次情，但她基本上沒有干預這類爭鬥，她跟李林甫之間有無矛盾，也沒有史料可以說明個究竟。至於唐玄宗之所以扶植楊國忠，也不存在牽制李林甫專權的問題。玄宗對李林甫是信任的，否則，委政於他達十多年，就不可以理解了。但是，作為封建專制帝王，越到晚年，越是疑心重重，害怕臣僚們的不忠或者謀圖不軌，即使是最親近的大臣，也決不會容忍。在王鉷兄弟案件之後，由於李林甫為之辯解，也就引起了唐玄宗的疑心，開始疏遠李林甫，並準備以楊國忠為宰相。

楊國忠正是摸透了唐玄宗晚年這種心態，不僅為自己謀得最高的官位，而且把已經死了的李林甫搞得名聲敗裂。天寶十二載（七五三）正月，楊國忠派人誣告李林甫生前曾與阿布思（蕃將）約為父子，企圖謀反。玄宗相信了，立案偵查。李林甫的女婿楊齊宣害怕受牽連，附會楊國忠的意圖，出來作假證。於是，玄宗於二月下制削李林甫官爵，指責李林甫「外表廉愼，內懷凶險，籌謀不軌，覬覦非望。昵比庸細，譖害忠良，悖德反經，師心蘊慝」[13]。當時李林甫棺材尚未下葬，玄宗派人去剖棺，拿走嘴裏含著的寶珠，剝去身上的紫衣金魚袋[14]，更換小棺，如庶人禮葬之。此外，賜左相陳希烈爵許國公，右相楊國忠爵魏國公，以表彰他們斷獄之功。

誠然，李林甫劣跡斑斑，但硬說他「籌謀不軌」，也是誣構不實之辭。史稱：「及國忠誣構，天下以為寃。」[15]天下士人原本對奸相李林甫沒有好感，但看到剖棺改葬的過分做法，反而覺得寃枉了李林甫。

「楊國忠終成其亂」

天寶時期，前十一年是李林甫專權，而楊國忠以右相執掌朝政僅只三年。顯然，把天寶亂政統統歸罪於楊國忠，也是不公平的。如果說，李林甫「在相位十九年（從開元二十二年始相算起），養成天下之亂」[16]，那麼，正如唐朝蘇冕指出，「楊國忠終成其亂」[17]。從「養成其亂」到「終成其亂」，恰恰概括了天寶弊政的全過程。不管楊國忠與李林甫之間如何爭鬥，都改變不了他們在政策措施上的連續性。

（一）專斷獨裁

李林甫專權的特點之一，就是杜絕言路，掩蔽聰明，擅權獨斷，以勢壓人，自皇太子以下，無不畏之側足。楊國忠當了右相，也同樣如此。史稱：「國忠為人強辯而輕躁，無威儀。既為相，以天下為己任，裁決機務，果敢不疑；居朝廷，攘袂扼腕，公卿以下，頤指氣使，莫不震懾。」[18]連左相老臣陳希烈也畏其權寵，凡事唯諾，無敢發明，其他公卿大臣誰敢提什麼不同的意見呢！天寶十三載（七五四），楊國忠嫉妒陳希烈，把他排擠出相位；同時認為文部侍郎韋見素「和雅」，易於控制，就建議玄宗任命韋見素為宰相。韋見素當了宰相，目睹右相楊國忠擅權，「不敢議政，唯自容而已。」[19]這裏，不妨比較一下：八年前，李林甫以陳希烈「柔佞易制，故引以為相；凡政事一決於林甫，希烈但給唯諾」[20]。可見，歷史在重演。

按照舊例，「宰相午後六刻始出歸第」。林甫專權，奏天下太平無事，以巳時（指九點至十一點）還第，機務填委，皆決於私家。史稱：「國忠代之，亦如前政。」[21]更有甚者，處理政務，個人說了算，到了極端輕率的程度。據《冊府元龜》卷三三五〈宰輔部・竊位〉載：「楊國忠天寶中為司空右相（十三載二月進位司空），時天下殷盛，玄宗注意事邊，賦稅之入，兵食之調，國忠揀老習計簿吏，軍國大務皆出其手，國忠但署名而已，不復省覽。」如此「竊位」，反映了天寶末年政治的腐敗。

楊國忠的擅權，引起了宦官高力士的憂慮。就在天寶十三載秋天，雨水成災，而天下無敢言災者。高力士對玄宗說：「自陛下威權假於宰相（指楊國忠），法令不行，災眚備於歲時，陰陽失度，縱為軫慮，難以獲安，臣不敢言，良有以也。」玄宗聽了，「久而不答」[22]。奸相專權原是玄宗本人荒於理政的結果，自然無言對答。

（二）用人無問賢不肖

妒賢嫉能，用人唯親，這是李林甫專權的又一個特點。楊國忠執政期間，抄襲老譜，沿用不變。

天寶十一載（七五二）十二月，楊國忠當右相不久，建議：「文部選人，無問賢不肖，選深者留之，依資據闕注官。」循資格選官，開元宰相裴光庭曾經倡導過，一直沿襲著。但是，像楊國忠那樣公開揚言「無問賢不肖」，卻是罕見的。這樣做，是為了收買人心。「國忠凡所施置，皆曲徇人所欲，故頗得衆譽。」[23] 實際上，「滯淹者」除了拍馬奉承者外，也未必個個都當上了官。

按照慣例，選拔官吏是由吏部侍郎以下的官員具體負責的，須經「三注三唱」，才呈送門下省審核，從春天直到夏天，其事乃畢。楊國忠以宰相兼文部（吏部）尚書，為了顯示自己辦事精明迅速，叫「令史」屬吏在自己家裏預先密定名單。天寶十二載（七五三）春正月，楊國忠召集左相陳希烈以及給事中、諸司長官，在尚書都堂（辦公廳）唱注選官。既然名單早已圈定，且陳希烈又是唯唯諾諾之輩，誰敢有異議，提了也沒用。於是，一天之內，銓選完畢。楊國忠得意地說：今天，左相、給事中都在座，就算是門下省通過了。從此以後，門下省不再審核選官，文部侍郎也只是管「試判」而已。自然，其中差錯與弊病，是不言而喻的。可笑的是，在京兆尹鮮于仲通等授意下，選人士子們奏請為楊國忠刻頌碑，立於省門。唐玄宗下制由鮮于仲通撰頌辭。寫好後，玄宗還親自定稿，改了幾個字。鮮于仲通把那幾個字，特地用金粉填之。

同年十月，楊國忠隨從玄宗在華清宮避寒。當時，他的長子楊暄參加「明經」考試，不及格。禮部侍郎達奚珣害怕奸相的權勢，叫自己的兒子達奚撫先去打招呼。達奚撫官昭應尉，昭應縣即會昌縣，就在華清宮附近。有一天，達奚撫等候楊國忠入朝（指入華清宮）上馬時，趨至馬下。楊國忠以為兒子必定中選，面呈喜色。誰知達奚撫說楊暄不及格，但也不敢讓他落榜。楊國忠立刻變臉，怒曰：「我子何患不富貴，乃令鼠輩相賣！」竟策馬不顧而去。達奚撫惶惶不安，寫信給在長安的父親，說：「彼恃挾貴勢，令人慘嗟，安可復與論曲直！」[24] 達奚珣屈於權貴，只好把楊暄置於上等。可見，舉人唯親，徇私舞弊，實在沒有是非曲直可論！

（三）「厚斂以怒天下」

割剝百姓，聚斂天下，這是貫串天寶時期的最重要的經濟政策。李林甫專權時代，楊慎矜、王鉷和楊國忠等都是著名的聚斂之臣。楊國忠當了宰相後，更是「厚斂以怒天下」[25]，激起了四海之怨憤。正如宋代蘇轍指出：「（宇文）融既死，而言利者爭進。韋溫、楊慎矜、王鉷日以益甚，至楊國忠而聚斂極矣。故天寶之亂，海內分裂，不可復合。」[26]這就清楚地道出了割剝聚斂與天寶亂政的關係。

楊國忠先前是以聚斂稱職，而得到玄宗的提拔。他曾建議，把徵丁租地稅變為布帛，輸於京師。結果，左藏庫豐實，堆積如山。「國忠既專錢穀之任，出入禁中，日加親幸」[27]。身為宰相時，仍兼領四十餘使，如判度支、兩京出納租庸鑄錢等使。據記載，天寶十三載（七五四），戶部奏天下郡三百二十一，縣千五百三十八，鄉萬六千八百二十九，戶九百六萬九千一百五十四，口五千二百八十八萬四百八十八。有唐一代，戶口極盛於此。這種極盛的景況，一方面反映了社會生產力持續發展的勢頭，另一方面意味著聚斂政策執行的既深且廣。因為要割剝民膏民脂，就必須對戶口作出仔細的統計與嚴密的管理。精通「鈎校」籌算的楊國忠，似也有他特異的貢獻。可以說，戶口之極盛，無疑是「厚斂」帶來的成果。

聚斂政策為封建統治集團窮奢極欲提供了有力保證，所謂天寶「俗尚浮華」，顯然與此密切相關。唐玄宗以國用豐衍，故視金帛如糞土，賞賜貴寵，無有限極。楊貴妃三個姊姊、堂兄楊銛及楊錡等五家，競開第舍，極其壯麗，一堂之費，動逾千萬；造好後，看到別人造的更華麗，就毀而重建。楊國忠與上述楊氏五家略有不同，並不完全沉溺於豪侈的生活，更重視政治上權力的攫取，當然也貪圖享樂。他曾揚言「未知稅駕之所，……當取樂於富貴」。稅駕，意謂休止、停宿。政治上權力之爭，瞬息萬變，官場沉浮，反覆無常。未知日後凶吉，休止在何處，還是趁早盡情享樂吧。這就是奸相的人生觀。因此，他利用地位與職權，中飽私囊，中外餉遺輻湊，積縑至三千萬匹。五代王仁裕《開元天寶遺事》描寫，楊國忠以女婢為「肉陣」取暖，其子弟春遊時用「樓車」載女樂；以沉香為閣，檀香為欄，遠比禁宮中沉香亭壯麗；家裏還有自轉的「移春檻」，冬天點燃「鳳炭」，上元夜晚紅燭千炬。這些是傳說，並非實錄，但多少反映了楊國忠的驕奢僭侈之態。

總之，從以上史實比較中，可以看到，「李林甫、楊國忠用事，綱紀日紊。」兩個奸相之間雖然有爭權奪利的衝突，但他們本質上毫無二致，政策措施上連續性尤其明顯，因此沒有必要分成什麼舊貴族與新貴族。重要的問題在於：天寶時期，李林甫專權十餘年，已經「養成」天下之亂，種下了禍根；而楊國忠用事三年裏，不僅沒有將各種社會矛盾緩和下來，反而把一切弊端集中起來，結果「終成其亂」。後世評論歷史功罪，楊國忠實在要比李林甫倒楣得多。

天寶末年弊政，使當時不少有識之士預感到「天下將亂」。天寶十一載（七五二）十一月，楊國忠剛當上右相，權傾天下，四方之士，爭詣其門。有人勸陝郡進士張彖投靠右相，說什麼見之可以立刻得到富貴。張彖回答道：「君輩倚楊右相如泰山，吾以為冰山耳！若皎日既出，君輩得無失所恃乎！」[28]這位進士並不是不求高官，而是預料到楊國忠勢力猶如冰山，消解的日子不遠了，所以跑到嵩山隱居了。天寶十三載（七五四），方伎之士金梁鳳預言：「玄象有變，半年間有兵起。」[29]這是假借天象，評論時局，看到了「天下將亂」的可能性。

（四）天寶亂政與楊貴妃的關係

楊國忠專權而造成的天寶亂政，跟楊貴妃究竟有什麼關係呢？局外人往往認為，由於依靠了楊貴妃，楊國忠才幹出許多的壞事。其實，楊國忠在政治舞臺上的所作所為，基本上與楊貴妃無涉。

誠然，楊國忠的發跡，是靠了楊貴妃的宗族親屬關係。但是，唐玄宗所以重用他，主要不是因為外戚的關係。如果論外戚，楊銛、楊錡與楊貴妃更親，為什麼偏偏不用呢？唐玄宗賞識的是「才」，在《授楊國忠右相制》中，讚揚他「純粹精明，懸解虛受」；希望「彌綸經濟，同致雍熙。」在追贈其父楊珣為鄭國公、其母張氏為鄭國夫人時，玄宗強調：「嗣生大賢，為朕良弼。」[30]很清楚，在玄宗的心目中，楊國忠是「大賢」、「良弼」，想用他的「精明」的經濟方面才能來維護「太平盛世」的局面。楊國忠能夠聚斂那麼多的財貨，這是唐玄宗「權假宰相」的根本原因。天寶十三載（七五四）六月，高力士曾對「朝事付之宰相」表示憂患，玄宗不納。九月，高力士又對「權假宰相」提出批評，玄宗默然不應。顯然，高力士只看到楊國忠弄權的一面，而沒有注意到經濟命脈的一面。如果沒有楊國忠及其聚斂政策，「歌舞昇平」又怎麼能維持下去呢？所以，唐玄宗是不會聽取「老奴」的勸告的，仍舊委政於楊國忠，直至天下大亂為止。

說實在，楊國忠在楊貴妃之間，相處平淡得很。小時候並不相識，冊貴妃之後，方才見面。楊貴妃深居內宮，跟宰相與大臣接觸稀少，即使堂兄楊國忠也不例外。據統計，十餘年裏，除了歡宴娛樂之外，楊貴妃在政治上支持過楊國忠的，僅有二次。例如，天寶十一載（七五二）深秋，楊國忠將赴蜀，臨行前，「上言必為林甫所害，貴妃亦為之請。」[31]楊貴妃雖然「智算過人」，聰明機智，但在政治上不會弄權，正如酷吏吉溫所說：「識慮不遠。」因此，天寶時期弊政，沒有一條是出自她的壞主意，她也沒有運用自己的特殊地位去影響楊國忠的施政。所謂「天下將亂」的局面，顯然主要不是「亂」在楊貴妃的手上。

就楊氏姊妹昆仲的關係來說，楊國忠與虢國夫人往來緊密。早年在蜀，就有私通的秘史。初到長安，投宿在寡居的虢國夫人的家裏，並由她牽引，認識了楊貴妃。虢國夫人宅居宣陽坊，楊國忠也「於宣陽里連構甲第，土木被綈繡，棟宇之盛，兩都莫比」[32]。前者居東，後者居西，同於坊里，兩宅相連，晝會夜集，無復禮度。據說，有時兄妹兩人並轡入朝，揮鞭走馬，以為諧謔，路人觀之，無不駭嘆！每年冬天隨從唐玄宗在華淸宮避寒時，楊國忠第宅在宮東門之南，與虢國夫人第宅相對。史稱：「國忠私於虢國而不避雄狐之刺。」[33]從某種意義上說，這也反映了盛唐時期男女之間放任自由的特點。詩人杜甫在〈麗人行〉中，用「楊花雪落覆白萍，青鳥飛去銜紅巾」詩句[34]，來影射楊氏兄妹的曖昧關係，但其遣詞之美，決沒有後世禮教衞道之士們那樣惡狠狠的咒罵。

由於曖昧關係的特殊性，虢國夫人在政治舞臺上的作用（指對楊國忠的影響），反而超過了楊貴妃。史載：「虢國居中用事，帝所好惡，國忠必探知其微，帝以為能，擢兼度支員外郎。遷不淹年，領十五餘使，林甫始惡之。」[35]這裏透露了一個重要的事實：性格豪蕩的虢國夫人，扮演了溝通內宮與外朝的角色。須知，楊貴妃的身分，是不可隨便出宮的，其自由活動的範圍遠不及虢國夫人。從虢國夫人那裏可以獲悉深宮秘密，可以探知皇帝旨意，楊國忠也就能在官場爭鬥中立於不敗之地。王鉷倒了，李林甫也垮了，唯獨楊國忠爬上了右相的高位，玄宗對他深信不疑。看來，楊國忠「私於虢國」，別有其政治目的。

在楊氏諸兄妹中，「銛、秦國早死」[36]。楊銛和秦國夫人大約死於天寶十三載（七五四）。安祿山叛亂之前，楊錡似也死了。史稱韓國夫人、虢國夫人和楊國忠貴寵最久，不過，他們後來也沒有逃脫被殺的命運。

「金鷄障下養為兒」

與楊國忠「爭寵」的還有一個特殊的人物，那就是蕃將安祿山。他原先與楊氏諸兄妹約為「兄弟」，後又變成楊貴妃的養兒，一連串的鬧劇反映了天寶弊政的某些特點。

（一）安祿山其人

安祿山生年歷來說法不一，據考證，應為武則天長安三年正月初一（七〇三年一月二十二日）[37]。《資治通鑑》卷二一六作「生日」為正月二十日，恐誤。他大概知其母，而不知其生父。「《舊（唐）書》言祿山為柳城雜種胡，本無姓氏。《新唐書》謂其本姓康。胡未聞無姓氏，《新唐書》之言是也。」[38]柳城是唐代營州治所，在今遼寧朝陽。唐代往往把同匈奴或東胡有關或無關的北方各少數民族，泛稱雜胡。安祿山的生父是康姓胡人，母親是突厥巫師阿史德，因為祈禱於戰鬥神軋犖山而生，故取名為「阿犖山」。如果說他是私生子，純屬猜測之辭。須知，在混血胡人中，「先母而後父」，孩子隨母而居。這種習俗與漢族迥然不同，幾乎沒有什麼「私生子」的觀念。後來，母親改嫁給突厥安延偃，便冒姓安氏，名祿山。

有的說安祿山是一個醜陋的人，未必是事實。《舊唐書》本傳謂「其肥白」，《新唐書》本傳亦云「偉而皙」，足見安祿山青年時代雄偉而皙白，略嫌胖一點。他聰明多智，善測人意，通曉六種（或作九種）「蕃語」，當過「互市牙郎」，即突厥與唐朝進行互市貿易時的中介人（不屬於「吏」）。開元二十年（七三二），安祿山恰好「而立」之年，三十歲，以其言貌偉奇與驍勇善戰，得到唐朝幽州節度使張守珪的賞識，被任為捉生將。捉生將是唐代邊郡主帥對部下能活俘敵人的驍將所加的稱號，說明安祿山素習山川井泉，具有智擒敵人的本領。張守珪十分喜歡他，認為養子。

開元二十四年（七三六），安祿山為平盧討擊使、左驍衛將軍。張守珪派他討伐奚、契丹叛者，而祿山恃勇輕敵，盲目挺進，結果大敗。如按軍法處置，當斬首。張守珪惜其驍勇，將安祿山執送東都，交由中央處理[39]。宰相張九齡堅持原則，奏曰：「祿山狼子野心，而有逆相，臣請因罪戮之，冀絕後患。」[40]唐玄宗認為安祿山「勇銳」，僅免官算了，說：「卿豈以王夷甫識石勒，使臆斷祿山難制耶？」[41]石勒是羯族人，幼年隨邑人行販洛陽，西晉大臣王衍（字夷甫）看他有奇志，恐為後患，馳遣收容之，而石勒已不知去向[42]。後來，石勒創建了十六國時期的後趙，稱帝。可見，唐玄宗頗熟悉《晉書》史事。至於張九齡當然不可能預料到二十年後安祿山叛亂的發生，他只是認為安祿山這類人「難制」，不宜重用，對邊鎮將領的任用表示了某些憂患。

安祿山回去以後，以「白衣」將領效勞於邊疆。開元二十五年（七三七）二月，幽州節度使張守珪破契丹於捺祿山。次年，裨將假以守珪之命，發兵攻叛奚，初勝後敗。「守珪隱其敗狀，而妄奏克獲之功。」事洩，玄宗派宦官牛仙童前往查處，守珪厚賂仙童，敷衍過去了。開元二十七年（七三九），「仙童事露伏法，守珪以舊功減罪，左遷括州刺史，到官無幾，疽發背而卒。」[43]

（二）賄賂與獻「忠」取媚

張守珪死了，養子安祿山卻步步升官了。往上爬的訣竅有兩條：一是靠賄賂送禮，一是獻「忠」心以取媚。在這方面，安祿山可謂做絕了。

開元二十八年（七四〇），安祿山從「白衣」將領變成了平盧兵馬使，兵馬使是軍使下的將領之一。次年，御史中丞張利貞為河北採訪使，至平盧（營州，今遼寧朝陽），「祿山諂佞，善伺人情，曲事利貞，復以金帛遺其左右。」利貞歸朝，盛讚祿山之美，玄宗便委祿山為營州都督，充平盧軍使，兩蕃（奚、契丹）、勃海、黑水四府經略使。天寶元年（七四二）正月，以安祿山為平盧節度使。次年正月，安祿山第一次入朝至長安，向唐玄宗獻上一片忠誠，說什麼「臣若不行正道，事主不忠，（蟲）食臣心」[44]。這樣，奏對稱旨，玄宗重賞之，加封驃騎大將軍。

天寶三載（七四四）三月，安祿山兼任范陽節度使、河北採訪使。禮部尚書席建侯為河北黜陟使，「稱祿山公直」，宰相李林甫與戶部尚書裴寬「皆順旨稱其美」。史稱：「由是祿山之寵益固不搖矣。」[45]次年，安祿山欲以邊功邀寵，曾發兵擊破契丹。

天寶六載（七四七）正月，安祿山以范陽、平盧節度使，兼御史大夫。「歲獻俘虜、雜畜、奇禽、異獸、珍玩之物，不絕於路，郡縣疲於遞運。」這時，安祿山年已四十五歲，身體發胖了，腹垂過膝，常常誇張地說腹重三百斤。有一次，唐玄宗跟他開玩笑：「此胡腹中何所有？其大乃爾！」安祿山答道：「更無餘物，正有赤心耳！」[46]如此獻紅心，表示忠於唐玄宗，活現了「外若痴直，內實狡黠」的神態。

天寶七載（七四八）六月，賜安祿山鐵券，給予赦免的特權。天寶九載，賜爵東平郡王，唐朝將帥封王自此始。又以安祿山兼河北道採訪處置使。為了慶賀「天長節」，安祿山進獻山石功德及幡花香爐等。這年十月，唐玄宗在華清宮隆重地接待安祿山。在昭應與長安，為安祿山造了富麗堂皇的第宅。次年二月，以安祿山為河東節度使。至此，安祿山身兼平盧、范陽、河東三鎮節度使以及河北道採訪處置使，賞刑己出，日益驕恣。

唐玄宗為什麼如此寵信安祿山呢？誠然，安祿山走運靠的是賄賂與獻「忠」取媚，但從根本上說，則是適應了唐玄宗邊事政策的需要。唐初以來，邊帥都用忠厚名臣，「不久任、不遙領、不兼統」，戰功卓著者往往入朝為宰相。開元中期以後，這三不政策發生了變化。由於「天子有吞四夷之志，為邊將者十餘年不易，始久任矣。」後來，李林甫為了杜絕邊帥入相之路，建議「用寒畯胡人」為將，認為「胡人則勇決習戰，寒族則孤立無黨，陛下誠以恩洽其心，彼必能為朝廷盡死」[47]。玄宗悅其言，於是諸道節度盡用胡人，如安祿山、安思順、哥舒翰、高仙芝等等。

在衆多的蕃將中，安祿山的地位尤其特殊，備受榮寵，這是跟北疆的軍事形勢分不開的。唐玄宗作為盛唐帝國的「天子」，「必欲滅四夷，威海內」，然而，北方奚、契丹等常常叛唐，制服不了。天寶四載（七四五）三月，玄宗以外孫女靜樂公主嫁契丹王李懷節，甥女宜芳公主嫁奚王李延寵。不到半年，契丹、奚各殺公主以叛唐。在這種形勢下，安祿山討破契丹、奚，必將引起唐玄宗的極大喜悅。後來，玄宗多次表彰安祿山的功績，說：「頃者，契丹負德，潛懷禍心，（祿山）乃能運彼深謀，果梟渠帥。風塵攸靜，邊朔底寧。不示殊恩，孰彰茂績？」[48]天寶九載（七五〇），安祿山入朝，獻奚俘八千人，唐玄宗命考課之日書「上上考」。

安祿山鎮守北疆，在唐玄宗的心目中，猶如「萬里長城，鎮淸邊裔」[49]。在〈封安祿山東平郡王制〉中，指出：「上柱國柳城郡開國公安祿山，性合韜鈐，氣稟雄武，聲威振於絕漠，捍御比於長城。戰必克平，智能料敵，所以擢升臺憲，仍杖旌旄。既表勤王之誠，屢伸殄寇之略。」[50]正因為如此，才讓安祿山兼任三鎮節度使。河東節度使治太原府（今山西太原），兵五萬五千人；范陽節度使治幽州（今北京西南），兵九萬一千四百人；平盧節度使治營州（今遼寧朝陽），兵三萬七千五百人。三鎮兵約近二十萬，占全國鎮兵的百分之四十。以上，是天寶初的統計數字。及至安祿山為三鎮節度使，鎮兵當超過二十萬。由此可見安祿山地位的重要性，這也是唐玄宗寵用他的根本原因。

十分明顯，如果認為唐玄宗視安祿山「無能」才放心加以重用，那是不甚確切的。在唐玄宗看來，安祿山這樣的人並不是「愚而可制」，而是忠而可用。早在開元晚期，「玄宗惜其勇銳」，後來一直欣賞安祿山「戰必克平，智能料敵」的本領，故「託祿山心膂之任」，企圖構築一條「萬里長城」。試想，倘若玄宗認為安祿山是蠢才，怎麼會委以三鎮節度使呢？除了軍事才能外，安祿山還表現得比誰都「忠」，「玄宗尤嘉其純誠」，因此，重用而不疑。據記載，有一次宮中夜宴，安祿山醉臥，「化為一黑豬而龍首」。這當然是荒誕的。或許左右侍者見大胖子臥睡的樣子，形容為一頭豬。玄宗就此說道：「豬龍也，無能為者。」[51]注意！所謂「無能」，並不是沒有才能的意思，更不是把安祿山當作「無能」之物或者平庸愚蠢之人。這裏的「無能」，是不可能的意思。也就是說，豬不可能變為「龍」。言下之意，安祿山沒有什麼政治野心。如此解釋，也許符合原意。當然，上述記載是傳聞，有無其事，已不可考。

總之，自稱「年事漸高」的唐玄宗，把朝廷細務「委以宰臣」，把軍戎大事「付之邊將」[52]。諸宰相中，最受寵用的先是李林甫，後是楊國忠。而眾邊將中，唯獨安祿山一直得寵而不衰。除了北疆三鎮重要的軍事地位外，安祿山的外痴內詐、詼諧滑稽、諂諛獻媚以及最最「忠」於的表白，頗得唐玄宗的歡心。還因為這個緣由，安祿山出入禁宮，演了一連串的鬧劇，使歌舞昇平的小天地裏增添了特異的情趣。

（三）「不知太子者何官」

鬧劇之一，是不拜太子。天寶六載（七四七），安祿山入朝，內宴承歡，玄宗命他拜見皇太子李亨，安祿山居然不拜。左右催促他拜，他卻故意裝傻，拱立著道：「臣胡人，不習朝儀，不知太子者何官？」玄宗以為他真的不懂，解釋說：「此儲君也，朕千秋萬歲後，代朕君汝者也。」安祿山一聽，似乎懂了，便說：「臣愚，向者惟知有陛下一人，不知乃更有儲君。」不得已，然後拜。玄宗「以為信然，益愛之」[53]。

安祿山為什麼不拜太子？他身為范陽、平盧節度使兼御史大夫，多次入朝，怎麼會不熟悉朝儀呢！所謂「不知太子者何官」，是大假話。這樣說，固然是向玄宗獻媚，表白「惟知有陛下一人」，可謂最最忠誠的了，而更主要的還是反映了他捲入朝政鬥爭的企圖。天寶五載（七四六），圍繞太子而展開了激烈的爭鬥。李林甫揭發韋堅（太子妃兄）與皇甫惟明（隴右、河西節度使）「結謀」，要擁立太子。玄宗怒貶堅與惟明，並下制戒百官。後來，又以「朋黨」的罪名，長流韋堅於臨封，牽連者數十人。接著，又發生了杜有鄰（女兒為太子良娣）案件。這些大案震驚中外，安祿山也是清楚的。史稱，安祿山「常令其將劉駱谷留京師詷朝廷指趣，動靜皆報之」[54]。向安祿山報的「動靜」，自然也包括朝廷政爭。安祿山十分明白，皇帝陛下與太子之間有著深刻的裂縫，李林甫是反對太子黨的臺柱。安祿山既然倒向李林甫，他不拜太子也就可以理解了。而且，這種

「不拜」不僅不被視為不敬，反而獲得了唐玄宗的寵信。

對於安祿山的寵遇，太子李亨必然是不滿的。史載：「天寶中，安祿山每來朝，上（玄宗）特異待之。」在興慶宮勤政樓歡宴時，百官羣臣列坐樓下，唯獨讓安祿山坐在樓上皇帝御座的東間，那裏擺了金鷄障（畫金鷄為飾的坐障），還命捲簾以示榮寵。太子目睹此情此景，很有意見，便進諫（似由宦官轉告），說：「自古正殿無人臣坐禮，陛下寵之既厚，必將驕也。」玄宗把太子叫來，解釋說：「此胡有奇相，吾以此厭弭之爾。」[55]所謂「厭弭」，大意是：用特殊寵遇的辦法，把這位有「奇相」的胡人牢籠住，不至於圖謀不軌。如果把「厭弭」理解為讓安祿山在外守邊禦敵，在內藉以威懾羣臣，那恐怕是離開了原意。

（四）貴妃養子與「洗兒」錢

最令人恥笑的鬧劇，莫過於「請為貴妃兒」了。據說，天寶六載（七四七），楊貴妃寵冠六宮，「祿山遂請為養兒。」每次接見，安祿山總是先拜貴妃，玄宗問為什麼這樣，祿山奏曰：「蕃人先母後父耳。」玄宗聽了，大悅。祿山「恩寵浸深」，應對敏給，雜以詼諧，「而貴妃常在座，詔楊氏三夫人約為兄弟。」

上述故事見於《安祿山事迹》，各種史籍也都有記載，其真實性是無須懷疑的。不過，從情理上說，「約為兄弟」當在「請為養兒」之前。舊、新《唐書》和《資治通鑑》，就是先書「命楊銛、楊錡、貴妃三姊皆與祿山敍兄弟」，後記「祿山得出入禁中，因請為貴妃兒。」這樣就十分貼切了。從「兄弟」到「養兒」，反映了安祿山得寵程度的加深。正如白居易詩云：「金鷄障下養為兒。」[56]

「養兒」風俗在唐朝是流行的，連禁宮中也如此。高力士小時候，被內官高延福收為「假子」（養子、義子）。名將王忠嗣，小時養於宮中，實際上是唐玄宗的養子。楊貴妃也收養一個兒子，原本沒有什麼可指責的。問題在於安祿山利用這種習俗，是別有用心的。須知，當時安祿山年已四十五歲，而楊貴妃僅二十九歲。如此「請為養兒」，也就成為荒唐的鬧劇了。看來似乎滑稽，實際上安祿山頗費心機。他很淸楚，楊貴妃經歷第一次「出宮」風波，重新回到內宮，備受寵愛，「寵冠六宮」。以「請為養兒」討好楊貴妃，正是為了獲得唐玄宗的歡心。

如果說貴妃「養兒」是事實，那麼，所謂「洗兒」錢是出於傳聞或者虛構嗎？據載，天寶十載（七五一）正月初一，安祿山生日，唐玄宗和楊貴妃賜給「養兒」大量的衣服、寶器、酒饌等。初三，召祿山入內宮，楊貴妃用「繡綳子」（錦繡做的大襁褓），把安祿山裹起來，叫宮女們用「彩輿」（彩車）抬著，一片嬉戲歡呼聲。玄宗聽到了，派人去問，回報說：「貴妃與祿山作三日洗兒，洗了又綳祿山，是以歡笑。」玄宗也出來看熱鬧，大悅，「因加賞賜貴妃洗兒金銀錢物，極樂而罷。」自此以後，宮中皆呼祿山為「祿兒」，讓他出入禁宮[57]。

這就是著名的「洗兒」錢鬧劇，最早見於《安祿山事迹》。舊、新《唐書》撰者大概覺得此事荒唐無稽，棄而不書。《資治通鑑》則把它寫進了，在〈考異〉中指明來源於《安祿山事迹》，也就是說，確有史料可供考證的。而歷來有人否定此事，如有人作詩道：

> 唐書新舊分明在，
> 那有金錢洗祿兒？[58]

的確，舊、新《唐書》都無記述，這是明白的事實。但是，僅僅憑此，還不是最充足的理由，必須從風俗上來考察。初唐以來，宮中皇子「滿月」慶賀，屢見不鮮；而所謂「三日洗兒」，亦常有記載。例如，開元十八年（七三〇），「會（王）毛仲妻產子，三日，上（玄宗）命力士賜之酒饌、金帛甚厚，且授其兒五品官。」[59]又如，「太華公主載誕三日，宮中大陳歌吹。」[60]再如，「代宗（玄宗之孫）之誕三日，上（玄宗）幸東宮，賜之金盆，命以浴。」[61]可見，宮中流行著「三日洗兒」的風俗，孩子養下三天，照例有一番熱鬧的「歌吹」活動，而「洗兒」錢甚為豐厚。既然如此，就不能認為「金錢洗祿兒」純屬子虛烏有。當時宮中故意拿「養兒」安祿山開玩笑，是非常可能的。

安祿山陰謀造反

大凡野心勃勃的陰謀家，愈是受到重用，愈是要蓄謀篡權。安祿山就是這樣野心家的典型之一。

（一）「凶逆之萌，常在心矣」

當然，安祿山的政治野心有逐步發展的過程，決不是從小就有的。開元後期，當他還只是平盧討擊使、左驍衛將軍時，張九齡預言「祿山狼子野心，而有逆相」，那是故意地用聳聽的危言來告誡唐玄宗。如果真的認為安祿山已有造反的企圖，恐怕不是事實。

「凶逆之萌」，大約在天寶六載（七四七）前後。由於唐玄宗的「特加寵遇」，安祿山不僅身兼平盧、范陽兩鎮節度使，而且加了京官御史大夫，成了楊貴妃的「養兒」，真是「富貴之已極」。他經常伺察朝廷旨意動靜，倒向李林甫一邊，捲入了封建統治集團的內爭。因此，他內心深處萌發了「異志」。史稱：「每朝，常經龍尾道，未嘗不南北睥睨，久而方進，即凶逆之萌，常在心矣。」[62]

當時，安祿山藉口「禦寇」，修築雄武城（今天津薊縣境內），貯藏兵器。名將王忠嗣多次上言祿山必反，宰相李林甫根本不聽，反而排擠打擊王忠嗣。

（二）「包藏禍心，將生逆節」

大約天寶九載（七五〇）以後，安祿山把自己的「異志」化為積極的行動，從各個方面為造反作具體的準備。這時期，安祿山的地位更高了，除了上柱國柳城郡開國公、東平郡王等銜頭外，還一身兼河東、范陽、平盧三鎮節度使以及河北道採訪處置使，權勢比過去大得多了。母親、祖母皆賜國夫人，十一個兒子都由玄宗賜名。史稱：「祿山恃此，日增驕恣。嘗以曩時不拜肅宗（太子李亨）之嫌，慮玄宗年高，國中事變，遂包藏禍心，將生逆節。」[63]

首先，在軍事方面，繼續修築雄武城，大貯兵器。先後收養了同羅[64]、奚、契丹等族的壯士，名曰「曳落河」，約八千餘人。這些人感恩竭誠，驍勇善戰，一以當百。又畜養單于、護真大馬數萬匹，牛羊五萬餘頭，還囤積了大量的糧草。暗中通過諸道商胡興販，購置巨額的軍需物資及珍寶。

其次，在組織方面，安祿山是善於收羅各種人才的，並能做到使之為己所用。張通儒、李延望、平冽等在幕下，高尚掌奏記，嚴莊主簿書，安守忠、孫孝哲、蔡希德、崔乾祐、何千年、田乾真等為將帥。其中，尤以高尚、嚴莊、張通儒與孫孝哲為心腹。高尚，原名不危，早年就鼓吹「當舉大事而死」，野心畢露。祿山引置幕府，出入臥內。高尚與嚴莊出謀策劃，為安祿山「解圖讖，勸之作亂」[65]。

總之，一個叛亂陰謀正在行動。然而，李林甫去世之前，安祿山還不敢貿然地揭起叛旗。為什麼呢？第一，準備工作尚需時日。第二，起兵的藉口一時還沒有。第三，最主要的是李林甫專權，以長期任宰相的威望與鐵腕手段，尚能控制全國局勢，安祿山不敢輕舉妄動。往初，安祿山獲得玄宗的恩寵，是跟李林甫「稱其美」分不開的。安祿山依附於李林甫勢力，所以，有人上言祿山必反時，李林甫就出來辯護。史稱：「祿山於公卿皆慢侮之，獨憚林甫，每見，雖盛冬，常汗沾衣。」[66]這種敬畏的神態，一方面是由於多年的依附關係所造成的，另一方面，「安祿山以李林甫狡猾逾己，故畏服之。」[67]邊境重用蕃將，是李林甫提出的，當然，他也知道如何去控制蕃將。然而，安祿山之亂畢竟是他專權時期「養成」的。這是狡猾的李林甫所始料不及的。

（三）「決計稱兵向闕」

李林甫死了，安祿山根本不把新右相楊國忠放在眼裏，於是加緊策劃叛亂的步伐。

天寶十二載（七五三）初，楊國忠製造所謂李林甫與阿布思勾結叛亂案件時，那個誣告者就是安祿山。安祿山之所以接受楊國忠的指示，並不是要依附於楊國忠，旨在於打擊阿布思。同年五月，阿布思為回紇所破，安祿山誘其部落而降之。「由是祿山精兵，天下莫及。」[68]這是安祿山聚集叛亂武裝力量的關鍵。

史稱：「祿山與國忠爭寵，兩相猜嫌。」[69]楊國忠沒有能力制服與控制安祿山，便在唐玄宗面前多次說安祿山要造反，早已荒於理政的唐玄宗自然無法作出自己的判斷，不會輕易地聽取楊國忠的話。楊國忠進而拉攏另一位著名的蕃將哥舒翰，以排擠安祿山。哥舒翰原為隴右節度使，楊國忠奏翰兼河西節度使，賜爵西平郡王。注意！安祿山兼北疆三鎮節度使，哥舒翰兼西北兩鎮節度使；一個是東平郡王，一個是西平郡王。顯然，楊國忠想依靠這種對峙來壓服安祿山。冬天，楊國忠隨從玄宗在華清宮，屢言祿山必反，甚至說陛下試試看，召他必不來。召令發出去了。

天寶十三載（七五四）正月，安祿山卻奉命入朝來，這就使楊國忠的預言破產。安祿山到了華清宮，向玄宗哭訴：「臣本胡人，陛下不次擢用，累居節制，恩出常人。楊國忠妒嫉，欲謀害臣，臣死無日矣。」楊國忠的妒嫉與謀害，是事實；而那副誠懇感恩的樣子，則是偽裝的。誰知玄宗「益信祿山為忠」，又是一個「忠」字，迎合了唐玄宗的需要。不久，安祿山隨同玄宗返回長安。直到三月，祿山辭歸范陽，玄宗親自脫御衣賜之，祿山受寵若驚。看來，唐玄宗依舊用特殊恩寵的辦法「厭弭之」。但是，安祿山再也籠絡不住了，他害怕楊國忠暗算，疾驅出關，以日行三四百里的速度，直奔老巢。「祿山既至范陽，憂不自安，始決計稱兵向闕。」[70]起兵叛亂的決心定了，進入了緊急部署的階段。

天寶十四載（七五五）二月，安祿山派副將何千年入朝，奏請以蕃將三十二人代替漢將。韋見素對楊國忠說：「安祿山有不臣之心，暴於天下，今又以蕃將代漢，其反明矣。」楊、韋兩位宰相極言祿山反狀，玄宗就是不聽，認為安祿山「必無二心」。秋，七月，玄宗派中使馬承威帶上「璽書」召安祿山，「璽書」是這樣寫的：「朕與卿修得一湯，故召卿。至十月，朕待卿於華清宮。」這回，安祿山絕不會奉命入朝了，對中使很不禮貌。馬承威返回長安，向玄宗泣曰：「臣幾不得生還。」71

冬十月，唐玄宗、楊貴妃以及楊國忠等照例到華清宮，在「歌舞昇平」的小天地裏尋歡作樂。而遙遠的范陽，安祿山正在調兵遣將，一場大叛亂即將來臨。

註釋

1 《明皇雜錄》卷下。

2 據《新唐書·宰相世系表》載，楊珣官宣州司士參軍。

3 《舊唐書·楊國忠傳》。又，《新唐書·楊國忠傳》作「節度使張宥」。

4 《新唐書·楊國忠傳》。

5 《資治通鑑》卷二一五，天寶四載八月條〈考異〉。

6 南宮搏《楊貴妃》作「十月初冬」，較為確切。八月冊貴妃，消息傳到四川，章仇兼瓊派楊釗赴京，前後至少一個多月。有的傳記作「春天」，楊釗進京獻絲織品。欠妥。獻「春綈」，不是在春天，往往是在六月以後。

7 《資治通鑑》卷二一五，天寶四載十月條。

8 《資治通鑑》卷二一六，天寶九載四月條。

9 有的傳記說天寶九年楊國忠上任京兆尹，當誤。

10 《全唐文》卷三三，玄宗〈賜王鉷自盡詔〉。

11 《資治通鑑》卷二一六，天寶十一載五月條。

12 《舊唐書·李林甫傳》。

13 《全唐文》卷三三，玄宗〈削李林甫官秩詔〉。

14 原作「金紫」，指紫衣金魚袋。如解釋為金紫衣服，似不確切。

15 《舊唐書·李林甫傳》。

16 《資治通鑑》卷二一六，天寶十一載十一月條。

17 《資治通鑑》卷二一六，天寶七載六月條。

18 《資治通鑑》卷二一六，天寶十一載十一月條。

19《冊府元龜》卷三三五，〈宰輔部・竊位〉。

20《資治通鑑》卷二一五，天寶五載四月條。

21《舊唐書・楊國忠傳》。

22《高力士外傳》。

23《資治通鑑》卷二一六，天寶十一載十二月條。

24《資治通鑑》卷二一六，天寶十二載十月條。又，參見《明皇雜錄》卷上。

25《大唐新語》卷一〇，〈釐革〉。

26《欒城後集》卷一一，〈歷代論五〉。

27《舊唐書・楊國忠傳》。

28《資治通鑑》卷二一六天寶十一載十一月條，又見《開元天寶遺事》卷上。

29《舊唐書・方伎傳》。

30《全唐文》卷二五，玄宗〈授楊國忠右相制〉及〈贈楊珣鄭國公制〉。

31《資治通鑑》卷二一六，天寶十一載十月條。

32《冊府元龜》卷三三八〈宰輔部・奢侈〉引作「宣陽里」，《資治通鑑》卷二一六天寶十二載十月條胡三省注亦作「宣陽坊」。而《舊唐書・楊國忠傳》則云「宣義里」，「義」似「陽」之誤。

33《舊唐書・楊貴妃傳》。

34《杜工部集》卷一，〈麗人行〉。

35《新唐書・楊國忠傳》。

36《新唐書・楊貴妃傳》。

37參見楊志玖〈安祿山、史思明生年考辨〉，載《南開學報》一九八七年第二期。

38呂思勉《讀史札記》下冊，〈胡考〉。

39當時唐玄宗與宰相們都在洛陽，如說將安祿山執送京師長安，當誤。

40《大唐新語》卷一，〈匡贊〉。

41《安祿山事迹》卷上。

42參見《晉書・石勒載記上》。

43《舊唐書・張守珪傳》。

44《安祿山事迹》卷上。

45《資治通鑑》卷二一五，天寶三載三月條。

46《資治通鑑》卷二一五，天寶六載正月條。又，參見《開天傳信記》。

47《資治通鑑》卷二一六，天寶六載十二月條。

48、49《安祿山事迹》卷上。

50《全唐文》卷二五，玄宗〈封安祿山東平郡王制〉。

51《安祿山事迹》卷上。

52《高力士外傳》。

53、54《資治通鑑》卷二一五，天寶六載正月條。
55《次柳氏舊聞》補遺。
56《白居易集》卷三，〈胡旋女〉。
57《安祿山事迹》卷上。
58引自清代梁紹壬《兩般秋雨庵隨筆》卷一，〈楊妃詩〉。
59《資治通鑑》卷二一三，開元十八年歲末條。
60《明皇雜錄》逸文。
61《次柳氏舊聞》。
62、63《安祿山事迹》卷上。
64同羅、回紇部落聯盟的「外九部」（九姓鐵勒）之一。
65、66《資治通鑑》卷二一六，天寶十載二月條。
67、68《資治通鑑》卷二一六，天寶十二載五月條。
69《冊府元龜》卷三三六，〈宰輔部・依違〉。
70《安祿山事迹》卷中。
71《大唐新語》卷二，〈極諫〉。

第二十章　「祿山一呼，四海震蕩」

安祿山叛亂終於發生了：「祿山一呼，而四海震蕩。」[1]唐玄宗從盛世的頂峰跌落下來，大唐帝國歌舞昇平的景象消失了。朝野上下都意識到，這將是歷史的轉折點。

安祿山范陽起兵

天寶十四載（七五五）十一月初九（甲子）[2]，拂曉，安祿山率領「號二十萬」大軍，在薊城（今北京西南）南郊舉行誓師儀式，正式宣告起兵造反。

（一）叛軍的突然襲擊

安祿山叛亂是蓄謀已久的，經過長達近十年的策劃。但是，就起兵來說，則是採用突然襲擊的方式。其戰略部署包括以下幾點內容：

首先，隱蔽造反意圖，揚言奉旨誅楊國忠。長期以來，安祿山獨與親信嚴莊、高尚、阿史那承慶三人「密謀」，其他將佐都不知道。八、九、十月，屢饗士卒，秣馬厲兵，將士們覺得奇怪，不清楚為啥要這樣。直到起兵前幾天，安祿山才召集諸將說明起兵事宜，研究從范陽至洛陽的山川地形以及進軍路線。但是，他始終沒有和盤托出自己叛亂的狼子野心，只是對衆將說：「奉事官胡逸自京回，奉密旨，遣祿山將隨手兵入朝來，以平禍亂耳。諸公勿怪。」[3]所謂「平禍亂」，指的是誅滅宰相楊國忠。僞造「密旨」，打出誅楊國忠的旗號，這是安祿山突然地發動叛亂的一種策略手段。

其次，加強後方留守，保障主力南下。特命范陽節度副使賈循守范陽，平盧節度副使呂知誨守平盧，別將高秀岩守大同。這一帶是安祿山的根據地，為將士們的家屬所居，如果後方不穩，就會動搖軍心，所以在起兵之前就作了上述的部署。

再次，採用聲「西」擊「東」戰術。起兵之前，還派遣將軍何千年、高邈等率輕騎二十名，聲言獻射生手，乘驛赴太原，預定起兵後第二天到達，並要劫持北京（太原）副留守。這一行動的意圖是製造假象：似乎安祿山向西進擊太原，然後沿唐高祖李淵當年走過的路線，奪取關中長安。其實，安祿山是頗有戰略頭腦的，決不會採取那樣的進軍路線。他之所以製造擊「西」的假象，是為范陽起兵並南下奪取洛陽而施放煙幕。

最後，調集主力隊伍，正式發動叛亂。十一月初八，安祿山所屬的隊伍以及「同羅」、「奚」、「契丹」、「室韋」等部族兵都調集齊了，共十五萬，號稱二十萬。「詰朝」[4]，即初九早晨，「祿山出薊城南，大閱誓衆」，以討伐楊國忠為名，引兵南下。據記載：「祿山乘鐵輿，步騎精銳，煙塵千里，鼓譟震地。」[5]「鼓譟」行軍，恐怕是後來的情況，開頭未必如此。雖然起兵並非「師出無名」，但是，「以討楊國忠為名」畢竟是自欺欺人的，不可能名正言順地大張旗鼓地「引兵南下」。按照突然襲擊的戰略方針，起兵是詭密的，以夜行軍方式疾速推進。史稱：「十一月，反於范陽，矯稱奉恩命以兵討逆賊楊國忠。以諸蕃馬步十五萬，夜半行，平明（天亮）食，日六十里。」[6]如此「引兵夜發」，大概是事實。由於出其不意的推進，從薊城南下，僅花十天功夫，就到達博陵（今河北定縣）。這說明范陽舉兵取得了出奇制勝的成功。旗開得勝之後，安祿山便放棄了夜行軍，公開地鼓譟地行軍。又經過十三天，就抵達了黃河邊。

（二）唐玄宗的防禦戰略

范陽起兵的時候，唐玄宗和楊貴妃等正在華清宮裏尋歡作樂，一派歌舞昇平的景象。由於叛軍行動的詭密，河北方面沒有傳來一點消息。最早的情報卻來自太原。十一月初十，敵將何千年等在太原刼走了副留守楊光翽。太原火速向長安報告，但是，唐玄宗認為情報是僞造的，不相信安祿山會造反。接著，東受降城（今內蒙托克托南黃河東北岸）也送來情報。十一月十五日（庚午），即范陽起兵後的第七天，「上（玄宗）聞祿山定反」[7]，造反是確定無疑的事實了。

多少年來，人們包括楊國忠預言過安祿山陰謀作亂，那時唐玄宗是一概不聽的。他斷然不信，一個由自己親手提拔起來且無比寵信的邊將，竟會造他的反。而如今，「聞祿山定反」，他自然是既震驚又憤怒。就在十五日當天，召見宰相楊國忠商量。楊國忠洋洋自得，因為預言被證實了，笑曰：「今反者獨祿山耳！三軍左右皆不欲也，旬日必斬之來降，不如此，陛下發兵討之，仗大義誅暴逆，可不血刃而定矣。」[8]玄宗也同意這種分析。顯然，君臣們不了解范陽起兵的具體情況，連「以討楊國忠為名」也不知道。如果得悉這一點，楊國忠絕不可能神氣活現地吹牛皮。同時，由於摸不清安祿山進軍的路線，所以作了兩個方面的防禦：派遣特進畢思琛赴東京洛陽，金吾將軍程千里詣河東，各自就地招募數萬人，以拒叛軍。

十一月十六日，唐玄宗在華清宮召見安西節度使封常清，商量討賊方略，情不自禁地言及「凶胡負恩之狀」[9]。的確，從某種意義上說，安祿山是忘恩負義之徒。沒有唐玄宗的寵任，豈有三鎮節度使的地位！這年春天，玄宗還在斷言：「祿山，朕推心待之，必無異志。」[10]然而，正是這個口口聲聲「忠」於皇帝陛下的野心家，最後發動了叛亂。這怎麼不叫玄宗傷心呢？

封常清看到皇帝一副憂愁的樣子，便誇口說：「祿山領凶徒十萬，徑犯中原，……臣請走馬赴東京，開府庫，募驍勇，挑馬棰渡河，計日取逆胡之首懸於闕下。」乍一聽，真是豪言壯語，「玄宗壯其言」[11]。次日，以封常清為范陽、平盧節度使。封常清當天就乘驛赴東京洛陽，招募隊伍，作守禦的準備。

封常清作為邊鎮節度使，歷來以勇猛聞名，軍事經驗豐富，他對形勢的估量雖然與楊國忠的吹牛大致相同，但卻往往令人信服。封常清奔赴東京後，玄宗似乎感到寬鬆多了，所以仍舊待在華清宮。直到十一月二十一日（丙子），即叛軍已攻陷博陵，正在鼓譟南下，河北戰報逐漸地傳來，於是唐玄宗又驚慌了，急急地返回長安興慶宮，進行新的軍事部署：以朔方右廂兵馬使、九原太守郭子儀為朔方節度使；右羽林大將軍王承業為太原尹；新置河南節度使，領陳留等十三郡，由衛尉卿張介然擔任；以原先赴河東的程千里為潞州長史；凡是叛軍衝擊的諸郡，設置防禦使。

十一月二十二日，宣布以第六個皇子、榮王李琬為元帥，右金吾大將軍高仙芝為副元帥，統率諸軍東征。用內府錢帛招募新兵，預定人數十一萬，號曰「天武軍」。經過近十天的努力，徵集新兵、邊兵加上飛騎、彍騎，達五萬人。十二月初一，由高仙芝率領離開長安。唐玄宗特地在興慶宮勤政樓裏宴請高仙芝等衆將領，又到望春亭慰勞送行，詔監門將軍宦官邊令誠監軍。高仙芝率大軍進駐陝郡（今河南陝縣）。

這樣，從十一月十五日至十二月初，短短半個多月裏，唐玄宗倉卒地完成了防禦的部署。從

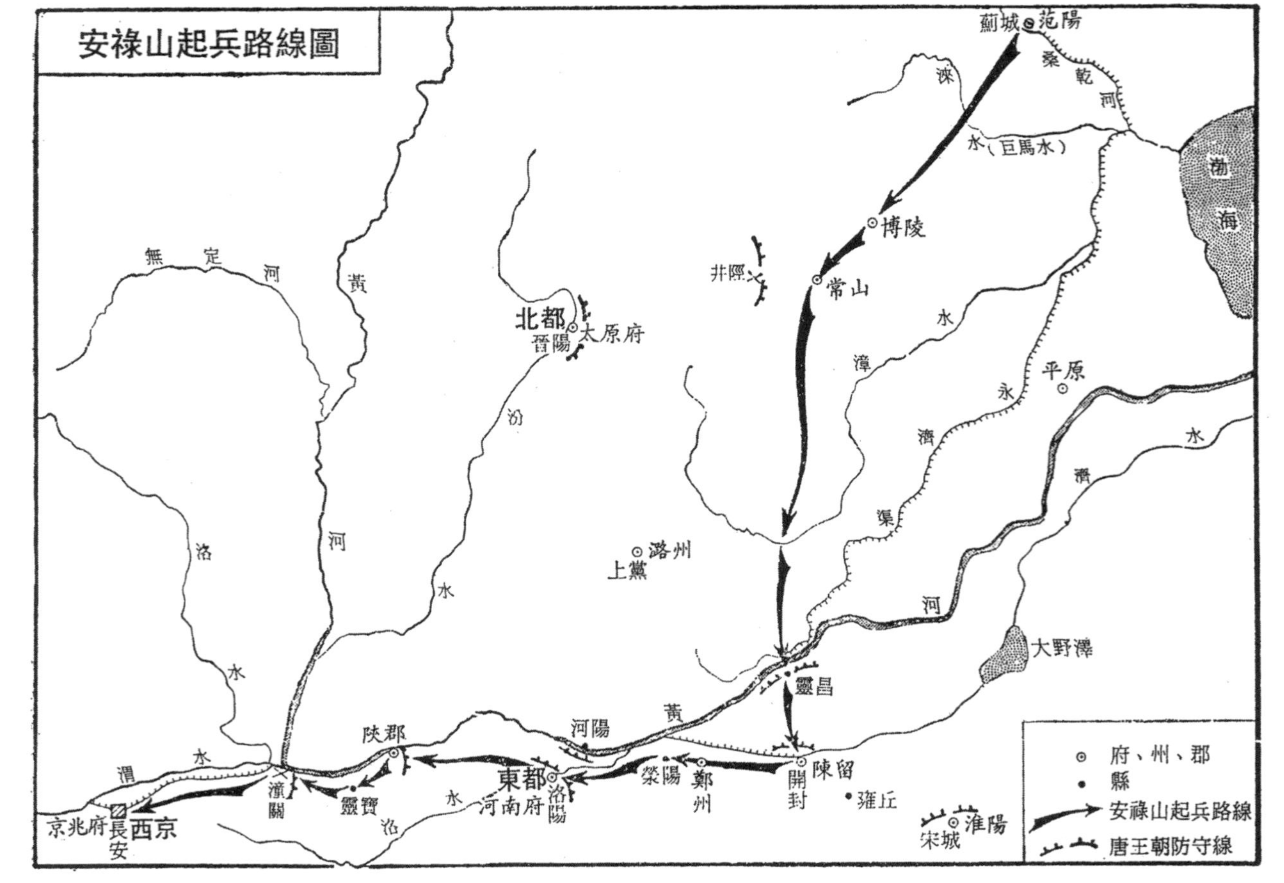
安祿山起兵路線圖
薊城
范陽
博陵
常山
井陘
北都
太原府
晉陽
潞州
上黨
靈昌
陳留
開封
雍丘
淮陽
宋城
鄭州
滎陽
河陽
東都
河南府
洛陽
陝郡
靈寶
潼關
西京
京兆府
長安
平原
大野澤
渤海
府、州、郡
縣
安祿山起兵路線
唐王朝防守線

戰略形勢來看，安祿山起兵於河北范陽，防禦叛軍的部署無非包括兩個方面：一是山西，二是河南。由於叛軍「引兵南下」的目標逐漸地暴露，防禦的重點就落在河南方面了。唐玄宗設置了三道防線：第一道，河南節度使張介然駐守陳留（今河南開封縣），兵力約一萬人。陳留是水陸交通的樞紐，具有重要的戰略地位。第二道，名將封常清保衛東京洛陽，就地募兵六萬，拆斷河陽橋，防止叛軍渡河。第三道，副元帥高仙芝坐鎮陝郡，統領諸軍東征，兵力合五萬人。至於山西方面，則是採取一線三點的部署：以朔方節度使郭子儀、太原尹王承業、潞州長史程千里為支點，組成一道抵禦叛軍西進的防線。總之，層層設防，還算是周密的。但是，在敵軍突然襲擊的形勢下，唐玄宗的部署基本上是屬於單純防禦的戰略方針，沒有也不可能有「挑馬棰渡河」、踏平安祿山的氣概。這反映了大唐帝國軍事實力上的空虛。

洛陽淪陷

唐玄宗設置的防線，禁不住安祿山叛軍的襲擊。河南三道防線頃刻瓦解，陳留、洛陽與陝郡相繼淪陷，唐王朝軍隊明顯地處於劣勢。

（一）叛軍渡河奪陳留

前面說過，范陽起兵之後，叛軍閃電式地推進。「河北皆祿山統內（祿山兼河北道採訪使），所過州縣，望風瓦解，守令或開門出迎，或棄城竄匿，或為所擒戮，無敢拒之者。」[12] 僅僅二十三天，打到黃河邊。十二月初二（丁亥）[13]，叛軍自靈昌（今河南滑縣東）渡河。當時正是寒潮滾滾，朔風逼人。叛軍用繩索、草木把破船連接起來，橫絕黃河。一夜之間，「冰合如浮橋」，叛軍步騎蜂擁而過，靈昌郡陷落了。緊接著，直逼陳留（今河南開封縣）。「陳留水陸所湊，邑居萬家，而素不習戰。」河南節度使張介然到任才幾天，敵軍已渡河而來。張介然是忠於職守的，親率近萬名戰士，登城拒敵，兼守要害，但是，畢竟寡不敵衆，「虜騎十萬，所過殺戮，煙塵亘天，瀰漫數十里。」[14]十二月初五，陳留郡太守郭納開城門投降。張介然被俘，斬於軍門；近萬將士也都被殺死。

十二月初七（壬辰），唐玄宗下制宣布親征。當時，陳留失守的消息尚未傳到長安，只知道叛軍已渡過黃河以及陳留危急。玄宗在〈親征安祿山詔〉中指出：「前所出師命將，足以除凶去孽，仍聞阻兵西路，左次南轅。朕義在救焚，情存拯溺。……今親總六師，率衆百萬，鋪敦元惡，巡幸洛陽，將以觀風。」[15]看來，玄宗還是盲目樂觀，相信自己的軍隊能夠「剪除凶逆」。因此，命令朔方、河西、隴右兵留守城堡之外，都前往行營，由各節度使統領，限於十二月二十日畢集。可是，期限未到，洛陽與陝郡都淪於敵手，親征計畫也就成為泡影了。

（二）洛陽保衛戰的失敗

就在下制親征的時候，安祿山從陳留引兵西向，攻打滎陽（今河南鄭州）。滎陽是洛陽以東的重要的戰略要地，郡太守崔無詖據城抵抗。但是，敵軍來勢凶猛，戈矛鼓角，驚駭城邑；守城軍士驚慌失措，自墜如雨。十二月初八，滎陽失守，崔無詖被殺。

從滎陽到洛陽，只有二百七十里。鎮守洛陽的封常清十分焦急，親自督軍於武牢拒敵。武牢形勢險要，是洛陽的東大門。安祿山以前鋒鐵騎進攻，唐軍大敗。封常清收集餘衆，戰於罌子谷南之葵園。「常清使驍騎與拓羯逆戰，殺賊數十百人。」[16]但是，敵人大軍繼至，唐軍敗退。於是東京洛陽處於危急之中。

洛陽城東有三座門，靠北邊的是上春門，又叫上東門。常清退入該門內，而敵兵尾追而至，又展開了一場惡鬥。十二月十二日（丁酉），安祿山大軍從四面八方圍攻，突入城內。恰好這天雪花紛飛，「大雪盈尺」[17]。安祿山縱兵殺掠，到處是殷紅的血跡！封常清戰於都亭驛，不勝；退守宣仁門，又敗；再從提象門出來，砍伐大樹，阻塞道路；最後從禁苑西邊壞牆逃出，至穀水，西奔陝郡。

這樣，東京洛陽保衞戰失敗了，第二道也是最重要的一道防線全面崩潰了。從范陽起兵，到洛陽陷落，只有短短的三十四天。叛軍燒殺搶掠，繁華的東京遭受了一百幾十年來未曾有過的浩劫。

（三）陝郡潰退，急保潼關

封常清和殘餘部衆退至陝（今河南陝縣）時，陝郡太守竇廷芝已躲到河東去了，官吏、百姓也紛紛逃亡，城中一片驚惶。鎭守陝郡的副元帥高仙芝，原想督五萬之衆東征，而在潼關沒有留下足夠的兵力把守。誰知洛陽頃刻淪陷，使陝郡面臨著極其嚴峻的形勢。封常清向高仙芝滙報：「累日血戰，賊鋒不可當。且潼關無兵，若狂寇奔突，則京師危矣。宜棄此守，急保潼關。」[18]應當說，「急保潼關」的意見是對的。二十多天前，常清自信能夠一舉踏平「逆胡」。可是，經過實力的較量，深知唐軍難以抵擋敵人突騎之師。連洛陽都守不住，何況無險可守的陝郡呢！與其在陝郡挨打，還不如暫避敵鋒，保守潼關。

史稱：「仙芝素信常清言。」[19]原來，封常清早年在安西就投奔於高仙芝的麾下，充任一名侍從。因才能出眾，頗受賞識與提拔。後經高仙芝的多次推薦，封常清步步高升，當了安西節度使。由於信任，加上戰局的實際情況，高仙芝贊同「急保潼關」的主張。當天夜裏，高仙芝便率領部眾西趨潼關。撤離陝郡時，把當地著名的「太原倉」打開，給將士們分發錢帛，多餘的則放火燒掉。

但是，匆忙之間，也出現了不應有的潰退場面。當時，安祿山已占領洛陽，他本人不再督軍西進，只派遣部分軍隊襲擊陝郡。高仙芝、封常清當然難以預料安祿山的行踪，但尾追敵軍之少，是應該注意到的。在這種情勢下，完全可以有秩序地撤退。遺憾的是，一則將帥自己害怕，二則諸軍士卒惶駭，結果是：「賊尋至，官軍狼狽走，無復隊伍，士馬相騰踐，死者甚衆。」[20]官軍士馬不是與逆賊拚搏於戰場，而是自己互相騰踐而死。對於這種潰退局面，高仙芝與封常清負有不可推卸的責任。

唐玄宗在河南設置的三道防線，在十天之內竟被叛軍全都摧毀。這時，關中緊張，朝野大駭。幸好高仙芝退至潼關後，立刻修完守備，逆賊不得入而去。安祿山只派將領崔乾祐駐屯於陝（今河南陝縣），使唐王朝獲得喘息的機會。

（四）重議親征，太子監國

十二月十五日（庚子），即洛陽失守後的第四天，唐玄宗任命第十六個皇子永王李璘為山南節度使，以江陵（今湖北江陵）長史源洧為副使。同時，任命第十三個皇子潁王李璬為劍南節度使，蜀郡（今四川成都）長史崔圓為副使。二王皆不出閤，實際上由副使全權負責。為什麼要採取這兩項措施呢？玄宗並不是想在南路阻遏安祿山兵勢的發展。山南地區尚未遭受叛軍兵勢的威脅，蜀郡更未涉及。玄宗的目的主要是為了加強後方，保障給養。以崔圓為劍南副節度使，可能出於楊國忠的建議，似與「幸蜀之計」有關。至於設置山南節度使，則是為了使江淮租賦經由荊襄而輸入關中。因為安史之亂爆發後，河北、河南已為叛軍控制，唐王朝財政愈來愈依賴於江南租賦；而原來的汴水漕運已經斷絕，江淮租賦勢必改道江漢，輸送至關中。這種措施對於後來平定安史之亂，具有重大的戰略意義。

十二月十六日（辛丑），唐玄宗重議親征之事，下制由皇太子監國。詔文宣稱：「皇太子（李）亨，仁明植性，孝友因心，……宜令太子監國，仍即親總師徒，以誅叛逆。取今月二十三日先發，所司准式，務從省便，無使勞煩。」[21] 近十天前，即初七（壬辰），玄宗曾下制親征，規定二十日軍隊齊集，親赴東京。誰知十二日洛陽已陷落，真是出乎意料。盛唐天子沒有力量保住東京，這怎麼行呢！因此，唐玄宗決定親征，仍按原定日期（二十三日）出發。

但是，唐玄宗已是七十一歲的老人了，事實上不可能親赴前線。所謂「親征」云云，不過是一種姿態罷了。引人矚目的倒不是「親征」，而是讓太子監國。玄宗對楊國忠說：「朕在位垂五十載，倦於憂勤，去秋已欲傳位太子；值水旱相仍，不欲以餘災遺子孫，淹留俟稍豐。不意逆胡橫發，朕當親征，且使之監國。事平之日，朕將高枕無為矣。」這裏，第一次表露了讓位的意向。「去秋已欲傳位」，詳情不可考，或許是隨口說說而已。如今，「逆胡橫發」，朝野驚恐，皇帝既然要「親征」，那就該由皇太子來監國了。但是，對於楊國忠來說，太子監國比「逆胡橫發」更加可怕，更直接地危及楊氏家族的利益。因此，楊國忠「大懼」，急忙回去跟韓國夫人、虢國夫人商量，說：「太子素惡吾家專橫久矣，若一旦得天下，吾與姊妹並命在旦暮矣！」[22] 韓、號二夫人立刻到興慶宮找楊貴妃，貴妃銜土請命於玄宗，於是「監國」停止執行了，自然「親征」也不提了。可見，楊貴妃已經轉入政治漩渦，為著楊氏家族集團的利益，而站在太子集團的對立面。值得一提的是，唐玄宗並不是一切聽憑楊氏兄妹擺布的。放棄傳位的打算，從根本上說，還是玄宗本人再三思考的結果。歷代帝王的權欲往往至老而不衰，年逾古稀的唐玄宗似亦不例外。

（五）失律喪師，將帥枉死

「親征」未成，卻拿將帥開刀，這是唐玄宗晚年昏庸的突出表現。

原來，封常清敗退至潼關後，多次遣使到朝堂，送上奏表，「具述赤心，竟不蒙引對。」後來，親自馳赴長安，「冀拜首闕庭，吐心陛下，論逆胡之兵勢，陳討捍之別謀。將酬萬死之恩，以報一生之寵。」可是，至渭南時，玄宗有敕令要他返回潼關，削其官爵，以「白衣」（平民）身分效勞於高仙芝的麾下。常清深知皇帝不會寬恕自己了，便以滿腔的衷情寫下「遺表」。表云：「仰天飲鴆，向日封章，即為屍諫之臣，死作聖朝之鬼。若使歿而有知，必結草軍前，迴風陣上，引王師之旗鼓，平寇賊之戈鋋。」[23]聲聲淚，字字血，表達了忠於皇帝、待罪效勞的赤子之心。

幾乎同時，由於高仙芝在陝郡不戰而退，就為監軍邊令誠提供了誣陷的口實。宦官邊令誠入朝奏事，大講前線「橈敗之狀」，隻字不提封常清「殺敵塞路」的血戰，不提高仙芝善守潼關的事實，甚至造謠說：「常清以賊搖衆，而仙芝棄陝地數百里，又盜減軍士糧賜。」[24]誠然，封常清說過「賊鋒不可當」，但那是經由「累日血戰」而作出的正確估量。兵法上迴避強敵兵鋒，以持久弊之，亦不失為取勝之道。這跟助敵威風、動搖軍心，是不可同日而語的。高仙芝棄守陝郡、退保潼關，也是明智的部署，與臨陣逃跑迥然有別。至於唐朝將帥之貪侈[25]，幾乎是無不如此。

史稱：「仙芝性貪，獲石國大塊瑟瑟十餘石、真金五六馲駝，名馬寶玉稱是。」這說明高仙芝之貪婪寶貨。但是，他又有慷慨施捨的特點：「家財巨萬，頗能散施，人有所求，言無不應。」[26]他對自己的部屬將士是愛護的，決不會剋扣糧賜而自肥。取太原倉錢絹，分給將士，就是一個例子。監軍邊令誠因向高仙芝索取寶貨不得滿足而懷恨在心，所以在唐玄宗面前挑撥是非。而唐玄宗對於上述情況根本不作調查，為「失律喪師」而大怒不已，命令邊令誠前往潼關，處斬高仙芝和封常清。

十二月十八日（癸卯），在潼關驛南西街。邊令誠先召見封常清，宣示聖旨，常清悲憤地感嘆：「討逆無效，死乃甘心。」呈上「遺表」，請交唐玄宗，再次表達了「臣常清無任永辭聖代悲戀之至」。爾後，被斬，陳屍於「蘧蒢」（蘆蓆）之上。繼而高仙芝從外面回來，至廳堂，邊令誠在百餘名「陌刀手」的隨同下，宣布敕令。仙芝遽下，遂至常清被斬之處，憤慨地說：「我退，罪也，死不辭；然以我為減截兵糧及賜物等，則誣我也。」士卒們平素愛戴仙芝，大呼冤枉，其聲振地。仙芝又看了看常清的遺體，悲戚地訴說：「封二（家裏排行第二），子從微至著，我則引拔子為我判官，俄又代我為節度使，今日又與子同死於此，豈命也夫！」[27]最後，從容被斬。

綜上所述，從十一月十五日（庚午）獲悉安祿山叛亂，至十二月十八（癸卯）潼關斬殺將帥，前後凡三十四天。而范陽起兵至洛陽淪陷，也是三十四天。這真是偶然的巧合！短短的一個多月裏，叛軍旋風般地推進，唐軍接二連三地失敗。高、封二位將帥之死，宣告了唐玄宗的單純防禦戰略的破產。在戰局的危難時刻，「失律喪師」的將帥既已表示以功補過，決一死戰，而玄宗卻偏聽宦官讒言，處斬敗將，這無疑是軍事指揮上的嚴重失策。

戰略戰術的比較

安祿山叛亂之初，唐玄宗層層布防，似乎是周密得很，然而，不堪一擊，敗亡慘重。這是為什麼呢？原因極其複雜，包括有政治的、經濟的、民族的、軍事的各種因素。下面，僅就戰略戰術作一比較，可以引出某些深刻的教訓。

（一）叛軍的突擊戰術

范陽起兵後的一個多月，是安祿山叛亂勢力最猛烈的發展時期，一下子占領了河北、河南廣大地區。長達八年的安史之亂基本上局限於這個範圍。初期突然襲擊的成功，使盛唐帝國面臨著猝不可防的嚴峻形勢。

首先，安祿山長期以來通過恩撫蕃人雜胡的辦法，培植了一支善攻能戰的主力部隊。除了私養「曳落河」（健兒壯士）之外，對於諸蕃夷總是「躬自撫慰，曲宣威惠，夷人朝為俘囚，暮為戰士，莫不樂輸死節，而況幽薊之士乎？」[28]安祿山還羅致用兵之才，如將領安守忠、李歸仁、蔡希德、牛庭玠、崔乾祐、何千年、田承嗣、田乾真等等，「皆拔於行間」，感恩竭誠，盡力效勞。精兵良將是范陽起兵的最重要的保證。叛亂之初，「祿山令嚴肅，得士死力，無不一當百，遇之必敗。」[29]諸蕃馬步十五萬席捲河北，震驚河南，取得了勝利。

其次，擁有戰馬，以騎兵為主要的突擊力量，這是叛軍實力強大的又一個因素。出身雜胡的安祿山，向來重視精騎在戰爭中的作用；諸蕃士卒善於騎術，自不待言。史稱：「安祿山以內外閒廄都使兼知樓煩監，陰選勝甲馬歸范陽，故其兵力傾天下而卒反。」[30]所謂「兵力傾天下」，並非誇大之辭。從薊南到黃河邊，從陳留到洛陽與陝郡，煙塵滾滾，快速推進，都離不開精騎的突擊。例如，在陳留之戰中，「賊已渡河，車騎蹂騰，煙塵漫數十里，日為奪色。」[31]在武牢，「賊以鐵騎蹂之，官軍大敗。」[32]在洛陽城下，唐軍「被鐵騎唐突，飛矢如雨，皆魂慴色沮，望賊奔散」[33]。可見，運用鐵騎戰術，頗為熟練。

第三，安祿山精通兵法，善於捕捉戰機，發動突然襲擊。早年鎮守北疆時，他曾舉兵討契丹，誓衆曰：「兵法，疾雷不及掩耳，今久雨，復去賊尚遠，若倍道趨程，賊必不虞我至，破賊必矣。」[34]於是晝夜兼行三百餘里，乘敵不備，突然一擊，取得了勝利。這種「疾雷不及掩耳」的突然襲擊，也運用於范陽起兵。經由長期準備之後，選擇天寶十四載（七五五）冬季發動。當時，唐玄宗政治上腐敗，中原軍事實力空虛，毫無戒備，正是襲擊的好時機。而且隆冬季節，便於鐵騎行動；大河冰封，無天險可阻。叛軍南下，以神速與詭密為特點，河北諸郡縣望風瓦解。「祿山渡河，號令嚴密，候詗不能知」[35]，往往是出其不意地襲擊唐軍。

（二）倉卒應變，自信輕敵

在叛軍的突然襲擊之下，唐玄宗倉卒應變，部署防禦。然而，由於他深受自信輕敵的思想情緒支配，使防禦戰略歸於失敗。

前面說過，楊國忠和封常清都曾談過速勝的論調，玄宗也是聽得進的。十二月初七，叛軍已渡過黃河，陳留失守，玄宗還以為只要親自出征，「巡幸洛陽」，就會「剪除凶逆」。誰知僅過幾天，洛陽與陝郡相繼淪陷。封常清從血戰中清醒過來，深知「逆胡之兵勢」不可輕視。他在「遺表」中特別強調：「臣死之後，望陛下不輕此賊，無忘臣言，則冀社稷復安，逆胡敗覆，臣之所願畢矣。」[36]這是用無數將士鮮血換來的教訓。但是，身居長安而不想親征的唐玄宗根本不聽，以為封常清長逆胡之威風，「以賊搖衆」。斬殺高仙芝與封常清，也反映了唐玄宗盲目自信的情緒。據記載：「時朝議皆以為祿山狂悖，不日授首。」[37]面對城池丟失、節節敗退的局勢，還在痴想安祿山「不日授首」，這是何等的可悲。持這種戰略觀點的指揮者，又怎麼能贏得戰爭的勝利呢？

（三）「久處太平，不練軍事」

初期失敗的又一個重要原因，就是「上（玄宗）久處太平，不練軍事」[38]。換句話說，叫做「太平久，不知戰」[39]。

從雙方實力來看，安祿山號稱「二十萬」，實際上十五萬人。引兵南下，除了河北地區防守的部隊外，在河南戰場上約十萬餘兵。而唐的兵力分布：陳留一萬，洛陽六萬，陝郡五萬；其數量與叛軍相等，甚至略有超過。但是，唐軍素質差，戰鬥能力低。這十二萬軍隊，一半是河南就地招募的，一半是從關中雇來的，其基本成分是「市井子弟」，從未受過軍事訓練。況且，匆匆上戰場，旬日半月的集訓也是無濟於事的。如此「弱兵」，怎麼能經受住強勁胡騎的猛烈襲擊呢！請看：

在陳留，「虜騎十萬」蜂擁而至之時，「（張）介然之衆，聞吹角鼓譟之聲，授甲不得，氣已奪矣，故至覆敗。」[40]須知，介然之衆僅近萬。即使十萬之衆，也難以抵擋十萬「虜騎」。

在滎陽，安祿山軍隊「鼓而前，無敢亢」。「太守崔無詖率衆乘城，聞師噪，自墜如雨，無詖與官屬皆死賊手。」[41]

在洛陽保衛戰中，「祿山所統，皆蕃漢精兵，訓練已久；常清之衆，多市井之人，初不知戰。」[42]封常清在東京招募的六萬軍隊，以「白徒」（平民）為主，素來不習軍事。一旦交兵，戰不勝，就敗退。封常清無限感慨地說：「臣所將之兵，皆是烏合之徒，素未訓習。率周南市人之衆，當漁陽突騎之師，尚猶殺敵塞路，血流滿野。」[43]的確，封常清及其將士們盡了責任，英勇殺敵，但終究無法改變失敗的命運。

總之，正如後世史家所說：「於時承平日久，金革道消，封常清、高仙芝相次率不教之兵，募市人之衆，以抗凶寇，失律喪師。」[44]「失律喪師」，將帥自有一定的責任；但全都歸罪於將帥，也是寃枉的。唐玄宗偏聽讒言，斬殺將帥，無疑是昏庸的表現。「玄宗雖為左右蒙瞽，然荒奪其明亦甚矣。」[45]

（四）官吏投降，政軍不和

叛軍兵臨城下，唐朝地方官紛紛投降，地方當局與督軍將帥之間不團結，這是初期戰爭潰敗的原因之一。

由於安祿山兼任河北道採訪使，河北諸郡縣不少守令開門出迎，投降了叛軍。玄宗曾經感慨地說：「二十四郡（河北），曾無一人義士邪！」[46]當然也有，如顏真卿、顏杲卿就是傑出的「義士」。叛軍渡河以後，陳留太守郭納以城降敵。洛陽陷沒，「居位者皆欲保命而全妻子」，紛紛向安祿山獻媚。有的說：「洛陽之存亡，操兵者實任其咎，非執法吏所能抗。」[47]這反映了「操兵者」與「執法吏」之間的矛盾。河南尹達奚珣與將帥不和，封常清怕他當叛軍內應，欲殺之，經人勸阻作罷。常清一退出洛陽，達奚珣就投降了安祿山。此外，如臨汝太守韋斌降於叛軍。

唐朝著名的政治家李德裕指出：「天寶時，士罕伏節，逆羯始興，委符組、棄城郭者不為恥。」[48]這種情況是跟各種社會矛盾的激化與整個社會危機的加重分不開的。士風「喪節」，形態各異，不能一概而論，但它無疑是盛唐帝國即將敗裂的徵兆。

當然，忠臣死節者也有不少，張介然死於陳留，崔無詖死於滎陽，不可不謂壯烈。尤其是東京留守李憕和御史大夫盧奕，寧死不降，真是「臣節之光」由此始。他倆在無法再戰的情況下，守位自如，抵刃就終。直至唐穆宗時，還下詔表彰說：「天寶之季，盜起幽陵，振蕩生靈，噬吞河洛。贈司徒、忠烈公（李）憕，處難居首，正色受屠，兩河聞風，再固危壁，首立殊節，到今稱之。」[49]的確，李憕的從容就義，對於兩河「義軍」興起，有著一定的激勵作用。

（五）「天下雖安，忘戰必危」

從上述唐軍「不知戰」而潰敗的事實中，可以引出一個重要的歷史教訓。唐朝姚汝能在《安祿山事迹》中作了這樣的總結：「兵起之後，列郡開甲仗庫，器械朽壞，皆不可執，兵士皆持白棒。所謂天下雖安，忘戰必危。」這裏說的實質上也就是盛唐帝國與國防意識的問題。

眾所周知，唐王朝是打出來的，唐太宗作為傑出的軍事家，深知武備的重要。但是，自統一戰爭結束以後，軍事行動全都在邊疆，中原地區一直是太平無事的了。「高宗、武后時，天下久不用兵，府兵之法浸壞。」武后臨朝，發生徐敬業揚州起兵，那是玄宗出生前一年的事。揚州兵變很快被平定，沒有釀成危及中原的戰火。中宗、睿宗時期，宮廷裏「再三禍變」，也沒有「變」成殃及社會的戰爭。及至玄宗，雖然邊境戰爭頻繁，但就中原地區來說，卻是一派歌舞昇平，不知戰爭為何物。朝野上下，國防意識發生了重大變化：重外而輕內。在邊鎮，精兵猛將；在內地，毫無戰備。隨著府兵制的破壞，招募為兵的價值觀念也不同了。史稱：「至是，衞佐悉以假人為童奴，京師人恥之，……而六軍宿衞皆市人，富者販繒彩、食粱肉，壯者為角抵、拔河、翹木、扛鐵之戲，及祿山反，皆不能受甲矣。」[50]六軍宿衞尚且如此，封常淸、高仙芝新招募的「市井子弟」兵素質之低劣，也就不言而喻了。

總之，「太平久，不知戰」。經歷一百幾十年的「太平」，中原地區「素不習戰」[51]，人們的防禦意識淡薄，而且以兵為恥。在這種情況下，「祿山一呼」必然是「四海震蕩」。安祿山乘外重之勢，輕而易舉地取得叛亂之初的勝利。正如唐朝詩人杜牧所說：「天寶末，燕盜起，出入成皋、函、潼間，若涉無人地。」[52]這是「忘戰必危」的例證。

暫時對峙的形勢

洛陽、陝郡淪陷之後，戰場形勢發生了微妙的變化。叛軍停滯不前；唐軍則從潰敗的困境中走了出來，沿著有利的方向發展。天寶十五載（七五六）六月以前，近半年裏，雙方處於暫時對峙的局面。

（一）安祿山停滯不前

安祿山攻陷洛陽，是他兵鋒最盛的時候，同時也是他停滯不前的開始。史稱：「會祿山方謀稱帝，留東京不進。」後來，一度想親自攻打潼關，但「至新安（今河南新安），聞河北有變而還」[53]。直到安祿山之死，未嘗親自督軍攻入潼關與長安[54]。或許祿山已患眼疾（白內障），無法馳騁沙場。

經過半個多月的籌劃，天寶十五載（七五六）正月初一，在「東都耆老緇黃勸進」之下，安祿山登上皇帝寶座，自稱「雄武皇帝」，國號「大燕」，改元「聖武」。以原唐朝河南尹達奚珣為侍中，張通儒為中書令，高尚、嚴莊為中書侍郎。因為攻入洛陽那天，大雪盈尺，於是就把雪看成為受命的符瑞，有人獻詩曰：「馬上取天下，雪中朝海神。」[55]

顯然可見，「取天下」是安祿山造反的目的。所謂「奉密旨」誅楊國忠，不過是幌子而已。正如後世史臣所評：「大盜作梗，祿山亂常，詞雖欲誅國忠，志則謀危社稷。」[56]回顧范陽起兵前夕，安祿山曾對燕地父老說：「吾憂國之危，非私也。」[57]如果說，那時奉旨討楊國忠的詭言多少有點騙人的作用，那麼，公然稱「帝」就把「祿山亂常」、「謀危社稷」的真面目暴露無遺了。

由於個人的政治野心已經實現，安祿山似乎是滿足了，深居於雄偉宮闕，沉溺於酒樂歌舞，往昔勇猛進擊的銳氣逐漸地消失。其屬下猛將精兵也都忙於燒殺掠奪，把獲得的子女金帛寶貨統統輸之范陽，內部的紛爭與不和也隨著出現了。從戰略形勢來看，安祿山已由進攻轉入保守，集中精力來鞏固河南、河北地區，只是派出小股力量抄掠潼關。這樣，唐朝廷就獲得了喘息的機會，以加強東線防禦力量。

（二）敵後抗戰的興起

廣大淪陷區抗擊叛軍的鬥爭的復興，是造成暫時對峙局面的重要因素。

首先，在河北，以顏杲卿、真卿兄弟為代表，豎起了抗戰的大旗。顏杲卿原是常山郡（今河北正定）太守，係唐初名儒顏師古的後代。安祿山引兵南至博陵（今河北定縣）後，改變夜行軍，鼓譟前進，向著常山席捲而來。顏杲卿表面上順從，暗中則籌劃抵抗運動。族弟顏真卿，即著名的書法家「顏魯公」初任平原郡（今山東德州）太守。真卿招募勇士以抗擊叛軍，並派人向唐玄宗報告。先前玄宗曾哀嘆：「河北二十四郡，豈無一忠臣乎！」得知真卿的信息，不禁大喜，顧左右曰：「朕不識顏真卿形狀何如，所為得如此！」[58]洛陽淪陷以後，河北忠義勇士憤起，各有衆數千或萬人，共推顏真卿為盟主。真卿還秘密地跟杲卿連絡，「欲連兵斷祿山歸路，以緩其西入之謀。」顏杲卿巧妙地設計殺了叛軍將領李欽湊，俘獲了敵將何千年與高邈，威勢大張。「於是河北諸郡響應，凡十七郡皆歸朝廷，兵合二十餘萬。」[59]這就給安祿山帶來了後顧之憂，使他無法親自督軍西入潼關，並切斷了從洛陽至范陽的驛路。

次年正月初一，安祿山在洛陽稱帝。不久，叛軍將領史思明、蔡希德等集中優勢兵力（包括從河內調回萬人），圍攻常山城。顏杲卿守城拒戰，糧盡矢竭，城陷被俘。杲卿被押至洛陽，臨刑前當面大罵安祿山：「我世為唐臣，常守忠義，縱受汝奏署（早年祿山薦舉杲卿為常山太守），復合從汝反乎！且汝本營州一牧羊羯奴耳，叨竊恩寵，致身及此，天子負汝何事而汝反耶？」[60]最後壯烈就義，表現了寧死不屈的精神。

杲卿犧牲後，真卿在平原抗戰有了新的進展。正月十五日，唐玄宗加顏真卿為戶部侍郎兼平原郡防禦使。三月底，加顏真卿為河北採訪使。顏真卿採納一個二十餘歲名叫李蕚的建議，發兵攻克魏郡，軍聲大振。還跟北海郡太守賀蘭進明聯合，共同抗戰。賀蘭進明根據部下的獻計，奪取了信都郡。

至於河南地區，雖然沒有湧現顏氏兄弟那樣傑出的英雄人物，但也有不少可歌可泣的事蹟。例如，原真源令張巡不願投降敵人，帶領吏民到玄元皇帝（老子）廟哭祭，表示盡忠於唐王朝。

接著，起兵討賊，率精兵千人，西至雍丘（今河南杞縣），跟在那裏聚衆抗戰的賈賁會合。安祿山派叛軍攻打雍丘，賈賁出戰，失敗而死。張巡繼續奮力戰鬥，擊退敵軍。不久，安祿山派遣將領李懷仙等，以四萬之衆奄至城下。守城將士害怕了，張巡則鼓舞士氣，說：「賊兵精銳，有輕我心。今出其不意擊之，彼必驚潰。賊勢小折，然後城可守也。」他親自帶領千人，分成數隊，開門突出，直衝敵陣，敵軍遂退。第二天，敵軍環城設置石炮轟擊，張巡就在城上立木柵加以抵擋。敵兵蟻附而登城，張巡就用蒿草灌上油脂，點燃投之。這樣，「積六十餘日，大小三百餘戰，帶甲而食，裹瘡復戰，賊遂敗走。」[61]張巡還乘勝追擊，俘虜了二千人而還，軍聲大振。

由上可見，當安祿山鐵騎橫掃河北河南之時，顏氏兄弟們的英勇抗擊，跟唐軍節節敗退與官吏紛紛投降的情景，形成了極其鮮明的對照。為什麼會出現敵後抗戰運動呢？說它是中原人民反對叛軍暴虐的鬥爭，恐怕初期未必如此。安祿山叛亂集團是一股黑暗勢力，渡河以後，從陳留打到洛陽、陝郡，確實是燒殺蹂躪，十分殘忍。這裏還包含著蕃、漢之間的民族仇恨。但是，就河北地區來說，安祿山早就採用籠絡人心的做法，包括對常山太守顏杲卿與平原太守顏真卿的安撫。從范陽打到黃河邊，沒有重大的戰鬥，胡騎一過而去，實在談不到對百姓的任意殘虐。河北諸郡縣紛紛投降，也反映了安祿山往昔恩撫政策的成功。社會矛盾與階級矛盾，並沒有因為范陽起兵而驟然地激化。至於顏氏兄弟的抗戰，其精神支柱則是忠君與維護正統的思想觀念。正如顏杲卿自己說的，「我世為唐臣，常守忠義」，怎麼可以跟著安祿山造反呢？唐玄宗晚期，昏庸腐敗，危機四伏，終於爆發了安祿山叛亂。但是，「玄宗之召亂也，失德而固未嘗失道也。……天不祐玄宗，而人不厭唐德。」[62]唐玄宗及其王朝在人們（當然不是全部）心目中的正統地位並沒有崩潰，而且在特殊的危難之際，這種地位反而得到了加強。因此，生活於淪陷區的一些忠君義士，便奮不顧身地起來抗戰，以維護李唐王朝。

（三）郭子儀等的抗戰

近半年的對峙局勢的形成，還有賴於郭子儀與李光弼等將領的努力。

前面說過，除了河南三道防線之外，山西方面是三點一線的防禦部署。其中，太原尹王承業和潞州長史程千里兩個據點，沒有充分發揮作用。王承業還貪顏杲卿之功為己有，故意擁兵不救，實在缺德。唯獨朔方節度使郭子儀作出了突異的貢獻。

郭子儀，華州鄭縣（今陝西華縣東）人，體貌秀傑，以「武舉」出身，逐漸升至九原太守、朔方右廂兵馬使。范陽起兵後，玄宗以郭子儀為朔方節度使，詔子儀率朔方健兒東討逆賊。經過長途跋涉，郭子儀軍隊進駐振武軍（在單于都護府城內，今內蒙和林格爾西北），擊敗安祿山大同軍使高秀岩，乘勝攻克靜邊軍（今山西右玉），繼而奪取馬邑（今山西朔縣東北），打開了戰略要地東陘關（今山西代縣東）。由於戰功卓著，唐玄宗於十二月十九日加子儀官御史大夫。

次年正月，唐玄宗令郭子儀返回朔方，以便加強東線實力，進取洛陽。這時，郭子儀推薦部下李光弼為河東節度使，分朔方健兒萬人與之。李光弼率軍出井陘（今河北井陘西北的關隘），定河北，攻克常山城，取得了重大的勝利。史稱：「時（二月）常山九縣，七（縣）附官軍，惟九門、藁城為賊所據。」[63]

三月，唐玄宗以李光弼為范陽長史、河北節度使。李光弼據守常山城，與敵將史思明對壘，長達四十多天。城中糧草困乏，形勢危急，便向郭子儀報告。這時，郭子儀又從朔方回到山西了。四月，郭子儀率軍至常山，與李光弼會師，大敗史思明於九門城南。接著，攻克趙郡，李光弼不准士兵虜掠，郭子儀釋放俘虜四千，示以優撫，頗得人心。

五月，郭子儀、李光弼與敵將史思明又發生了一場著名的嘉山大戰。嘉山在常山（今河北正定）郡東。唐軍大勝，斬敵首四萬級，俘虜千餘人。史思明也被打落戰馬，赤足而走，至暮才逃回軍營，接著又奔往博陵（今河北定縣）。嘉山大捷具有重要的意義：繼顏杲卿常山抗戰之後，再次使安祿山大本營洛陽與老根據地范陽之間的通道切斷。「於是河北十餘郡皆殺賊守將而降，漁陽路再絕，賊往來者皆輕騎竊過，多為官軍所獲，將士家在漁陽者無不搖心。」[64]

就在這種情勢下，坐鎮洛陽的安祿山開始害怕起來，責備親信嚴莊與高尚，說：「汝等令我舉事，皆云必成，四邊兵馬若是，必成何在？汝等陷我，不見汝等矣。」[65]嚇得嚴、高二人數日不敢來見。恰好將領田乾真從潼關下回來，陳述形勢，勸說祿山，風波才平靜下來。

（四）戰場形勢的估量

綜上所述，近半年裏，唐玄宗擺脫了潰敗的困境，以軍拒敵於潼關；派遣郭子儀與李光弼深入河北地區，開闢了敵後的新戰線；支持顏氏兄弟等抗戰義軍，加封官職，示以鼓勵；增援南陽等地防禦力量，以保障江漢漕運通道。這些措施使敵我實力對比發生了某些變化。但是，如果認為只要繼續發展這種有利的形勢，少則半年，多則一年，安祿山叛亂就會平息，那恐怕是過於樂觀的估量。

須知，安史之亂是天寶時期各種社會矛盾與階級矛盾的總爆發，跟一般的「謀反」事件不同。它是帶有全面性的社會危機，而不是局部的動亂問題。安史之亂經歷八年之久，決非偶然。後來的事實表明，即使安祿山死了，還有安慶緒、史思明、史朝義等相繼稱帝，反覆作亂。因此，半載一年是絕對解決不了問題，即使唐王朝採取何等高明的政策措施。安史之亂的性質以及唐王朝的境況，決定了平叛鬥爭的長期性與艱苦性。

就當時軍事形勢來說，安祿山從突擊戰的巨大勝利，轉入鞏固占領區。他坐鎮洛陽，廣泛地吸收原唐朝官僚士人，竭力穩定對河南的統治。雖然沒有集中兵力，西入潼關，但唐朝東線實力決不是安祿山的對手。在河北，由於唐正規軍與地方義軍（團練兵）的互相配合，重創叛軍，安祿山一度害怕起來，甚至想丟棄洛陽，走歸范陽。然而，經人一勸，又豁然開朗，自信地唱起《傾杯樂》，與親信們歡宴如初。的確，安祿山在河北勢力還是強大的，「縱大事不成，猶可效袁本初（東漢末袁紹）以數萬之眾據守河北之地，亦足過十年五歲耳。」[66]安祿山直到死也沒有「走歸范陽」，說明他相信自己的軍事實力。事實上，史思明雖然一敗於土門之戰，二敗於嘉山之戰，但還是有力量崛起的。不久，潼關失守，郭子儀和李光弼退入井陘，河北諸郡又都是史思明的地盤。因為河北畢竟是安、史經營已久的地方，加上民族矛盾的糾葛，倒向安、史者很多。

再來看唐玄宗的軍事實力，跟最初潰敗相比較，近半年裏好得多了，確是沿著有利的方向發展。但是，跟安祿山實力相比較，似還算不上「大好形勢」，不能說全國的軍事形勢對唐軍極為有利，而只能說是處於暫時相峙的局面。敵將田乾真說：「今四面（唐軍）兵馬雖多，皆募新軍烏合之眾，未經行陣保壘，非勁銳之卒，不足為我敵。」[67]這話還是有點根據的。東線唐軍基本上是新招募的，非經久戰之士卒，只是部分地經歷洛陽、陝郡的戰鬥，略有些經驗，據險守關尚可，出關襲擊則難以勝任。至於轉戰河北的郭、李軍隊，當然不是「烏合之眾」。郭子儀和李光弼都是傑出的軍事家，朔方健兒也是善戰能攻的隊伍。「朔方，天下勁兵處也。」[68]朔方原是西北重要的軍鎮，不僅兵勁而且將猛，蕃胡出身的騎將不少。如左武鋒使僕固懷恩，即貞觀時哥濫拔延之曾孫，世為金微都督。又如右武鋒使渾釋之，渾部酋長，世為皋蘭都督。因此，朔方軍轉戰河北，取得一系列戰鬥勝利，不是偶然的。但是，在敵占區作戰，自有一些不利因素，尤其是糧草供養困乏，妨礙了戰鬥力的充分發揮。無需諱言，大概除了李光弼之外，將士貪侈成風，虜掠時有所見。從全局來看，「朔方之兵力，實非范陽之敵，所以然者，侈為之也。」69

潼關失守

天寶十五載（七五六）六月上旬，潼關戰敗，標誌著整個軍事形勢進入了新的階段。相峙的局面消失了，京師長安面臨著嚴重的威脅。唐玄宗從此在政治上和軍事上一蹶不振了。

（一）哥舒翰鎮守潼關

唐玄宗在斬殺高仙芝、封常清的同時，宣布了以知名武將哥舒翰為統帥，鎮守潼關。未到任之前，潼關軍隊暫由將軍李承光代管。哥舒翰，突騎施首領哥舒部落的後裔，父輩世居安西。四十歲以後，才馳騁於沙場，以勇武知名，被提拔為河西、隴右節度使。天寶十四載（七五五），春二月，哥舒翰入朝，途經土門軍，入浴室，中風癱瘓，到了長安就居家養病。十二月，封常清與高仙芝被殺，誰去守潼關呢？唐玄宗想起了年老多病的哥舒翰：一則他仍然是河西、隴右節度使，兼領西北兩大軍鎮，威名顯赫；雖然癱瘓，出謀劃策似還是行的。二則他跟安祿山、安思順兄弟有宿怨，曾當面罵過安祿山是隻「野狐（胡）」。因此，玄宗召見後，便委以鎮守潼關的重任。

這裏，關於哥舒翰的頭銜問題，很有必要提一提。他是兵馬副元帥，元帥是誰？「榮王（李）琬為行宮元帥。」[70]前面說過，高仙芝以「副帥」統諸軍東征，元帥是榮王李琬。仙芝被殺，以翰代之，這是順理成章的事。衆所周知，皇子親王為「元帥」，是不負實際責任的，不必親赴前線。不幸，十二月二十三日，即宣布任命哥舒翰後的第六天，榮王李琬突然地死了，死因不明。看來，其中似包含有唐玄宗的兒子們爭奪軍權的隱蔽勾鬥。史稱：「琬素有雅稱，風格秀整，時士庶冀琬有所成功，忽然殂謝，遠近咸失望焉。」[71]

既然「元帥」死了，就給哥舒翰一個新的頭銜，叫做「皇太子先鋒兵馬元帥」[72]。不是副的了，而是元帥。尤其令人注目的，還有「皇太子」三個字，這是過去所沒有的軍銜。換句話說，哥舒翰是「皇太子」的先鋒元帥。回顧十二月十六日，下制皇太子監國，經楊國忠和楊貴妃的反對，其事遂寢。僅過八九天，在元帥的頭銜上加上「皇太子」的，這無疑是反映了皇太子李亨集團的意願，多少意味著由皇太子來掛名負責平叛鬥爭。

大約十二月二十三日（玄宗原定東征出發日期），長安八萬餘兵齊集完畢，由哥舒翰率領赴潼關。玄宗在興慶宮勤政樓送別，百官到郊外餞行。據載，旌旗亘二百里，可謂壯觀。似乎唐玄宗把勝利的希望全寄託於哥舒翰，長安城裏驚駭了一個多月的士庶，無不祈求出征的成功。

哥舒翰到達潼關後，首先抓了軍隊的整頓。從長安帶來的八萬兵，其中有河西、隴右諸蕃部落兵（共十三部），戰鬥力較強，多數則是新招募的市井之徒。加上高仙芝的原五萬兵（散失不少），以及封常清的殘餘部隊，總共十幾萬人，號稱二十萬。由於元帥患風疾，軍政由御史中丞、行軍司馬田良丘主持，宦官李大宜監軍，起居郎蕭昕為判官，將軍王思禮管騎兵，將軍李承光管步兵。雖然士卒鬥志不高，將領彼此摩擦，但經由整頓，憑潼關之險，依將士之衆，還是守得住的。

其次，採取只守不出的戰略方針。面臨當時戰爭的形勢，凡是稍有戰略頭腦的指揮家，無不主張保守潼關的方略。封常清和高仙芝是如此，哥舒翰與王思禮等也一樣。哥舒翰始終認為：「賊遠來，利在速戰。王師堅守，毋輕出關，計之上也。」[73]從十二月下旬至次年五月底，近半年裏，一直是以守為上計。正月十一日，安祿山在洛陽稱帝不久，派遣兒子安慶緒進攻潼關。哥舒翰擊卻之，而沒有輕敵出關追擊，是十分明智的。敵將崔乾祐駐軍在陝城，哥舒翰決不主動襲擊；敵將田乾真奄至關下，也不予理睬。安祿山為此苦惱以至憂懼，說：「今守潼關，數月不能進。」[74]想進攻而不可得，這是構成暫時對峙形勢的一個方面。哥舒翰守潼關，其功不可沒！

（二）楊國忠的猜忌

楊國忠和楊貴妃是極力反對唐玄宗親自東征的，因為親征等於要讓皇太子監國，等於使楊氏家族陷於滅頂之災。而由哥舒翰以「皇太子」先鋒元帥的名義守關，那還是可以接受的。楊國忠與哥舒翰本來沒有什麼矛盾，當然也談不到深厚的交誼。從這種情況來看，楊國忠開頭是支持哥舒翰保守潼關而不出征的立場的[75]。正月初十，唐玄宗加哥舒翰左僕射、同平章事（空名宰相），示以榮寵，這對宰相楊國忠的地位是不會造成威脅的。事實上，楊國忠贊同那樣的加封決定。

但是，後來矛盾發生了。三月丙辰，安思順在長安被誅，家屬遷謫嶺南。原來，哥舒翰過去跟安思順有怨仇，便叫人僞造安祿山給安思順的書信，說是在關門抓到的，並歷數思順七大罪狀。唐玄宗太寄望於哥舒翰，連這種誣陷事件也不略加分析，就把安思順殺了。史稱：「楊國忠不能救，由是始畏翰。」[76]楊國忠與安思順之間有什麼關係，史不可考，所謂「始」者則說明：此前楊國忠並不猜忌哥舒翰；此後，有所畏怕了。

隨著「天下以楊國忠驕縱召亂」的輿論的加強，駐守潼關的某些將軍已秘密地提出誅楊國忠的主張。有人對國忠說：「今朝廷重兵盡在翰手，翰若援旗西指，於公豈不危哉！」[77]如果真的出現這種情況，那就比安祿山叛軍入關更為可怕。所以，楊國忠奏請選監牧小兒三千於苑中訓練，使劍南軍將李福德、劉光庭等統領；又招募萬人屯灞上，令心腹杜乾運將之。這兩項措施名義上是防禦安祿山叛軍，實際上是對付哥舒翰「援旗西指」。至於哥舒翰本人未必有誅楊國忠的打算，但已敏銳地覺察到楊國忠會暗算他。六月初一，設計斬了杜乾運。這一下，楊國忠「益懼」，竭力把哥舒翰往死路上推了。

（三）「守」與「出」之爭

潼關宜守不宜出，本來是顯而易見的事。哥舒翰鎮守潼關之初，正值唐軍潰敗之後，守得住已經是很不錯的了，決不會有什麼守與出之爭。一晃半年，關下軍事形勢穩定，小股入侵之敵被擊退，敵軍似無重大進攻的跡象。偵察情報傳來說，駐陝城敵軍不滿四千，皆羸弱無備。這時，出關征討的輿論上來了；力主者首先不是楊國忠，而是唐玄宗。

唐玄宗內心深處一直是想盡快地平定叛亂。誅殺封常清與高仙芝，也是他求勝的急躁情緒的表現。哥舒翰赴潼關時，「仍敕天下四面進兵，會攻洛陽。」[78]注意，攻取洛陽，是唐玄宗熱切的戰略目標。次年正月上旬，「上（玄宗）命郭子儀罷圍雲中，還朔方，益發兵進取東京。」[79]又是要攻洛陽！及至六月初，潼關已穩穩地守了半年，河北郭、李將軍贏得了一些重大勝利，加上偵者奏云「賊全無備」，唐玄宗就為這種暫時有利的形勢所迷惑，遣使者到潼關，催促哥舒翰進兵陝郡、洛陽。

雖說哥舒翰患風疾、不管事，但作為久經沙場的老將，頭腦還是清醒的，對全局形勢的估量基本上是正確的。他急奏玄宗：「祿山久習用兵，今始為逆，豈肯無備！是必羸師以誘我，若往，正墮其計中。且賊遠來，利在速戰；官軍據險以扼之，利在堅守。況賊殘虐失衆，兵勢日蹙，將有內變；因而乘之，可不戰擒也。要在成功，何必務速！今諸道徵兵尚多未集，請且待之。」80的確，安祿山才智過人，「久習用兵」，老於算謀。陝郡僞裝弱兵無備的樣子，純屬誘虎出山之計。玄宗連這一點都看不出來，其不熟悉兵法，可想而知！潼關險要，關外有工事三塹（三條壕溝），皆寬二丈，深一丈，「利於堅守」，敵軍是難以攻破的。上述意見，唐玄宗理應是可以接受的。但是，關於待敵「內變」、不戰而擒的方略，實在太遙遠了，求勝心切的天子怎麼能等得住呢？

幾乎與此同時，遠在河北奮戰的郭子儀、李光弼兩位將軍，也就形勢陳述利害，奏曰：「哥舒公老疾昏耄，賊素知諸軍烏合，不足以戰。今祿山悉銳南馳宛、洛，賊之餘衆盡委（史）思明，我且破之，便覆其巢。質叛徒之族，取祿山之首，其勢必矣。若潼關出師，有戰必敗。關城不守，京室有變，天下之亂，何可平之！」81這番分析是中肯的。哥舒公老而病，除了威望或者出點主意之外，根本不適宜任職「元帥」。所謂「諸軍烏合，不足以戰」，也是事實。敵將田乾真從關下偵察回來，就曾對安祿山說過「新軍烏合……不足為我敵」。因此，潼關大軍的正確對策是：固守以弊敵，不可輕出。至於郭、李提出的「覆其巢」的方略，雖然有出奇制勝之妙，但是，要傾覆范陽老巢，又談何容易！恐怕當時憑郭、李之軍是做不到這一點。就唐玄宗來說，總是要先光復東京洛陽，然後才奪取范陽，絕對不會採取先北而後南的戰略方針。

總之，哥舒翰、郭子儀與李光弼等人的意見，最終不為唐玄宗所接受。就在這進退關係到成敗的關鍵時刻，宰相楊國忠在身邊的勸說，起了極壞的作用。前面說過，楊國忠原先是反對出征的，主張守關，後來跟哥舒翰鬧矛盾，害怕「援旗西指」，便一改往昔的立場。史稱：「國忠疑（哥舒）翰謀己，言於上，以賊方無備，而翰逗留，將失機會。上（玄宗）以為然，續遣中使趣（促）之，項背相望。」[82]可見，玄宗是在奸相的縱容之下，下定決心，要哥舒翰出關征戰。但是，應當指出，昏君與奸相還是不同的。玄宗出於求勝心切，急想哥舒翰馬到成功，光復洛陽。而楊國忠則不然，完全是為了私利，暗害別人。如果哥舒翰真的取得勝利，對於楊國忠仍舊是威脅，出關東征無異於「援旗西指」。事實上，楊國忠是估計到敵我雙方實力，知道出關必敗，其所以鼓動玄宗催促哥舒翰出征，恰恰是將別人推入死亡的深淵。正因為這個緣故，哥舒翰在君命難違的情況下，不得已而出關，撫膺悲哭，清醒地意識到失敗即在眼前！

（四）靈寶西原之戰

六月四日，哥舒翰引兵出關。七日，在靈寶縣（原桃林縣，天寶元年改稱，今屬河南）西原，遇上敵將崔乾祐的軍隊。敵軍早已有所準備，據險以待。唐軍南迫峭山，北臨黃河，布陣於七十里長的隘道上，地勢上顯然不利。六月八日（庚寅），哥舒翰和主持軍政的田良丘坐船在黃河中流觀察陣勢，只見敵兵不多（其實是伏兵於險），便催促諸軍前進。將軍王思禮等以精兵五萬居前，將領龐忠等率衆十萬繼之，哥舒翰本人則帶三萬人登上黃河北岸高地瞭望，鳴鼓助威。崔乾祐故意出兵不滿萬人，隊列散漫，或進或退，官軍望而笑之。既交戰，叛軍倖裝偃旗，如欲逃遁，官軍放鬆了警惕。忽然，伏兵突出，居高拋下木、石，唐軍死傷甚衆。哥舒翰眼看不妙，命令以「氈車」駕馬為前驅[83]，衝擊敵陣。這時，已過中午，忽然颳起東風，崔乾祐以數十乘草車阻擋，縱火焚燒。煙焰滾滾西去，官軍看不清楚，竟自相殺，還以為賊在煙中，亂發弓弩。直到日暮黃昏，煙消矢盡，方知沒有一個敵兵。緊接著，叛軍「同羅」精騎自南山繞到唐軍背後，突然襲擊；官軍首尾駭亂，於是大敗。黃河北岸三萬官軍，望之亦潰；哥舒翰只帶著數百騎，由河東縣首山西渡河入關。

六月九日（辛卯），敵將崔乾祐乘勝入潼關，輕而易舉地打開了京師長安的門戶。

潼關失守，是安祿山叛亂以來唐軍遭受的最嚴重的失敗。原因究竟是什麼呢？從根本上說，是由於唐玄宗在戰略上錯誤。這是一場不該打的仗，完全可以避免損失，卻硬要去送死。如果說，陳留失守、東京保衞戰失敗、陝郡潰退，還不是唐玄宗直接指揮所造成的，那麼，潼關失守則是他本人「決心」的結果，負有直接的責任。唐玄宗是靠政變起家的，從未經歷沙場；他不是一個軍事家，不諳戰略戰術。郭子儀、李光弼預先敲過警鐘：「潼關出師，有戰必敗。」玄宗就是不聽，既誤中敵人的間計，又偏信奸相的讒言，於是下了「出師」的決心，導致全軍覆沒、潼關淪陷。當時，就雙方實力對比來說，唐軍號稱二十萬，叛軍至多不超過二萬，約十比一。依人衆之勢（即使未經訓練的士卒居多），拒敵於門外，叛軍是攻不進險關的。但是一旦出關，唐軍就會喪失自己的優勢，「弱兵」（即使數多）就會處於被動挨打的地位，結果給敵人提供了入關的捷徑。總之，潼關失守，失在「出」字，而不在於官軍實力的寡弱。

其次，崔乾祐的老謀深算與指揮高明，是叛軍取勝的重要原因。靈寶西原之戰，是以少勝多、誘「敵」深入、打埋伏仗、巧借東風、陣後反擊等戰略戰術的綜合運用。奪取潼關，安祿山真是喜出望外，但考慮到軍隊有限，且摸不清長安的防禦實力，所以命令崔乾祐兵留潼關。過了十天，得知唐玄宗已逃離京師，才派遣孫孝哲帶兵入長安。

（五）「慎勿學哥舒」

除了上述主要原因外，作為「元帥」的哥舒翰自有不可推諉的責任。鎮守潼關好幾個月，應該肯定的功勞或者苦勞，前面說過了。但是，帶兵的過錯，指揮的失誤，也是慘敗的因素之一。著名詩人杜甫在〈潼關吏〉中寫道：「哀哉桃林戰，百萬化為魚。請囑防關將，慎勿學哥舒。」[84]

哥舒翰率領的是一支龐大的雜牌軍，部屬複雜，教令不一，將領爭長，卒無鬥志。詩人高適曾協助守潼關，深知內情，指出：哥舒翰「疾病沉頓，智力俱竭」，無法親治軍務。「監軍李大宜與將士約為香火，使倡婦彈箜篌琵琶，以相娛樂，摴蒱飲酒，不恤軍務。蕃渾及秦隴武士，盛夏五六月，於赤日之中，食倉米飯，且猶不足，欲其勇哉，安可得乎？」[85]據記載，哥舒翰法嚴而不恤士卒，竟將皇帝特賜的十萬袍軍衣，封藏於庫中，一直沒有啓用。

在靈寶西原之戰中，哥舒翰犯了指揮上的錯誤。二十萬大軍傾關而出，潼關不留將士防守，埋下了隱患。布陣於七十里的隘道，落入敵人的埋伏圈而不知。列隊過於密集，無法發揮人多勢衆的優勢，反而給敵人襲擊提供了方便，造成了妄自相殺的悲劇。哥舒翰原先對叛軍實力有足夠的估計，但臨戰場觀陣，卻為叛軍稀疏散漫的假象所迷惑，「謂（崔）乾祐兵少，輕之，遂促將士令進，爭路擁塞，無復隊伍。」[86]元帥輕敵，將士們也「望而笑之」。誰知在「笑」聲之中，敵人已陣於背後，突然一擊，唐軍潰退。

當哥舒翰狼狽地逃回潼關西驛，再想收集散卒守關，已經是大勢已去矣！部下將領有個名叫火拔歸仁，抓俘哥舒翰，向叛軍投降了。哥舒翰被送至洛陽，竟向安祿山乞憐獻媚，願效犬馬之勞。

安祿山看他也不中用，就囚禁於洛陽苑中。後來，安祿山也死了，哥舒翰則被安慶緒所殺。

「醜哉舒翰，不能死王。」[87]後世史家從忠君觀念出發，抨擊了哥舒翰的晚節不終。的確，跟顏杲卿被俘時痛斥安祿山、壯烈犧牲的大節相比較，實在「醜哉」！然而，在那亂世之時，唐朝官僚士人紛紛投降，可謂大勢所趨。醜哉，何止一個哥舒翰！投降者之衆多，且願為安祿山效力，這也是跟唐玄宗誅殺敗將的政策分不開的。火拔歸仁曾對哥舒翰說：「公以二十萬衆一戰棄之，何面目復見天子！且公不見高仙芝、封常淸乎？請公東行（投敵）。」[88]高仙芝、封常淸因失律喪師而被殺，是近在眼前的事。哥舒翰喪師二十萬，前所未有，又怎麼會逃脫被誅的命運呢？在某些人看來，與其被殺，還不如投敵。這是不足取的態度。但是，唐玄宗不作具體分析，不善於體諒浴血奮戰的將帥，凡軍敗者必誅，也就把自己的人推到敵人營壘裏去了。宋代史臣評曰：唐玄宗之不明亦甚矣，「卒使叛將得藉口，執翰以降賊。」[89]看來，安祿山要比唐玄宗高明點，善於吸引投降過來的人。安祿山曾封哥舒翰為司空、同平章事，後來知其不效，也沒有殺之。

實事求是地說，哥舒翰有難言的苦衷，不得已而受任元帥，不得已而出師征戰，不得已而投降敵人。潼關失守後的第十六天，詩人高適曾對在逃亡路上的玄宗說：「僕射哥舒翰忠義感激，臣頗知之。」[90]詩人從過去的交往中深知其為人：累年戍邊，沙場殺敵，表現了不怕死的精神，不愧為忠義之士。當然，詩人那時還不知道降敵的事。其實，哥舒翰兵敗逃回潼關，還是想繼續奮戰的。火拔歸仁執他投敵，「翰怒握鞭，自築其喉，又被奪卻，鞭攏馬就乾祐，送於洛陽。」哥舒翰原想效高仙芝一死，不可得，被迫俘至洛陽。可悲的是，在往昔仇人的面前，哥舒翰骨頭軟了，頌揚安祿山「為撥亂之主」[91]，終於乞降了。

註釋

1 《全唐文》卷三六八，賈至〈議楊綰條奏貢舉疏〉。

2 甲子，當為初九。《安祿山事迹》云：「十一月九日，祿山起兵反。」又，《舊唐書・玄宗本紀》謂十一月戊午朔，丙寅范陽起兵。如此，「丙寅」亦為初九。

3 《安祿山事迹》卷中。

4 「詰朝」，明晨的意思。按《通鑑》所載，甲子（初九）「反於范陽」；「詰朝」，「大閱誓眾」，當指初十。日本井上靖《楊貴妃傳》是如此理解的，從上下文看來，似亦有道理。錄此備考。但就事實而言，檢閱是起兵的號角與標誌，應在初九。

5 《資治通鑑》卷二一七，天寶十四載十一月條。

6 《舊唐書・安祿山傳》。

7 《資治通鑑》卷二一七，天寶十四載十一月條。

8 《安祿山事迹》卷中。

9 《舊唐書・封常淸傳》。

10 《資治通鑑》卷二一七，天寶十四載二月條。

11 《舊唐書・封常淸傳》。

12 《資治通鑑》卷二一七，天寶十四載十一月條。

13 丁亥當為初二，而不是初三。按十一月甲子為初九，甲申為二十九日，乙酉為三十日。丙戌，則為十二月初一；丁亥為十二月初二。

14 《舊唐書・張介然傳》。

15 《全唐文》卷三三，玄宗〈親征安祿山詔〉。

16 《舊唐書・封常淸傳》。

17 《安祿山事迹》卷下。

18 《舊唐書・高仙芝傳》。

19 《肅宗實錄》，《資治通鑑》卷二一七，天寶十四載十二月〈考異〉引。

20 《資治通鑑》卷二一七，天寶十四載十二月條。

21 《全唐文》卷三三，玄宗〈命皇太子監國仍親總師徒東討詔〉。

22 《資治通鑑》卷二一七，天寶十四載十二月條。當時，秦國夫人已死。

23 《全唐文》卷三三〇，封常淸〈遺表〉。

24 《資治通鑑》卷二一七，天寶十四載十二月條。

25 參見呂思勉《讀史札記》，丁帙〈唐將帥之貪〉。

26 《舊唐書・高仙芝傳》。

27 《舊唐書・封常淸傳》。又，《安祿山事迹》、《明

28 皇幸蜀記》皆云常凊「飲藥而死，令誠至，常凊已死」，似不確切。
29 《安祿山事迹》卷中。
30 《舊唐書・安祿山傳》。
31 《新唐書・兵志》。
32 《新唐書・張介然傳》。
33 《資治通鑑》卷二一七，天寶十四載十二月條。
34 《舊唐書・李憕傳》。
35 《安祿山事迹》卷上。
36 《新唐書・忠義傳上》。
37 《全唐文》卷三三〇，封常凊〈遺表〉。
38 《資治通鑑》卷二一七，元寶十四載十二月條。
39 《舊唐書・哥舒翰傳》。
40 《新唐書・張介然傳》。
41 《舊唐書・張介然傳》。
42 《新唐書・崔無詖傳》。
43 《舊唐書・李憕傳》。
44 《全唐文》卷三三〇，封常凊〈遺表〉。
45 《舊唐書》卷一〇四，史臣曰。
46 《新唐書》卷一三五，贊曰。
《資治通鑑》卷二一七，天寶十四載十二月條。

47 《舊唐書・盧奕傳》。
48 《新唐書・忠義傳上》。
49 《全唐文》卷六四，穆宗〈授李源左諫議大夫制〉。
50 《新唐書・兵志》。
51 《舊唐書・張介然傳》。
52 《新唐書・杜牧傳》。
53 《資治通鑑》卷二一七，天寶十四載十二月條。
54 參見《廿二史劄記》卷一六，〈新書本紀書安史之亂〉。
55 《安祿山事迹》卷下。
56 《舊唐書》卷一〇四，史臣曰。
57 《新唐書・安祿山傳》。
58 《舊唐書・顏真卿傳》。
59 《資治通鑑》卷二一七，天寶十四載十二月條。
60 《舊唐書・忠義傳下》。
61 《資治通鑑》卷二一七，至德元載三月條。
62 王夫之《讀通鑑論》卷二三，〈肅宗〉。
63 《資治通鑑》卷二一七，至德元載二月條。
64 《資治通鑑》卷二一八，至德元載五月條。
65、66、67《安祿山事迹》卷中。
68 《資治通鑑》卷二一八，至德元載六月條。

69 呂思勉《讀史札記》，丁帙〈唐將帥之貪〉。

70 《安祿山事迹》卷中。

71 《舊唐書・玄宗諸子傳》。

72 舊、新《唐書・哥舒翰傳》。又，參見《資治通鑑》卷二一七天寶十四載十二月條〈考異〉及南宮搏《楊貴妃》下冊第四〇〇頁。

73 《新唐書・哥舒翰傳》。

74 《資治通鑑》卷二一八，至德元載五月條。

75 日本井上靖《楊貴妃傳》和南宮搏《楊貴妃》所塑造的楊國忠形象，都是反對打出潼關的。

76 《資治通鑑》卷二一七，至德元載三月條。

77 《資治通鑑》卷二一八，至德元載五月條。

78 《資治通鑑》卷二一七，天寶十四載十二月條。

79 《資治通鑑》卷二一七，至德元載正月條。

80 《資治通鑑》卷二一八，至德元載六月條。

81 淩准《邠志》。

82 《資治通鑑》卷二一八，至德元載六月條。

83 《安祿山事迹》卷下云：「翰造氈車，以氈蒙其車，以馬駕之，畫以龍虎之狀，五色相宣，復以金銀飾其畫獸之目及爪，將衝戰，馬因驚駭，從而攢戈矢逐之。」

84 《杜工部集》卷二，〈潼關吏〉。

85 《全唐文》卷三五七，高適〈陳潼關敗亡形勢疏〉。

86 《舊唐書・哥舒翰傳》。

87 《舊唐書・哥舒翰傳》，贊曰。

88 《資治通鑑》卷二一八，至德元載六月條。

89 《新唐書・哥舒翰傳》，贊曰。

90 《全唐文》卷三五七，高適〈陳潼關敗亡形勢疏〉。

91 《安祿山事迹》卷下。

第二十一章　楊貴妃之死

九重城闕烟塵生，千乘萬騎西南行。
翠華搖搖行復止，西出都門百餘里。
六軍不發無奈何，宛轉蛾眉馬前死。
花鈿委地無人收，翠翹金雀玉搔頭。
君王掩面救不得，回看血淚相和流。

潼關失守沒有幾天，盛唐天子倉皇逃離京師長安，寵妃楊氏縊死於馬嵬驛。這是最引人注目的一幕，不知引起多少詩人墨客的歌詠。然而，文人賦詠與史家記述是不盡相同的，至今還留下許多的疑團，有待於探究。

從「始懼」到逃跑

關門淪陷，京師長安十萬火急。唐玄宗在精神上崩潰了，由於懼怕而產生了逃跑的念頭。

（一）平安火不至

六月九日（辛卯，七五六年七月十日），唐玄宗還關注著前方的局勢，不時地召見哥舒翰派來告急的使者，特地派遣李福德、劉光庭等統帥的監牧兵去支援。可是，增援的部隊未到潼關，哥舒翰已經被俘了。這天夜暮降臨，再也沒有人點燃平安火了。所謂「平安火」，實際上是烽火。唐朝邊境鎮戍，「凡烽候所置，大率相去三十里。」每一烽火臺置帥一人，副一人。遇到敵情，放燃烽火，以一、二、三、四炬為差，表示敵人多少。至於「關內京畿、河東河北，皆置烽。開元二十五年，敕以邊隅無事，寰宇乂安，內地置烽，誠為非要，量停」[1]。安史之亂爆發以後，從潼關到長安，恢復了烽候設施。烽火原是報警的，如今改為報平安的了，每日初夜，放煙一炬，站站快速傳遞，表示前線太平無事。

「辛卯之夕，平安火不至，玄宗懼焉。」[2]因為潼關已經陷落，所以無人舉火報平安了。這時，唐玄宗開始害怕起來了。回顧半年之前，獲悉范陽起兵，玄宗先是不信，後是既驚又怒。作為統治盛唐四十餘年的天子，素懷「吞四夷之志」，相信自己實力的強大，會很快平定叛亂。當封常清誇口「計日取逆胡之首懸於闕下」時，玄宗頗壯其言。後來，儘管接連丟失洛陽和陝州，仍寄希望於哥舒翰所率領的二十萬大軍。可見，在估量敵我實力對比時，還是盲目自信的。直到「平安火不至」，唐玄宗突然地感到一切都無法挽救了，於是產生了逃跑的念頭。

（二）首唱幸蜀之策

六月十日，唐玄宗在興慶宮裏，召見宰相楊國忠，緊急商議。據記載，楊國忠「首唱幸蜀之策」[3]。其實，逃往四川，這是楊國忠早有所打算的事。安祿山起兵，打出誅楊國忠的旗號。對此，楊國忠不能不考慮自己的退路，「乃布置腹心於梁、益間，以圖自全之計。」[4]心腹崔圓在四川增修城池，建置館宇，儲備什器，以供急需。這一切都是暗中進行的，絕對想不到連皇帝也會逃往蜀郡。及至潼關失守，玄宗惶惶無策，楊國忠就把自己的幸蜀之計公開出來了。

「幸蜀」固然是楊國忠的意見，但是，逃離京師，則是唐玄宗對形勢嚴重性估計的必然結果。舊史完全歸罪於楊國忠，不過是替皇帝作粉飾而已。無論是唐玄宗還是高力士，都是主張逃往蜀川的。

那麼，「幸蜀之策」究竟對不對呢？就楊國忠來說，他曾身領劍南節度使，在四川有一定的勢力。當然，所謂「挾天子以令天下」的企圖，恐怕是沒有的。至於唐玄宗，如果下決心親征平叛，那是用不著逃離長安的。決定逃跑，恰恰是喪失信心的恐懼表現。不過，就逃跑路線而言，四川無疑是比較安全的地方。誠如高力士在幾天之後說的：「劍南雖窄，土富人繁，表裏江山，內外險固；以臣所料，蜀道可行。」[5]可見，「幸蜀」之計並不是楊國忠的個人陰謀，也不是玄宗上了奸相的大當，而是當時以皇帝為首的最高決策集團的共同意向。

六月十一日，楊國忠召集百官於朝堂，「命朝官報潼關之敗，訪以救援安危之策。」大臣張均等百餘人皆唯唯不對，不敢發表意見。唯獨監察御史高適，「請即日招募城中敢死之士及朝官各率家僮子弟出軍防遏。」[6]高適是一個兼有軍事才能的詩人，曾輔佐哥舒翰守潼關。潼關失守，他回到京師，建議實行緊急動員，以百官子弟與豪傑為主組成十萬大軍，決一死戰。這個建議遭到百官的反對，楊國忠也說：「兵已入關，事不及矣。」既然如此沮喪，只好坐而待斃了。楊國忠垂泣良久，乃言曰：「人上書言祿山反狀已十年，帝不信。今日之事，非宰臣之過。」[7]把一切責任都推到皇帝身上，說明楊國忠為人的奸詐。越是替自己開脫，越是會激起人們的反對。據記載，這天，士民驚擾奔走，不知所之，市里蕭條。楊國忠罷朝後，急忙回去叫韓國夫人、虢國夫人到興慶宮，勸唐玄宗趕快入蜀。

(三) 施放「親征」的煙幕

六月十二日，唐玄宗親御勤政樓，入朝的大臣寥寥無幾。玄宗宣布要「親征」了，然而，誰也不相信。其實，「親征」不失為挽救危局的措施。高適就曾「請竭禁藏募死士抗賊，未為晚」[8]。如果下定決心，上下動員，保衛長安，這也不是不可能做到的事。從當時形勢來看，叛軍在潼關戰役中取勝，帶有很大的偶然性[9]，並不是由於實力上占壓倒優勢。因此，敵軍雖然奪得了潼關，但不敢貿然地向長安進擊。就唐王朝來說，關門失守，確實危急，但是，長安畢竟是人力財力雄厚的大城市。按照高適的建議，招募十萬軍隊，無論如何還是能夠「拒守」一陣子的。只要看看中原戰場，如張巡堅守雍丘（今河南杞縣），經歷大小三百餘戰，相持六十多天，終於擊退強敵的進攻。顯然，長安保衛戰的可能性也是存在的。關鍵在於有無堅強的決心，能否動員民眾並激起英勇抗敵的熱情。

然而，唐玄宗的「親征」，卻是騙人的把戲。表面上，宣布以京兆尹魏方進為御史大夫兼置頓使；京兆少尹崔光遠為京兆尹，充西京長安留守；宦官、將軍邊令誠掌管宮闈鑰匙。似乎皇帝要親赴前線了。實際上，這種安排是在為逃跑作準備。同時，藉故要劍南節度大使、潁王李璬立即到四川，「先移牒至蜀，託以潁王之藩，令設儲供。」[10]要蜀地「設儲供」，說是迎接潁王，其實是為了迎接逃亡的皇帝。可見，下制云欲「親征」，不過是「幸蜀」的煙幕。

同日，大約下午，唐玄宗從興慶宮移仗「北內」。原來，長安以大明宮稱「東內」，以太極宮稱「西內」，以興慶宮稱「南內」。所謂「北內」，似指玄武門西內苑禁區。據《高力士外傳》載：「六月十二日，有詔移仗未央宮。」《新唐書・楊國忠傳》亦云：「帝自南內移仗未央宮。」未央宮是漢代古宮，在唐宮城之外西北處。這一帶是禁苑，平時顯得荒蕪靜寂。從禁軍駐地玄武門，旁入禁苑，西出延秋門，恰恰是逃跑的捷徑，而且不露聲色，無人知曉。當天夜裏，特命龍武大將軍陳玄禮整頓禁軍，厚賜錢帛，挑選了良馬九百餘匹，以供保駕之用。上述緊張的部署，都是秘密進行的。長安城內絕大多數人料不到皇帝會逃得如此之快！

望賢宮前的悔恨

六月十三日，凌晨離開長安，近中午到達咸陽望賢宮（行宮），夜宿金城，這是唐玄宗倉皇逃跑的第一天。

（一）凌晨出逃，朝中混亂

黎明，「微雨沾濕」[11]，濛濛細雨籠罩著長安城。唐玄宗和楊貴妃姊妹、皇太子、親王、妃主、皇孫、楊國忠、韋見素、高力士、魏方進、陳玄禮以及親近宦官、宮人，詭秘地離開未央宮（唐代改為通光殿），西出延秋門（禁苑之西門），向著渭水便橋行進。隨從的還有一支禁軍。至於很多的皇親國戚和百官大臣，則都沒有一一通知。換句話說，丟棄他們，不管了。

據記載，唐玄宗一行途經左藏庫，楊國忠「請焚庫積，無為盜守」，這恐怕不是事實。唐左藏分東西二庫，在「西內」太極宮中，東庫在恭禮門之東，西庫在安仁門之西。此外，「東內」大明宮中有左藏庫，在麟德殿之左。從唐玄宗一行逃跑路線來看，是不經過那裏的。情況可能是這樣：楊國忠建議派人焚燒左藏庫，唐玄宗加以制止，說：「盜至若不得此，當厚斂於民，不如與之，無重困吾赤子也。」這說明玄宗還有點憐憫之心，「聞者皆感激流涕。」[12]

「平明」時分，唐玄宗帶領的逃亡隊伍，匆匆地過了渭水上便橋。便橋原是漢武帝為從長安通往茂陵而建的，因為它與長安便門相對，故稱便橋。唐代因它在咸陽境內，又稱咸陽橋。據記載，大隊人馬過後，楊國忠下令燒斷便橋。玄宗知道此事，便加以制止，說：「今百姓蒼惶，各求生路，何得斷絕！」[13]命令高力士走馬至橋，阻止了燒橋。這裏又看到了楊國忠與唐玄宗的不同之處：前者是極端的利己主義者，後者多少還考慮到別人的死活。

皇帝逃跑了，許多大臣還是不知道的，上午依舊到興慶宮「入朝」。「至宮門，猶聞漏聲，三衞立仗儼然。」等到宮門開啓，內宮裏人慌張地奔出，說是皇帝不見了。頓時，宮中嘩然，長安整座宮城隨著處於大混亂之中。「王公、士民四出逃竄，山谷細民爭入宮禁及王公第舍，盜取金寶，或乘驢上殿。」[14]又有人焚燒左藏大盈庫，火光沖天。須知，這時安祿山叛軍遠在數百里外的潼關，預料不到唐玄宗逃離長安，而長安城卻已遭刼難。這種刼難不是來自叛軍，而是由於唐玄宗倉皇逃跑所造成的。過了十天，敵將孫孝哲率衆進占長安，京師又遭到了新的大浩刼。

（二）父老進言，後悔莫及

大約辰時（上午九點），唐玄宗一行到達咸陽縣東數里的望賢宮。先遣的負責安排的宦官王洛卿與咸陽縣令都逃了，沒有人出來接待。直到中午，還沒有飯吃，「行從皆飢」。酷暑的烈陽當空照，唐玄宗坐在望賢宮前的大樹底下休息，據說：「佛然若有棄海內之意。高力士覺之，遂抱上足，嗚咽開諭，上乃止。」[15]這是傳說，未必是事實。潼關失守之後，玄宗在精神上崩潰了，但還不至於有輕生自殺的閃念。決定逃跑，從某種意義上說，也是追求生存的表現。剛逃出延秋門外，玄宗駐馬謂高力士曰：「今日之事，朕之歷數尚亦有餘，不須憂懼。」[16]過便橋後，還說及「各求生路」。可見，倉皇逃難的唐玄宗，似不曾有「棄海內之意」。誠然，到達望賢宮的情景，跟往昔行宮的隆重款待，大有天壤之別。這無疑地會勾引起無限的感慨！但是，從爾後逃難的進程看來，唐玄宗的求存苟活的欲望，還是十分強烈的。由此推斷，望賢宮前的輕生舉動是不可靠的傳說。司馬光在《通鑑考異》中注意到這條資料，但在正文中不予採用，顯然是很精審的。

對於逃亡隊伍來說，飯食供應是個大問題。出發前，除了給扈從禁軍厚賜錢帛外，飯食當有所準備，主管御膳的尚食官隨行。但是，不可否認，準備是倉促的。禁軍幾千人，難以帶足乾糧。看來，玄宗主要是想通過沿途地方官來供應，所以派出先遣使臣，「告諭郡縣置頓」[17]。但是，動亂已經開始，官吏四散，誰會來迎駕呢！史稱：「乘輿出城，道路略無儲備。」[18]這也是事實。這天中午，皇帝也吃不上飯，由楊國忠到市集上弄些胡餅來充飢。老百姓拿來雜以麥豆的糲飯，皇孫輩爭以手掬食之，須臾而盡，猶未能飽。目睹此情此景，唐玄宗不禁掩面而泣。不久，尚食官送來了御膳，玄宗命先賜隨從官員，然後自己才吃。同時，令禁軍士卒分散到各個村落「求食」。可見，飯食無著，將士飢疲，這是後來觸發兵變的原因之一。

就在唐玄宗「掩泣」之時，有個老父名叫郭從謹，進言曰：「祿山包藏禍心，固非一日；亦有詣闕告其謀者，陛下往往誅之，使得逞其奸逆，致陛下播越。是以先王務延訪忠良以廣聰明，蓋為此也。臣猶記宋璟為相，數進直言，天下賴以安平。自頃以來，在廷之臣以言為諱，惟阿諛取容，是以闕門之外，陛下皆不得而知。草野之臣，必知有今日久矣，但九重嚴邃，區區之心無路上達。事不至此，臣何由得睹陛下之面而訴之乎！」[19]

這番話對開元天寶間政治局勢作了精闢的分析，指出安祿山叛亂的禍根在於陛下之不明，在於丟棄了從前的任賢用能與容納諫諍的原則。這樣當面的中肯的批評，對於唐玄宗來說，是近來從未聽到過的。只有落到如此淒涼的境遇，一位普通的老父才敢於直言規諫。應該是清醒的時刻了！唐玄宗深情地說：「此朕之不明，悔無所及。」[20]自登上帝位四十幾年來，沒有像今天這樣悔恨過自己。老父之言，猶如一帖清醒劑，使唐玄宗開始檢討自己了，而且變得謙和些了，這是他晚年政治生涯中的轉折點。沒有這種轉變，恐怕在次日處理楊氏兄妹與後來碰到讓位問題時，還會固執己見，鬧出新的糾葛。

（三）夜宿金城，狼狽不堪

未時（下午三、四點），大隊人馬集中起來，繼續前進。大約半夜，到達了金城（今陝西興平）。金城，原稱始平縣，唐中宗景龍二年（七〇八）送金城公主嫁吐蕃至此，故更此名。這時，隨從隊伍裏很多人不見了，連內侍監袁思藝也逃走了。袁思藝，華州人，是唐玄宗最寵信的宦官之一。玄宗曾置內侍省，內侍監兩員，秩正三品，以高力士與袁思藝對任之。這樣特承恩顧的心腹，在危難之際，竟不告而別了，後來投降了安祿山。「亂則衆散，衆散則與匹夫何異哉！」[21]唐玄宗為此傷心透了。然而，略微寬慰的是，智藏寺僧徒送來一些芻粟，勉強供食。飯後休息，深夜唯有一片月光，「驛中無燈，人相枕藉而寢，貴賤無以復辨。」[22]落難到如此狼狽的地步，飲食起居連村民百姓都不如，哪裏還談得上區分貴賤呢！

值得注意的是，大約在赴金城的夜晚，唐玄宗接見了從潼關而至的將領王思禮，知道了哥舒翰被俘的事實。王思禮曾與哥舒翰一道鎮守潼關，「於紙隔上密語翰，請抗表誅楊國忠，翰不應。復請以三十騎劫之，橫馱來潼關殺之，翰曰：『此乃翰反，何預祿山事。』」[23]可見，王思禮是力主誅殺楊國忠的，反映了軍中將領的願望。潼關失守後，王思禮歷經幾天的艱辛，才追上逃亡的皇帝，滙報了哥舒翰的情況。玄宗封王思禮為河西、隴右節度使，即令赴鎮，收合散卒，以便東征叛軍。王思禮匆匆而來，又匆匆而去，沒有停留一天，也沒有跟隨幸蜀，此中似有緣由。有的史家認為，王思禮來到後，與陳玄禮有過密商，故不久發生了誅楊國忠事件[24]。當然，這只是一種推論，尚無史實可資證明。

馬嵬驛事變

六月十四日（丙申，七五六年七月十五日），是逃離長安的第二天。上午從金城出發，約中午到了馬嵬驛（今陝西興平縣西北二十三里），就在這裏，發生了歷史上著名的馬嵬驛事變。

（一）「六軍不發無奈何」

第一天的行途上如此狼狽不堪，在從官與士卒中必然地產生埋怨情緒。史稱：「玄宗至咸陽望賢宮，榛蕪蔽路，官吏四散，從官咸怨國忠。」[25]半夜至金城，又得不到好好的休息。次日上午，又趕路了。金城至馬嵬驛約二十八里，當天中午就到達了。這時，「將士飢疲，皆憤怒。」[26]大量的記載表明，禁軍將士已是怒不可遏的了。請看！

《高力士外傳》云：「扈從至馬嵬山，百姓驚惶，六軍憤怒。」

《長恨歌傳》曰：「道次馬嵬亭，六軍徘徊，持戟不進。」〈長恨歌〉亦云：「六軍不發無奈何。」

《舊唐書・玄宗本紀》曰：「次馬嵬驛，諸衛頓軍不進。」《舊唐書・肅宗本紀》亦云：「六軍不進，請誅楊氏。」

十分清楚，馬嵬事變的主體是「六軍」將士。這裏，必須先申辯一下「六軍」提法是否確切的問題。誠如本書第五章所說，開元後期重建北門四軍，即左、右龍武軍和左、右羽林軍。禁軍只有四軍，而無六軍，這是明明白白的事實。直至馬嵬驛兵變後五天，即六月二十日（壬寅），「次散關，分部下為六軍。」[27]那麼，上述「六軍」說法是錯了嗎？不！唐宋時人是知道北門四軍的，但是，習慣上不稱為「四軍」，而叫做「六軍」。所謂「六軍」，並不是指六個獨立編制的隊伍，而是天子禁軍的別稱。《舊唐書・楊貴妃傳》作「既而四軍不散」，「四」字恐怕是後人的臆改。據《太平御覽》卷一四一〈皇親部〉引《唐書》，仍作「既而六軍不散」。

唐初以來，一直是沿用天子「六軍」的說法。例如，武德九年（六二六）冬，唐太宗與突厥頡利可汗會於便橋，「俄而六軍繼至，……（頡利）請盟而退。」[28]貞觀十九年（六四五）春，唐太宗「親統六軍發洛陽」[29]。貞觀二十二年（六四八），房玄齡上表諫曰：「（陛下）親總六軍，問罪遼、碣。……哭戰亡之卒，則哀動六軍。」[30]可見，「六軍」說法很普遍，泛指天子軍隊。及至唐玄宗時期，也同樣如此。例如，開元五年（七一七），行幸東都洛陽，「六軍填委於其中，

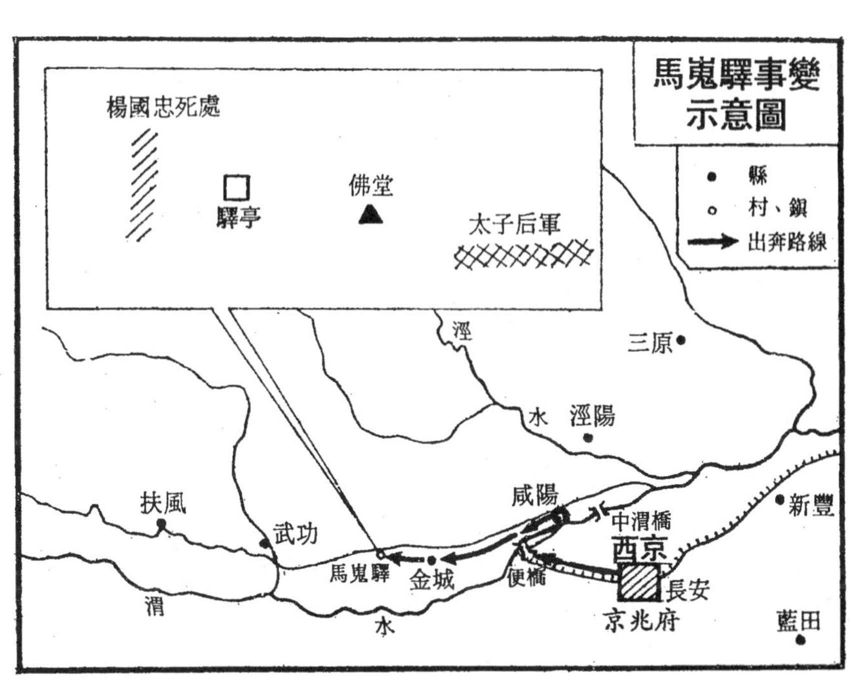

不可速行。」[31]開元十一年（七二三），行幸潞州，張說寫了〈上黨舊宮述聖頌並序〉，曰：「六軍解嚴，四方和會。」過了幾年，東封泰山，玄宗在〈紀泰山銘並序〉中說：「張皇六師，震疊九寓。」所謂「六師」，義同「六軍」。直到天寶十四載（七五五）十二月，玄宗在〈親征安祿山詔〉中強調：「今親總六師，率衆百萬，鋪敦元惡，巡幸洛陽。」

照此看來，詩云「六軍不發無奈何」，並不存在考證上的錯誤。將「六軍」改正為「四軍」，似大可不必。至於司馬光編撰《資治通鑑》，當然明白北門四軍（左右龍武軍與左右羽林軍）重建於開元二十六年（七三八），但仍然寫道：天寶十五載六月十二日，「既夕，命龍武大將軍陳玄禮整比六軍。」[32]這裏，「六軍」是沿用唐人的習慣說法，似不能認為司馬光於六軍建置之年月有所疏誤[33]。

（二）楊國忠被殺

毫無疑問，馬嵬驛事變的主體是「六軍」將士，而兵變的矛頭則是直指奸相楊國忠。安史之亂爆發之後，「天下以楊國忠驕縱召亂，莫不切齒。」[34]這種憎恨奸相的情緒，不僅在前線軍隊裏有所反映（如王思禮），而且在後方禁軍中也有表現。如龍武大將軍陳玄禮「欲於城中誅楊國忠，事不果，竟於馬嵬斬之」[35]。所謂「城中」之事，詳情不得而知，但由此窺見，誅殺楊國忠的政治潮流正在興起。

六月十四日午後，又飢又疲的軍士們憤怒不已，陳玄禮召集諸將商量，說：「今天子震蕩，社稷不守，使生人肝腦塗地，豈非國忠所致！欲誅之以謝天下，云何？」衆將異口同聲地表示：「念之久矣，事行身死，固所願。」[36]恰好這時，吐蕃「和好使」二十餘人在驛站西門外擋住楊國忠的坐騎，訴說沒有飯食供應的事情。衆將們目睹此狀，便大呼：「國忠與胡虜謀反！」並率軍士們將楊國忠包圍起來。楊國忠馬鞍中箭，急忙跳了下來，往西門內奔。軍士們緊追入內，殺死奸相，屠割屍體，「以槍揭其首（頭）於驛門外」，並殺死了楊國忠的兒子戶部侍郎楊暄以及韓國夫人[37]。

以殺楊國忠為主要目標的兵變雖然「念之久矣」，但就爆發情節來說，還是倉促的，難免有些過火的舉動。如把吐蕃「和好使」也視為「謀反」的「胡虜」，是盲目性的表現；把這二十餘人也統統殺掉，更是錯誤的。又如，御史大夫魏方進說了一句「何故殺宰相？」也被憤怒的軍士殺死了。這裏，沒有把奸相跟其他大臣加以區別。再如，左相韋見素聞亂而出，被打得頭破血流。幸好有人認得他，呼叫：「勿傷韋相！」識者救之，才免於死。

楊國忠被殺時，唐玄宗正在驛亭裏休息，聽到外面喧嘩聲，就詢問發生了什麼事。旁邊的侍者說是國忠謀反，玄宗驚曰：「國忠遂反耶？」[38]所謂「國忠謀反」，玄宗是絕對不會相信的。其實，楊國忠決沒有造反的企圖。「謀反」，不過是誅殺楊國忠的一個藉口而已。就玄宗的心意來說，是不願意誅殺楊國忠的。但是，「禍由楊國忠」的輿論如此強烈，他還是感受到的。昨天那個老父所說的「阿諛取容」者，難道不正是指楊國忠之流嗎？所以，在羣情激憤的局勢下，玄宗只好「杖屨出驛門，慰勞軍士」[39]。這就意味著，楊國忠被殺，獲得了合法的認可。

(三) 楊貴妃縊死於佛堂

然而，「六軍不散」，將士們仍然包圍著驛站。玄宗下令收隊，無人從命，便派高力士去宣問，將士們對曰：「賊本尚在。」[40]這裏，把矛頭指向了楊貴妃。陳玄禮說得更加明確：「國忠謀反，貴妃不宜供奉，願陛下割恩正法。」高力士回來，轉告了將士們的意見；玄宗頓時覺得當頭一棒，完全出於意料之外，便說：「朕當自處之。」言下之意，用不著你們來管。接著，玄宗「入門，倚杖傾首而立」。思緒翻騰，久久無法平靜。過了一會兒，韋見素的兒子、京兆司錄韋諤前來說：「今衆怒難犯，安危在晷刻，願陛下速決！玄宗反駁道：「貴妃常居深宮，安知國忠反謀？」的確，楊氏兄妹還是有所區別的。國忠「反謀」本來就是沒有的事，深居禁宮的楊貴妃又怎麼會知道的呢？這時，在旁的高力士表態了：「貴妃誠無罪，然將士已殺國忠，而貴妃在陛下左右，豈敢自安！願陛下審思之，將士安則陛下安矣。」[41]連高力士都支持軍士們的意見，顯然，挽救貴妃的希望絕滅了。唐玄宗無可奈何地作出了貴妃賜死的決定，並交由高力士去執行。

楊貴妃究竟是怎樣死的呢？這是歷史之謎。據撰於唐代宗時的《高力士外傳》記載：「扈從至馬嵬山，百姓驚惶，六軍憤怒。國忠、方進，咸即誅夷；虢國（夫人）、太真（貴妃），一時連坐。」這裏沒有講淸楚楊貴妃是如何地被處死的。唐憲宗元和初年，陳鴻撰《長恨歌傳》，說楊貴妃「竟就死於尺組之下」。也就是說，是縊死的。稍晚，李肇在《唐國史補》裏記述得詳細了：「命高力士縊貴妃於佛堂前梨樹下。馬嵬店媼收得錦靿一隻，相傳過客每一借玩，必須百錢，前後獲利極多，媼因致富。」這些，是根據傳聞增寫的，不僅說是縊死，而且指出縊於佛堂前梨樹底下。宋代有位名叫「樂史」的，編寫《楊太真外傳》，除了因襲李肇的說法外，還增添了訣別時的一段對話：貴妃曰「願大家（指皇帝）好住。妾誠負國恩，死無恨矣。乞容禮佛。」玄宗曰「願妃子善地受生」。此外，附加一個插曲：楊貴妃剛死，「南方進荔枝至。上（玄宗）睹之，長號數息，使力士曰『與我祭之』。」

由上可見，隨著時間的推移，傳說愈來愈具體生動，當然，離開事實也就愈來愈遠了。陳寅恪先生指出：「所可注意者，樂史謂妃縊死於梨樹之下，恐是受香山（白居易）『梨花一枝春帶雨』句之影響。果爾，則殊可笑矣。」[42]這是頗有見地的。樂史的說法來自《唐國史補》，而李肇的說法恐怕是受〈長恨歌〉的影響。今天編寫史書，如果依舊說是縊死於梨樹之下，不免一笑了之。至於錦靿、荔枝以及訣別對話，恐怕都是傳聞，不甚可靠。貴妃葬地肯定會被盜，但得遺物「錦靿一隻」，實在可笑。南方進貢荔枝，當不途經馬嵬驛。訣別對話，係傳奇小說，根據「佛堂」而編造出來的。

其實，陳鴻撰《長恨歌傳》時，上距楊貴妃之死恰好半個世紀，許多細節已不很淸楚了。他說：「世所不聞者，予非開元遺民，不得知。世所知者，有《玄宗本紀》在。」當時知道貴妃是縊死的，這是確鑿的事實。所謂《玄宗本紀》，當指《玄宗實錄》。根據實錄而修成的《舊唐書》，作了以下簡明的記述：「帝不獲已，與妃訣，遂縊死於佛室。時年三十八，瘞於驛西道側。」[43]可見，一是縊死，二是地點在佛室，這兩點是無疑的。後世所知者，僅止這些，其他如梨樹下以及訣別對話，似出於傳奇作者的虛構。司馬光編寫《資治通鑑》，史實取捨是十分嚴謹的，只用了十四個字：「上乃命力士引貴妃於佛堂，縊殺之。」[44]

「縊殺」又是怎麼弄的呢？《明皇雜錄》卷下云：「高力士以羅巾縊之也。」這跟「死於尺組之下」說法，是一致的。如果事實如此，那麼，當縊死於佛堂內，不可能在佛堂前之梨樹下。至於是由高力士動手勒逼的，還是高力士叫小宦官們用羅巾把貴妃縊死的？史料不足，不敢妄加推論了。

歷史傳聞向來總是多渠道的。除了縊死之說外，還有吞金的說法。唐朝著名詩人劉禹錫寫了一首詩〈馬嵬行〉：「綠野扶風道，黃塵馬嵬驛。路邊楊貴人，墳高三四尺。乃問里中兒，皆言幸蜀時，軍家誅佞幸，天子捨妖姬。羣吏伏門屏，貴人牽帝衣。低迴轉美目，風日為無暉。貴人飲金屑，倏忽蕣英暮。」[45]詩云「貴人飲金屑」，也就是說，楊貴妃是吞金自盡的。這種說法，出於「里中兒」之口，自然是不可靠的傳聞。

誰是後臺

馬嵬驛兵變的內容，首先是誅殺楊國忠，其次才是縊死楊貴妃。這場兵變的真正主謀者是誰？

（一）皇太子李亨說商榷

有一種意見認為，馬嵬兵變是李亨所發動的。李亨集團乘亂發動兵變，其真正目的，並不是殺楊貴妃，乃在於誅楊國忠，因為如果不能除掉有權力的宰相，就無法取得帝位[46]。與這種意見相似的，還認為，太子李亨與楊國忠（包括唐玄宗）之間矛盾的尖銳化，遂使李亨成了這場事變的主謀。

應當說，強調馬嵬兵變旨在殺楊國忠，這是頗有見地的，克服了歷代傳奇小說渲染的偏見：一提起馬嵬驛事變，似乎就是殺楊貴妃。同時，從不少史料可證明，皇太子確實是參與事變的。當然，李亨究竟起了何等的作用，還是要作具體分析的。例如：

《舊唐書，楊貴妃傳》記述：「至馬嵬，禁軍大將陳玄禮密啓太子，誅國忠父子。」「密啓太子」，似當在陳玄禮召集諸將商議之前。獲得太子的支持，陳玄禮才敢於公開揚言誅國忠「以謝天下」。但是，這裏記載的是：陳玄禮主動爭取太子的支持，與之密商，而不是太子李亨唆使陳玄禮發動兵變。因此，由此得出李亨是真正的主謀，似乎理由不夠充足。

《舊唐書・韋見素傳》記述：「次馬嵬驛，軍士不得食，流言不遜。龍武將軍陳玄禮懼其亂，乃與飛龍馬家李護國謀於皇太子，請誅國忠，以慰士心。」注意！這裏說的是，陳玄禮沒有直接跟皇太子密商，而是通過宦官李護國「謀於皇太子」。看來，事實當屬後一種情況，李護國在陳玄禮與李亨之間起了聯絡的作用。歐陽修、宋祁等編撰《新唐書》，就刪掉了「陳玄禮密啓太子」之類記載，只說：「陳玄禮等誅楊國忠，輔國（即李護國）豫謀。」[47]以取材精審而聞名的司馬光，也不提「密啓太子」，而作了這樣的記述：「陳玄禮以禍由楊國忠，欲誅之，因東宮宦者李輔國以告太子，太子未決。」[48]由「飛龍小兒」出身的李輔國，溝通禁軍將領與皇太子之間的信息，那是符合實際情況的。至於「太子未決」云云，並不是說太子不贊成誅殺楊國忠，而是指何時動手尚未決定。後來，恰好發生了吐蕃使者與楊國忠會面的事，於是兵變就突然地爆發了。

總之，凡是能證明真正主謀者乃太子李亨的，只有上述幾條史料。而經仔細分析，李亨集團確是參與密謀策劃的，但是，還不足以證明皇太子是馬嵬驛兵變的後臺。須知，主謀者和參與密謀者，其作用是大不一樣的。

誠然，馬嵬驛事變夾雜著太子李亨與宰相楊國忠之間的尖銳矛盾。而這一矛盾，是由來已久的。東都洛陽淪陷時，唐玄宗準備親征，讓皇太子監國，為此曾跟楊國忠商量。國忠大懼，回到府第對楊氏姊妹說：「我等死在旦夕。今東宮監國，當與娘子等並命矣。」後來，楊氏姊妹哭訴於貴妃，「貴妃銜土請命，其事乃止。」[49]可見，皇太子與楊國忠之間是你死我活的關係。既然如此勢不兩立，那麼，在逃亡的途上就不可能走在一起的了。「從官咸怨國忠」，禁軍衆將對誅殺國忠「念之久矣」；這股怒不可遏的潮流，太子李亨是看得一清二楚的。太子支持陳玄禮發動兵變，也就為自己消滅了最大的政敵。換句話說，利用當時的政治潮流，以達到自己的政治目的。然而，太子不是那股政治潮流的後臺或者支柱，也是十分明白的。

(二) 宦官高力士說質疑

有種意見認為，馬嵬驛兵變是一次有預謀、有計劃、有指揮的行動。真正的後臺，只能是宦官高力士。因為他既能控制禁軍、指使陳玄禮，又和宰相楊國忠有不可調和的矛盾。這又是一場封建統治階級內部的權力之爭，是內廷宦官和外朝宰相之間的鬥爭[50]。

應當說，強調兵變是有預謀的，而不是自發行動，這是正確的。持這種意見的，還否定了太子李亨是真正的後臺，更是真知灼見。的確，從兵變的前後過程中，絲毫看不出陳玄禮與太子李亨之間有什麼特殊關係，絲毫看不出太子具備控制與指使禁軍的條件。事前，作為龍武軍最高將領的陳玄禮，向來以「淳樸自檢」著稱，是不會也不可能跟皇太子密切聯繫。事變中，通過李輔國「謀於皇太子」，那是為了爭取支持，而不是接受指令。事後，陳玄禮沒有跟隨李亨至靈武，卻一直緊跟唐玄宗。很清楚，太子不是陳玄禮發動兵變的後臺。

那麼，後臺是高力士的說法，對不對呢？恐怕也不是。高力士確實具備控制與指揮禁軍的條件。正如本書第五章所說，唐玄宗在前期是通過王毛仲控制禁軍的。而自王毛仲被貶殺之後，宦官高力士成為心腹，禁軍則由陳玄禮掌管。龍武軍組建後，陳玄禮升任為龍武大將軍，與高力士關係比較密切，他們兩人一直是唐玄宗的忠誠衞士。但是，要論證高力士是後臺，僅靠上述的分析是不夠的，應該拿出具體的史實記載。可惜，至今沒有一條令人信服的史料。

再就高力士與楊國忠的矛盾來說，他們之間勾鬥也是由來已久的，其性質屬於內廷宦官與外朝宰相的矛盾。早在天寶十三載（七五四），高力士伏奏曰：「開元二十年以前，宰臣授職，不敢失墜；邊將承恩，更相戮力。自陛下威權假於宰相，法令不行，災眚備於歲時，陰陽失度，縱為軫慮，難以獲安，臣不敢言，良有以也。」[51]這裏，當著皇帝的面，竭力攻擊宰相楊國忠，表達了對局勢發展的憂慮。安史之亂爆發，天下切齒於楊國忠的「驕縱召亂」，高力士自然也是如此。陳玄禮企圖在京城中誅殺楊國忠，是會考慮到高力士的態度的。但是，斷言高力士「指使陳玄禮下毒手」，恐怕只是邏輯推論而已，還有待於史實記述的證明。如果僅僅是推論，就很難令人信服了。

至於逃離長安和幸蜀之計，高力士的意見是跟楊國忠一致的，但是，在逃亡的途上依舊是怨恨楊國忠。六月十三日凌晨，剛出延秋門，玄宗駐馬謂力士曰：「卿往日之言是。」[52]所謂「往日之言」，當指天寶十三載「伏奏」。那時，玄宗是聽不進去的；如今，不能不承認宰相專權所造成的嚴重後果。到達望賢宮時，「從官咸怨國忠」，「從官」當然也包括高力士在內。第二天，在馬嵬兵變的過程中，御史大夫魏方進和左相韋見素出來制止。結果一個被殺，一個挨打。唯獨高力士悠然在驛亭裏，沒有「聞亂而出」，估計他是知道陳玄禮的謀劃的，並從心底裏讚賞誅殺楊國忠的行動。緊接著，高力士支持將士們處置楊貴妃的要求，勸說唐玄宗趕快下決心。可見，高力士是馬嵬兵變的支持者。但是，支持不等於就是後臺。細審兵變的全過程，沒有史料可資證明：高力士在暗中策動與指使陳玄禮搞兵變。

（三）如何看待馬嵬驛事變

其實，對於馬嵬兵變這一歷史事件，大可不必尋找什麼後臺人物。因為這次事變不是出乎個別人的主觀意願，不是由某些人暗中煽動起來的，而是安史之亂以來客觀形勢發展的必然結果，是天寶晚期以來各種社會矛盾包括封建統治者內部矛盾的交錯演化的結果。

如果說後臺是太子李亨，也就把事變簡單地歸結為太子集團與楊國忠的矛盾。如果認為後臺是宦官高力士，也就等於將兵變說成是內廷宦官與外朝宰相之間的鬥爭。顯然，這些意見都不能完滿地解釋馬嵬兵變的性質與意義。

不錯，馬嵬驛事件包含著上述兩對矛盾，但它的社會基礎還有更廣泛的內涵，它的歷史意義也超越了封建統治者內部的權力之爭。

自天寶晚期以來，政治局勢有一個鮮明的特點，那就是各種社會勢力幾乎一致地反對奸相專權。要好皇帝，不要奸相，這是天下士人包括民衆的普遍願望。李林甫專權，不得人心，「怨仇滿天下」[53]。李林甫死後，楊國忠當了宰相，社會危機更加深重，怨恨情緒愈發猛烈。民衆咒罵他，太子集團反對他，宦官勢力埋怨他，連安史叛亂也打出誅楊國忠的旗號。可見，奸相楊國忠成了衆矢之的。尤其是安史之亂撕去了「太平盛世」的帷幕，各種隱藏著的社會問題一下子都暴露出來，人們都驚呆了，於是天下莫不切齒於楊國忠的「驕縱召亂」，達到了國人「皆曰可殺」的程度。

正是在這種情勢下，以殺楊國忠為主要目標的政治潮流形成了。前面說過，哥舒翰守潼關時，王思禮就曾暗中鼓動殺楊國忠。還有人勸哥舒翰說：「祿山阻兵，以誅楊國忠為名，公若留兵三萬守關，悉以精銳回誅國忠，此漢挫七國之計也，公以為何如？」[54]這些人的建議反映了社會上存在一股強烈潮流，他們未必受什麼後臺人物的指使。因此，可以說，滙合入這股政治潮流的有各種社會力量與集團。反對楊國忠的，固然有太子集團和宦官勢力，同時還有軍士們與民衆。如果把一切都歸入封建統治者內部的權力之爭，似乎太簡單化了。

以「六軍」將士為主體而發動的馬嵬兵變，實質上是各種勢力反對奸相專權誤國的羣衆性運動，並不是個別人能夠煽動起來的。陳玄禮曾經慷慨陳詞：今天下崩離，皇帝出逃，國家蒙難，人民死亡，這一切難道不是楊國忠專權所造成的嗎！「若不誅之以謝天下，何以塞四海之怨憤！」[55]這種呼聲，喊出了廣大軍士們的真誠願望。所以，衆將紛紛響應，表達了拚死的決心；數以千計的軍士也包圍著驛站，投入兵變的行列。軍士們早已被激怒了，為了天下安寧，為民除害，演出了歷史上著名的馬嵬驛事變。從某種意義上說，這場兵變是唐朝歷史上第一次救亡運動。

歷史上，反對奸臣往往是跟維護皇帝（或者說要一個好皇帝）分不開的。由於時代的局限，人們弄不清楚奸相與皇帝之間是一種什麼樣的關係，只認為壞就壞在奸相身上。連望賢宮前直諫的老父，也是如此觀。正因為這樣，馬嵬兵變依舊受著忠君觀念的支配，可以殺死宰相楊國忠和寵妃楊氏，但決不會損害皇帝，而且一切都是為了備受「震蕩」的君王似的。陳玄禮，一個始終忠於皇帝的禁軍將領，之所以敢於發難，道理就在於此，沒有什麼不可設想的。

因此，兵變一結束，陳玄禮等就向皇帝「謝罪」，說：「國忠撓敗國經，構興禍亂，使黎元塗炭，乘輿播越，此而不誅，患難未已。臣等為社稷大計，請矯制之罪。」這裏，不提楊國忠與吐蕃人「謀叛」，是對的。說實在，那不過是藉口而已。為什麼要殺楊國忠？因為國家敗亡是奸相造成的：一「黎元塗炭」，百姓蒙難；二「乘輿播越」，皇帝出奔。為了「社稷大計」，為了挽救危亡，所以「矯制」即藉皇帝的命令把楊國忠殺了。對於如此嚴正的陳述，唐玄宗是不能不接受的，說：「朕識之不明，任寄失所。近亦覺悟，審其詐佞，意欲到蜀，肆諸市朝。今神明啓卿，諧朕夙志，將疇爵賞，何至言焉。」[56]這番表白，可謂半真半假！「近亦覺悟」，是實話。昨天，望賢宮前聽老父之言，深感「朕之不明」。今天，馬嵬坡下再次承認「朕識之不明」，還算是難能可貴的。的確，如果沒有這種「覺悟」，恐怕馬嵬兵變的結局會是另外一副樣子。但是，玄宗說原想到蜀後再殺楊國忠，這不是真話，無非是在為自己辯護。他打心底裏是不願意殺宰相的，只是迫於兵變，才肯定了誅殺楊國忠的合法性。史稱，唐玄宗最後慰勞軍士們，「玄禮等皆呼萬歲，再拜而出，於是始整部伍為行計。」[57]短短半天的馬嵬驛兵變，竟在一片「萬歲」聲中結束了！

「桓桓陳將軍，仗鉞奮忠烈；微爾人盡非，於今國猶活。」[58]著名詩人杜甫的詩句，反映了當時人們對陳玄禮將軍的高度評價，讚美了陳將軍在馬嵬兵變中的「忠烈」舉動，肯定了馬嵬驛事變的救亡性質與重大意義。雖然杜甫也是從「忠君」觀念出發來評論的，但他的評論基本上是符合實際的。清代史學家浦起龍，大概沒有讀懂杜詩，說什麼「玄禮為親軍主帥，縱凶鋒於上（玄宗）前，無人臣禮」[59]。這話實在太迂了。當今，如果認為陳玄禮不過是太子李亨或者宦官高力士在權力鬥爭中的工具，只是聽命於後臺人物的指使而已，那比起杜甫的評論也遜色得多了。

楊國忠死了，罪有應得。而楊貴妃之死，卻引起後人的一些懷念，以致出現未死之說。這是什麼道理呢？

（一）貴妃必死無疑

《高力士外傳》認為，楊貴妃的死，是由於「一時連坐」的緣故。換言之，憤怒的軍士們憎恨楊國忠，也把楊貴妃牽連進去了。這是高力士的觀點，因為《外傳》是根據他的口述編寫的。然而，當時軍士們並不那麼看，他們殺死楊國忠後，繼續包圍驛站，強調「賊本尚在」（一作「禍本尚在」）[60]。在軍士們的心目中，楊國忠是靠楊貴妃而爬上宰相高位的，奸相為非作歹，驕縱召亂，就其禍源來說，乃在於寵妃。因此，非殺不可。平心而論，軍士們畢竟不了解深宮內幕，無法分清楊氏兄妹之間的區別。作為局外人，難免有上述的看法。至於禁軍最高長官陳玄禮就不同了，他了解內情，所以不會揚言「賊本尚在」，只是說「貴妃不宜供奉」，希望皇帝陛下「割恩正法」。當然，陳玄禮更知道軍士們的憂懼：如果楊貴妃依舊在皇帝身邊，那麼，誅殺楊國忠的將士們豈敢自安！因此，陳玄禮也是迫著唐玄宗處死楊貴妃的。

就唐玄宗來說，楊國忠的被殺，尚可容忍，甚至還出來「慰勞」軍士；而要殺楊貴妃，就非經過一番激烈的痛苦的思想鬥爭不可。他和高力士一樣地明白：「貴妃誠無罪」。貴妃深居內宮，不涉朝政，不是政治性人物，堂兄的種種專權誤國的罪行，不能由她來承擔。然而，在「眾怒難犯」的情況下，要對被激怒了的局外人講清這一切，又談何容易！即使有誰出來解釋，又怎麼能獲得諒解呢！可悲的是，沒有一個人包括玄宗自己敢於辯護一下。外有將士們與陳玄禮的威迫，內有高力士與韋諤的勸說，唐玄宗只能作出貴妃賜死的決定。

從馬嵬驛事變的形勢來看，楊貴妃是非死不可的。縊殺之後，屍體用輿轎由佛堂運至驛站，置於庭院，召陳玄禮等將士們進來驗看。只有驗明死屍之後，軍士們的憤怒才會平息，才會繼續擁護唐玄宗西奔入蜀。大約傍晚，楊貴妃屍體被草草地埋葬在驛亭西一里左右的路旁土坡下。貴妃死時，只有三十八歲。

縊殺楊貴妃，是在玄宗的「同意」下進行的。北宋以來，有人說：「明皇鑒夏商之敗，畏天悔過，賜妃子死，官軍何預焉？」[61]這是不了解歷史實際的評論。哪裏有什麼「畏天悔過」？在賜死問題上，玄宗始終是被迫的，是無可奈何的「同意」！所以，當軍士們的憤怒平息後，玄宗與玄禮的彼此對話中，都只談到楊國忠的被誅，一字不涉及楊貴妃之死，足見這裏隱藏著難言的痛苦與悲哀！玄禮等「皆呼萬歲」，再拜而出，此時此刻的唐玄宗決不會有一絲喜悅的。有力量統治盛唐帝國達四十多年的天子，竟沒有能力保住一個愛妃的生命！詩人李商隱有感於此，在〈馬嵬〉詩中寫道：「如何四紀為天子，不及盧家有莫愁？」[62]姓盧的平民能和自己心愛妻子「莫愁」（名字）相恩愛，而盛唐天子與愛妃卻做不到，這是為什麼呢？

詩人提出的問題，其實高力士早就說過了：「虢國、太真，一時連坐。」楊國忠罪惡滔天，國人皆曰可殺，於是牽連及堂妹楊貴妃。貴妃既然轉入這股激烈的政治漩渦，也就非被淹死不可。這種情況，盧家男子與「莫愁」當然是不可能碰到的。

株連而死的，還有楊國忠的其他家人與親屬。據《舊唐書・楊貴妃傳》載，「虢國夫人聞難作，奔馬至陳倉。」這恐怕不是事實。如果虢國夫人六月十四日下午也在馬嵬，估計是逃不掉的，會跟楊國忠及其長子楊暄、韓國夫人一樣被殺。司馬光在《通鑑》中顯然注意到這一點，不書聞難而逃，只說虢國夫人與兒子裴徽、國忠妻裴柔與幼子楊晞「皆走，至陳倉」[63]。是何時「走」的，未詳。樂史《楊太真外傳》則云：「虢國夫人先至陳倉之官店。」綜合各種記述，事實似是這樣：以唐玄宗為首的逃亡隊伍，數以幾千計，分成三大部分。先遣隊伍告諭郡縣，負責安排；國忠妻子及虢國夫人也走在前面，往陳倉（今陝西寶鷄東）行進。當中則是唐玄宗、貴妃、楊國忠（楊暄與韓國夫人隨同）、高力士等，由陳玄禮負責保衛。後衛隊伍，以皇太子李亨與宦官李輔國等為主。馬嵬兵變時，裴氏與虢國夫人當不在場。後來，她們在陳倉遭到縣令薛景仙的追捕。裴氏先死。虢國夫人自刎未遂，被捕，竟問獄吏說：「國家乎？賊乎？」獄吏答得妙：「互有之。」[64]夫人血卡喉嚨，一命嗚呼！可見，直到死時，虢國夫人還不知道舉世驚駭的馬嵬兵變。

（二）未死之說說明什麼

楊貴妃確實死在馬嵬坡，舊、新《唐書》與《通鑑》等史籍記載明確，唐人筆記雜史如《高力士外傳》、《唐國史補》、《明皇雜錄》、《安祿山事迹》等也是如此。貴妃未死之說的臆撰與猜測，本來是不必深究的。

唯獨白居易〈長恨歌〉流傳以來，人們企圖從史實上尋找其中的「微意」，推斷出楊貴妃可能沒有死[65]。其實，詩中明言「宛轉蛾眉馬前死」，死是肯定無疑的，只是用宗教幻想的形式，虛構了死而復生的意境。衆所周知，〈長恨歌〉的創作，離開楊貴妃之死，正好五十年。這期間，民間流傳著關於貴妃的種種傳說，而〈長恨歌〉的構架就是來源於民間傳說。

民間傳說楊貴妃死而復生，這反映了人們對她的同情與懷念。前面說過，「六軍」將士們以「賊本尙在」的理由，要求處死楊貴妃。如果人們繼續都是堅持這種觀點，那麼，楊貴妃就會被當作褒姒或者妲己一類壞女人，除了世人痛罵之外，是不可能有任何的讚揚。即使她是什麼人間絕色或者盛唐女性美的代表者，也不會在人們的潛在意識中產生憐憫與寬恕。全部的問題在於：楊貴妃事實上不是天寶亂禍的本源。她不僅與楊國忠不同，而且跟虢國夫人也有所區別。高力士說「貴妃誠無罪」，這話雖不無片面，但貴妃決不是罪魁禍首，那是毫無疑問的。安史之亂暴風雨過後，人們經過反思，總結開天治亂的歷史經驗，終於認識到歷史的真相。民間傳說自有公正的評判，對歷史人物的褒貶往往比較客觀。楊貴妃之死，既有自取其咎的一面，更有作為犧牲品的不幸一面。於是，人們幻想確實已死了的楊貴妃而能重新復活，寄以無限的追念。

註釋

1 《唐六典》卷五，〈尙書兵部·職方郎中〉。

2 《安祿山事迹》卷下。

3 《資治通鑑》卷二一八，至德元載六月條。

4 《舊唐書·楊國忠傳》。

5 《幸蜀記》，《資治通鑑》卷二一八至德元載六月條〈考異〉引。

6、7 《册府元龜》卷三三六，〈宰輔部·識暗〉。

8 《新唐書·高適傳》。

9 哥舒翰在戰敗後說：「逆胡猖狂，偶然一勝。天下之兵，計相續至，羯胡之首，期懸旦暮。」（《安祿山事迹》卷下）這裏雖有為自己辯護的意思，但指出敵人「偶然一勝」，從某種意義上看，也是事實。

10 《舊唐書·玄宗諸子傳》。

11《舊唐書・玄宗本紀下》。
12《次柳氏舊聞》。
13《安祿山事迹》卷下。
14《資治通鑑》卷二一八，至德元載六月條。
15《幸蜀記》和《安祿山事迹》卷下。
16《高力士外傳》。玄宗逃亡途中是騎馬，而不是坐車。
17《資治通鑑》卷二一八，至德元載六月條。
18《冊府元龜》卷三一五，〈宰輔部・公忠〉。
19、20《資治通鑑》卷二一八，至德元載六月條。
21《唐鑑》卷五，〈玄宗下〉。
22《資治通鑑》卷二一八，至德元載六月條。
23《舊唐書・王思禮傳》。
24 參見蔡東藩《唐史演義》下冊。
25《冊府元龜》卷三一五，〈宰輔部・公忠〉。
26《資治通鑑》卷二一八，至德元載六月條。
27《舊唐書・玄宗本紀下》。
28《貞觀政要》卷九，〈征伐〉。
29《舊唐書・太宗本紀下》。
30《貞觀政要》卷九，〈征伐〉。
31《明皇雜錄》，《資治通鑑》卷二一一，開元五年正月條〈考異〉引。
32《資治通鑑》卷二一八，至德元載六月條。
33 參見陳寅恪《元白詩箋證稿》第三十二頁。
34《資治通鑑》卷二一八，至德元載五月條。
35《舊唐書・陳玄禮傳》。
36《新唐書・楊國忠傳》謂陳玄禮與「諸將」商議，較妥。《舊唐書・楊國忠傳》作「先謂軍士（士兵）」，似不合情理。
37《資治通鑑》卷二一八，謂被殺的還有「秦國夫人」，當誤。秦國夫人已早死。有的傳記仍沿襲了這個訛誤。
38《新唐書・楊國忠傳》。
39《資治通鑑》卷二一八，至德元載六月條。
40《太平御覽》卷一四一，〈皇親部七・楊貴妃〉。
41《資治通鑑》卷二一八，至德元載六月條。
42 陳寅恪《元白詩箋證稿》第三五〇頁。
43《舊唐書・楊貴妃傳》。
44《資治通鑑》卷二一八，至德元載六月條。
45《劉禹錫集》卷二六，〈馬嵬行〉。
46 參見南宮搏《楊貴妃》附錄。
47《新唐書・李輔國傳》。
48《資治通鑑》卷二一八，至德元載六月條。有的傳記故意不引「太子未決」四字，似不甚妥當。

49《舊唐書・楊國忠傳》。

50 參見黃永年《說馬嵬驛楊妃之死的真相》及《舊唐書與新唐書》。

51、52《高力士外傳》。

53《資治通鑑》卷二一五，天寶六載十二月條。

54《舊唐書・哥舒翰傳》。

55、56《舊唐書・楊國忠傳》。

57《資治通鑑》卷二一八，至德元載六月條。

58《杜工部集》卷二，〈北征〉。

59《讀杜心解》卷一。

60《舊唐書・楊貴妃傳》和《新唐書・楊貴妃傳》。

61 魏泰《臨漢隱居詩話》。

62《全唐詩》卷五三九，李商隱〈馬嵬〉。

63《資治通鑑》卷二一八，至德元載六月條。

64《舊唐書・楊貴妃傳》。有的傳記對這條史料作了如此的誤解，說楊國忠妻子裴氏被捕，問獄吏云云。日本井上靖《楊貴妃傳》對此詮解確切，可以參考。

65 參見俞平伯〈《長恨歌》及《長恨歌傳》的傳疑〉（一九二七年），載《論詩詞曲雜著》。

第二十二章　蜀郡的流亡生活

唐玄宗出奔蜀郡的流亡生活，不過是一年幾個月。但是，對於年逾古稀的老人來說，從皇帝突然地變成了太上皇，其間經歷的生死離別的磨難，是永遠不會在記憶中消失的。在這短暫而感受上卻是漫長的歲月裏，悔恨、反省與追念，構成了生活的主要內容。

父子分道揚鑣

馬嵬驛事變以後，究竟向何處去？唐玄宗和高力士等，堅持按原計劃奔赴蜀郡；而太子李亨等則拉了一支隊伍，走自己的路了。

（一）高力士論蜀道

六月十四日，兵變鬧到傍晚才止息，當天就只好在馬嵬驛過夜。次日，大隊人馬準備出發時，發生了意見分歧。有的認為蜀郡將吏與楊國忠有「連謀」，不可以到那裏去。有的主張到太原，有的提議到朔方，有的主張到西涼，有的說返回京師。各有各的理由，不一而足。唐玄宗心裏想入蜀，但是鑒於昨天的事變，深知衆怒難犯，不敢表態，便請高力士出來講話。高力士說：「太原雖固，地與賊鄰，本屬祿山，人心難測。朔方近塞，半是蕃戎，不達朝章，卒難教馭。西涼懸遠，沙漠蕭條，大駕順動，人馬非少，先無備擬，必有闕供，賊騎起來，恐見狼狽。劍南雖窄，土富人繁，表裏江山，內外險固；以臣所料，蜀道可行。」[1]的確，就逃避叛軍兵鋒而言，「蜀道可行」。太原跟敵占區毗鄰，很不安全。僻遠的朔方與西涼，自然不是逃難的好地方。蜀郡將吏雖然跟楊國忠有瓜葛，但是，楊國忠已死，估計是不會有所動作的。何況，原先「幸蜀」之計，並不是楊國忠的私人陰謀，而是唐玄宗與高力士等共同的意向。

當然，從抗戰立場來看，蜀道之行完全是消極的。潼關剛失守，如果採納高適的建議，動員抗戰是有一定的可能性。既已逃離京師，人心渙散，要想再回到長安並組織抗戰，那就錯過時機了。積極的對策應是北上朔方，以郭子儀與李光弼軍隊為主力，號召民衆，平定叛亂。但是，這一著，奉信逃跑主義路線的唐玄宗是斷斷不會實施的。

高力士的意見沒有遭到反對，當然大家也不會像往昔那樣隨聲附會。這時，韋諤說：「還京，當有禦賊之備，今兵少，未易東向，不如且至扶風，徐圖去就。」[2]所謂「至扶風」再慢慢商量，實際上是西幸蜀郡的主張，只是說得婉轉些罷了。唐玄宗不敢專斷獨行，「詢於衆，衆以為然，乃從之。」[3]看來，經過馬嵬驚變，一個至高無上的專制帝王也變得謙和起來了。於是以韋諤為御史中丞，充置頓使，準備上路了。

（二）「太子不敢西行」

據記載，百姓父老「遮道請留」，殷切地希望皇帝不要離開宮闕陵寢所在之地。玄宗按轡久之，心情異常沉重，最終還是西行了，叫太子李亨留在後面宣慰父老。過了一會，羣衆越聚越多，竟達數千人。太子涕泣，跋馬欲西。「父老共擁太子馬，不得行。」[4]太子的兩個兒子以及李輔國也都勸太子留下來，以便東討逆賊。

其實，太子「不得行」是故意製造的假象。「馬嵬塗地，太子不敢西行。」[5]長期以來，太子與父皇之間有著深深的裂縫。玄宗並不讚賞李亨的個人才能，並不認為他是理想的皇位繼承者。前太子瑛被廢，三個皇子同日賜死，這是何等觸目驚心的事！楊國忠千方百計地陷害李亨，也是夠可怕的。玄宗決沒有讓位的打算，連「太子監國」也做不成。如果繼續跟隨父皇到蜀郡，今後太子地位能否保住，是難以預料的。所以，馬嵬驛事變之後，正是跟父皇分道揚鑣的好時機。這一點，凡是太子集團裏的人都很明白。史載：「（李）輔國侍太子扈從至馬嵬，乃獻策請分兵北如朔方，以圖興復。」[6]李輔國還「密啓」太子妃子張良娣，張良娣「又贊其謀，遂定計北趣靈武」[7]。太子的兩個兒子，即廣平王李俶和建寧王李倓，也都積極地鼓吹另立山頭。可見，太子不跟隨玄宗西行，是早已有所預謀的。當然，父老百姓「遮道請留」，也是事實。太子李亨恰好利用父老們的請求，裝出一副「不得行」的樣子，以達到發展個人獨立勢力的目的。

唐玄宗已經走出一段路，久等太子不來，心中不免有所疑慮，便派人「偵之」。誰知使者回來報告說，太子留下不來了！玄宗立刻意識到太子要走自己的路了，不禁嘆了一聲：「天也！」自逃離京師，僅祇三天，朝臣楊國忠和魏方進被殺了，內侍監袁思藝投奔安祿山去了，楊貴妃被縊死了，太子李亨又不來了，真是衆叛親離呵！玄宗被迫分出後軍二千人及飛龍廄馬，調撥給太子；又把東宮內人包括張良娣送到太子那裏。據說：「且宣旨欲傳位，太子不受。」[8]這恐怕不是事實。後來的事態發展表明，玄宗並沒有「傳位」的意圖，而太子則急於搶位稱帝。

（三）「百姓誰為之主」

父子分道揚鑣，反映了封建統治集團內部的權力鬥爭。太子李亨雖然懷著早日稱帝的政治野心，但他畢竟是舉起一面平叛的旗幟，客觀上符合廣大百姓的願望。馬嵬父老們留住太子說：「至尊（玄宗）既不肯留，某等願帥子弟從殿下東破賊，取長安。若殿下與至尊皆入蜀，使中原百姓誰為之主？」[9]要想成為百姓之主，除了率衆「破賊」外，是別無其他辦法的。

唐玄宗已經喪失了平叛的信心，不僅保不住愛妃的生命，而且連兩京宮闕與祖先陵寢都保不住，又怎麼能夠充當天下百姓之主呢？宋代史學家范祖禹評論說：「自是以後，天下有變，則京師不守，人主先為出計，自明皇始，其可醜也夫。」[10]輕率地逃離京師，意味著唐玄宗政治生命的枯萎。而一個丟失政治生命力的老人，自然聽不進馬嵬父老們的勸告與挽留。

至於太子李亨，論其個人才能，遠遠趕不上當年奮發有為的太子李隆基，但是，有一點卻比年邁的唐玄宗聰明，那就是看到了人心所向。在「祿山一呼，四海震蕩」的危難之際，誰能打起平叛的旗幟，誰就會得到百姓的擁護。「逆胡犯闕，四海分崩，不因人情，何以興復！」[11]只有順應「人情」，東討逆賊，克復兩京，削平四海，才能使社稷危而復安。太子李亨正是利用馬嵬驛事變所造成的政治形勢，獨立地樹起「興復」的大旗，為自己很快地成為「百姓之主」準備了必要的條件。

奔赴成都的路上

各走各的路。唐玄宗在高力士、韋見素以及韋諤等的陪同下，匆匆地向著扶風（今陝西鳳翔）行進。

（一）扶風賜卒春彩

經過兩天的奔波，六月十七日到達了扶風。「士卒潛懷去就，往往流言不遜，陳玄禮不能制」，唐玄宗為此憂患。太子李亨拉走部分隊伍後，士卒中必然引起何去何從的思考，對「至尊」也不那麼敬重了。如果無法穩定軍心，很可能會鬧出新的兵變。恰好這時，成都進貢春彩十餘萬匹，運至扶風。唐玄宗立刻令將全部春彩陳列在庭院裏，召集將士們，當眾發表了一通演說：「朕比來衰耄，託任失人，致逆胡亂常，須遠避其鋒。知卿等皆蒼猝從朕，不得別父母妻子，跋涉至此，勞苦至矣，朕甚愧之。蜀路阻長，郡縣褊小，人馬衆多，或不能供，今聽卿等各還家；朕獨與子、孫、中官前行入蜀，亦足自達。今日與卿等訣別，可共分此彩以備資糧。若歸見父母及長安父老，為朕致意，各好自愛也！」這是何等的悔恨與傷感，反映了帝王落難的窘境！然而，正如元代史家胡三省所說：「玄宗之為是言也，出於不得已。」的確，根據韋諤的建議，先到扶風再商量，實際上玄宗急於入蜀，「遠避」敵軍兵鋒。如果真的沒有將士們護送，僅僅靠一些子、孫、宦官們，要安全地抵達成都，也是很難的。分賜春彩，與其說是提供遣返士卒的資糧，毋寧說是籠絡軍心，希望不要樹倒猢猻散。廣大的將士們面對「泣下沾襟」的皇帝，深知其心意，便紛紛表示：「臣等死生從陛下，不敢有貳！」[12] 於是，流言止息，軍心穩定下來了。

六月十八日，唐玄宗在扶風發布重大的任命：以劍南節度留後崔圓為劍南節度等副大使。崔圓原是楊國忠的心腹，早就在四川建置館宇，具備物資，以供急需。唐玄宗顯然對他毫無介意，令他作好迎接皇帝的準備。

（二）散關分置六軍

六月十九日，從扶風出發，夜宿陳倉（今陝西寶鷄）。次日，到達陳倉縣西南的散關。散關是大散嶺上的關隘，南下便是漢中了。唐玄宗派遣潁王李璬先到劍南，跟崔圓聯繫；同時分扈從將士為「六軍」，由壽王李瑁等分別統領。這是對逃亡隊伍的一次整頓。離開長安，已經是第八天了。一路上，數千禁軍以及其他人員大致分成三大部分：前頭，負責安排；當中，玄宗所在；後面，由太子率領。馬嵬驛事變後，太子李亨分去了「後軍」二千人及「飛龍廄馬」。所謂「後軍」，似指由太子統率的後衞隊伍；而飛龍廄馬則當是由「飛龍馬家」李輔國掌管的。至扶風，玄宗還說「人馬衆多」，足見扈從將士仍有幾千人。但是，經由二次事變以及部分將士的逃離，禁軍編制雜亂了，很有必要整頓一下。這就是散關分置「六軍」的原因。

那麼，何謂「六軍」？衆所周知，開元以來，禁軍建置分為四種，即左、右羽林軍和左、右龍武軍。「次散關，分部下為六軍」。這「六軍」，似是天子禁軍的別稱，並非指六種獨立編制的軍隊。換言之，實際上還是四軍。史稱：「壽王瑁等分統六軍，前後左右相次。」[13] 從「前、後、左、右」來看，似還只是四軍。當然，理解為六種獨立編制的軍隊，也未嘗不可。如果真的如此，那麼，散關分置「六軍」就具有重大的歷史意義，它標誌著唐朝禁軍編制從「四」到「六」變化的開始。但是，除了左、右羽林軍和左、右龍武軍之外，其他兩種又叫什麼名稱呢？不得而知。及至「至德二載」（七五七），唐肅宗「置左、右神武軍，取元從子弟充，其制皆如四軍，總謂之北牙六軍」。胡三省特加注解，說「左、右羽林，左、右龍武，左、右神武，謂之北牙六軍」[14]。據此，「六」軍建置是太子李亨稱帝（肅宗）以後的事，與唐玄宗無涉。

值得注意的倒不是四六之爭，而是由親王皇子們統領禁軍。早在唐睿宗時，明文規定皇子親王不准兼領羽林禁軍。因為那樣太危險了，往往為宮廷政變推波助瀾。唐玄宗時期，掌管禁軍的先是王毛仲和葛福順等，後是陳玄禮。潼關失守後，玄宗逃離京師，路上是由龍武大將軍陳玄禮負責禁衞的。馬嵬驛事變以後，仍舊如此。但是，很快就發生了變化。至扶風時，士卒「流言不遜，「陳玄禮不能制」」，顯然難以肩負統領禁軍的重任。加上馬嵬驛事變所造成的心靈上創傷，唐玄宗不像過去那樣信用陳玄禮了。六月二十日，散關整頓六軍，就由壽王瑁等分別統領了。

（三）河池接見崔圓

自散關南下，地屬漢中，對於倉皇逃難的唐玄宗來說，這裏安全得多了。六月二十四日，抵達河池郡（今陝西鳳縣），不期遇見了從四川來迎駕的崔圓。崔圓呈上奏疏，具陳「蜀土腴穀羨，儲供易辦」。玄宗看了，感動得流淚，說：「世亂識忠臣。」[15]崔圓雖然原先是楊國忠圈子裏的人，但畢竟是守文之士，忠於唐王朝。當天，玄宗十分高興，立即以崔圓為中書侍郎、同平章事。他是玄宗逃亡期間任命的第一個宰相。玄宗對高力士說：「朕觀崔圓氣宇沖邃，理識弘通，比諸宰臣，無出其右。若得對見，必倍承恩。」[16]後來的事實果然如此。可見，如果認為因為楊國忠的關係就不可以到蜀川，那是沒有根據的擔憂。

王思禮也來了。馬嵬驛事變前夕，思禮匆匆來到金城，又匆匆趕往西涼。後來，聞河西諸胡亂，又退回至河池郡，唐玄宗欣然地委任他為行在都知兵馬使。

高適也來了。他從長安出發，經駱谷，西馳至河池郡，謁見玄宗，陳述潼關敗亡的形勢，訴說在長安跟楊國忠爭論的情況，指出：「臣與楊國忠爭，終不見納。陛下因此履巴山、劍閣之險，西幸蜀中，避其蠆毒，未足為恥也。」[17]這番話分明是安慰，希望玄宗不要以「避寇出奔」為恥辱，趕快振奮起來。玄宗深知高適的好意，便任他為侍御史。

總之，到了河池郡，玄宗的心境略有改善。七月初一，以侄子李瑀（大哥李憲的兒子）為漢中王、梁州都督、山南西道採訪防禦使。玄宗還叫賈至撰寫了〈冊漢中王瑀等文〉，強調「匡復社稷，戡定寇仇，在此行也」[18]，這說明平叛的信念又在萌發了。

（四）普安下詔罪己

離開河池郡，沿嘉陵江而南，是崎嶇的蜀道。唐玄宗等大隊人馬翻山越嶺，穿過險峻的劍門關，於七月十三日（甲子）到了普安郡（今四川劍閣）。注意！就在這天，太子李亨在靈武稱帝，遙隔千里的唐玄宗當然不可能知道。

玄宗在普安遇見了憲（刑）部侍郎房琯。房琯逃出長安，歷盡艱苦，方才趕上皇帝。玄宗打聽從前備受恩寵的張均、張垍兄弟（張說之子）的情況，房琯說他倆兄弟毫無追隨皇帝的意思（後來投降了安祿山）。這件事，玄宗雖然早已預料到，但冷酷的事實實在叫人傷心透了。比照之下，房琯卻是忠誠的。因此，玄宗封他為文（吏）部侍郎、同平章事。這是逃亡途中第一次任命宰相。

七月十六日（丁卯），玄宗在普安頒布一道重要的制令，文字是由賈至撰寫的。制文首先回顧了唐王朝創建以來的盛業，指出：「垂五十年，中原幸無師旅。」但是，由於皇帝陛下的「不明」，「致令賊臣內外為患」。這裏，所謂「內外」賊臣，說的是楊國忠與安祿山。制文還聲稱：「伊朕薄德，不能守厥位，貽禍海內，負茲蒼生，是用罪己責躬。」[19]可見，這是一份罪己詔。自逃離長安，已是第三十三天了。天下四方不知皇帝的去向，直至制文頒布，才知道皇帝陛下在普安，知道玄宗出奔的目的地是成都。

制文還宣布了重大的戰略部署：以太子李亨為「天下兵馬元帥」，領朔方、河東、河北、平盧節度都使，「南收長安、洛陽」。以御史中丞裴冕兼左庶子，隴西郡司馬劉秩試守右庶子。這個決定表明唐玄宗沒有一絲一毫的「傳位」意圖，仍然以「天下之主」身分，命令「元帥」前往討伐「逆賊」。回顧半年多前，哥舒翰為「皇太子先鋒兵馬元帥」，即「皇太子」的先鋒元帥，鎮守潼關。但是，由於楊國忠等的反對，李亨卻沒有被命為天下兵馬元帥。及至普安，才給早已分道揚鑣的李亨以「元帥」頭銜，要他擔負起平叛的重任。

此外，制文規定：以永王李璘為山南東道、嶺南、黔中、江南西道節度都使；以盛王李琦為廣陵大都督，領江南東路及淮南、河南等路節度使；以豐王李珙為武威都督，仍領河西、隴右、安西、北庭等路節度都使。這樣，對安祿山叛亂地區構築了龐大的包圍圈。

為什麼要由太子和諸皇子分別領兵呢？制令強調：「夫定禍亂者，必仗於羣才。」[20]太子亨「好勇多謀」，永王璘、盛王琦、豐王珙等「樂善好賢」，所以要由這些「羣才」共同努力，來平定安祿山叛亂。在這種部署的背後，可能有壓抑太子軍權過大的考慮。但是，認為這是對太子參與馬嵬驛事變而作的報復，恐怕不是事實。須知，太子已獨立而離開了，玄宗估計太子會到朔方，但究竟在何處，一點也不知道。即使要報復，又怎麼能做成呢？就太子而言，分得後軍僅只二千人，繼續招兵買馬，急劇壯大，其勢力也不可能波及山南、嶺南、江南、淮南、河南等廣大地區。為了平定叛亂的需要，讓諸皇子親王分別統領各地區軍事力量。「其署官屬及本路郡縣官，並各任便自簡擇。」[21]顯然，這種部署是針對著安祿山，而不是針對著太子。

（五）巴西侈談戒酒

繼續走了幾天，七月十九日（庚午），抵達巴西郡（今四川綿陽東）。郡太守崔渙，是「五王政變」參與者崔玄暐的孫子。「（崔）渙迎謁於路，抗詞忠懇，皆究理體，玄宗嘉之，以為得渙晚。」[22]經宰臣房琯的推薦，即日拜門下侍郎、同平章事。崔渙是逃亡途上任命的第三個宰相。這時，又以原宰臣韋見素為左相。

據《幸蜀記》載，玄宗在巴西郡時，宰臣們建議「蜀中氣候溫瘴，宜數進酒」。玄宗令高力士宣旨曰：「朕本嗜酒，斷之已久，終不再飲，深愧卿等意也。」高力士還解釋說，早在開元四年（七一六），因醉怒殺一人，次日記不得了，猶要召見此人。左右具奏，玄宗悔恨不已，從此斷酒，連下藥的酒也不飲。

類似的故事，又見於《次柳氏舊聞》。據說，玄宗始入斜谷（在今陝西終南山），知頓使、給事中韋倜得新熟酒一壺，獻給玄宗。玄宗不肯喝，說：「始吾御宇之初，嘗大醉，損一人，吾悼之，因以為戒；迨今四十年矣，未嘗甘酒味。」從者聞之，無不感悅。

關於唐玄宗戒酒的故事，司馬光在《通鑑考異》中按曰：「玄宗荒於聲色，幾喪天下，斷酒小善，夫何足言！今不取。」[23]司馬光之所以不採用《次柳氏舊聞》和《幸蜀記》，是因為「斷酒小善」，沒有記載的價值；至於戒酒的事實並不加以否定。其實，傳說的虛構性是顯而易見的。玄宗出奔蜀郡，根本不經過斜谷；置頓使是韋諤，而不是什麼「韋倜」。至於在巴西郡侈談戒酒，不過是取悅輿論的把戲。盛唐天子向來以聲色自娛，居然四十年滴酒不沾，怎麼叫人相信呢？請看事實：

開元七年（七一九）九月甲寅，「上（玄宗）宴飲極歡。」[24]八年（七二〇）十月，「上（玄宗）降階執（薛王）業手，……即與之宴飲。」[25]十三年（七二五）四月，「上（玄宗）與中書門下及禮官、學士宴於集仙殿。」玄宗說：「朕今與卿曹合宴，……」[26]同年十一月，封禪泰山之後，玄宗至宋州，「宴從官於樓上，……酒酣，上（玄宗）謂張說曰……（玄宗）自舉酒賜之。」[27]十八年（七三〇）八月初五，玄宗以生日宴百官於花萼樓下。二十年（七三二）四月，宴百官於上陽東洲。開元晚期，高力士說：「陛下頻賜臣酒，往往過度。」玄宗命左右曰：「即置酒為樂，無使懷憂。」[28]自從寵愛楊貴妃之後，酒色更是難分。「明皇與貴妃幸華清宮，因宿酒初醒，……帝曰：不惟萱草忘憂，此花香艷，尤能醒酒。」「明皇與貴妃，每至酒酣……。」[29]

很清楚，唐玄宗本來是「嗜酒」的，直到天寶時期也還是如此。酒宴與歌舞，是唐代宮廷生活所不可缺少的東西。唐玄宗和高力士在巴西郡侈談戒酒，可能是為了入蜀而樹立起較好的形象。

（六）成都大赦天下

出巴西郡，往前行進，就是目的地了。七月二十九日（庚辰），終於到達成都。從六月十三日（乙未）逃離長安，至今整整四十六天。這時，扈從官吏軍士到者一千三百人，宮女二十四人而已。唐玄宗是唐朝第一個經歷「避寇出奔」的帝王，嘗遍了路途上艱辛、狼狽與恐懼的各種味道，內心深處留下了無數的悔恨與創傷。

剛至成都，略作安置，就於八月初二（癸未）頒布了〈幸蜀郡大赦文〉。雖說「逆胡犯闕，四海分崩」，大唐天子已經統治不了「天下」，「大赦天下」不過是毫無實效的空文，但是，它卻頑強地表現著至尊無上的皇帝的存在，多少反映了唐玄宗在蜀川的未來設想。

赦文首先重申了皇帝陛下之「不明」。「朕以薄德，嗣守神器，每乾乾惕厲，勤念生靈，一物失所，無忘罪己。」這是官樣文章。如果嗣位以來一直是「乾乾惕厲」、「無忘罪己」，怎麼會落到逃亡的窘境呢？冷酷的現實催人猛醒：「奸臣凶黨，負信背恩，剝我黎元，暴亂我區夏，皆朕不明之過，豈復尤人哉！」是的，再也不能怨天尤人了，過錯全在於「朕不明」。只有公開地承認這一點，才會獲得天下百姓的諒解與支持。

其次，重申了普安時已提出的戰略部署。「朕用巡（按：不是巡狩出幸，而是逃亡避難）巴蜀，訓勵師徒，命元子（太子李亨）北略朔方，諸王分守重鎮，合其兵勢，以定中原。」當時，玄宗尚不知太子李亨的動向，更不知靈武稱帝，所以仍以「皇帝」的名義，命令太子與皇子諸王分別領兵，協同合力，平定禍亂。可見，這種部署並不是針對太子李亨，而是針對安祿山。

第三，提出了對待叛亂脅從官員的新政策：「安祿山脅從官有能改過自新，背逆歸順，並原其罪，優與官賞。」過去，凡是安祿山親屬即使與叛亂毫無牽連的，如安思順、榮義郡主等，均被殺或者賜死。戰場上打了敗仗的將帥，也往往被誅。這樣就促使了大批官員倒向安祿山。如今，唐玄宗也懂得了瓦解敵人力量的重要性，學安祿山的辦法，把敵對營壘裏的人爭取過來。

最後，表示要振奮精神，號召「約法維新」。赦文宣稱：「將蕩滌煩苛，大革前弊，思與億兆，約法維新。」還強調：「思與羣臣重弘理道，可大赦天下。」[30]然而，這種「維新」願望是不可能實現的。流亡蜀川以後，肩負平叛重任的已不是唐玄宗，而是兒子李亨；「復興」唐王

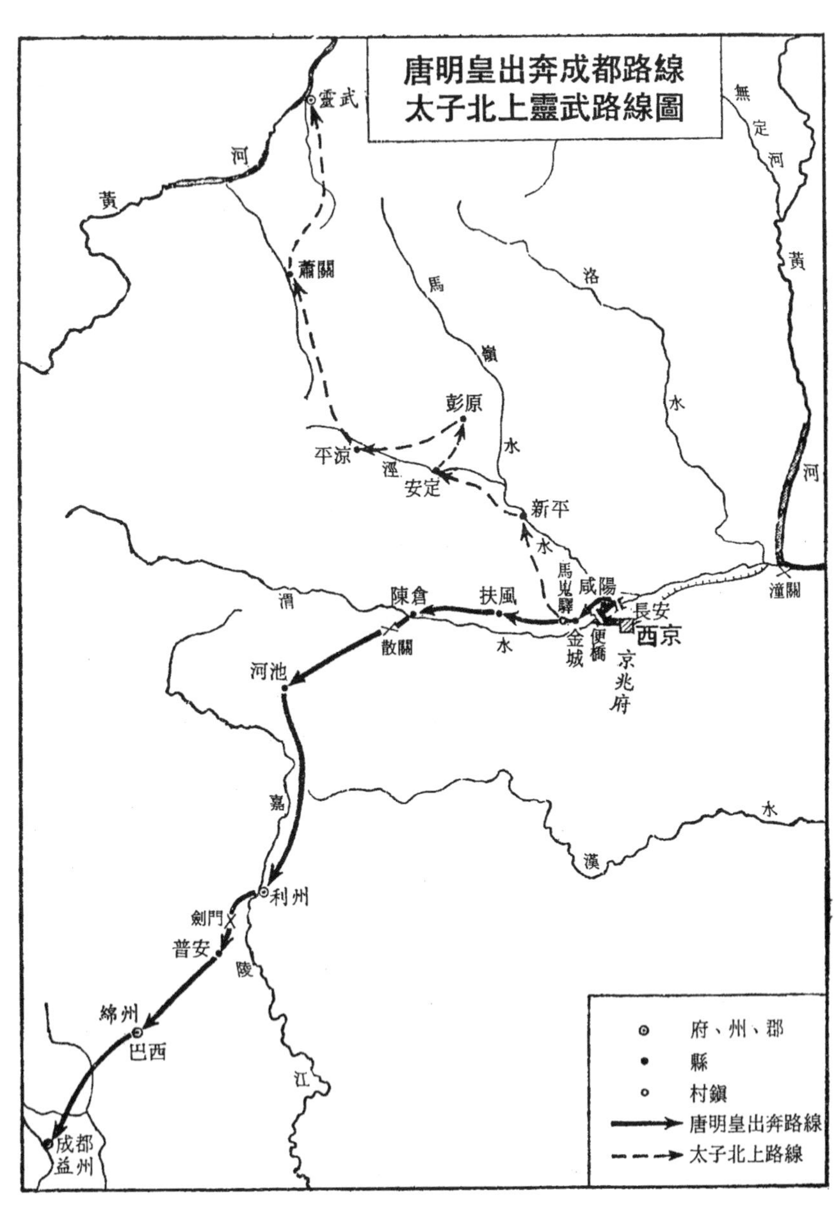
唐明皇出奔成都路線
太子北上靈武路線圖
靈武
黃
河
無定河
黃
河
蕭關
馬
嶺
水
洛
水
彭原
平涼
涇
安定
新平
水
馬嵬驛
咸陽
長安
西京
京兆府
金城
便橋
扶風
陳倉
渭
水
散關
潼關
河池
嘉
陵
江
利州
劍門
普安
綿州
巴西
成都
益州
漢
水
府、州、郡
縣
村鎮
唐明皇出奔路線
太子北上路線

朝的已不是唐玄宗，而是兒子李亨。事實上，玄宗已被拉下了皇帝寶座，只是暫時不知道而已。這一紙大赦令，是唐玄宗作為皇帝而頒布的最後一道詔書。它標誌著的不是「維新」時代的開始，而是唐玄宗統治時代的結束。

「遜位其子，豈其志哉」

八月十二日（癸巳），即到達成都後的第十四天，靈武使者送來了唐肅宗即位的消息。這太突然了！馬嵬坡分手，玄宗估計到會有這一著，但是，一點招呼都不打，太子竟自稱帝，哪裏算是「即位」，無異於搶奪皇位。這是完全出乎預料的事。既然如此，唐玄宗不得不「讓」位，成了唐朝歷史上第三個太上皇。宋代史學家歐陽修評論說：「蓋自高祖以來，三遜於位以授其子，而獨睿宗上畏天戒，發於誠心，若高祖、玄宗，豈其志哉！」31

（一）太子北上朔方

前面說過，馬嵬父老留住太子，希望殿下「東破賊，取長安」。但是，從軍事形勢來看，那是急躁的冒險行動。還是韋諤的分析比較冷靜：「今兵少，未易東向。」實際情況確實如此。例如，太子率衆五千（後軍二千加上招募百姓三千餘），在渭水北岸跟一股「逆賊」發生戰鬥，結果大敗，士衆多傷。後來，才知道這是一場誤會，不是叛軍，而是從潼關敗退至渭北的唐軍。太子為此慶喜，以為上天保佑。可見，連散兵游勇都打不過，又怎麼能東取長安，消滅安祿山叛亂勢力呢？

穩妥而積極的方針應是北上朔方，聚集力量，然後進取長安，殲滅敵人。當時，建寧王李倓、李輔國和張良娣等都力主北上，這不僅是因為太子兼任過朔方節度大使，而且是由於朔方的戰略地位與軍事實力所決定的。西行的唐玄宗雖然不了解太子的具體打算，但也估計到太子會到朔方。

太子率衆二千人自奉天（今陝西乾縣）北上，夜晚經永壽（今陝西永壽），繼續趕路。六月十六日（戊戌），至新平（今陝西邠縣）。次日，至安定（今甘肅涇川）。十八日，至彭原（今甘肅寧縣）。十九日（辛丑），至平涼（今甘肅平涼）。這四、五天，猶如逃跑，有時「晝夜奔馳三百餘里，士衆器械亡失過半，所存之衆，不過一旅」。路上的狼狽景況，跟唐玄宗西行相比較，真是有過之而無不及！到了平涼，才喘了口氣，安定下來。史稱：「至平涼郡，搜閱監牧公私馬，得數萬匹，官軍益振。」32

過了幾天，朔方留後杜鴻漸、節度判官崔漪等經商量，決定派鹽池判官李涵到平涼，迎接太子到朔方。李涵來了，太子大悅。恰好河西司馬裴冕也來到平涼，勸太子前往朔方。於是，太子就率衆北上了。

（二）李亨靈武稱帝

七月十日（辛酉），太子李亨抵達靈武（今寧夏靈武西南），僅過三天，便做起皇帝來了。這反映了李亨及其支持者們急不可待的心情。據記載，七月十三日（甲子），李亨即位於靈武城南樓，史稱唐肅宗。羣臣歡呼稱萬歲，肅宗流涕歔欷，左右感動。肅宗親御南門，頒布制書，大赦天下，改元曰「至德」，遙尊玄宗為「上皇天帝」。又以杜鴻漸、崔漪並知中書舍人事，裴冕為中書侍郎、同平章事，文武官員不滿三十人。

李亨以太子身分繼位，必須有父皇「傳位」的輿論，否則就會名不正而言不順。為此，制書宣稱：「聖皇久厭大位，思傳眇身，軍興之初，已有成命，予恐不德，罔敢祗承。」[33]其實，玄宗並沒有「傳位」的明確表示，祿山叛亂之初，命「太子監國」與傳位是不同性質的事。裴冕、杜鴻漸等也大造輿論，「請遵馬嵬之命，即皇帝位」[34]。其實，馬嵬坡分手時，玄宗除了哀嘆「天也」外，並沒有「宣旨傳位」。問題的關鍵在於李亨本人要當皇帝，利用當時政治與軍事形勢，盡早登上皇帝的寶座。所以，肅宗靈武即位，本質上是一場爭奪皇位的政變。這種觀點是正確的。

裴冕、杜鴻漸等的勸進，也是一種推動力。他們迎太子至靈武，就有擁立新主的意思。一到靈武，五次呈遞奏書，懇求李亨稱帝。他們勸進曰：「主上厭勤大位，南幸蜀川，宗社神器，須有所歸，天意人事，不可固違。若逡巡退讓，失億兆心，則大事去矣！臣等猶知之，況賢智乎！」[35]可見，正是利用玄宗「南幸蜀川」的時機，使「宗社神器」歸於太子李亨。杜、裴等代表的是朔方、河西將官羣體，沒有這些人的支持，肅宗要在靈武稱帝，也是很難的。然而，這些人的支持，並不是李亨長期經營西北軍鎮地區的結果。李亨名義上擔任過朔方節度大使，實際上根本沒有插手過西北軍鎮的事務。李亨跟裴、杜諸人過去並無深厚的交誼，只是在「四海分崩」的情勢下，由於彼此利益的巧合，聚集在一起了。

應當說，平叛討賊，這是唐肅宗即位最充足的理由。玄宗既已喪失了平叛的信心，逃亡蜀川，那麼太子李亨舉起「興復」大旗，也就會贏得天下士人的注目與支持。史載，京畿士庶「知肅宗至靈武，皆企官軍，相傳曰：『皇太子從西來也。』」「衣冠士庶歸順於靈武郡者，繼於道路，……及聞肅宗治兵於靈武，人心益堅矣。」[36]這說明衣冠士庶關注的倒不在於子繼父位是否名正言順，而是要治兵討賊，保護他們的利益，以免「逆賊」的蹂躪。從這種意義上說，唐肅宗即位，是人心所向，符合歷史的大潮流。但是，治兵討賊是否一定要跟即位稱帝相聯繫呢？宋代歐陽修認為：「天寶之亂，大盜遽起，天子出奔。方是時，肅宗以皇太子治兵討賊，真得其職矣！……肅宗雖不即尊位，亦可以破賊矣。」[37]宋代史家太講究「孝」道了，父皇健在，太子怎麼可以奪取皇位呢！以皇太子名義討賊，豈不是更好嗎？「肅宗以皇太子討賊，至靈武遂自稱帝，此乃太子叛父，何以討祿山也！……三綱不立，無父子君臣之義，見利而動，不顧其親，是以上無教化，下無廉恥。」「唐之父子不正，而欲以正萬事，難矣！」[38]類似的譴責，不勝枚舉。由此可見，宋代以後倫理觀念跟唐代有著多大的差異啊！由於唐代皇位繼承的不穩定性，「三綱」決不是絕對遵循的原則。從高祖到太宗，從高宗到武后，從睿宗到玄宗，哪裏講什麼「父子之義」，無不「見利而動，不顧其親」。因此，對於李亨以子奪父位，用不著拿孝與不孝來評論是非的。

重要的是肅宗能否肩負起「興復」大業，稱職於「治兵討賊」。如果真的做到了，就應當加以肯定。唐穆宗時，太常博士王彥威說：「玄宗掃清內難，翊戴聖父；肅宗龍飛靈武，收復兩都，此皆應天順人，撥亂返正。」[39]唐朝士人的看法顯然不像宋代史學家那樣迂腐。

（三）屈居太上皇帝

肅宗靈武稱帝那天，玄宗正逃到普安郡（今四川劍閣），遙隔千里，信息不通。肅宗立即派使者赴蜀，向「上皇天帝」報告。玄宗抵成都後的第十四天，靈武使者也來了。據載，玄宗得知此事，喜曰：「吾兒應天順人，吾復何憂。」[40]把太子即位說成「應天順人」，還算是明智的。玄宗深知唐初以來奪位政變的一連串史實，絕對不必揮舞「三綱」大棒，打向不「忠」不「孝」的兒子。

過了四天，八月十六日（丁酉），玄宗頒布了〈命皇太子即皇帝位詔〉。其實，太子早已即皇帝位了，何必你「上皇」再來一個「命」呢！這不過是為自己被迫「讓位」挽留點面子吧。詔文聲稱：「今宗社未安，國家多難，宜令即皇帝位，朕稱太上皇。且天下兵權，宜制在中夏，朕據巴蜀，應卒則難。其四海軍權，先取皇帝處分，然後奏朕知。待克復上京，朕將凝神靜慮，偃息大庭也。」[41]這裏，有二點值得注意：其一，天下用兵集中於中原包括關中，玄宗偏安巴蜀，「應卒則難」，也就喪失了把握全局的主導地位。這是他不能不退位的重要原因。相反，太子李亨既然留了下來，以「治兵討賊」為首要任務，也就奪取了軍事鬥爭的指揮權。這是唐肅宗即位的必要條件。其二，玄宗雖然自稱「太上皇」，改制敕為誥，但還是不甘心退出政治舞臺的。聲稱天下軍權先由肅宗處分，然後報告他。只有到克復長安以後，太上皇才不干預軍國大事。

八月十八日（己亥），命左相韋見素、宰臣房琯與崔渙等帶著傳國寶玉冊到靈武，舉行「傳位」儀式。作為太上皇的唐玄宗，十分重視此行，在〈命羣臣輔嗣皇帝詔〉中說：「皇帝自幼仁孝，與諸子有異。……往十三年（天寶十三載），已有傳位之意，屬其歲水旱，左右勸朕，且俟豐年。爾來便屬祿山構逆，方隅震擾，未遂此心。昨發馬嵬，亦有處分。今皇帝受命，朕心頓如釋負，勞卿等遠去，勉輔佐之。」[42]回顧自己早有「傳位之意」，並非由衷之言。八個月之前，即洛陽淪陷不久，玄宗對楊國忠說過「去秋（天寶十三載）已欲傳位太子」，實在是隨口說說而已。在楊國忠專權的年月裏，「傳位太子」是絕對不可能的。所謂「昨發馬嵬，亦有處分」，也是含糊其詞，沒有明確的「傳位」表態。只有肅宗靈武即位之後，玄宗才無可奈何地承認「傳位」的既成事實，「頓如釋負」，終於了卻了一件煩惱的心事。

同一天，又叫賈至代擬了〈皇帝即位冊文〉，交給韋見素等帶去。這篇冊文讚頌肅宗說：「爾有忠孝之誠，報於君父；爾有友愛之義，信於兄弟；爾有仁恕之行，通於神明；爾有戡難之才，彰於兆庶。」「忠孝」云云，不過是官樣文書罷了。當然，有一點是真誠的祝願：「天之歷數在爾躬，汝惟推誠，禍亂將冀爾永清。」[43]平定禍亂，這是父子共同的希望。

（四）「遜位」豈其志哉

史載，賈至寫好了「傳位冊文」，玄宗親自覽讀，感嘆萬千，說：「昔先帝（睿宗）遜位於朕，冊文則卿之先父（賈曾）所為。今朕以神器大寶付儲君（太子李亨），卿又當演誥。累朝盛典，出卿父子之手，可謂難矣！」[44]賈至聽了，伏於御前，嗚咽感涕。這場面充滿著特殊的感情，反映了唐玄宗被迫「遜位」的悲涼的心境。

四十五年前，據說天象星座「有災」，唐睿宗決心傳位給太子李隆基，聲稱：「安我宗廟，爾之力也。今天意人事，汝合當之。」[45]當時，傳位冊文是賈曾撰寫的。賈曾，洛陽人，以善屬文辭著名，任太子舍人，後拜諫議大夫，知制誥，卒於開元十五年（七二七）。其子賈至，天寶末為中書舍人，隨玄宗逃亡蜀川。賈氏父子為兩代皇帝撰寫傳位冊文，可謂唐代佳話。

歐陽修認為，唯獨唐睿宗「上畏天戒，發於誠心」，把皇位讓給了唐玄宗。其實，正如本書第四章所分析，「天戒」原指太平公主策劃廢黜太子隆基的陰謀，睿宗在矛盾重重的困境中，才表示「無為無事」，作出了「傳位」的抉擇。然而，睿宗作為太上皇，仍舊把三品以上大臣任免權抓在自己手裏，把重大刑政的決定權也抓在自己手裏，可見他並不那麼甘居「無為無事」，誠心誠意地讓位。結果，出現了太上皇與皇帝「兼省」政務的局面，使唐玄宗與姑母太平公主集團之間的矛盾激化。直至誅滅「太平」方才天下太平，皇室內部爭鬥止息了。

相比較而言，唐玄宗遜位更是迫不得已的，「豈其志哉」！先是太子即位，後是皇帝傳位，這種繼統法的倒置在唐朝開國以來所未曾有過的事。唐玄宗作為太上皇，雖然聲稱「四海軍權」還得向他報告，但他基本上採取不插手的方針，軍國大政概由唐肅宗及其臣僚們獨立地處分。這是極其明智的，避免了先帝睿宗「兼省」的弊病，避免了父子關係的惡化，避免了皇室內部奪位的鬥爭，有利於政局的穩定，有利於平叛鬥爭的進行。此中原因也可能跟分居兩地有關，太上皇據巴蜀，自然難以顧及朔方靈武的政事。

（五）傳位的尾聲

靈武使者來到成都，韋見素、房琯等奉傳國寶玉冊赴靈武，前前後後，約花兩個多月，才完成了「傳位」的全過程。

就在這段時期裏，唐肅宗在靈武的情況也發生了重大的變化。郭子儀等將兵五萬，從河北至靈武，「軍聲遂振，興復之勢，民有望焉。」八月初一（壬午），以郭子儀為武部尚書、靈武長史，以李光弼為戶部尚書、北都（太原）留守，並同平章事。這樣，肅宗初立時「兵衆寡弱，雖得牧馬，軍容缺然」的局面，得到了改觀[46]。

不久，傑出的政治家李泌也來到靈武，為唐肅宗出謀劃策。李泌提出兩條建議，起了重要的作用。其一，以肅宗長子廣平王李俶為天下兵馬元帥，防止非長子軍功過大，出現類似李世民和李隆基以軍功顯赫而奪取帝位的現象。這對穩定初建的肅宗政權有一定的意義。其二，勸說肅宗「且幸彭原，俟西北兵將至，進幸扶風以應之；於時庸調亦集，可以贍軍」[47]。也就是說，必須離開靈武，要以扶風（今陝西鳳翔）為根據地。誠然，靈武是西北重鎮與戰略要地，但其軍事意義主要是防止蕃戎入侵。作為平叛鬥爭的戰略反攻基地，是很不理想的。如果長期地割據近塞僻遠的靈武，在天下士庶的心目中，跟偏安巴蜀沒有什麼多大的差異。因此，在靈武稱帝並聚集了一定的軍事力量之後，就應當南下扶風，真正地舉起平叛的大旗。

九月十七日（戊辰），唐肅宗離別了逗留兩個多月的靈武。靈武作為「龍飛」之地，自然留下美好的回憶。九月二十五日（丙子），南下至順化（今甘肅慶陽），恰巧韋見素、房琯、崔渙等經歷一個多月的辛勞跋涉，也來到了這裏。韋見素等獻上傳國寶及冊書。傳國寶，即傳國璽，白玉做的，它是皇權的象徵物。天寶十載（七五一），改傳國寶為「承天大寶」。玄宗倉皇逃離京師時，許多王公國戚可以不必通知，而傳國寶卻不能不隨身携帶。如今，這國寶將傳給兒子了。可是，唐肅宗卻不肯接受，說什麼「比以中原未靖，權總百官，豈敢乘危，遽為傳襲！」[48] 明明是乘危難之際，登上了皇位，還不承認事實，豈非虛僞！羣臣固請，肅宗還是不許，置傳國寶與冊書於別殿，猶如孝子朝夕事之，如昏定而晨省之禮。一場「傳位」的活劇就在父子戀情的氣氛中草草地結束了。

由於韋見素依附過楊國忠，唐肅宗看不起他。而房琯因與李適之、韋堅等友善，曾被貶宜春等郡太守，天寶十四載，徵拜太子左庶子，遷憲部侍郎。顯然房琯是李亨這邊的人，所以，肅宗：「傾意待之，琯亦自負其才，以天下為己任。時行在機務，多決之於琯，凡有大事，諸將無敢預言。」[49]

十月初一，肅宗大隊人馬離開順化。初三，抵達彭原（今甘肅寧縣）。至十二月，肅宗一直在彭原。這時，永王李璘起兵，企圖割據江、淮。不久，被平定了。肅宗與玄宗對此都持否定的態度。但是，永王李璘起兵事件說明，諸皇子爭奪皇位的可能性仍然存在，皇位繼承的不穩定性仍舊是一個嚴重的問題。

至德二載（七五七）正月初一，這是唐肅宗稱帝後迎來的第一個元旦。肅宗在彭原受朝賀，同時派人入蜀祝賀太上皇。據說，太上皇知道肅宗「涕戀晨省」，猶如孝子恭待父親，十分感動，特地下誥，強調「至和育物，大孝安親，古之哲王，必由斯道」。標榜自己當太子時，「嘗事先后，問安靡闕，視膳無違」。如今，看到「皇帝奉而行之，未嘗失墜」，是何等的激動！為了表彰孝行德教，特命「天下有至孝友悌行著鄉閭堪旌表者，郡縣長官採聽聞奏」[50]。如此製造輿論，無非是掩飾內心深處的隱痛，竭力彌補子奪父位所產生的感情上的裂縫。正月初五（甲寅），太上皇派宰臣崔圓奉誥赴彭原。又以憲部尚書李麟為同平章事，總行百司，這是否想要分肅宗的權呢？當然不是。太上皇為了避免繼續獨攬大權的嫌疑，把左相韋見素以及三個宰臣（房琯、崔渙、崔圓）統統送到唐肅宗那裏去了。至於新任命李麟為宰臣，「總行百司」，那僅僅是掌管蜀川的行政事務，決不可能是領導所有中央機構，更談不到要分肅宗的權。

反省與追念

唐玄宗逃亡至成都，所住的行宮，原是前劍南節度使鮮于仲通的一座使院，院宇華麗，竹樹茂美，可謂勝景之地。蜀川是天府之國，氣候宜人，物產豐足，加上崔圓等忠懇款待，又無戰亂的威脅，唐玄宗在成都的流亡生活還是安定的，恐懼之情漸漸為喜悅悠閒所代替。

當然，巴蜀地區也有點亂子。例如，至德二載（七五七）正月，劍南兵賈秀等五千人在臨邛（今四川邛崍）「謀反」，將軍席元慶、太守柳奕討誅之。六月，南充（今四川南充）土豪何滔「作亂」，抓走了郡防御史楊齊魯；劍南節度使盧元裕發兵討平之。七月，蜀郡兵郭千仞等在成都「反」，「玄宗御玄英樓諭降之，不聽。」[51]駙馬都尉柳潭率折衝張義童等與之殊死戰鬥，和政公主將彀弓送給丈夫柳潭，潭手斬「賊」五十級。最後，這場亂變被六軍兵馬使陳玄禮、劍南節度使李峘等鎮壓了。上述亂子雖然連續不斷，但都是局部的小範圍的，沒有也不可能演成危及全局的大亂。因為這裏社會矛盾不像河北地區那樣複雜而深刻，所以巴蜀政局基本上是安定的。

唐玄宗奔赴蜀郡，路上走了一個半月，在成都待了一年二個多月。這段經歷在他七十八年人生旅途上，是短暫的，但卻是永遠難忘的。恐懼伴隨著反省，憂慮與追念相雜，組成了流亡生活的基調。

（一）從反省到罪己

盛唐天子長期為歌功頌德所包圍，沉醉於歌舞昇平之中，只有到了真正落難的時候，才會開始反省自身。咸陽望賢宮前，聽老父之言，第一次承認「朕之不明」。由於倉皇逃命，只恨「悔無所及」，究竟「不明」在哪些地方，尚來不及細細檢討。馬嵬驛事變使他對「任寄失所」有所認識，對國人皆曰可殺的楊國忠有了些認識，再次承認「朕識之不明」。至扶風時，當衆檢查自己「託任失人，致逆胡亂常」，那副慚愧無地自容的樣子雖然是「出於不得已」，但也是痛心疾首的。

經歷了難於上青天的蜀道，到達普安（劍閣），下了一道罪己詔。從承認「不明」到「罪己責躬」，這是唐玄宗自我認識到了新的水平。抵達成都後，在大赦令中宣稱一切「皆朕不明之過」，再也不怨天尤人了。具體地分析了自己用人不當，致使內外賊臣為患，指出：「楊國忠厚斂害時，已肆諸原野；安祿山亂常構禍，尚逋其斧鉞。」還表示要「蕩滌煩苛，大革前弊」[52]。從反省罪己到決心改正，又是一個新的進步。

唐玄宗的反省集中在兩個問題上：第一，關於寵信安祿山。祿山的造反，使玄宗比較容易地認識到自己在這個問題上的錯失，除了後悔莫及之外，對安祿山的仇恨自不待言。第二，關於重用楊國忠。楊國忠是忠於皇帝的，說他「謀反」，玄宗無論如何也不會相信。要認識這個問題上的過失，就比較困難些。六軍將士對奸相的憤恨，是在馬嵬驛事件中才體察到的。後來，逐漸地看清：楊國忠的主要罪行是「厚斂害時」，奸臣「創剝」黎元百姓，致使禍亂的發生。因此，楊國忠「肆諸原野」，罪有應得。

當然，要唐玄宗解剖自己，那是不可能的事。為什麼寵信安祿山？為什麼重用楊國忠？為什麼從「開元之治」走向「天寶之亂」？為什麼由「明」而「昏」？如果苛求於一個古代帝王，自然是非歷史主義的。

（二）譜曲悼念楊貴妃

局外人往往把楊氏兄妹連在一起。而唐玄宗深知，這場「四海震蕩」的禍亂絕不能由楊貴妃來承擔主要責任；他對楊國忠是恨，對楊貴妃還是愛。傳說，貴妃剛死，玄宗長嘆息，叫高力士拿著南方進貢的荔枝，去祭奠貴妃亡靈。這條史料僅見於宋人《楊太真外傳》，恐不可靠。六軍將士怒殺貴妃的情緒如此高昂，「請以貴妃塞天下怨」，此時此地以荔枝祭之，太不合乎情理了。《外傳》又載，次日，玄宗騎馬離開馬嵬坡，拿著荔枝對樂師張野狐說：「此去劍門，鳥啼花落，水綠山青，無非助朕悲悼妃子之由也。」這又是傳奇小說繼續以荔枝做文章，其虛構情節一望而知。試想，剛從馬嵬坡出發，前往扶風，「徐圖去就」，怎麼會揚言「此去劍門」呢？所謂「水綠山青」，形容的是蜀道，跟關中平原的景物不相宜。引用這些資料，務必考證一下！

唐玄宗譜曲悼念楊貴妃，當是行進在蜀道上。〈長恨歌〉云：「蜀江水碧蜀山青，……夜雨聞鈴腸斷聲。」關於《雨霖鈴》樂曲，有些記載說是唐玄宗自蜀返京的途上，令張野狐譜寫。這不是事實。正如陳寅恪先生指出：「玄宗由蜀返長安，其行程全部在冬季，與製曲本事之氣候情狀不相符應。故樂天取此事屬之赴蜀途中者，實較合史實。」[53]

據《明皇雜錄》補遺載，「明皇既幸蜀，西南行初入斜谷，屬霖雨涉旬，於棧道雨中聞鈴，音與山相應。上（玄宗）既悼念貴妃，採其聲為《雨霖鈴》曲，以寄恨焉。」這裏，製曲寄恨，事在赴蜀途中，是確切的。但是，玄宗西南行，並不經由「斜谷」，疑誤傳，當是從散關南下，入漢中，赴劍門的途上。那時，適逢霖雨不止，馬鈴聲回繞於山間，勾引起對楊貴妃的懷念，便作了《雨霖鈴》曲。到了成都以後，玄宗「因以其曲授（張）野狐」。

（三）追懷姚崇，譏評林甫

反省常離不開回憶。年逾古稀的唐玄宗，除了思念愛妃，更多的是回顧往昔政壇上各種人物。至德元載（七五六）十月，唐肅宗在彭原，由房琯掛帥，率三軍進討長安叛軍。消息傳到成都，玄宗跟「頗精歷代史」的給事中裴士淹互相品評人物。玄宗認為，房琯為將，「此不足以破賊也。」接著，歷評諸將，都說「非滅賊材」。後來，玄宗提起姚崇的宏才遠略，說：「若姚崇在，賊不足滅也。」[54]可見，對姚崇深懷敬佩之情。

玄宗閱歷豐富，識別將相的才能，還是有點眼力的。房琯是文才，而不是將才。房琯率師次便橋，交戰時，竟搬用什麼春秋時代「車戰之法」，結果被叛軍打得大敗。房琯敗回至彭原，肉祖請罪，經李泌說情，肅宗才諒宥了他。房琯「不足以破賊」，果然不出唐玄宗所料。

在玄宗看來，當年「宏才遠略」的姚崇仍在，那就太好了。是的，姚崇不僅是傑出的政治家，而且是卓越的軍事家。姚崇對「開元之治」所作出的貢獻，是衆所周知。「若使明皇不懈於開元之政，姚崇久握於阿衡（宰相），詎有柳城一胡（指安祿山），敢窺佐伯，況其下者哉！」但是，玄宗不可能堅持「開元之治」，姚崇也不可能久居相位，其結果是「人君失政，為盜啓門」[55]，發生了安祿山叛亂。既然如此，唐玄宗幻想姚崇重新出現，收拾敗局，為時已晚了。

懷念姚崇的同時，玄宗對李林甫也有所評論。大概經歷了劫難，容易看清奸相的本質。玄宗說：「是子妒賢疾能，舉無比者。」裴士淹趁機問道：「陛下誠知之，何任之久邪？」[56]玄宗默然不應，無言對答。看來，玄宗企圖通過品評十餘宰臣，要總結一些經驗教訓，但是，他的反省沒有緊密地聯繫自己。裴士淹故意挑激他，效果也並不顯著。

（四）遣使曲江，遙祭九齡

安祿山叛亂的爆發，使唐玄宗越來越覺得張九齡預言的正確性。他跟裴士淹品評歷來宰相時，對張九齡十分敬重。史載：「玄宗至蜀，每思張曲江則泣下。」至德二載（七五七）三月，思念張九齡的先見之明，「遣使韶州祭之，兼齎貨幣，以恤其家。其誥辭刻於白石山屋壁間。」[57]

前面說過，開元二十四年（七三六），幽州節度使張守珪派遣安祿山討伐奚、契丹，祿山恃勇輕敵，盲目挺進，結果大敗。安祿山被執送東都，將按軍法處置。宰相張九齡認為，嚴肅軍令，像安祿山那樣冒失致敗，不宜免死。唐玄宗覺得安祿山驍勇，僅免官算了。張九齡固爭說：「祿山狼子野心，面有逆相，臣請因罪戮之，冀絕後患。」[58]玄宗不聽，就把安祿山放回去了。這件事，史籍上言之鑿鑿，似不會虛構。然而，不管張九齡有何等的先見之明，絕不可能預料到二十年後安祿山叛亂的發生。看來，張九齡只是認為安祿山奸詐陰險，不宜重用，對邊防重鎮將領的任命表示了某些憂患，故借題發揮，以聳聽的危言來告誡唐玄宗。

不幸言中了！安祿山確實懷有「狼子野心」，起兵於范陽，表面上誅伐奸相，實際上謀危社稷。唐玄宗倉皇逃命，出奔蜀川，「追恨不從九齡之言」[59]，每每泣下沾襟。其實，二十年前，採納了九齡之言，殺死了安祿山，情況又會怎樣呢？誠然，安祿山死了，歷史上決不會有名叫「安祿山」的叛亂。但是，按照開元末期政治的發展，必定還會出現「高」祿山或者「李」祿山。須知，安史之亂是盛唐政治演進的必然結果，是社會各種矛盾的總爆發。唐玄宗以為當年聽了九齡之言，殺了安祿山，就不會有蒙難的流亡生活了。這未免太天真了！當然，要徹底反省開元末及天寶時期的弊政，又是苛求於古代帝王了。

唐玄宗在成都畢竟有所覺悟，懷念姚崇，追思九齡，還是誠心誠意的。身處逆境，從比較之中，對開元盛世充滿著美好的回憶。而這在開元時期往往是體驗不到的，所以那時心忌九齡，逐之鄉里。二十年後，遣中使至韶州曲江，祭拜九齡亡靈，這是唐玄宗在彌補自己的過錯。

（五）追冊元獻皇后

人到暮年，常常要補救自己往昔的錯失，以解脫心靈上的不安。除了祭九齡外，還有一個突出的例子，就是追冊元獻皇后。事情都在至德二載（七五七）春夏間，一前一後，似非偶然。

元獻皇后，是唐肅宗的生母。她姓楊，弘農華陰人，曾祖父是隋朝名臣楊士達。唐睿宗景雲初年，選入太子宮。楊妃懷孕肅宗時，正是太子隆基與太平公主激烈鬥爭之際。玄宗即位後，皇后王氏無子，親自撫養幼小的肅宗，可見王皇后與楊妃關係比較密切。但是，玄宗寵愛武惠妃，王皇后失寵被廢而死。過了幾年，楊妃病逝。張說寫了墓志銘，云：「石獸澀兮綠苔黏，宿草殘兮白露霑。園寢閉兮脂粉膩，不知何年開鏡奩。」[60]看來，楊妃生前境遇冷落，玄宗對她並不十分恩愛。

及至肅宗即位稱帝，玄宗為自己過去對肅宗生母的冷淡而內疚。至德二載五月，根據「母以子貴，德以謚尊」的原則，追冊楊妃為「元獻皇后」，贊頌：「故妃弘農楊氏特稟坤靈，久釐陰教。……誕發異圖，載光帝業。」[61]這樣做固然是悼念已故的楊妃，但更重要的是調節玄宗與肅宗之間的父子關係，表白對肅宗即位的支持。

（六）夢思孫思邈

唐玄宗作為太上皇，居蜀一年多，生活境況是安定的。這時期裏，奔波忙碌的卻是兒子肅宗。根據李泌的建議，肅宗離開靈武，南下先至彭原，然後於至德二載（七五七）二月抵達扶風鳳翔，調集隴右、河西、安西、西域之兵，準備大戰叛軍。長安人聞車駕至，從叛軍中自拔而來者日夜不絕。三月，罷免左相韋見素和宰相裴冕；以苗晉卿為左相，軍國大務悉咨之。四月，顏真卿來到鳳翔，被肅宗封為憲部尚書，又以郭子儀為司空、天下兵馬副元帥。五月，房琯罷為散職，以張鎬為宰相。八月，崔渙罷為餘杭太守。肅宗慰勞諸將，遣攻長安。九月，元帥廣平王李俶率軍二十萬，發自鳳翔。……這一連串政治上軍事上的緊張活動，雖常有信使通表成都，但唐玄宗基本上是不干預的，獨自地過著太上皇的平靜生活。

由於超脫了現實鬥爭，也就會嚮往神仙的境界。據載：「玄宗幸蜀，夢思邈乞武都雄黃，乃命中使齎雄黃十斤，送於峨眉頂上。」[62]孫思邈是唐初著名的方伎人物，傳說年近百歲，「猶視聽不衰，神采甚茂，可謂古之聰明博達不死者。」[63]唐玄宗居然夜裏夢見孫思邈，並如此虔誠地送雄黃至峨眉山頂，反映了他企求神仙的思想的復活。此外，劍南龍州近郭有座牛心山，「山上有仙人李龍僊祠，頗靈應，玄宗幸蜀時，特立祠廟。」[64]可見，空虛與無聊，也是唐玄宗流亡生活的一種特色。

當然，唐玄宗對未來沒有完全喪失信心，更不想在成都度完暮年。他想念京師，希望早日返回長安。據載：「蜀郡有萬里橋，玄宗至而喜曰：吾常自知，行地萬里則歸。」[65]此事是否虛構，不得而知，但由此流露的真情實意，則是可信的。待到唐肅宗的將士們光復京師，歸回的願望終於變成了現實。

註釋

1、2、3、4《資治通鑑》卷二一八，至德元載六月條。

5《舊唐書・后妃傳》序。

6《冊府元龜》卷六六八，〈內臣部・翊佐〉。

7《新唐書・后妃傳下》。

8、9《資治通鑑》卷二一八，至德元載六月條。

10《唐鑑》卷五，〈玄宗下〉。

11、12《資治通鑑》卷二一八，至德元載六月條。

13《舊唐書・玄宗本紀下》。

14《資治通鑑》卷二二〇，至德二載十二月條。

15《新唐書・崔圓傳》。

16《高力士外傳》。

17《舊唐書・高適傳》。

18《全唐文》卷三六七，賈至〈冊漢中王瑀等文〉。原作「七月戊子朔」，「戊」當「壬」之誤。壬子，初一。

19、20、21《全唐文》卷三六六，賈至〈玄宗幸普安郡制〉。
22《舊唐書・崔渙傳》。
23《資治通鑑》卷二一八，至德元載七月條及〈考異〉。
24、25、26 均摘自《資治通鑑》卷二一二。
27《資治通鑑》卷二一二，開元十三年十一月條。
28《高力士外傳》
29《開元天寶遺事》卷下，「醒酒花」、「風流陣」。
30《全唐文》卷四〇玄宗〈幸蜀郡大赦文〉及《舊唐書・玄宗本紀下》。
31《新唐書》卷六，贊曰。
32、33《舊唐書・肅宗本紀》。
34《資治通鑑》卷二一八，至德元載七月條。
35《舊唐書・裴冕傳》。
36《安祿山事迹》卷下。
37《新唐書》卷六，贊曰。
38 范祖禹《唐鑑》卷六，〈肅宗〉。
39《舊唐書・王彥威傳》。
40《資治通鑑》卷二一八，至德元載八月條。
41《全唐文》卷三三，玄宗〈命皇太子即皇帝位詔〉。
42《全唐文》卷三三，玄宗〈命羣臣輔嗣皇帝詔〉。
43《全唐文》卷三六七，賈至〈肅宗皇帝即位冊文〉。
44《舊唐書・賈至傳》。
45《冊府元龜》卷一一，〈帝王部・繼統三〉。
46《舊唐書・郭子儀傳》。
47、48《資治通鑑》卷二一八，至德元載九月條。
49《舊唐書・房琯傳》。
50《舊唐書・肅宗本紀》。
51《新唐書・諸帝公主傳》。
52《全唐文》卷四〇，玄宗〈幸蜀郡大赦文〉。
53《元白詩箋證稿》第一章〈長恨歌〉。
54《大唐新語》卷八〈聰敏〉及《新唐書・李林甫傳》。
原謂「時肅宗在鳳翔」，疑誤，當在彭原。
55《舊唐書》卷一四二，史臣曰及贊曰。
56《新唐書・李林甫傳》。
57《唐國史補》卷上。
58《舊唐書・張九齡傳》及《大唐新語》卷一〈匡贊〉。
59《安祿山事迹》卷上。
60、61《舊唐書・后妃傳下》。
62《酉陽雜俎》前集卷二，〈玉格〉。
63《舊唐書・方伎傳》。
64《舊唐書・敬宗本紀》。
65《唐國史補》卷上。

第二十三章　暮年悲涼，遺恨綿綿

從成都回到長安，唐玄宗又經歷了四年多的淒涼的暮年生活，最終抱恨而死。這時期裏，由於收復兩京，曾帶來了勝利的喜悅。但局勢變幻不定，史思明重新叛亂，洛陽再次淪陷，封建統治集團內部的勾鬥、忌疑、陰謀與傾軋，使太上皇不得安寧。彌留之際，他說：「幸以暮年，復茲安養，常懼有悔，以羞先靈。」[1]其實，「暮年」談不到什麼「安養」，是在思念、悔恨、懼怕之中了此一生。

兩京光復，父子相會

至德二載（七五七）九、十月間，唐軍相繼克復長安與洛陽，為太上皇重返京師創造了條件。「再闢寰宇，重會父子。」[2]這標誌著平叛鬥爭進入了又一個新的階段。

（一）反攻戰略的分歧

反攻時機的到來，決不是偶然的。

前面說過，安祿山稱帝後，一直坐鎮洛陽，過著荒淫無恥的生活。他原先患眼疾，愈來愈重，幾乎昏昧看不見。眼疾固然使他無法奔波於戰場，更嚴重的還是他沒有「雄據四海之志」[3]，日益不得人心。深受叛亂之害的兩京人民，越來越想念唐王朝。有一次，安祿山在洛陽禁苑凝碧池，歡宴羣臣，盛奏衆樂。樂工雷海清不勝悲憤，把樂器摔在地上，面向西方，嚎啕大哭，結果被縛在試馬殿前，支解而死。當時，詩人王維拘於長安菩提佛寺，聽到此事，賦詩曰：

萬戶傷心生野烟，百官何日更朝天？
秋槐葉落空宮裏，凝碧池頭奏管弦。[4]

至德二載（七五七）正月，叛軍內部明爭暗奪，日趨激烈。安祿山本人雙目失明，深居內宮，性情暴躁。兒子安慶緒勾結嚴莊，指使閹宦李猪兒，用大刀砍死睡夢中的安祿山。自范陽起兵，至此僅十四個月，安祿山當了一年的皇帝。安慶緒即帝位，日夜縱酒為樂，比其父更加昏懦。這種狀況，顯然有利於唐朝軍隊的反攻。

同年二月，唐肅宗進駐鳳翔，軍隊人員與供養都得到了加強。這時，關於戰略反攻問題有兩種意見：一是主張先取范陽、除賊巢穴，以李泌為代表；一是主張先收復兩京，以唐肅宗為代表。前者有合理的因素，如果確實有力量做到，那就會使禍亂的「根本永絕」。半年多前，郭子儀和李光弼就曾提出過「覆其巢」的戰略方針。但是，從實力對比來看，是很難實現的。河北地區是安祿山經營多年的根據地，影響深遠；史思明大軍駐紮，戰鬥力相當強。李泌預料「不過二年，天下無寇矣」，似乎「覆其巢穴，……必成擒矣」[5]。這一看法，實在不符合客觀實際，對安史之亂深刻的社會根源及其長期性缺乏認識。

至於唐肅宗堅持先收復兩京，也並非出於對形勢的正確估量，而是由於直接的政治原因。堂堂天子，連兩京都保不住，這像話嗎？半年多前，唐玄宗急於出潼關、收東京，就是受到這種情緒支配的。唐肅宗既然當了皇帝，就決不會採納李泌的戰略方針，務必先要收復兩京。表面上聲稱「朕切於晨昏之戀」6，急於收復兩京，以迎太上皇。這完全是虛僞的飾辭！明末淸初的思想家王夫之一針見血地指出，當時，「上皇在蜀，人心猶戴故君」，皇子諸王分別在各地掌握兵權，永王李璘擅兵割據東南。在這種情勢下，「肅宗若無疾復西京之大勛，孤處西隅，……高材捷足，先收平賊之功，區區適長之名，未足以彈壓天下也。」7

（二）收復長安與洛陽

戰略方針確定之後，接著進行了好幾個月的準備，唐肅宗勞饗諸將，遣攻長安。天下兵馬副元帥郭子儀先期抵扶風。九月，支援唐王朝的回紇精兵四千餘人，由懷仁可汗的兒子葉護率領，來到了鳳翔。元帥廣平王李俶與葉護約為兄弟，便率大軍十五萬，「號二十萬」，離開了鳳翔。至扶風，與郭子儀會合。緊接著，進駐長安西郊，列陣於香積寺北灃水之東。香積寺建於唐中宗神龍年間，在今陝西長安縣韋曲鎮西南的神禾原，旁有香積堰水流入長安城內，故名。唐軍利用地勢而展開，李嗣業為前軍，郭子儀為中軍，王思禮為後軍。叛軍約有十萬，於北邊列陣。經過半天激烈的戰鬥，叛軍大敗，被斬首六萬級。當天夜裏，叛軍將領與官吏逃離長安。第二天，唐軍入城，淪陷達一年多的長安終於光復了，百姓老幼夾道歡呼悲泣。捷報傳到鳳翔，唐肅宗涕泗交頤。

唐軍在長安停留三天後，又立即向東進發。郭子儀率軍攻克潼關，收復華陰（今陝西華陰）、弘農（今河南靈寶）二郡。十月，在陝城西新店進行了一場決戰。安慶緒盡發洛陽兵，加上長安敗退下來的。猶有步騎十五萬，以嚴莊為帥。敵軍依山而陣，郭子儀初戰失利。幸虧回紇精騎襲擊敵陣背後，叛軍潰亂。郭子儀率唐軍與回紇騎兵前後夾擊，叛軍大敗。嚴莊等棄城東逃，廣平王李俶和郭子儀等遂入陝城。第二天，安慶緒及其黨羽見勢不妙，夜裏從洛陽苑門出逃，退走至河北鄴城（今河南安陽市），步軍不滿一千，馬軍才三百，可謂狼狽不堪。過了兩天，廣平王和郭子儀率軍進入東京洛陽。自封常清丟失洛陽，至此一年十個多月。

應當說，在香積寺和新店兩大戰役中，回紇騎兵起了重要的作用。精騎突擊，尤善於陣後反擊術，往往令叛軍聞風喪膽。「回紇至矣！」叛軍驚呼一聲，便自潰敗。但是，無需否認，借兵回紇，也有消極的一面。唐肅宗用郭子儀軍隊討賊，惟恐不勝，便乞援於回紇。這是情勢所必然的事。借兵條件是：「克城之日，土地、士庶歸唐，金帛、子女皆歸回紇。」[8]長安收復時，回紇兵就想「如約」劫掠，廣平王懇求葉護，才算罷了。及至克復洛陽，回紇兵就在城內劫掠三天。許多仕女逃到聖善寺與白馬寺裏避難，而回紇兵竟縱火燒寺閣，傷死者無數。後來，父老請送一萬匹「羅錦」給回紇，才停止了劫掠。可見，洛陽民衆真是多災多難，趕跑了安慶緒，卻又遭到了另一場的災難。王夫之感嘆道：唐肅宗「請援回紇，因脅西域城郭諸國，徵兵入助，而原野為之蹂踐。讀杜甫擬絕天驕、花門蕭瑟之詩，其亂大防而虐生民，禍亦棘矣！」[9]

（三）李泌獻計迎上皇

就在收復長安的捷報傳到鳳翔時，唐肅宗派中使啖庭瑤入蜀，上表請太上皇玄宗返回京師，說自己仍當東宮太子。中使出發不久，李泌從長安回到鳳翔，得知此事，認為表文寫得不妥當，太上皇肯定不會來的。肅宗說，中使已經遠去，表追不回來，怎麼辦呢?李泌建議，應當用「羣臣賀表」的形式，而不能以肅宗皇帝的口氣寫，內容要講「自馬嵬請留，靈武勸進，及今成功，聖上（肅宗）思戀晨昏，請速還京以就孝養」[10]，這樣就行了，李泌當即起草表文。據說，肅宗讀了，流下眼淚，深感自己做錯了一件事。立刻派中使奉新表入蜀，以迎上皇。

事情果然不出李泌所料。唐玄宗看了初奏表，徬徨不安，連飯都吃不進，說：「當與我劍南一道自奉，不復東矣。」那副憂愁的樣子，是決意不會回京師了。過了幾天，接到羣臣奏表，「具言天子（肅宗）思戀晨昏，請促還以就孝養。」唐玄宗才高興起來，說：「吾方得為天子父！」[11]遂下誥離蜀返京。

為什麼前後兩個奏表的效果如此不同呢？李泌辦事實在「太奇」，「奇」就奇在對上皇、皇帝父子之間的矛盾心態洞察入微。李泌作為寵信的謀士，自然是支持肅宗當皇帝的，決不會宥於迂腐的孝道。肅宗表稱「當還東宮」，完全是言不由衷的飾說。馬嵬驛事變後，勝敗尚難預料，肅宗就急於稱帝了；如今，克復京師，在勝利的歡呼聲中，難道反而不要當皇帝嗎？肅宗之所以寫那個初「表」，無非是掩飾子奪父位所產生的心虛神態。其實，李泌認為大可不必心虛，「人臣尚七十而傳，況欲勞上皇以天下事乎！」[12]年已七十三歲的太上皇，何必親躬萬機呢？

至於唐玄宗的心態，李泌也一清二楚。玄宗雖已年邁，但頭腦還是清楚的，一眼識破兒子的飾說。要他回來再當皇帝，等於出了一道最大的難題，甚至不免令人疑問：在這背後還有什麼樣的詭計？玄宗憂愁不已，決定老死劍南。可見父子猜忌是何等的深重！在李泌看來，要消除上皇的疑慮，唯一的辦法是「羣臣」出面，送上賀表，講清四點意思：第一，在馬嵬坡，是百姓父老請求，才把太子留下來的。第二，靈武即位，是由於羣臣的「勸進」。第三，如今成功，克復京師，是肅宗及其將帥們浴血戰鬥的結果。第四，皇帝朝夕思念上皇，急盼返京頤養天年。這些內容，當然不是吐露真情，但卻在父子感情裂縫之處作了輕柔的彌合，以致唐玄宗獲得某種寬慰。

同年十月，前後兩位中使回到鳳翔，報告了太上皇的情況。肅宗知道父親要回來了，便對李泌說：「皆卿力也！」[13]李泌深知皇室內部包括張良娣、李輔國以及廣平王之間的勾鬥，不願意捲入政治漩渦，便到衡山隱居了。次日，肅宗離鳳翔，赴京師；同時派韋見素入蜀，奉迎上皇。過了三天，肅宗到達咸陽望賢宮，接到了克復東京的捷報。次日，肅宗入長安，歡呼的人羣二十里不絕，士庶涕泣曰：「不圖復見吾君！」[14]可見，長安百姓是擁護皇帝的，因為是他舉起了平叛大旗；至於肅宗究竟是怎樣即位的，誰也不會去過問。「興復」是人心所向。既然唐肅宗肩負起「興復」大業，那麼，由他坐上皇帝寶座，也就是理所當然的事。

（四）告別成都，題詩劍門

說來真巧，肅宗進入長安之日，正是玄宗離開成都之時。這天，唐玄宗、高力士、陳玄禮以及禁軍六百餘人，北上蜀道，沿著原來的路線，返回京師。

唐玄宗居蜀一年兩個多月，雖然在政治上沒有什麼新的建樹，但給蜀川士庶留下了較好的印象。玄宗離別成都以後，居住的行宮改為道士觀，「冶金作帝像，盡繪乘輿侍衞，每尹至，先拜祠，後視事。」[15]這說明人們懷念作為「皇帝」的唐玄宗，鑄金真容，加以頂禮膜拜。直至唐代宗永泰元年（七六五），即玄宗離開成都近八年，節度使郭英乂喜歡竹樹茂美的道士觀，將它改為軍營，移去玄宗真容，自居之。利州刺史崔旰宣稱：「英乂反矣！不然，何得除毀玄宗真容而自居之。」[16]可見，已經逝世的唐玄宗仍然有至尊的地位。

再說唐玄宗一行北上，經巴西郡，來到險峻的劍門關，心情十分激動，賦詩一首。詩曰：

劍閣橫雲峻，鑾輿出狩回。
翠屏千仞合，丹峰五丁開。
灌木縈旗轉，仙雲拂馬來。
乘時方在德，嗟爾勒銘才。

這首詩，《唐詩紀事》卷二和《全唐詩》卷三都認為寫於唐玄宗幸蜀途上，即至德元載（七五六）七月，題為〈幸蜀西至劍門〉。這是搞錯了。那時，倉皇逃命，心情不佳，可想而知。即使進入四川安全地帶，略感輕鬆，但仍處於悔恨不安與「罪己責躬」的心態，完全寫不出那樣的詩句。其實，詩云「鑾輿出狩回」，明白地點出了賦詩的時間。「出狩」，指出幸成都；「回」，返回。顯然不是幸蜀西至劍門，而是從蜀返京途經劍門。

據唐朝鄭綮《開天傳信記》載：「上（玄宗）幸蜀回，車駕次劍門，門左右岩壁峭絕。上謂侍臣曰：『劍門天險若此，自古及今，敗亡相繼，豈非在德不在險耶？』因駐驛題詩曰：『劍閣橫雲峻，鑾輿出狩回。……』其詩至德二年普安郡太守賈深勒於石壁，今存焉。」這裏的記述是確切的。唐玄宗為自己能夠返回京師而慶喜，所謂「灌木縈旗轉，仙雲拂馬來」，正是興奮心情的寫照。他目睹劍門天險，聯想到自古以來多少興亡事，痛感「德」治的重要性。因此，在詩中唱起了「乘時方在德」的調子。大概流亡生活中的反省，使他有所覺悟了。

（五）鳳翔繳械，馬嵬躊躇

唐玄宗一行離別成都，經劍門，歷漢中，過散關，於十一月丙申到達鳳翔，凡三十天。行色匆匆，足見其返回京師的急切心情。

可是，剛到鳳翔，卻發生了一件很不愉快的事。身居長安大明宮的唐肅宗，調發精騎三千來鳳翔「迎衞」；而唐玄宗隨從禁衞六百餘人，「被賊臣李輔國詔取隨駕甲仗。」李輔國本人並沒有來鳳翔，繳械似是他的壞主意。當然，肅宗是同意的，以「詔」令形式宣布將太上皇禁衞隊的武器收取。面對這一突然而來的行動，唐玄宗無可奈何地說：「臨至王城，何用此物？」[17]便命令將全部「甲兵」存放於當地武器庫裏。

鳳翔繳械事件，充分地暴露了父子之間的猜忌。一年半前，在馬嵬坡，太子李亨就拉走了相當部分的禁軍力量，為靈武稱帝準備了條件。禁軍在宮廷政變中的重要性，是衆所周知的。玄宗赴蜀路上，曾在普安郡（今四川劍閣）發布制書，要由太子與諸皇子分別領諸道兵。據說，這個主意是房琯提出的。後來，唐肅宗在彭原知道此事，就對房琯疏遠了。可見，作為「皇帝」的肅宗，十分害怕自己的弟弟們掌握軍隊。而作為「太上皇」的玄宗，雖然沒有跟肅宗互通過信息，但也猜想到皇帝的疑心病。所以，特地頒誥宣稱：「今者皇帝即位，親統師旅，兵權大略，宜有統承。庶若振綱，惟精惟一。潁王以下節度使並停，其諸道先有節度等副使，並令知事，仍並取皇帝處分。」[18]這也就是說，「兵權」統統歸皇帝處分，其他人包括太上皇都不得插手。居蜀期間，上皇玄宗確實是這樣做的，從不干預軍事行動。但是，唐肅宗還是不放心。當玄宗返回途經鳳翔時，竟將六百餘人禁衞隊繳了兵刃，隨著解散了，而由長安派來的三千精騎負責保衞。肅宗侈談什麼「晨昏之戀」，誰會相信的呢？唐玄宗在鳳翔大約停留了七八天，然後離開。

從鳳翔到馬嵬驛，約三天路程。唐玄宗在數千精騎的簇擁下，浩浩蕩蕩地向東行進，表面上似乎熱烈，實際上心情沉重。逗留馬嵬驛時的情況，史書上缺乏詳細的記載。傳說玄宗派宦官前往楊貴妃的墓地祭奠，恐怕不是事實。須知，當時在三千精騎的「迎衞」即監視之下，怎麼可能公開地舉行那種悼念活動呢？唐玄宗的心境是悲涼的，必然產生對楊貴妃的懷念。後世詩人們根據自己的體驗，加以大量的描寫。李益〈過馬嵬〉詩云：

> 金甲銀旌盡已回，蒼茫羅袖隔風塵。
> 濃香猶自隨鸞輅，恨魄無因離馬嵬。

這裏，寫出了唐玄宗重返馬嵬不見貴妃而產生的無限的惆悵。稍後，白居易在〈長恨歌〉中嘆道：

> 天旋日轉回龍馭，到此躊躇不能去。
> 馬嵬坡下泥土中，不見玉顏空死處。

所謂馬嵬「躊躇」，絕妙地刻劃了唐玄宗複雜的心態。這「躊躇」，不僅包含著對楊貴妃的深沉的懷念，而且隱藏著對自己的未來的憂愁。「天旋日轉」，由玄宗丟失的兩京，卻由肅宗收復了，真是「再闢寰宇」，換了人間。玄宗是作為「太上皇」回來的，決不是英雄似的得勝回朝。心境愈是悲涼，就愈加思念故人。人已到馬嵬坡，卻不能盡情地祭奠一下埋葬在泥土中的楊貴妃，這是何等的悲哀啊！詩云「不見玉顏空死處」，正是悲哀之情的抒發。「空」，似亦有無法悼念的意思。如果把「空死處」解釋為楊貴妃沒有死，逃往什麼地方去了，那實在不符合詩人的原意。

詩人過馬嵬，做詩何其多！[19]

（六）望賢宮裏父子相見

過馬嵬，走一天，到了咸陽。這天是十二月丙午，寒冬季節。回顧一年半前，在炎熱的六月中旬，倉皇出奔的唐玄宗坐在望賢宮門前的樹下，沒有飯吃，狼狽不堪。如今，重新登上望賢宮南樓，猶有隔世之感！唐肅宗親自來迎接，據說，不穿黃袍（皇帝服飾），只著紫袍（臣僚服飾），拜舞於樓下。「上皇下樓，上（肅宗）匍匐捧上皇足，涕泗嗚咽，不能自勝。」[20]捧足是特別尊敬的禮節，據元代史學家胡三省說：「夷禮以拜跪捧足為敬。」[21]其實，這種禮儀在唐朝是相當普遍的，並不僅僅流行於回紇等少數民族。

緊接著，太上皇特地要了一件黃袍，親自給唐肅宗穿上，並且說：「天數、人心皆歸於汝，使朕得保養餘齒，汝之孝也！」皇帝肯定要由唐肅宗來當，只是裝出「不得已」的樣子，才穿上了黃袍。這時，肅宗讓千餘百姓士庶拜見太上皇，衆人稱：「臣等今日復睹二聖相見，死無恨矣！」[22]注意！所謂「二聖」，說明唐玄宗仍然有「至尊」的地位，「人心猶戴故君」。接著，肅宗扶太上皇登上正殿，吃飯時，先品嚐而後進薦，好一個孝子的形象！晚上，就在望賢宮裏過夜。

重返舊宮，思念貴妃

第二天，即十二月丁未，玄宗在肅宗陪同下，前呼後擁，熱熱鬧鬧地返回京師。從長安城西北的開遠門，到大明宮，一路上盡是歡迎的人羣，旗幟燭天，彩棚夾道，載歌載舞。士庶們慶賀說：

「不圖今日再見二聖！」[23]太上皇來到含元殿，接見百官，人人無不感咽。禮畢，詣長樂殿拜謁九廟神主。隨後，玄宗在高力士、陳玄禮以及侍從們的簇擁下，回到了居住多年的興慶宮。在這裏，玄宗度過了兩年半的寂寞的太上皇的生活。

（一）父子迭加尊號

自「二聖相見」以來，演出了一場父子互相推讓的短劇。一方面，肅宗再三表示避位東宮，不當天子；另一方面，玄宗堅決不贊同，聲稱：「吾為天子五十年，未為貴；今為天子父，乃貴耳！」對此，元代胡三省評論說：「玄宗失國得反（返），宜痛自刻責以謝天下，乃以為天子父之貴誇左右，是全無心腸矣。」[24]看來，胡三省也不甚了解玄宗的心態。玄宗哪裏是在向左右臣僚誇耀「天子父之貴」，實際上是講給肅宗聽的，表示決不當天子，僅僅以「天子父」（太上皇）為滿足。在父子推讓的背後，顯然隱藏著某種不信任的猜忌。過了十七天，即十二月甲子，太上皇從興慶宮來到宣政殿，把傳國寶璽授給肅宗。前面說過，去年九月，肅宗在順化時，韋見素送來了傳國寶冊，肅宗不肯接受，置之於別殿。至此才涕泣而受之，這意味著父子「傳位」過程的終結。從此以後，肅宗再也不提什麼「避位東宮」了。

緊接著，一場父子迭加尊號的活劇開始了。就在授受傳國寶的次日，太上皇加肅宗尊號為「光天文武大聖孝感皇帝」。肅宗固辭「大聖」之號，上皇不許，特地強調加尊號的必要性，指出：「爾（指肅宗）以華戎銳士，掃定神州，功乃格天，德惟邁古。是用受茲國寶，加以大號。」[25]過了十三天，即次年正月戊寅，太上皇又到宣政殿，正式給肅宗加以尊號。

不久，肅宗也給太上皇奉送一個尊號，叫做「太上至道聖皇天帝」。上皇玄宗也同樣推辭一番，說：「汝欲歸尊於父，實在因心；爰及朝臣，亦同懇願。且無為於沖漠，又何取於徽名？宜悉此懷，用全至道耳矣。」[26]甚至強調：「宜膺景命，即斷來章。」[27]態度似乎十分堅決。當然，最後還是同意的。二月初三，唐肅宗來到興慶宮，奉冊上皇尊號為「太上至道聖皇天帝」。

胡三省評論說：「寇逆未平，九廟未復，而父子之間迭加徽稱，此何為者也！」[28]父子之間所以互贈尊號，無非是宣揚繼位的合「禮」性與合法性。經過這番活動之後，唐肅宗堂堂正正地當他的皇帝了。二月初五，肅宗親御明鳳門，大赦天下，改元「乾元」。

（二）興慶宮中憶舊情

唐玄宗作為太上皇，重新回到興慶宮，生活是淸靜的，往昔這裏熱鬧繁華的景象全然消失了。他聲稱「無為於沖漠」，不管天下庶務了，其實也容不得他插手。在「無為」之中，自然地產生了強烈的憶舊情緒。

史稱：「及上皇復宮闕，追思貴妃不已。」有個樂工名叫賀懷智，向玄宗講述昔日宮中的事，說：很久以前，玄宗叫懷智獨彈琵琶，貴妃也立在旁邊。忽然，一陣風來，把貴妃的領巾吹落在懷智的頭巾上，良久，回身方落。因為貴妃的領巾有「瑞龍腦」香氣，所以，懷智回去後覺得全身香氣非常，就把頭巾拿下來，貯藏於錦囊中，作為留念品。及至玄宗重返舊宮，懷智獻上頭巾。玄宗一打開錦囊，就聞到一股香氣，泣曰：「此瑞龍腦香也。」[29]原來，瑞龍腦形狀如同蟬、蠶，天寶末期交趾進貢上來的。玄宗只賜給楊貴妃，共十顆。香氣撲鼻，遠在十餘步之外都會聞到芳香。時隔多年，從瑞龍腦香想起了楊貴妃，人亡香在，不禁泣下沾襟。

有一天，夜闌人靜之際，玄宗登上興慶宮勤政樓，憑欄南望，煙雲滿目，情不自禁地唱起歌來：「庭前琪樹已堪攀，塞外征夫久未還。」這歌詞是詩人盧思道所作，原是對塞外征夫的思念。玄宗留戀的則是興慶宮的舊人舊事，包括寵愛的楊貴妃。貴妃死了，不會返還，而梨園子弟總有些人在吧。於是吩咐高力士第二天到街坊裏查找，果然尋到一個梨園舊人。夜晚，玄宗、力士以及從前的貴妃侍者「紅桃」等，又乘月夜登上勤政樓，叫梨園舊人唱一首〈涼州詞〉，玄宗親自吹玉笛伴奏。曲罷相睹，無不掩泣。據說，玄宗「因廣其曲，今〈涼州〉傳於人間者，益加怨切焉」[30]。

關於〈涼州〉曲，《明皇雜錄》云「貴妃所製」，恐誤。它原是西涼州的樂曲，開元中獻上來。當時，玄宗召兄弟諸王共同欣賞。據載，曲終，諸王賀，舞蹈稱善，唯獨大哥寧王不拜，說：「臣恐一日有播越之禍，悖逼之患，莫不兆於斯曲也。」果然，「及安史作亂，華夏鼎沸，所以見寧王審音之妙也。」[31]這裏的記述，未必是事實；把安史之亂跟〈涼州〉曲扯在一起，更不可信。但是，唐玄宗確實是迷戀於〈涼州〉新曲，後來楊貴妃也十分喜歡。直至經歷「播越之禍」以後，依舊忘不了〈涼州〉曲。

由於安祿山叛亂的破壞，興慶宮遭受劫難，不僅梨園子弟流散了，而且「樂器多亡失」。玄宗重返舊宮，唯獨一架「玉磬」仍然存在。原來，楊貴妃「最善於擊磬拊搏之音，泠泠然新聲。雖太常梨園之能人，莫能加也。」唐玄宗特地下令為楊貴妃造一架玉磬。據說，這架玉磬是用藍田綠玉琢成的，上面裝飾著金鈿珠翠珍怪之物，十分耀眼。還鑄造了一對金獅子，各重二百餘斤，像拿攫騰奮之狀，作腳座。其他彩繪縟麗，製作神妙，一時無比。當年楊貴妃擊磬的情景歷歷在目，而如今，人亡器在，玄宗「顧之淒然，不忍置於前，促令送太常，至今藏於太常正樂庫」[32]。

（三）華清宮裏思貴妃

乾元元年（七五八）冬十月甲寅，唐玄宗一度離開興慶宮，到臨潼華清宮避寒。當地父老紛紛出來迎接，壺漿塞路，都想看看闊別多年的唐玄宗。過去，每次來華清宮，都是騎馬的，這回改乘「步輦」（轎）了。父老問為什麼不像從前那樣騎馬打獵呢？玄宗說：「吾老矣，豈復堪此？」父老仕女們聽了，無不悲泣。的確，上皇玄宗年已七十四歲，經歷動亂之後，顯得蒼老衰弱了。

到了華清宮，玄宗召見了著名的女伶謝阿蠻。謝阿蠻，新豐市人，善舞《凌波曲》，過去常入宮中，楊貴妃待她很好。後來，玄宗與貴妃等逃離長安，謝阿蠻也回到新豐去了。玄宗重返華清宮，又看見謝阿蠻獻舞，真是百感交集。舞罷，謝阿蠻拿出「金粟裝臂環」給玄宗看，說這是楊貴妃賜贈的。玄宗「持之出涕，左右莫不嗚咽」[33]。目睹舊物，老淚縱橫，引起了對楊貴妃的無限的思念。

為了寄託哀思，玄宗還叫著名樂師張野狐演奏《雨霖鈴》曲。這首曲，是玄宗為悼念楊貴妃而作的。在空蕩寂靜的華清宮裏，奏此曲顯得特別淒涼哀怨。曲未半，玄宗不覺流涕，左右感動，與之歔欷！

唐玄宗以太上皇的身分，在華清宮裏住了二十多天，於十一月丁丑歸回長安興慶宮。從此以後，直至逝世，再也沒有機會到華清宮了。華清宮在唐玄宗最後的記憶裏，竟是如此的悲涼，跟往昔喧鬧嬉戲的情景相比較，猶有天壤之別。

（四）改葬貴妃始末

思念貴妃的最大的事件，莫過於要用隆重的禮儀改葬楊貴妃，正規地為她造一座墳墓。二年半前，貴妃被縊死，草草地掩埋於馬嵬坡。對此，玄宗一直深感內疚。

據《舊唐書・楊貴妃傳》載：「上皇自蜀還，令中使祭奠，詔令改葬。」也就是說，玄宗返回長安之後，才派中使到馬嵬坡祭奠，並令改葬。而《新唐書・楊貴妃傳》則說，玄宗自蜀返京，經過馬嵬驛，「道過其所，使祭之，且詔改葬。」事實究竟是怎樣的呢？無論是《舊唐書》還是《新唐書》都明確地記述，此事遭到禮部侍郎李揆的反對，理由是：「龍武將士誅國忠，以其負國兆亂。今改葬故妃，恐將士疑懼，葬禮未可行。」[34]李揆雖然曾跟隨玄宗到達劍南，而後來一直在唐肅宗身邊任職，先為中書舍人，乾元初兼禮部侍郎。乾元二年（七五九）三月，遷中書侍郎同平章事（宰相之一）。可見，李揆以禮部侍郎身分反對禮葬楊貴妃，事當在此之前。如果認為玄宗途經馬嵬驛，「使祭之，且詔改葬」，恐不可能。

看來，事情大概是這樣的：玄宗返回興慶宮後，由於「追思貴妃不已」，便向肅宗提出派中使到馬嵬坡祭奠。肅宗最初是同意的，下「詔」改葬楊貴妃。但是，禮部侍郎李揆竭力反對，「葬禮」也就作罷了。李揆反對的理由，反映了朝臣們包括龍武將官以及李輔國的意見。他們把楊貴妃之死跟楊國忠「負國兆亂」聯繫在一起，因此認為「葬禮未可行」。舉行葬禮，等於否定了唐肅宗積極參與的馬嵬驛事變，等於否定了龍武將士誅殺楊氏兄妹的合理性。

既然不可能公開地舉行葬禮，唐玄宗只得秘密地派宦官到馬嵬驛，改葬楊貴妃。據記載，剛挖開墳堆，只見紫褥包裹的屍體已經腐壞，而香囊仍在。用棺槨盛好屍體，埋葬於另一處墓地。

宦官將香囊帶回興慶宮，獻給了玄宗。玄宗雖然了卻了改葬這件心事，但目睹香囊，淒惋流涕，彷彿楊貴妃又在眼前。於是，就叫畫師王文郁畫了一張貴妃像，放在別殿，朝夕視之。玄宗還寫了這樣的贊語：

「百歲光陰，宛如轉轂。悲樂疾苦，橫夭相續。盛衰榮悴，俱為不足。憶昔宮中，爾顏類玉。助內躬蠶，傾輸素服。有是美德，獨無王福。生平雅容，清縑半幅。」35

這裏稱讚楊貴妃的美貌與美德，並不把她跟「負國兆亂」的楊國忠牽連在一起，反映了唐玄宗對楊貴妃的基本評價。

幽禁西內，遺恨綿綿

唐玄宗重返興慶宮的兩年半裏，生活上清靜而優閒，行動上還有一定的自由。然而，上元元年（七六〇）七月，被逼遷居於西內甘露殿，實際上是被幽禁起來了。為什麼會出現這種難堪的局面呢？顯然是跟內外政治形勢的惡化密切相關的。

（一）史思明重新叛亂

首先，由於史思明重新叛亂與洛陽再度淪陷，唐肅宗處於當年唐玄宗所面臨的局勢，為了防範別人乘機爭奪皇位，不得不將太上皇管制起來。

史思明也是突厥雜種胡人，與安祿山同鄉里，早出生一天。此人姿瘦，少鬚髮，鳶肩傴背，嶔目側鼻，與安祿山肥胖的模樣，形成了鮮明的對比。小時候，兩人相當要好，俱以驍勇聞名。范陽起兵後，史思明作為安祿山叛軍的主將，轉戰於河北地區。及至安慶緒稱帝，史思明根本不聽從他的命令。當唐軍收復兩京，安慶緒敗退至鄴城時，史思明投降了唐朝。唐肅宗封他為歸義王、范陽河北節度使。其實，史氏之降只是一種花招而已，他所控制的地區與兵力，並沒有發生實質性的變化。有識之士指出，史思明凶險謀亂，難以德懷，切勿假以威權。果然，過了半年，即乾元元年（七五八）六月，史思明在范陽殺了唐朝使者，又重新叛亂了。

同年九月，唐肅宗命令郭子儀、李光弼等九位節度使，討伐盤踞於鄴城的安慶緒。十月，唐朝大軍包圍了鄴城。安慶緒只得向史思明求救兵，以讓皇位為條件。史思明妄圖擴大個人勢力，立即發范陽兵十三萬，南下中原，很快就攻占了魏州城（今河北大名縣東北）。乾元二年（七五九）正月初一，史思明在魏州自稱「大聖燕王」。這時，李光弼建議：分兵兩路，一由郭、李率軍圍攻史思明，一由其他七位節度使圍攻安慶緒，待鄴城攻下後，再集中力量消滅史思明。這個正確的建議，卻被不懂指揮的觀軍容宣慰處置使、監軍宦官魚朝恩否定了。結果，史思明於二月乘勢引兵向鄴城，唐軍則處處被動，以至失利，九節度使退出了河北地區。

乾元二年三月，史思明解鄴城之圍後，設計殺害了安慶緒。為了鞏固范陽根據地，留下兒子史朝義守鄴城，自己則引兵北還。四月，史思明在范陽稱「大燕皇帝」，改元「順天」，以范陽為「燕京」。史思明稱帝事件，標誌著安史之亂進入了後期階段。

經過近半年的準備，史思明於乾元二年九月發動了新的軍事攻勢。除了留兒子史朝清守范陽外，調集河北諸郡叛軍，分四路向河南汴州（今開封）進攻。汴州守將開城投降。接著，史思明率軍乘勝西向，奪取了鄭州。

鎮守洛陽的李光弼，估計到叛軍「乘勝而來」，難以抵擋，決定疏散洛陽吏民，「空其城」。李光弼本人率軍士二萬人，移守河陽，以待時機再戰。第二天，史思明入洛陽，只見空城一座，害怕李光弼有計謀，竟不敢入宮闕，退駐白馬寺南一帶。

河陽與洛陽僅一河之隔。李光弼據河陽，對洛陽來說無疑是嚴重的威脅。乾元二年十月以後，史思明多次引兵攻河陽，結果都被李光弼擊退。既然一時攻不下河陽，史思明也就於上元元年（七六〇）閏三月從白馬寺南，移軍入洛陽城內，以此作為叛亂勢力的統治中心。當時，連年饑荒，物價昂貴。為了克服經濟上的危機，叛軍曾向江淮地區搶掠，使富饒的江淮地區也遭到了一定的破壞。

東京洛陽再度淪陷，使唐肅宗深感不安。乾元二年十月，下制親征史思明，羣臣上表諫，乃止。這種局勢，跟洛陽初次淪陷時唐玄宗的處境幾乎相似，勢必加速了封建統治集團內部的爭鬥。

（二）父子矛盾的惡化

前面說過，肅宗作為太子時，就曾與父皇玄宗發生了深刻的矛盾。馬嵬驛事變後，分道揚鑣，各走各自的路。肅宗收復兩京，迎上皇回長安，彼此還是格格不入的。扶風繳械，反映了父子互相忌疑的心態。望賢宮裏「重會父子」以後，才出現了和睦的場面。特別是迭加尊號，使肅宗感到皇位繼承問題徹底解決了，於是不再多心了。因此，太上皇玄宗居住在興慶宮的頭一年裏，肅宗對他的態度還算是好的。

乾元元年（七五八）四月，肅宗進獻煉石英金灶於興慶宮。玄宗十分高興，說：「吾比年服藥物，比為金灶，煮煉石英。自經寇戎，失其器用，前日晚際，思欲修營，一昨早朝，遽聞進奉。」[36]特地下詔表彰「天子之孝」。八月初五，慶賀唐玄宗生日（天長節），太上皇宴百官於金明門樓。十月，玄宗遊幸華清宮，肅宗親自送於灞上；十一月，玄宗回長安，肅宗迎於灞上。據載，肅宗親自控上皇馬轡百餘步，詔止之，乃已。可見，父子之間維持著親善的關係。

然而，第二年，即乾元二年（七五九），就很少看到太上皇的對外活動的記載了。究其原因，似有兩點：第一，在改葬楊貴妃問題上意見分歧，父子關係上又蒙上一層陰影。第二，史思明重新叛亂，九節度使退出河北，洛陽再次失守，使內部關係也隨著緊張起來。生性多疑的唐肅宗，又在擔心太上皇會東山再起，擔心某些人利用太上皇的威望而圖謀不軌。

應當說，年已七十五歲的唐玄宗不可能有什麼政治野心；長期侍衞他的高力士、陳玄禮以及內侍王承恩、魏悅等，也不可能組成新的派別集團。但是，唐玄宗的政治影響依然存在。如剛返回京師時，士庶們把他與肅宗稱為「二聖」，多少反映了「人心猶戴故君」。玄宗住在興慶宮，常常到南臨大道的長慶樓徘徊觀覽，下面過路的行人父老往往瞻望禮拜，高呼「萬歲」。有時候，玄宗在樓下置酒宴請父老。有時候劍南奏事官也來看望太上皇，拜舞於長慶樓下；玄宗就叫玉真公主和如仙媛招待他們。這些活動本來是很平常的，但在緊急的戰爭形勢下，唐肅宗疑心太上皇「與外人交通」，似乎別有用心。

特別是玄宗與郭英乂的交往，更引人矚目。郭英乂身為羽林軍大將軍，掌管禁兵。玄宗嘗召郭英乂於長慶樓，賜宴款待。這不能不引起唐肅宗及其親信們的疑心。上元元年（七六〇）四月，將郭英乂調離禁軍，外任為陝州刺史、陝西節度、潼關防禦等使，很可能與此事有關，出於某種防範的考慮。

由於太上皇與皇帝之間新的猜忌日益明朗化，所以李輔國敢於公開地向肅宗提出：「上皇居興慶宮，日與外人交通，陳玄禮、高力士謀不利於陛下。今六軍將士盡靈武勛臣，皆反仄不安，臣曉喻不能解，不敢不以聞。」如此危言聳聽，警告肅宗將面臨兵變的危險。肅宗泣曰：「聖皇（玄宗）慈仁，豈容有此！」這話也肯定了某些人企圖兵變的事，只是仁慈的太上皇不會容許這種為非作歹而已。接著，李輔國說：「上皇固無此意，其如羣小何！陛下（肅宗）為天下主，當為社稷大計，消亂於未萌，豈得徇匹夫之孝！且興慶宮與閭閻相參，垣墉淺露，非至尊所宜居。大內深嚴，奉迎居之，與彼何殊，又得杜絕小人熒惑聖聽。」也就是說，要把玄宗幽禁起來，「消亂於未萌」。據載，肅宗「不聽」[37]。所謂「不聽」，並不是反對或者制止李輔國的建議，只是認為皇帝出面不適宜。言下之意，你李輔國自己去辦吧！

（三）遷居西內的真相

正是在唐肅宗的默許之下，李輔國打著聖旨的名義，演出了一場逼宮的醜劇，把太上皇玄宗從興慶宮遷居至西內。西內，即太極宮，與東內大明宮相對而言。

李輔國無疑是直接的策劃者，此人要弄權術的本領遠遠勝過唐肅宗。在馬嵬驛事變中，他奔走牽線於陳玄禮與太子李亨之間，起了重要的作用。李亨稱帝後，李輔國持權中宮，掌管禁軍，「宰臣百司，不時奏事，皆因輔國上決」。但是，李輔國原本微賤，出身於飛龍小兒，太上皇及其左右如高力士與陳玄禮等，都瞧不起他。這樣，矛盾逐漸地激化了。在改葬楊貴妃的問題上，出面反對的是李揆，實際上背後是李輔國。因為李揆也是投靠李輔國的，「見輔國執子弟之禮」，稱李輔國為「五父」[38]。可見，彼此是一種什麼樣的關係了。後來，李輔國假借詔令，撤走了興慶宮裏二百九十匹馬，僅留十匹。玄宗無可奈何地對高力士說：「吾兒為輔國所惑，不得終孝矣。」兩年前還在表彰「天子之孝」，如今蠻橫的做法，真是對「孝」道的諷刺。

緊接著，上元元年（七六〇）七月丁未，李輔國「矯稱」聖旨，迎太上皇遊幸西內太極宮。行至睿武門，李輔國率領射生手五百騎，突然而出，露刃遮道，奏曰：「皇帝以興慶宮湫隘，迎上皇遷居大內。」[39]原說是遊幸，卻變成了「遷居」，顯然是個陰謀。唐玄宗面對拔刀逼人的武士，驀然一驚，幾乎從坐騎上掉下來。高力士喝令李輔國休得無禮，李輔國才有所收斂。力士又以太上皇的名義，向諸武士問好，告示不得以兵干乘輿。武士們都收刀再拜，口喊「萬歲」。力士還叫李輔國一起牽著太上皇的馬，來到了西內太極宮。玄宗悲泣地對力士說：「微（沒有）將軍，阿瞞（玄宗小名）已為兵死鬼矣。」[40]當然，估計李輔國決沒有膽量殺死太上皇，只是以兵脅迫玄宗遷居西內而已。

玄宗被安置在西內甘露殿以後，高力士、陳玄禮以及原興慶宮伺候人員一律不准留在左右，侍衛的只有數十名老弱的衛兵。年邁的玄宗實際上是被幽禁起來了。他只得自我安慰說：「興慶宮，吾之王地，吾數以讓皇帝，皇帝不受。今日之徙，亦吾志也。」興慶宮是「飛龍」之地，從十七歲賜宅興慶坊算起，在這裏斷斷續續地住了近六十年。這六十年的變遷史，恰恰是唐王朝從鼎盛轉入衰落的時期。隨著唐玄宗的最後離開，興慶宮在歷史上的作用與影響也就全然消失了。

同一天，威迫玄宗遷居西內之後，李輔國與北門六軍將領到東內大明宮見肅宗，「素服」請罪，肅宗反而慰勞說：「南宮（興慶宮）、西內，亦復何殊！卿等恐小人熒惑，防微杜漸，以安社稷，何所懼也！」[41]很清楚，幽禁太上皇，完全是出於唐肅宗政治上的需要，為了防止「小人」利用太上皇而圖謀皇位。如果沒有唐肅宗的默許，李輔國是不敢肆無忌憚地進行那一系列的陰謀活動的。後世史學家王夫之指出：「父幾死於宦豎之手，猶曰功在社稷，晨昏之語將誰欺乎！」[42]這就充分地暴露了唐肅宗的僞善面目。

過了九天，肅宗頒布制書，強調：「力士潛通逆黨，曲附凶徒，既懷梟獍之心，合就鯨鯢之戮。以其久侍帷幄，頗效勤勞，且舍殊死，可除名，長流巫州。」[43]這是誣陷不實之詞，當是李輔國為了打擊報復高力士而指控的罪狀。除了高力士流於巫州（今湖南黔陽縣西南黔城鎮）外，內侍宦官王承恩與魏悅分別流於播州（今貴州遵義）和溱州，勒令陳玄禮致仕（退休）。肅宗另選一百多名宮女，負責西內宮殿的灑掃；叫玄宗的兩個女兒，即萬安公主與咸宜公主，伺候服膳。

這樣，遷居西內的風波總算平息了。

（四）方士招魂的傳說

唐玄宗幽居西內，直至死為止，再也沒有走出過這宮殿的範圍。「西宮南苑多秋草，宮葉滿階紅不掃。」[44]在淒涼的禁閉的生活中，憶舊之情當然愈來愈強烈，楊貴妃的魂魄不時地入夢來。

據《長恨歌傳》描寫，自南內興慶宮遷西內太極宮以後，「適有道士自蜀來，知上（玄宗）心念楊妃如是，自言有李少君（漢代方士）之術。玄宗大喜，命致其神。方士乃竭其術以索之，不至。又能遊神馭氣，出天界，沒地府求之，不見。又旁求四虛上下，東極天海，跨蓬壺。」據說，終於在最高仙山上找到了「玉妃太真院」，碰見了楊貴妃。方士返歸後，講述了一切；玄宗震悼不已，當年夏四月溘然逝世。白居易更以詩的語言，把方士「以精誠致魂魄」的情節，譜寫成膾炙人口的篇章。

顯然易見，仙山上出現楊貴妃，純屬虛構，原本來自民間傳說。如果把神話當作事實，引申出楊貴妃未死並逃亡海外的結論，實在是欠妥的，大可不必深究。問題在於：太上皇玄宗幽居西內時，是否跟方士有過交往，或者叫方士去招魂，雖然尋覓到貴妃魂魄是不可能的事。關於這一點，歷來學者大多持否定的態度。清代著名史學家趙翼在《甌北詩話》中作了這樣分析：

「惟方士訪至蓬萊，得妃密語，歸報上皇一節，此蓋時俗訛傳，本非實事。明皇自蜀還長安，居興慶宮，地近市廛，尚有外人進見之事。及上元元年，李輔國矯詔遷之於西內，元從之、陳元（玄，清代避諱，改玄為元）禮、高力士等，皆流徙遠方，左右近侍，悉另易人。宮禁嚴密，內外不通可知。且（陳）鴻傳云：上皇得方士歸奏，其年夏四月，即晏駕，則是寶應元年事也。其時肅宗臥病，輔國疑忌益深，關防必益密，豈有聽方士出入之理。……特一時俚俗傳聞，易於聳聽，香山竟為詩以實之，遂成千古耳！」45

的確，唐玄宗幽居西內，受到嚴密的監視，不可隨便地召見外人。例如，刑部尚書顏真卿率百官上表，請問太上皇起居，「輔國惡之，奏貶蓬州長史。」46大臣尚且如此，豈有聽方士出入西內之理！當時，唐肅宗「恐小人熒惑」，和李輔國一樣地「疑忌益深」，防範太上皇「與外人交通」。

唐玄宗幽閉西內時固然不可能與方士交往，那麼，在南內興慶宮時有無請方士招魂的事呢？看來，趙翼並沒有斷然地否定這一點。「居興慶宮，地近市廛，尚有外人進見之事。」「外人」者，當然不能排除方士。早於〈長恨歌〉的李益〈過馬嵬〉詩云：「南內真人悲帳殿，東溟方士問蓬萊。」可見，方士到蓬萊仙山尋覓楊貴妃的傳說，最初是指玄宗居南內的事。後來，陳鴻撰《長恨歌傳》，卻把時間地點變換了一下，改為「自南宮遷於西內」的事，不過，末了又說太上皇「南宮宴駕」。由此可以看到民間傳說因襲演化的痕跡。

詩歌與傳奇都離不開藝術的虛構。如果考證「東溟方士」或者「臨邛道士」究竟是何許人，那恐怕是永遠弄不清楚的。如果把文藝作品渲染的故事，當作史實寫進唐明皇的歷史傳記，那更是不妥當的。清代趙翼早就揭明〈長恨歌〉中某些情節「本非實事」，而偏偏把虛構的當作「實事」向讀者介紹，豈非怪事！

雖然沒有確切的史料證實玄宗在南內時曾請方士招魂，但是，玄宗與方士有所交往大概也是事實。安祿山叛亂之前，大量的史實自不必說。就是逃亡至成都時，還在企求神仙，念念不忘於仙人祠廟。返回興慶宮後，玄宗首先想起了著名的方伎之士僧一行。據說，一行臨死前送了一包東西給玄宗。打開一看，原來是蜀地藥材「當歸」。玄宗「初不諭，及幸蜀回，乃知微旨，深嘆異之」。乾元初年，肅宗送給上皇一個煉石英金灶。金灶煉藥，自然離不開方伎之士的配方與調劑。遷居西內後的第二年，即上元二年（七六二）五月初五端午節，有個「山人」（屬方士之流），名叫李唐，建議唐肅宗關心一下太上皇。這個「山人」與玄宗有什麼關係，不得而知，但他懷念玄宗，則是事實。總之，由於唐玄宗過去跟方士聯繫密切，後人也深知這一點，所以民間傳說中就虛構了請方士尋覓楊貴妃亡靈的情節。假使唐玄宗畢生與方士沒有一點因緣，恐怕未必會出現那樣的虛構。

人生一夢，死葬泰陵

刻木牽絲作老翁，雞皮鶴髮與真同。
須臾弄罷寂無事，還似人生一夢中。

這首題為〈傀儡吟〉的詩，作者是誰，說法不一，似不可能是唐玄宗所作[47]。但是，玄宗晚年確實吟詠過它，是在南內興慶宮，還是在西內太極宮？也許在前後兩處都吟詠過。因為這首詩刻劃的形象跟年過七十五歲的太上皇有相似之處，木偶老翁「弄罷寂無事」引起了唐玄宗的共鳴。他在行將入木的時候，竟居於沒有行動自由的幽閉生活，回顧往事，大有「人生一夢」的感嘆。

（一）病逝於神龍殿

在歷代皇帝中，唐玄宗算是長壽的了。年輕時，儀範偉麗，非常堅實。在「開元之治」的近三十年中，精神奮發，身體健康。除了開元八年（七二〇）生過一場病外，別無其他患病的記載。他頗諳醫藥，很講究養身之道。早年結識謀士王琚時，對王琚「能飛煉（飛丹砂以煉丹）」就很感興趣。開元初期，打算派人到師子國求「靈藥」及善醫之嫗。玄宗本人懂得醫藥方，如戶部尚書畢構「遇疾，上（玄宗）手疏醫方以賜之」[48]。名臣張說晚年患病，「玄宗每日令中使問疾，並手寫藥方賜之。」[49]宋璟年老退歸東都私第，玄宗「頻遣使送藥餌」[50]。張九齡為宰相時，玄宗送去適用的名貴藥物，令人動情[51]。一個重視醫藥的皇帝，自然地也會調理好自己的健康。

天寶三載（七四四）以後，唐玄宗年過花甲，漸漸地感到「年事漸高，心力有限」。但是，生活在歌舞歡樂之中，身體還是十分強壯的。看上去，絕不像一個老翁。擊鼓舞蹈，騎馬打獵，猶如壯年。當然，慕長生，吃丹藥，也是健康的一個因素。

安祿山叛亂那年，唐玄宗年逾古稀。一個年邁的皇帝，經歷出奔幸蜀的磨難，還是平安無事地過來了。但是，楊貴妃之死，對他心靈上的打擊實在太大了。重返長安以後，去過華清宮，只得承認自己蒼老了，不堪於騎馬打獵了。精神上的凄涼寂寞，使他聯想到「鷄皮鶴髮」的木頭老翁，彷佛做了一場夢。

尤其是遷居西內之後，幽禁的境況是他斷斷沒有料到的。史稱：「上皇日以不懌，因不茹葷，辟穀，浸以成疾。」[52]所謂「辟穀」，即不食五穀，是道家方士們的修煉方法。不過，此時此地，這種修煉方法不是慕長生、求神仙，而是以絕食抗議，發洩內心的無法用語言表達的憤怒。精神上的禁錮，比肉體上疾病更加痛苦。於是，唐玄宗又低吟著「刻木牽絲作老翁」的詩句，在死寂的歲月中，回顧往事，開元天寶的盛世景象歷歷在目，這難道不是「人生一夢」嗎？

唐玄宗積鬱成疾，終於病倒了。寶應元年四月初五（七六二年五月四日）逝世於西內神龍殿，享年七十八歲[53]。他留下〈遺誥〉，說：「常懼有悔，以羞先靈。」是的，從治到亂，從明到昏，其中該有多少悔恨的事啊！對於先靈對於國家固然如此，對於寵愛的楊貴妃也有無限的內疚，真是「天長地久有時盡，此恨綿綿無絕期」。

僅僅過了十三天，即四月十八日，長期患病的唐肅宗也逝世了，終年五十二歲。又過兩天，太子繼位，史稱唐代宗。前後不到半個月，太上皇與皇帝相繼病故，令朝野驚詫。有人懷疑李輔國搞陰謀，先將唐玄宗害死。從當時宮廷內爭的殘酷性來看，這種可能性是存在的。宮闈詭秘，自然難以留下記載。不過，玄宗自遷居西內後，就積鬱成疾了。李輔國與張皇后合謀，不讓肅宗見太上皇，加上其他一些刁難（包括醫療），勢必加速了玄宗病情的惡化。玄宗〈遺誥〉稱：「今病既彌留，殆將不瘳。」玄宗死於重病，而非死於李輔國的直接謀害。李輔國沒有膽量也沒有必要殺死一個病危的太上皇，只要稍稍刺激病情惡化就夠了。因此，唐玄宗絕不是安詳地平靜地離開人世，而是在思念、悔恨、懼怕之中了此一生。這是盛唐天子的悲哀！

（二）高力士號泣而死

唐玄宗之死，引起了不少人的哀悼。其中最為傷心的，莫過於「老奴」高力士。

上元元年（七六〇）高力士流於巫州（今湖南黔陽西南），隨身手力不過十人，所餘衣糧只夠數月，處境艱難。據載，有一次，看見園中長有很多薺菜，當地人不知道怎麼吃，力士便賦詩云：「兩京稱斤買，五溪無人採。夷夏雖有殊，氣味應不改。」這裏說的是野菜，抒發的卻是對自己身世的感慨。高力士作為宦官，自然有濃厚的奴性；但他另具一種忠誠耿直的品質，那「氣味」確實是始終未改。

玄宗死後第十一天，肅宗下制改元「寶應」，大赦天下。同年七月，遇赦歸回的高力士，行至朗州（今湖南常德），獲悉太上皇與皇帝的噩耗，號天叩地，悲不自勝，哀毀既深，哽咽成疾。八月，病漸危急，嘔血，卒於朗州開元寺之西院，享年七十九歲。「遠近聞之，莫不傷嘆。」[54] 九月，靈柩發朗州，十一月抵襄州。唐代宗詔令復舊官爵，追贈廣州都督。喪事行李，一切官給。

（三）安史之亂的平定

唐玄宗一生有許多的遺憾：寵妃死後不得禮葬，此其一；晚年幽居不得安樂，此其二。而最大的遺憾，要算是沒有親眼看到安史之亂的平定。玄宗創造的「太平盛世」是被安史之亂「驚破」的，由此而經歷了無窮的生死磨難。直到死時，叛亂尚未結束，怎能安息於黃泉呢？

前面說過，上元元年（七六〇）史思明移軍入洛陽城內，以此為叛亂勢力的統治中心。次年正月，改年號「順天」為「應天」。二月，唐王朝宦官魚朝恩錯誤地估量形勢，硬要據守河陽的李光弼率軍攻洛陽。李光弼不得不奉命出征，渡過黃河後列陣於北邙山。而史思明趁唐軍列陣未定，突然出擊，打得唐軍大潰。李光弼等渡河敗走聞喜，而河陽以及懷州則先後被叛軍占領。隨著邙山之戰的勝利，叛軍內部爭奪皇位的鬥爭日益尖銳化。同年三月，史朝義殺其父史思明，不久，在洛陽宣布即皇帝位，改元「顯聖」。史氏父子內訌，表明叛亂勢力已經日暮途窮，處於四分五裂的狀態。等待著史朝義的，絕不是勝利的桂冠。

唐王朝宮廷內爭也十分激烈。寶應元年（七六二），先是太上皇唐玄宗逝世；接著，宦官李輔國等發動政變，殺死張皇后和越王李係；接著，唐肅宗逝世，唐代宗即位。代宗作為長子時，早在靈武就以廣平王身分，任為天下兵馬元帥。後來，他指揮過收復兩京的戰鬥，「恩信結於士心，故人思自效。」由於唐代宗「少屬亂離，老於軍旅」[55]，有過平叛的閱歷，所以正式即位後能夠繼續貫徹平叛的方略。

寶應元年十月，以雍王李适為天下兵馬元帥，朔方節度使僕固懷恩為副帥，會同回紇兵，共計十餘萬人，向史朝義盤據的洛陽發動總進攻。唐軍一路從澠池入，一路由河陽入，一路自陳留入，而雍王則留駐陝州。這樣就構成了嚴密的包圍圈。史朝義也調集了十萬精兵，竭力抵抗。雙方在昭覺寺、石榴園、老君廟一帶展開了激戰。結果，叛軍大敗，幾乎覆沒。史朝義僅率輕騎數百，東逃至鄭州。僕固懷恩收復了洛陽與河陽，並派兵追至鄭州，唐軍再戰皆捷。

同年十一月，史朝義從濮州北渡河而逃，僕固懷恩尾追不捨。河北地區如相、衞、洺、邢、趙、深、定、易等州叛將紛紛投降。廣德元年（七六三）春正月，史朝義逃至范陽，而原叛軍守將李懷仙已準備降唐，故不讓他入城。走投無路的史朝義，企圖逃入奚、契丹境內，至平州界石城縣北溫泉柵時，李懷仙的追兵趕到。史朝義絕望了，自縊於林中。李懷仙割據了首級，獻於唐朝。至此，長達七年又三個月的安史之亂終於結束了。唐憲宗時，大臣權德輿指出：「天寶大盜竊發，俄而夷滅，蓋本朝之化，感人心之深也。」[56]安史之亂的爆發，有其客觀的必然性，但它卻帶來了極大的破壞性，廣大百姓士庶「益思唐室」[57]。人心思唐，是安史之亂平定的根本原因。當然，唐朝將帥與士衆的英勇戰鬥，也是一個重要的因素。

（四）泰陵葬禮的舉行

安史之亂平定後兩個月，即廣德元年三月，為玄宗舉行了隆重的葬禮。陵墓名曰「泰陵」，在同州奉先縣東北二十里的金粟山（今陝西蒲城東北）。

歷來皇帝大多有生前營造陵墓的習俗。唐太宗雖然提倡過薄葬，「務從儉約」，實際上營建昭陵花了十二年之久，等於貞觀時期的一半。相比較而言，唐玄宗追求的是在世時的享樂，並不那麼重視死後的陵寢。開元初，他發布制書，強調「以厚葬為誡」，抨擊「近代以來，共行奢靡，遞相仿效，浸成風俗，既竭家產，多至凋弊」[58]。開元十七年（七二九）十一月，玄宗親拜五陵（高祖、太宗、高宗、中宗、睿宗），行至睿宗橋陵時，見金粟山「崗巒有龍盤鳳翔之勢」，便對左右說：「吾千秋後，宜葬此地。」[59]也就是說，此前近二十年，玄宗發奮圖治，根本沒有考慮過自己的葬身之地。到了這時，大功告成，才在氣勢雄偉的金粟山選定墓穴。但是，玄宗並不急於營建，此後二十多年也不曾動工過。因為「死」這個字他是從來不曾願意想到的，思慕的是「長生」，沉醉於太平盛世的歌舞歡樂之中。貪生享樂，這是唐玄宗的人生觀。後來，發生了安史之亂，自然無暇於營造了。所以，直至死時，金粟山的墓地依然舊貌。

寶應初年，唐玄宗臨終前留下〈遺誥〉，說：「惟天鑒下，享年有期。」往昔他曾狂熱地求神仙，慕長生，如今終於悟出了人不能長生不老的道理。人終有一死，無法成仙。因此，對於「死」並不覺得可怕，對於死後的安排更不重視了。〈遺誥〉強調：「艱難之際，萬國事殷，其葬送之儀，尤須儉省。」[60] 其實，安史之亂尚未平定，戰爭正在進行，哪裏有大量的人力物力投入營造太上皇的陵寢呢？唐代宗總算是根據玄宗當年的旨意在金粟山造了「泰陵」。由於歷史的原因，加上國事艱難，時間匆促，墓地營造是潦草的。泰陵之所以卑小粗疏，原因就在於此，與盛唐時代的雄偉氣勢是不相關的。

廣德元年（七六三）三月，安史之亂平定了，泰陵也馬虎地造好了，於是舉行了唐玄宗的葬禮。一個盛唐天子，一位風雲人物，終於安息於冷清的墓地。陪葬的還有一座高力士的墳墓，這是很適宜的。畢生忠誠於唐玄宗的，唯有「老奴」一人。

註釋

1《全唐文》卷三八，玄宗〈遺誥〉。
2《全唐文》卷三八，玄宗〈賜皇帝進燒丹灶誥〉。
3《資治通鑑》卷二一九，至德元載十二月條。
4 參見《王右丞集》卷一四。
5《資治通鑑》卷二一九，至德元載十二月條。
6《資治通鑑》卷二一九，至德二載二月條。
7《讀通鑑論》卷二三，〈肅宗〉。
8《資治通鑑》卷二二〇，至德二載九月條。
9《讀通鑑論》卷二三，〈肅宗〉。
10《資治通鑑》卷二二〇，至德二載九月條。
11、12《新唐書・李泌傳》。
13《資治通鑑》卷二二〇，至德二載十月條。
14《舊唐書・肅宗本紀》。
15《新唐書・郭英乂傳》。
16《舊唐書・崔寧傳》。
17《高力士外傳》。
18《全唐文》卷三八，玄宗〈停潁王等節度誥〉。
19 參見霍松林〈玉輦何由過馬嵬——馬嵬詩漫談〉，載《漢唐文史漫論》，陝西人民出版社一九八六年五月版。
20《舊唐書・肅宗本紀》。
21《資治通鑑》卷二二〇，至德二載九月條胡三省注。
22《資治通鑑》卷二二〇，至德二載十二月條。
23《舊唐書・肅宗本紀》。
24《資治通鑑》卷二二〇，至德二載十二月條及胡三省注。
25《全唐文》卷三八，玄宗〈答皇帝讓尊號誥〉。
26《全唐文》卷三八，玄宗〈答皇帝上尊號並讓大聖字誥〉。
27《全唐文》卷三八，玄宗〈答皇帝三上尊號並辭大聖字誥〉。
28《資治通鑑》卷二二〇，乾元元年正月條胡三省注。
29《酉陽雜俎》前集卷一，〈忠志〉。
30《明皇雜錄》補遺。
31、32《開天傳信記》。
33《明皇雜錄》補遺。
34《舊唐書・楊貴妃傳》。
35《全唐文》卷四一，玄宗〈王文郁畫貴妃像贊〉。

36《全唐文》卷三八，玄宗〈賜皇帝進燒丹灶誥〉。

37《資治通鑑》卷二二一，上元元年六月條。

38《舊唐書・李輔國傳》。

39《資治通鑑》卷二二一，上元元年七月條。

40《次柳氏舊聞》補遺。

41《資治通鑑》卷二二一，上元元年七月條。

42《讀通鑑論》卷二三，〈肅宗〉。

43《高力士外傳》。又及，清代姚文燮《昌谷集注》云：「逼遷之日，近御駭散，以致驚成疾。肅宗竟不之究，而反遠流力士，不得留侍左右。寃哉！」

44 南苑，指西內的南苑；如作「南內」指興慶宮，當誤。參見周天《長恨歌箋說稿》第九十二頁，陝西人民出版社一九八三年十月版。

45《甌北詩話》卷四〈白香山詩〉，人民文學出版社一九六三年版。

46《舊唐書・顏真卿傳》。

47《全唐詩》卷三或作玄宗，或作梁鍠。《明皇雜錄》僅謂明皇「詠此詩」，而不是作此詩。

48《舊唐書・畢構傳》。

49《舊唐書・張說傳》。

50《舊唐書・宋璟傳》。

51 張九齡〈謝賜藥狀〉云：「高力士宣奉恩旨，賜臣等鹿角膠丸及駐年面脂。」

52《資治通鑑》卷二二一，上元元年七月條。

53 參見胡如雷〈唐玄宗李隆基卒年辨〉，載《河北師院學報》一九八四年第二期。

54《高力士外傳》。

55《舊唐書・代宗本紀》及史臣曰。

56《新唐書・權德輿傳》。

57《資治通鑑》卷二一八，至德元載八月條。

58《舊唐書・玄宗本紀上》。

59《大唐新語》卷一〇，〈釐革〉。

60《全唐文》卷三八，玄宗〈遺誥〉。

第二十四章　唐明皇與楊貴妃傳說的歷史

大凡歷史性人物，每當走完自己的生命之旅，而評說他們歷史的「歷史」就開始了，這「歷史」往往更加漫長、更加遙遠。

唐玄宗病逝於神龍殿，楊貴妃縊死於馬嵬驛，自唐至今，政治家評論他們，史學家記載他們，文藝家描述他們，或者政論，或者史著，或者詩詞戲曲，或者民間傳說，可謂紛繁龐雜。特別是對李楊愛情的故事，有時昇華了再昇華，有時歪曲了再歪曲，弄得真假難分。

要公正地評價真實的唐明皇與楊貴妃，就必須清理這傳說的「歷史」。

唐人評說開天治亂之殊

唐玄宗死了，安史之亂的暴風雨也過去了，朝臣們尋思的中心題目自然是開元天寶治亂的殊異。從開元盛世到天寶亂政，如此明顯的對比，往往令人反思不已。

（一）顏真卿論疏與《高力士外傳》

唐玄宗葬禮是在孫子唐代宗主持下進行的，泰陵玉冊所刻的初謚曰「至道大聖大明孝皇帝」。

可見，對玄宗的「蓋棺論定」，還是頗高的。所謂「大明」，只說對了一半，由明而昏，才是唐玄宗一生走過的歷程。大曆十四年（七七九），上距玄宗之死十七年，大臣顏真卿建議諡號改為「孝明皇帝」[1]，以省文尚質，正名敦本。這就是通常稱「唐明皇」的由來。

顏真卿是在抗擊安祿山叛亂的敵後鬥爭中，引起唐玄宗的賞識的。玄宗作為太上皇幽居西內時，顏真卿首率百官上表請問起居。應當說，他對玄宗是比較了解的。代宗大曆元年（七六六），顏真卿在奏疏中分析了太宗與玄宗時期的政治狀況，認為「太宗勤於聽覽，……所以平治天下」，而玄宗後期李林甫、楊國忠專權，招致天下禍亂。他強調說：「天寶已後，李林甫威權日盛，羣臣不先諮宰相輒奏事者，仍托以他故中傷，猶不敢明約百司，令先白宰相。又閹宦袁思藝日宣詔至中書，玄宗動靜，必告林甫，先意奏請，玄宗驚喜若神。以此權柄恩寵日甚，道路以目。上意不下宣，下情不上達，所以漸致潼關之禍，皆權臣誤主，不遵太宗之法故也。」[2]

這大概是最早的評論。當時著重探討失誤方面的嚴重教訓，未能把「貞觀之治」與「開元之治」好的方面作一比較。「開元之治」是「依貞觀故事」的碩果，而天寶亂政則是丟掉了「太宗之法」，終於導致了「潼關之禍」。當然，僅僅歸咎於「權臣誤主」，不提「明」君的責任，未必是全面的。

值得注意的，論疏中沒有涉及楊貴妃與高力士，似不是偶然的疏忽。這反映了一個事實：天寶亂政主要不是「亂」在楊貴妃與高力士手裏。楊貴妃不同於楊國忠，高力士與袁思藝也有區別，這是當時熟悉內情的人們的看法。

代宗大曆年間，郭湜寫了第一篇高力士傳記，即《高力士外傳》。雖名「外傳」，實際上是根據高力士口述而編寫的[3]，具有相當的史料價值，與傳奇小說之類「外傳」不可等同視之。在郭著「外傳」中，記述「高公」伏奏曰：

「開元二十年(確切點，為二十四年)以前，宰臣授職，不敢失墜；邊將承恩，更相戮力。自陛下威權假於宰相，法令不行，災眚備於歲時，陰陽失度，縱為軫慮，難以獲安，臣不敢言，良有以也。」

這種評論，也是著者郭湜的意見，也是代宗時期許多人的意見。稍微正視歷史事實的人，都會注意到開元與天寶政治狀況的差異。而評論這種差異，誰也沒有把女人當作禍水。《高力士外傳》云：「扈從至馬嵬山，百姓驚惶，六軍奮怒。國忠、方進，咸即誅夷，虢國、太真，一時連坐。」楊貴妃仍稱「太真」，足見這稱呼沿用的普遍且久遠。在馬嵬事變中，楊國忠與御史大夫魏方進被誅，罪有應得，而楊貴妃和虢國夫人「一時連坐」而死，顯然沒有把禍亂包袱全由女人來承擔。

(二) 陸贄論玄宗

唐代宗死，德宗即位。「建中初(七八〇)，德宗皇帝嘗問先臣(崔)祐甫開元、天寶治亂之殊，先臣具陳本末。」[4] 作為皇帝來探討開天治亂之殊，唐德宗是第一人。大臣崔祐甫就此作了詳細的分析，可惜史傳上沒有留存下來，只有短短幾句：「祐甫謀猷啓沃，多所弘益，天下以為可復貞觀、開元之太平也。」[5] 可見，「貞觀、開元之太平」，是理應效法的榜樣。

在德宗時期，比較全面地分析唐玄宗一生道路的，要算是著名的政治家陸贄。他在〈奉天論前所答奏未施行狀〉中，概括了玄宗經歷磨難、取得成功的奮鬥史，說：「玄宗躬定大難，手振宏綱，開懷納忠，克己從諫，尊用舊老，採拔羣才。大臣不敢壅下情，私昵不敢干公議。朝淸道泰，垂三十年。」這裏，強調了成功之道在於納諫與用人二個方面，是頗有見地的。

緊接著，陸贄指出，玄宗在「大治」之後，「謂化已行，謂安可保，耳目之娛漸廣，憂勤之志稍衰。侈心一萌，邪道並進。貪權竊柄者，則曰德如堯舜矣，焉用勞神？承意趣媚者，則曰時已太平矣，胡不為樂？有深謀遠慮者，謂之迂誕驚衆；有讜言切諫者，謂之誹謗邀名。……司府以厚斂為公忠，權門以多賂為問望；外寵持竊國之勢，內寵擅回天之謠。」這裏的分析，比顏真卿進了一步。天寶弊政不僅僅是「權臣誤主」，關鍵是玄宗本人驕侈了，「侈心一萌，邪道並進」，於是乎奸臣權門、內寵外寵等腐敗現象泛濫成災。

結果呢，不可收拾！陸贄慷慨陳詞：「禍機熾然，焰焰滋甚。舉天下如居積薪之上，人人懼焚，而朝廷相蒙，曾莫之省，日務遊宴，方謂有無疆之休。大盜一興，至今為梗。」[6]唐玄宗晚年落到了這種毫無知曉的地步，實在可悲又可憐。安史之亂造成了極其嚴重的影響，「至今為梗」，子孫後代仍然要啃嚼著這個苦果。

總之，陸贄論唐玄宗，不乏真知灼見。

（三）崔羣論治亂之分

德宗之後，經唐順宗（僅一年），便是唐憲宗。憲宗即位初年，上距玄宗之死，整整四十四年，但探討開天治亂的興趣卻越來越濃厚。因為，正如本書〈引言〉所說，憲宗是李唐皇帝中三個「可稱者」之一，力圖以「貞觀、開元故事」為榜樣，幹一番事業。他研讀國史與「列聖」實錄，總想獲得一些借鑒。元和十四年（八一九）九月，憲宗讀《玄宗實錄》後，提出一個重要的問題，請大臣們討論。為什麼開元初期銳意求治，中期稍似懈倦，晚期以後又不及中期？大臣崔羣回答如下：

「玄宗少歷民間，身經迍難，故即位之初，知人疾苦，躬勤庶政。加之姚崇、宋璟、蘇頲、盧懷慎等守正之輔，孜孜獻納，故致治平。及後承平日久，安於逸樂，漸遠端士，而近小人。宇文融以聚斂媚上心，李林甫以奸邪惑上意，加之以國忠，故及於亂。願陛下以開元初為法，以天寶末為戒，即社稷無疆之福也。」7

此外，崔羣還指出：「世謂祿山反，為治亂分時。臣謂罷張九齡，相林甫，則治亂固已分矣。」左右聽了，為之「感動」8。

以上，著重分析了「開元之治」的成功經驗，比陸贄的意見又深入些。因為唐憲宗需要的是「以開元初為法」，需要宰臣們同心輔助，以平治天下。崔羣評論的精彩之處，還在於揭示開元二十四年張九齡罷相是治與亂的分野的標誌，這基本上符合歷史事實。

（四）崔植評「開元之治」

憲宗暴死，唐穆宗即位。長慶初年，大臣崔植從任賢角度論述了貞觀、開元盛世的成功經驗。崔植是德宗時大臣崔祐甫的侄子，童年時聽到過伯父論開天治亂之殊。他對穆宗說，「貞觀一朝，四海寧晏」，這是由於房玄齡、杜如晦、魏徵、王珪等「輔佐」的結果。「玄宗守文繼體，嘗經天后朝艱危，開元初得姚崇、宋璟，委之為政。此二人者，天生俊傑，動必推公，夙夜孜孜，致君於道。」及至開元之末，玄宗丟棄了「任賢戒欲」的原則，「又信奸臣用事，天寶之世，稍倦於勤，王道於斯缺矣。」9 這些評論，是前人觀點的繼續發揮。

（五）《開元政要》與《明皇雜錄》

穆宗得疾而死，長子敬宗即位。沒有幾年，敬宗死，唐文宗繼位。文宗以後，歷武宗、宣宗、懿宗、僖宗、昭宗，至哀帝時唐朝滅亡。這八十餘年裏，一代不如一代，社會危機越來越深，朝臣們已經沒有多少興趣來探討開元天寶的治亂問題了。這時期關於唐玄宗的評論，主要有以下兩件事：

第一，新修《開元政要》。衆所周知，唐玄宗時，著名史家吳兢編了一部《貞觀政要》，對後世影響深遠。唐文宗時，也要新修一部《開元政要》。有一次，文帝詢問編撰情況如何？大臣楊嗣復說：「臣等未見。陛下若欲遺之子孫，則請宣付臣等，參詳可否。玄宗或好遊畋，或好聲色，與貞觀之政不同，故取捨須當，方堪流傳。」[10] 這裏指出了開元之政不如「貞觀之治」，未得盡善盡美。後來，《開元政要》沒有編成，《新唐書・藝文志》不見著錄，原因可能是評價標準不一，取材豈容易哉？

第二，鄭處誨撰《明皇雜錄》。鄭處誨字延美，滎陽人，宰相鄭餘慶之孫。文宗大和八年（八三四）舉進士，官至檢校刑部尚書、宣武軍節度使等；宣宗大中九年（八五五）撰成了《明皇雜錄》。作為私家著作，更能反映了當時士人對唐明皇的看法。與以往的觀點一樣，書中肯定了玄宗求治心切，「急於為理，尤注意於宰輔」，任賢用能，是贏得「開元之治」的重要原因。同時指出，自開元晚期以後，「玄宗既在位年深，稍怠庶政」，走下坡路了。作者對李林甫「恃權忌能」進行了抨擊，而讚揚了張九齡的「謇諤匪躬之誠」。特別值得注意的是，以往政論家們幾乎沒有涉及楊貴妃，而在《明皇雜錄》中收集了許多生動的資料。這說明社會上關於楊貴妃的傳說越來越廣泛，真假難分的秘聞逸事成為里巷之談。作者揭露了楊門的「驕奢僭侈之態」，但絕不以封建衞道士的姿態出來咒罵，更沒有把女人當作罪惡之源。這大概是當時士人的共同看法。

〈長恨歌〉與李楊愛情故事的昇華

如果說，唐朝政論家們比較重視開天治亂的社會問題，那麼，詩人們則更多地注意李楊之間的愛情故事。終唐之世，詠嘆楊貴妃故事的詩篇不少，其中最為傑出的無疑是白居易的〈長恨歌〉。隨著〈長恨歌〉的廣泛流傳，楊貴妃故事成了中國文學創作的重大題材，幾乎家喻戶曉。

（一）杜甫詩〈哀江頭〉與〈北征〉

最早把李楊愛情搬上文學作品的，不是白居易，也不是杜甫，而是盛唐大詩人李白。前面說過，李白寫了〈清平調〉三首，讚頌太真妃。當時，楊太真剛剛得寵，唐朝在政治腐敗方面還沒有明顯地表現出來。李白把她比喻為漢宮飛燕，並無昭陽禍水之意，只是用艷麗的彩筆描繪了帝王與妃子的熱戀。正因為如此，〈清平調〉遣詞雖美，卻不能打動古往今來千萬讀者的心。

李楊愛情是在政治昏闇的漩渦中沉淪的。自冊立楊貴妃以後，楊氏五家成為惡勢力的代表，貴妃諸姊以「國夫人」名義橫行霸道，右相楊國忠更是專斷朝政，氣焰囂張。這種狀況，必將引起朝臣的反對，遭到詩人的抨擊。天寶末期，身居長安的大詩人杜甫，寫了〈麗人行〉，揭露了楊門的窮奢極欲。作者運用客觀鋪陳的手法，顯現出楊門女子的珠光寶氣，強調指出：「就中雲幕椒房親，賜名大國虢與秦。」虢國夫人與秦國夫人等所以富貴異常，緣由是靠了「椒房」（后妃）的親屬關係。右相楊國忠也同樣如此。杜甫在詩篇末憤怒地告誡：「炙手可熱勢絕倫，慎莫近前丞相嗔。」[11]〈麗人行〉雖然沒有提及唐玄宗與楊貴妃，但把李楊愛情所帶來的嚴重後果暴露出來了，這就反映了詩人的現實主義創作精神。

杜甫還是最早描寫馬嵬驛事變的詩人，在〈哀江頭〉與〈北征〉詩篇中第一次寫到了楊貴妃之死。至德二載（七五七）春，上距馬嵬事件僅八、九個月，長安早已被安祿山叛將占領，杜甫面對「國破山河在，城春草木深」的景象，黯然傷神，寫下了名篇〈哀江頭〉。「少陵野老吞聲哭，春日潛行曲江曲。江頭宮殿鎖千門，細柳新蒲為誰綠？」眼前的荒蕪衰敗，勾引起對往昔盛況的追念：「憶昔霓旌下南苑（指曲江南的芙蓉苑），苑中萬物生顏色。昭陽殿裏第一人（指楊貴妃），同輦隨君侍君側。……翻身向天仰射雲，一笑正墜雙飛翼。」然而，就在嬉戲笑聲中，安祿山叛亂發生了，結果是國破人亡，貴妃一命嗚呼，玄宗逃亡蜀郡。詩人悲泣道：

明眸皓齒今何在？血污遊魂歸不得。
清渭東流劍閣深，去住彼此無消息。
人生有情淚沾臆，江草江花豈終極？[12]

請將〈麗人行〉與〈哀江頭〉比較一下，前者對李楊愛情的社會後果加以鞭撻，後者則在哀怨之中寄以深沉的憐惜。為什麼會有這種變化呢？因為安祿山叛亂使形勢發生了劇變。叛亂固然是唐玄宗本人召來的，是他荒於政事的結果。但是，玄宗也倉卒蒙塵，貴妃慘死，令人惋惜。許許多多的人在喪亂中經受類似的磨難。詩人的不幸，庶民的不幸，唐王朝的不幸，玄宗與貴妃的不幸，在「胡騎滿城」的特定的歷史條件下，都有著某種相似的地方。因此，詩人懷著極大的同情，把馬嵬驛事變描寫為「兩不相顧，一死一生」的悲劇。貴妃長眠渭濱，玄宗由劍閣入蜀，「去住彼此無消息。」人們亡國之恨也將因江草江花而年年萌生，永無絕期。南宋詩人陸游引蘇黃門語云：「〈哀江頭〉即〈長恨歌〉也。〈長恨歌〉冗而凡，〈哀江頭〉簡而高。」[13]以「凡」評《長恨歌》並不確切，〈哀江頭〉未必「高」於《長恨歌》。但是，〈哀江頭〉確實與〈長恨歌〉一樣，描寫了蒙難生死的悲劇，表達了對唐玄宗與楊貴妃的哀憐。

奇怪的是，杜甫含淚寫了〈哀江頭〉不久，同年八月，又寫了著名的長詩〈北征〉，從另一個審視角度評論了馬嵬驛事變。詩云：

憶昨狼狽初，事與古先別。
奸臣竟菹醢，同惡隨蕩析。
不聞夏殷衰，中自誅褒妲。
周漢獲再興，宣光果明哲。
桓桓陳將軍，仗鉞奮忠烈。
微爾人盡非，於今國猶活。[14]

這裏，把楊貴妃比作妲己、褒姒之類人物，肯定了陳玄禮將軍誅殺「奸臣」楊國忠的正義性，肯定了縊死楊貴妃的必要性。何以從對楊貴妃的哀惋與同情，一變而為抨擊與譴責呢？原因也是客觀環境的變化。至德二載（七五七）春，杜甫羈留長安，為「國破」而悲泣，寫下了〈哀江頭〉。約四、五月間，杜甫逃出長安，奔赴鳳翔。這時，唐肅宗正在鳳翔，部署平叛鬥爭，準備收復長安。唐肅宗給杜甫一個官職「左拾遺」，杜甫真是絕處逢生。八月間，經皇帝恩准，杜甫回到鄜州羌村探親，與久別的妻子兒女團聚，同時寫了衆口交譽的名篇〈北征〉[15]。很清楚，在杜甫的心目中，唐肅宗「再興」唐王朝，「宣光果明哲」，代表著未來與希望。而如果沒有馬嵬驛事變，也就沒有肅宗靈武稱帝，也就沒有「於今國猶活」。因此，詩人歌頌誅殺「奸臣」與「褒、妲」，完全是可以理解的。明末錢謙益評曰：「予謂『微爾人盡非』，猶云『微管仲吾其被髮左衽』也，其推許之至矣。」[16]的確，杜甫極力讚許「忠烈」救亡的重大意義，也是符合歷史的真實的。

乍一看，從〈麗人行〉到〈哀江頭〉，再到〈北征〉，杜甫對楊貴妃其人其事的評價是不同的。其實，始終貫穿著一條現實主義創作原則，只是審視角度有所變化而已。杜甫寫的是「史」詩，用他的政治觀點來評論當代人物的是與非。李楊愛情既然是跟天寶亂政交織在一起，也就不能不遭到詩人的責備；但是，唐玄宗與楊貴妃又經歷了蒙難的不幸，因而詩人有時也灑以同情之淚。

杜甫的「史」詩具有典型意義，而這種典型帶有濃厚的政治色彩，並為後來一些詩人所效法。例如，晚唐僖宗時，宰相鄭畋寫了一首〈馬嵬坡〉詩：「肅宗回馬楊妃死，雲雨雖亡日月新。終是聖明天子事，景陽宮井又何人。」[17]作者認為，楊貴妃之死，換來了唐肅宗的中興；而唐玄宗總算是「聖明」天子，沒有踏上「景陽宮井」亡國的覆轍。換句話說，作者肯定了馬嵬坡事件的救亡意義。顯然可見，杜甫〈北征〉與鄭畋詩是一脈相承的，反映了唐朝政治家以及「史」詩作者們對李楊愛情的看法。

（二）〈長恨歌〉的來龍去脈

白居易〈長恨歌〉的主題就大不相同了，詩中描繪的不是歷史上真實的唐明皇與楊貴妃，更不是用政治觀點來評判是非，而是塑造愛情藝術上的典型。李楊愛情的故事，經由詩人的昇華，達到了超現實的純真的境界。

杜甫之後，白居易之前，詠嘆李楊故事的詩篇也有一些。如大曆間詩人鄭丹〈明皇帝挽歌〉云：「山河萬古在，今夕盡歸空。」[18]又如詩人李益詩曰：「太真血染馬蹄盡，朱閣影隨天際空。」「濃香猶自隨鸞輅，恨魄無由離馬嵬。」[19]這些詩突出一個「空」字，充滿著哀恨之情。至於俚俗傳聞，那就更多了。其中，尤以唐明皇令方士尋覓楊貴妃的幽靈的故事，最為動人。唐憲宗元和元年（八〇六）冬十二月，上距馬嵬事變恰好五十年，白居易和陳鴻在盩厔（今周至）仙遊寺遊歷，從朋友王質夫的口述中聽到這個民間傳說，因有感而作〈長恨歌〉與《長恨歌傳》。可見，〈長恨歌〉是對俚俗傳聞的再創作[20]。

儘管民間流傳著貴妃幽靈的故事，但在文人作品中大抵局限於人世的悲嘆。正如陳寅恪先生指出：「若依唐代文人作品之時代，一考此種故事之長成，在白歌陳傳之前，故事大抵尚局限於人世，而不及於靈界，其暢述人天生死形魂離合之關係，似以長恨歌及傳為創始。」[21]的確，〈長恨歌〉在藝術創造上第一次把李楊愛情故事從世間上升到靈界，以「暢述人天生死形魂離合之關係」為主題。這就是〈長恨歌〉成為千古絕唱的真正秘密，這就是它引起無數讀者思想上的共鳴與強烈的精神反響的根本原因。

新近，有的學者提出：〈長恨歌〉〉所述的故事，主要是在摹襲和附會佛教變文〈歡喜國王緣〉的基礎上形成的[22]。這無疑是創見，為研究〈長恨歌〉開拓了新思路。但是，僅從情節結構上比較，找不出白居易與佛教變文關係的直接史料，還是不足以服人的。各民族各種文學作品，常有驚人的相似之處；彼此類同的作品，不一定就是一個仿照一個。要證實仿照，只能靠史實，不能依邏輯推理。其實，與其說〈長恨歌〉受到佛教思想的影響，毋寧說是受到道教思想的影響。佛教主張靈魂再生說，道教也有「飛升」、「尸解」等說法。詩云：「臨邛道士鴻都客，能以精誠致魂魄，……遂教方士殷勤覓。」《長恨歌傳》亦曰：「適有道士自蜀來，知上（唐玄宗）心念楊妃如是，……方士乃竭其術以索之。」明明說是「道士」、「方士」覓楊妃幽靈，何以非扯上佛教不可呢？誠然，佛教變文有「六道生死都無蹤跡」的說法，但這並不是「上窮碧落下黃泉，兩處茫茫皆不見」詞句的真正來源。須知，恰恰是道家稱天空為「碧落」，從用詞上可以證實〈長恨歌〉與道教思想的密切關係。楊貴妃原是女道士，唐人皆知。《長恨歌傳》虛構仙山上「玉妃太真院」，白居易渲染方士在蓬萊仙宮謁見貴妃的情節，完全是順理成章的事，無需附會於佛經文學中「有相夫人」生天因緣。

衆所周知，〈長恨歌〉最激動人心的筆墨：楊貴妃被縊死後，幽靈升到了蓬萊仙山，以天上「仙子」的身分活動著，仍然思念世間的唐玄宗，「在天願作比翼鳥，在地願為連理枝」。這裏，關鍵的問題是道家成仙說。自盛唐以來，不僅唐玄宗狂熱地尊崇道教，妄想長生不老；即使像張九齡這樣開明的政治家，也深受影響。例如，張九齡在〈賀上仙公主靈應狀〉中說：「臣等伏承今月八日，上仙公主靈座有祥鳳瑞虹之應，爰至啓殯，乃知尸解。……適來以時，且契於玄運；超然而蛻，復升於丹籙。杳冥雖遠，仿像如存，則知仙路有歸，玆念已釋，理絕今古，事昭聞見。」[23]可見，「仙路有歸」說法是很普遍的。楊太真死後成仙，在長安附近流傳，這並非來源於佛教靈魂再生說；而白居易將民間傳說加工為〈長恨歌〉，未必是以〈歡喜國王緣〉為藍本。

雖然〈長恨歌〉故事情節是藝術虛構，渲染「人天生死形魂離合之關係」，但也反映了作者對唐玄宗的政治評價。如果他認為玄宗是無道昏君，如寵愛妲己的紂王一樣，決然寫不出如此可歌可泣的詩篇。元和元年四月，即創作〈長恨歌〉前八個月，白居易頌揚「太宗以神武之姿，撥天下之亂。玄宗以聖文之德，致天下之肥」。對開元盛世充滿熱烈的嚮往：「開元之理既定，而盛禮興焉；雖三王之明備，無不講也。」然而，「天寶以降，政教浸微，寇既薦興，兵亦繼起。」[24]很清楚，白居易對唐明皇既褒又貶，肯定之中有否定，基本上是作為「聖」君來評價的。《長恨歌》就是把李楊愛情故事置於由「盛」而「微」的歷史背景下演化的。前半篇描寫盛唐天子寵幸楊妃，「從此君王不早朝」，荒於政事，釀成了禍亂。顯然，這是「政教浸微」的表現，詩人對此作了一定程度的批判。但是，評論馬嵬驛事件就跟杜甫〈北征〉詩迥然有別：「宛轉蛾眉馬前死，……君王掩面救不得，回看血淚相和流。」杜甫強調事變的救亡意義，符合政治史的真實；白居易渲染生死離別的場景，符合李楊愛情故事的真實。就感人的藝術效果來說，後者勝於前者。接著，〈長恨歌〉著重描寫唐玄宗從四川回來後對楊貴妃的日夜思念，「天長地久有時盡，此恨綿綿無絕期」。這樣，全篇主旨明顯地不在於諷刺，而是暢述「人天生死形魂離合之關係」，具有不朽的藝術魅力。把帝王與愛妃的愛情故事，昇華到普遍男女之間的愛情悲劇，讚美愛的堅貞不渝，同情人的不幸磨難，這就是白居易的詩人天才。

（三）唐朝關於楊貴妃的傳說

楊貴妃知名度的提高，得力於詩人的作品。可以說，沒有〈長恨歌〉的廣泛流傳，李楊愛情故事就不可能如此深入人心。

誠然，李白〈清平調〉三首，使當時人對太真妃有所知曉；但要引起多少人感情上的共鳴，那就很難了。杜甫〈北征〉詩，衆口交譽；但要人們引起對「褒、妲」之類女人的同情，也是不可能的。太上皇唐玄宗淒涼的暮年，尤其是他深宮思念愛妃，實在令人哀憐。歲月流逝，往事攸邈，「白頭宮女在，閒坐說玄宗。」[25]遺事逸聞演化為民間傳說，便產生了方士覓貴妃幽靈的故事。這故事僅在長安附近道教聖地口耳相傳，陳鴻、白居易原先也是不知道，可見流傳範圍尙小且狹。唯獨〈長恨歌〉的流傳，激起無數讀者的強烈反響。流播之速之廣，出乎詩人的意料。據載，〈長恨歌〉熟誦於「王公妾婦牛童馬走之口」，歌妓誦得便身價驟增。這樣，明皇與貴妃的愛情悲劇盡人皆知，各種真假不分的傳說就越來越多了。

記述傳說的文字資料，大致分為兩大類。第一類是稗乘野史、筆記史料、傳奇小說，如《唐國史補》、《大唐新語》、《次柳氏舊聞》、《酉陽雜俎》、《明皇雜錄》、《開天傳信記》等等。凡是有關的史料，本書各章均已詳細摘引，並加辨正，這裏不再重複。如傳說縊貴妃於佛堂前「梨樹」下，就是以〈長恨歌〉「梨花一枝春帶雨」而添加的。第二類是文人詩作，中晚唐詩人就馬嵬坡、驪山、華清宮、興慶宮、龍池等寫了不少詩篇。《唐詩紀事》云：「馬嵬太真縊所，題詩者多淒感。」對李楊愛情的悲劇，幾乎都給以憐憫與同情，表現了「傷痕」文學的特色。而這股潮流源出於〈長恨歌〉，難道不是清清楚楚的嗎？

需要補充的是，讀〈長恨歌〉，大多有楊貴妃並沒有死的強烈感覺。這正是詩的魔力！李商隱〈馬嵬〉詩云：「海外徒聞更九州，他生未卜此生休。」[26]似乎唐代就有楊貴妃逃往海外仙山的傳說。但是，白居易明明說貴妃「馬前死」，埋於「馬嵬坡下泥土中」。李商隱也認為，貴妃死後成仙，居於海外，這是荒謬的說法。從史實上考察生死之謎，長期以來沒人注意。及至一九二七年十一月十五日，著名學者俞平伯先生寫了〈《長恨歌》及《長恨歌傳》的傳疑〉，載於《小說月報》一九二九年第二十卷第二期[27]。文中推斷楊貴妃可能沒有死，為研究白歌陳傳以及考察楊貴妃史實，都有開拓新思路的意義，給讀者以啓迪。新近有人撰文駁斥俞先生六十年前的舊文，那就大可不必了。俞先生早已聲明：「佐證缺少，難成定論，姑妄言之，姑妄聽之，亦以不廢乎？」我們認為，重要的在於唐朝究竟有沒有關於貴妃未死的傳說。古往今來，某些絕代美人或者歌舞明星，不幸遇難，確實死了，但世人常常會傳誦著她的未死，這虛幻的傳說又會引起更多人的好奇與關注。楊貴妃明明死了，人們心理上仍覺得她還生存著，世間見不到了，幻想她生活於海外仙山。這是美好的祝願，善良的同情。如果楊貴妃在唐人心目中始終是「褒、妲」一類壞女人的典型，絕對不會產生未死或者成仙的傳說。當然，虛幻的傳說，終究不是歷史事實。楊貴妃必死無疑，這一點本書第二十一章已經作了詳細的論述。

五代以後的史評與傳奇

從五代經兩宋，及至明清，各種史籍也都對唐明皇與楊貴妃作出了新的評價。第一部楊貴妃「外傳」的編纂，傳奇《長生殿》的產生，繼續豐富並充實了李楊愛情的故事。

（一）《開元天寶遺事》與《舊唐書》紀傳

五代王仁裕採摭民間傳說，編撰了《開元天寶遺事》。據晁公武《讀書志》載，共一百五十九條，分為四卷。按今本上下兩卷，僅一百四十六則。書中記述開天遺事及人情風貌，頗生動，尤為後世戲曲小說所採用。可惜，編滙傳聞，未能辨正，語多失實。除了南宋洪邁指出的四條謬誤外，其他差錯，比比皆是。如寧王開元末年已死，卻記述天寶初寧王的活動。

看來，王仁裕對「開元之治」是讚頌的。第一條就記唐玄宗得寶玉一片，上面刻有「天下太平」字；肯定了著名政治家姚崇、宋璟以及張九齡的業績。至於天寶時期，則搜集了大量的窮奢極欲的遺事。作者雖然沒有評論由盛而衰而亂的進程，但通過觸目驚心的遺事排列，令讀者自然得出那個結論。書中記載楊貴妃以及跟她相關的人與事，計三十六條，鋪陳了唐明皇與楊貴妃的宮廷生活，揭露了楊國忠及虢國夫人的淫靡之風。這些資料有真有假，引用時務必考核。總的說來，王仁裕渲染玄宗寵幸貴妃，但認為她是專門享樂的非政治性人物，跟專斷朝政、猶如「冰山」的楊國忠有所不同。

五代劉昫等撰的《舊唐書》，是最早記載唐玄宗與楊貴妃事跡的正史。跟以往野史筆記、民間傳說比較，自然嚴謹可靠，但往往失之簡略。史臣們熱情歌頌「開元之治」，說：「貞觀之風，一朝復振。於斯時也，烽燧不驚，華戎同軌。……年逾三紀，可謂太平。」同時，為「天寶亂政」而嘆惜，指出：「自天寶已還，小人道長。……妒賢害功，但有甫、忠之奏。豪猾因茲而睥睨，明哲於是乎卷懷，故祿山之徒，得行其僞。厲階之作，匪降自天，謀之不臧，前功併棄。惜哉！」《舊唐書・玄宗本紀》史臣這種評論，基本上承襲唐人論開天治亂的觀點，只是具體些罷了。

《舊唐書・楊貴妃傳》作為第一篇傳記，記述了楊貴妃的身世，從女道士到「太真」妃、冊立貴妃、兩次「出宮」風波、逃離長安、縊死馬嵬等全過程。資料除個別之處失實外，大多可信，至今仍是研究楊貴妃歷史的重要文獻。至於史臣如何評論楊貴妃呢？傳序強調：「玄宗以惠妃之愛，擯斥椒宮，繼以太真，幾喪天下。」這裏，把「邦家喪敗」歸罪於楊貴妃，暴露了史臣們的陳腐觀念。

（二）樂史《楊太真外傳》

在李楊故事的演變史上，《楊太真外傳》佔有承上啓下的特殊地位。樂史（九三〇—一〇〇七），字子正，由南唐入宋，曾任史官。他把唐代以來散見各書的筆記史料、傳奇故事加以總滙，按照楊貴妃的生平重新編述。「外傳」雖然不如《長恨歌傳》那樣一氣呵成，但情節詳盡，故事生動，成為後世小說戲曲取材的寶庫。例如，樂史根據唐詩的影子，演繹了楊妃竊寧王紫玉笛吹的故事，為後人津津樂道。又如，樂史還採摭了道士「楊通幽」覓貴妃靈魂的傳說。注意！《長恨歌》僅云「臨邛道士」，並無姓名。《太平廣記》卷二〇〈楊通幽〉條曰：「本名什伍，廣漢什邡人。」顯然，這是小說家之言。「楊通幽」三個字，一望而知，純屬後人的編造，帶有明顯的暗喻意義，絕對不是事實。

對於歷史研究來說，《楊太真外傳》也有一定的參考價值。因為它比《舊唐書・楊貴妃傳》詳盡得多，大致展現了楊玉環的個人歷史輪廓以及唐玄宗從四川返回長安後思念之情。但是，「外傳」只是素材的滙編，而不是史著的考辨，所以差錯比比皆是。如果不經由一番考證，信手摘引，就難免會發生笑話。

（三）宋代的史評

宋代記述盛唐歷史的最重要史籍，當推《新唐書》與《資治通鑑》。這兩部史書較可信，排除了一些離奇的傳說故事。歐陽修和司馬光的史評，基本上跟唐人的評論一樣，既有褒又有貶，褒的是「開元之治」，貶的是「天寶亂政」。本書各章已有援引，玆不贅述。

還有一些思想家、文人與史學家，他們對開天治亂的分析也頗精彩。下面，舉例介紹。

北宋思想家李覯認為：「明皇親見禍亂，心思矯正」，「其始皆能求輔佐，納諫諍，夙興夜寐，以安天下，濟生人為意，此其所以興也。」這裏探討盛世的原因，求賢與納諫這兩條，歷來說的不少，唯獨「濟生人為意」罕有言及，反映了社會地位較低的李覯的卓識。他還指出：唐明皇後來不行了，「進用女色，間以讒賊，以紊經紀。」[28]把「女色」問題突出起來，反映了宋代的倫理觀念。因此，李覯對馬嵬驛事件自有新的評價，他寫了〈讀長恨辭〉二首，一首云：

玉輦迢迢別紫臺，繫環衣畔忽興哀。
臨邛謾道逢山好，爭柰人間有馬嵬。

另一首云：

蜀道如天夜雨淫，亂鈴聲裏倍霑襟。
當時更有軍中死，自是君王不動心。[29]

詩的旨趣與〈長恨歌〉主題迥然有別，表達了對「女色」與「荒淫怠慢」的譴責。不過，李覯畢竟不是禮教的衞道士，沒有把一切都歸罪於楊貴妃。他的〈馬嵬驛〉詩道：

六軍剛要罪楊妃，空使君王血淚垂。
何事國忠誅死後，不將林甫更鞭屍？[30]

楊國忠被處死，歷來詩人稱快。奸相是罪魁禍首之一，毫無疑問。其實，除了楊國忠之外，還有另一個禍首李林甫。李林甫「養成天下之亂」，而「楊國忠終成其亂」。這種歷史聯繫，李覯敏銳地看到了，所以情不自禁地呼喊：「何事國忠誅死後，不將林甫更鞭屍？」

北宋著名文士蘇轍也有精闢的評論，他認為唐玄宗是「中興之主」。這恐怕是來自唐人的意見。中唐詩人元稹早就說過：「明皇即位，實號中興。」[31]蘇轍加以闡發，強調：「玄宗繼中（宗）、睿（宗）之亂，政紊於內，而外無藩鎮分裂之患，約己任賢，而貞觀之治可復也。」[32]認為唐玄宗的「中興」事業在於恢復「貞觀之治」，是頗有見地的。同時，蘇轍指出，玄宗在位歲久，聚斂之害遍於天下，故導致了「天寶之亂」。南宋著名學者洪邁也是持這種意見，把唐太宗與唐玄宗都稱為「唐之明主」，強調說：「（二帝）所言所行，足以垂訓於後，然大要出於好名。」[33]既有肯定，又有否定，這是宋朝人對唐玄宗評價的基本傾向。

除了史評外，宋代學者還開始做一件很有意義的工作。中唐以來，關於明皇與貴妃的傳說浸多，真假莫分。如：楊貴妃何時入宮？楊妃竊笛是怎麼一回事？等等。宋代學者相繼進行了一些考辨，有助於弄清歷史的真相。這方面的著作有：《石林燕語》、《容齋隨筆、續筆》、《老學庵筆記》、《梁溪漫志》、《野客叢書》等等。

（四）元代雜劇《唐明皇秋夜梧桐雨》

由宋入元，在蒙古貴族統治的歷史條件下，政治家們談論開元天寶「治亂」的自然不多了，反映在史著上也是如此。但是，在戲曲舞臺上，以唐明皇與楊貴妃故事為題材的雜劇卻是盛況空前。

據說，民間傳說移植於舞臺，大約開始於宋、金對峙之際。不過，至元代才真正地興隆起來。

如關漢卿《唐明皇哭香囊》、白樸《唐明皇秋夜梧桐雨》與《唐明皇遊月宮》、岳伯川《羅光遠夢斷楊貴妃》、庾天錫《楊太真霓裳怨》與《楊太真華清宮》等等。可惜，留傳至今的只有白樸《梧桐雨》一種，足見它在李楊故事的演變史上具有重要的地位。

從「史」的角度來看，《梧桐雨》作者是讚頌開元盛世的，劇中以唐明皇的口氣說：「即位以來，二十餘年，喜的太平無事，賴有賢相姚元之、宋璟、韓休、張九齡同心致治，寡人得遂安逸。」這種觀點，基本上是承襲了唐宋時代的史評。正是由於白樸肯定了「開元之治」，所以劇中把同情給予唐明皇，將皇帝的個性描寫得比較完美。

值得注意的，劇中渲染了楊貴妃與安祿山的私情。楊貴妃說白：「妾心中懷想，不能再見，好是煩惱人也。」安祿山也說什麼：「搶了貴妃，奪了唐朝天下，才是我平生願足。」這些描述不僅損害了《梧桐雨》的愛情主題，而且也不符合歷史的真實。

誠然，唐朝筆記史料中已有一些記載，如《安祿山事迹》卷上曰：「祿山恩寵浸深，……而貴妃在座，詔楊氏三夫人約為兄弟。由是，祿山心動。」「及動兵，聞馬嵬之事，不覺數嘆。」又如，《唐國史補》卷上也有類似的記載。應當指出，虛構楊貴妃與安祿山之間的戀情醜聞，係小說家之言，不足憑信。不過，天寶時期，宮中沉酣晝夜，戲鬧喧笑，貴戚猱雜，不拘禮節，也是事實。金錢洗「祿兒」就是典型的例子。那時的風習禮儀，跟宋代以後的情況不可同日而語。但是，不管怎樣，楊貴妃戀情於「養兒」，安祿山非禮於貴妃，都是絕對不可能的。如果把安祿山叛亂的原因說成是「搶」美女，更是荒謬的。

繼《梧桐雨》之後，元代作家王伯成編了一本《天寶遺事》諸宮調。它著意誇張楊貴妃與安祿山的私通醜聞，那就沒有什麼好評說的了。

（五）《長生殿》與李楊愛情故事的再昇華

明清時代，李楊愛情故事仍以各種形式在繼續著。除了民間傳說外，雜劇、傳奇就有：《唐明皇七夕長生殿》、《驚鴻記》、《彩毫記》、《洗兒賜錢》、《七夕私盟》、《馬嵬殺妃》等等[34]。洪昇《長生殿》的誕生，猶如異峰突起；這部偉大的戲劇傑作，把李楊愛情故事昇華到新的境界。

前面說過，《長恨歌》在藝術上把李楊愛情從「人世」升到「靈界」。深受《長恨歌》影響的《長生殿》，並不依樣畫葫蘆，而是重新回到世俗人間，著力描述李楊愛情的詳盡過程。從客觀上說，七言詩無法展現人物形象細節，而雜劇傳奇就有了細緻刻畫的條件。《長生殿》凡五十齣，情節複雜，僅「定情」、「禊游」、「幸恩」、「偷曲」、「進果」、「絮閣」、「密誓」及「埋玉」等二十五齣，就把真摯的相愛過程寫得淋漓盡致。楊貴妃死後的情節，《長生殿》又以二十五齣，描寫了唐明皇對貴妃的深沉的思念，實質上是歌頌了人類的生死不渝的愛情理想。

藝術上昇華了的愛，並不是歷史上真實的愛。現代著名的劇作家洪深先生說得好：「《長生殿》既是讚美愛情的；但愛情的美麗必須寄託在相愛者的人格的美麗上。而《長生殿》的主角，唐明皇和楊貴妃，卻並不是具有優美的精神的人物；因此，他們的愛情的悲劇也就不能怎麼激動人心。」[35]的確，就史實而言，唐玄宗與楊貴妃的愛情雖有合乎情理的因素，但畢竟不怎麼高尚、優美、激動人心。《長生殿》塑造的主角則超越了歷史人物的原型，抒發了人類純真的愛。這就是《長生殿》的魅力所在！

（六）層累的道德與政治包袱

自古以來，沒有一個女人像楊貴妃那樣，背了道德與政治的包袱；而且宋代以後，這兩個包袱越來越沉重，以致把楊貴妃的真面目弄得難以識別。

所謂道德包袱，實際上是指女人污穢論。楊玉環是以壽王妃晉升為貴妃的，這就在當時輿論上也不能不作點掩飾，所以唐玄宗採取了「度為女道士」與「另冊壽王妃」等措施。白居易和陳鴻寫《長恨歌》及「傳」時，當然知道壽王妃的底細。但詩云「楊家有女初長成，養在深閨人未識」；《長恨歌傳》原本（《麗情集》本）亦云「使搜諸外宮，得弘農楊氏女」，沒有通行本上「於壽邸」三個字。為什麼不提壽王妃呢？歷來評論者認為，「蓋為國諱也」[36]。換言之，為尊者諱，為唐玄宗諱。其實，當時詩人根本沒有避諱的必要。為了突出愛情主題，使之昇華，才不道及壽王妃。這是出於藝術創作的需要。後來，微露其意者不少，如李商隱詩云：「龍池賜酒敞雲屏，羯鼓聲高衆樂停；夜半宴歸宮漏永，薛王沉醉壽王醒。」又詩云：「驪岫飛泉泛暖香，九龍呵護玉蓮房；平明每幸長生殿，不從金輿惟壽王。」[37]點明了楊貴妃原是壽王妃。詩人語極含蓄，決無後世衞道士式的惡罵。因為唐朝還是較開放的時代，男女私情較自由，連狎妓遊宴也成了朝野的風尚，當然對於楊貴妃原為壽王妃這一點不會大加指責。終唐之世，還沒有把亂倫的道德包袱強加在楊貴妃身上。

可是，到了宋代就不行了，由於封建禮教觀念的嚴峻化，頗看不慣唐代通脫狂放的習俗。朱熹就認為李唐出自夷狄，閨門失禮之事，不以為異。顯然，對唐朝胡化色彩和「三綱不正」表示異議。至於宋人評論唐詩，則認為〈長恨歌〉描寫燕昵之私，造語蠢拙，無禮於君。如張戒《歲寒堂詩話》卷上云：「楊太真事，唐人吟詠至多，然類皆無禮，太真配至尊，豈可以兒女語黷之耶？」

自宋以後，至明淸，更有人把楊太真本壽王妃這一事實，視為「新臺之惡」。甚至連洪昇也不能不顧及這種輿論，《長生殿》「例言」聲明：「史載楊妃多汚亂事，予撰此劇，止按白居易〈長恨歌〉、陳鴻《長恨歌傳》為之，……楊妃全傳，若一涉穢跡，恐妨風教，絕不闌入。覽者有以知予之志也。」可見，「風教」是何等的厲害，楊貴妃背上「汚亂」的倫理包袱又是何等的深重！白居易為了塑造愛情主角形象，故意不提壽王妃。而洪昇為了預防別人在「風教」上的指責，刪去了《梧桐雨》中貴妃來自壽王邸的說明，《長生殿》第二折〈定情〉作了這樣的描寫：「昨見宮女楊玉環，德性溫和，丰姿秀麗，卜茲吉日，冊為貴妃。」楊妃「穢跡」被抹掉了，劇作者忐忑不安的心也就放下來了。

荒唐可笑的是，淸代一些學者為了維護封建皇帝的尊嚴，為了維護三綱五常的倫理道德，居然做起楊貴妃是處女的考證文章來。著名學者朱彝尊在《曝書亭集》中，就《楊太真外傳》作了考證，認為：楊妃由道院入宮，不由壽邸。張俞《驪山記》謂妃以處子入宮，似得其實。朱彝尊還對李商隱〈碧城〉三首作了分析，說：「一詠妃入道，一詠妃未歸壽邸，一詠明皇與妃定情，係七月十六日。」翁方綱《石洲詩話》卷二也同意上述見解。總之，這類「考證」現在看來十分無聊，但在淸代卻是涉及「風教」的大事，故衞道士們不得不進行認真且嚴肅的考證。由此反映了中國封建文化的向衰，反映了禮教觀念的虛僞，反映了文士學者的悲哀。

須知，即使從倫理上說，唐玄宗是父奪子媳，責任不在於壽王妃。但是，在封建專制時代，在男權社會裏，汚水是潑向女人的。史書上歷來為尊者諱，為至尊的皇帝諱。亂倫的「大惡」既然不能加於至尊，那就只有推在楊貴妃身上了。這正是女人的不幸！

除了道德包袱外，還有一個政治包袱，那就是女人禍水論。前面說過，杜甫〈北征〉詩曾將楊貴妃比作「褒、妲」一類女人，但詩人主要是肯定馬嵬驛事變的救亡意義，並沒有將亂唐包袱全由女人來承擔。〈長恨歌〉是歌頌李楊愛情的，自與禍水論無緣。不過，白居易也說過：「女為狐媚害即深，日長月長溺人心。何況褒妲之色善蠱惑，能喪人家覆人國。」還說：「生亦惑，死亦惑，尤物惑人忘不得。人非木石皆有情，不如不遇傾城色。」[38]這些觀點是禍水論的表現，但詩人主要是批評「政教浸微」，批評明君「溺聲色」，還沒有把一切罪惡都歸咎於女人。終唐之世，詠嘆楊妃的詩文不少，其中固然有「溺聲色」的批判，但更多的是寬容與同情。

女人禍水論泛濫於宋代，歐陽修的觀點可謂典型，他在《新唐書．玄宗本紀》末加了這樣的按語：「嗚呼，女子之禍於人者甚矣！自高祖至於中宗，數十年間，再罹女禍，唐祚既絕而復續，中宗不免其身，韋氏遂以滅族。玄宗親平其亂，可以鑒矣，而又敗以女子。」將唐朝前期武則天稱帝以及「再三禍變」，統統歸結為「女禍」；又把「天寶之亂」全部歸罪於楊貴妃；這是封建史家的陳腐觀點。自宋至清，楊貴妃背上「亂唐」的政治包袱日益沉重。晚清名人魏源曾遊歷關中，寫有詩〈驪山〉，自注云：「驪山一培塿耳，自湯泉而外，初無奇勝，而一笑傾周，一浴敗唐，一葬亡秦，為今古憑弔之藪。」[39]所謂「一笑傾周」（指褒姒）與「一浴敗唐」（指楊貴妃），反映了女禍論影響之深遠。

當然，歷史上不乏有識之士，對「楊妃亂唐」觀點表示異議。特別是描寫李楊愛情故事的文學作品，大多擯棄了女人禍水的偏見。例如，元代白樸《梧桐雨》第三折說：「她（指貴妃）是朵嬌滴滴海棠花，怎做得鬧荒荒亡國禍根芽？」又如，《長生殿》「埋玉」一折，痛斥了「楊國忠專權誤國」的事實，把楊貴妃與楊國忠加以區別，這是符合歷史的真實的。洪昇並不認為楊貴妃是禍國根芽，對於她的死寄以極大的同情。「百年離別在須臾，一代紅顏為君盡。」「溫香艷玉須臾化，今世今生怎見他。」唱出了可歌可泣的生死緣情，表達了為國捐軀的忠貞氣節。這裏，《長生殿》固然拔高了歷史人物，但也推倒了強加於楊貴妃身上的政治包袱，說明劇作者是很有卓識的。

現代新小說與新傳記

歷史進入現代，古老的李楊愛情故事仍然引人矚目。無論是戲曲小說，還是論著傳記，都有新的成就，反映了現代人對唐明皇與楊貴妃史事的新評價。

（一）魯迅創作《楊貴妃》的計劃

六十多年前，偉大文豪魯迅先生曾想創作劇本《楊貴妃》，可惜一直未能如願以償。

據孫伏園在《魯迅先生二三事》中回憶[40]，魯迅對唐代文化有獨到的見解，認為唐朝對於自己的文化抱有極堅強的自信力，同時對於別系的文化抱有極恢廓的胸襟與極精嚴的抉擇。以此作背景，以近代戀愛心理學的研究成果作線索，襯托出一件可歌可泣的故事。「這便是魯迅先生在民國十年左右計劃著的劇本《楊貴妃》。」原計劃是三幕，每幕都用一個詞牌為名。第三幕是「雨淋鈴」，魯迅解釋說：「長生殿是為救濟情愛逐漸稀淡而不得不有的一個場面。」

看來，上述回憶是可靠的。民國十年（一九二一）左右，魯迅不僅寫現代小說，而且「動手試作」歷史小說。第一篇歷史小說《補天》寫成於一九二二年十一月，「便是取了女媧煉石補天的神話」[41]。這時期，魯迅計劃創作《楊貴妃》，在他的想像中，那應當是完美的女性形象。

一九二四年暑期，孫伏園陪魯迅先生等赴西安講學。當年西安的情景不但沒有給魯迅留下印象，反而破壞了他那想像中的「楊貴妃」的完美。孫伏園回憶說：「在我們的歸途中，魯迅先生幾乎完全決定無意再寫《楊貴妃》了。所以嚴格的說：《楊貴妃》並不是未完稿，實在只是一個腹稿。」

「腹稿」除了作者本人外，別人是無法揣測的。但是，從後來魯迅先生的雜文中，可以獲得他對楊貴妃評價的一些信息。一九三四年一月八日寫了〈女人未必多說謊〉，指出：「關於楊妃，祿山之亂以後的文人就都撒著大謊，玄宗逍遙事外，倒說是許多壞事情都由她，敢說『不聞夏殷衰，中自誅褒妲』的有幾個。就是妲己、褒姒，也還不是一樣的事？女人的替自己和男人伏罪，真是太長遠了。」[42]同年十二月二十一日寫了〈阿金〉，強調「不信妲己亡殷，西施沼吳，楊妃亂唐的那些古老話」，說：「我以為在男權社會裏，女人是決不會有這種大力量的，興亡的責任，都應該男的負。但向來的男性的作者，大抵將敗亡的大罪，推在女性身上，這真是一錢不值的沒有出息的男人。」[43]

可見，魯迅先生痛斥「女禍」論，將歷來強壓在楊貴妃身上的政治包袱推倒了。這是評論楊貴妃的新的飛躍，表現了歷史唯物主義的真知灼見。就歷史而言，唐玄宗寵幸楊貴妃，是「天寶亂政」的一個方面。但是，把她看成罪魁禍首與「尤物」妖魔，是不公正的。魯迅先生指出：「其實那不是女人的罪狀，正是她的可憐。」「奢侈和淫靡只是一種社會崩潰腐化的現象，決不是原因。」[44]如果用這種觀點來分析天寶時期楊門（當然包括楊貴妃）的窮奢極欲，就會得出合乎實際的結論。

（二）新小說《楊貴妃》等

魯迅先生的遺願，自有後來人來實現。近一、二十年，海峽兩岸小說家各自完成了長篇小說，展現了唐明皇與楊貴妃的歷史畫卷。

一部是臺灣出版的《楊貴妃》，著者南宮搏先生，一九七二年秋末動筆，次年夏完成。作者十分器重自己的書，稱之為歷史「的」小說而不僅是「歷史小說」。作者盡量地考據事實，於盡可能求真中再以小說形式寫出來，強調說：「主要人事發展，大致上與當時時事相吻合，正確處超過了現存的正式史書。」我們反復研讀這部小說，覺得確實有此特點，足見小說家考史功夫之深。這是很不容易的，為歷史研究提供了重要的參考價值。

南宮搏先生還在兩篇附錄裏，駁斥了「女禍」論，指出：唐朝人把本朝的興亡之際的大包袱推到楊貴妃身上，越到後來，楊貴妃所背的包袱也越大了！古代沒有一個女人身負的包袱有如此之重大的！除了政治包袱，還有道德包袱。楊玉環以壽王妃入內宮，父奪子媳，為封建倫理道德所不容。自南宋末年起，這就成了中國歷史、文學、乃至社會上的大問題。某些封建衞道之士，竟然「考證」楊貴妃以處女入宮，實在是很無聊的事。總之，這些分析是精闢的，自然，寫出來的新小說《楊貴妃》也很有特色，值得一讀。

另一系列長篇小說是四川作家吳因易寫的。作者受到了魯迅先生創作計劃的啓發，從一九七九年起，歷時六年，推出了《宮闈驚變》、《開元盛世》、《魂銷驪宮》、《天寶狂飈》等，約一百二十萬字。以一人之力，完成空前的盛唐史事小說，真是難得啊！文學評論界人士說，作品以開闊的視野、宏大的氣魄與才力，提供了一個色彩繽紛的歷史畫卷。

此外，在戲曲舞臺上，現代京劇藝術大師梅蘭芳，以一齣《貴妃醉酒》，贏得無數觀衆喝彩。梅先生剔除了「女禍」的觀念，把貴美嬌醉的楊貴妃演得十分傳神；雖然著意於「醉」字，但在醉態中顯現出貴妃的煩悶與憂愁。昆劇《長生殿》經過改編，突出了李楊愛情故事，歌頌了生死不渝的愛，表達了美好的情感。越劇也編了《楊貴妃》，把唐明皇與楊貴妃作為一對藝術家來描繪，使這齣戲在同類題材中顯示出它的特點。甚至在芭蕾舞中，也出現了楊貴妃舞蹈家的形象。

總而言之，古老的故事在現代小說戲劇方面卻是盛況不衰，說明它的生命力是何等的強大。當然，藝術創造一次次地把李楊愛情故事昇華了，跟真實的歷史不是一回事。

（三）歷史研究的新成果

那麼，真實的歷史研究情況如何呢？

一九四九年以前，研究成果不多；一九四九年後至「文革」前，也是如此。一九五九年香港中華書局出版了黃甄的《唐玄宗》，一九六三年香港宏業書局出版了李唐的《唐明皇》。值得一提的是，陳寅恪先生《元白詩箋證稿》第一章〈長恨歌〉，對於研究唐玄宗與楊貴妃的史事有重要的參考價值。

「文革」十年，所謂「評法批儒」的惡浪也把唐玄宗稍稍捲了進去，說什麼唐玄宗繼承武則天的法家路線，故有「開元之治」，後來轉向尊儒，走向衰落，所以出現了「天寶之亂」。這種荒謬的觀點，在學術上也是不值得一駁的。

近十年，研究才漸漸興盛起來。一九七九年十月，吳楓先生發表了〈「開元天寶盛世」新探〉，次年烏廷玉、魏克明、徐連達諸位先生相繼發表論文，論述「開元之治」與「天寶亂政」，考察唐朝由盛轉衰的歷史原因。一九八一年，黃永年先生發表文章，對開天時期各種政治勢力作了深刻的剖析。一九八五年，高世瑜先生的《唐玄宗崇道淺論》，提出了一些頗精彩的見解。一九八六年，潘鏞先生對唐玄宗經濟改革作了分析，次年李必忠先生就玄宗時期社會矛盾進行考察，都有參考價值。

一九八七年是新傳記的豐收年，僅隔兩三個月，就推出了兩本唐玄宗傳。

一本是鄭英德編著的《唐明皇全傳》，吉林文史出版社出版。這書的優缺點，吳楓先生在「序言」中評得十分中肯。指出：寫作頗有特色，通俗易懂，深入淺出，具有廣泛的可讀性。重要史實皆有考訂，沒有空泛議論。「當然也有不足之處。在結構安排上不夠周密，有些內容輕重失調，選材失之於個人好惡，對唐玄宗晚年敍述過略，個別論點還應加以斟酌。」

另一本是袁英光、王界雲合著的《唐明皇傳》，天津人民出版社出版。這是以生動的筆觸寫出來的詳細的學術專著，在唐史研究上自有一定的地位。作者試圖從唐代的整個社會歷史出發，論述唐明皇個人從奮發到頹靡、從強者到弱者的變化過程。然而，可能是注重於「整個社會歷史」，對政治、經濟、文化、軍事背景敍述甚詳，反而使傳主「個人」歷史有時不那麼突出了。如吳楓先生前面評論的一樣，晚年「過略」；而關於安史之亂、太子李亨靈武即位、肅宗平叛等敍述過詳，儘管這些分析也是精彩的。順便一提，還可能是由於重視整個社會歷史的分析，對唐玄宗生平履歷與某些細節疏於核查，出現了一些差錯。當然，這對於任何一部學術著作來說，都是難免的。

以上兩本新傳記還有一個共同的欠缺，就是楊貴妃史事過略。天寶時期，唐玄宗「個人」生活史，是離不開這位絕代佳人的。一千多年來，李楊愛情故事家喻戶曉，而且堆積了層層神秘的色彩，幾乎是真假難分。作為一部真實的唐玄宗歷史傳記，自然要對楊貴妃史實做稍多一些的分析。這是唐史研究的需要，也是繁榮文藝創作的需要，也是廣大羣衆欣賞的需要。

（四）楊貴妃傳說在日本

唐明皇與楊貴妃的故事，不僅為中國人民所喜見樂聞，而且在日本也廣泛流傳。可以說，沒有一個中國古代女性形象，像楊貴妃那樣，激起日本人民的極大興趣。

看來，是與〈長恨歌〉的魔力分不開。一篇〈長恨歌〉，「以易傳之事，為絕妙之詞，有聲有情，可歌可泣，文人學士既嘆為不可及，婦人女子亦喜聞而樂誦之。是以不脛而走，傳遍天下。」[45]〈長恨歌〉傳到日本，同樣為人們喜聞而樂誦之，並產生了楊貴妃未死的傳說。詩云：「忽聞海上有仙山，……中有一人字太真。」似乎楊貴妃逃到了海外仙山，逃到了日本。據說，楊貴妃逃到揚州，東渡日本。山口縣、向津具半島的久津就是她搭船到日本來的第一站，至今有一處名為「楊貴妃之墓」的五輪塔。「由於五輪塔上並沒有刻上任何姓名或事跡，而且，佔地不大，所以，初次到此的人，很難找到『楊貴妃之墓』。但是，若向當地人詢問『楊貴妃之墓』的話，則人人都能告訴你詳細的地點。」[46]這是美好的傳說。楊貴妃必死於馬嵬，毫無疑問。如果一個華貴嬌艷的后妃，要孤單地跋涉千里，遠渡重洋，也是不可能的。

還有一個傳說，楊貴妃是名古屋的熱田大明神的化身。唐玄宗要討伐日本，大明神化為絕世美女，前往唐土，迷倒玄宗，所以玄宗忘卻了攻擊日本的計劃。貴妃縊死後，靈歸熱田，「如今，熱田神宮境內東北角有清水社（俗稱清水神）長滿了青苔地的石臺，或者靠北進內雲見山臺地的古老石階，據說是楊貴妃靈墓地遺跡。」這是美麗的神話，當然不是事實。估計奈良朝時代（七一〇—

七八四），尚不會有楊貴妃的傳說。隨著〈長恨歌〉（寫於八〇六年冬）的東傳，才有種種神話傳說。鎌倉時代（一一九二—一三三三）末期，《溪嵐拾葉集》裏已有楊貴妃為熱田明神的記載。及至江戶時代（一六〇三—一八六七），《今昔物語》等書列述以楊貴妃為題材的無數話題。

據南宮搏先生介紹，一九六三年，一位日本少女出現於電視，自稱是中國楊貴妃的後裔，還展現古代文件作佐證。這件事曾引起小小的轟動。那時，南宮搏先生特地赴日本搜尋材料，結果是不言而喻的，「搜訪並無實際的獲得」。傳說，在日本，姓八木的人很多，許多人將「八木」寫成「楊貴」。有人認為，八木家族和楊貴妃也許有血緣關係。南宮搏先生則推測，至今在日本自稱楊貴妃後裔之人，應為楊國忠的後裔。

傳說雖然不是事實，但卻生動地反映了楊貴妃與日本關係的佳話。為了探索這謎一般的傳奇，渡邊龍策先生撰了《楊貴妃復活秘史》。書中用史實與傳說的觸角，來捕捉楊貴妃東翔的幻想足跡，跟南宮搏先生寫的《楊貴妃外傳》有異曲同工之妙，都值得一讀[47]。

此外，當代日本傑出的作家井上靖先生寫了一部歷史小說《楊貴妃傳》。從開元二十八年十月玄宗召壽王妃楊玉環去溫泉宮伺候，到縊死於馬嵬驛，凡十六年史事，安排緊湊，情節生動。顯然，作者不採用貴妃東翔日本的傳說，確認她必死無疑。書中人物性格鮮明，栩栩如生，尤其是楊貴妃的典型形象，一掃往昔的陳腐的「女禍」觀念。對於唐史研究者來說，這是一部必讀的歷史小說[48]。

（五）史學與文學的兩股流向

綜上所述，古往今來，一千餘年，唐明皇與楊貴妃故事流傳如此久遠廣泛，是罕見的，甚至說是唯一的，誰還能找得出古代史上類似的帝王與寵妃的故事嗎？

陳鴻撰《長恨歌傳》時，聲明：「世所不聞者，予非開元遺民，不得知。世所知者，有〈玄宗本紀〉在。今但傳〈長恨歌〉云爾。」也就是說，那時就有史學與文學（包括民間傳說）的兩股流向。

史學流向是紀實的，以求歷史真實為宗旨。從《玄宗實錄》起，經舊、新《唐書》和《資治通鑑》以及其他史著，直到現代的歷史研究與各種新傳記。

文學流向是形象的，以求藝術真實為宗旨。從《長恨歌》起，經唐詩及唐人傳奇筆記，到宋代樂史《楊太真外傳》為一小結。《楊太真外傳》（包括《開元天寶遺事》）滙集了各種故事資料，對後世小說、戲曲影響至巨。經白樸《梧桐雨》，至洪昇《長生殿》又是異峰突起。可惜，魯迅先生的創作計劃沒有實現，少了一部精品。不過，後來者相繼推出各種歷史小說包括井上靖先生的《楊貴妃傳》，展現了色彩繽紛的歷史畫卷。此外，通過京劇、昆劇、越劇等演出，使廣大羣衆更有了形象的了解。

總之，兩股流向是密切相關的。前者的深入研究，是後者演化的基礎。要做到藝術上真實，若沒有史的研究，自然是不行的。反過來，後者的繁榮，有助於歷史研究者從新的審視點處理舊史料，得出更符合歷史真實的結論。完全可以預料，今後仍是史學與文學兩股流向，也許搬上舞臺銀幕，顯現於電視，更為廣大羣衆所喜歡。古老的李楊愛情故事仍然有它的生命力，將以各種形式繼續流傳下去。作為史學工作者，在當今這改革開放的時代，理應出一點力量。這就是我們花費近五年歲月撰寫唐明皇與楊貴妃新傳記的緣由。

註釋

1《唐會要》卷二，〈雜錄〉。

2《全唐文》卷三三六，顏真卿〈論百官論事疏〉。

3 參見黃永年《「舊唐書」與「新唐書」》，人民出版社一九八五年六月版。

4《舊唐書‧崔植傳》。

5《舊唐書‧崔祐甫傳》。

6《全唐文》卷四六八，陸贄〈奉天論前所答奏未施行狀〉。

7《舊唐書‧憲宗本紀下》。

8《新唐書‧崔群傳》。

9《舊唐書‧崔植傳》。

10《舊唐書‧楊嗣復傳》。

11《杜工部集》卷一，〈麗人行〉。

12《杜工部集》卷一，〈哀江頭〉。

13《老學庵筆記》卷七。

14《杜工部集》卷二，〈北征〉。

15 參見孫遲〈杜甫兩過昭陵與「安史之亂」〉，載《唐史學會論文集》。

16 錢謙益《讀杜小箋》上。

17 參見楊志玖〈「馬嵬坡」詩和它的作者〉，載《文史知識》一九八七年第六期。後人將詩改為「玄宗回馬楊妃死」，意思雖通，但不符合原來的精神。

18《全唐詩》卷二七二，鄭丹〈明皇帝挽歌〉。

19《全唐詩》卷二八二，李益〈過馬嵬二首〉。

20 參見王運熙〈略談《長恨歌》內容的構成〉，載《復旦學報》一九五九年第七期。

21《元白詩箋證稿》第十三頁。

22 參見陳允吉〈從「歡喜國王緣」變文看「長恨歌」故事的構成〉，載《復旦學報》一九八五年第三期。

23 參閱《曲江集》。

24《白居易集》卷四七，〈才識兼茂明於體用科策一道〉。

25《元稹集》卷一五，〈行宮〉。

26《全唐詩》卷五三九，李商隱〈馬嵬〉二首。

27 現收入俞平伯《論詩詞曲雜著》，上海古籍出版社一九八四年版。

28《李覯集》卷二，〈禮論第七〉。

29、30《李覯集》卷三六。

31《元稹集》卷二八，〈才識兼茂明於體用策一道〉。

32《欒城後集》卷一一，〈歷代論五〉。

33《容齋續筆》卷一六，〈唐二帝好名〉。

34 參見周貽白《中國戲曲發展史綱要》，上海古籍出版社一九七九年十月初版。

35《洪深文集》第四卷，〈「長生殿」傳奇英譯文的引言〉。

36 梁紹壬《兩般秋雨庵隨筆》卷二，〈壽王妃〉。

37《全唐詩》卷五四〇，李商隱〈龍池〉、〈驪山有感〉。

38《白居易集》卷四，〈古冢狐〉、〈李夫人〉。

39《魏源集》下冊，〈關中覽古〉五首之四「驪山」，中華書局一九七六年三月初版。

40《魯迅先生二三事》，重慶作家書屋一九四二年四月初版。著者孫伏園，是魯迅的紹興同鄉，又是一九一一年魯迅在紹興初級師範學堂任堂長時的學生。

41 魯迅《故事新編》序言。

42 魯迅《花邊文學》。

43 魯迅《且介亭雜文》。

44〈關於女人〉，載《南腔北調集》。瞿秋白執筆，魯迅修改。又，參閱韓幽桐〈擁護女權的魯迅先生〉，刊一九四〇年《中蘇文化》第七卷，第五期。

45 趙翼《甌北詩話》卷四，〈白香山詩〉。

46 參見（日本）渡邊龍策《楊貴妃復活秘史》，河北人民出版社一九八七年八月出版。以下關於日本傳說，均據此書。

47《外傳》寫楊貴妃被縊而未死，救活，逃至揚州，東渡日本。

48 井上靖《楊貴妃傳》，林懷秋譯，陝西人民出版社一九八四年十月版。

後記

這部著作，是繼《唐太宗傳》之後又一帝王傳記，原題《唐玄宗傳》。後來根據原出版的人民出版社中國歷史編輯室的意見，書名改為《唐明皇與楊貴妃》。於一九九〇年八月出版發行。但本書實際上是一部學術性著作，而不是通俗性讀物，若此改名，恐有未洽。現徵得原出版社同意，趁此臺灣版發行之便，將書名改回原來的《唐玄宗傳》。

本書初稿完成於一九八七年底，不久讀到了兩部剛出版的唐明皇傳記，為了避免雷同，將民族關係、中外關係、軍事以及文化風俗等內容統統刪去，增補了大量的楊貴妃史事，試圖以李楊生活史為主線，兼及盛唐社會背景。經過一年的修改，定稿於一九八八年底。

我們對於史學界及文學界的有關著作與論文，盡量地加以參考，擇善而從。凡是採納別人重大學術觀點的地方，都在附注中說明，不敢掠人之美。至於一些細小之處，或者不謀而合，或者彼此歧異，恕不一一注明。

全書凡二十四章。趙克堯撰寫了第十、十一、十五、十六、十七、十八章，計六章。第十四章，趙克堯初稿，許道勛重新改寫。其他十七章，均由許道勛執筆，並負責全書構架的處理。

殷切地希望讀者們對本書提出批評，多多指教。

許道勛　趙克堯　於復旦大學歷史系。

附錄　唐玄宗大事年表

中國紀年	西元	大事紀	世界大事紀要
唐睿宗垂拱元年	六八五	李隆基生於洛陽，睿宗李旦第三子。	
武則天天授元年	六九〇	七月，頒沙門撰《大雲經》，令諸州建大雲寺。 八月，大殺唐宗室。 九月，改國號為周，改元天授，以豫王李旦為皇嗣，賜姓武，封武氏外戚為王。	
長壽二年	六九三	劉妃、竇妃（李隆基生母）被殺後，才以「入閣」形式，把睿宗諸子幽閉宮中。	阿瓦爾使團出訪法國。
延載元年	六九五	正月，突厥可汗骨篤祿卒，其子幼弟默啜自立可汗，寇靈州。 三月，以薛懷義等十八將軍討默啜，大敗。	摩尼教始傳入中國。
聖曆元年	六九八	廬陵王從幽閉之所房州，回到了神都洛陽。	
二年	六九九	七月，武則天令太子李顯，相王李旦與梁王武三思，定王武攸止等立誓於明堂。	高句麗故將大祚榮，於東牟山（今吉林敦化）起兵，

		十月，李隆基兄弟五人離開禁宮，也在東都積善坊「分院同居」，號稱「五王子宅」。	建震國王國。
大足元年	七〇一	十月，女皇武則天率領太子、相王、宗室子弟以及官屬，浩浩蕩蕩地西入關中，李隆基回到了闊別近二十年的長安。	
長安三年	七〇三	安祿山生年歷來說法不一，據考證，應爲武則天長安三年正月初一。	
四年	七〇四	李隆基歷任右衞郎將、尙輦奉御。	
唐中宗神龍元年	七〇五	正月，武則天病重，宰相張柬之、崔玄暐與尚書台右丞敬暉、司刑少卿桓彥範、相王府司馬袁恕己等共擁太子李顯為帝，唐中宗重新稱帝。五月，封張柬之、崔玄暐、桓彥範、敬暉、袁恕己為王，皆罷知政事。十一月，武則天崩，年八十二。	特爾維爾與查士丁尼攻陷君士坦丁堡，查士丁尼封特爾維爾為凱撒。
神龍三年 景龍元年	七〇七	七月，太子重俊發動政變，誅殺武三思等。後率衆斬關而入內宮，結果是以失敗而告終。	

二年	七〇八	四月，二十四歲的李隆基外任潞州別駕。在潞州一年半，開始了新政變的前期準備工作。	
三年	七〇九	冬，中宗祀南郊，李隆基離潞州（山西長治）入京參加大典。	
景龍四年 唐睿宗景雲元年	七一〇	正月，金城公主赴吐蕃成親。 六月，韋后和安樂公主等合謀，毒死中宗。改元「唐隆」，年僅十六歲的太子重茂即位，而韋氏以皇太后身分臨朝稱制。 六月，李隆基發動政變，誅滅韋后勢力，使唐睿宗重登皇位，改元景雲，李隆基為太子。 七月底，中宗次子重福在某些人挑動下，藉口維護嫡長制，陰謀在東都洛陽叛亂。企圖立重福爲帝並要改元爲「中元克復」。 八月，叛亂被洛州長史崔日知平定。	日本元明天皇即位，遷都奈良（平城），自是始有固定首都，極力仿效中國，文化燦爛，「奈良時期」始。
二年	七一一	正月・任太僕卿娜元振、中書侍郎張說并同平・事。因為太平公主要陷害太子，宋璟與姚元之建議將太平公主遷出東都。張說建議令太子監國以杜流言。	阿拉伯軍團自北非渡直布羅陀海峽，攻入西班牙，滅西哥德王國（立國三百年），將西班牙歸入

年號	西元	中國	世界
		二月，令太平公主徙居蒲州。太子監國。左右萬騎與左右羽林為北門四軍，令葛福順統率。 四月制，「凡雙事皆取太子處分。」 初於河西設節度使。 五月，太子請召太平公主回京，睿宗准奏。 六月，設十道按察使。	版圖。 拜占庭遠征軍與可薩突厥軍隊聯合暴動，查士丁尼二世被殺。
延和元年 太極元年 唐玄宗先天元年	七一二	正月，改元太極。 六月·幽州大都怪孫佺奚襲契丹·唐軍覆沒。 七月，太平公主集團策劃廢黜太子隆基的圖讖，結果睿宗下制傳位給太子。 八月，太子李隆基稱帝，即唐玄宗，尊睿宗為太上皇，改元先天。 上大聖天后尊號，稱曰武則天為「聖帝天后」。	日本史學家太安萬侶著《古事記》，悉用中文，為日本第一部史籍。
先天二年 開元元年	七一三	元年初，玄宗命黃門監盧懷慎以及刑部尚書李乂、紫微侍郎蘇頲等「刪定格、式、令」。可見，這次沒有涉及「律」，仍沿用《唐律》及其《疏議》。至三年正月，編成，奏上，名爲《開元格》，計十卷。	大食入侵中亞細亞、撒馬爾罕。

七月，唐玄宗與其姑太平公主素有隙，太平公主恃太上皇睿宗勢，宰相七人・四出其門・陰謀廢立，玄宗大捕太平公主黨，盡斬之，太平公主自殺。

七月八日，唐玄宗大封功臣，賞郭元振等官爵、第舍、金帛有差，以高力士爲右監門將軍、知內侍省事。

十月，唐玄宗在驪山閱兵・以「軍容不整」的罪名，貶兵部尚書郭元振流於新州。與此同時，以「制軍禮不肅」爲由，下令斬唐紹。

以同州刺史姚崇為兵部尚書同中書門下三品，姚崇建議十事・作為開元改革的政綱。

十二月，改元開元，改尚書左右僕射為左、右丞相，中書省為紫微省，門下省為黃門省，侍中為監。

張說因文通親王・貶相州刺史。

劉幽求貶太子少保，隔年貶爲睦州刺史。

唐玄宗新置「梨園」，自任教練，校正曲音，故號「皇帝梨園弟子」。

三年	七一五	劉幽求遷杭州刺史。 正月，編成，奏上，名爲《開元格》，計十卷。 十一月，劉幽求自杭州徙郴州刺史，途中憤恚而卒。	中國封震國王大祚榮為勃海郡王，大祚榮遂定國號為勃海。
四年	七一六	六月，太上皇睿宗逝世，享年五十五歲。 十二月，宋璟守吏部尚書兼黃門監，蘇頲同平章事。 武則天尊號改爲「則天后」。	拜占庭向保加利亞割地並許可通商。
五年	七一七	九月，根據宰相宋璟的建議，恢復了貞觀諫諍制度。	阿拉伯帝國軍團海陸圍攻東羅馬帝國首都君士坦丁堡。
六年	七一八	唐玄宗爲逝世已兩年多的劉幽求恢復名譽，以禮尊之，仍稱左丞相和太子少保。	東羅馬帝國皇帝李奧三世以「希臘火」（能在水上燃燒之化學武器）反攻，阿拉伯軍團潰走，君士坦丁堡圍解。

七年	七一九	楊玉環（楊貴妃）誕生。 唐玄宗第十八子壽王，初名「清」，與楊玉環同庚，只是生日稍晚些。	
九年	七二一	九月，姚崇病逝，享年七十二歲，謚曰「文獻」。 唐玄宗授張說爲兵部尚書、同中書門下三品，這是張說一生中第三次拜相。 完成《羣書四錄》，凡書四萬八千一百六十九卷。 括戶制度始於年初，迄於開元十二年底。	東突厥毗伽可汗遣使赴中國求和。
十年	七二二	玄宗先令起居舍人陸堅編纂《唐六典》，後由宰相張說負責，繼而經宰相蕭嵩、張九齡、李林甫等人努力，至二十六年編成。 罷諸衛府兵，改為招募，中國兵農自此分途。	
十一年	七二三	十一月，唐玄宗首次親祀南郊，極其隆重，張說擔任禮儀使。 冬，在驪山改建溫泉宮。 宰相們議決大政的場所，叫做政事堂。以後，政事堂成爲最高權力機構。	

十二年	七二四	王皇后被廢，特賜武氏爲「惠妃」，「宮中禮秩，一同皇后。」	
十三年	七二五	唐玄宗封禪泰山。 三月，御史大夫程行諶奏：武周朝酷吏周興、索元禮、來俊臣等二十三人子孫不許與官。	
十四年	七二六		東羅馬帝國皇帝李奧三世禁止基督徒拜偶像，而羅馬城主教則主拜聖母、聖嬰，於是與君士坦丁堡主教各行其是，教會分裂為二，在西者稱天主教，在東者稱希臘正教。
十五年	七二七	蘇頲逝世，享年五十八歲。 李隆基以親王得大位，忌親王掌權，于苑城外建十王宅，以居皇子，由宦官主之。自是親王不出任官職，王府官屬，但歲時通名起居。後諸孫漸多，又建百孫院，太子亦不另居東宮。	

十七年	七二九	十一月，在張說的倡議下，唐玄宗拜謁五陵。	
十八年	七三〇	十二月，張說病逝，享年六十四歲。	
二十年	七三二		阿拉伯軍團自西班牙逾庇里牛斯山，攻入高盧境內，法蘭克王國宮相鐵錘查理迎擊，會戰於都爾城，阿拉伯軍團大敗。阿拉伯擴張自是受阻，不能再進。
二十四年	七三六	幽州（今北京）節度使張守珪遣平盧（今遼寧朝陽）討擊使安祿山擊奚契丹，大敗，於法當斬，臨刑，張守珪惜其驍勇，更送長安，唐玄宗赦之。	
二十五年	七三七	玄宗誣太子李瑛、鄂王李瑤、光王李琚謀反，悉殺之。 宋璟病逝，享年七十五歲，謚曰「文貞」。	

天寶元年	七四二	唐王朝直轄州三百二十一，邊疆縻州八百，海內晏安富庶，行者萬里不恃兵器，為唐王朝極盛時期。 正月，以安祿山爲平盧節度使。 新建「長生殿」。 李白來到了長安，時年四十二歲。
三載	七四四	正月初一，改「年」爲「載」。 平盧節度使安祿山入朝，命兼范陽（今北京）節度使。 玄宗悅其子壽王李瑁妻楊玉環，令其先出家為女道士，號太真。再潛迎入宮，宮中稱娘子。另為李瑁娶左衛將軍韋昭訓女。
四載	七四五	殿中侍御史羅希奭、京兆府法曹吉溫，競為酷刑，中書令李林甫引用之，二人隨李林甫所欲，鍛煉成獄，無人能脫。 唐玄宗封楊玉環為貴妃，三位姊姊皆於長安賜第，寵貴無比。
六載	七四七	范陽節度使安祿山入朝，出入禁中，玄宗使其認楊貴妃為母，並與楊貴妃三位姊姊及族兄敘

年號	西元	中國大事	世界大事
		為兄弟。 中書令李林甫誣淄川太守裴復敦、北海太守李邕、隴右節度使皇甫惟明、刑部尚書韋堅、左相李適、李適之子李霅、御史中丞楊慎矜、太府少卿張瑞等謀反，或斬或絞或令自盡或杖死。 命全國通一藝以上者皆徵赴長安。李林甫恐眾人發其奸惡，建言由朝廷甄試，於是無一人及格，李林甫遂上表，賀野無遺賢。	
八載	七四九	六月，武則天尊號再改定爲「則天順聖皇后」。	
九載	七五〇	安西四鎮節度使高仙芝，統軍七萬西擊石國（今中亞塔什干），黑衣大食來援，戰於怛羅斯城（今奧立阿塔），高仙芝大敗。	阿拉伯帝國內亂，穆罕默德叔父阿拔斯後裔阿布林起兵，奧米亞王朝除一王子得逃走外，男子悉被屠戮。阿拔斯後裔自立為哈里發（史稱東阿拉伯帝國，中國稱黑衣大食）。
十載	七五一	劍南（四川成都）節度使鮮于通擊南詔，南詔請降，不許，戰於西彌河（今雲南大理洱海），唐軍大敗，死六萬餘人，鮮于通僅以身免。御	法蘭克王國宮相丕平囚墨羅溫王朝末王於修道院，墨洛溫王朝亡。

		史中丞楊國忠掩其敗狀，反以大捷敘功。	鐵鍾查理之子矮子丕平稱王，建立加洛林王朝。日本編纂《懷風藻》一書，為日本最早之詩集（全用中文寫作）。
十一載	七五二	右相李林甫卒，楊貴妃兄楊國忠繼任右相，兼四十餘使。公卿以下頤指氣使，莫不震懾，凡有才行聲名而不為己用者，悉貶出之。	
十二載	七五三	范陽節度使安祿山初以李林甫狡猾逾己，畏服之，事之甚謹。及楊國忠為相，安祿山視之如蔑，由是有隙。日久，楊國忠益恨之，屢言安祿山謀反，唐玄宗不聽。	
十三載	七五四	劍南留後李宓擊南詔，至太和城（今雲南大理），全軍覆沒，李宓被擒。楊國忠隱其敗，反以大捷奏聞。更發兵擊之，前後死二十餘萬，而終不能勝，無敢言者。	
十四載	七五五	楊國忠欲安祿山速反，以取信於唐玄宗，於是日夜求其反狀。命京兆尹圍安祿山長安賜第，	

		捕其賓客，盡殺之。安祿山大懼，遂於范陽發漢蕃軍馬十五萬，起兵討楊國忠。兵鋒南下，勢如破竹，徑渡黃河，陷洛陽。朝廷命右金吾將軍高仙芝任天下兵馬副元帥，募兵十一萬，使宦官邊令誠監其軍，於陝州（今河南三門峽）拒守。邊令誠數以事干高仙芝，高仙芝不許。邊令誠遂誣高仙芝與安西節度使封常清謀反，玄宗怒，斬高仙芝、封常清。任哥舒翰為兵馬副元帥，退屯潼關。安史之亂爆發。	
天寶十五載 唐肅宗至德元載	七五六	正月，安祿山在洛陽稱帝，國號燕。 六月，唐玄帝命哥舒翰進兵，哥舒翰以徵兵未集，請待之，楊國忠疑將圖己，誣其逗留養寇，玄宗下令即發。哥舒翰撫膺大慟，引兵出潼關，戰於（河南）靈寶，大潰，為其下所執降燕。潼關遂陷，關中守兵一時皆散。唐玄宗大怖，棄長安西奔，至馬嵬驛（今陝西興平境），將士以禍由楊國忠出，殺之，盡屠楊氏，楊貴妃亦絞死。玄宗奔蜀，眾擁皇太子李亨，棄玄宗奔靈武（今寧夏靈武）。 七月，李亨在靈武稱帝，是為肅宗，遙尊唐玄宗為太上皇。	倫巴王國由義大利北部南侵，法蘭克國王丕平統軍擊退之，並將羅馬城及義大利中部地獻於教皇，自是羅馬城及義大利中部成為教皇國土，歷時一千一百年之久。 阿拉伯帝國奧米亞王朝逃出之王子（七五〇），輾轉進入西班牙，建立王國，定都哥爾多華，仍稱奧米亞王朝（史稱西阿拉

九月，肅宗遣左武鋒使僕固懷恩赴回紇請兵。

十一月，回紇軍至，惟人數不多。

伯帝國，中國仍稱白衣大食），阿拉伯帝國分裂為二。

保加利亞可汗溫內奇進攻君士坦丁堡。

二載

七五七

正月，燕帝安祿山范陽起兵時，目已有疾，今年竟全盲，性益躁，常捶撻左右，又欲立幼子安慶恩為太子。長子晉王安慶緒常懼死，遂與宦官李豬兒殺之，安慶緒嗣位。

九月，肅宗請回紇增兵，許克長安日，金帛子女盡供搶掠，懷仁可汗遣其子葉護率軍至。天下兵馬元帥李俶、副元帥郭子儀，率蕃漢軍十五萬攻長安，戰於香積寺，燕軍大敗，遂克長安。葉護欲大掠，李俶以如此則洛陽人皆將為燕固守，請俟克洛陽，葉護許之。

十月，燕河南節度使尹子奇陷睢陽，殺守將張巡。唐大軍出潼關，燕御史大夫嚴莊屯陝州西新店，及戰，回紇軍擊其背，燕軍大潰，燕帝安慶緒奔鄴城（今河北臨漳）。回紇入洛陽，大肆淫掠，民死傷狼藉，財物一空。

十二月，史思明據范陽降唐。

太上皇唐玄宗返長安。

至德三載 乾元元年	七五八	唐肅宗任烏承恩為范陽節度副使，使圖史思明，事洩，史思明殺烏承恩，叛。中書令郭子儀、司空李光弼等九節度使，合兵二十萬攻鄴城（今河北臨漳），肅宗命宦官魚朝恩為元帥。史思明發范陽兵十三萬救鄴城，陷魏州（今河北大名），屠三萬人。
二年	七五九	史思明軍至鄴城，唐軍大敗，九節度使各潰奔本鎮。燕帝安慶緒見史思明謝解圍，史思明責其殺父之罪，斬之。史思明即位，分四道南侵，連陷汴州（今河南開封）、洛陽。
乾元三年 上元元年	七六〇	燕軍連陷陳州、兗州、鄆州、曹州。唐淮西節度使王仲升誣奏宋州（今河南商丘）刺史劉展謀反，劉展遂叛，平盧兵馬使田神功擊之。
二年	七六一	田神功追劉展於瓜洲，斬之，縱兵大掠十餘日，江淮始遭荼毒，民饑，人相食。宦官魚朝恩屢言洛陽可取，唐肅宗命河南兵馬副元帥李光弼出兵，李光弼屢陳未可，肅宗不許，遂進攻，戰於邙山，燕帝史思明迎擊，唐軍大敗，河陽、懷州皆陷。

		史思明欲乘勝攻長安，命其子懷王史朝義為前鋒，進至永甯，築三角城，欲貯軍糧，一日而畢，尚未塗泥，史思明詬欲殺之，史朝義大懼，其部將遂於夜入史思明帳，斬史思明，史朝義嗣位。	
寶應元年	七六二	四月初五，唐玄宗逝世於西內神龍殿，享年七十八歲。 四月十八日，唐肅宗也逝世了，終年五十二歲。又過兩天，太子繼位，史稱唐代宗。 詩人李白卒。 十月，以雍王李适為天下兵馬元帥，朔方節度使僕固懷恩為副帥，會同回紇兵，共計十餘萬人，向史朝義盤據的洛陽發動總進攻。	黑衣大食（東阿拉伯帝國）哈里發曼蘇於波斯薩薩尼王朝故都遺址附近，築巴格達城，自大馬士革遷都之。
唐代宗廣德元年	七六三	正月，走投無路的史朝義，自縊於林中。至此，長達七年又三個月的安史之亂終於結束了。	

中國史

唐玄宗傳

作者 許道勛 趙克堯
發行人 王春申
編輯指導 林明昌
營業部兼任編輯部經理 高　珊
責任編輯 徐　平
封面設計 吳郁婷
封面題字 侯吉諒
校對 趙蓓芬 鄭秋燕
印務 陳基榮
出版發行 臺灣商務印書館股份有限公司
地址 23150 新北市新店區復興路43號8樓
電話 (02) 8667-3712 傳真：(02) 8667-3709
讀者服務專線 0800056196
郵撥 0000165-1
E-mail ecptw@cptw.com.tw
網路書店網址 www.cptw.com.tw
網路書店臉書 facebook.com.tw/ecptwdoing
臉書 facebook.com.tw/ecptw
部落格 blog.yam.com/ecptw

局版北市業字第 993 號
臺灣一版一刷：1992 年 10 月
臺灣二版一刷：2015 年 8 月
定價：新台幣 700 元

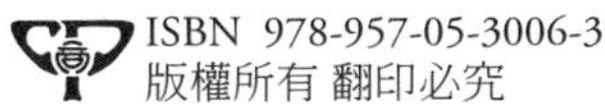

ISBN 978-957-05-3006-3

唐玄宗傳 ／ 許道勛、趙克堯 著. --臺灣二版. --
新北市：臺灣商務，2015. 08
面 ； 公分. --（歷史. 中國史 ）

ISBN 978-957-05-3006-3（精裝）

1. 唐玄宗 2. 傳記

624.14 104010473

長安城平面示意圖

（唐肅宗時期）

西元六一八年，李淵建立唐朝，定都長安。自大唐立朝後近一個半世紀裡，國勢日盛，國威遠揚，長安亦日臻繁榮，成為世界上最大、最繁華的大都市。唐長安城位於現在的西安市城區、東郊、西郊的小部分以及南郊的較大部分，面積達八十三．一平方公里，是現在西安城牆內面積的十倍。城市按中軸對稱布局，由外郭城、宮城和皇城組成。外郭城牆上開十二座城門，南面正門的明德門為正門。宮城位於郭城北部正中，有皇宮太極宮，皇城位於宮城以南，分布著中央官署和太廟、社稷等祭祀建築。

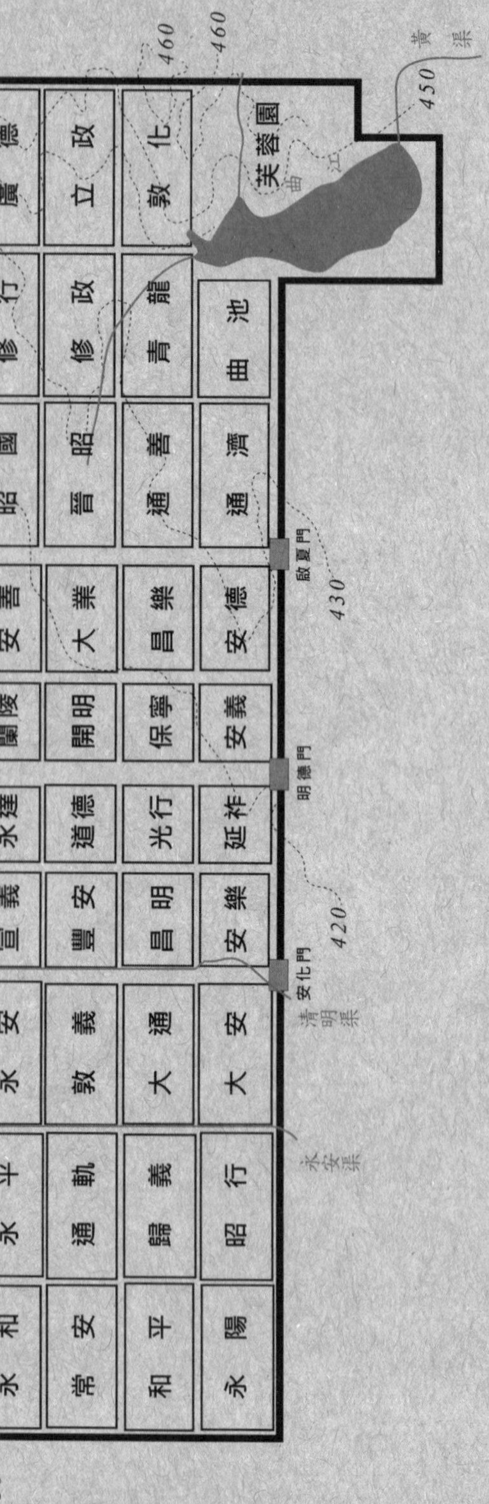